LES
ORIGINES

LE PROBLÈME DE LA CONNAISSANCE
LE PROBLÈME COSMOLOGIQUE
LE PROBLÈME ANTHROPOLOGIQUE
L'ORIGINE DE LA MORALE ET DE LA RELIGION

PAR

E. DE PRESSENSÉ

PARIS
LIBRAIRIE FISCHBACHER
SOCIÉTÉ ANONYME
33 — RUE DE SEINE — 33

1883

LES ORIGINES

A

M. CHARLES SECRÉTAN

PROFESSEUR DE PHILOSOPHIE

A L'ACADÉMIE DE LAUSANNE

Auteur de la *Philosophie de la Liberté*

E. DE PRESSENSÉ.

PRÉFACE

Je dois à mes lecteurs de leur expliquer comment j'ai été amené à aborder les plus graves discussions philosophiques et scientifiques du temps présent. Au moment où je préparais la revision de mon *Histoire des trois premiers siècles de l'Église,* je fus frappé plus que je ne l'avais encore été de l'énergie croissante des attaques dirigées non seulement contre le théisme chrétien, mais encore contre les bases mêmes du spiritualisme. A en croire les hommes qui se donnent comme les organes attitrés de la science, tout ce qu'ont affirmé de concert les disciples de l'Évangile et les philosophes qui admettent Dieu, l'âme, la vie future, la morale du devoir, n'est que le plus vain des rêves. Nos aspirations vers un monde supérieur ressemblent, pour employer l'image d'un noble esprit égaré dans cette école, à des feuilles mortes que nous jetterions en l'air et qui retomberaient sur nous. Tout en revient à la force toujours semblable à elle-même. Ce que nous prenons pour la pensée et pour la conscience n'est qu'une combinaison de sensations associées. Bien que ces assertions, lancées sur un ton d'oracle, n'aient pas même effleuré ma certitude invincible de la réalité de l'absolu moral et divin, parce qu'elle repose non seulement sur une expérience intime, mais encore sur une obligation souveraine et indiscutable, j'ai pourtant voulu me rendre compte de l'état vrai des choses et des esprits. J'ai constaté que la victoire si bruyamment célébrée dans le camp du matérialisme était plus disputée que jamais et que l'on en était au plus vif de la bataille. Ceux-là prennent leurs désirs pour des réalités, qui proclament que la science a prononcé un verdict définitif sur le monde de l'esprit et de la conscience. Ils lui demandent ce qu'elle ne peut pas donner, ce qui ne peut résulter d'aucune de ses découvertes, quelque admirables qu'elles soient; car, en voulant que la science statue sur les questions d'origine et de principe, ils la font sortir de son domaine propre, qui ne dépasse pas les conditions d'existence. Il est assez vaste pour suffire à sa glorieuse tâche. Prétendre, comme Hœckel, que la cause est entendue, que le système qu'il appelle *monisme*, parce qu'il n'admet qu'un seul principe des choses — la force pure, — a acquis une telle évidence qu'on ne discute plus avec ses contradicteurs et que le moment est venu de l'enseigner aux enfants sous forme de catéchisme, c'est substituer l'apostolat à la démonstration, et, quelque service que l'on ait pu rendre à la physiologie, opposer à la religion d'autorité une irréligion autoritaire, un fanatisme matérialiste qui a ses extravagants tout aussi bien que le fanatisme contraire. On peut entendre, tous les soirs, dans nos grandes villes, ceux que j'appellerais les énergumènes de l'athéisme hurler ce *credo* devant

PRÉFACE.

un troupeau d'auditeurs qui n'est guère plus ignorant qu'ils ne le sont eux-mêmes.

Eh bien! il faut qu'on sache que la science indépendante proteste non moins haut que la philosophie spiritualiste et chrétienne, je ne dis pas simplement contre ces saturnales de club, mais encore contre ce triomphe anticipé que le matérialisme se décerne avec tant de fracas, sous nos yeux, dans des livres de vulgarisation souvent remarquables par le savoir et le talent, ou dans des articles de journaux à l'allure hautaine. Il faut qu'on sache que, de l'avis de tous les penseurs sérieux, ce qu'on connaît le moins, c'est précisément la matière, puisqu'elle n'est jamais saisie directement, mais uniquement par nos sensations, qui la modifient. Il en résulte que ceux qui prétendent, en s'en tenant à elle seule, reposer sur un sol ferme, inébranlable, ont les pieds sur un nuage. Il faut qu'on sache que la science indépendante, même celle qui est étrangère à toute école philosophique et religieuse, refuse au transformisme matérialiste le droit d'attribuer l'origine de la vie et de l'esprit à la force pure, et que, pour tous ces problèmes des origines, elle a pris pour devise ce mot célèbre de Dubois Raymond : *Ignoremus*. Il y a quelques semaines, l'illustre Virchow, au congrès anthropologique de Francfort, sans contester aucun des grands services rendus par Darwin à la zoologie, opposait les sévères méthodes de la science expérimentale « à la manière superficielle et même insensée » (ce sont ses propres expressions) dont les questions d'origine sont traitées aujourd'hui par les zélateurs du transformisme matérialiste, qui trouvent plus commode d'écrire quelques chapitres d'un manifeste sonore bourré d'hypothèses que d'étudier un crâne. » Si la science indépendante a tenu ce langage en Allemagne comme en France, la philosophie n'a pas déserté le combat. Elle l'a vaillamment soutenu parmi nous ; il n'est pas une attaque contre les bases du théisme qui n'ait eu sa réponse. Un livre comme les *Causes finales* de M. Janet, les brillantes discussions de M. Caro sur les mêmes sujets, tant de travaux originaux en France et en Suisse prouvent à quel point les philosophes de profession se sont préoccupés des grands problèmes scientifiques du temps.

C'est cette lutte de la pensée contemporaine que j'ai cherché à résumer dans ce livre. J'y ai été encouragé, je l'avoue, en la voyant retracée avec un parti pris violent en un sens opposé dans des livres brillants, spirituels, dont les auteurs n'avaient pas plus de compétence professionnelle que moi-même. Mon unique dessein est de donner à mon tour le bulletin de cette bataille d'avant-garde où sont engagés les premiers intérêts de l'humanité. J'ai mis tout mon effort à exposer avec impartialité et clarté l'opinion de mes adversaires. J'espère avoir toujours montré que je savais honorer leur personne en ne sortant pas du ton de la discussion élevée. Je n'ai eu garde d'oublier combien l'homme vaut souvent mieux que son idée. Il y a des athées qui feraient croire en Dieu par la noblesse de leur caractère et de leur vie. Hélas ! il y a aussi des croyants qui feraient douter de lui par leur sécheresse et leur intolérance. Quant à la réplique, je n'ai eu qu'à la puiser dans les vastes et beaux travaux des représentants les plus éminents de la science indépendante et de la philosophie contemporaine. J'ai essayé de montrer combien cette réplique est victorieuse et décisive sur toutes les grandes questions aujourd'hui débattues, qu'il s'agisse du problème de la connaissance ou des questions qui se rattachent à la cosmologie, à l'anthropologie, à l'origine de la morale et de la religion.

Cette réplique spiritualiste ne date pas d'hier, pas plus que les négations du théisme. Sur quelques points essentiels, elle a tout dit dès le premier jour. On ne dépassera pas Aristote, le plus grand esprit peut-être qu'ait produit l'humanité dans l'ordre métaphysique, pour tout ce qui concerne la cause finale et formelle. Sa théorie de l'être en puissance nous reportant à l'Esprit éternellement actuel et vivant n'a pas vieilli d'un jour, pas plus que les pages immortelles de Platon sur la certitude morale. La superbe démonstration du principe de causalité par Descartes, si largement développée par l'école française à notre époque, survit intacte aux polémiques de la nouvelle psychologie anglaise et allemande. Il n'en était pas moins nécessaire, selon moi, de corriger ce que le cartésianisme avait de trop exclusivement intellectuel, en faisant une part plus large à ce que Kant appelait la raison pratique, qui se confond avec la conscience morale.

Je me reconnais hautement le disciple de cette grande école critique qui a renouvelé notre mode de penser. Je demeure convaincu que, malgré les accusations de scepticisme qu'on lui prodigue, elle nous fournit le meilleur élément de certitude, aussi solide que le devoir lui-même, qui s'impose à la fois comme une évidence et une obligation. Le criticisme kantien a d'ailleurs été complété par cette riche psychologie de Maine de Biran que nous a rendue M. Ernest Naville, après Cousin. Elle exerce aujourd'hui une influence croissante sur l'école française qui lui doit un élargissement bienfaisant. Le maître éminent dont j'ai placé le nom sur la première page de ce livre, parce que je lui dois mon initiation à ces grandes études philosophiques, alors que pour la première fois il professait à l'académie de Lausanne cette philosophie de la liberté qui est devenue le livre considérable que l'on connaît, M. Charles Secrétan, représente la même tendance avec autant d'éclat que d'indépendance. On verra dans mon livre tout ce que je lui dois, comme à tant de nos maîtres français, soit qu'ils se rattachent au cartésianisme élargi qui a si longtemps prévalu en France, soit qu'ils appartiennent à l'école quelque peu mystique de M. Ravaisson ou à l'intrépide criticisme de M. Renouvier. J'ai toujours eu le désir sincère de rendre à chacun, dans ce livre, l'hommage reconnaissant que je lui dois. Je ne nomme ici personne dans la crainte de quelque injuste oubli. Si je fais exception pour l'illustre nom de Claude Bernard, c'est que nul n'a plus grandement représenté la science vraiment indépendante et n'a plus magistralement formulé cette méthode expérimentale dont l'emploi consciencieux suffit pour écarter les assertions téméraires.

C'est à la science seule, interrogée dans ses représentants les plus authentiques, que j'ai demandé la réponse au problème des origines. J'admets, je réclame sa complète indépendance. Je reconnais hautement qu'elle ne dépend que d'elle-même et qu'elle n'a à reconnaître aucune autorité qui l'entrave dans la recherche de la réalité. Ni Bible ni conciles n'ont de mot d'ordre à lui donner; mais elle ne doit pas davantage en recevoir d'aucune théorie préconçue, fît-elle flotter au vent la bannière la plus éclatante de la libre pensée. Penser librement, c'est écarter tous les partis pris et ne croire qu'à l'expérience. Je suis de plus en plus convaincu que la science expérimentale ne porte aucune atteinte aux principes du théisme. Ce n'est pas à elle à les démontrer. On n'a à lui demander qu'une chose, c'est d'en maintenir la possibilité. Une fois cette possibilité du monde moral et divin sauvegardée, d'autres procédés d'expérience conformes à sa nature permettent d'y pénétrer; la voie reste ouverte. C'est toute la conclusion de ce livre. Elle suffit, si elle est bien fondée, pour conserver à l'humanité ses biens les plus précieux, cette vie supérieure en dehors de laquelle elle n'est plus elle-même et tombe au rang de la brute, sans lumière au delà de la tombe, sans règle et sans boussole ici-bas, sans morale, sans droit, sans liberté, livrée à tous les hasards de la force, avilie et désespérée tout ensemble. J'avoue hautement que je ne prends pas mon parti d'un tel avenir, et que si vraiment le premier comme le dernier mot du monde était la force, je conclurais au pessimisme le plus absolu pour la société comme pour l'individu. Une démocratie athée et matérialiste me fait l'effet d'un véritable enfer terrestre. Je me rirais des libertés publiques, si je croyais que l'homme est serf au-dedans et qu'il est engagé irrévocablement dans le mécanisme universel, et j'aurais raison d'en rire, car des libertés ainsi fondées ne seraient qu'une duperie et aboutiraient promptement au plus abject despotisme; qu'il vînt d'en bas ou d'en haut, peu importe. Je suis convaincu que les mauvais principes enfantent les mauvaises actions et les mauvaises institutions, parce que j'ai une trop haute idée de l'homme, même égaré, pour ne pas croire qu'il est, en définitive, conduit par sa pensée. Non, on ne peut pas dire impunément à une nation que la loi morale n'est qu'une fiction, que le devoir n'est qu'un décor de l'intérêt et qu'en dehors de la sensation il n'y a rien. La largeur d'esprit qui fait trouver ces théories indifférentes ou simplement curieuses me manque tout à fait ; je les trouve mortelles et dégradantes. Si elles étaient vraies, il faudrait bien s'y résigner ; mais alors je ne comprendrais pas qu'on se résignât à une aussi misérable tragédie-comédie que le serait la vie. Par bonheur, elles ne sont pas vraies, elles ne sont que des hypothèses gratuites qui nous étourdissent par le bruit qu'elles font. Elles se heurtent contre les résultats les moins contestables de la science et de la philosophie, sans parler de ce roc de la conscience qui finira toujours par les briser.

Voilà ce que j'ai cherché à établir, en m'appuyant des travaux féconds des plus grands esprits de mon temps. Je suis de ceux qui ne croient qu'à la liberté pour défendre la vérité. Vouloir défendre la religion de la conscience par d'autres moyens que la libre discussion, c'est déjà la nier. Ce qu'on appelle la liberté du bien me paraît un mal essentiel, car le bien doute de lui-même dès qu'il veut fermer la bouche à l'erreur. Je n'ai cessé dans ma carrière publique et je ne cesserai pas de demander le plein affranchissement de la conscience. Je le veux avec ses dernières conséquences. Je me sens d'autant plus obligé de mettre tout ce qui me reste d'énergie et de flamme au service des plus hautes vérités de la vie morale en dehors desquelles je ne vois que ruine et déshonneur pour ma patrie et déchéance irrémédiable pour cette âme humaine qui doit subsister quand les institutions publiques auront disparu comme une tente dressée pour un jour. Heureux serais-je, si ce livre, qui est un livre de bonne foi, pouvait, malgré ses imperfections, contribuer pour sa faible part à dissiper le malentendu funeste qui oppose, dans l'ordre supérieur de la pensée, la science à la conscience, et, dans la sphère pratique, la liberté à la religion. Un peuple et un pays peuvent mourir de cette erreur.

E. DE PRESSENSÉ.

Paris, ce 14 octobre 1882.

LES ORIGINES

LIVRE PREMIER
LE PROBLÈME DE LA CONNAISSANCE

CHAPITRE PREMIER

LE PROBLÈME DE LA CONNAISSANCE ET LE POSITIVISME.

Avant d'apprécier la valeur des diverses explications des choses, une question se pose qui doit être avant tout résolue, c'est celle de la possibilité de les expliquer. Cette possibilité est contestée aujourd'hui par l'école positiviste qui n'admet que la constatation des faits et de leurs rapports en interdisant toute explication; elle nous limite à la question du *comment* en traitant de chimérique celle du *pourquoi*. Nous ne pouvons faire un pas dans la voie de la recherche sans avoir écarté l'objection fondamentale qui la barre devant nous.

Précisons d'abord la théorie de la connaissance de l'école positiviste telle qu'elle ressort des livres du maître, Auguste Comte, et des commentaires de son illustre disciple, M. Littré, qui a jeté tant d'éclat sur sa doctrine. Cette théorie est fort simple; elle se donne comme la méthode même de la science. Celle-ci n'a qu'à constater ce qui tombe sous l'observation immédiate, les faits recueillis par l'expérience, et à les grouper sans jamais se préoccuper de leur cause ou de leur fin, car ce domaine échappe à tous les procédés d'expérimentation. Le télescope atteint les dernières limites du visible dans les profondeurs du ciel, ce qu'on peut presque appeler l'infiniment grand; le microscope saisit l'infiniment petit; les causes et les fins sont au delà. La science n'a pas à s'en soucier : c'est le domaine de l'inconnaissable. Le positivisme ne veut pas plus le nier que l'affirmer, car la négation serait encore une théorie sur l'origine des choses; le matérialisme est une philosophie et par là même en dehors de la science positiviste. Celle-ci est le terme du mouvement de l'esprit humain.

La pensée n'a pas débuté par cette abstention sévère qui l'enferme dans les limites des faits immédiatement constatés. Elle a passé par deux phases préliminaires qui, par leur généralité et leur durée, s'élèvent à la hauteur de lois historiques. « En étudiant le développement total de l'intelligence humaine dans ses sphères d'activité, dit Auguste Comte, depuis son premier essor le plus simple jusqu'à nos jours, je crois avoir découvert une grande loi fondamentale à laquelle il est assujetti par une nécessité invariable. Cette loi consiste en ce que chacune de nos conceptions principales, chaque branche de nos connaissances passe successivement par trois états théoriques différents : l'état théologique ou fictif; l'état métaphysique ou abstrait; l'état scientifique ou positif. Dans l'état théologique, l'esprit humain, dirigeant essentiellement ses recherches vers la nature intime des êtres, les causes premières et finales de tous les effets qui la frappent, en un mot vers les connaissances absolues, se représente les phénomènes comme produits par l'action directe et continue d'agents surnaturels plus ou moins nombreux. Dans l'état métaphysique, qui n'est au fond qu'une simplification générale de la première, les agents surnaturels sont remplacés par des forces abstraites, véritables entités inhérentes aux divers êtres du monde. Enfin, dans l'état positif, l'esprit humain, reconnaissant l'impossibilité d'obtenir des notions absolues, renonce à chercher l'origine et la destination de l'univers et à connaître les causes intimes des phénomènes, pour s'attacher uniquement à découvrir, par l'usage bien combiné du raisonnement et de l'observation, leurs lois effectives, c'est-à-dire leurs relations invariables de succession et de similitude. L'explication des faits, réduite alors à ses termes réels, n'est plus désormais que la liaison établie entre les divers phénomènes particuliers et quelques faits généraux dont les progrès de la science tendent de plus en plus à diminuer le nombre (1). » Cette première formule du positivisme, qui remonte à ses débuts, n'a pas varié. La théorie des trois états trouve sa justification dans l'histoire individuelle comme dans l'histoire générale, car la plupart des hommes qui pensent ont été théologiens dans leur enfance, métaphysiciens dans leur jeunesse et physiciens dans leur virilité. La philosophie, ainsi comprise, n'est plus qu'une classification des faits observés et enchaînés les uns aux autres non pas dans leur causalité, mais dans leur succession, une encyclopédie raisonnée qui part de ce qu'il y a de plus simple et de plus général pour aboutir aux faits les plus compliqués. « La philosophie positive se trouve naturellement partagée en cinq sciences fondamentales dont la succession est déterminée par une subordination nécessaire et invariable, fondée indépendamment de toute opinion hypothétique sur la simple comparaison approfondie des phénomènes correspondants : c'est l'astronomie, la physique, la chimie, la physiologie et enfin la physique sociale. La première considère les phénomènes les plus généraux, les plus simples, les plus abstraits, les plus éloignés de l'humanité ; ils influent sur tous les autres, sans être influencés par eux. Les phénomènes considérés par la dernière sont, au contraire, les plus particuliers, les plus compliqués, les plus concrets et les plus directement intéressants pour l'homme ; ils dépendent plus ou moins de tous les précédents, sans exercer sur eux aucune influence (2). » La science qui a pour

(1) Auguste Comte, *Cours de philosophie positive*, tome Ier, pages 8, 10.
(2) *Cours de philosophie positive*, vol. I, p. 75.

objet l'humanité et ses relations s'appelle la physique sociale. Elle est la résultante de toutes les sciences précédentes. Le positivisme ne voulant pas faire une place à l'étude du sujet, laisse par cela même l'âme, la conscience, en dehors de son domaine. « Si on définit la philosophie comme je le fais, dit M. Littré, une conception du monde, on se passe de la psychologie. La conception positive du monde n'est qu'au prix d'une élaboration purement objective (1). »

Auguste Comte n'est pas moins explicite dans cette négation de la psychologie : « L'organe observé et l'organe observateur étant dans ce cas identiques, comment l'observation pourrait-elle avoir lieu? Nos descendants verront sans doute de telles prétentions transportées un jour sur la scène (2). » « L'homme, ajoute M. Littré, est ainsi ramené à sa place dans l'ensemble des choses comme le petit globe qu'il habite. Du jour où il cessa d'être pris pour le centre du monde, il se perdit comme un point dans l'immensité sans limite. Depuis que le physicien est convaincu que l'intimité des choses lui est fermée, la science positive est constituée. Depuis que celle-ci expérimente et vérifie, on ne veut plus d'une finalité qui ne s'expérimente ni ne se vérifie. Elle ne s'obstine plus devant les issues qui lui sont fermées. Tandis que la science positive, ainsi allégée, marche et s'empare de l'esprit humain, ce même esprit se détourne de la métaphysique éternellement arrêtée devant des questions sans réponse. Tout se juge par les faits et par les fruits (3). » La théologie est naturellement enveloppée dans le même désastre que la psychologie; elle avait, d'ailleurs, été vaincue et remplacée par la métaphysique avant que celle-ci le fût par la science positive.

Tout le positivisme est dans ces assertions ; car sa construction scientifique n'est, à vrai dire, qu'une manière de disposer les faits dans un vaste plan encyclopédique, sans

---

(1) Littré, *Fragments de philosophie positive*, p. 268.
(2) *Philosophie positive*, p. 32.
(3) Littré, *Préface d'un disciple au cours de philosophie positive*, p. 25.

qu'il en tire aucune conclusion. Rien n'est plus contraire à son principe fondamental que de demander à la réalité autre chose qu'elle-même. Son influence a été considérable précisément par suite de cette simplicité de formule bien trompeuse en réalité. Il a profité de l'admiration si naturelle, mais trop exclusive, qu'a inspirée à notre génération le magnifique mouvement de la science contemporaine dont les progrès les plus admirables étaient dus à cette méthode d'expérimentation, que nul plus que nous ne reconnaît pour légitime, quand il s'agit de l'observation de la nature. Le positivisme a eu le tort de la transporter hors de son domaine et de lui constituer un monopole qu'elle ne réclame pas. Il n'a pas tenu l'engagement pris par M. Littré, qui avait promis qu'il ne s'énivrerait pas de son propre vin; zélateur passionné des sciences d'observation, il n'a voulu rien admettre en dehors d'elles, quand bien même il s'agissait de faits pour le moins aussi réels, aussi positifs que ceux du monde extérieur, bien qu'ils eussent notre conscience pour théâtre.

Le premier reproche qu'on est en droit de faire au positivisme c'est de n'avoir pas été assez positif, en supprimant arbitrairement tout un ordre de réalités qui demandaient à être constatées et qui étaient aussi des conditions d'existence. Borner, mutiler le réel est aussi peu scientifique que de l'étendre outre mesure. Car, pourquoi le borne-t-on, si ce n'est parce que la partie de la réalité sur laquelle on ferme les yeux volontairement déborde la formule acceptée, et court le risque de faire éclater le cadre préconçu où l'on a décidé d'enfermer la connaissance? Et pourtant cette réalité psychologique subsiste, l'âme ne se laisse pas éteindre ou glacer à volonté. Non seulement l'esprit demande à être étudié, mais encore il interroge sans se lasser; il ne se contente pas des conditions d'existence, il veut atteindre le principe, la cause. C'est un questionneur infatigable auquel nulle théorie n'impose silence. Cet éternel pourquoi de la pensée, c'est aussi un fait. Qu'on remarque bien qu'il n'y a pas là un accès passager et intermittent de l'esprit humain; c'est une tendance primordiale, invincible. Elle lui est constitutive, car dès qu'il apparaît, il la manifeste. Les siècles et les progrès de la science n'y font rien ; sa soif inextinguible de comprendre est aussi ardente que quand il en était aux enchantements et aux confusions de son enfance. Nous ne reprochons pas au positivisme de ne pas expliquer cet instinct invétéré, universel, essentiel de la pensée, puisqu'il ne veut rien expliquer, mais bien de le méconnaître comme fait, et par là de manquer à son programme qui implique la constatation de tous les faits. C'est déjà beaucoup de constater comme une réalité inéluctable et permanente le besoin d'expliquer, de remonter aux causes. Nous voilà bien près de reconnaître l'existence du principe de causalité. S'il est admis qu'il a une portée vraiment universelle, on n'a pas le droit de le négliger. S'il se trouve que chercher les causes, ce soit précisément la condition d'existence de l'esprit humain, il faudra bien qu'il les cherche. Les mailles serrées dont la science positive, ou plutôt le système positiviste, avait voulu l'enserrer sont rompues par là même. On ne l'empêchera pas d'étendre son aile puissante vers les régions interdites.

L'histoire générale de l'humanité, dans le présent comme dans le passé, conclut contre le positivisme et contredit absolument la fameuse théorie des trois états. Il est certain d'abord que, bien loin de s'exclure en fait, ils existent simultanément au sein de l'humanité. Le positivisme doit reconnaître qu'en tout cas il n'a pas pour lui la chronologie. Remontons aussi haut que l'on voudra dans le passé de l'humanité civilisée, nous retrouverons toujours et partout la religion, la philosophie et la science positive existant ensemble et tendant à se dégager de leur confusion première, sans jamais se séparer absolument. Pour nous en tenir au temps présent, il est incontestable que la science positive n'a banni ni la religion ni la métaphysique. La première est plus active qu'à aucune autre époque ; elle est au fond de toutes nos luttes, et si le progrès social pousse à la séparer de plus en plus de la politique, il ne l'empêche pas d'être encore ce qu'il y a de plus puissant pour remuer l'esprit humain, soit qu'il l'accepte, soit qu'il la repousse. A la passion qu'il met à la combattre, on s'aperçoit promptement qu'il n'a pas affaire à une vaine ombre, à un insaisissable fantôme.

Il ne s'agit pas ici seulement de la religion comme sentiment, mais aussi comme science. Il faut ignorer le grand mouvement théologique inauguré par Schleiermacher et poursuivi par des penseurs comme Nitsch et Rothe, pour affirmer que l'on en a fini avec la théologie. Elle a compté de nos jours plus d'adeptes que la philosophie positive, et elle a déployé autant de vigueur et de profondeur intellectuelle que ceux qui l'ont déclarée défunte. Quant à la métaphysique, il suffit de rappeler les noms de Kant, de Schelling, de Hegel et, plus récemment, de Schopenhauer et de Hartmann, pour qu'on reconnaisse que la pensée spéculative, bien loin de se mettre à la portion congrue, a eu de nos jours une période d'ivresse et d'enthousiasme. Quand on y regarde de près, on constate que le positivisme lui-même, loin d'échapper à la métaphysique, y plonge par ses racines, car c'est l'hégélianisme qui, en mettant l'absolu dans le devenir, c'est-à-dire dans les choses contingentes, a préparé les esprits à l'éliminer. Non seulement la religion, la métaphysique et la science positive coexistent dans la même époque, mais elles s'unissent dans le même homme. Jean-Jacques Ampère, par exemple, n'a-t-il pas été tout ensemble un chrétien convaincu, un métaphysicien profond et un des maîtres les plus illustres de la science positive, qu'il a enrichie d'immortelles découvertes ?

Comment la théorie des trois états peut-elle se tirer de cette réfutation irrésistible qui lui vient des faits les mieux constatés ? On dira, sans doute, que dans chaque époque il y a des retardataires, et qu'on ne doit compter qu'avec les vrais chefs de file ; mais cette appréciation de la valeur des esprits est bien délicate, à moins de s'en tirer par cette affirmation plus commode que modeste : « C'est nous qui tenons la tête du mouvement intellectuel. » Si on tient la tête, il faudrait être suivi par le gros de l'armée ; or, c'est ce qui n'est pas. Bien plus, les chefs de file sont entraînés eux-mêmes par ceux qui les suivent, puisque l'école positiviste en vient de plus en plus à déserter la fameuse théorie de l'inconnaissable, pour donner une explication matérialiste des choses. Elle fait ainsi, sans le vouloir, de la métaphysique. Si cette métaphysique ne vaut guère mieux que la prose de M. Jourdain, elle n'en est pas moins l'abandon du principe fondamental de l'école.

Ces considérations de fait nous amènent à considérer de plus près la théorie des trois états, et à chercher si elle ne repose pas sur un malentendu. Tout d'abord, l'école positiviste se fait la partie belle en donnant une définition de la théologie et de la métaphysique qui ne répond qu'à leurs manifestations les plus inférieures. Pour Auguste Comte, l'état théologique consiste essentiellement dans un vulgaire fétichisme personnifiant et divinisant toutes les forces de la nature, tandis que la métaphysique se serait toujours contentée de substituer les entités aux fétiches. Cela est vrai de la religion, non pas primitive, mais dégénérée, car il est de plus en plus prouvé, comme nous l'établirons plus tard, qu'elle est monothéiste par essence et qu'elle le fut en fait primitivement. D'un autre côté, la scolastique réaliste peut seule être accusée de cette espèce d'idolâtrie des entités. La théologie comme la métaphysique ont progressé. Le progrès n'a pas simplement consisté dans leur remplacement par la science positive ; il s'est réalisé dans leur domaine propre. Elles ont eu leur évolution. La théologie a abordé en face les plus graves problèmes de l'esprit humain et les a traités avec des méthodes vraiment scientifiques. La métaphysique ne s'est point longtemps payée de je ne sais quelle mythologie d'idéaux ; elle a pris pour base la réalité psychologique, et c'est là qu'elle a trouvé le principe de causalité qui n'est point l'Éon d'une gnose fantastique, mais un fait immédiat, tout autant qu'un principe. A ce point de vue tout intellectuel, la théologie ne s'est jamais séparée de la métaphysique : l'une et l'autre ont abordé les mêmes problèmes, souvent donné les mêmes explications ; elles ont cohabité pour ainsi dire dans les mêmes grands esprits. Descartes, Malebranche, Leibniz, Maine de Biran, Schelling dans sa seconde manière, ont été tout ensemble des théologiens et des métaphysiciens. La question d'autorité ne suffit pas pour marquer une ligne de démarcation entre la théologie et la métaphysique ; car, pas plus la première que la seconde ne l'a tranchée d'une manière uniforme. On voit donc qu'il y a trop de métaphysique dans la théologie, et trop de théologie dans la métaphysique pour en faire des degrés distincts sur l'échelle du développement de l'esprit humain.

Si nous en venons à la science positive nous ne serons pas davantage amenés à conclure qu'elle est inconciliable avec la théologie et la métaphysique. Je reconnais que rien n'est plus funeste que de l'en rendre dépendante ; mais, sans m'étendre sur des considérations qui seront développées ailleurs, j'affirme que la science positive nous reporte à elle seule plus haut qu'elle-même, si je puis ainsi dire, et qu'elle nous contraint d'entrevoir et même de statuer un ordre supérieur qu'elle n'explique pas, et qui met en jeu des facultés intuitives de l'esprit humain, dont l'existence incontestable justifie les recherches de la théologie et de la métaphysique. La science positive, précisément parce qu'elle est une vraie science, s'élève du particulier au général et, après avoir constaté l'enchaînement des faits, en dégage des lois qui portent sur l'avenir. Partant de la relation de l'antécédent et du conséquent, elle admet que les mêmes conditions d'existence amèneront toujours dans l'avenir les mêmes effets. C'est le postulat même de la science positive. Fort bien, mais ce passage du particulier au général, du fait présent au fait à venir, ne saurait être tranché par la simple observation de l'objet ; celle-ci ne nous permet ni de prévoir ni de généraliser. Elle ne nous donne qu'une succession de phénomènes ; pour faire de l'un la condition de l'autre, pour en conclure qu'en se répétant les mêmes antécédents produiront les mêmes conséquents, pour statuer une loi, il faut autre chose que l'observation : il faut une prédisposition de l'esprit, un élément d'*à priori*. Tout n'est donc pas dans l'objet perçu ; le sujet est actif dans la perception. Nous voilà élevés par la science positive elle-même au-dessus de la sensation. Elle nous conduit sur le seuil du domaine supérieur. Pour quel motif l'interdirait-elle à la métaphysique ? Son devoir est de ne pas usurper, son droit est de ne permettre aucune immixtion de la métaphysique qui fausserait l'observation, mais il ne va pas plus loin. Voilà pourquoi la science positive peut avoir le plus large développement sans empêcher qu'à côté d'elle un autre travail de l'esprit humain ne se poursuive par la métaphysique et la théologie comme il s'est d'ailleurs poursuivi en réalité.

E pur se muove.

Cela n'est pas seulement vrai de la terre qui tourne en faisant tourner avec elle le théologien qui nie son mouvement, mais encore de la pensée qui cherche les causes et entraîne dans sa recherche ceux-là mêmes qui la lui interdisent. Nous avons à cet égard des déclarations aussi importantes que significatives du fondateur de l'école positiviste. « Dans l'être vivant, a-t-il dit, le principal, presque *le tout,* c'est *l'ensemble* dans l'espèce, le *progrès* dans le temps. La raison de cet ensemble et de ce progrès, c'est la vie même. Dans la science des êtres organisés, tout dépend de l'ensemble, qui est le résultat et l'expression d'une certaine unité à laquelle tout concourt. La synthèse dans la biologie doit remplacer l'analyse. Chaque ordre d'existence est pour l'ordre supérieur une matière à qui celui-ci donne la forme. C'est le supérieur qui explique l'inférieur. C'est dans l'humanité qu'il faut chercher l'explication de la nature. L'ensemble de la vie animale serait inintelligible sans les attributs supérieurs qu'étudie la sociologie. Le type suprême constitue le principe exclusif de l'unité biologique. » C'est avec une haute raison que M. Ravaisson fait ressortir l'inconséquence de déclarations pareilles avec le principe essentiel du positivisme. « M. Auguste Comte, dit-il, n'en écarte pas moins toute explication métaphysique, toute cause en dehors de l'action et de la réaction mutuelle des organismes et des milieux physiques. Mais si le phénomène seul est réel, comment y trouver aucune causalité, aucune explication des autres phénomènes ? L'explication de l'inférieur par le supérieur implique la cause finale (1) ! »

C'est ainsi que la science positive a marqué elle-même la place des deux grandes disciplines de l'esprit humain que le positivisme voulait proscrire. La coexistence de la théologie, de la métaphysique et de la science positive qui nous est apparue justifiée en fait comme en droit n'implique point leur confusion. Elles coexistent précisément parce que leurs objets ne sont pas identiques et répondent à des nécessités différentes, mais qui doivent se compléter. « Les choses, a dit excellemment M. Robert Flint, peuvent être considérées sous trois aspects ; mais trois aspects ne sont pas trois états successifs. De ce fait qu'il est naturel à l'esprit de considérer les choses de ces trois manières, il ne suit nullement qu'il y ait entre ces trois modes un ordre de succession nécessaire ou naturel. Bien plus, précisément parce qu'il est naturel de considérer les choses de ces trois manières, il est naturel de supposer, non qu'un de ces modes devra être épuisé, traversé, avant que l'autre soit abordé, mais qu'ils seront simultanés dans leur origine et parallèles dans leur développement (2). »

---

(1) Ravaisson, *Rapport sur la philosophie française*, 1867, p. 88.
(2) Flint, *la Philosophie de l'histoire en France et en Allemagne*, traduit de l'anglais par L. Carrau, vol. Ier. Germer-Baillière, 2 vol. in-8°, pages 323, 325.

Pour bien nous rendre compte de ces trois aspects des choses, nous devons marquer avec plus de précision la distinction entre ce que l'école positiviste appelle les deux premiers états de l'esprit humain, et qui sont pour elle l'état théologique et l'état métaphysique. Il nous est impossible de trouver dans cette démarcation une différence bien tranchée. Nous avons déjà indiqué les points de ressemblance entre la théologie et la métaphysique. Aussi croyons-nous qu'il vaut mieux désigner le premier état, qui est pour nous un premier aspect des choses, par le mot de religion. La théologie est sans doute étroitement unie à la religion ; elle s'en distingue néanmoins par le fait que la seconde n'est pas avant tout une affaire d'intelligence — une spéculation — mais qu'elle a un caractère essentiellement pratique, qu'elle est tout d'abord un élan, une tendance de l'âme ou, pour mieux dire, de l'être tout entier. Nous nous bornons pour le moment à une caractéristique générale que nous justifierons quand nous étudierons l'origine de la religion. Étreint et souvent accablé par la mystérieuse intuition du grand inconnu qui le domine et l'attire à la fois, l'homme éprouve un besoin instinctif de le rejoindre par sa pensée, par son cœur et par sa volonté. Il ne faut pas dire qu'il devienne religieux par l'effroi de ce pouvoir mystérieux ; car, s'il en était ainsi, il cesserait de chercher à se rapprocher de lui dès qu'il croirait l'avoir désarmé. Or, c'est ce qu'il ne fait pas ; il y revient toujours et, bien loin de s'efforcer de l'oublier, il brûle de le toujours mieux connaître ou plutôt de s'unir à lui. La religion, pour être atteinte dans sa véritable idée, ne doit pas être considérée dans ses manifestations les plus basses comme le grossier fétichisme où le positivisme voit à tort ses origines ; il n'a pas le droit de lui appliquer un autre critère qu'à la science positive dont il ne prend pas la mesure dans la période obscure et confuse de ses longs tâtonnements, mais dans sa plus haute réalisation à l'époque actuelle. Il n'est que juste d'appliquer la même règle à la religion. Elle a produit des types qui ont mis en lumière son idéal, c'est-à-dire sa véritable idée. Elle nous apparaît comme l'union vivante entre l'être humain et Dieu. C'est l'aspiration vers le divin qui en est le trait caractéristique ; c'est elle qui, si on peut ainsi parler, aile la pensée, enflamme le cœur, et stimule la volonté en imprimant à ces trois facultés essentielles une même direction. Il ne s'agit pas de rechercher actuellement si cette vie religieuse est ou non fondée dans ses aspirations ; nous nous contentons d'y reconnaître une réalité incontestable et de déterminer son caractère tel qu'il résulte de l'histoire du genre humain. Cette détermination nous suffit pour établir que la religion se distingue essentiellement de la métaphysique pure, soit théologique, soit philosophique. Sans doute elle a avec elle des affinités réelles, car la tendance vers le divin allume la soif de le mieux connaître en lui-même comme dans ses manifestations ; aussi la religion a-t-elle sans cesse inspiré, provoqué le plus large essor de la métaphysique. Seulement, du moment où, le branle étant donné à l'esprit, celui-ci se livre au travail de la spéculation, la religion n'occupe plus que le second plan. Elle n'en devra pas moins agir sur le théologien puisque l'être humain n'est en équilibre que dans la mesure où il échappe au fractionnement et que la meilleure manière de spéculer utilement n'est pas de se mouvoir dans le vide, en dehors de toute réalité morale ; mais il n'en demeure pas moins que, dans la recherche métaphysique, le trait caractéristique, ce que j'appellerai volontiers la note dominante, est le travail de la pensée pure. Il y a donc, non pas séparation absolue, mais distinction suffisante entre la religion et la métaphysique, et cette distinction suffit pour que nous ayons le droit d'affirmer que nous n'avons pas deux états de l'esprit humain incompatibles et, par conséquent, nécessairement successifs, mais deux aspects des choses, qui peuvent parfaitement coïncider et qui même se complètent l'un l'autre sans aucune espèce de contradiction. La religion comme la métaphysique aborde vers la région des causes : la première s'y élève surtout par l'élan de l'âme ; la seconde par la spéculation ; ce qui n'empêche pas que la spéculation trouve sa place dans la religion et que la religion se mêle à la spéculation. Aussi le même homme peut-il être à la fois le plus hardi des penseurs et le plus fervent des chrétiens.

La science positive se distingue plus nettement encore de la religion et de la métaphysique. La tâche qui lui est assignée par le positivisme est bien la sienne. Sa mission est de rechercher partout les conditions de l'existence, l'enchaînement des faits, la relation immédiate, évidente de l'antécédent et du conséquent, ce qu'on a le droit d'appeler le déterminisme de la nature, tout ce qui tombe dans le champ de l'observation et de l'expérimentation. En quoi la religion et la métaphysique se mettent-elles en contradiction avec cette science ainsi comprise toutes les fois qu'elles restent l'une et l'autre dans leur domaine propre en se gardant de confondre la question du *comment* avec celle du *pourquoi*, la question des conditions d'existence avec celle des causes ? Cette confusion peut se faire de deux façons. Ou bien la religion et la métaphysique mêlent le pourquoi et le comment en introduisant dans l'observation et l'expérimentation des causalités arbitraires, capricieuses qui faussent la réalité ; c'est ce que faisait la mythologie quand elle assimilait le tonnerre à la foudre divine au lieu de laisser la science chercher les conditions physiques qui expliquent ce phénomène. Cette confusion n'est imputable à la religion que sous sa forme inférieure ; elle n'est point une conséquence logique du point de vue religieux pris en lui-même. Ou bien, pour en venir à l'autre alternative, c'est la science positive qui, ne se contentant pas de constater les conditions de la vie, les assimile aux causes premières et introduit le *pourquoi* dans le *comment*. Dans les deux cas, il a y incompatibilité entre la religion ou la métaphysique et la science positive, par la raison bien simple que les unes et les autres ont envahi leur domaine respectif et qu'elles ont voulu occuper tout le champ de la connaissance et de l'activité humaine. Il y a, en effet, dès lors contradiction entre leur prétention réciproque, et leur coexistence étant impossible, la théorie des trois états est justifiée. La contradiction cesse du moment où la démarcation légitime est maintenue, où la science positive se contente de considérer les choses sous l'aspect des conditions d'existence et de l'enchaînement des phénomènes. La liberté la plus entière est concédée à la science positive; on ne lui oppose plus ni un texte ni un dogme, une fois qu'il est entendu que la religion n'a aucun droit sur son domaine, qu'aucune autorité ne saurait être invoquée contre elle, qu'elle est souveraine dans sa sphère. L'expérimentateur dans son laboratoire ou le naturaliste en face de la nature immense a pour devoir de n'en croire que son observation et tout pouvoir qui s'interposerait entre lui et la réalité serait une usurpation. On voit à ce point de vue que les écrivains qui, comme Draper, prétendent enregistrer les défaites de la religion en nous donnant les bulletins de victoire de la science positive triomphent à bon marché (1). Ce qui a été vaincu fort heureusement, c'est cette religion encyclopédique du moyen âge qui voulait faire marcher le soleil au commandement d'un prophète au nom d'un texte sacré et qui était ainsi forcée de condamner Galilée, cette religion qui ne pouvait admettre que la terre ne fût pas le centre du monde et se perdît comme un point dans les espaces infinis. Cette religion-là, qu'elle s'appuie sur la hiérarchie catholique ou sur l'orthodoxie protestante cramponnée à la lettre de la Bible, n'use que d'un pouvoir usurpé. La vraie religion ne porte que sur la relation de l'âme avec le divin; elle n'admet pour révélé que ce que l'homme ne peut pas découvrir. Aussi laisse-t-elle pleine latitude à sa libre recherche et ce n'est pas elle qui tremblera devant les progrès

(1) Draper, *Les Conflits de la science et de la religion*. 1 vol. in-8°. Germer-Baillière, 3ᵉ édit., 1878.

de la science positive comme si chaque coup de scalpel qui fouille la réalité lui portait un coup mortel. Ainsi pour nous tant que la science positive se meut dans le domaine qui lui est propre, elle y est absolument souveraine, pourvu qu'elle ne le dépasse pas; la religion et la métaphysique n'ont rien perdu de l'indépendance qui leur appartient dans leur sphère, et toutes les causes de conflit sont écartées (1). Ce fameux troisième état qui devait supprimer les deux états antérieurs n'est qu'un troisième aspect des choses, légitime au même titre que l'état religieux et l'état métaphysique.

Il y a plus : ces trois grandes fonctions de l'esprit humain n'ont pas seulement le droit de coexister; elles concourent encore toutes ensemble, chacune avec ses méthodes propres et sans sortir de sa sphère d'action distincte, à la connaissance totale des choses. Nous l'avons établi pour la religion et la métaphysique qui ne peuvent se passer l'une de l'autre et dont l'association est seule féconde. La science positive, qu'elles n'ont aucun droit de régenter ou de contrôler, est destinée à les fortifier, bien loin d'éveiller leurs scrupules ou leurs craintes. La science des causes n'est-elle pas étroitement liée à celle des effets et n'est-elle pas obligée, sous peine de se perdre dans l'abstraction, de tenir compte incessamment des résultats obtenus par la science positive? Expliquer sans connaître, ce n'est pas expliquer. Si la métaphysique est une parallèle qui ne rencontre jamais la science positive, elle se perd dans le vide, elle n'est plus que la science des quintessences, objet de justes railleries. Ne profite-t-elle pas, en définitive, de cette constatation et de ce classement des faits naturels bien observés qui, en enchaînant les phénomènes les uns aux autres, en dégage les lois? Quand la perfection du *cosmos* se voit comme à l'œil, grâce aux recherches de la

---

(1) Voir l'article capital de M. Charles Secrétan sur les trois états (*Revue philosophique* de mars 1881), et celui de M. Vacherot sur le même sujet (*Revue des Deux-Mondes*, 15 août 1880.

science positive, l'esprit n'est-il pas reporté à une perfection plus haute dont il a saisi le reflet dans les choses ? Le lien des causalités secondaires qui se dégage des conditions de vie n'est-il pas comme l'extrémité d'une chaîne qui le dépasse, de la chaîne de cette causalité supérieure que recherche la métaphysique, que pressent ou adore la religion ?

Nous avons déjà vu que la science positive est reportée plus haut qu'elle-même par la notion de loi réduite à sa plus simple expression et considérée comme la prévision de l'enchaînement constant de l'antécédent et du conséquent.

La part de l'hypothèse dans la découverte, telle que l'a magistralement établie M. Claude Bernard dans sa théorie de la science expérimentale, nous amène à la même conclusion. L'hypothèse est cette illumination de la pensée qui pressent une loi de la nature; elle jaillit au contact d'une expérience préliminaire encore insuffisante. L'hypothèse serait impossible s'il n'y avait pas entre l'esprit humain et la réalité une harmonie préétablie. M. Claude Bernard n'hésite pas à lui donner le nom d'idée préconçue : ce qui implique un élément d'*à priori*. « On peut dire, lisons-nous dans *l'Introduction à la médecine expérimentale*, que nous avons dans l'esprit l'intuition et le sentiment des lois de la nature, mais nous n'en connaissons pas la forme (1). » Sans doute cette intuition ne suffit pas pour établir le fait avant l'expérimentation rigoureuse ; mais, pour que l'esprit ait pu le pressentir, il faut qu'il ne soit pas seulement le produit de la sensation et qu'il y ait quelque chose

---

(1) Claude Bernard, *Introduction à la médecine expérimentale*, p. 266-299. M. Ernest Naville, dans son livre intitulé *la Logique de l'hypothèse*, (Germer-Baillière, 1880), développe dans toute son ampleur le sujet que nous n'avons pu qu'effleurer ici. Non seulement l'importance et la portée philosophique du rôle de l'hypothèse dans la découverte des vérités scientifiques est mise en pleine lumière, mais encore les conditions indispensables à son emploi légitime et à sa vérification (persévérance, courage, loyauté), sont indiquées d'une manière précise. Voir aussi le livre de M. Caro, sur le *matérialisme et la science* (Paris, Hachette, 1867). On y trouve un commentaire magistral des assertions de M. Claude Bernard sur l'hypothèse.

en lui qui la précède et la domine. L'hypothèse n'est qu'une application préliminaire du principe de causalité, car elle est une prévision d'explication. Les faits déjà constatés portent l'esprit à prévoir une condition de vie plus générale qui en end compte, un supérieur qui explique l'inférieur comme le disait Auguste Comte, la science positive atteste donc elle-même qu'elle ne se suffit pas, qu'il y a d'autres aspects des choses et que ces aspects ne lui sont pas inutiles. Ainsi division du travail et accord fondamental entre la religion, la métaphysique et la science positive, c'est bien la conclusion qui s'impose à nous et qui renverse la théorie des trois états (1).

La seule concession que nous puissions lui faire consiste à reconnaître que ces trois grands points de vue se sont de plus en plus dégagés de la confusion primitive où ils se mêlaient et s'altéraient réciproquement. Il est certain qu'au début de l'évolution de l'esprit humain la religion, la métaphysique et la science positive, qui du reste méritait bien peu ce nom, ne se séparaient pas. La mythologie prétendait être une explication totale de l'univers et remplaçait partout les conditions de vie par des divinités multiples. Le vent qui souffle, l'océan qui mugit, le soleil qui dissipe la nuit, paraissaient autant d'actes divins qui dispensaient de chercher les causes naturelles et immédiates des phénomènes. C'est le temps

> Où le ciel sur la terre
> Marchait et respirait dans un peuple de dieux.

Hésiode divinise les grandes lois cosmiques telles qu'il les conçoit et l'obscurité même des origines devient une déesse aux voiles impénétrables, qu'il nomme la Nuit éternelle. La philosophie antique essaya de rompre ce faisceau inextricable des causes premières et des causes secondes entièrement confondues. Cette séparation, qui alla parfois jusqu'à la sup-

---

(1) Voir sur cette question le beau livre de M. Liard, *la Science et la Métaphysique*, chap. I, t. II.

pression des causes premières, comme dans l'école ionienne et très spécialement dans l'atomisme de Démocrite, permit à la science positive de faire sa première apparition ; aussi Lange a-t-il soutenu dans son histoire de ces écoles que le matérialisme fut une condition de progrès, malgré son exclusivisme, qui devait devenir la pire des erreurs. Il n'en reconnaît pas moins que le grand souffle de la recherche scientifique procède de ces mêmes métaphysiciens auxquels il reproche d'avoir trop détourné la science positive de son domaine propre. « Nous accorderons, dit-il, à de telles spéculations une haute importance quand nous verrons combien cet élan de l'esprit qui s'associe à la recherche de l'unité et de l'éternité dans la vicissitude des choses humaines réagit sur des générations entières en les vivifiant et donne même souvent par voie indirecte une nouvelle impulsion aux investigations scientifiques. Le principe religieux et moral qui constituait le point de départ de Socrate et de Platon dirigea le grand travail de la pensée humaine vers un but déterminé. Une pensée profonde, un noble idéal de perfection soutiennent ainsi les efforts et les aspirations morales de l'humanité pendant des milliers d'années. Aujourd'hui encore l'idéologie que nous sommes obligés de bannir du domaine de la science peut par son importance morale et esthétique devenir une source féconde de résultats (1). »

Au moyen âge, la confusion première reparut dans la scolastique sous des formes chrétiennes. Bacon inaugura une réaction semblable à celle des Ioniens et des naturalistes de l'école d'Épicure ; cette réaction fut exagérée, comme tous les mouvements du même genre, mais elle rendit possible la distinction de la religion, de la métaphysique et de la science positive. La division du travail dans la recherche permit à l'es-

---

(1) Lange, *Histoire du matérialisme*, art. I, p. 172. (Voir Ernest Naville *Les grands physiciens modernes*.)

prit humain d'en aborder les divers domaines sans en supprimer aucun.

C'est dans cette distinction et cette division qu'est le progrès. Le positivisme qui l'efface et qui ne veut plus admettre qu'un seul de ces domaines, sans pouvoir d'ailleurs s'y maintenir, est un retour en arrière. Il aboutit en réalité à la mutilation de la recherche ; mais cette mutilation est tellement contre nature que l'école qui avait promis de ne s'attacher qu'aux réalités positives finit par fonder une religion. Nous savons qu'à cet égard il y a eu scission parmi les disciples d'Auguste Comte. Il n'en est pas moins remarquable que le maître ait abouti à l'étrange mysticisme dont ses derniers écrits portent l'empreinte et qu'il ait institué un culte auquel les sectateurs n'ont pas manqué. Le *Discours sur l'ensemble du positivisme*, publié en 1848, ne dénote aucun affaiblissement chez l'auteur de la philosophie positive. Ce puissant esprit y apparaît en pleine possession de lui-même; sans doute il a reçu un choc ou pour mieux dire une impulsion des grands événements qui ont montré la fragilité des institutions monarchiques et ouvert une large carrière à la démocratie triomphante. C'est ce triomphe même qui le préoccupe. Il voit qu'il faut à cette démocratie un principe directeur qui remplace les autorités du passé ; il reconnaît que ce principe ne peut être simplement une méthode scientifique, qu'il ne sera efficace que s'il parle au cœur autant qu'à l'esprit et fait la part du sentiment. Comment tirer cette force morale de la simple constatation des faits et de leur enchaînement systématique? Il ne suffit pas de frapper le rocher dur et aride pour en faire jaillir les eaux vives, aussi Auguste Comte est-il obligé de dépasser ses prémisses; malgré ses efforts pour ne pas sortir de son système, il fait de larges emprunts à ce premier état de l'esprit humain qu'il avait dédaigneusement

---

(1) *Discours sur l'ensemble du positivisme ou exposition sommaire de la doctrine philosophique propre à la grande république occidentale.* Paris, Librairie scientifique, 15, quai Malaquais, 1848.

relégué dans l'enfance ignorante de la race. Nous savons qu'Auguste Comte s'imagine échapper complètement à une assimilation si humiliante à ses yeux, par le seul fait d'avoir substitué dans notre adoration l'humanité aux divinités transcendantes du passé. C'est elle qui est partout le seul véritable grand Être dont nous sommes les membres nécessaires. A elle doivent se rapporter désormais tous les aspects de notre existence individuelle et collective, nos contemplations pour la connaître, nos affections pour l'aimer et nos actions pour la servir (1). Nous voilà bien loin de l'état positif de l'esprit et bien rapprochés de cet état religieux qui avait pour caractère propre la personnification arbitraire des causes. On nous avait dit que le fétichiste, comme l'adorateur de Jéhova, dépasse les faits positifs, qu'il y infuse une âme, un principe, une puissance mystérieuse qui les a produits et les dirige vers une fin. La religion, ajoutait-on, tend toujours à mettre le divin dans le terrestre ; elle ne se contente pas de la transcendance, elle aboutit à l'immanence ; sa grande illusion consiste à doubler en quelque sorte les faits positifs qui appartiennent à l'expérience d'une force mystérieuse échappant à l'observation. En quoi le grand Être de M. Auguste Comte se distingue-t-il de ces entités ou religieuses ou métaphysiques qu'il a voulu pourchasser ? L'observation immédiate nous permet de constater l'existence des individus, puis des collections d'individus qui ont établi certaines relations ou organisations sociales, mais où la science positive a-t-elle trouvé un grand Être appelé l'humanité — un Être immense et éternel, pour employer les expressions du maître, qui se compose encore plus de morts que de vivants et qui revit en chacun de nous ? Une généralisation si vaste atteignant un tel degré de réalité qu'elle devient l'objet d'un culte n'est pas le simple total de l'addition des phénomènes particuliers ; elle dépasse toutes les constatations empiriques, plus peut-être que ces gra-

---

(1) *Discours sur l'ensemble du positivisme*, p. 324.

cieuses divinités du polythéisme grec qui n'étaient qu'une simple idéalisation de la réalité connue. Qu'on n'oublie pas que M. Auguste Comte prétend que nous sommes les membres nécessaires de ce grand Être. Il nous a donc précédés et plus ou moins produits. Il joue vis-à-vis de nous le rôle d'une cause première ; il est en même temps une fin, puisque nous devons non seulement le contempler et l'aimer, mais encore le servir ! Il ne suffit pas de dire qu'il revit dans chaque homme, car il n'y apparaît que partiellement et à l'état fractionné. Or, c'est le grand Tout qui est l'objet de notre adoration. Il faut pour que nous l'atteignions par la pensée, que nous dépassions le relatif et le particulier et que nous prenions notre élan vers la plus haute des généralisations qui ressemble singulièrement à l'absolu. Causalité, finalité, absolu, c'est la religion avec tous ses caractères. Je sais bien que M. Auguste Comte prétend qu'il n'y a dans cette adoration du grand Tout que l'application de l'élément de sociabilité. Cet élément d'après lui, procède logiquement de la subordination du sujet à l'objet ; l'esprit trouvant ses propres lois dans la nature ne ferait que subir cette immuable nécessité des choses qui nous interdit de vivre isolément et nous force à nous soumettre aux conditions de l'existence universelle en dehors de nous. Mais la sociabilité est tout autre chose que cette subordination, car nous n'éprouvons aucun sentiment semblable vis-à-vis du monde extérieur dont nous dépendons pour tant de motifs. La sociabilité que nos semblables nous inspirent tient à notre affinité morale avec eux ; elle ne procède pas de la simple loi de subordination, mais de la sympathie et de l'affection qu'ils nous inspirent à un titre tout spécial et que nous n'éprouvons pour aucun autre être. Au reste, M. Comte le reconnaît bien lui-même par l'importance qu'il accorde au côté affectif, au cœur, source des grandes impulsions et des passions fécondes. De là la part prépondérante qu'il fait dans sa réorga-

---

(1) *Discours sur l'ensemble du positivisme*, p. 22.

nisation sociale à la femme presque divinisée et après elle au prolétaire, plus près que les autres classes des intuitions affectives. Tout marchera à souhait dans la société nouvelle quand, après avoir reconnu cette prééminence de la femme et du prolétaire, elle aura inauguré un régime uniquement industriel et producteur sous la direction des dix mille savants qu'elle nourrira comme ses mandarins et ses chefs spirituels. Nous n'insistons pas sur ces utopies dont personne ne s'occupe plus aujourd'hui, pas plus que du culte du grand Être, de ses fêtes brillantes, de son calendrier bigarré couronné par l'apothéose de la femme. On ne peut que sourire de cette contrefaçon du moyen âge catholique qui du reste est pour M. Comte la moins absurde des folies du passé. Nous n'en retenons que sa notion du grand Être et la ferveur mystique qu'il lui inspire comme la preuve fournie par lui-même de l'insuffisance de son système. Nous ne sommes point de ceux qui le raillent de ces inconséquences singulières ; nous y voyons comme une vengeance ou une revanche des éléments indestructibles de la nature humaine qu'il avait voulu bannir arbitrairement et, au fond, l'expression de ces sentiments immortels sans lesquels l'humanité ne serait plus elle-même.

Reconnaissons que M. Littré, si digne de nos respects par l'élévation de son caractère et la noblesse de sa vie, a rejeté sans hésiter le mysticisme humanitaire de son maître. Il a même poussé la réaction contre cette tendance si contraire à sa sévère raison jusqu'à supprimer en fait cette région de l'inconnaissable que le positivisme est obligé à la fois de maintenir et de négliger, car son principe essentiel consistant à nous interdire l'explication des choses, la causalité première ne peut être d'après lui ni affirmée ni niée, puisque la négation serait une explication ; l'atomisme matérialiste est une métaphysique. Pour se convaincre de cette inconséquence de l'illustre écrivain, on n'a qu'à se rappeler sa polémique avec Stuart Mill précisément sur cette question de l'inconnaissable. « Si l'univers eut un commencement, dit

M. Stuart Mill, ce commencement, par ses conditions mêmes, fut surnaturel; les lois de la nature ne peuvent rendre compte de leur propre origine. Le philosophe positif est libre de former son opinion à ce sujet conformément au poids qu'il attache aux analogies dites *marques* de dessein et aux conditions générales de la race humaine (1). » M. Littré s'oppose avec énergie à ce que le positivisme fasse aucune concession à l'idée de finalité qui reparaît avec les marques de dessein invoquées par M. Stuart Mill. « La philosophie positive, dit-il, ne nous laisse point libres de penser ce qu'on veut des causes premières. Elle ne nous laisse là-dessus aucune liberté. On ne peut servir deux maîtres à la fois, le relatif et l'absolu. Concevoir une connaissance là où le mode de philosophie met rigoureusement l'inconnu, c'est non pas concilier, mais juxtaposer les incompatibilités (2). » Interdire à la philosophie positive, comme le fait M. Littré, d'admettre la possibilité d'une cause première dans la région de l'inconnu, c'est abandonner cette position de neutralité complète que l'on avait revendiquée. Si l'on prétend s'arrêter réellement aux limites du monde phénoménal, nulle hypothèse sur ce qui le dépasse n'est écartée. Les suppositions et les présomptions sont libres, pourvu qu'on n'en fasse pas des certitudes, ce que repousse le principe fondamental de l'école. S'opposer à ce qu'on admette la possibilité d'une cause première intelligente revient à la nier, et si on la nie, l'inconnu disparaît. Parler encore d'ignorance est un abus de langage, car celui qui ignore véritablement n'a pas de parti pris contre l'une des suppositions ou des présomptions possibles. Au reste M. Littré sur ce point a raison contre MM. Stuart Mill et Herbert Spencer. La neutralité en un pareil sujet demande un jeu d'équilibre impossible; aussi le positivisme est-il tantôt élevé au dessus de lui-même comme nous l'avons vu

---

(1) Stuart Mill, *Auguste Comte and positivisme*, London, 1861.
(2) Littré, *Fragments de philosophie positive*, p. 284.

par l'exemple de M. Auguste Comte, fondateur de la religion humanitaire, tantôt ramené au matérialisme pur. C'est de ce côté que la logique a incliné M. Littré. Dire comme lui que la vue des choses écarte la vue de l'esprit revient à supprimer l'esprit, et pourtant il n'y réussit pas tout à fait, car on peut signaler dans ses écrits plus d'une de ces bienheureuses inconséquences qui attestent l'impérissable aspiration de l'esprit. Qu'on relise les belles pages intitulées : *Paroles d'un disciple* qui servent d'introduction au *Cour de philosophie positive*. On y trouve des accents presque religieux devant l'immensité qui nous déborde ; qu'on en juge par ce passage : « Ce qui est au delà du savoir positif, soit matériellement, le fond de l'espace sans bornes, soit intellectuellement, l'enchaînement des causes sans terme, est inaccessible à l'esprit humain. Mais inaccessible ne veut pas dire nul et non existant. L'immensité tant matérielle qu'intellectuelle tient par un lien étroit à nos connaissances et devient par cette alliance une idée positive et du même ordre, je veux dire que, en les touchant et en les abordant, cette immensité apparaît sous son double caractère, la réalité et l'inaccessibilité. C'est un océan qui vient battre notre rive et pour lequel nous n'avons ni barque ni voile, mais dont la claire vision est aussi salutaire que formidable. Le sentiment d'une immensité où tout flotte s'est emparé graduellement des esprits depuis que l'astronomie a marqué cet infini d'une forme réelle, changeant le ciel en un espace sans bornes, peuplé de mondes sans nombre. C'est lui qui, depuis lors, a donné le ton à l'âme humaine, a inspiré l'imagination et s'est fait jour dans ce que la poésie moderne a de plus éclatant. La situation est nouvelle pour l'homme de se voir dans l'immensité de l'espace, des temps et des corps, sans autre maître, sans autre garantie, sans autre force que les lois mêmes qui régissent l'univers. Rien n'élève plus l'âme que cette contemplation. Tout ce qui

---

(1) *Fragments de philosophie positive*, p. 232.

s'est fait et se fait de grand et de bon dans l'ère moderne a sa racine dans l'amour croissant de l'humanité et dans la notion que l'homme prend de sa situation dans l'univers (1). » Nous voilà bien loin de cette simple constatation de l'enchaînement des phénomènes qui ne donne aucune de ces émotions sublimes, car le sublime naît de l'intuition de l'infini et non d'un simple agrandissement de l'horizon des choses visibles et sensibles. Je sais bien que M. Littré prétend tirer ce que cette émotion a de plus élevé du fait que l'homme est en présence d'un infini vide de Dieu, qui n'est que l'immensité des choses; mais comment ne voit-il pas qu'il y a de la religion dans ce sentiment profond qu'il exprime avec une poésie si forte où l'on retrouve un écho de cette grande parole de Pascal : *L'immensité des espaces infinis m'étonne et me confond?* Chose étrange! l'être humain est tellement un être religieux par essence qu'il se fera une espèce de religion avec l'irréligion elle-même, et qu'il y portera cette réserve d'infini qui est en lui. Il ne la transporte dans les choses que parce qu'elle est son instinct le plus indestructible. L'océan de l'immensité, pour employer l'image de M. Littré, fait battre en vain la rive où l'homme n'occupe pas plus de place qu'un grain de sable, il le laisserait insensible si la voix de l'infini n'avait retenti tout d'abord dans le fond de son cœur. Il en est de lui comme de ce coquillage infime où le mugissement immense de la mer semble enfermé; il suffit que nous le rapprochions de notre oreille pour qu'il nous apporte d'une manière distincte l'écho de l'immensité.

Ce n'est point déroger aux sévères conditions d'une discussion sérieuse que de montrer par un exemple incontestable cette impossibilité, pour le positivisme, de se renfermer dans sa donnée première. Il s'est trouvé, de nos jours, un jeune savant trop rapidement enlevé à des travaux pleins de promesses, qui avait adopté le principe de l'école dans toute sa

---

(1) *Auguste Comte et la philosophie positive*, p. 579.

rigueur. Lui aussi, il avait cru que la science positive était le seul aspect des choses. Esprit sincère, âme ardente, tout entier tourné vers la recherche de la vérité, il reconnut bientôt que cette science, non seulement ne répondait pas à toutes les aspirations légitimes de notre être, mais qu'elle ne se suffisait pas à elle-même. On peut lire, dans la belle introduction de M. Lévêque à l'œuvre posthume de M. Papillon, sur l'*histoire de la philosophie moderne dans ses rapports avec le développement des sciences de la nature*, l'histoire intellectuelle et morale de ce jeune savant. Il avait subi autant qu'il est possible la fascination et les éblouissements des magnifiques progrès de la science contemporaine, car il débuta par l'exclusivisme le plus absolu et l'élimination de tout ce qui n'était pas science positive. Il trouva son chemin de Damas dans la voie même de sa libre et sévère recherche ; il sentit qu'à côté de l'intelligence il y a dans l'homme d'autres facultés qui demandent leur aliment. Il en vint à reconnaître que ce savoir lui-même s'éclaire sur ses sommets de clartés plus hautes que celles que fournit l'observation sensible. « Quoi qu'en disent les empiriques et les utilitaires, écrivait-il peu de temps avant sa mort, il y a des certitudes en dehors de la méthode expérimentale et des progrès en dehors de ses applications brillantes et bienfaisantes. L'esprit humain peut employer son énergie, travailler d'accord avec la raison et découvrir des vérités réelles dans une sphère aussi supérieure à celle des laboratoires ou de l'industrie que celle-ci l'est elle-même à la région des actes les plus grossiers. Bref, il y a un temple de lumière, dont ni le calcul ni l'expérience n'ouvrent les portes à l'âme et où, pourtant, l'âme pénètre avec autorité et sûreté, quand elle a gardé la conscience de ses anciennes prérogatives (1). » L'exemple de M. Papillon montre à quel point le positivisme est insuffisant pour en-

---

(1) *Histoire de la philosophie moderne dans son rapport avec les sciences de la nature*. Ouvrage posthume de Fernand Papillon. Introduction, p. 20. (Paris, Hachette, 1876).

chaîner l'esprit dans le cercle étroit de la simple constatation des faits. Comment s'en étonner après que nous avons vu les initiateurs du système, ceux qui ont essayé de construire cette cage de fer pour l'intelligence contemporaine en briser les barreaux tout les premiers ?

En résumé, le positivisme ne s'est justifié pour nous ni devant l'histoire, ni devant les faits immédiats. Après avoir commencé par méconnaître le principe de causalité qui est le fond même de la raison, et qui devait au moins figurer dans la classification des faits constatés, il a vu sa théorie des trois états démentie dans le passé par la coexistence permanente de la théologie, de la métaphysique et de la science, et dans le présent, qui devait être l'âge exclusivement positif, par un redoublement passionné de préoccupations philosophiques et religieuses. Il a pris pour trois états successifs et inconciliables de l'esprit humain trois aspects des choses qu'il y a intérêt à distinguer, mais non à séparer, car ils se complètent mutuellement. Ni la religion ni la métaphysique ne peuvent se passer de science positive, ni la science positive se suffire à elle seule, puisque, pour formuler la plus simple des lois qui dépasse les phénomènes immédiats, il lui faut dépasser la sensation et la simple observation positive. L'hypothèse qui stimule l'expérience est une lumière qui vient du dedans et non du dehors ; le progrès de la connaissance consiste à faire sortir celle-ci de la confusion primitive et à inaugurer la division du travail entre la religion, la métaphysique et la science positive, en conservant à la fois leur indépendance et leur relation nécessaire. Le positivisme n'a pu se maintenir dans la rigueur de son principe ; il est en train de se dissoudre par une double inconséquence. Tantôt il est élevé au-dessus de lui-même sous l'action impérieuse des besoins supérieurs inhérents à l'esprit humain, comme on l'a vu par l'exemple de son propre fondateur, qui a fini par créer une religion humanitaire tout à fait en désaccord avec ses propres prémisses.

Tantôt il incline au matérialisme pur et supprime cette région de l'inconnaissable qu'il devait pourtant maintenir pour être fidèle à son principe.

D'autres systèmes issus de sa doctrine poursuivent cette double direction et aboutissent ainsi à faire fléchir sa ligne, soit à droite, soit à gauche. Ils lui infligent cette réduction à l'absurde qui n'est pas autre chose que la réfutation par l'histoire des changeantes théories par lesquelles l'esprit humain essaye de résoudre l'énigme des choses. L'instinct du vrai est tellement inhérent à celui-ci que nulle erreur ne peut tenir devant lui, chaque doctrine en se déroulant manifeste ce qu'elle a de faux ou d'incomplet. Elle arrive, à coup sûr, à un dernier résultat qui met en lumière sa défectuosité ; l'école qui la remplace est chargée de produire à la lumière cette inconséquence d'abord latente, et en la poussant à bout de la réfuter jusqu'à ce qu'elle-même soit à son tour remplacée et réfutée. Chaque erreur est le stimulant d'un développement nouveau destiné à la vaincre. Nous devons donc avoir une grande confiance dans l'esprit humain, dans sa dialectique spontanée, puisqu'il prend soin lui-même de renverser ses idoles et de montrer leurs pieds d'argile. L'histoire des idées a sa Némésis comme l'histoire des passions, et cette Némésis, c'est la raison même obéissant à ses lois (1).

---

(1) Voir les deux articles de M. Caro : *La philosophie positive, ses transformations, son avenir.* (*Revue des Deux Mondes*, 15 avril et 1er mai 1882.)

CHAPITRE II

LE PROBLÈME DE LA CONNAISSANCE
ET LA NOUVELLE PSYCHOLOGIE
EN ANGLETERRE, EN FRANCE ET EN ALLEMAGNE

Le positivisme a prétendu borner la recherche à la constatation des faits et à leur enchaînement immédiat. Quand la science les a classés et hiérarchisés, elle a, pour lui, atteint son terme. Ce qui est au delà, la cause, l'origine lui échappent si complètement qu'elle n'a pas même le droit de les nier, puisque la négation de cette causalité transcendante aurait pour conséquence d'en transporter les attributs au monde phénoménal qui deviendrait son propre principe et fournirait ainsi une réponse à l'interrogation toujours illégitime de la raison. Nous avons vu le positivisme pousser son principe si loin, qu'il a éliminé la psychologie du domaine scientifique par le motif que nous devons toujours subordonner le sujet à l'objet, l'esprit au monde pour ne pas sortir de la certitude incontestable. Le positivisme nous a paru, en définitive, inacceptable devant l'histoire comme devant la raison, et destiné à périr sous le poids de sa propre contradiction.

Une autre école qui procède de lui a essayé de le corriger ou de le compléter, en expliquant la formation de ce que nous appelons l'*à priori*, le fond indestructible de l'esprit humain, — les lois, les catégories, les principes de notre pensée, à commencer par le plus caractéristique et le plus puissant de tous, le principe de causalité. Cette école, pour réaliser sa tâche, a dû nécessairement aborder la psychologie, puisqu'elle prétendait établir par les plus fines analyses que l'esprit humain ne possède pas en propre l'élément qui semble intuitif, mais qu'il le doit à la sensation pure. Elle ne se contente donc plus d'interdire la recherche des causes ; elle prétend prouver qu'il n'y a pas de causes, que le principe de causalité n'est qu'une généralisation de la sensation provenant de sa fréquence et de sa régularité. Nous en suivrons le développement, d'abord en Angleterre dans ses deux grandes directions connexes, je veux dire la théorie de l'associationisme, que Stuart Mill a développée avec tant de richesse d'observation, et celle du transformisme qu'Herbert Spencer a poussée à ses dernières conséquences. L'Allemagne nous présentera une tendance analogue dans cette nouvelle philosophie dont on a dit, sans ironie, malgré l'apparence, qu'elle fondait la psychologie sans l'âme. Enfin, M. Taine ramènera devant nous la même théorie avec la forme brillante et piquante de son style. Nous verrons la psychologie se réduire pour lui à un simple jeu d'ombres chinoises, sans qu'on trouve nulle part le moindre tissu résistant où les projeter.

I. — LA PSYCHOLOGIE ANGLAISE.

LA THÉORIE DE LA CONNAISSANCE DE STUART MILL ET D'HERBERT SPENCER

C'est dans son livre sur la philosophie d'Hamilton que Stuart Mill a formulé pour la première fois la théorie de l'association des idées, qui est pour lui la clef maîtresse du problème psychologique. Il prétend, par son moyen, évider complètement l'esprit humain, en rapportant aux combinaisons des sensations tout ce qui nous paraît axiome ou principe.

Avant de préciser sa pensée sur ce point capital, nous

devons de prime abord faire ressortir une contradiction flagrante dans son système, à laquelle participe également celui d'Herbert Spencer. Stuart Mill a maintenu, plus énergiquement encore que l'école positiviste, ce grand domaine de l'inconnu qui échappe à la recherche. Nous avons même vu qu'il a été presque traité de mystique par M. Littré, pour avoir expressément réservé pour la religion ou, du moins, pour l'instinct mystérieux qu'elle révèle, cette *terra incognita*, où nous pouvons tout supposer, même l'existence de Dieu, pourvu que nous reconnaissions qu'elle échappe tout entière à la science. « Le mode positif de penser, disait Stuart Mill, n'est pas nécessairement une négation du surnaturel, il se contente de le rejeter à l'origine de toutes les choses. La philosophie positive maintient que, dans les limites de l'ordre existant de l'univers, ou plutôt de la partie qui nous est connue, la cause directement déterminative de chaque phénomène est naturelle et non surnaturelle. Cette donnée permet de croire que l'univers fut créé et même qu'il est continuellement gouverné par une intelligence, pourvu que nous admettions que le gouvernement intelligent adhère à des lois fixes (1). »

Voilà donc la possibilité du divin, du surnaturel, statuée de la façon la plus catégorique ! Et pourtant toutes nos idées ne viennent que de nos sensations plus ou moins combinées et associées ! Il n'y a nul moyen d'accorder la possibilité du divin et une théorie de la connaissance qui ne connaît d'autres sources que les sens. Jamais ceux-ci ne donneront même la plus vague intuition du divin, de ce que Stuart Mill appelle si bien le surnaturel. La matière ne donne que l'élément matériel, transitoire et inférieur. De deux choses l'une : ou le divin, le surnaturel doivent être éliminés, même à l'état de simple possibilité, ou la théorie sensationiste de la connaissance est insuffisante, et ne réussit pas à nous délivrer de

---

(1) Stuart Mill, *Auguste Comte and Positivism*. Londres, 1865.

l'*à priori*. Nul artifice dialectique ne parviendra à dissimuler cette contradiction que nous verrons s'accuser avec une intensité nouvelle dans les derniers ouvrages de l'éminent penseur.

Herbert Spencer ne l'a pas plus évitée que son devancier, bien qu'il ait accordé une part plus grande à l'explication simplement mécanique des choses, en faisant rentrer la théorie de l'association des idées dans celle de l'évolution. « Le vrai savant, dit-il, dans son livre des *Premiers principes* se voit, dans le monde extérieur comme dans le monde intérieur, au milieu de changements spirituels dont il ne peut découvrir ni le commencement ni la fin, soit dans la cosmologie, soit dans la psychologie. Il découvre que les choses externes et internes sont également insondables dans leur genre et leur nature dernière. Dans toutes les directions, les recherches arrivent à le mettre face à face avec l'inconnaissable (1). » Cet inconnaissable se confond avec l'absolu. « Nous avons conscience du relatif comme d'une existence soumise à des conditions et à des limites ; il est impossible de concevoir ces conditions et ces limites séparées de quelque chose à quoi elles doivent leur forme. En conséquence, il doit y avoir une conception de ce quelque chose qui remplit leurs contours, et c'est cette conception de ce quelque chose d'indéfini qui constitue notre notion du non-relatif ou absolu. Elle s'impose à nous comme un élément positif et indestructible de la pensée. L'impulsion de la pensée nous porte invariablement par delà l'existence conditionnée vers l'existence inconditionnée, dans l'affirmation d'un principe insondable où la religion reconnaît un principe identique au sien (2). »

Nous savons qu'Herbert Spencer réduit l'inconnaissable et l'absolu à une abstraction transcendante qui échappe à toute

---

(1) *Premiers principes*, p. 95.
(2) *Id.*, p. 101.

notion anthropologique, parce qu'on peut admettre, selon ses propres expressions, un mode d'existence aussi supérieur à la volonté et à l'intelligence que ces modes sont supérieurs au mouvement mécanique. Il n'en demeure pas moins que ce mode d'existence supérieur au mouvement mécanique, que la pensée statue par delà le relatif et le connaissable, est un vain leurre, si la théorie de l'évolution mécanique, telle que l'expose Herbert Spencer, est fondée ; car nous verrons qu'elle explique tout dans l'homme et en dehors de l'homme, qu'elle ne laisse pas une place dans le monde pour autre chose que la force mécanique, pas une fissure dans l'esprit pour un autre élément, de telle sorte que, ni dans l'objet ni dans le sujet, il n'y a place pour l'inconnaissable ou l'absolu ; tout est connu, expliqué, tout est matériel, relatif. Au fond, le sujet n'existe pas, il n'est que l'objet modifié suivant la loi invariable de la permanence et de la force. Il faut donc ou renoncer à l'inconnaissable, à l'absolu, ou briser le moule étroit du mécanisme universel. Il en résulte que l'évolution, pas plus que l'association des idées, n'explique l'esprit humain. Nous savons donc déjà, avant de les avoir examinées en elles-mêmes, que ces deux théories sont insuffisantes, puisqu'elles se heurtent à un fait des plus positifs constaté par elles, à savoir la présence dans l'esprit de cet élément d'inconnaissable, d'absolu que la simple notion du relatif entraîne avec elle par une association d'idées qui, cette fois, est une loi.

Si maintenant nous considérons en elles-mêmes ces deux théories, en faisant abstraction de la notion de l'inconnaissable et de l'absolu, dont elles n'ont, pourtant, pu se débarrasser, nous ne les trouverons pas moins insuffisantes pour expliquer le simple phénomène intellectuel.

Stuart Mill a été devancé dans sa théorie de l'association des idées par un philosophe du xviiie siècle, qu'il n'a eu qu'à compléter, c'est Hume. Lui aussi a cherché, en analysant la complexité et la combinaison des sensations, à éliminer les principes primordiaux de l'esprit (1). Il s'est surtout attaché au principe de causalité, « ce boulevard de l'école intuitive, » comme l'a si bien nommé Stuart Mill. D'après Hume, nous sommes arrivés à chercher les causes de tout phénomène par suite d'une habitude invétérée de notre esprit résultant du fait de la succession fréquente de nos impressions. C'est le simple fait de succession que nous avons peu à peu élevé au principe de causalité. A force de constater le *post hoc*, nous sommes arrivés, peu à peu, au *propter hoc*. La succession est devenue pour nous une cause, grâce à l'intensité et à la répétition de sensations concomitantes. L'imagination a perpétué l'effet de ces sensations, et leur a donné une certaine durée. Nous en avons tiré la loi d'induction qui reporte dans l'avenir l'ordre de succession constaté dans le passé. Il n'y a là qu'une simple habitude intellectuelle fondée sur des expériences qui ont revêtu le caractère de la nécessité. Ces sensations conservées dans l'imagination avec leur enchaînement accidentel, et pourtant si fréquent qu'il semble constant, nous ont donné l'idée d'un monde extérieur organisé. Nous avons élevé à l'identité leurs éléments communs ou persistants, et ainsi nous nous sommes forgé l'illusion de la matière. C'est par un procédé pareil que nous avons élaboré l'idée du *moi*, qui est la résultante des éléments communs à toutes nos perceptions. Son identité n'est qu'une sorte de total d'expériences similaires. Hume couronnait ce scepticisme absolu par la foi en Dieu, comme pour se mettre en règle avec l'autorité et peut-être avec ses propres aspirations. Nous ne nous arrêterons pas à réfuter Hume, parce qu'il vaut mieux s'attaquer à la forme perfectionnée de son système. Contentons-nous de lui objecter qu'il n'a expliqué nulle part le fait primordial de l'*impression*, qui est le pivot de son système, car pour qu'une sensation se produise, il faut bien que l'objet qui la provoque s'im-

---

(1) Hume, *Traité de la nature humaine*. — Compayré, *Philosophie de David Hume*. — *Philosophie de Hume*, par Pilon.

prime sur le sujet qui la ressent. Hume laisse ce fait primordial comme suspendu dans le vide, sans qu'on sache à quoi il se rattache, puisqu'il ne peut nous rendre compte ni de l'organisme ni de l'esprit, tout s'évanouissant dans la chimère imaginative. Il n'a, d'ailleurs, jamais établi que l'impression sensible fût la seule source de nos idées, car, d'après lui-même, l'idée précède parfois l'impression. En laissant à l'induction un caractère purement fortuit et empirique, il rend la science impossible, car il lui enlève toute sécurité (1). Les autres objections qu'on peut lui faire sur l'impossibilité où il est d'expliquer ce moi qu'il réduit à n'être qu'un paquet de sensations, et qui doit pourtant avoir la force intellectuelle d'enchaîner les impressions et d'y mettre la cohérence, trouveront leur place dans la discussion à laquelle nous allons soumettre l'associationisme contemporain.

Nous avons déjà dit que Stuart Mill cherche à expliquer par la sensation seule ces catégories ou formes de la pensée qui, par leur permanence ou leur universalité, semblent intuitives, et paraissent venir de notre esprit et non du dehors. Tel est le principe de causalité qui nous fait toujours rattacher les conséquences à des antécédents. La notion de la substance qui supporte tous les attributs que nous distinguons dans les choses ne nous est pas moins naturelle et a tous les caractères d'une intuition. En outre, nous ne pouvons nous empêcher de placer toute chose à un certain moment et en un certain lieu, c'est-à-dire dans le temps et dans l'espace. Enfin, nous avons conscience du moi et du non-moi. Voilà ce qu'on peut appeler l'*à priori* intellectuel. Nous parlerons, plus tard, de l'*à priori* moral. C'est cet élément intuitif que Stuart Mill après Hume prétend éliminer (2). Il ne se contente pas, en effet, de faire dans la connaissance la part légitime à la sensation qui lui fournit ses matériaux extérieurs et ses stimulants ; il

---

(1) Voir Robert, *De la Certitude*, chap. XII (Paris, Thorin, 1880).
(2) Stuart Mill, *Philosophie de Hamilton*, traduction Cazelle (Germer-Baillière, 1869).

lui donne tout, absolument tout, car d'après lui il n'y a pas
une idée, un principe qui ne s'explique par sa fameuse théorie
de l'association des idées produites de la sensation. Celles-ci
s'associent selon certaines lois fixes, que Stuart Mill s'efforce
de déterminer. Ces lois sont au nombre de trois : 1° Nous
pouvons constater que des idées semblables tendent à se rappeler l'une l'autre dans notre mémoire. 2° Quand deux
idées ont été éprouvées successivement ou simultanément,
l'une tend à éveiller l'autre. Dans le premier cas, l'antécédent ramène toujours le conséquent. 3° La répétition de
la concomitance des idées tend à les rendre inséparables et à
les enchaîner étroitement les unes aux autres. La disposition
de notre esprit à rattacher tous les phénomènes à des causes
est une simple habitude qui lui vient de cet enchaînement
constant des idées concomitantes. Il n'a pas eu besoin de tirer
de sa propre profondeur le principe de causalité; ce qu'il appelle de ce nom n'est que le résultat d'expériences accumulées.
Il a accompli un progrès important dans sa propre évolution,
quand, après avoir éprouvé des sensations, il les a prolongées
par le souvenir, et s'en est représenté la continuation par
l'imagination. Dès lors, il ne s'est plus contenté des sensations
présentes toujours fugitives; il a eu l'idée de sensations possibles. Ces sensations possibles ont tout de suite revêtu pour lui
un caractère beaucoup moins éphémère que la sensation
présente, qui ne fait qu'apparaître et passer. Elles se sont
présentées à lui dans la corrélation des antécédents et des
conséquents à laquelle il voit se soumettre toutes ses sensations actuelles. Ces sensations possibles ont ainsi formé
pour l'esprit une sorte d'organisme fixe qui bientôt lui est
apparu comme l'antécédent inépuisable et constant des sensations présentes. En rapportant les secondes aux premières,
il est arrivé à se former l'idée d'un fond résistant sous les
flots changeants des sensations présentes. C'est ainsi que la
notion de la substance comme celle de la cause est sortie de
l'expérience sensible par le jeu naturel de celle-ci, sans

aucune intuition préliminaire. Le fait que les mêmes expériences possibles se présentent à tous les hommes a revêtu le monde extérieur d'un caractère de réalité et d'objectivité, qui a conduit l'esprit à l'idée de corporalité et de matière. La notion d'espace et de temps s'est formée grâce à l'expérience incessamment répétée que nous pouvons toujours supposer un point après le point constaté, un moment nouveau après le moment qui vient de passer. Nous imaginons toujours d'autres points après ceux que nous avons perçus. La loi de l'association des idées nous fournit ainsi les notions d'infini et d'espace. Nous arrivons à la conscience du moi, précisément par la distinction que nous établissons spontanément entre les sensations possibles dont notre imagination a fait un organisme extérieur à nous et notre faculté d'éprouver des sensations actuelles. Celles-ci constituent le moi; l'association des idées ramène incessamment cette opposition entre les sensations présentes et les sensations possibles, d'où résulte le sentiment et la conscience de notre personnalité.

Telle est, en résumé, cette tentative d'expliquer complètement le sujet par l'objet, l'esprit humain par la sensation. Elle ne résiste pas à l'examen. Nous lui opposerons d'abord, sans y insister de nouveau, l'objection préliminaire que nous avons faite au positivisme en lui contestant le droit d'employer la méthode inductive. Pour élaborer cette théorie de la connaissance, disons mieux, pour fonder une science quelconque, il faut conclure des phénomènes actuels aux phénomènes futurs pour tous les cas où les circonstances seront identiques. Si on ne s'élève pas jusque-là, il n'y a plus place que pour la constatation de la sensation présente et fugitive. C'est l'impression de l'animal; ce n'est plus le savoir de l'homme. Mais, encore une fois, de quel droit conclure du phénomène uniquement perçu par la sensation à son renouvellement certain dans des circonstances analogues? La sensation n'affirme rien de semblable, car elle est essentiellement fugitive, momentanée, et, pour généraliser, prévoir, induire, il faut la dépasser, il faut un acte de l'esprit. Au reste, Stuart Mill admet l'objection dans une certaine mesure, puisqu'il admet que les lois statuées par lui ne valent que pour notre milieu. Alors rien ne nous en garantit la permanence.

Il ne s'est pas contenté, comme les premiers positivistes, de la simple induction, qui annonce le retour des phénomènes aux conditions déjà connues. Nous avons vu quelle importance il donne à la notion des sensations possibles qui seule lui fournit l'idée de la substance et du corps. Mais ce concept des sensations possibles ordonnées en un vaste système ne sort point spontanément de la sensation présente. Le possible, qui n'est pas autre chose que la virtualité, lui échappe complètement ; la sensation ne porte que sur le réel. Elle peut sans doute le prolonger par l'imagination, mais de là à fournir la notion d'un monde, d'un système de possibilités ordonnées et hiérarchisées, il y a un abîme qu'elle ne franchira jamais à elle toute seule. La notion de substance et celle de corporalité ne sont donc pas une simple évolution de la sensation même prolongée dans l'imagination. L'idée d'infini dans le temps et l'espace est tout autre chose que la supposition d'un nouveau point toujours possible après celui qu'on a constaté. Le prolongement n'est pas l'infini ; celui-ci ne se dégage pas de la simple juxtaposition des points. Tous les points connus plus un ne donnent point la notion de l'espace ni du temps. Pour les placer dans l'espace et dans le temps sans borne, il est de toute nécessité que l'esprit connaisse intuitivement ce que c'est que le temps, ce que c'est que l'espace. La notion de la cause ne peut absolument pas être ramenée à celle d'une simple succession ; un million d'antécédents suivis de conséquents ne donne que des antécédents et des conséquents et non des causes et des effets. Nous en avons une preuve péremptoire dans le fait incontestable qu'il y a des successions invariables qu'on ne peut ramener à la relation de l'effet à la cause. Le jour succède invariablement à la nuit, et cependant ce n'est pas la nuit qui produit le jour. S'il y a donc une distinction essentielle entre la succession et la causalité, il faut trouver la notion de cause ailleurs que dans la succession, c'est-à-dire en dehors des choses ; il faut la chercher dans le sujet lui-même, dans l'esprit (1). En outre, comme le fait remarquer M. Janet, l'association des idées, quand elle provient de la sensation et qu'elle est livrée à elle-même, n'aboutit jamais à des notions bien ordonnées. Nous connaissons des associations semblables dans le sommeil ; le rêve nous livre au libre jeu de nos sensations ; aussi produit-il les amalgames d'idées les plus bizarres, bien qu'on puisse avec un peu d'attention discerner les fils ténus et brisés qui ont lié ensemble nos souvenirs et les impressions premières qui ont provoqué cette inextricable confusion. Pour que nos idées s'associent d'une façon normale, il faut que nous les dominions et les surveillions, que nous les contenions dans des bornes raisonnables, en un mot que nous déployions les facultés actives de notre esprit. La liaison purement extérieure et fortuite des idées diffère du tout au tout de l'association logique, qui est un acte de la pensée (2). Stuart Mill ne voit pas que toute sa théorie de l'association des idées est une prodigieuse pétition de principes. Que cherche-t-il par ce moyen, sinon à expliquer la présence de l'idée de cause dans l'homme ? Qu'est-ce à dire, sinon qu'il en cherche l'origine ? Ainsi, dans l'effort même qu'il fait pour éliminer le principe de causalité, il lui rend hommage et le consacre ; car, d'après lui, l'association des idées est la cause de l'idée de cause, elle en donne à la fois le comment et le pourquoi, et pour l'élaborer il a dû faire incessamment usage du principe de causalité.

C'est surtout quand nous considérons son explication de la conscience du moi qu'éclate l'insuffisance de sa théorie.

---

(1) M. Stuart Mill croit se tirer d'affaire en parlant d'antécédents invariables, mais il ne nous dit pas comment il les distingue.
(2) Janet, *Psychologie,* chap. v, 51, 92.

Comment est-il possible de réduire le moi à n'être qu'un résidu, une complexité, un point de rencontre de sensations, même en ne lui demandant pas des fonctions plus hautes que ne le fait Stuart Mill? Pour associer deux idées, il faut que le moi ait au moins conscience de durer plus que l'une et l'autre et de les dominer pour les combiner. Il n'est pas possible qu'il soit simplement le total de ces deux idées ou sensations, puisqu'il les rapproche et les associe. Il faudrait alors le définir une addition qui s'additionne elle-même, ce qui est un non-sens. A côté de l'élément de durée qui le distingue des sensations, le moi possède aussi un élément d'activité, une énergie qui lui est propre et sans laquelle il ne les associerait pas; car dire qu'elles s'associent toutes seules en le traversant, c'est ne rien dire. De deux choses l'une, ou elles traversent simplement le moi, et alors elles ne laissent point de trace, ou elles marquent leur passage en subissant une réaction. Cette réaction suppose un élément actif, quelque chose qui n'est pas seulement le flot poussant le flot, mais une force qui s'en distingue. Pour que la chaîne de l'association soit perçue, c'est-à-dire ait la moindre réalité, il est indispensable qu'au moins un des chaînons s'en sépare, s'élève au-dessus d'elle et en ait conscience. Le fait de conscience implique la distinction entre l'objet et le sujet, sinon il s'anéantit; il n'y a plus de pensée, plus de connaissance, mais le simple mouvement des choses, mouvement qui, ne laissant point de trace, est comme s'il n'existait pas.

Stuart Mill a bien eu conscience lui-même de l'insuffisance de son explication du moi. D'abord il emploie fréquemment des formules qui dépassent sa théorie, comme quand il parle « de cette réalité qui par le groupement des phénomènes établit la loi des êtres, qui fait que l'immédiat et l'actuel s'enchaîne au médiat, au possible. » Pour accomplir une pareille opération, il faut être plus qu'un paquet de sensations ou une complexité d'impressions. Avec sa haute loyauté, l'éminent penseur a lui-même reconnu que nous ne pouvions nous contenter des explications de Hume sur ce point capital : « Le lien, dit-il, l'union organique qui rattache la conscience présente à la conscience passée qu'elle nous rappelle est la plus grande approximation que nous puissions atteindre d'une conception positive du moi. Je crois d'une manière indubitable qu'il y a quelque chose de réel dans ce lien, réel comme la sensation elle-même et qui n'est pas un pur produit des lois de la pensée sans un fait qui lui corresponde. A ce titre, j'attribue une unité au moi, à mon propre esprit en dehors de l'existence des possibilités permanentes (1). » Voilà le point fixe que nous cherchions, la réalité du moi ; quelque incomplète et dépouillée que soit encore cette réalité, elle nous permet de reprendre pied. Sans ce point fixe, la pensée roule dans le néant ; car le dernier composant qu'atteigne l'analyse dans nos idées n'est qu'une sensation, c'est-à-dire une représentation. Par quoi ou par qui a-t-elle été posée ? Où cette représentation a-t-elle pris adhérence ? Qu'y a-t-il derrière elle ? Nous ne pouvons rien supposer au delà, et ainsi nous ne sortons pas des représentations qui ne représentent rien et qui n'ont pas de foyer concentrateur. Ni rayon ni miroir ; c'est le néant, à moins que le moi n'ait sa réalité. Malheureusement, Stuart Mill s'est contenté de faire de la mémoire le seul facteur et le facteur bien insuffisant du moi. Sa théorie de la morale, ne s'élevant pas au-dessus de l'utilitarisme, ne lui permettait pas de donner à la personnalité sa base la plus indestructible dans l'absolu moral.

HERBERT SPENCER

Herbert Spencer a élargi l'explication de Stuart Mill en la complétant par sa théorie de l'évolution. Il a ainsi donné du

---

(1) Stuart Mill, *Philosophie d'Hamilton*, p. 252.

champ à l'association des idées, grâce aux effets accumulés de l'hérédité qui nous porte bien en deçà des étroites limites de la vie individuelle ; car l'hérédité, c'est la succession des générations à travers les siècles infinis. Chacune a pu ajouter son contingent à ce trésor intellectuel qui constitue l'esprit humain tel que nous le connaissons aujourd'hui et qui n'est que la lente accumulation des expériences séculaires de la race. Herbert Spencer rattache étroitement sa psychologie à sa cosmologie, que nous n'envisageons qu'au point de vue du problème de la connaissance, réservant pour plus tard la discussion de ses principes. Il pose à la base de son système un axiome sur lequel il fait tout reposer : c'est la permanence de la force, laquelle ne peut ni diminuer ni s'accroître, mais seulement se transformer. Cette force toujours identique, c'est l'homogène primitif, l'unité confuse qui tend par une nécessité intérieure à l'hétérogène ou à la différenciation, laquelle produit une détermination toujours plus grande dans l'être. L'être tend incessamment à s'adapter à son milieu. De là sa croissance, son évolution depuis les degrés inférieurs de l'indétermination jusqu'à la vie la plus riche, la plus compréhensive, la mieux déterminée, telle qu'elle nous apparaît dans l'humanité. Dans sa théorie de la connaissance qui doit seule nous occuper actuellement, Herbert Spencer (1) se contente de tirer les conséquences de sa cosmologie. La connaissance, elle aussi, a traversé des phases innombrables depuis les degrés inférieurs jusqu'aux supérieurs, conformément à la double loi du passage nécessaire de l'homogène à l'hétérogène et de l'adaptation de l'être à son milieu. La vie intellectuelle ne se distingue pas d'abord de la vie physique. Elle se constitue peu à peu par des additions successives. Il y a progrès continu depuis l'action réflexe par laquelle l'enfant tette sa mère jusqu'au raisonnement compliqué de l'homme

---

(1) Herbert Spencer, *Premiers principes. Principes de psychologie*, 2 vol. (Germer-Baillière).

adulte. Ce progrès se manifeste par la différenciation et la spécialisation des éléments qui étaient d'abord enveloppés dans la confusion de l'homogénéité. Action réflexe, à ses débuts, l'intelligence devient instinct, puis mémoire, enfin raison, en se mettant peu à peu en corrélation avec son milieu. L'accumulation des expériences et la transmission héréditaire jouent un grand rôle dans cette évolution de l'intelligence. C'est ainsi que ce qui n'a été d'abord qu'une expérience, une association d'idées devient une notion tellement identifiée à la pensée qu'elle a toutes les apparences de l'intuition. L'hérédité simule parfaitement l'innéité. L'individu humain n'a pas besoin aujourd'hui de procéder comme ses premiers ancêtres, par des expériences et des liaisons d'idées ou de sensations, pour acquérir les notions fondamentales de son intelligence ; il suffit qu'elles aient été acquises par les générations antérieures ; elles lui ont été transmises immédiatement et il en use comme si elles faisaient réellement partie originairement de son esprit. Peu importe que ces bases fondamentales de sa vie intellectuelle aient été formées comme certaines roches grain de sable par grain de sable, grâce à une lente accumulation ; les siècles les ont cimentées de telle sorte qu'elles remplissent la fonction des notions intuitives et axiomatiques de l'ancienne psychologie, car ces notions ne furent pas toujours des axiomes ; elles le sont devenues. Elles ne sont pas nécessaires, dans ce sens qu'elles ne sont pas éternelles, absolues, fondées sur la constitution même de l'esprit, mais elles le sont actuellement, car elles ne peuvent disparaître. Elles le peuvent d'autant moins que l'appareil physique lui-même s'est modifié sous l'influence de ces acquisitions de l'empirisme et s'est accru. L'hérédité l'a modifié comme elle modifie les autres organes. Le cerveau de l'Européen a fini par avoir quelques pouces de plus que le celui du Papou.

Appliquant ces théories générales aux principales idées que l'on a regardées comme primordiales et intuitives, Herbert Spencer, après Stuart Mill, essaye de montrer que la notion d'espace et de temps procède d'une expérience des sens. Le temps est la généralisation de toutes les expériences où nous percevons des successions, comme l'espace est l'abstrait de toutes celles où nous percevons des coexistences. Ces expériences ont pour point de départ l'exercice de nos muscles, qui nous donnent la sensation de la force. Lumière, électricité, magnétisme, action chimique, mouvement des masses, vie végétative, vie animale, vie intellectuelle, tout cela, c'est la force permanente. « Les forces vitales sont les forces d'où jaillissent nos pensées et nos sentiments et qui se dépensent à les produire. » D'où il résulte que, pour Herbert Spencer, la pensée n'est que la transformation d'un mouvement moléculaire.

La théorie de l'évolution ne nous semble pas rendre l'empirisme plus plausible. Tout d'abord elle se heurte aux mêmes objections que celle de l'associationisme sur tous les points où elle lui est conforme. Elle a cru l'améliorer en lui donnant par l'hérédité un temps infini pour produire ses combinaisons et tisser une trame serrée ; mais on est en droit de lui appliquer le mot fameux :

« Le temps ne fait rien à l'affaire. »

Les sensations multipliées et combinées pendant des myriades de siècles ne revêtent pas une vertu nouvelle ; elles restent passives, successives, transitoires, et on est en droit de demander où elles ont trouvé ce pouvoir étrange de se lier, de s'associer, puis de généraliser, d'abstraire et de conclure. Il y a là une véritable activité mentale ; comment se dégagerait-elle de la passivité pure ? On ne comprend pas davantage comment l'hérédité constituerait ce moi qui prend conscience et de lui-même et de ses modifications. Il ne se distingue pas de ses sensations, car il n'est qu'un faisceau d'impressions et pourtant il les enchaîne, il les concentre et en fait des idées ; bien plus, il se sent immobile, résistant dans la fuite incessante de ses modifications. Il y a là un mode d'existence *sui generis*. Comment s'est-il produit chez les fils, s'il n'était pas chez les pères ? Il faut reconnaître loyalement avec Stuart

Mill que l'identité du moi ne peut s'expliquer par une simple liaison d'idées. Les idées se lieraient passivement pendant toute une éternité qu'elles n'enfanteraient pas ce sentiment nouveau, cette conscience qui se distingue de leur enchaînement, ne fût-ce que pour le saisir.

Si nous en venons aux notions intuitives, qu'on prétend rapporter aux expériences accumulées, nous reconnaîtrons tout de suite qu'elles ne s'expliquent pas plus pour Herbert Spencer que pour Stuart Mill. Il ramène la notion de temps à celle de séquence constatée, et la notion d'espace à celle de coexistence ; mais ces mots de séquence et de coexistence ne sont proprement que des équivalents de l'idée de temps et d'espace — ce qui revient à dire que, pour obtenir l'expérience du temps et de l'espace, il faut en avoir déjà l'idée préconçue. Le fait que deux mouvements se suivent n'implique pas l'idée de succession prolongée, indéfinie, pas plus que leur simultanéité n'implique leur coexistence continue. On peut encore objecter à l'empirisme que la notion de succession et de simultanéité accompagne nos perceptions les plus obscures et les plus basses. D'où il résulte que le temps et l'espace s'imposent à la perception élémentaire sans qu'une expérience prolongée soit nécessaire. Si nous étions réduits à nos sensations, nous aurions le sentiment d'une simultanéité vague, mais non celui d'une coexistence continue. Donc, l'idée de temps et d'espace précède l'expérience de la succession et de la simultanéité au-dessus de laquelle nos sens, à eux seuls, ne nous élèveraient jamais. « Quand même, dit très bien M. Janet, on réduirait toutes les lois de l'esprit à des associations de sensations héréditaires ou non, il y a au moins une loi qui ne s'y réduit pas, c'est la loi de l'association elle-même, car toute association suppose la réunion de deux sensations diverses dans une même conscience. Ainsi l'unité de conscience, le *je pense*, est au fond de tout. Une simple succession ou simultanéité n'est qu'un rapport externe entre deux sensations; il faut un lien, un principe de synthèse (1). » L'idée de temps ne saurait en aucun cas être expliquée par une simple association de sensations, car elle doit précéder toute association ; pour associer des sensations, il faut avoir la notion d'une certaine succession et d'une certaine simultanéité, ce qui implique les rapports de temps.

Herbert Spencer n'a pas été lui-même fidèle à son système. Comment n'a-t-il pas vu qu'il avait introduit le loup dans la bergerie, en faisant une part à l'*à priori* par son fameux axiome de la permanence de la force? Il l'affirme sans le prouver ; c'est pour lui un vrai postulat, et c'est grâce à ce postulat qu'il prétend nous refuser le droit d'en admettre d'autres. La contradiction est flagrante. L'usage qu'il en fait, d'ailleurs, est tout à fait abusif. De ce que la force est permanente, il conclut qu'il n'y a qu'une seule manifestation de la force, la force mécanique, et il en prétend tirer par l'évolution toutes les manifestations de la vie, y compris la pensée, sans jamais expliquer comment le mouvement se transforme en pensée. La matière qui cherche à se comprendre n'est plus la matière ; le mouvement qui a conscience de lui-même n'est plus simplement le mouvement (2). L'évolution ne peut pas donner plus qu'elle ne possède ; le total d'une addition ne peut être que la somme des chiffres qui la composent. Pour arriver à tirer de la force mécanique la pensée, sans parler de la vie morale, il faut avoir subrepticement intercalé dans l'opération des quantités nouvelles.

Voilà, en effet, l'objection décisive contre la théorie de l'évolution : c'est qu'elle est nécessairement infidèle à son propre principe. Elle introduit à chaque degré de développement entre l'antécédent et le conséquent un élément qui n'était pas dans l'antécédent. « Si petit que soit l'intervalle, il est infranchissable pour la pensée. Le second état est le premier *plus quelque chose*. Toute différence spécifique

---

(1) Janet, *Traité de philosophie*, chap. IX, p. 214.
(2) Charles Secrétan, *Discours laïques* (*le Phénoménisme*).

est pour la pensée irréductible aux quotités qui l'ont précédée (1). » Le développement de la force mécanique n'explique point ce qui s'y ajoute aux divers degrés de développement ; elle rend compte de la série des phénomènes mécaniques, mais non pas des formes successives dont ils sont comme la matière. Il n'y a que deux alternatives : ou bien ce qui appartient au terme du développement était implicitement enfermé dans son principe, et alors celui-ci n'était pas simplement mécanique, ou bien quelque chose de nouveau est apparu pour produire un développement, et cet élément nouveau nous élève au-dessus de la mécanique. Il n'y a pas simple transformation d'une forme dans l'autre, et dans les deux cas l'évolution n'explique pas les choses. Cette règle s'applique parfaitement à la psychologie d'Herbert Spencer, pour laquelle il y a une simple évolution de la force mécanique, depuis le mouvement réflexe jusqu'à la raison, en passant par l'instinct. « Il est impossible de méconnaître que du mouvement réflexe à l'instinct et de l'instinct à la raison, il y a un enrichissement dont les éléments n'étaient pas compris dans les états antérieurs. Où étaient ces éléments? Étaient-ils enfermés dans l'objet de la connaissance, dans ce que nous appelons le monde? Alors les lois de la pensée seraient les lois mêmes du monde, ses lois primitives ; il aurait été créé conformément à elles et il trouverait son propre miroir dans l'esprit humain. Que devient alors l'évolution de la simple force mécanique, si celle-ci ne possède pas l'objet tout entier, s'il lui échappe en partie par ces principes de développemant supérieur? Les lois de l'esprit étant les lois du monde cessent d'être subjectives ; elles deviennent objectives, et c'en est fait du phénoménisme. C'est bien autre chose si elles sont les lois fixes, inhérentes au sujet lui-même. C'est pour le coup que la théorie de l'évolution succombe. Mais si elles ne sont ni dans l'objet ni dans le sujet, alors

---

(1) Liard, *la Science et la Métaphysique,* liv. V, chap. x.

l'évolution commence dans le néant pur; elle ne peut produire que ce qu'elle contient et, dans ce cas, il faut arrêter la psychologie au mouvement réflexe et retrancher violemment toute sa partie supérieure, parce qu'on ne peut l'expliquer. On ne sortira pas de ce dilemme : Ou les notions universelles sont en germe à l'origine de l'évolution, et alors celle-ci ne les crée pas, elle les développe et les formes de la pensée ont un commencement absolu ; ou bien elles apparaissent à un degré quelconque de l'évolution, et leur commencement est encore absolu (1). »

II. — LA THÉORIE DE L'INTELLIGENCE DE M. TAINE

Le livre de M. Taine sur l'intelligence appartient tout à fait à la nouvelle psychologie (2). On y retrouve sans doute l'originalité, la vigueur de son talent, sa verve étincelante, mais c'est bien le même fond d'idées; aussi pourrions-nous, sauf pour quelques points particuliers, nous contenter de la discussion à laquelle nous avons soumis l'associationisme. M. Taine a tiré un feu d'artifice français avec des poudres anglaises. L'image est tout à fait juste, appliquée à son système ; car, pour lui, le monde n'est pas autre chose qu'un feu d'artifice, avec cette différence qu'il n'y a pas d'artificier, et que les fusées partent toutes seules, et décrivent leur courbe sans qu'il soit possible de savoir comment a commencé ce jeu étrange. Le système de M. Taine se distingue, en effet, par un bizarre mélange de matérialisme absolu et d'idéalisme effréné. La sensation, pour lui, se réduit à un simple ébranlement moléculaire, transmis à nos nerfs, et cependant, en définitive, la matière n'est rien, et la corporalité se réduit à un fan-

---

(1) Liard, *la Science et la Métaphysique*.
(2) *De l'Intelligence*, par Henri Taine, 2 vol., 3ᵉ édition, chez Hachette, 1878.

tôme tout aussi bien que la conscience. Laissons-le résumer lui-même ce singulier système dans sa langue colorée : « Toute science, dit-il, aboutit à des vues d'eusemble, hasardeuses si l'on veut, mais que pourtant on aurait tort de se refuser, car elles sont le couronnement du reste, et c'est pour monter à ce haut belvédère que de génération en génération on a bâti. La psychologie aussi a le sien d'autant plus élevé qu'elle remonte à l'origine de nos connaissances, et dépasse tout de suite le point de vue ordinaire, qui est seulement pour l'usage et la pratique. Au sortir de ce point de vue, on s'aperçoit qu'il n'y a rien de réel dans le moi, sauf la file de ses événements ; que ces événements, divers d'aspect, sont les mêmes en nature et se ramènent tous à la sensation ; que la sensation elle-même, considérée du dehors et par ce moyen indirect qu'on appelle la perception extérieure, se réduit à un groupe de mouvements moléculaires. Un flux, un faisceau de sensations et d'impulsions, qui, vus par une autre face, sont aussi un flux et un faisceau de vibrations nerveuses, voilà l'esprit. Ce feu d'artifice, prodigieusement multiple et complexe, monte et se renouvelle incessamment par des myriades de fusées ; mais nous n'en apercevons que la cime. La plus grande partie de nous-mêmes reste en dehors de nos prises. Le moi visible est incomparablement plus petit que le moi obscur, invisible ; ce moi n'est qu'un chef de file, un centre supérieur au-dessous duquel s'échelonnent dans les segments de la moelle et dans les ganglions nerveux une foule d'autres centres subordonnés, en sorte que l'homme total se présente comme une hiérarchie de centres de sensations et d'impulsions ayant chacun leur initiative sous le gouvernement d'un centre plus parfait, qui leur envoie les injonctions générales. Si, maintenant, après l'esprit, nous considérons la nature, nous dépassons, dès le premier pas, l'observation ordinaire. De même que la substance spirituelle est un fantôme créé par la conscience, de même la substance matérielle est un fantôme créé par les sens. Les corps n'étant que des mobiles moteurs, il n'y a rien de réel en eux que leurs mouvements ; à cela se ramènent tous les événements physiques. Mais le mouvement se ramène à une suite de sensations infiniment simplifiées et réduites ; ainsi les événements physiques ne sont qu'une forme rudimentaire des événements moraux, et nous arrivons à concevoir le corps sur le modèle de l'esprit. L'un et l'autre sont un courant d'événements homogènes que la conscience appelle des sensations, que les sens appellent des mouvements et qui, de leur nature, sont toujours en train de périr et de naître. A côté de la gerbe lumineuse qui est en nous-mêmes, il en est d'autres analogues qui composent le monde corporel, différentes d'aspect, mais les mêmes en nature, et dont les jets étagés remplissent, avec le nôtre, l'immensité de l'espace et du temps. Une infinité de fusées, toutes de même espèce, qui, à divers degrés de complication et de hauteur, s'élancent et redescendent incessamment et éternellement dans la noirceur du vide, voilà les êtres physiques et moraux. Chacun d'eux n'est qu'une ligne d'événements dont rien ne dure que la forme, et on peut se représenter la nature comme une grande aurore boréale (1). »

La théorie qui est ici enveloppée d'un brillant manteau de métaphores peut se réduire à des termes assez simples, surtout en tenant compte des développements étendus dans lesquels est entré l'auteur. Quand bien même nous y avons reconnu en substance l'associationisme anglais, il vaut la peine de nous arrêter quelque peu à cette élaboration française de la nouvelle psychologie. Nous y retrouvons d'abord le principe fondamental de l'école, que toute connaissance doit être ramenée à la sensation. Celle-ci est identifiée à un mouvement de molécules, du moins dans ses origines obscures, dans cet arrière-fond qui précède la conscience. Il faut que la sensation, après en être sortie, subisse une éla-

---

(1) Taine, *De l'Intelligence*, 1. vol. Introduction, p. 19.

boration compliquée pour s'organiser dans ce faisceau bien lié qui s'appelle le *moi* et qui n'est qu'un simple composé. Évidemment elle ne parviendrait jamais à constituer ce faisceau, qui implique une certaine persistance, si elle restait à son état primitif; car la sensation, comme telle, ne fait que passer et disparaître. Pour produire cette élaboration, deux facteurs sont nécessaires, la mémoire et la faculté d'abstraire, de généraliser. La généralisation est au fond un procédé mécanique. Pour que la sensation se fixe, il faut qu'elle se transforme en *image*; celle-ci est son substitut, mais non son équivalent, puisqu'elle n'est plus la sensation actuelle, la seule qui soit tout à fait réelle. Les images seraient trop encombrantes si elles n'avaient aussi leur substitut. Elles le trouvent dans le *signe*, qui est une image isolée rappelant la série dont elle fait partie, ou du moins le couple dont elle est un des termes, sans qu'il soit nécessaire que les deux termes soient à la fois représentés. C'est ainsi qu'il nous suffit de voir du haut d'un monument une multitude de taches noires pour que nous sachions que sous ces taches noires il y a des corps vivants, des personnalités humaines. Les noms propres sont des signes représentatifs d'images. La faculté d'abstraction et de généralisation rend un signe toujours plus compréhensif et, en étendant la mémoire, permet l'accroissement du faisceau de sensations qui constitue le moi par le groupement, l'association des images. « En résumé, la nature a d'abord institué la sensation, qui traduit le fait avec une justesse et une finesse plus ou moins grande, puis la sensation survivante et capable de résurrection indéfinie, c'est-à-dire l'image qui répète la sensation et qui par suite traduit le fait lui-même, puis le *nom*, sensation ou image d'une espèce particulière, qui, en vertu de propriétés acquises, représente le caractère général de plusieurs faits semblables (1). »

(1) *De l'Intelligence*, t. 1er, p. 236.

De généralisation en généralisation, nous arrivons à la notion des sensations possibles qui joue un si grand rôle dans le système de Stuart Mill. Cette notion des sensations possibles obtenue par une sorte d'induction spontanée devient une faculté permanente et achève de constituer le moi dont l'élaboration a déjà commencé par l'association des images. Le moi est ainsi la possibilité d'avoir des sensations nouvelles et identiques dans des conditions analogues. Si cette possibilité, considérée du point de vue subjectif, achève la notion du moi, dès qu'on l'envisage au point de vue objectif, elle constitue le corps ; car la matière est le réservoir des excitations qui sont le point de départ de la sensation. Quant aux prétendues idées intuitives ou axiomes, elles ne procèdent nullement de la constitution foncière de l'esprit humain ; elles résultent empiriquement des associations affectives qui se sont formées entre les idées ou les sensations. L'idée de cause n'est que la généralisation de la simple association entre les antécédents et les conséquents. Il en résulte que, de même que le moi n'est qu'un composé abstrait, de même toutes les idées nécessaires ne sont que des associations généralisées.

La part considérable faite à la faculté d'abstraction et de généralisation explique comment, pour M. Taine, en dehors du mouvement des molécules, tout, dans le sujet comme dans l'objet, n'est que chimère ; car il est de l'essence de l'abstraction et de la généralisation de s'éloigner toujours davantage de la réalité, c'est-à-dire de la sensation actuelle, bien que celle-ci lui fasse subir une première transformation. Ce moi qui n'est qu'un composé abstrait n'est donc qu'un fantôme. Le corps, la matière, qui n'est qu'une possibilité de sensation, ne sont pas moins fantastiques. Nos perceptions ne sont que des hallucinations dont la concordance fait toute la vérité. Les fusées montent et redescendent dans le trou noir.

Voilà bien l'idéalisme le plus effréné qu'on puisse imaginer. Et pourtant, par une bizarre inconséquence, M. Taine insiste sur la corrélation étroite qui doit exister entre la formation des idées générales et l'appareil physiologique de la sensation qui aboutit au cerveau. « Constituées par des groupes de sensations élémentaires, les sensations totales des centres sensitifs se répètent dans les lobes centraux par leurs images. Ces images, ayant la propriété de ressusciter spontanément, s'associent et s'évoquent entre elles selon leur tendance plus ou moins grande à renaître, et forment ainsi des groupes. Ces groupes plus ou moins complexes, accolés aux sensations et les uns aux autres, constituent, selon l'espèce ou le degré de leur affinité ou de leur antagonisme, des perceptions extérieures, des souvenirs, des prévisions, des conceptions simples, des actes de conscience proprement dite. Enfin, les signes qui les remplacent forment des idées générales, et par suite des jugements généraux (1). » Ce point de vue physiologique s'accuse plus nettement encore dans le passage suivant : « Toutes les idées, toutes les connaissances se réduisent à des images associées. Ces associations ont pour cause la propriété que les images ont de renaître ; les images sont des sensations qui renaissent spontanément. Tout acte a une origine physiologique. L'action se produit dans un des centres sensitifs. Elle éveille la sensibilité brute. Une action semblable se développe dans les lobes cérébraux et y éveille la sensation secondaire ou image capable de se répéter. Le cerveau est le répétiteur des centres sensitifs. L'écorce cérébrale étant composée d'éléments similaires, la répétition se propage de l'un à l'autre et peut renaître indéfiniment (2). » Nous voici en pleine physiologie, tout s'explique par la constitution du cerveau. Ce serait très bien si le cerveau ne faisait lui-même partie de ce corps qui n'est qu'une abstraction, une possibilité de sensation, et qui

---

(1) Taine, *De l'Intelligence*, t. II. p. 459.
(2) *De l'Intelligence*, t. Ier, p. 275.

ne saurait par conséquent avoir un rôle exceptionnel comme s'il était vraiment quelque chose d'autre. La contradiction est flagrante; elle atteint toutes les théories historiques de l'éminent écrivain qui a partout soutenu l'influence toute-puissante du milieu matériel sur le développement de l'humanité. Ce milieu matériel n'est lui-même qu'une chimère de la faculté généralisatrice incapable de prendre pied dans la réalité. Comment peut-il exercer cette action? L'esprit et le corps ne sont que les deux faces, l'envers et l'endroit, le dedans et le dehors d'une même abstraction.

Ce n'est pas seulement sur ce point que le système se heurte à d'insolubles contradictions. Je ne rappelle que pour mémoire celles que nous avons signalées chez ses devanciers, l'impossibilité de fonder aucune induction sur les sensations toujours fuyantes qui ne permettent que la conclusion de la minute sans autoriser aucune anticipation sur l'avenir; l'incapacité où se trouve l'associationisme d'expliquer la mémoire, inséparable du sentiment de la durée personnelle, comme de s'élever à la notion du possible, qui échappe entièrement aux prises des sens, enfin tout ce qu'a d'irrationnel cette idée d'un moi qui, pour associer les idées, doit à tout prix posséder une force de liaison différente des éléments qu'il s'agit de lier. Cette dernière objection est singulièrement aggravée par l'importance que donne M. Taine à cette étrange faculté qu'il reconnaît à l'homme « de saisir des analogies fixes et de démêler des rapports entre des objets éloignés. » Je demande comment la sensation peut remplir un pareil rôle, d'où lui vient à elle, qui n'est qu'un ébranlement moléculaire, cette capacité de saisir les analogies et de démêler les rapports. Comment ce pouvoir d'unification appartiendrait-il à ce qui est essentiellement mobile, divisé? D'où vient cette faculté admirable de généraliser qui doit produire le moi, si le moi n'existe pas? Il faut qu'il existe déjà pour l'exercer; car généraliser, c'est dominer la confusion et la dispersion des choses. Nous ne sortons pas du cercle vicieux. M. Taine, dans une image spirituelle, compare la vie intellectuelle à une comédie où les acteurs viennent tour à tour réciter leur rôle (1); mais il ne dit pas qui a fait la pièce et qui a distribué les rôles. Je sais bien que le dernier mot de la charade doit être le moi humain; mais comment sera-t-il le dernier s'il n'en est le premier? Le pouvoir qui a tout ordonné, tout disposé pour faire converger à l'unité tant d'éléments disparates, n'est-ce pas déjà le moi? Ailleurs, il compare la vie intellectuelle à une merveilleuse télégraphie transmettant les dépêches après les avoir concentrées; mais comment l'expliquer s'il n'y a pas de télégraphiste?

Laissons ces objections, que nous avons déjà opposées à l'associationisme anglais. Prenons maintenant à partie sa notion de la sensation, qui n'est pas moins contradictoire. M. Taine hasarde une hypothèse gratuite, qui ne résout pas même le problème par approximation. Non seulement il reconnaît avec une parfaite loyauté que les propriétés de la cellule échappent entièrement aux instruments les plus délicats de l'expérimentation physiologique (2), mais encore il avoue que le passage du mouvement moléculaire à la sensation, même décomposée dans ses derniers éléments, est impossible à franchir. « De fait, dit-il, quelle que soit la structure des nerfs et des centres nerveux dont l'action provoque une sensation, ce qui se transmet d'un bout à l'autre du nerf jusqu'au dernier centre nerveux n'est jamais qu'un déploiement moléculaire plus ou moins rapide. Au fond de tous les événements corporels, on découvre un élément infinitésimal, imperceptible aux sens — le mouvement — dont les degrés et les complications constituent le réel, phénomènes physiques, chimiques et physiologiques. Au fond de tous les événements moraux, on devine un élément infinitésimal, imperceptible à la conscience dont les degrés et les complications constituent

---

(1) *De l'Intelligence*, t. II, p. 278.
(2) *Id.* t. II, p. 420.

la sensation, image et idée (1). « Pour que la théorie de la connaissance fût fondée, il faudrait donc que la sensation pût se réduire en mouvement. Or, M. Taine paraît donner son adhésion à ce mot décisif de Tyndall : « L'abîme qui existe entre ces deux classes de phénomènes est toujours intellectuellement infranchissable. » Il reconnaît avec le célèbre naturaliste anglais, « qu'un mouvement quel qu'il soit, rotatoire, ondulatoire, ou tout autre, ne ressemble en rien à la sensation de l'amer, du froid ou de la douleur (2). » Comment comprendre, après cela, que M. Taine en vienne à identifier le mouvement et la sensation et qu'il prétende que nous n'aurions qu'un même événement psychique qui nous serait simplement connu de deux manières différentes? « Tandis que la sensation, dit-il, a un caractère immédiat, le mouvement moléculaire n'est perçu que d'une manière médiate par plusieurs intermédiaires qui sont nos sens. La sensation se sent au dedans de nous. Le mouvement, au contraire, vient du dehors (3). » D'où il conclut, non sans hardiesse, que l'événement cérébral et l'événement mental ne sont au fond qu'un seul et même événement à deux faces, l'une mentale, l'autre physique, l'une accessible à la conscience, l'autre aux sens (4). Mais on a beau faire, le mouvement se distingue de la sensation dès qu'il y a conscience. Pour affirmer leur identité, il faut se plonger dans les fonds obscurs de l'inconscience, dont on ne peut rien savoir. Dès que l'on sait, la différence existe. Elle est donc irréductible pour la conscience, et elle le demeure en soi, à moins qu'on ne recoure à cette singulière méthode d'expliquer le clair par l'obscur, le plus connu par le moins connu, le plus par le moins. On voit combien est fragile ce système de la connaissance, qui repose sur un fondement enfoui à une telle profondeur d'inconnu qu'il échappe à toute

---

(1) *De l'Intelligence*, liv. IV, chap. II.
(2) *Revue des cours scientifiques*, 1868, 2ᵉ édition.
(3) *De l'Intelligence*, liv. IV. chap. II.
(4) *Id., ibid.*

appréciation. Il naît dans les ténèbres profondes d'un impénétrable mystère. Il ne lui est pas permis de les dissiper ; car il faut que la sensation se réduise au mouvement moléculaire, sinon il y a quelqu'un qui sait, qui a conscience, il y a un sujet, il y a un esprit humain se dressant au-dessus du tourbillon des sensations ou plutôt des molécules.

Nous avons volontairement ajourné tout ce qui se rapporte à l'absolu moral, qui s'évanouit dans la psychologie de M. Taine, comme dans toutes les théories de l'empirisme. C'est pourtant là, comme nous le verrons, qu'est la base la plus solide de l'*à priori* et de la réalité de l'esprit. Nous croyons, néanmoins, avoir établi sans sortir des données du philosophe français qu'il ne lui est pas possible de s'en tenir à son bizarre mélange du sensualisme et d'idéalisme, et qu'il ne fournit pas à sa propre théorie de la connaissance le point d'appui nécessaire pour qu'elle se tienne et ne se résolve pas en contradictions insolubles.

III. — LA NOUVELLE PSYCHOLOGIE ALLEMANDE

THÉORIES MATÉRIALISTES ET SCEPTIQUES DE LA CONNAISSANCE

Nous n'insisterons pas longtemps sur la tentative de la nouvelle psychologie allemande de supprimer, elle aussi, l'âme, le moi, l'*à priori*, car elle a jusqu'ici exercé une influence beaucoup moins profonde sur la pensée contemporaine (1). Son effort principal tend à identifier, comme l'a fait M. Taine, l'événement physique et l'événement mental, de telle sorte que nous n'avons plus qu'un même fait sous deux faces.

(1) Voir le remarquable résumé présenté par M. Ribot : *De la psychologie allemande contemporaine. École expérimentale* (Paris, Germer-Baillière, 1879).

Cette école ne fait pas la part aussi large que l'école anglaise à l'association des idées. Elle s'attache plutôt au fait de la perception sensible qu'elle cherche à ramener à son concomitant physique. Il ne serait pas exact de lui donner pour précurseurs des psychologues comme Herbart, Beneke, ni même Lotze, bien que l'école ait largement profité des travaux du premier sur la statique de l'esprit. Il essayait de réduire à de simples lois de mathématiques les phénomènes de conscience, en se fondant sur ce que nos représentations peuvent être considérées comme des forces, qui tantôt se balancent, tantôt se surpassent les unes les autres en intensité. Dans le premier cas, elles se neutralisent en se tenant en équilibre et demeurent à l'état de simples tendances; dans le second cas, elles arrivent à l'état conscient dans la proportion même où elles dépassent le point de neutralisation. Herbart a essayé, en partant de ces principes, de formuler une sorte de statique de l'esprit, et de mesurer les rapports réciproques des représentations, dont la somme constitue la conscience. Il n'en laissait pas moins subsister la réalité de l'âme, et se refusait à identifier les phénomènes psychiques et physiques. Beneke maintenait comme lui leur différence. D'après lui, les phénomènes conscients tendent constamment à passer à l'inconscience, obscure région où ils s'accumulent à l'état de *traces*, quitte à reprendre conscience sous des excitations nouvelles. Lotze donne une très grande importance à ce qu'il appelle *les signes locaux*, que les impressions tactiles et visuelles laissent après elles sur les points où elles se produisent; comme elles sont distantes les unes des autres, nous obtenons ainsi la notion empirique de l'espace. Il n'en admet pas moins l'intuition de l'espace, sans laquelle nous n'arriverions pas à le connaître. Il reconnaît un élément métaphysique et maintient l'âme substantielle (1).

(1) Ribot, *Nouvelle Psychologie allemande*, p. 201.

Avec Fechner nous sommes bien décidément en plein empirisme. Établissant une corrélation complète entre les sensations et les excitations, il prétend donner la mesure chronologique des premières, en tenant compte de ce fait que les excitations croissent plus vite que les sensations dans des proportions appréciables. Il est évident que de tels calculs seront toujours incertains, car un mètre extérieur sera toujours bien grossier pour mesurer un phénomène aussi délicat que la sensation. Fechner — reconnaissant lui-même qu'il y a toujours un écart entre les sensations et les excitations, car celles-ci en usant nos organes les amortissent plus ou moins et empêchent la correspondance exacte qu'il avait statuée, — finit par recourir à ce qu'il appelle une activité physico-psychologique, qui est après tout ce je ne sais quoi d'inexplicable à la physiologie que nous appelons le moi (1).

Wundt a beau prétendre nous donner une psychologie physiologique, lui aussi se heurte au sphinx et rencontre l'x infranchissable pour toutes les théories purement mécaniques. D'après Wundt, nous possédons un principe d'unification des phénomènes qui cherche l'unité sous la complexité. C'est lui qui fait l'unité de la conscience, car elle est essentiellement complexe et multiple sous son apparente unité. Le principe qui l'amène à l'unité est en dehors d'elle dans le laboratoire obscur de l'inconscience, c'est-à-dire de la vie physiologique. Ce principe unifiant, espèce de logique mécanique, tire spontanément les conclusions des prémisses posées. La sensation est la première de ces conclusions. Les sensations forment de nouvelles prémisses dont le principe unificateur déduit les idées qui ne sont jamais que des composés. Les notions générales sont déduites des idées par les mêmes procédés. Le moi n'existe pas par lui-même, il est la conclusion d'un raisonnement. Les actes qui lui donnent

---

(1) Ribot. *Nouvelle Psychologie allemande*, p. 210.

naissance sont les *processus* psychiques de la sensation et de la perception, et les faits physiologiques de l'innervation. Wundt conclut à l'identité du mécanisme et de la logique. Les actes complexes de la psychologie sont à la fois des faits de conscience et des états déterminés du système nerveux. Par leur côté physique, ils ne sont que des mouvements; comme états de conscience, ils se réduisent à de simples conclusions de la logique de l'inconscience, c'est-à-dire qu'ils sont encore purement mécaniques. Wundt a essayé d'appliquer la méthode expérimentale à la psychologie. Il prétend mesurer le temps psychologique en déterminant d'abord la durée de la transmission sensitive, puis celle de la perception et de la réaction ; mais cette détermination demeure toujours très arbitraire, car la durée du fait de conscience varie, selon les conditions extérieures ou intéreures du sujet. Le fait de conscience est plus ou moins rapide selon le degré de l'attention. Aussi Wundt reconnaît-il qu'il ne lui a pas encore été possible de formuler une loi. Il croit avoir constaté que le temps physiologique varie entre $1/15^e$ et $1/19^e$ de seconde, et que l'acte intellectuel le plus simple réclame trois centièmes de seconde ; sa reproduction par la mémoire demande un temps plus long. Ces calculs n'impliquent en rien l'unification de l'événement physique et de l'événement psychique ; ils ne nous fournissent aucune explication sur la transformation du mouvement en sensation ou en pensée. Wundt n'a pas davantage montré comment la physique est douée de logique, et comment un principe d'unification se forme tout seul dans les bas-fonds obscurs de l'inconscience, c'est-à-dire de la vie purement matérielle. Expliquer la conscience par l'inconscience, c'est violer la loi scientifique par excellence de l'empirisme ; je veux dire cette loi de l'induction, qui exige que nous nous élevions toujours du plus connu au moins connu. Renvoyer à l'inconscience le principe d'unification qui apparaît dans la conscience, c'est retourner la pyramide et la faire reposer sur sa pointe. Il n'y a pas lieu de triompher pour une si belle découverte. M. Ribot, malgré l'admiration qu'il éprouve pour cette nouvelle psychologie allemande qu'il a si bien élucidée, déclare en toute sincérité que, si la vie psychique consiste en une série d'états de conscience liés à des états physiques, deux choses demeurent, néanmoins, tout à fait inexplicables, même après la tentative des promoteurs de la psychologie sans âme, c'est d'abord le passage de l'inorganique au vivant, et ensuite le passage de la vie à la conscience (1).

Ainsi, ni l'associationisme ni la psychologie allemande ne nous ont délivrés de l'élément *à priori* qui est au fond du moi. Serons-nous plus heureux en revenant au matérialisme pur, qui ne croit pas nécessaire d'expliquer le moi par les subtiles combinaisons que nous avons passées en revue? Il ne nous arrêtera pas longtemps; car sa réfutation ressort des considérations précédentes. En effet, nous avons vu l'associationisme flotter de plus en plus entre l'idéalisme et les solutions grossièrement matérialistes. Les objections que nous lui avons opposées à ce double égard portent d'aplomb sur le matérialisme lui-même et abrègent singulièrement notre tâche.

Quand nous discuterons plus tard la question anthropologique, nous établirons, par l'étude comparée de nos facultés intellectuelles et morales et de la partie physiologique de notre être, leur distinction absolue dans leur corrélation. C'est alors que nous examinerons le problème des relations du cerveau et de l'esprit, et celui du mouvement réflexe.

Contentons-nous pour l'instant d'opposer aux théories matérialistes les conclusions de la nouvelle psychologie anglaise. Nous l'avons vue aboutir à une notion de la corporalité qui

(1) *Introduction*, p. XIII. La théorie de M. de Hartmann sur la formation de la conscience dans l'inconscient devrait logiquement trouver sa place ici; mais, comme il est impossible de la comprendre en quelque mesure sans la rattacher à son système, nous la réservons pour le moment où nous exposerons et discuterons les bases de la philosophie de *l'inconscient*.

réduit celle-ci à une simple possibilité de sensations, la matière n'étant plus que le résultat d'un jeu de l'esprit, d'une combinaison intellectuelle. Nous avons vu M. Taine plonger, en définitive, le monde où il ne voit qu'un tourbillon de fantômes dans ce trou noir du vide où il faut bien aboutir avec le phénoménisme. Sans admettre cet idéalisme effréné, dernier mot des écoles qui, aujourd'hui, veulent tout ramener à la sensation, nous devons reconnaître que ce qu'il y a de moins certain pour nous, c'est la matière, puisque nous ne pouvons jamais l'atteindre directement. Nous ne la rejoignons que par l'intermédiaire de nos facultés cognitives, qui ne sont pas seulement reproductives des choses, mais encore modificatrices. La sensation n'est pas la simple empreinte des phénomènes du dehors ; elle exerce une action de transformation. Tout le monde sait que les couleurs comme les sons ne nous viennent pas directement du dehors. Ni le rouge ni le blanc n'existent en eux-mêmes sans le foyer concentrateur de notre organisme. Ainsi en est-il de tous les phénomènes matériels. « L'affirmation d'un corps étendu qui n'existe pas indépendamment du moi n'est qu'une hypothèse où je suis conduit par le besoin de m'expliquer mes sensations, c'est-à-dire les modifications de ma propre conscience (1). » Nous admirons vraiment l'imperturbable assurance avec laquelle nos matérialistes prétendent avoir trouvé le terrain inexpugnable de la certitude, l'objectivité irréductible, alors qu'ils sont en pleine subjectivité ; la matière étant la moins immédiate de toutes nos connaissances, nos sensations ne nous la font voir qu'au travers de verres colorés ; il s'ensuit que le matérialisme lui-même nous renvoie du dehors au dedans ; il ne rejoint pas directement les choses. L'explication qu'il en donne est une hypothèse à laquelle l'esprit est conduit par ces principes de causalité que devraient s'interdire les philosophes de la sensation, puisqu'ils ne sau-

---

(1) Charles Secrétan, *Discours laïques*, p. 126.

raient s'en dégager. Chercher à expliquer la sensation, fût-ce par le matérialisme le plus exclusif, c'est sortir de la donnée même dont celui-ci prétend partir, car toute explication suppose l'idée de la cause, laquelle ne peut venir que de l'esprit.

Un vigoureux penseur a retracé dans un livre remarquable cette évolution du matérialisme qui le conduit à s'évaporer dans le subjectivisme. Lange en a écrit l'histoire avec autant de clarté que de sûreté d'information (1). Il ne s'est pas contenté d'exposer les systèmes philosophiques, il a encore présenté un large tableau du mouvement scientifique contemporain et des progrès immenses accomplis dans l'étude de la nature. Il semble au premier abord que Lange soit un apologiste enthousiaste de la philosophie matérialiste ; il n'hésite pas à la glorifier comme ayant seule favorisé le mouvement de la science, bien que, tout en condamnant la métaphysique de Platon et d'Aristote, il reconnaisse, comme nous l'avons vu, que ces grands rêveurs ont seuls enflé d'un souffle puissant la voile de la pensée humaine dans sa poursuite de la vérité. Si ces illustres maîtres l'ont, d'après lui, fait dévier de la voie, ils lui ont donné ce qu'aucune méthode ne remplace, l'impulsion toute-puissante, le grand coup d'aile. Lange n'en déclare pas moins que c'est bien le matérialisme qui a commencé à fonder la science véritable de la nature dans l'antiquité. Elle a dû ses meilleurs progrès, depuis la Renaissance, à Jordano Bruno, Bacon, Gassendi et, de nos jours, à leurs héritiers légitimes. Seulement il faut s'entendre. Ce n'est pas le matérialisme en tant qu'explication philosophique des choses qu'il préconise ; à ce point de vue, il lui paraît exclusif et faux comme tous les grands systèmes philosophiques. Ce qu'il relève et admire en lui, c'est le fait de s'être concentré sur l'étude de la réalité, d'avoir cherché ses lois en elle-même, en écartant toutes les entités philosophiques

---

(1) Lange, *Histoire du Matérialisme*, traduit par Pomerol, 2 vol. in-8° (Paris, Reinwald, 1870).

qui viennent rompre le ferme tissu des faits naturels et y intercaler des hypothèses sans caractère scientifique.

Le matérialisme a donc rendu, d'après Lange, les plus éminents services, non pas par ses essais de théorie générale ou de cosmologie, mais par l'élimination des entités métaphysiques qui, dépassant la nature, en détournent notre attention et introduisent la chimère dans l'étude des faits. Mais cette matière elle-même est en dernier ressort l'inexplicable par excellence. Jamais le matérialisme n'a atteint la réalité en soi, mais seulement cette réalité toute relative que nous ne pouvons rejoindre que par nos moyens de connaissance toujours empreints de subjectivité. Lange donne son entière approbation à cette déclaration de Dubois Reymond : « Nous ne sommes en état de comprendre ni l'intime vibration d'une substance primordiale dépourvue de qualité, ni la conscience, ni à son degré le plus élémentaire la sensation. Dès la première impression de plaisir ou de douleur qu'éprouva l'être le plus simple s'ouvrit un abîme infranchissable. La connaissance anatomique du cerveau la plus haute que nous puissions atteindre ne nous y révèle qu'une matière en mouvement ; mais, si l'on s'imaginait comprendre à l'aide de ces connaissances certains phénomènes intellectuels comme la mémoire, le sens des idées, on se ferait illusion. Nous n'apprenons à connaître que certaines conditions de la vie intellectuelle ; mais nous n'apprenons pas à connaître comment, dans ces conditions, provient la vie intellectuelle. Quelle connexion existe-t-il, d'une part, entre les mouvements déterminés d'atomes de notre cerveau, et, d'autre part, entre des faits pour moi primitifs, indéniables, indéfinissables comme ceux-ci : j'éprouve une douleur, un plaisir, ou bien la certitude immédiate de ma pensée et de mon être. Il est impossible d'entrevoir comment la pensée pourrait sortir des atomes. Quand même je donnerais la conscience aux atomes, je ne le comprendrais pas (1). » Prenant à partie

---

(1) Lange, *Histoire du Matérialisme*, t. II, p. 152.

l'atomisme, Lange montre que l'atome, de réduction en réduction, en revient à une force. La matière est partout l'inconnu; nous ne la connaissons que par la force. « La chose n'est que le point de repos désiré par notre pensée. Nous appelons *chose* un groupe de phénomènes connus que nous concevons d'une manière unitaire. Nous nommons *force* les propriétés de ces choses que nous avons reconnues par leurs effets déterminés sur d'autres choses. Nous nommons *matière* ce que dans une chose nous ne pouvons résoudre en force. Mais comme la force est une propriété de la chose qui est une abstraction, la matière elle-même en est une. C'est l'hypothèse réclamée par la nature de notre intelligence (1). » En vain s'imaginerait-on avoir donné gain de cause au matérialisme en invoquant les mouvements réflexes qui montrent le corps accomplissant sans le concours de la pensée des opérations attribuées jusqu'ici à l'esprit conscient; ce serait oublier que le corps lui-même est une de nos représentations. En résumé, comme moyen de connaissance, le matérialisme occupe décidément le dernier rang. Nul système ne conduirait plus rapidement à ce qu'on appelle en Angleterre l'agnosticisme pur, qui n'est pas autre chose que le scepticisme absolu.

L'esprit humain n'a jamais pu s'y tenir; il est de l'essence même du scepticisme de ne pouvoir s'affirmer et se poser sans se détruire, puisqu'il n'a pas même le droit de conclure au doute. Affirmer le doute, c'est affirmer. La négation totale est impossible, car pour nier il faut supposer l'affirmation préalable; les dents pour ronger doivent au moins se prendre à quelque chose. Arrivé au néant absolu, l'esprit expire et la science n'est plus. Chercher à prouver le scepticisme, c'est d'ailleurs supposer la raison, à moins de consentir à ne rien prouver. Il y a plus: toute argumentation poursuit un but, celui de convaincre; elle emporte avec elle

---

(1) Lange, *Histoire du Matérialisme*, t. II, p. 231.

au moins pratiquement la notion de fin. L'éliminer, c'est renoncer par là même à établir quoi que ce soit; pour prouver qu'il n'y a pas de finalité, il faut commencer par en user (1). Enfin si le matérialisme a raison, à quoi bon démontrer, argumenter ? Notre système est un résultat de la fatalité ; il dépend de l'état de notre cerveau : *stat mole sua*. C'est ainsi que le matérialisme, qui s'est si souvent couronné lui-même comme le roi de la science, la rend impossible. Il en a d'autant moins le dernier mot qu'il n'en peut pas bégayer le premier.

Pour en revenir au scepticisme, qui est la conséquence naturelle et le châtiment du matérialisme condamné à ne posséder dans la sensation qu'un caractère mobile et fuyant, incapable, non seulement de discerner le vrai du faux, mais même d'admettre leur distinction, il n'a pas trouvé de réfutation plus décisive que celle que lui ont opposée les deux grands philosophes de la Grèce. L'argumentation de Platon dans le *Théétète* est péremptoire. On sait que Protagoras qui, lui aussi, ne croyait qu'à l'observation sensible, en concluait que l'homme est la mesure de toute chose et que, comme il est emporté dans le mouvement perpétuel de la sensation, cette mesure n'a pas plus de fixité que lui-même ; les théories de Protagoras ont été reprises de nos jours et ont trouvé dans l'illustre historien Grote un habile apologiste. Nous renvoyons à ces pages immortelles du grand philosophe grec où la dialectique la plus pénétrante réduit à l'absurde la thèse du sensualisme sceptique. Platon montre que, dans ce conflit d'affirmations et de négations également plausibles, l'homme ne peut même affirmer s'il a froid ou chaud, que la sensation elle-même ne peut se produire, car elle ne réussit jamais à trouver la seconde nécessaire pour fixer l'objet toujours fuyant et insaisissable dans le tourbillon qui l'entraîne. La connaissance du passé est impossible, car

---

(1) Charles Secrétan, *Discours laïques*, p. 9.

le passé n'est rien pour la sensation. La science et l'ignorance se valent, la discussion est le plus vain des jeux, car elle ne saurait jamais aboutir. Platon élève le débat à sa vraie hauteur en le transportant dans la sphère morale où s'impose la distinction du juste et de l'injuste, et comme conséquence la différence entre le sophiste trafiquant des paroles et le philosophe ami et serviteur de la justice et de la vérité. « Pour ces qualités, que le vulgaire appelle talents et habileté, elles ne font dans le gouvernement politique que des tyrans, et dans les arts que des mercenaires. Ainsi on ne saurait mieux faire que refuser à celui qui blesse la justice et la piété dans ses discours le titre d'habile (1). » En opposition à toutes les doctrines sceptiques plus ou moins sensualistes, Aristote formule avec son incomparable puissance l'axiome fondamental de la raison dialectique, ce principe de contradiction qui s'oppose absolument à ce qu'une chose soit à la fois et ne soit pas, à ce que les contraires soient également vrais. « Si les contradictions, dit-il, étaient toutes également vraies relativement à la même chose, tout dès lors serait confondu avec tout et par cela même il n'y a plus rien qui soit réellement existant; alors tout le monde est dans le vrai, tout le monde est dans le faux, et l'adversaire lui-même doit convenir qu'il est aussi dans l'erreur. Et cependant tout le monde croit en quelque chose d'absolu, si ce n'est sur toutes matières sans exception, au moins fait-il la distinction du meilleur et du pire. Même en supposant qu'il n'y ait pas d'absolu, il y a au moins quelque chose qui est plus solide et plus ferme que le reste ; et cela suffit pour nous débarrasser de cette théorie intempérante qui nous interdisait de penser quoi que ce soit de déterminé et de précis (2). »

---

(1) *Théétète*, traduction Cousin, t. Ier, p. 138.
(2) Aristote, *Métaphysique*, liv. IX, chap. iv. Traduction de M. Barthélemy Saint-Hilaire.

Nous sommes arrivé au terme de cette discussion à des résultats importants, et selon nous incontestables. Nous sommes en droit d'affirmer que la connaissance, aussi réduite qu'on le voudra, ne peut pas se passer d'un élément *à priori*, à moins de se perdre dans le vide et dans le néant. La méthode inductive du positivisme nous a contraints de nous élever au-dessus de la sensation qui ne permet point de prévoir et de statuer pour l'avenir la relation permanente des antécédents et des conséquents, laquelle réclame une activité du sujet. L'école associationiste n'a pas réussi à dissoudre l'idée de cause dans la simple relation des antécédents et des conséquents, car ce serait la dépouiller de son caractère essentiel qui est la productivité. En outre, elle n'a pu réduire le *moi* à n'être qu'un chaînon dans la série des phénomènes, — car c'est un chaînon qui s'en distingue et prend conscience de lui-même. Le pouvoir même d'associer les idées et de former des synthèses suppose une activité interne qui ne peut être elle-même une simple association, car, pour la produire, il aurait fallu une faculté associante, et nous n'aurions fait que reculer la difficulté. De même, ni le temps ni l'espace ne peuvent être déduits de l'expérience ; car, pour les y trouver, il faut les y mettre, puisque ni la simple succession ni la simple coexistence n'en épuisent la notion. Nous avons donc constaté que la notion de cause, pas plus que celles de temps, d'espace ou de substance ne découlent de nos sensations même combinées, car ces combinaisons ingénieuses supposent une activité intérieure. L'explication simplement matérialiste n'a pu tenir devant l'irréductibilité du mouvement et de la pensée. Elle a trouvé sa réduction à l'absurde dans le scepticisme auquel elle conduit nécessairement en détruisant jusqu'aux conditions les plus générales de la science. Nous concluons donc que, sans sortir des données de l'école empirique, nous sommes portés en dehors et au-dessus d'elle ; nous sommes contraints d'admettre un élément d'*à priori* dans la connaissance, élément que nous ne pouvons trouver que dans le sujet connaissant. Il s'agit maintenant de le déterminer avec précision et de chercher comment et dans quelle mesure il nous conduit à l'objet, aux choses (1).

Il nous sera permis, avant de passer à cette importante étude, de tirer avantage d'un fait indéniable : c'est que l'école empirique elle-même, dans ses représentants les plus éminents, s'est ménagé une ouverture dans cette muraille épaisse du phénoménisme sensualiste derrière laquelle elle voulait nous retenir loin de ce qu'elle appelait la divagation métaphysique. Nous avons déjà rappelé sa fameuse et insoutenable théorie de l'inconnaissable, aussi nettement formulée que mise en oubli dans la construction d'un système qui logiquement ne permet rien au delà des sensations et de leurs combinaisons. Chez Stuart Mill, surtout vers la fin de sa vie, il y a bien autre chose ; il y a une aspiration toujours plus puissante vers cette région du divin dont il avait été si longtemps exilé pendant tout le cours de cette éducation aride dont son autobiographie décrit les effets desséchants avec une si poignante énergie (2). Une affection profonde, passionnée pour une femme d'élite, grande par la pensée comme par le cœur, donna le change à ce besoin d'un amour infini qui l'avait

---

(1) Voir, pour tout ce qui se rapporte au *moi conscient*, l'important ouvrage de M. Francisque Bouillier *sur la vraie conscience* (Paris, Hachette, 1882). On y trouve une grande finesse d'analyse psychologique. L'auteur, après avoir établi l'irréductibilité de la pensée et du mouvement cérébral, montre dans la conscience une faculté à la fois innée et maîtresse, qui n'a point de domaine à part, mais est inséparable de toutes les manifestations intellectuelles ou morales de la vie du moi. La pensée, le sentiment, le vouloir, dépourvus de conscience, n'existent pas véritablement. La réflexion sur le fait de conscience est progressive, mais le fait de conscience lui-même est inhérent à la vie psychique, dès que celle-ci se produit. La conscience est indivisible et doit présider à toutes les manifestations de nos sentiments, de nos idées, de nos volontés, sous peine que l'esprit disparaisse. La conscience ne peut s'expliquer par la succession que seule elle explique. M. Bouillier conclut en montrant combien est chimérique la tentative d'une psychologie sans âme.

(2) *Mes mémoires, histoire de ma vie et de mes idées*, traduit de l'anglais, par M. E. Cazelles (Germer-Baillière, Paris, 1878).

torturé ; il transporta dans cette affection l'exaltation du sentiment religieux ; mais il n'en resta pas là. Qu'on lise le dernier de ses *Essais sur la religion*, publiés peu de temps avant sa mort. On ne l'accusera pas d'avoir écrit une de ces rétractations *in extremis* qui interrompent brusquement la chaîne des pensées antérieures. On le retrouve tout entier dans ce morceau si distingué, avec sa logique fine et sagace, toujours habile à décomposer les idées, à peser les arguments, à montrer l'inanité de ceux qui sont fondés sur le préjugé, fût-ce le plus respectable. Stuart Mill est aussi sévère que Kant pour les preuves ordinaires de l'existence de Dieu ; il se refuse même, bien à tort, à admettre celle qui est tirée de l'obligation morale. Il écarte entièrement tout ce qui ressemble au surnaturel, et, quoiqu'il laisse subsister une possibilité théorique du miracle, il renouvelle contre la preuve du témoignage la polémique acérée de Hume. Ses conclusions sont étranges ; il regarde comme probable que la cause première n'a qu'une puissance limitée, et qu'elle a dû, à l'origine des choses, lutter, comme le demiurge des gnostiques, contre une matière éternelle et résistante.

On le voit, nous avons bien affaire à un libre-penseur authentique qui ne s'est incliné devant aucune autorité. Il est d'autant plus remarquable de le voir accepter pour la première fois, avec le principe de finalité, une sorte de pouvoir créateur, limité par des pouvoirs rivaux, dont l'influence expliquerait seule les grandes anomalies de la nature. Stuart Mill n'admet pas les preuves ordinaires de l'immortalité de l'âme ; cependant il croit à sa possibilité. Écoutons-le lui-même : « De ce que tout périt dans la nature, on ne peut rien conclure pour l'âme, car le sentiment et la pensée sont au pôle opposé de la matière inanimée. Toute matière en dehors des êtres sentants n'a qu'une existence hypothétique ; c'est une pure supposition pour expliquer nos sensations. L'esprit est, au point de vue philosophique, la seule réalité dont nous ayons la preuve, et on ne saurait établir aucune analogie entre l'esprit et les autres réalités (1). » Cela ne suffit pas sans doute à prouver son immortalité ; mais l'espoir est au moins permis, et la vie future, si elle devient notre partage, nous gardera le plus précieux privilège de la vie présente, qui est de nous perfectionner par nos efforts. Quant à la religion en soi, sans pouvoir l'établir par preuves irréfutables, elle peut devenir aussi l'objet de nos espérances. Il s'en faut qu'elle soit sans valeur. Elle fait de la vie et de la nature humaine des objets d'un bien plus haut prix pour le cœur ; elle communique plus de force comme aussi plus de solennité à tous les sentiments qui sont éveillés en nous par nos semblables ; elle affaiblit l'impression produite par cette ironie de la nature, qui devient si pénible quand nous voyons toute une vie d'efforts et de sacrifices n'aboutir à ne former un esprit sage et noble que pour qu'il disparaisse. « Le sentiment de dépendre d'un Être parfait, ajoute Stuart Mill, a une grande puissance sur la vie morale. Le christianisme a produit sur l'homme un effet précieux, en lui présentant dans une personne divine un type d'excellence, un modèle à imiter. De quelque croyance que la critique nous dépouille, le Christ nous reste, figure unique qui s'élève autant au-dessus de ses précurseurs que de ses successeurs, si bien qu'il ne serait pas possible même aujourd'hui à un incrédule de trouver une meilleure façon de traduire la règle de la vertu dans sa conduite que d'essayer de vivre de telle sorte que le Christ approuvât sa vie. De telles croyances sont un auxiliaire précieux dans cette lutte constante du bien contre le mal, et la pensée la plus fortifiante qui puisse inspirer un homme est celle de faire quelque chose dans la vie, même sur la plus humble échelle, pour hâter si peu que ce soit le triomphe final du bien (2). » Nous ne méconnaissons pas l'insuffisance de la religion ainsi réduite à l'état de

---

(1) Stuart Mill, *Essais sur la religion*, traduits de l'anglais par Cazelles (Paris, Germer-Baillière, 1875).

(2) *Id.*

pure hypothèse que rien ne justifie scientifiquement et qui reste, en définitive, en dehors du système ; mais une pareille inconséquence chez un tel dialecticien dénote la puissance du plus grand des faits humains que la frivolité ou le parti pris parviennent seuls à éliminer dans l'explication des choses. L'auteur de l'*Histoire du Matérialisme* lui fait la part encore plus grande dans la conclusion d'un livre destiné à écarter toutes les entités métaphysiques. Après avoir glorifié les bienfaits du matérialisme au point de vue scientifique en tant qu'il s'est attaché à la réalité, c'est-à-dire à l'ensemble des phénomènes perçus par les sens, sans tomber dans l'illusion d'une réalité indépendante de nous, Lange prononce sur sa morale le jugement le plus sévère. Il ne veut pas de ce souffle glacé de l'égoïsme qui courbe et avilit les âmes. Le matérialisme, utile comme contrepoids des fétiches métaphysiques qui veulent pénétrer dans l'essence de la réalité, demeure absolument étranger aux plus hautes fonctions de l'esprit humain. « L'univers, dit Lange, tel que nous le comprenons dans une conception purement conforme à la science de la nature, ne pourrait pas plus nous enthousiasmer qu'une *Iliade* que nous épèlerions. Toute vue d'ensemble est soumise à des principes esthétiques, et chaque pas fait vers le Tout est un pas fait vers l'idéal. Notre esprit est fait pour trouver en lui une conception harmonique de l'univers (1). » Cet idéal perçu par la poésie est le bienfait réel de la religion qui l'a enveloppé dans sa mythologie. Le rationalisme se perd dans le sable de la platitude sans se débarrasser de dogmes insoutenables. La poésie nous élève à l'idéal au travers des mythes de la religion ; elle nous transporte au-dessus du réel. La religion ainsi considérée mérite l'amour des esprits les plus scientifiques. « La victoire sur l'égoïsme ne sera remportée que par un grand idéal qui apparaîtra comme un étranger venu d'un autre monde, et qui, en exi-

---

(1) Lange, *Histoire du Matérialisme*, t. II, p. 376-380.

geant l'impossible, fera sortir la réalité de ses gonds. En aucun cas l'œuvre du passé ne sera perdue. Qui donc voudrait réfuter la *Messe* de Palestrina? L'ère nouvelle ne triomphera que sous la bannière d'une grande idée qui triomphera de l'égoïsme (1). »

Le caractère vague de cet idéalisme tout esthétique saute aux yeux. Il n'en offre pas moins un haut intérêt. Après tout, cette brûlante aspiration vers le bien, vers l'amour, est un fait; elle est dans l'homme. Comme on ne peut la réduire à un état purement mécanique, qu'elle n'est ni un fluide ni un mouvement, elle est quelque chose *sui generis*, qui ne rentre pas dans les simples représentations phénoménales, résultat des impressions des sens. Il y a là un élément à part. On dirait dans les profondeurs de l'être humain la place marquée de ce sublime étranger qu'invoquait Lange pour remporter la victoire de l'idéal. Aussi sommes-nous en droit de dire que, toutes les fois qu'il apparaît de nouveau parmi nous, il vient vraiment chez les siens. Qu'il soit ou non déjà apparu, il y a dans l'être humain une aspiration qui l'appelle, et que les choses n'ont pas produite. Nous sommes en présence de l'*à priori*, non seulement intellectuel, mais religieux. Seulement la base en est trop mobile chez Lange. Il faut autre chose que ce nuage coloré des splendeurs de l'imagination et des feux du sentiment; il faut le roc inébranlable de l'impératif catégorique pour arriver à la certitude.

(1) Lange, *Histoire du Matérialisme*, t. II, p. 592.

CHAPITRE III

LE PROBLÈME DE LA CONNAISSANCE ET L'ÉCOLE CRITIQUE EN ALLEMAGNE ET EN FRANCE. — CONCILIATION DU CARTÉSIANISME ET DU KANTISME ÉBAUCHÉE PAR MAINE DE BIRAN.

Nous sommes arrivés à ce résultat que la connaissance réduite aux phénomènes sensibles ne trouve pas des éléments suffisants à sa formation dans la sensation, puisque celle-ci ne lui donne ni la possibilité d'induire, c'est-à-dire de dégager la loi du futur des éléments confus et transitoires du présent, ni celle de saisir le lien de causalité entre l'antécédent et le conséquent, ni l'identité du moi d'où découle l'idée de substance; car la sensation l'emporterait dans son torrent sans souvenir et sans prévision, s'il ne la dominait pas par son énergie propre. La notion du temps et de l'espace implique un infini de durée et d'étendue que jamais sens n'a perçu. Il existe donc, en dehors de l'objet, quelque chose qui s'appelle le sujet ou le moi, qui se distingue des sensations et qui est actif pour les percevoir et les enchaîner. Ce sujet, qui n'est pas un simple produit des sensations et de leur combinaison, a en lui un élément *à priori* grâce auquel la connaissance lui est rendue possible, — élément qui sans doute, comme nous le verrons, a besoin pour se développer d'entrer en contact avec les phénomènes intérieurs ou extérieurs, mais qui n'en existe pas moins virtuellement avant eux. Il est constitué précisément par ces notions de substance, de cause, d'étendue et de temps que la sensation ne peut expliquer ni produire. Il s'agit maintenant de savoir comment cet élément *à priori* rejoint l'objet de la connaissance — par où nous entendons tout ce qui n'est pas simplement le sujet ou le moi, aussi bien ce qui lui est inférieur que ce qui le dépasse, aussi bien le monde extérieur que le mystérieux domaine du divin, à supposer que l'un et l'autre existent et qu'ils ne soient pas l'illusion du moi se dédoublant en quelque sorte, comme le prétend l'idéalisme effréné d'après lequel notre esprit ne peut pas plus sortir de nous-mêmes qu'un corps ne peut sortir de son ombre.

Nous rencontrons ici tout d'abord la grande école critique qui, après avoir été inaugurée par Kant, a été portée à ses dernières conséquences par le système si vigoureusement élaboré par M. Renouvier. Personne plus qu'elle n'a reconnu la valeur propre de l'élément *à priori* et ne l'a plus hardiment mis en dehors et au-dessus du monde des phénomènes. Elle lui a de plus en plus sacrifié celui-ci; car, comme il n'est jamais saisi en lui-même, étant incessamment transformé par notre esprit qui lui impose son empreinte, nous ne pouvons l'atteindre dans sa réalité. Kant admettait encore que cette réalité foncière subsistait, tout en se dérobant ou en se modifiant au travers du prisme de notre raison. M. Renouvier se refuse à lui reconnaître aucune existence. Il ne reste plus qu'un ensemble de lois que nous appelons esprit, lois qui n'ont rien à gouverner, sinon nos conceptions toujours relatives. Nous savons bien que l'école critique admet un autre ordre de réalités — les réalités morales — dont elle se préoccupe avant toute chose, et qu'elle obéit aux inspirations les plus généreuses, mais elle nous semble pourtant avoir cédé à l'emportement d'une réaction. Elle a eu raison de protester contre l'exclusivisme de l'école de Descartes qui, surtout chez ses disciples, a trop fait prédominer le point de vue intellectuel sur le point de vue moral; ses conclusions ne nous en semblent pas moins excessives. Il est possible, selon nous, de ne rien perdre de la part de vérité si importante mise en lumière par l'école critique sans sacrifier ce qui est en dehors de nous, soit au-dessus, soit au-dessous. Elle-même nous fournit les matériaux du pont qu'il s'agit de jeter entre le sujet et l'objet — entre le moi et le monde. — Notre effort doit tendre à concilier les deux plus grands génies philosophiques des temps modernes : Descartes et Kant.

DESCARTES ET KANT.

Retraçons rapidement le mouvement de la pensée contemporaine qui du premier a conduit au second et qui actuellement doit les compléter l'un par l'autre. Je n'ai garde d'oublier que je n'écris point un chapitre de l'histoire de la philosophie. Je renvoie pour les développements aux éminents historiens qui nous en ont retracé l'évolution et surtout aux sources. Je n'y touche que dans la mesure où cela est nécessaire pour la solution du problème de la connaissance tel qu'il est posé devant nous.

Plus on relit le *Discours sur la méthode* et les *Méditations*, plus on se convainc que Descartes a entrevu du premier coup la vraie solution. Lui aussi admet cette conséquence de la spéculation contemporaine, que la connaissance des corps ne nous donne à elle seule aucune certitude, qu'elle est ce qu'il y a de plus difficile à atteindre puisque nous ne les rejoignons jamais directement. Il trouve étrange de dire « que je connaisse et comprenne plus distinctement les choses dont l'existence me paraît douteuse, qui me sont inconnues et qui ne m'appartiennent point que celles de la vérité desquelles je suis persuadé, qui me sont connues et qui appartiennent à ma propre nature, en un mot par moi-même. C'est une chose qui m'est à présent manifeste, que les corps mêmes ne sont pas proprement connus par les sens ou par la faculté d'imaginer, mais par le seul entendement, et qu'ils ne sont pas connus de ce qu'ils sont vus et touchés, mais seulement de ce qu'ils sont bien entendus ou bien compris par la pensée. Je vois clairement qu'il n'y a rien qui me soit plus facile à connaître que mon esprit (1) ». Nous voilà donc renvoyés à l'esprit comme première source de connaissance. Écartant toutes les idées préconçues pour n'admettre que ce qui sera vraiment conforme à la vérité, Descartes part de son doute même pour arriver à la première vérité et par ce moyen il obtient le critère qui lui servira désormais de guide. Douter, c'est penser — car le doute est un exercice de la pensée. Mais penser, c'est être. « Je pense, donc je suis. » Ce premier résultat ne se discute pas ; il a tous les caractères de l'évidence, il s'impose comme une réalité invincible. C'est une perception simple, immédiate, portant sur la chose même, avant toute explication, toute abstraction. Cette perception se distingue de la *notion*, qui implique la réflexion sur la nature de la chose. « Ici, comme le dit M. Ollé-Laprune, la connaissance de la chose perçue est comme opérée par la chose même (2). » C'est bien ce qu'implique le mot d'évidence employé par Descartes. En pensant, je me sens être. Il en résulte qu'à la base de la connaissance est l'intuition de la chose.

On connaît la fameuse déduction par laquelle Descartes établit que l'âme est essentiellement *pensée* par opposition à la matière. « La pensée est un attribut qui m'appartient, elle seule ne peut être détachée du moi. — Je suis, j'existe : cela est certain, mais combien de temps ; autant de temps que je pense. Je ne suis précisément parlant qu'une chose qui pense. » L'évidence restera toujours pour Descartes le critère du vrai. Elle précède le raisonnement, qui sans elle se meut dans le vide. Concentrant son observation sur le moi pensant, Descartes y découvre expérimentalement les lois générales de la connais-

---

(1) *Méditations*, vol. II, p. 69, édition Jules Simon.
(2) Ollé-Laprune, *De la Certitude morale*, p. 24.

sance auxquelles se plient tous les phénomènes. « Quant aux idées claires et distinctes, dit-il, que j'ai des choses corporelles, il y en a quelques-unes qu'il me semble avoir pu tirer de l'idée que j'ai de moi-même, comme celles que j'ai de la durée, de la substance, du nombre. La notion de substance provient de la notion même du moi. De même, quand je pense que je suis maintenant et que je me ressouviens outre cela d'avoir été autrefois et que je conçois plusieurs diverses pensées dont je connais le nombre, alors j'acquiers en moi les idées de la durée et du nombre, lesquelles peu après je puis transférer à toutes les autres choses que je voudrai (1). » C'est aussi du moi que Descartes dégage expérimentalement le principe de causalité dont il fait un si magnifique usage pour sa théodicée ; car il le trouve en jeu dans cette activité libre à laquelle il a fait une large part. « La volonté seule ou la seule liberté du franc arbitre que j'expérimente en moi est si grande que je ne connais point d'idée dominante plus ample et plus étendue (2). » Ainsi Descartes a reconnu expérimentalement dans le moi les grandes lois de la connaissance. C'est en prenant son point d'appui dans cette même expérience psychologique qu'il sortira du moi pour atteindre en dehors et au-dessus de lui l'objet de la connaissance. Personne n'a formulé avec plus de vigueur ce qu'implique le principe de causalité: « C'est une chose manifeste, dit-il, par la lumière naturelle qu'il doit y avoir au moins autant de réalité dans la cause efficiente et totale que dans son effet, car d'où est-ce que l'effet peut tirer sa réalité, sinon de la cause? et comment cette cause pourrait-elle la lui communiquer, si elle ne l'avait en elle-même ? Et de là il suit non seulement que le néant ne saurait produire autre chose, mais aussi que ce qui est plus parfait, c'est-à-dire qui contient en soi plus de réalité ne peut être une suite et une dépendance du moins parfait. Et encore

---

(1) *Méditations*, vol. II, p. 67.
(2) *Méditations*, vol. II, p. 94.

qu'il puisse arriver qu'une idée donne naissance à une autre idée, il faut à la fin parvenir à une première idée, dont la cause soit comme un patron ou un original dans lequel toute la réalité ou perfection soit contenue formellement et en effet. Que conclurai-je de tout cela? C'est à savoir que, si la réalité ou perfection objective de quelqu'une de mes idées est telle que je connaisse clairement que cette même réalité ou perfection n'est point en moi, ni formellement, ni éminemment et que par conséquent je ne puis moi-même en être la cause, il suit de là nécessairement que je ne suis pas seul dans le monde, mais qu'il y a encore quelque autre chose qui existe et qui est la cause de cette idée (1). » Que cette idée de la perfection infinie soit dans l'esprit humain, c'est ce que prouvent déjà son doute et son aspiration. « Comment serait-il possible que je pusse connaître que je doute et que je désire, c'est-à-dire qu'il me manque quelque chose et que je ne suis pas tout parfait si je n'avais en moi aucune idée d'un être plus parfait que le mien par la comparaison duquel je connaîtrais les défauts de ma nature (2). »

Ainsi, il suffit que nous appliquions le principe de causalité au moi pour que nous soyons élevés au-dessus du moi jusqu'à son principe, car le moi a l'idée de la perfection sans être parfait lui-même. Donc il ne l'a pas produite. Donc cette cause est plus haute que lui, et elle ne peut être que Dieu, un Dieu réel, puisque la réalité est l'achèvement de la perfection, laquelle ne serait pas toute la perfection concevable si elle n'existait pas en réalité. Descartes a résumé toute sa pensée dans ce mot sublime qui a été développé avec une éloquence incomparable par Bossuet et Fénélon. « Lorsque je fais réflexion sur moi, non seulement je connais que je suis une chose imparfaite, incomplète et dépendante d'autrui, qui tend et qui aspire sans cesse à quelque chose de meil-

---

(1) *Méditations*, pages 38, 77.
(2) *Id.*, p. 82.

leur et de plus grand que je ne suis, mais je connais en même temps que celui duquel je dépends possède en soi toutes ces grandes choses auxquelles j'aspire, non pas indéfiniment et seulement en puissance, mais qu'il en jouit, en effet, actuellement et infiniment et ainsi qu'il est Dieu. » Descartes s'appuie sur la véracité divine pour établir la réalité du monde des corps qui, par lui-même, lui paraît ce qu'il y a de moins certain.

Rien ne peut ébranler cette argumentation une fois qu'il a été prouvé que le moi n'est pas le simple produit de la sensation et que ses grandes intuitions ne sont pas le jeu artificiel de l'association des idées ou plutôt des images. D'où vient donc que le cartésianisme n'a pas suffi à l'esprit humain, et qu'il a paru, pour un temps, dépassé par de nouvelles évolutions de la pensée philosophique? Cela tient évidemment à ses lacunes; la plus grave de ses imperfections n'est pas le dualisme tranché, insoutenable, qu'il établissait entre la pensée et la matière réduite par lui au seul attribut de l'étendue. Le développement du sensualisme au siècle suivant a réagi contre cette notion exclusive, sans la corriger, car il tombait dans un exclusivisme opposé. L'école critique a mieux réussi à l'ébranler, parce que, sans parvenir à renverser ce qu'il a d'absolument vrai, elle a porté son attaque sur son point le plus vulnérable. Ce point vulnérable, c'était, pour employer un mot barbare, mais précis, son *intellectualisme*. On ne peut nier, en effet, que le point de vue moral ne fût placé en second ordre dans le système cartésien. Rien ne serait plus injuste que d'accuser Descartes lui-même de l'avoir entièrement méconnu; nous avons vu à quelle hauteur il élevait la liberté dont il disait que c'était surtout par elle que l'homme était à l'image de Dieu; mais autre chose est de reconnaître une vérité, autre chose de lui faire la place qui lui revient. Or, il est incontestable que Descartes a plus relevé l'intelligence que la liberté, comme cela ressort déjà de son axiome fondamental : *Je pense, donc je suis*. Dieu a été présenté par lui bien plus comme l'Être infini, absolu, que comme le Dieu de la loi morale, la liberté, la sainteté suprême. C'est plutôt par la pensée que par la conscience qu'il l'a atteint; l'imperfection est, avant tout, pour lui la limite, et la perfection l'illimité. On comprend très bien que Spinoza, l'inflexible logicien, se mouvant dans le vide de la dialectique pure, ait assimilé la perfection à cette substance infinie qui ne connaît pas de limites, pour laquelle toute détermination serait une borne et, par conséquent, une imperfection. C'est ainsi que le panthéisme a pu sortir du cartésianisme en forçant son principe. On ne peut pas nier que Malebranche, si chrétien pourtant par la tendance, n'ait penché de ce côté, en sacrifiant la liberté humaine à l'absolu divin qui, d'après sa conception, ne pouvait admettre aucune limitation, par conséquent aucune volonté créée. Leibniz a beau paraître relever la particularité dans sa *monade;* il ne rétablit pas vraiment les conditions du monde moral, car la liberté disparaît dans son optimisme, qui fait du mal l'ombre nécessaire du bien pour la convenance de l'ensemble. Cet optimisme s'exagère et s'aplatit chez ses disciples.

Si l'absolu ne se limite pas lui-même, on ne peut plus parler de la liberté de l'être créé. Or, cette limitation n'est pas possible, tant qu'on en reste à la notion d'une perfection abstraite, consistant avant tout dans une infinité extensive en quelque sorte et non pas intensive. Voilà pourquoi la conscience devait réagir contre l'intellectualisme cartésien. Déjà, en plein XVII° siècle, elle avait élevé une protestation passionnée avec Pascal qui, oubliant la prédestination janséniste, réclamait avec son éloquence poignante les droits préalables de l'intuition morale. Rousseau les invoquait également avec son impétuosité de tribun. On ne peut disconvenir qu'il a puissamment contribué à préparer la réaction de l'école critique. Kant a respiré le souffle ardent dont Rousseau avait embrasé l'atmosphère de son temps. Nous convenons que ce souffle paraît bien refroidi dans son œuvre philosophique. Il n'en est rien cependant; les laves du volcan sont devenues les pierres solides d'une des plus puissantes constructions de l'esprit humain. Kant a été tout autant le roi de son siècle que Descartes l'avait été du sien. Ce qui importe au nôtre, c'est que ces deux royautés se concilient et se fassent équilibre.

Les travaux accumulés sur le puissant penseur de Kœnigsberg nous permettent de résumer brièvement les données fondamentales de son système qui nous importent seules. Kant, au rebours de l'école empirique, qui attribue à l'objet, au monde de la sensation, la formation des lois de l'esprit humain, subordonne entièrement d'objet au sujet. D'après lui, nous ne voyons les choses qu'au travers de notre esprit, et, par conséquent, c'est lui que nous retrouvons en elles. Ce ne sont plus les choses elles-mêmes que nous atteignons; ce sont les choses déjà transformées, modifiées par notre esprit. Autant dire que nous ne rejoignons jamais la réalité. Kant ne va pas jusqu'à leur refuser l'existence; car l'instinct irrésistible de notre raison implique cette existence. Il y a *une chose en soi*, que Kant appelle le *noumène*. Il est aussi certain que le *noumène* existe qu'il est indiscutable que nous ne l'atteignons pas parce que, entre lui et nous, il y a notre esprit. Celui-ci nous contraint toujours de placer les choses dans le temps et dans l'espace. Or, le temps et l'espace sont de simples notions que nous tirons de nous-mêmes et qui précèdent toutes les sensations. Ce sont des moules préexistants où nous les jetons par une nécessité intérieure; mais cela suffit pour leur communiquer un caractère tout subjectif et pour nous empêcher d'atteindre la chose en soi. Celle-ci n'est point soumise aux lois du temps et de l'espace, puisque ces lois sont celles de notre propre esprit, en tant qu'il est tourné vers la sensation, les lois de notre sensibilité. Si de la sensibilité nous nous élevons à l'entendement, nous y reconnaîtrons également des lois *à priori* que ne fournit pas l'expérience, car elles la dominent, et par conséquent, la modifient en la transformant en notions, en représentations sensibles. Le moindre jugement que nous énonçons suppose un sujet auquel nous adjoignons un attribut et implique ainsi la notion de substance. Nous ne pensons pas sans l'idée de cause que la série des phénomènes ne pouvait produire à elle seule. Remarquons pourtant que Kant n'a jamais prétendu que ces grandes catégories de la substance et de la cause fussent, comme le temps et l'espace, purement subjectives. « Il reconnaît, comme le dit M. Charles Secrétan, la relation foncière de l'intelligence avec la vérité; seulement, dans l'ordre de la connaissance pure, cette vérité, cette réalité n'est pas atteinte en elle-même, parce que les sens et l'imagination se mêlent toujours à la pensée. Nous ne pensons l'être et la cause que dans le temps, et la succession constante devient pour nous le symbole et l'équivalent de la causalité. L'élément du temps se mêle à toutes nos pensées; il nous en ternit la transparence et nous empêche d'atteindre l'intelligible (1). » C'est ce qui amène Kant, avec l'intrépidité d'un logicien à outrance, à écarter dans le domaine de la connaissance pure, toutes les preuves cartésiennes de la spiritualité et de l'immortalité de l'âme, comme de l'existence de Dieu, qu'elles soient cosmologiques ou ontologiques (2). L'élément subjectif de la sensibilité nous empêche aussi bien de saisir le moi véritable que le monde extérieur; car le moi, nous ne le percevons que soumis aux lois du temps et de l'espace; c'est un moi déjà transformé. Le monde ne nous permet pas de conclure à son auteur, parce que, pour cela, il faudrait connaître les choses telles qu'elles sont; or, ce monde de phénomènes est le produit de nos facultés. En résumé, tout ce que la psychologie rationnelle prétend démontrer au sujet de l'âme, de sa substantialité, de son unité, de son immortalité est un tissu de

---

(1) Charles Secrétan, *La Philosophie de Victor Cousin.*
(2) Voir l'excellente thèse de M. Philippe Bridel, *La Philosophie de la religion* de Kant.

paralogismes. Nous confondons la forme simple et vide de la pensée avec notre personnalité comme être pensant. La théologie rationnelle se rend coupable de la même erreur ; car elle transfère à la chose en soi le subjectivisme inhérent à la chose telle qu'elle nous apparaît, telle que nous l'avons faite. Notre erreur constante est d'identifier le *noumène* au phénomène, la chose en soi à la chose apparente.

Kant nous révèle lui-même le motif et l'inspiration de cet effort vraiment titanesque de réduire le monde à un simple phénomène, quand il constate que c'est en vain que l'on voudrait faire sortir la liberté de l'enchaînement des phénomènes ; car, dans le monde soumis aux lois de la succession, a chaîne des causes et des effets n'est interrompue nulle part, et, si nous nous en tenons là, nous devons donner raison à Spinoza. Et pourtant, sans la liberté, la vie morale n'est qu'un leurre ; or, nous pouvons tout abandonner, excepté la vie morale. Elle est certaine d'une certitude non seulement immédiate, mais obligatoire. Il y a en nous un impératif catégorique qui ne permet pas le doute ; le premier devoir est de croire au devoir. Le devoir ne se discute pas, parce qu'il est le devoir, c'est-à-dire la loi suprême. Voilà ce qu'impose la raison pratique. Peu lui importent les négations de la raison pure, ou plutôt elles lui importent beaucoup, car elles l'ont délivrée de cette loi de fatalité qui pèse sur le monde des phénomènes soumis aux lois fatales de la succession. Il faut bien se garder de transporter dans ce domaine de la raison pratique les procédés de connaissance qui ont été trouvés impuissants dans celui de la raison pure. Si l'on se plaçait au point de vue de celle-ci ; si on essayait de prouver le devoir, la conscience, la preuve serait aussi caduque dans cette nouvelle application que quand il s'agissait de démontrer l'âme et Dieu par les preuves psychologiques ou ontologiques. L'être moral s'évanouirait aussi bien que l'être pensant devant la distinction toujours subsistante entre la chose en soi et la chose telle qu'elle nous apparaît au travers de la subjectivité de notre connaissance. Gardons-nous donc bien de vouloir prouver l'impératif catégorique ou la conscience dont il est la substance. Nous sommes ici au-dessus de la connaissance, en face d'un postulat qui s'impose, non pas au nom d'une évidence quelconque, mais parce qu'il est obligatoire, parce qu'il est le devoir, et que, si nous le mettions en doute, la vie morale s'écroulerait. Ce postulat nous fait reconquérir la foi dans l'âme immortelle et dans le Dieu juste, qui seul donne la sanction nécessaire de la loi morale; mais, en dehors d'elle, ni l'âme ni Dieu n'ont de point d'appui. L'impératif catégorique est leur seule garantie; mais aussi elle est irréfutable, parce qu'elle est au-dessus de toute connaissance.

Nous ne saurions mieux faire, pour résumer la pensée maîtresse du système de Kant, que de reproduire l'admirable commentaire qu'en a donné M. Charles Secrétan : « L'ordre moral brille de sa lumière propre, il ne saurait être mis en question; le suprême intérêt de la pensée est de le sauvegarder. Nous trouvons ici l'explication de ces énoncés sceptiques, le motif de ces distinctions délicates, en apparence arbitraires, qui nous ont fait hésiter. La science de la nature ne peut se constituer que dans la supposition de l'universalité des lois naturelles, c'est-à-dire de l'universelle nécessité. La notion même de l'ordre moral repose sur la liberté. Les deux principes sont inconciliables; le choc est imminent. Comment le prévenir? En plaçant dans deux plans différents les deux principes contraires, en assignant à chacun d'eux son monde. La science de la nature, mais c'est la pensée tournée aux choses du temps et de l'espace. Abaissons le temps et l'espace au rang des apparences, la théorie de ces apparences s'organisera ni plus ni moins que si elles étaient des réalités et nous rendra les mêmes services; la liberté restera la loi du monde de l'esprit, du monde vrai. Il y a derrière notre nature apparente un acte intemporel, éternel de liberté, qui fait de nous ce que nous sommes. Nous ne comprenons rien à cet acte, il est vrai; néanmoins, nous l'affirmons parce que nous sommes obligés de l'admettre pour conserver à la loi du devoir son autorité ; autrement nous serions irrésistiblement conduits à dissoudre la conscience morale dans une vaine phénoménologie, à la considérer comme une illusion de l'esprit. Le devoir est donc le garant du monde intelligible et son révélateur. Le devoir est le lien, le pivot ; c'est la certitude de l'obligation morale qui nous garantit tout le reste. Si le devoir est plus certain que tout le reste, ce n'est pas du tout par l'effet d'une nécessité psychologique. Rien au monde ne nous empêche de soupçonner que cette voix de la conscience, souvent importune, est une voix qui nous abuse. Non, ce qui fait la certitude supérieure, originale du devoir et le vrai fondement de toute certitude, c'est simplement qu'il est le devoir. On peut le mettre en question, mais on ne doit pas le faire, voilà tout le secret. La lourde charpente du monde ne repose pas sur le roc, mais sur l'éther et, si je crois à la liberté, c'est librement (1). »

On voit combien sont injustes les attaques contre cette noble et généreuse philosophie, quand elles émanent de spiritualistes convaincus. Les cartésiens qui la condamnent oublient la postérité spinoziste de leur maître, qui a manifesté les éléments déterministes du système maintenu par Leibniz lui-même. Une réaction puissante était absolument nécessaire.

A notre tour, nous rappellerons aux kantiens l'idéalisme panthéiste qui se disputa la succession du grand philosophe de la subjectivité. Quand Fichte ne voulait voir que le moi dans le monde, quand Schelling, dans son premier système, en faisait le foyer caché d'où tout émane, quand enfin Hegel montrait l'absolu se saisissant lui-même dans la raison après avoir évolué dans la nature, si bien que la logique est un développement des choses, n'oublions pas que toutes ces diverses formes du panthéisme contemporain provenaient

---

(1) Charles Secrétan, *La Philosophie de Victor Cousin.*

plus ou moins de Kant. Je sais bien que Hegel écartait d'emblée le postulat de la raison pratique et qu'il faussait ainsi totalement la doctrine de Kant en la mutilant et en lui enlevant ce qu'elle avait d'essentiel, sa cause finale, si on peut ainsi dire. Il n'en demeure pas moins que, pour que ces grands idéalistes panthéistes de l'Allemagne aient procédé de son école, il fallait que le subjectivisme de la raison pure eût son côté d'erreur. Une fois qu'un abîme infranchissable était creusé entre le sujet et l'objet, il ne restait désormais que deux voies ouvertes : ou bien la négation même de la connaissance objective, ou bien, par une exagération contraire, l'identification de l'objet avec le sujet qui est le fond réel de tous les panthéismes.

Kant lui-même n'est pas resté fidèle à son criticisme, tant il est difficile de s'y maintenir. Après avoir posé dans une sorte d'opposition la raison pratique qui donne la certitude morale et la raison pure qui nous enferme dans le subjectivisme comme dans une citadelle inaccessible, sa critique du jugement, qui contient son esthétique, semble admettre une certaine harmonie entre le monde du dedans et celui du dehors. Le sentiment du beau éveillé par le spectacle des choses a un caractère général, universel. Comment cette universalité serait-elle possible s'il n'y avait dans le monde extérieur un principe analogue à la pensée qui serait au fond des objets naturels ? Kant reconnaît aussi que l'étude de la nature nous amène à la notion de finalité, car l'idée de but s'en dégage. A moins de ne lui trouver de point d'arrêt nulle part, ce qui équivaudrait à la détruire, il faut bien arriver à un être qui ait sa fin en lui-même. Or cet être, c'est l'homme considéré comme agent moral ; c'est lui qui est la fin, le but de la nature. Reconnaissons toutefois que la donnée fondamentale du kantisme reste bien le subjectivisme de la raison pure. Kant le reconnaît lui-même dans ces mots significatifs : « Les considérations qui précèdent sont naturelles à notre esprit ; mais nous nous abuserions en leur attribuant quelque valeur scientifique, puisque la certitude que l'homme est son propre but ne relève pas de la science, mais qu'elle appartient à l'ordre moral et forme proprement un article de foi (1). »

Nous sommes convaincus que du postulat de la raison pratique on peut tirer des conclusions qui acheminent à l'objectivité, à la réalité du monde extérieur. L'impératif catégorique nous commande l'action ; pour que cette action soit possible, il faut que le milieu où elle doit se produire, le théâtre même de notre activité, ne soit pas une pure chimère, sinon l'action commandée par l'impératif catégorique s'évanouirait elle-même et l'absolu moral disparaîtrait. Cette humanité que je dois toujours avoir en vue pour donner à mes actes le caractère d'une loi générale pure de tout individualisme égoïste, c'est déjà tout un monde en dehors de moi. La barrière s'est ainsi abaissée entre le sujet et l'objet. Il y a plus : nul moraliste n'a pris plus au sérieux que Kant la réalité tragique du mal moral. Or il y voit avant tout la prédominance de ce qu'il appelle l'intérêt sensible sur la loi morale; mais cet intérêt sensible représente l'action du monde des sens. Refuser toute réalité à celui-ci, c'est ne voir dans le mal qu'une illusion, et s'inscrire en faux contre une donnée fondamentale de la conscience. Le remords à lui seul atteste tout ensemble la réalité du mal et celle du monde sensible sans lequel il ne serait pas possible (2).

Nous pouvons encore arriver au même résultat par une autre voie. Nous avons vu la croyance en Dieu sortir de l'impératif catégorique. Le Dieu auquel nous élève le devoir est un Dieu saint. N'en devons-nous pas conclure avec Descartes à sa véracité, sans laquelle il ne serait pas le bien suprême ? N'avons-nous pas ainsi une garantie qu'il y a correspon-

---

(1) Charles Secrétan, *Philosophie de la liberté*, tome Ier, X^e leçon.
(2) Charles Secrétan, *Id.*

dance fondamentale entre les lois de notre esprit et la réalité des choses ?

Rien du reste ne nous contraint à rester enfermés dans le kantisme. Il a été singulièrement élargi par un philosophe français du commencement du siècle, l'un des penseurs les plus originaux de son temps, qui avait en réalité trop devancé ses contemporains pour que son jour ne tardât quelque peu (1).

MAINE DE BIRAN.

Maine de Biran, principalement dans ses œuvres posthumes, publiées en premier lieu par M. Cousin, mais dont M. Ernest Naville nous a donné les parties les plus importantes avec le commentaire le plus lucide, nous semble le médiateur entre Kant et Descartes ; il a vraiment préparé la synthèse féconde de leurs doctrines. Nous avons vu Kant faire de la notion du temps et de l'espace une forme nécessaire et préalable de notre sensibilité, laquelle, en s'imposant à nos perceptions, leur confère un caractère toujours subjectif et les marque du sceau de notre esprit. Ce même caractère de subjectivité se retrouve d'après lui dans nos notions de substance et de causalité qui participent à l'élément intuitif, *aprioristique* de l'esprit humain. Le grand mérite de Maine de Biran, dans ses profondes études psychologiques, est d'avoir montré qu'il y avait dans ces notions intuitives autre chose que des lois formelles de l'esprit, qu'elles avaient une base expérimentale et par conséquent objective dans le moi lui-même. Pour être expérimentées dans le moi et comme dans

---

(1) *Œuvres philosophiques de Maine de Biran*, publiées par Victor Cousin (Paris, 1841). *Œuvres complètes de Maine de Biran*, publiées par Ernest Naville, avec la collaboration de Marc Debrit (Paris, Dezobry, 1851.)

l'exercice même de son activité spontanée, elles ne sont pas réduites à une pure forme ; nous avons pris pied dans un sol solide ; la connaissance n'est plus une simple affaire de foi. Maine de Biran eut un véritable éclair de génie quand il élabora sa théorie de *l'effort*, par laquelle il a introduit la liberté dans l'acte initial de la connaissance. Par là il a abattu le mur de séparation entre la raison pure et la raison pratique. Penser, c'est déjà vouloir, et voilà pourquoi l'être révélé par la pensée n'est pas simplement un être de raison, tel que le représente le fameux mot cartésien : *Cogito, ergo sum,* mais avant tout un être actif, libre, portant en lui le principe de la vie morale. Il y a une première période dans l'existence humaine qui appartient tout entière à l'instinct, à la sensation aveugle. L'homme n'est pas encore ; il n'existe pas véritablement. L'esprit entre en jeu du moment où il se distingue du non-moi, de l'objet extérieur qui l'a jusqu'alors enveloppé et comme submergé de sensations confuses. Cette distinction s'opère par *l'effort*, qui est l'acte de la volonté cherchant à triompher de la résistance du corps, car celui-ci, quelque lié qu'il soit à l'esprit, lui est cependant extérieur. « L'effort voulu, immédiatement perçu, constitue expressément l'individualité, le moi, le fait primitif du sens intime. Je caractériserai ce sens intime d'une manière plus explicite sous le titre de sens de l'effort dont la cause ou force productrice devient *moi* par le seul fait de la distinction qui s'établit entre le sujet de cet effort libre et le terme qui résiste immédiatement par son inertie propre (1). »

Ce n'est pas le simple fonctionnement de l'organisme qui donne au moi la conscience de lui-même. « Les ténèbres ne produisent pas la lumière ; ce n'est pas de la nécessité ou du *fatum* de l'organisme que peuvent ressortir l'activité et la prévoyance de l'esprit. Les circonstances et les conditions organiques de sensibilité et de motilité animales où l'âme

---

(1) Maine de Biran, *Œuvres complètes,* édition Naville, vol. Ier, p. 201.

subjuguée s'ignore elle-même ne sont certainement pas les mêmes qui servent aux premières manifestations de l'âme comme force agissante, aux premiers développements du moi humain (1). » A son degré supérieur, l'effort s'appelle *l'attention*. Alors il dirige l'action des organes sur tel ou tel objet qu'il veut connaître. L'attention implique l'exercice de la volonté ; en élevant l'homme au-dessus de la sphère des pures sensations, elle donne aux idées sur lesquelles elle se fixe une vivacité proportionnelle à son intensité. En opposant aux penchants les idées avivées par elle, elle inaugure la vie morale. A son plus haut degré, alors qu'elle porte sur l'esprit lui-même, l'attention s'appelle la *réflexion*. La réflexion qui nous donne notre propre moi comme objet d'attention nous fait découvrir, dans le jeu même de son activité, l'origine des grandes notions dont Aristote et Kant avaient fait les catégories ou l'élément *à priori* de l'être humain. L'acte de volonté qui a constitué le moi par l'effort lui donne la notion de causalité, puisque le moi voulant et agissant par l'effort se sent cause de son résultat, et cette causalité a pour caractère essentiel la liberté. Mansel arrive sur ce point au même résultat que Maine de Biran, en substituant à l'effort musculaire, dans la production de l'idée de cause, celle de la volonté produisant son acte propre qui est la résolution. L'idée de force est corollaire à celle d'effort. La subsistance du moi au travers de ses variations nous fournit la notion de substance, qui se dégage aussi de la résistance du non-moi. La succession des actes de la volonté implique l'idée du temps. Enfin la base première du concept de l'espace se trouve dans le sentiment intime et immédiat du corps et de ses parties qui surgit de l'effort destiné à vaincre sa résistance (2).

Nous devons reconnaître avec M. Ernest Naville que Maine de Biran a exagéré le rôle de l'expérience intime dans la for-

---

(1) Maine de Biran, *OEuvres complètes*, vol. Ier, p. 218.
(2) *Introduction*, p. 57.

mation de ces grandes notions fondamentales de la raison. Pour qu'elles se dégageassent de cette expérience du moi sur lui-même, il fallait qu'elles y fussent implicitement contenues car la simple succession des phénomènes ne fournit pas la notion du temps, pas plus dans le sujet que dans l'objet ; pour dégager l'idée du temps des volontés successives du moi, il faut que l'esprit la possède en lui-même. « La vue, le toucher, le mouvement et la sensation ne nous donneraient jamais la notion de l'étendue, ni de toute notre conception des corps, si nous ne la portions pas en nous-mêmes (1). » Ainsi en est-il de l'espace, comme de la substance et de la cause. Maine de Biran a trop oublié cet élément *à priori,* si puissamment établi par Aristote et par Kant. La raison seule permet au moi qui s'est reconnu et posé dans l'acte du vouloir de généraliser, d'universaliser comme nécessaires les concepts qui se sont dégagés de cette première expérience, parce qu'ils étaient en lui à l'état de principes primordiaux. Nous trouvons, en effet, dans la raison ces principes d'unité, de substantialité, de causalité et de finalité. Ce n'en est pas moins un précieux complément et un correctif du criticisme de Kant que d'avoir montré ces principes confirmés par l'expérience et prenant vie dans l'activité du moi. Ils ne sont plus simplement les moules et les formes de la pensée; ils sont aussi des réalités. Bien plus, l'acte initial de la volonté — l'effort, — nous a révélé l'existence du corps, sans laquelle il ne serait pas concevable, car c'est le corps qui oppose au vouloir la première résistance à vaincre. Le moi arrive ainsi à se connaître lui-même en se distinguant du non-moi et il ne s'en distingue que grâce à l'énergie de son vouloir. La liberté est ainsi à la base de la vie intellectuelle, comme de la vie morale ; le dualisme est vaincu.

Certes, on ne peut exagérer les services que Maine de Biran a rendus à la philosophie par sa théorie de l'effort

---

(1) Charles Secrétan, *Précis de philosophie,* p. 122.

résumée par lui-même en ces mots : « Je veux, j'agis, donc je suis... Je suis non pas indéterminément une chose pensante, mais bien précisément une chose voulante qui passe du vouloir à l'activité par sa propre énergie en se déterminant ou en se portant d'elle-même à l'action(1). » Ici encore, Maine de Biran demande à être complété par Kant; car il a trop négligé le côté proprement moral de l'activité libre, tout ce qui concerne l'impératif catégorique. Il ne fallait pas seulement dire : *Je veux, donc je suis*, mais encore : *Je veux, je dois, donc je suis*. A ce prix seulement la formule cartésienne est suffisamment élargie. Ce n'est pas mon être seul qui est ainsi affirmé; c'est encore l'être dont je dépends, l'être qui me commande et qui me force à dire : *Je dois*. Cet être auquel me reporte ma conscience comme ma raison n'est plus seulement une substance infinie, mais une infinie liberté, puisqu'il est le bien absolu, type éternel de la loi morale.

LE CRITICISME FRANÇAIS.

La réfutation très abrégée que nous avons faite du criticisme de Kant pourrait, selon nous, être opposée au philosophe français contemporain qui a représenté sa tendance avec une étonnante vigueur dialectique et une élévation morale des plus bienfaisantes. M. Renouvier ne s'est pas contenté des conclusions de *la Critique de la raison pure;* il les a poussées à leurs dernières conséquences, car il n'admet même pas l'existence de la chose en soi, de ce *noumène* qui se dérobe sans cesse à nous; la hardiesse de sa négation n'est égalée que par l'énergie de ses affirmations morales, qui ont pris un caractère toujours plus religieux ces dernières années. Seulement l'antinomie entre la science et la conscience est

---

(1) Maine de Biran, *OEuvres complètes*, vol. III, p. 413.

aussi tranchée que possible. Nous croirions manquer de respect à ce maître éminent dont l'inspiration est si haute et la pensée si puissante, en regardant comme suffisante la discussion sommaire de son système dont nous sommes obligés de nous contenter. Dès son premier essai sur *la logique générale et la logique formelle*, son criticisme se formule avec une netteté qui ne laisse rien à désirer. Les choses n'étant jamais pour nous que des représentations, et toute représentation étant un rapport du sujet à l'objet, nous ne pouvons sortir de la relativité, la chose en soi nous est entièrement inabordable; au fond, elle n'est pas, il n'y a que des phénomènes. Néanmoins, ces représentations sont soumises à des lois fixes qui, n'étant pas le résultat de l'observation sensible, constituent un élément *à priori*. Nous y retrouvons les catégories. Il n'est pas une chose dont nous ne cherchions le *combien*, le *où*, le *quand*, le *comment*, le *d'où*, le *pourquoi*; — ce qui revient aux relations de la grandeur, de la quantité, de la position déterminante, de la figure, de l'étendue, de la succession, de la qualité, du changement, de la cause et de la finalié. Toutes ces catégories dépendent de la catégorie première, qui est celle de la relation ; car en nous et hors de nous, tout se pose par relation. C'est dire que nous n'atteignons jamais la chose en soi, l'absolu, qui est le contraire du relatif. L'absolu est l'être en soi et par soi, *le tout être*. Comment serait-il possible de l'atteindre dans le monde qui n'est qu'un ensemble de relations et de représentations, et comment le rejoindre en dehors du monde où il ne serait plus qu'une abstraction ? La totalité ne se peut saisir dans ses parties où elle est toujours fractionnée, ni se concevoir en dehors de ses parties, car elle ne serait plus alors totalité. Aurions-nous atteint l'absolu que nous ne pourrions de là redescendre au monde, car il n'y a pas de passage de l'un au multiple. On ne peut concevoir des causes contingentes; car ces causes contingentes cesseraient d'être des causes, si elles dépendaient d'une causalité primordiale, puisqu'elles ne seraient plus que des effets, et la cause première étant en dehors du monde serait comme si elle n'était pas. Ce qui est vrai de la catégorie de la cause l'est de toutes les autres. « Les catégories ne sont pas autre chose, comme l'a dit M. Liard, un disciple convaincu du criticisme français, que les rapports les plus généraux et les plus constants, suivant lesquels nous unissons nos sensations. Isolées des phénomènes, elles expriment seulement des possibilités abstraites. Si nous essayons par leur moyen de pénétrer dans l'absolu, nous nous perdons dans le vide (1). » En résumé, pour employer les expressions de M. Renouvier, la critique aboutit à l'athéisme scientifique par la netteté avec laquelle elle écarte toute idée d'absolu. « Il n'y a de connaissance d'aucune chose en soi; mais toute chose se pose complexe et relative à d'autres choses dans la représentation où elle se pose. Tout phénomène est donné par opposition à d'autres phénomènes. Le mot *être* n'exprime qu'un rapport. Il exprime chaque groupe de phénomènes dont quelques rapports constituants sont donnés et définis (2). »

Reste cependant une grave difficulté. Qui dit représentation suppose un esprit, une conscience, un sujet qui se représente ce que nous prenons pour l'objet. Sur ce point, M. Renouvier ne donne point d'explications suffisantes. La conscience, pour lui, est « un ensemble de phénomènes enveloppés dans la catégorie de la personnalité. Chaque être vivant est une conscience qui perçoit les choses comme des représentations. Nous ne pouvons rien admettre qu'une pluralité de consciences, car une conscience unique, primitive, enveloppant la totalité des phénomènes ne serait plus une conscience puisqu'elle ne pourrait plus rien distinguer en dehors d'elle; ce qui est contradictoire à la notion de conscience, laquelle implique la distinction du soi et du non-soi (3). »

---

(1) Liard, *La Science positive et la Métaphysique*, p. 351.
(2) Renouvier, *Premiers Essais*, vol. II, p. 271.
(3) *Id.*, vol. II, p. 287.

Quant à admettre une conscience première à laquelle seraient subordonnés tous les phénomènes apparus ou devant apparaître, on ne comprend pas comment le fractionnement de cet absolu a pu se faire, comment elle aurait été le tout et aurait cessé de l'être. Ou la conscience première ne trouve pas de limite dans le monde, et alors le monde n'existe pas réellement, ou elle en trouve et alors elle s'anéantit. Il n'est donc plus permis de poser pour fondement de toute chose cet être en soi indéfinissable, fatal, d'où tout se dégage et où tout se perd, à la fois immuable et principe de changements. « Il faut, dans la sphère de la connaissance comme dans celle de la société humaine, substituer les lois au gouvernement personnel et s'en tenir au phénoménisme pur, réglé par les catégories de la raison (1). »

M. Renouvier ne s'en tient pas là ; il n'admet pas que cet athéisme spéculatif conduise à l'athéisme matérialiste et pratique qui lui fait horreur. « Si la signification de l'athéisme, dit-il, était d'exclure la fiction d'un substrat quelconque, esprit, matière ou *substance,* et de proposer à la science non le tout infini, impossible, contradictoire, non plus l'univers tiré du néant par la vertu et pour la satisfaction d'un être primitif, unique, universel, indéfinissable, inintelligible, mais la série des lois que la démocratie visible des êtres réalise dans la nature et dans les cieux, cet acte de la pensée par lequel un homme libre renverse tout à la fois l'idole matérialiste ou panthéiste et détrône l'absolu, roi du ciel, dernier appui des rois de la terre, l'athéisme serait la vraie méthode, la seule fondée en raison, la seule positive. » Au fond, l'athéisme ainsi formulé revient à l'argumentation de Kant contre la preuve cosmologique de l'existence de Dieu; car le criticisme français, à l'exemple du philosophe allemand, ressaisit sur le terrain moral la foi aux réalités supérieures; mais comme il a été plus loin dans sa destruction métaphy-

---

(1) Renouvier, *Premiers Essais,* vol. III, pages 251, 253.

sique, il est davantage réduit à statuer une simple croyance. Obéissant aux plus nobles aspirations, il repousse avec indignation ce qu'il appelle « cette religion du néant qui se prononce contrairement à nos désirs les plus convaincus et les plus persistants, et contre nos espérances les plus sacrées. » On se demande comment ces espérances sont compatibles avec la négation de tout absolu.

Pour trouver un point d'appui, le criticisme se réfugie sur le dernier débris de la notion de l'être qu'il a laissé subsister. Nous l'avons vu maintenir la conscience individuelle sans laquelle la représentation serait impossible. Cette conscience individuelle a beau n'être qu'un groupe de phénomènes enveloppés dans la loi de la personnalité, elle postule l'idée morale; elle a le droit de croire à son principe et à ses conséquences qui peuvent aller jusqu'à l'immortalité et à la foi en Dieu, ou pour mieux dire dans le divin. L'école à ses débuts inclinait vers une conception polythéiste, mais elle l'a peu à peu abandonnée. « Le véritable athéisme, dit M. Renouvier, n'exclut pas le véritable théisme, ni dans le sens moral ni dans le sens anthropomorphique du dernier mot. Tout absolu est éliminé, mais la pensée cherche un point fixe au delà de certains phénomènes. L'idéal chassé de l'être reparaît dans l'idéal de perfection morale. La croyance en un seul Dieu peut équivaloir à l'affirmation du bien. Un champ s'ouvre à la croyance libre là où ne s'étend pas la science, sans toutefois la contredire. La permanence et les données ultérieures peuvent résulter des lois des phénomènes ; l'existence d'un et de plusieurs dieux n'est en rien contraire à la raison. Nous pouvons ainsi nous concentrer sur le petit monde de l'homme et de la conscience où nous trouverons d'autant mieux les conditions de la certitude que nous nous détournerons du grand monde. » (1) Au fond, c'est à la liberté qu'il appartient de poser le fondement de la certitude, c'est

---

(1) *Essais*, p. 283-289.

une affirmation morale qu'il nous faut. La raison n'est pas autre chose que l'homme et l'homme n'est jamais que l'homme pratique. Nous partons de nous-mêmes, de notre loi morale et nous posons ce qui doit y correspondre au sein de l'univers, afin que l'harmonie soit. « Il n'y a pas de certitude, il n'y a que des hommes certains (1) ». M. Pilon a résumé tout le système avec une grande précision dans l'introduction de sa traduction du traité de Hume sur la nature humaine : « Le criticisme contemporain, dit-il, concilie Hume et Kant. Quelque chose manque chez Hume — l'idée de loi — quelque chose est de trop chez Kant — l'idée de substance consacrée sous le nom de *noumène*. Il faut unir au phénoménisme de Hume l'*apriorisme* de Kant. Cela été l'œuvre de M. Renouvier. Il fallait comprendre que la vraie substance, le vrai *noumène*, c'est la loi ; qu'il n'y a pas d'autre intelligible et qu'en outre il suffit de joindre l'*apriorisme* au phénoménisme pour rendre ce dernier compatible avec les croyances postulées par la morale (2). » Ainsi, d'une part, des phénomènes purs, des représentations toujours relatives, de l'autre des catégories ou lois de la représentation et enfin des groupes de phénomènes constituant la personnalité et reconquérant à l'état de pures croyances et comme postulat les grandes vérités morales, voilà tout le système. Jamais le dualisme ne fut plus tranché entre la métaphysique et la morale, jamais la souveraineté de l'impératif catégorique ne fut affirmée avec plus d'audace dans l'impuissance reconnue de toute démonstration métaphysique.

Nous ne pensons pas être réduits à ce qu'on pourrait appeler un coup d'État de la conscience. Tout d'abord le criticisme français a apporté lui-même, par l'organe d'un de ses disciples les plus distingués, un tempérament très important à sa théorie du caractère toujours relatif de la connaissance.

---

(1) *Essais*, tome II, p. 15.
(2) Pilon, *Introduction*, p. 61.

M. Liard, dans son livre si remarquable sur *la Science positive et la Métaphysique*, a établi, après Herbert Spencer et sans tomber dans ses inconséquences, que la notion même du relatif impliquait celle de l'absolu, qu'on ne parlerait pas du relatif si on ne l'opposait implicitement à l'absolu, qui est ainsi statué par la raison au moins comme idée. Il a même été plus loin ; car il a reconnu qu'un instinct intérieur excite sans cesse l'entendement à poursuivre la raison des choses, attestant tout ensemble les limites de notre science et l'existence d'un absolu indiscutable. « Les sciences du relatif tendent sans cesse à remonter vers l'infini. La poursuite incessante de l'esprit humain après l'absolu prouve que le relatif ne se suffit pas (1). » Cet éclair de l'absolu dans l'esprit humain, qui lui vient de plus haut, suffit pour en prouver l'existence. Nous savons bien que M. Renouvier refuse absolument à l'esprit humain la possibilité de l'atteindre, mais nous ne pouvons oublier non plus qu'il reconnaît pour l'être moral le devoir de croire au bien par un acte libre. N'y a-t-il pas là une solution de la prétendue contradiction entre la métaphysique et la morale ? Cet acte libre nous fait saisir par sa manifestation spontanée la liberté comme une réalité. De quel droit interdire à la raison de mettre la liberté en dehors de nous et au-dessus de nous ? Aucune des objections de M. Renouvier contre le principe de causalité ne nous a paru probante. — Je suis libre, je le sens, je le reconnais, pourquoi le serais-je seul ? pourquoi mon principe ne le serait-il pas ? S'il l'est, la grande objection faite par le criticisme français contre la possibilité d'une cause première disparaît. En effet, d'après lui, comme nous l'avons vu, il ne peut y avoir de cause première parce que de deux choses l'une : ou elle sera absolue et supprimera par là toutes les causalités que nous constatons dans le monde, ou elle sera limitée en leur laissant leur réalité et alors elle ne sera plus l'absolu. Eh bien, la liberté nous fait

---

(1) Liard, *la Science positive et la Métaphysique*, p. 314.

échapper à ce dilemme, car une liberté absolue peut parfaitement se limiter elle-même et s'affirmer en se limitant volontairement par le fait seul qu'elle a voulu la liberté créée. La raison est aussi bien satisfaite que la conscience. En outre, cette conscience individuelle que M. Renouvier fait surgir on ne sait d'où avec un élément d'*à priori* qui est la loi de la connaissance ne peut être considérée comme passive dans le fait même de la représentation. Elle doit grouper les phénomènes sous ces grandes lois qui la dominent; elle a une puissance de réaction, elle est active. Nous voilà ramenés au rôle de la liberté dans le fait même de la connaissance tel que l'avait défini Maine de Biran. Le nœud de la personnalité est dans cette même liberté qui est au premier plan dans la certitude morale. Nous ne sommes pas dans la pure relativité; car, comme le dit M. Liard, nous ne coulons pas avec nos sensations. Nous échappons ainsi à cette singulière explication de la personnalité réduite à être un groupe de phénomènes enfermés dans la catégorie de la personnalité avec de grandes lois *à priori* qui flottent dans le vide. Singulier groupement qui au point de vue moral déploie l'énergie la plus grande pour vouloir le bien et croire à ses conditions éternelles. Dites que ce groupement a été lui-même un acte libre et vous avez aussitôt le moi avec sa faculté d'unification qui échappe entièrement au phénoménisme. Sans cet élément d'unité, on ne peut concevoir de quelle manière se constitue la personne et comment on échappe à un fractionnement indéfini. Il est plus difficile de s'expliquer comment des représentations phénoménales sont liées à des lois *à priori* que de comprendre comment des unités subordonnées sont sorties de l'unité première. Nous rappelons pour mémoire ce que nous avons opposé au subjectivisme kantien et qui a une application non moins directe au criticisme français. La foi au devoir implique un théâtre réel pour l'activité qu'il doit régler; si le monde n'est qu'une représentation, le devoir en est une autre, car il n'est plus qu'un fantôme dans un monde fantastique; il lui faut prendre pied dans la réalité. Ces réserves faites sur le système de M. Renouvier, nous n'en reconnaissons pas moins la haute valeur; nul mieux que lui n'a mis en lumière le côté moral de la connaissance. Le livre qu'il a consacré à l'éthique est du plus sérieux intérêt (1).

(1) Voir, sur le criticisme de M. Renouvier, l'étude de M. Schlösing (*Revue chrétienne*, avril, mai et juillet 1882).

CHAPITRE IV

LA VRAIE SOLUTION DU PROBLÈME DE LA CONNAISSANCE

Nous avons obtenu dans notre discussion des théories contemporaines du problème de la connaissance d'importants résultats qui en préparent la solution. Rappelons-les brièvement.

1° Il n'est pas possible de limiter la science aux simples conditions d'existence en écartant la recherche de la causalité. Le positivisme a échoué totalement dans sa tentative de tirer toute la connaissance de l'objet lui-même, en éliminant l'activité de l'objet pensant. Celle-ci est impliquée par la plus simple induction qui dégage de la succession des phénomènes une loi générale.

2° Le principe de causalité, pas plus que les autres idées *à priori*, ne peut se déduire de la simple association des idées qui ne seraient que des sensations transformées, comme le prétend la nouvelle psychologie anglaise, car celle-ci ne parvient pas à expliquer la force mentale qui enchaîne les idées et qui a conscience de leur liaison en s'en dégageant elle-même. La permanence du moi attestée par la mémoire rend, d'après son propre aveu, son explication tout à fait insuffisante. La théorie de l'évolution et de l'hérédité a beau s'accorder l'infinité du temps, elle ne parvient pas à faire sortir des sensations ce qu'elles ne renferment pas et ce qu'elles ne sauraient produire en s'accumulant. Le moi d'ailleurs, s'affirme en se niant.

3° Cet élément intuitif, *aprioristique*, de l'esprit humain reconnu par Kant et l'école de M. Renouvier ne nous condamne pas, comme le prétend le criticisme allemand ou français, au subjectivisme pur, qui nous empêcherait de rejoindre la réalité des choses, sauf par l'intuition morale. Nous avons reconnu d'abord, que si les idées fondamentales de la raison lui sont bien inhérentes avant toute expérience, elles n'en sont pas moins confirmées par la conscience que le moi acquiert de lui-même dans l'acte même où il se pose. La volonté étant en jeu dans l'acte même de penser, toute contradiction entre la raison pure et la raison pratique disparaît, car l'une et l'autre ne se réalisent que par l'exercice de la liberté et celle-ci nous apparaît comme le fond même de l'être humain. Enfin le postulat de la raison pratique, l'impératif de la conscience morale qui commande l'accomplissement du devoir, implique la réalité du monde où il doit se réaliser ; il s'ensuit que ni l'humanité vis-à-vis de laquelle il nous lie, ni le monde supérieur et divin où l'impératif catégorique trouve ses sanctions nécessaires, ne sauraient être de pures illusions. Le problème de la connaissance, ainsi déblayé des théories qui le mutilent ou le rendent chimérique et impossible, est bien rapproché de sa vraie solution. Il nous importe de la formuler avec précision ; car, avant d'interroger le monde sur ses origines, il nous faut savoir ce que vaut notre instrument intellectuel et si vraiment il peut nous inspirer confiance.

GENÈSE ET DÉVELOPPEMENT DE LA CONNAISSANCE.

Essayons de décrire la genèse, le développement et les conditions de notre faculté de connaître. L'esprit humain resterait inerte s'il n'était sollicité du dehors ; toutes ses énergies pensantes demeureraient endormies. Il faut donc que la sensation surgisse, qu'elle ébranle les nerfs qui correspondent à chacune de ses modalités et se répercute dans le centre nerveux. Nous réservons à la partie de ce livre consacrée à l'anthropologie la réfutation complète des théories naturalistes, qui affirment que la sensation, se transforme en pensée par le simple travail cérébral.

La sensation qui ne reste que sensation dépasse déjà le simple mouvement moléculaire; elle implique, chez l'enfant comme chez l'animal, une activité psychique, obscure et confuse. Nous nous en tenons pour le moment aux déclarations déjà citées de l'un de nos plus éminents physiologistes, sur l'impossibilité de confondre le mouvement des molécules du cerveau avec la pensée. Pour qu'elle devienne une perception, il faut que toutes nos facultés soient en jeu. Les sensations qui ne se prolongeraient pas dans des images ne laisseraient pas de trace et ne fourniraient point de matériaux pour les idées. L'imagination leur donne la fixité nécessaire. Pour arriver à en tirer des idées, l'esprit doit comparer les phénomènes, y saisir les points de ressemblance, faire abstraction des divergences et s'élever ainsi à une généralisation; sans quoi, il serait comme éparpillé dans une multiplicité confuse de sensations et d'images qui l'empêcheraient de rien étreindre. Penser, c'est unifier. « Sans notions générales, lisons-nous dans l'excellent précis de philosophie de M. Janet, il serait impossible aux hommes de penser, car penser, c'est généraliser. Tant que je suis absorbé par un objet individuel sans même remarquer qu'il est individuel (ce qui impliquerait l'idée du général) on ne peut pas dire que je pense, mais seulement que je sens. C'est lorsque j'ai remarqué que tel objet ressemble à tel autre et que je les ai fait rentrer l'un et l'autre dans la même classe (par exemple celle de fleur), c'est alors seulement qu'a lieu ce qu'on appelle pensée (1). » Ainsi, on ne s'élève de la sensation à la perception

---

(1) *Traité élémentaire de philosophie*, par Paul Janet. Paris, 1880, p. 159-160.

que par un acte positif de la pensée, et, pour accomplir cet acte, il faut le vouloir, il faut l'attention qui suppose une résolution. Sans doute, ces opérations s'accomplissent avec une grande rapidité; l'habitude, l'hérédité les rendent spontanées, mais, à leur point de départ, il y a toujours une activité mentale positive.

Nous ne sommes parvenus qu'au début de l'opération intellectuelle qui nous fait connaître le monde extérieur. L'effort physique nous a bien manifesté un élément étranger à notre moi dans notre propre corps, par la résistance qu'il nous a opposée. Cet élément étranger admis, nous l'avons reconnu fractionné, multiple, et il a suffi pour cela du contact avec nos semblables, qui ont des corps comme nous-mêmes. Il nous a paru, en dehors de nous, s'étendre indéfiniment. Nous sommes ainsi arrivés à l'idée de la matière. Si nous lui appliquons la notion de substance, c'est que nous la possédons intérieurement, et si nous lui attribuons la force, c'est que le principe de causalité nous a contraints à rapporter à une cause la résistance que nous avons rencontrée. Ces corps, nous les avons situés dans l'espace et nous avons reconnu qu'ils étaient soumis à la loi de la succession. C'est ainsi seulement que nous avons obtenu une vraie connaissance du monde extérieur (1). On voit que, pour l'obtenir dans ce qu'elle a de plus élémentaire, il a fallu que notre raison intervînt immédiatement. « L'intégrité de l'organe, dit M. Charles Secrétan, dans son *Précis de philosophie*, la présence d'un agent approprié, un certain degré d'attention sont indispensables pour qu'il se produise une sensation. Mais ces conditions ne suffisent point encore à nous donner la perception, cette connaissance des objets extérieurs que nous rapportons aux sens quand nous disons, par exemple : « Je » vois un homme, j'entends une voiture. » Il faut avoir l'idée des corps étrangers en général, connaissance inséparable de celle de notre propre corps, que nous obtenons par l'emploi combiné

---

(1) Robert, *De la Certitude*, 2ᵉ partie, chap. IV.

de la vue et du toucher. Il faut la mémoire et l'intelligence, c'est-à-dire des idées générales, des jugements, des raisonnements. La connaissance sensible exige toujours le concours de l'intelligence pour interpréter la sensation. Et la sensation elle-même ne se produit pas sans un certain degré d'attention, c'est-à-dire d'activité spontanée de l'esprit. La sensation, prise en elle-même, ne nous apprend rien! (1). »

Qu'est-ce donc, s'il ne s'agit plus seulement de la perception des phénomènes, mais de leur enchaînement, de leur groupement et de la prévision de leur renouvellement dans les mêmes conditions d'existence ? Ici, nous atteignons la notion de loi et nous ne l'acquérons que par l'induction. Statuer une loi, formuler les conditions sous lesquelles les phénomènes se reproduiront, c'est induire, c'est juger de l'avenir par le présent. La science de la nature n'est possible qu'à cette condition. « Pour induire, dit M. Lachelier, il faut admettre implicitement que la nature constitue un organisme déterminé, où les phénomènes sont enchaînés et se produisent les uns les autres dans un ordre déterminé ; car, s'ils n'étaient pas enchaînés et comme engrenés, nous n'aurions aucun motif pour admettre leur reproduction future dans l'identité des circonstances. Ainsi, l'induction présuppose l'idée de cet ordre prédéterminé (2). » Ces phénomènes ne sont pas seulement conditionnés les uns par les autres, ils sont encore combinés, coordonnés dans la nature ; ils forment des systèmes, des harmonies toujours plus complètes. La nature n'appartient pas uniquement au mouvement qui produit la simple succession des phénomènes, à la mécanique pure : elle a une forme, une idée directrice parfaitement reconnaissable dans l'être vivant. Pour connaître cette idée, il faut que la pensée la cherche, et des parties du tout remonte au tout lui-même par un effort énergique, sinon elle ne connaît les choses que par leur fraction-

---

(1) Charles Secrétan, *Précis de philosophie*, p. 46.
(2) Voir Lachelier, *De l'Induction*, p. 85.

nement ou que dans leur abstraction. Il s'ensuit que la connaissance de la nature elle-même implique, avec l'intuition de l'unité, celle de la perfection, c'est-à-dire le plus haut concept de l'esprit humain. Nous voilà donc reportés par la simple connaissance physique bien au-dessus du monde phénoménal de la sensation jusqu'à la raison elle-même.

On nous demandera sans doute si cette connaissance du monde sensible, phénoménal, réglée par la raison, correspond en définitive à son objet, si celui-ci ne nous arrive pas tellement modifié qu'il est impossible de saisir ce qu'il est en lui-même et nous retomberions ainsi dans la distinction kantienne entre le phénomène et le *noumène*. Nous ne nions pas que la connaissance du monde sensible ne le transforme dans une certaine mesure. Ce qui pour nous est couleur n'est, en réalité, qu'ondulation et vibration ; mais rien ne nous empêche d'admettre cette transformation du phénomène sans aller jusqu'à le réduire à une simple illusion. La sensation est bien une traduction du monde extérieur, mais une traduction fidèle d'un texte existant. La véracité de Dieu n'est pas un argument à dédaigner, une fois l'idée de Dieu légitimement consacrée.

Il est inutile d'insister longtemps sur la part prépondérante qui est faite à la raison pour cette connaissance d'un ordre plus élevé qui s'applique au sujet lui-même, et qui s'appelle la conscience du moi. C'est ici qu'apparaissent en pleine activité, comme nous l'avons établi, les principes fondamentaux de la raison qui prennent vie en quelque sorte dans les manifestations du moi conscient. Par l'acte libre qu'implique le premier effort même simplement musculaire et qui, à un degré plus élevé de son existence, devient l'attention, la réflexion, le moi se sent lui-même une énergie et une cause ; sa permanence, attestée par la mémoire à travers les fluctuations des sensations, est une réalisation de l'idée de substance, comme la succession même de ces sensations réalise celle du temps. Le fait même de la pensée, qui implique la distinction du sujet pensant et de l'objet pensé, l'amène à reconnaître une autre existence en dehors de lui. La résistance qui commande l'effort et qui se manifeste déjà dans le corps humain se fait sentir par le toucher; ce sens, combiné avec celui de la vue, donne une certaine expérience de l'étendue, si l'on peut ainsi dire. Reconnaissons une fois de plus que, même dans cette application supérieure au moi conscient, l'empirisme ne suffirait pas à statuer et à former les principes constitutifs de la connaissance, ces catégories qui la dominent et la rendent possible. Ni l'activité du moi, ni sa permanence, ni les données fournies par l'effort et l'attention ne nous élèveraient aux principes de causalité, de substance, aux idées du temps et de l'espace, si ces catégories n'existaient à l'état virtuel dans la raison, qui seule leur confère le caractère d'universalité et de nécessité, car nous ne les dégagerions jamais des expériences psychologiques les mieux faites, comme nous l'avons établi antérieurement. C'est parce que ces grands concepts sont dans la raison à l'état virtuel, qu'ils se dégagent de l'expérience que le moi fait de lui-même comme du spectacle du monde phénoménal.

Il nous importe beaucoup, sans doute, que ces lois mêmes de l'esprit humain nous apparaissent en plein fonctionnement dans l'activité du moi; car nous en pouvons conclure qu'elles ne sont pas de grands moules vides, des formules qui n'embrassent rien. Elles sont donc faites pour embrasser la réalité; il y a correspondance, harmonie, entre le monde réel, celui du dedans comme celui du dehors, et cette législation de la raison; mais la raison la contient en soi, et ce n'est pas l'empirisme qui la lui fournit, ce qui reviendrait à dire qu'elle en est le produit.

Considérons en elle-même cette faculté maîtresse de l'entendement. Gardons-nous de la reléguer à une hauteur inaccessible, comme le Dieu néoplatonicien, pour lequel il n'y a pas de passage de son unité ineffable et transcendante au monde de la vie et du changement. Nous admettons la distinction si juste d'Aristote entre la raison passive et la raison active. La première, tournée vers le monde phénoménal, transmet les sensations et les sentiments; la seconde les élabore après avoir été en quelque sorte mise en branle. Les concepts *à priori* étaient en elle jusqu'alors à l'état virtuel; elle possède la faculté de les produire, et de formuler en jugements les idées absolues qui sont en elle. Ces jugements deviennent les axiomes qui précèdent l'expérience et la règlent, car ils embrassent la totalité des possibles.

Le premier de ces axiomes est le principe d'identité d'après lequel une chose ne peut pas être à la fois et n'être pas. Sans lui la raison n'est pas la raison; nous ne pouvons nous fier à elle, nous reposer sur elle, si elle n'exclut pas la contradiction; toute connaissance est dès lors impossible. C'est par cet acte de foi implicite que commence la connaissance. A son défaut, elle n'a pas où se prendre, elle roule dans le mouvement sans terme et sans repos; rien n'est vrai, rien n'est faux. Il faut un commencement absolu, une base qui repose sur elle-même, sinon la pensée tourne à jamais dans un cercle ou plutôt un tourbillon. La science a pour première condition la foi au vrai; s'il lui fallait en prouver le principe, sa preuve devrait également être prouvée, la regression serait à l'infini.

Après le principe d'identité, la raison nous donne ce que Kant appelle les lois de la sensibilité, l'idée de temps et celle d'espace, puis l'idée de substance, et enfin ce principe de causalité qui est comme sa clef de voûte ou plutôt qui est le stimulant, l'aiguillon de son activité, le père de toute science. C'est de la raison seule que ce principe reçoit l'universalité et la nécessité qui ne sont pas du domaine de l'empirisme. Si la raison a pris vie par son contact avec le monde phénoménal, elle lui rend au centuple ce qu'elle en a reçu, car elle seule le fait vraiment connaître et l'explique. Les axiomes expriment les rapports sans lesquels rien ne serait intelligible.

La raison fait plus; elle nous porte plus haut qu'elle-même

jusqu'à son propre principe. Elle comprend qu'elle doit trouver son explication dans ce qui la dépasse. Elle est par essence inclinée vers le parfait et l'absolu. Il n'y a pas un seul de ces axiomes qui ne se résume en ceci : « Tout a sa raison. » Ces principes : Tout changement a sa cause, toute qualité a sa substance, tout être a sa fin reviennent à dire : *Tout a sa raison.* « La fonction la plus générale de la raison est de concevoir les conditions d'ordre, d'homogénéité, d'harmonie entre l'effet et la cause. Il lui faut donc atteindre une raison suffisante à elle-même et à l'ensemble des choses, une cause proportionnée aux effets. Cette cause doit être la perfection même ; car la pensée ne s'arrête pas plus bas et la perfection ne saurait être que l'absolu. Tout degré limité d'être et de perfection placé à l'origine des choses est illogique. L'être absolu est en même temps parfait, car toute imperfection serait une limite (1). » Ainsi, le principe de causalité pris en lui-même implique l'être parfait et absolu et la raison nous reporte à Dieu.

C'est ici que reparaît à sa place la grande preuve cartésienne, née du contraste entre notre imperfection et cette idée de perfection qui est en nous. « Je suis une chose imparfaite et j'ai l'idée de la perfection. » Donc ce n'est pas moi qui l'ai produite, puisqu'elle me dépasse infiniment. Elle vient de plus haut, mais elle n'en est pas moins en moi ; je suis la preuve vivante de sa réalité tout autant par la pauvreté de mon être que par la grandeur de ma conception. Seulement, j'ai appris de la grande philosophie critique inaugurée par Kant à ne pas me contenter de la raison pure et de son intellectualisme que l'école de Descartes n'eût pas exagéré si elle eût davantage suivi la pensée première du maître, si surtout elle eût concentré notre attention sur le témoignage souverain de la raison pratique et de la conscience morale qui nous révèle non seulement l'être infini, absolu, mais l'être parfait, saint,

---

(1) Robert, *De la Certitude*, p. 347.

le Dieu libre, la perfection morale absolue. Me voilà ainsi préservé du faux infini du spinozisme, de l'infini qui est tout extensif et, ne pouvant se limiter lui-même, n'admet la liberté nulle part puisqu'il doit tout submerger. J'ai appris, en second lieu, du plus grand des psychologues français que la liberté, qui est l'axe de la vie morale, est aussi le grand moteur de la vie intellectuelle, que les deux raisons ne se séparent pas et que l'une et l'autre nous amènent au Dieu libre, c'est-à-dire à l'absolu moral.

La preuve cartésienne de la perfection entrevue par l'imperfection n'a pas moins de valeur dans la sphère de la raison pratique que dans la sphère de la raison pure ; car c'est du sein de ma misère, de ma faiblesse que j'ai vu briller la pure lumière du bien absolu qui m'attire en m'accablant. « Ce qui prouve, dirons-nous avec le philosophe de la liberté par excellence, M. Charles Secrétan, que le moi n'est pas seul et n'est pas sa propre cause, c'est la considération du moi lui-même ; c'est que nous nous efforcerons vainement à trouver en nous la raison de notre propre être ; c'est que, derrière le moi, au fond du moi, nous trouvons un plus grand que le moi ; c'est que nous nous sentons bornés en face de la raison qui ne consent à voir l'être que dans l'infini et dans l'absolu ; c'est que nous sommes à la fois libres, contraints et obligés, libres dans l'application de nos forces limitées, contraints dans la perception qui s'adresse à nos sens, obligés par le devoir (1). » Si le moi se trouve en même temps libre et sujet d'une loi, il y a nécessairement une volonté supérieure envers laquelle il est obligé. Aussi le fait de l'obligation morale, comme toutes les lois *à priori* de la raison, nous obligera-t-il à remonter à l'unité.

Les grands cartésiens chrétiens du xvii° siècle ne pensaient pas autrement, et, une fois que nous avons élargi leur pensée en la pénétrant davantage de l'idée proprement morale, nous

---

(1) Charles Secrétan, *Précis de philosophie,* pages 122-124.

sommes heureux d'en entendre l'exposition dans une langue qui ne saurait vieillir. « Oh ! que l'esprit de l'homme est grand, s'écrie Fénelon ; il porte en lui de quoi s'étonner et de quoi se surpasser infiniment lui-même ! Le voilà, cet esprit faible, incertain, borné, plein d'erreurs ! Qui est-ce qui a mis l'idée d'infini, c'est-à-dire du parfait dans un sujet si borné et si rempli d'imperfections ! (1) » — « Nous n'avons qu'à réfléchir, dit magnifiquement Bossuet, sur nos propres opérations pour entendre que nous venons d'un plus haut principe ; car, de ce que notre âme se sent capable d'affirmer et de nier, et que d'ailleurs elle sent qu'elle ignore beaucoup de choses, qu'elle se trompe souvent, elle voit à la vérité qu'elle a en elle un bon principe, mais elle voit aussi qu'il est imparfait et qu'il y a une sagesse plus haute à qui elle doit son être. En effet, le parfait est plutôt que l'imparfait, comme le moins suppose le plus dont il est la diminution. Aussi, il est naturel que l'imparfait suppose le parfait dont il est pour ainsi dire déchu, et si une sagesse imparfaite telle que la nôtre, qui peut douter, ignorer, se tromper, ne laisse pas d'être, à plus forte raison devons-nous croire que la sagesse parfaite est et subsiste et que la nôtre n'en est qu'une étincelle. Nous connaissons donc par nous-même et par notre propre imperfection qu'il y a une sagesse infinie qui ne se trompe jamais, qui ne doute de rien, qui n'ignore rien parce qu'elle a une pleine compréhension de la vérité ou plutôt qu'elle est la vérité même (2). — Être éternel, immense, infini, exempt de toute malice, libre de toute limite, dégagé de toute imperfection ! Quel est ce miracle ? Nous qui ne sommes rien que de borné, qui ne voyons rien que de misérable, où avons-nous pu comprendre cette éternité ? Où avons-nous pu songer cette infinité ? (3) »

« Rien de fini ne contenant l'infini, dit Mallebranche, de cela seul que nous apercevons l'infini, il faut qu'il soit. Tout

---

(1) Fénelon, *De l'existence de Dieu*, p. 61.
(2) Bossuet, *Connaissance de Dieu*, œuvres, t. X, p. 83.
(3) Bossuet, *Sermon sur la mort*.

cela est fondé sur ce principe si évident et si simple que le néant ne peut être directement aperçu. N'apercevoir rien et ne rien apercevoir, c'est la même chose (1). »

RÔLE DE LA VOLONTÉ DANS LA CONNAISSANCE.
LES CONDITIONS DE LA CERTITUDE.

Cette puissante argumentation cartésienne paraît bien concluante, et cependant nous reconnaissons que la logique pure est insuffisante, et que, pour fonder la certitude non seulement morale, mais encore intellectuelle, il faut une participation de la volonté. Nous ne parlons pas seulement de cet acte de liberté qui s'accomplit toutes les fois qu'il y a effort conscient de notre part; il s'agit ici d'une détermination positive du vouloir pour amener à bien l'élaboration de la connaissance, même en la limitant à son objet tout intellectuel sans considérer encore la vérité morale proprement dite. Tout d'abord, nous n'arrivons à une connaissance digne de ce nom, que par ce degré d'attention qui s'appelle la réflexion et qui implique à la fois la concentration de nos facultés cognitives, l'isolement par un effort de la pensée de l'objet de notre étude afin de le placer sous notre observation directe, et la réaction énergique contre la dispersion des idées, et les distractions du dehors. On ne réfléchit pas sans vouloir réfléchir.

En second lieu, tout jugement qui applique un attribut à une substance implique un acte de volonté, car cette attribution suppose le choix, la comparaison entre des attributs divers. Il n'est pas une vérité de quelque ordre qu'elle soit qui ne réclame notre assentiment pour être possédée, appropriée. L'assentiment ou le consentement n'est pas une simple affirmation passive (2).

(1) Malebranche, *Œuvres*, édit. 1837, t. II, p. 366.
(2) Ollé-Laprune, *La Certitude morale*, ch. II.

L'erreur a toujours pour cause une négligence, une paresse de l'esprit qui s'est arrêté trop tôt dans sa recherche. Il ne faut pas la confondre avec la simple limitation de notre connaissance. L'erreur commence du moment où, par une affirmation hâtive, nous avons tiré des conclusions précipitées d'une observation incomplète. Descartes présente sur ce sujet les réflexions les plus sages qui montrent à quel point il faisait au fond la part de la liberté : « Si je m'abstiens, dit-il, de donner mon jugement sur une chose lorsque je ne la connais pas avec assez de clarté et de distinction, il est évident que je fais bien, et que je ne suis pas trompé ; mais si je me détermine à la nier, alors je ne me sers pas comme je dois de mon libre arbitre. C'est dans ce mauvais usage du libre arbitre que je rencontre la prévention qui constitue la forme de l'erreur (1). »

Malebranche n'est pas moins explicite que Descartes sur la défectuosité morale qu'impliquent les erreurs humaines : « Nous sommes aussi libres, dit-il, dans nos faux jugements que dans nos amours déréglées. L'esprit humain n'est pas seulement sujet à l'erreur parce qu'il n'est pas infini et qu'il a moins d'étendue que les objets qu'il considère, mais aussi parce qu'il est inconstant. Pour concevoir la cause de cette inconstance, il faut savoir que c'est la volonté qui dirige son action, que c'est elle qui l'applique aux objets qu'elle aime et qu'elle est elle-même dans une inconstance et une inquiétude continuelles (2). »

Personne ne s'est exprimé sur ce sujet d'une manière plus vraie et plus profonde que le grand théologien Schleiermacher dans ses leçons sur la *Vie de Jésus*, publiées après sa mort : « La vérité, dit-il, est l'état naturel de l'homme ; ses facultés dans leur condition normale doivent y aboutir. L'état d'ignorance et d'incertitude n'est pas l'erreur ; celle-ci commence du moment où l'esprit est arrivé à une fausse conclusion ; or il faut

---

(1) Descartes, *Méditations*.
(2) Malebranche, *Œuvres*, t. Ier, p. 30.

pour cela qu'il se soit arrêté trop tôt dans ses recherches de la vérité, et par conséquent qu'il ne l'ait pas aimée comme elle mérite de l'être, ou bien qu'il ait eu un intérêt caché à admettre tel ou tel résultat incomplet. Il n'est donc pas possible de distinguer absolument l'erreur du mal, du moins en ce qui concerne cet ordre de vérités qui s'adressent à la conscience et à l'âme (1). » C'est bien, en effet, pour cet ordre de vérités que le rôle de la volonté est important, car nous ne pouvons méconnaître que, même ramenées à leur plus grande généralité, au simple impératif catégorique de Kant, elles entrent en conflit avec toutes les tendances inférieures de notre être.

Ces vérités sont des obligations avant d'être des évidences ; elles commandent l'obéissance, mais ne s'imposent pas à la pensée avec une sorte de nécessité dialectique comme le résultat fatal du raisonnement. Leur nature même implique qu'on peut s'y soustraire. Le premier devoir est de croire au devoir, mais le devoir est de telle nature qu'on peut s'y dérober, et, en s'y dérobant, l'obscurcir volontairement. La vérité morale fait appel à l'intuition, et, comme celle-ci ne se démontre pas, rien ne nous empêche de nous y dérober. C'est surtout dans ce haut et profond domaine que le raisonnement détruit parfois la raison. La raison pratique comme la raison pure est constituée par un élément *à priori*, intuitif, au delà duquel on ne peut remonter. Rien de plus facile que de se mettre hors d'état de le saisir en laissant s'émousser le sens délicat de la vérité morale ; rien de plus aisé que de le supprimer en substituant la dialectique et ses subtilités à l'intuition immédiate. La dialectique enferme la liberté comme dans un réseau d'antinomies ; celle-ci ne lui échappe que si, d'un coup d'aile, dans un élan spontané, l'esprit remonte à la haute région de l'intuition où la conscience commande sans discuter, où le devoir a une autorité souveraine.

Le déterminisme s'impose dès qu'on en sort, car les prin-

---

(1) Schleiermacher, *Leben Jesu*, p. 118.

cipes au delà desquels on ne peut remonter et qui posent pour nous le commencement de toutes choses lui échappent seuls ; au-dessous d'eux, tout s'enchaîne et s'engrène ; eux seuls échappent à l'enchaînement fatal, parce qu'ils sont les principes et qu'ils ne le seraient pas s'ils étaient de simples chaînons dans la chaîne. Or on ne les perçoit que par intuition. Dès qu'on sort de là, ils n'existent plus pour nous. Quand il s'agit de la vérité morale, l'intuition n'est rendue possible que par la pureté du cœur, ou du moins par le bon vouloir. Les cœurs purs seuls voient Dieu. Si nous rattachons la vérité morale à Dieu, c'est que, comme nous l'avons vu, elle ne peut se séparer de lui sans perdre sa réalité et sa sanction. Il suffit pour qu'elle l'implique de constater à quel point elle nous dépasse et parfois nous accable. Nous sommes une chose non seulement imparfaite, mais faible et flétrie, qui entrevoit le bien supérieur, l'idéal de la perfection. Donc il est au-dessus de nous et n'est pas le produit de nos conceptions ; car, enfermés en nous-mêmes, nous ne concevrions rien de meilleur que nous. Ce caractère vivant de la vérité morale qui nous empêche de l'enfermer dans une formule et qui lui donne en quelque sorte la grandeur de la plus haute personnalité est une raison nouvelle pour faire une large part à la volonté et au cœur dans son appréciation. « La pensée peut à elle seule saisir une formule ; une personnalité échappe à ses prises ; elle n'en saisit que les contours et les limites, elle n'atteint jamais son vrai fond. Il faut l'aimer pour la connaître, et sans harmonie morale elle est indéchiffrable. Qu'est-ce donc quand il s'agit d'une personnalité qui est le bien absolu ? La vérité vivante offre à qui la considère une infinité d'aspects et elle est trop ample pour tenir dans quelques formules. Ces formules sont plutôt des symboles (1). »

Dieu n'est connu, selon le mot profond de Pascal, que quand il est sensible au cœur. « La vérité morale ignorée ou bien né-

---

(1) Ollé-Laprune, *Ouvrage cit.* p. 351.

gligée n'est pas mise dans l'esprit par la vertu toute-puissante d'un syllogisme. Ni l'excellence de la vérité, ni la dignité de l'âme ne me permettent cela. Non, l'amitié demande un peu plus d'ampleur. Et n'est-ce pas un sublime et intime commerce que celui qui rapproche l'âme humaine et la vérité quand celle-ci sollicite et obtient l'assentiment de celle-là ? C'est un commerce, c'est une amitié; car, dans l'ordre moral, les abstractions n'ont qu'une valeur provisoire; derrière les notions, il y a les êtres et les êtres sont des personnes. Au fond tout consiste en ceci : l'appel de Dieu, la réponse de l'homme. C'est là toute la vie morale. Écoute, dit Bossuet, écoute dans ton fond, écoute à l'endroit où la vérité se fait entendre, où se recueillent les pures et simples idées (1). »

La certitude morale implique donc l'exercice des facultés morales, la ferme décision de la volonté de nous soumettre à l'impératif catégorique et de placer l'intuition sacrée du devoir au-dessus de la fatalité logique. Il nous est donc impossible de ne pas voir une diminution morale dans la négation de la vérité révélée par la conscience; seulement nous devons faire ici la part de toutes les inconséquences par lesquelles l'homme tantôt s'élève au-dessus de sa doctrine, tantôt s'abaisse au-dessous d'elle. De même qu'il y a des athées qui feraient croire en Dieu par leur noblesse et leurs vertus et qui ne sont athées que parce que, sous le nom de Dieu, ils n'ont connu qu'une idole monstrueuse de fabrique humaine, de même nous connaissons des adorateurs patentés du divin qui en sont les pires profanateurs. Quand nous parlons de la vraie certitude morale, nous entendons celle qui est tout ensemble une théorie et une pratique, qui est une vue et une vie du divin, si on peut ainsi dire. Celle-là, selon nous, sera possible à quiconque aura voulu faire l'usage légitime de ses facultés morales. D'un autre côté, malgré tout notre respect pour la

---

(1) Ollé-Laprune, *De la Certitude morale*, p. 385.

liberté des opinions, nous sommes obligés de voir dans la négation de la vérité morale une déviation du vouloir.

Le scepticisme, qui, sous les formes parfois les plus brillantes, conteste l'ordre moral et n'admet que la curiosité de l'esprit, cet épicurisme raffiné qui veut toujours jouir et jamais obéir, est une maladie de l'âme. Son doute ne prouve rien parce qu'il est voulu. Il ne suffit pas de dire : *Qu'est-ce que la vérité ?* pour être fixé dans ses incertitudes. Si on le dit ironiquement à la manière de Pilate, on n'obtient pas de réponse, ou plutôt on obtient celle que l'on désire et qui n'est qu'une négation. Le scepticisme ne prouve pas plus contre la certitude morale que la maladie ne prouve contre la santé ou que des yeux volontairement fermés ne prouvent contre le soleil. Il y a longtemps que l'on sait qu'on peut avoir des yeux pour ne pas voir et des oreilles pour ne pas entendre.

« L'acte de volonté ne se concentre pas sur un seul moment de la vie morale ; chacun, selon ce qu'il a fait des premières clartés qui ont lui dans son âme, est plus ou moins propre en une circonstance donnée à saisir les lumières nouvelles qui lui sont offertes. La fidélité antérieure est la meilleure mesure de l'aptitude présente à reconnaître la voie. Penser est une chose naturelle, bien penser dépend en une certaine mesure de notre libre arbitre(1). » On ne saurait mieux dire que M. Liard sur ce côté moral de la connaissance dans le passage suivant de son livre sur la *Métaphysique et la Science :* « La question métaphysique, dit-il, a surtout un intérêt moral. En croyant au devoir, nous éprouvons le besoin de croire à autre chose qu'à l'ordre logique et scientifique. Nous sentons en nous deux autorités distinctes : les lois de la pensée et les lois de la morale. L'autorité de la conscience prime celle de la science. Il faut inscrire au début de la métaphysique une vérité morale et demander à la conscience une explication du monde qui lui soit conforme. La métaphy-

---

(1) Ollé-Laprune, *De la Certitude morale*, p. 368-376.

sique morale qui ne peut répondre aux derniers besoins spéculatifs de l'esprit qu'avec les ressources de la conscience se propose aux âmes et ne s'impose pas. Pour la recevoir, il faut avoir la bonne volonté, la croyance que la vérité morale est le premier et le dernier mot des choses. Un exemple de vertu même obscur, est pour la métaphysique un meilleur auxiliaire que la plus brillante découverte scientifique (1). » « L'acte personnel qui est requis de nous, dit excellemment M. Ollé-Laprune, a pour effet de soumettre non pas la vérité à la personne, mais la personne à la vérité (2). »

Qu'on veuille bien remarquer que nous ne faisons aucune concession au mysticisme antiscientifique en accordant à la volonté une large part dans la certitude morale. Nous prétendons demeurer fidèles aux lois générales et universelles de la certitude. Ces lois, qui règlent toute expérimentation, ont été admirablement mises en lumière dans l'*Introduction à la méthode expérimentale* de Claude Bernard. Il y reconnaît de la manière la plus catégorique que l'expérimentateur ne doit pas faire la leçon à la nature, mais subordonner entièrement ses idées préconçues à la réalité constatée : « Dès que la nature parle, dit-il, l'expérimentateur doit se taire. Il ne doit jamais *répondre* pour elle ni écouter incomplètement ses réponses. Dans la nature, l'absurde selon nos théories n'est pas toujours impossible (3). » L'illustre savant pose en règle que nos procédés d'expérimentation doivent varier avec les objets mêmes de nos investigations. « Pour l'expérimentation, dit-il, les procédés doivent varier à l'infini, suivant les diverses sciences et les cas plus ou moins difficiles ou plus ou moins complexes auxquels il les applique. » Ce qui est vrai du domaine purement naturel l'est également du domaine de la conscience, de la haute sphère de la vérité morale. Elle doit avoir ses procédés

---

(1) Liard, *la Métaphysique et la Science physique*, p. 48.
(2) Ollé-Laprune, *De la Certitude morale*, p. 364.
(3) *Introduction à la médecine expérimentale*, pages 4, 7, 364.

à elle, ses méthodes d'observation lui appartenant en propre. Là, la simple déduction logique n'est pas plus à sa place que le scalpel ou le télescope. Les vérités premières réclament l'intuition ; les vérités morales demandent avec l'intuition le bon vouloir. Cette intuition, accompagnée du bon vouloir peut très bien s'appeler une foi morale ; cette foi, bien loin de supprimer l'expérimentation, en est le mode supérieur, le seul qui soit de mise quand il s'agit de ces premiers principes qui échappent à la preuve, au raisonnement, parce qu'ils sont le fondement de l'ordre intellectuel et moral. Ce qui demande la preuve n'est pas le vrai commencement. « C'est la lumière qui détermine la foi à franchir le seuil de l'obscure région où elle doit non pas s'absorber dans la possession stupide d'un inintelligible objet, mais mériter et conquérir de nouvelles et meilleures clartés (1). »

La foi intuitive dont nous parlons est, en définitive, une expérimentation, la seule qui convienne à cet ordre de vérités. Cette intuition, par sa nature même, ne saurait être une simple déduction qui tire l'une après l'autre les conséquences d'une prémisse, puisqu'elle remonte au principe lui-même. Elle y remonte par la plus hardie des inductions, qui, au travers du fini qu'elle a supprimé ou brisé comme les murs d'une prison, la porte dans l'infini divin. Sans doute, pour l'atteindre, il faut qu'elle soit attirée, vivifiée par lui ; car, comme le dit très bien le P. Gratry, « il y a des mouvements que l'esprit isolé ne fait pas seul : l'esprit peut déduire, mais il ne s'élance pas. » Seulement nous nous refusons à admettre, avec l'illustre oratorien, le dualisme tranché qu'il statuait entre la première opération de l'esprit obtenant par intuition la vérité morale et la seconde opération qui doit lui permettre de s'unir au divin, — comme si la raison devait se séparer de la foi (2). Il n'en est rien ; dès son début, la certitude morale est un acte

---

(1) Ollé-Laprune, *De la Certitude morale*, p. 365.
(2) Gratry, *De la Connaissance de Dieu*, vol. II, p. 487.

à la fois humain et divin. Dès que l'homme entre en contact avec la vérité vivante, il y a corrélation entre lui et Dieu. La lumière sans doute grandira pour lui, mais elle lui arrive à son midi comme à son aurore par les mêmes voies. L'acte primordial de foi ou d'intuition qui lui fait saisir, avec l'impératif catégorique, le Dieu dont il procède, est de la même nature que l'acte qui, plus tard, l'unit étroitement au divin. Le premier n'est pas moins mystérieux que le second, car le mystère consiste dans cette plénitude incommensurable de l'infini qui déborde toujours nos formules comme notre esprit. Fénelon a dit avec profondeur et vérité : « Je ne compte que sur la grâce pour conduire ma raison dans les limites de la raison. » Il y a un grand danger à établir, comme le P. Gratry, et avant lui, Malebranche, une distinction absolue entre l'acte initial de raison et de conscience, et ce qu'il appelle l'acte de foi. La foi, dans le sens où nous l'avons entendue, est active et présente à ces deux phases de la connaissance ; il y a entre elles différence quantitative et non qualitative, — sinon nous courrions le risque d'en revenir par un détour au scepticisme de Bayle, dont le grand art est de lâcher les rênes de la libre pensée dans le domaine naturel ou rationnel en prétendant l'arrêter court devant le domaine réservé de la foi, dont il dirait volontiers : « Sacrée elle est, car personne n'y touche. La raison a détruit ou dissout toutes les doctrines religieuses ; mais rassurez-vous : elles sont intactes là-haut, dans les nuages, dans l'empyrée de la foi indiscutable. » Nous n'admettons pas cette antinomie. La foi est déjà active dans les premières opérations de la raison, et la raison accompagne la foi dans le développement de la connaissance religieuse. Leurs relations ont été admirablement établies par Clément d'Alexandrie, dès le commencement du IIIe siècle. Pour lui, la foi est un procédé légitime de connaissance, qui, bien loin de supprimer l'expérimentation, la rend seule possible quand il s'agit des premiers principes qu'on ne saisit que par intuition. On n'admet pas un axiome sans un acte de foi, qui n'est pas autre chose que ce qu'Épicure, lui-même, appelait une anticipation de l'esprit. Cette intuition de la foi est, en réalité, l'introduction même de la science, sa condition préalable (1). Si cette intuition est nécessaire, déjà pour les premiers principes de toute science, combien ne l'est-elle pas davantage, quand il s'agit du premier de tous les principes, de l'absolu vivant qui est Dieu ? « L'esprit, dit magnifiquement Clément d'Alexandrie, franchissant tous les mondes, toutes les sphères du créé, s'élève à la haute région où réside le roi des mondes ; il est arrivé à l'immuable par une voie immuable elle-même. » Clément fait la part légitime de la volonté dans cet acte de foi et d'intuition qui rejoint le divin. Il faut tout d'abord que l'âme aspire à la vérité supérieure. « Le commencement de la sagesse est de s'attacher à ce qui est utile. Une ferme décision est donc d'un grand poids dans l'acquisition de la vérité. Le vouloir passe avant tout. Il faut réchauffer au fond de son âme la vivante étincelle que l'on a reçue et se garder d'une vaine curiosité qui ferait que l'esprit se promènerait dans la vérité comme on se promène dans une ville pour en admirer les édifices. Il faut plus encore, il faut purifier son âme, car il en est du temple de la vérité comme de ce temple d'Épidaure, au frontispice duquel on lisait ces mots : « Il faut être pur pour dépasser l'enceinte du sanctuaire (2). » Clément d'Alexandrie ne fait que développer cette grande méthode qui doit régler notre recherche de la vérité, quand il ramène toute son apologétique à ce principe : *Percevoir le semblable par le semblable.* N'est-ce pas, au fond, le principe même de la méthode expérimentale qui consiste à approprier les procédés d'observation à la nature de l'objet à observer ? S'élancer avec toute son âme vers l'être et ce qu'il y a de plus évident dans l'être, voilà le bien, a dit Platon. Clément, qui croit au Dieu vivant et personnel,

---

(1) Ἡμῖν αἴσθησις ἐπιβάθρα τῆς ἐπιστημῆς *Stromates*, II, IV, 16.
(2) *Id.* III, VI, 17.

admet son action sur notre esprit, pour l'éclairer et le vivifier ; mais, pour lui, cette action s'exerce dès les premières illuminations de la raison, ou ses premières intuitions. Cette action grandit, se développe, mais elle ne change pas de nature ; la foi aux suprêmes révélations de Dieu, dans le Christ, obéit aux mêmes lois que la foi aux premières intuitions de la conscience et de la raison, par lesquelles nous nous élevons à Dieu. Il échappe ainsi à tous les dangers du dualisme. On ne le voit pas non plus, sous prétexte de fortifier la faiblesse humaine, constituer un pouvoir tout extérieur, imposant ses décisions à notre esprit et se dérobant à son examen. Cette confiance implicite, qui ouvre un crédit illimité à un tribunal de doctrine, n'a aucun rapport avec la foi, au sens où nous l'avons entendue. Rien n'est plus dangereux que de s'appuyer sur le fait incontestable que la raison comme la conscience sont satisfaites par ce qui les surpasse pour leur imposer ce qui leur est décidément contraire, ce qui échappe, par conséquent, à toute expérimentation, à toute connaissance. C'est compromettre singulièrement la certitude morale que de la rendre solidaire, comme le fait M. Ollé-Laprune, d'un pareil abandon à une prétendue infaillibilité (1). La conscience

(1) Le livre de M. Ollé-Laprune n'en est pas moins dans son ensemble très remarquable par la manière dont il établit le rôle de la volonté et de la raison dans la certitude morale. M. Janet a discuté la thèse fondamentale de ce livre dans la *Revue des Deux Mondes* (*la Philosophie de la croyance*, 15 octobre 1881). Tout en admettant le rôle de la volonté pour des opérations intellectuelles telles que l'attention, la réflexion, l'assentiment sans lequel nous ne porterions aucun jugement, il lui refuse toute part légitime au point de vue moral dans l'acquisition des vérités supérieures. Il faut s'entendre. Nous pensons comme lui que M. Ollé-Laprune a tort d'admettre que la volonté supplée à un degré quelconque la connaissance expérimentale de la vérité. Il n'y a pas, en effet, deux procédés pour acquérir la connaissance et la certitude, il n'y en a qu'un : l'expérience, mais l'expérience variant ses procédés pour les conformer aux divers côtés de la réalité, M. Janet admet comme nous que l'intuition a son rôle nécessaire dans l'appropriation de la vérité saisie dans ces principes fondamentaux, axiomatiques qui précèdent toute dialectique. La raison pratique a son procédé intuitif, comme la raison métaphysique, par lequel elle saisit

n'abdique jamais, sous peine de nous ravir l'organe par lequel seul nous pouvons connaître la vérité morale. On ne se crève pas les yeux pour voir plus haut et plus loin.

Nous nous sommes jusqu'ici strictement enfermés dans le problème de la connaissance. Nous avons d'abord reconquis son plus noble domaine sur le positivisme qui nous interdisait la recherche de la cause. Nous avons ensuite montré comment le principe de causalité ne pouvait être reporté du dedans au dehors, et se dissoudre dans la simple association des idées où l'on ne nous donnait que des images, des sensations. Après l'avoir ressaisi dans la raison comme l'élément essentiel de l'*à priori* qu'elle ne tire que d'elle-même, il nous a élevés jusqu'à la cause des causes dont nous avons l'idée, et à laquelle nous aspirons du sein de notre imperfection qui prouve qu'elle n'est pas en nous. Rien n'a affaibli pour nous la grande preuve cartésienne qui a profité, en définitive, de la réaction du criticisme allemand et français, car il l'a délivrée de l'intellectualisme qui la compromettait, en subordonnant entièrement la certitude intellectuelle à la certitude morale. Nous ne nous sommes pas crus obligés de statuer avec le criticisme une contradiction entre les deux raisons métaphysique et pratique. — Nous avons constaté, premièrement, qu'elles ont besoin, l'une et l'autre, de

---

l'axiome moral qui est l'impératif catégorique. Nous pouvons nous refuser à cette intuition, parce que nous pouvons la redouter, et trouver notre intérêt à ne pas croire au devoir. Voilà pourquoi notre volonté, au point de vue moral, est mise en cause et doit se décider. Elle ne crée et ne démontre pas l'axiome moral, mais elle nous met dans la situation normale pour le reconnaître. Comme cet axiome moral est un *impératif catégorique*, un commandement, une obligation, il y a un devoir précis pour nous à l'accepter sans discussion, du moins dans sa généralité comme principe de toute morale, car nous nous gardons bien d'y faire rentrer à titre axiomatique les conclusions et les applications pratiques où se retrouvent toutes les défaillances de l'intelligence. Nous maintenons, en conséquence, que le premier devoir est bien de croire au devoir, lequel est le fond même de la conscience. Nous ne dérogeons pas de la sorte aux lois de la certitude, comme nous paraît le faire M. Ollé-Laprune par les concessions qu'il fait au témoignage humain; ce qui l'amène par un détour à accepter l'autorité du magistère infaillible dans l'Église.

la volonté, pour se constituer, et secondement, que tandis que les catégories de la raison pure sont objet d'expérience dans l'activité du moi, la raison pratique implique la réalité d'un monde où s'accomplit son impératif. Le principe de causalité, tel qu'il se dégage de la raison pure comme de la raison pratique, ou, pour mieux dire, de l'esprit humain considéré dans sa totalité, nous conduit, par l'induction la plus irrésistible, au Dieu qui est tout ensemble l'être infini et le bien absolu, et comme il nous introduit dans le domaine moral par excellence, nous n'y pénétrons qu'en nous mettant en harmonie avec lui. De là, la part de volonté dans la certitude morale. On peut dire qu'à ne s'en tenir qu'au problème de la connaissance, la partie du spiritualisme est déjà gagnée, mais nous n'avons plus le droit de nous y enfermer. Nous devons sortir de nous-mêmes et nous tourner vers le monde, vers celui de la nature comme vers celui de l'histoire, pour savoir s'ils contrediraient les résultats obtenus. Nous savons de quelle manière les interroger, grâce à ce grand principe de causalité, que nous avons essayé de mettre hors de doute et de contestation. Nous avons conclu, avec Descartes, qu'il doit y avoir au moins autant de réalité dans la cause efficiente que dans son effet, que l'effet ne peut tirer sa réalité que de sa cause, — que le néant ne saurait produire aucune chose, — que ce qui est plus parfait ne peut être une suite et une dépendance du moins parfait (1), et, pour tout dire en un mot, que le plus ne peut sortir du moins (2).

(1) Descartes, IIIe *Méditation*.
(2) M. l'abbé de Broglie, professeur d'apologétique chrétienne à l'Institut catholique de Paris, a publié un livre considérable sur le problème de la connaissance sous ce titre : *Le Positivisme et la science expérimentale*. Il n'y a pas seulement visé l'école positiviste, mais encore toutes les théories connexes ou dérivées, telles que le monisme transformiste d'Herbert, Spencer et de Hœckel. Les vastes connaissances scientifiques de l'auteur donnent une grande précision à sa discussion. Nous aurons plus d'une fois l'occasion de le citer dans le cours de ce livre. Pour le moment, nous nous bornerons à indiquer son point de vue dominant. M. l'abbé de Broglie cherche à établir contre l'école positiviste que l'esprit humain

peut atteindre les substances et les causes et qu'il n'est pas réduit au subjectivisme pur. Il prend son point d'appui dans ce qu'il appelle *le bon sens*, qui est cette certitude implicite de la réalité de l'objet de la connaissance à laquelle on ne saurait refuser le caractère de l'universalité, bien qu'elle ne se réduise pas simplement au consentement universel. Elle se présente en fait dans une certaine confusion que la philosophie doit éclaircir, mais uniquement pour mieux établir cette certitude fondamentale. L'auteur se livre aux analyses les plus fines et les plus savantes de nos sensations pour prouver que, s'il faut bien reconnaître qu'elles ne sont qu'une traduction de la réalité extérieure, elles n'en sont pas moins une traduction fidèle. On lira avec un grand intérêt la partie de son livre dans laquelle il distingue entre le sens du toucher, qui nous met en contact direct avec les corps, et les sens tels que la vue et l'ouïe, qui ne nous donnent évidemment que l'objet transformé, puisqu'en dehors de notre sensation il n'y a ni couleurs ni sons, mais seulement des vibrations de l'air. Il s'efforce de montrer que le sens commun ne se trompe pas en croyant au *noumène*, c'est-à-dire à la réalité de l'objet, car la science est fondée sur la croyance à cette réalité, et le sens tactile l'étreint en quelque sorte dans les corps. Quant au principe de causalité, statué également par le bon sens, il n'est pas seulement inhérent à notre raison, mais il se manifeste encore, dans les faits les mieux constatés par la science de la nature, car, à son plus haut terme de généralisation, elle réclame toujours une causalité ; elle a beau réduire la lumière, l'électricité et la chaleur au mouvement, elle n'en cherche pas moins dans les vibrations de l'éther la cause de ces changements. En ce qui concerne la substance spirituelle et la causalité libre, M. de Broglie en appelle au sens intime et au sens moral, qui sont les formes les plus élevées du *sens commun*. Cette expression, qui joue un si grand rôle dans sa discussion, ne nous paraît pas heureusement choisie; elle est trop mêlée d'empirisme, d'autant plus que M. l'abbé de Broglie reconnaît qu'il faut incessamment corriger le sens commun. Il y a constamment lieu, d'après lui, à analyses et à approximations successives. Nous préférons en appeler à ces grandes intuitions primordiales de l'esprit humain, à cet *a priori* qui en est l'essence et se formule dans les catégories. Je sais bien qu'il ne nous permet pas de rejoindre immédiatement la réalité, puisque nous ne la voyons que conformément aux lois de notre entendement. Mais l'auteur, qui doit admettre que la sensation ne nous en donne qu'une traduction, n'y parvient pas mieux par son système. Comme le fait très bien remarquer M. Janet dans son appréciation du livre de M. de Broglie, le toucher lui-même ne nous donne pas la réalité immédiate, car les sensations cutanées et musculaires sont purement subjectives (*Revue des Deux Mondes*, 1er juin 1882). L'auteur méconnaît trop la vérité relative et aussi le mérite de la grande école critique; *le kantisme* reste à ses yeux un pur scepticisme. Il oublie le grand acte de foi au monde moral qui couronne le système et qui, comme nous avons essayé de l'établir, doit conduire plus loin que le subjectivisme dans la conception de la nature et aboutir à un monde réel, toujours sous la réserve que nous ne le connaissons que dans une traduction. Pourquoi, d'ailleurs, comme le dit encore M. Janet, réduire à la subjectivité pure les lois de l'esprit ?... Pourquoi l'esprit serait-il le législateur de la nature, s'il n'en est pas le créateur? Que la traduction soit fidèle, c'est ce qu'implique précisément notre foi à l'ordre moral et à Dieu ; l'argument cartésien de la véracité divine en reçoit une nouvelle force. « L'hypothèse idéaliste n'a de valeur que grâce à une équivoque, en confondant l'objectivité avec la matérialité. » (Janet.) Après tout, pour l'ordre des vérités supérieures, M. l'abbé de Broglie en appelle à l'intuition morale comme Kant. Décidément saint Thomas ne suffit plus ; il n'est pas possible de faire abstraction de la grande école critique, surtout quand on se voit forcé de lui accorder en fait tant de concessions. Ces réserves n'empêchent pas le livre du savant écrivain d'être très riche en aperçus fins, originaux, et très concluant sur plus d'un point essentiel contre le positivisme et le monisme.

LIVRE DEUXIÈME

LE PROBLÈME COSMOLOGIQUE

CHAPITRE PREMIER

LE PRINCIPE DE CAUSALITÉ DANS LE MONDE.

L'un des partisans actuels les plus convaincus du matérialisme, après avoir énuméré les corps simples découverts par la chimie, conclut par ces mots : « Hydrogène, oxygène, carbone, etc., etc., tels sont les éléments jusqu'ici reconnus qui constituent la terre, ses productions, ses habitants et son atmosphère. Dès à présent se dégage des faits acquis une conclusion certaine assez large pour contenir toutes les modifications partielles que l'expérience y pourra introduire. Les choses dont l'ensemble est exprimé par le mot univers sont formées de substances quelconques, en nombre quelconque, hors desquelles il n'y a rien. Les corps simples, combinés en proportions diverses, ont reçu et garderont le nom générique de matière (1). »

Cette sérénité dans l'affirmation étonne; on dirait que nous en sommes encore à Démocrite. Il y a là un procédé enfantin qui prend l'apparence pour la réalité. Et cependant nous avons

---

(1) A. Lefèvre, *La Philosophie*, p. 46. Paris, Reinwald, 1879.

vu dans le livre précédent d'abord que cette matière si incontestable, qui doit tout expliquer, à commencer par notre esprit, n'est jamais atteinte directement par nous ; que nous ne la connaissons que par la sensation qui la modifie, ou, pour mieux dire, que nous ne sommes immédiatement certains que de la sensation, c'est-à-dire des faits de conscience. Le point fixe, certain, se dérobe au levier d'Archimède dès qu'il est cherché en dehors de nous. Partir de la matière pour arriver à l'explication des choses et à l'esprit, c'est expliquer le plus connu par le moins connu. En outre, les progrès de la science ont de plus en plus raffiné, vaporisé, idéalisé la notion de matière. Descartes la faisait consister dans l'étendue ; mais nulle perception des sens ne nous donne immédiatement l'étendue : nous sentons une certaine résistance, nous voyons certaines couleurs, mais il n'y a rien là qui nous fournisse la notion d'étendue. Ces sensations, d'ailleurs, comme toutes les autres, sont des faits de conscience qui modifient dans une proportion que nous ne pouvons déterminer les phénomènes perçus. Que faut-il d'ailleurs entendre par cette étendue constitutive de la matière ? Est-ce l'espace pur, le vide ?... mais rien n'en est plus dissemblable, car comment assimiler les corps au vide ? Est-ce la pluralité des atomes qui seraient les parties d'un tout que nous nommons matière ? Mais ces atomes eux-mêmes ne nous ont pas livré leur secret. Nous n'avons fait que reculer la difficulté ; nous n'atteignons nulle part les éléments derniers, les vrais composants de l'étendue. D'où il résulte que celle-ci est une conception de notre esprit et par conséquent ce qu'il y a de plus opposé au matérialisme (1).

Laissons l'étendue comme une définition arriérée de la matière et tenons-nous-en aux atomes. Lange nous a montré comment l'atome lui-même échappe entièrement aux prises de la sensation. L'atome indivisible qui serait l'élément

---

(1) Rabier, *Le Matérialisme*, Encyclopédie Lichtenberger.

ultime de la matière n'existe pas ; lui-même est un composé de sous-atomes ; seuls ils expliquent son élasticité, qui n'est pas imaginable sans un déplacement de molécules. Le sous-atome élastique lui-même, ou bien se compose lui aussi d'autres sous-atomes, ou se résout en un simple centre de forces. « Ainsi, dit Lange, se trouve déjà dans l'atomistique elle-même, alors qu'elle semble fonder le matérialisme, le principe qui dissout toute matière et retire même au matérialisme le fondement sur lequel il repose (1). » Ampère réduit l'atome à ne plus être qu'un point sans étendue avec des forces groupées autour de lui : ce point, « ce néant » sera la matière. D'après du Bois-Raymond, si nous tentons, à l'exemple de Buchner, de rattacher étroitement la force à la matière, pour en faire la cause du mouvement, nous cédons à l'irrésistible penchant de personnification qui nous est inné. « Que gagne-t-on à dire que deux molécules se rapprochent l'une de l'autre en vertu de leur force d'attraction réciproque ? Pas même l'ombre de l'intuition de l'essence du phénomène. C'est une pure métaphore ; il y a pour notre désir inné de rechercher les causes une sorte de satisfaction dans l'usage de bras invisibles, de polypes au moyen desquels les molécules matières s'étreignent, et cherchent à s'attirer les unes les autres et finalement s'entrelacent en pelotons (2). »

La science tend à résoudre de plus en plus la matière en force ; nous appelons matière ce que nous ne voulons ou ne pouvons plus résoudre en force. En résumé, dans l'état actuel des sciences physiques et naturelles, la matière est partout l'inconnu, la force partout le connu. « La chose n'est, en vérité, que le point de repos désiré par notre pensée. Nous ne connaissons que les propriétés et leur réunion dans un inconnu dont l'hypothèse est une fiction de notre esprit, mais, à ce

---

(1) Lange, *Histoire du matérialisme*, t. II, p. 216.
(2) Du Bois-Raymond, *Recherche sur l'électricité animale*, p. 32.

qu'il semble, une fiction nécessaire et impérieusement exigée par notre organisation (1). »

Ces conclusions du savant auteur de l'histoire du matérialisme troublent la foi candide des apôtres de cette doctrine. M. Lefèvre, dans son plus récent écrit (2), reproche sévèrement à Lange de chercher lui aussi l'au delà, le pourquoi des choses, sous l'inspiration d'un idéalisme effréné.

« S'il s'était borné, dit-il, à grouper les résultats acquis de l'expérience et à en tirer les conclusions qui en découlent en employant les facultés et opérations ordinaires de l'organisme (sensation, mémoire, abstraction et généralisation), il n'aurait pas ébranlé le terrain solide de la science positive et il aurait reconnu que, dans le monde que l'homme connaît conformément aux conditions de la connaissance, il n'y a pas autre chose que les éléments chimiques et leurs combinaisons. »

M. Lefèvre oublie que Lange, dans cette partie de son livre, ne cherche point l'au delà, mais le fond même des choses; que ce n'est pas l'aile du rêve ou de la spéculation qu'il y déploie, mais qu'il y plonge en pleine réalité son scalpel d'analyste.

C'est en interrogeant le concept de la matière qu'il la réduit à une simple idée; c'est grâce aux procédés de la connaissance invoqués par son contradicteur, la sensation, la généralisation, qu'il établit que ce que nous connaissons le moins, c'est précisément ce monde matériel que M. Lefèvre et ses amis nous donnent avec une assurance aussi joyeuse que superficielle comme la seule réalité incontestable. Il n'y a dans l'univers, d'après eux, que des éléments chimiques combinés, et il se trouve que cette basse explication est une illusion aussi peu philosophique que les légendes les plus chimériques de l'enfance de l'humanité. Il est utile, dès le début de cette

---

(1) Lange, ouvrage cité, p. 218.
(2) Lefèvre, *Renaissance du matérialisme*, p. 31

discussion, de conseiller la modestie au matérialisme et de rappeler à ce grand pourfendeur de fantômes que, lui aussi, que lui surtout est fantastique ; que nul système ne repose sur une base plus fragile, plus imaginative. Il ne croit qu'à la sensation, et la sensation l'empêche de rien voir directement. Il ne sortira pas de ce cercle vicieux.

On pourrait penser qu'il suffit désormais de lui opposer la question préalable. Il n'en est rien. Nous, les spiritualistes, nous possédons, comme nous l'avons établi antérieurement, le seul fondement solide de la certitude, non seulement pour les vérités supérieures, mais encore pour le monde extérieur. Nous avons exposé les raisons qui nous donnent confiance dans l'instrument de la connaissance et dans la véracité de Dieu. Nous n'y revenons pas. Nous n'allons pas sans doute jusqu'à supprimer la part de la subjectivité dans la connaissance des choses, puisque nous ne les atteignons que par la sensation ; mais, sans prétendre les rejoindre directement et tout à fait telles qu'elles sont, nous sommes convaincus qu'il y a correspondance générale et fondamentale entre l'objet connu et le sujet connaissant. Aussi, bien que nous soyons en droit d'opposer au matérialiste une fin de non-recevoir, par la raison qu'il ne saurait sortir de la sensation, et tout en retenant ce que ce premier argument a de décisif contre lui, nous lui concédons l'existence de ce monde qu'il n'a pas le droit d'affirmer au même titre que nous. Faisant abstraction des résultats qui se sont dégagés de notre théorie de la connaissance en tant qu'elle implique déjà le théisme, nous allons interroger l'univers et rechercher si le matérialisme, à supposer qu'il fût fondé à affirmer l'existence des choses, nous en donne une explication suffisante en soutenant que, en dehors des éléments chimiques et de leurs combinaisons, il n'y a rien.

Cette interrogation, pour être concluante, implique que nous acceptons les résultats des sciences dûment constatés, et que nous reconnaissons sans restriction leur autorité dans ce domaine. Il ne s'agit évidemment pour nous que d'une exposition succincte qui s'en tiendra aux points capitaux et décisifs.

§ 1. — LA PENSÉE ORDONNATRICE DANS LA NATURE.

Plus nous descendons dans l'échelle intellectuelle, plus le monde apparaît vide de pensée, se suffisant à lui-même, sans explication, sans plan, sans dessein. L'animal, réduit à la sensation, incapable de réflexion et de généralisation, n'y voit que ce qu'il y cherche, son grenier d'abondance, le réservoir de sa pâture. Le sauvage y pressent bien une causalité mystérieuse, parce que la raison qui sommeille en lui traverse par quelques éclairs l'opacité de son intelligence inculte, mais il ne la cherche pas en dehors des choses; il s'imagine que le monde qu'il a sous les yeux a toujours été, que le même soleil l'a éclairé, que les mêmes pluies l'ont arrosé et que la forêt a toujours été peuplée du gibier qu'il chasse et des fauves qu'il combat. Pour la sensation, il n'y a ni avant ni après; elle se contente de l'apparence, et l'apparence, c'est l'immutabilité de la nature, c'est la reproduction constante des mêmes séries de phénomènes se succédant sans s'enchaîner. Rien ne ressemble plus que le matérialisme à la conception du sauvage ou plutôt de l'enfant ; car le sauvage n'échappe pas à la préoccupation de remonter aux causes et aux principes, avec cette différence que le matérialisme s'efforce de justifier sa thèse par la science et que cette tentative même de justification suffit pour briser son moule étroit, car il prouve la pensée par la pensée, comme on prouve le mouvement en marchant. Toute pensée est un je ne sais quoi qui ne résulte pas de la combinaison des éléments chimiques. Il n'en demeure pas moins que l'explication matérialiste du monde est bien celle que donnerait l'être purement sensitif, à supposer qu'il éprouvât le besoin d'expliquer quoi que ce soit, ce qui est contradictoire.

Cependant cette explication, par le fait seul qu'elle recourt à la science, est bien obligée de dépasser la simple apparence, au moins en ce qui concerne l'origine du monde. Elle doit reconnaître que celui que nous avons sous les yeux n'a pas toujours été, qu'il est le produit, l'effet d'une immense évolution. Ce sol que nous foulons a été formé couche par couche à la suite de convulsions géologiques qui l'ont tour à tour consumé, inondé, tordu, façonné. Dans chacune de ces couches est enfouie une flore et une faune pétrifiées qui portent la date des révolutions accomplies dans ces âges lointains et dont les débris sont comme les médailles archéologiques. La mer qui baigne nos rivages en les respectant, l'air que nous respirons ne sont arrivés à cet état d'équilibre relatif qu'après des périodes impétueuses où le monde n'était qu'un chaos. Il peut nous redire, comme le Temps dans une poésie célèbre : « Vous ne m'avez connu que vieux. » La science a également constaté que cette voûte étoilée qui semble l'image même de la stabilité a son histoire, et que sa formation, si loin qu'on la recule, fût-ce à des myriades de siècles, a eu ses périodes successives. « Comme dans l'histoire civile, a dit magnifiquement Buffon dans ses *Époques de la nature*, — livre plein de génie où, par la vue de l'esprit, il a eu l'intuition des grandes méthodes de la géologie moderne — on consulte les titres, on recherche les médailles, on déchiffre les inscriptions antiques pour déterminer les époques des révolutions humaines et constater les dates des événements moraux ; de même, dans l'histoire naturelle, il faut fouiller les archives du monde, tirer de la terre les vieux monuments, recueillir leurs débris et rassembler en un corps de preuves tous les indices des changements physiques qui peuvent nous faire remonter aux différents âges de la nature. C'est le seul moyen de fixer quelques points dans l'immensité de l'espace, et de placer un certain nombre de pierres numéraires sur la route éternelle du temps (1). »

Notre monde actuel nous reporte donc à un état antérieur; il n'est après tout qu'un effet; sa constitution présente est le résultat d'une élaboration considérable, aussi bien par les forces qu'elle a mises en jeu que par la durée qui lui a été nécessaire. Cette élaboration n'est plus un mystère ; car les forces qui l'ont produite sont encore agissantes aujourd'hui sous nos yeux, bien qu'elles aient perdu de leur intensité et que les changements qu'elles opèrent aboutissent rarement à des bouleversements capables de nous rappeler les formidables crises géologiques du passé. Le sol de notre planète se modifie partiellement sous des influences que nous pouvons constater tous les jours. Les tremblements de terre déchirent constamment la croûte terrestre. Les éruptions volcaniques vomissent sous forme de lave les substances que la chaleur amalgame au centre de la terre toujours incandescent. Les sédiments ou dépôts des eaux forment les terrains d'alluvion. La mer travaille ses côtes et en change les contours ; les madrépores et les polypes par leur lente accumulation font émerger sur les eaux des bancs de coraux ; enfin l'atmosphère exerce une action chimique des plus puissantes. Donnez à ces agents de transformation géologique une durée indéfinie pour produire leurs effets, supposez-les portés à leur plus haute puissance, et les grandes évolutions de notre planète seront expliquées. Il importe peu qu'elles aient ou non le caractère de crises violentes, soudaines, ou qu'elles aient subi un développement progressif, ou bien encore qu'elles aient été tour à tour lentes ou foudroyantes.

« Autrefois, dit Humboldt dans son *Cosmos*, l'écorce naissante, fracturée en tous sens, encore peu épaisse, soumise à des fluctuations continuelles, tantôt soulevée, tantôt affaissée, laissait presque partout communiquer la masse intérieure en fusion avec l'atmosphère. Les effluves gazeuses dont la ma-

---

(1) Buffon, *OEuvres*, t. V, p. 1.

tière chimique devait varier autant que les profondeurs d'où elles s'échappaient venaient donner une vie nouvelle au développement des formations du sol. Dans ces entrailles de la terre est le vaste atelier de la nature où les forces souterraines ont formé et métamorphosé les couches terrestres (1). »
Dans cette histoire de notre planète que nous n'avons pas à retracer, — car on ne peut suppléer l'ampleur et la rigueur d'une exposition strictement scientifique, — nous ne voulons retenir qu'une chose, c'est à quel point ce drame géologique plein de tempêtes, de catastrophes, de destructions et de reconstructions, où les forces cosmiques semblent s'entrechoquer sans ordre, est dominé par des lois inflexibles. Nous n'avons d'abord qu'un globe de feu; comment va se former son écorce solide? Par l'application d'une loi bien connue. Sa chaleur se dissipe dans l'espace planétaire ; il suffit de ce dégagement pour produire une solidification de sa surface aussi mince que la pellicule d'une pêche. C'est le granit primitif. Il faut, pour achever sa formation, l'eau et l'air. Le refroidissement déjà produit par l'évaporation amène dans l'atmosphère le degré de température voulu pour que la combinaison entre l'oxygène et l'hydrogène devienne possible, car plus haut que 2002 degrés l'affinité suffisante leur manquerait. Désormais nous possédons, avec l'eau et l'air, les grands agents cosmiques qui vont se mettre à l'œuvre et concourir à la formation définitive de notre planète. La vapeur atmosphérique qui s'est fondue en eau se vaporise de nouveau sous l'influence d'une température encore très élevée, mais pour revenir immédiatement à l'état liquide. Ainsi se formera un dôme d'épais nuages chargés d'électricité, ne recevant d'autre lumière que celle de l'éclair qui va le déchirer. Les eaux commencent à rouler les dépouilles de la mince enveloppe de granit qu'elles usent et émiettent et les premières stratifications ou dépôts de terrain se forment et s'étagent. Des en-

---

(1) *Cosmos*, vol. Ier, traduct. Faye Baudry, 1846.

trailles brûlantes du sol, les roches volcaniques s'élancent avec des flots ignés. D'autre part, le calcaire se dispose en profondes assises au sein des mers.

La mer recouvre toute la planète ; aussi la faune est-elle entièrement aquatique et rudimentaire, dénuée de l'organe de la vision qui lui est inutile. Les îles émergent, la faune s'enrichit, les poissons apparaissent. Sur la fin de la période des terrains primaires, les montagnes sont soulevées, la flore primitive enfouie dans le sol y emmagasine la chaleur sous la forme de carbone. Avec l'âge secondaire nous avons un grand développement du règne animal : les sauriens et les marsupiaux apparaissent. L'âge tertiaire produit les grands animaux. L'âge quaternaire donne à la planète ses conditions actuelles d'existence.

A quel point toute cette évolution se conforme jusque dans le détail aux lois de la physique et de la chimie, c'est ce qui ressort avec évidence du savant livre de M. Daubrée sur la *géologie expérimentale* (1). Il y a là plus que le groupement des faits et la déduction de leurs conséquences. L'auteur nous expose les lumineuses expériences par lesquelles il a fait fonctionner à nouveau sous ses yeux les forces cosmiques dont les combinaisons ont formé les couches de notre sol. Il a renouvelé en petit, expliqué par là même, un grand nombre de phénomènes géologiques, les uns chimiques et physiques, les autres mécaniques. C'est ainsi qu'il a jeté de nouvelles lumières sur l'histoire des dépôts métalliques, sur la formation des roches cristallines métamorphiques et éruptives, sur la déformation et les cassures terrestres, sur l'origine de la schistarité des roches. Ce mode d'investigation lui a fait acquérir la preuve des transformations chimiques, physiques et minéralogiques, comprises sous le nom de métamorphisme, qui jouent un si grand rôle dans l'histoire de la terre. Nous

---

(1) *Études synthétiques de géologie expérimentale*, par A. Daubrée. Paris, Durand, 1879.)

ne pouvons que renvoyer à son ouvrage pour le récit détaillé de ces expériences, qui font ressortir mieux que par le passé la subordination aux lois générales de la nature, des phénomènes qui paraissaient les plus inexplicables, les plus fortuits. L'une des parties les plus intéressantes de ce livre est consacrée aux aérolithes et aux météores, qui sont, comme on le sait, des fragments de la matière sidérale agglomérée. L'analyse chimique a démontré qu'aucun des corps simples qui composent ces aérolithes ne sont étrangers à notre globe. Il en résulte une nouvelle preuve de la filiation qui rattache notre planète au système solaire et planétaire. La stéréoscopie stellaire nous amène au même résultat. En outre, la composition de ces masses *météréotiques* nous apprend que les corps célestes ont passé ou passent par des évolutions chimiques analogues à celles des couches profondes de notre planète et qu'ils ont subi l'action d'une chaleur également intense (1). Nous avons ainsi sur notre sol, non seulement les marques chronologiques des diverses phases de sa formation, mais encore la preuve palpable de son origine cosmique et comme des fragments de la chaîne qui le rattache au système général de l'univers. Nous sommes portés au-dessus de lui en quelque sorte et bien au delà de ses premières crises géologiques, au temps où il était encore confondu avec la masse sidérale dont il s'est détaché. Ainsi se trouve confirmée la grande hypothèse de Laplace, pressentie par Kant, sur l'origine de notre planète et du système sidéral dont elle fait partie. Cette hypothèse que tout confirme fait ressortir avec un éclat nouveau l'ordonnance rationnelle qui a présidé à l'origine du monde, avant de marquer plus tard de son empreinte sa riche complexité.

Il suffit à notre dessein de résumer rapidement cette hypothèse générale, qui devient de plus en plus une certitude. D'après Laplace, la terre aurait fait primitivement partie avec

---

(1) Ouvrage cité, p. 377.

tout le système solaire, d'une nébuleuse qui aurait été à l'état fluide ou gazeux. A la suite d'une première condensation, elle s'en serait détachée et aurait reçu un mouvement de gravitation autour du soleil et de rotation sur elle-même. Le système sidéral dont elle fait partie tournerait, lui aussi, autour d'un centre lumineux conformément aux mêmes lois. Ce centre lumineux dépend probablement d'un autre centre plus vaste. Toutes les masses sidérales obéissent aux mêmes lois, à celles qui ont été formulées par Képler et Newton. C'est ainsi que l'harmonie règne dans ces espaces immenses où roule la matière sidérale en quantité considérable. La mécanique nous apprend que tout corps liquide soumis aux lois de la gravitation prend une forme sphéroïdale et que, s'il est soumis aux lois de la rotation, par l'effet de la force centrifuge, il s'aplatit aux pôles et se renfle à l'équateur. Cette loi a été confirmée expérimentalement dans les proportions les plus modestes qui en démontrent la généralité. Un physicien, M. Plateau, a réussi à isoler une petite boule d'huile et à la faire tourner sur elle-même. Le même aplatissement aux pôles et le même renflement à l'équateur se sont produits, et il a suffi que quelques parcelles d'huile se séparassent de la boule pour qu'un satellite se formât semblable à notre lune. « Les corps célestes, soleils ou planètes, comètes ou satellites, dit M. de Quatrefages dans son beau livre sur l'espèce humaine, n'apparaissent plus que comme les molécules d'un grand tout, remplissant l'immensité indéfinie. Tous, qu'ils soient gazeux ou solides, obscurs ou lumineux, incandescents ou refroidis, se meuvent dans des courbes de même nature et obéissent aux lois découvertes par Képler (1). » La loi de la gravitation qui gouverne le monde se retrouve à l'œuvre dans le moindre grain de poussière, ainsi que les autres lois qui régissent les phénomènes physico-chimiques. On les a longtemps attribués à des forces distinctes que l'on appelait élec-

---

(1) Quatrefages, *De l'Espèce humaine*, p. 3.

tricité, chaleur, magnétisme. Leur unité originelle est de plus en plus démontrée ; la science tend à les ramener aux ondulations de l'éther dont la nature est d'ailleurs entièrement inconnue. La tentative d'identifier ces forces physico-chimiques avec la gravitation est encore très loin de s'être justifiée. « Quoi qu'il en soit, les phénomènes physico-chimiques sont, comme ceux qui dépendent de la gravitation, soumis à des lois invariables et se produisent toujours les mêmes, quand ils s'accomplissent dans des conditions semblables. Toutes les combinaisons de la chimie sont mathématiquement réglées. Les différences de poids dans ces éléments combinés modifient dans ces mêmes proportions les combinaisons elles-mêmes (1). »

Voilà donc la régularité la plus parfaite dominant la matière, la soumettant à des lois fixes, soit qu'il s'agisse de la nébuleuse flottant dans les espaces immenses à l'état de diffusion extrême, ou de ces astres dont la grandeur nous épouvante et dont le mouvement est réglé mieux que celui de l'horloge la plus parfaite, ou bien encore de la petite boule d'huile accomplissant son mouvement de gravitation et de rotation. La pierre que lance la main d'un enfant leur obéit tout autant que ces myriades de molécules qui se combinent sous l'action des lois de la physique et de la chimie ! Tout se produit avec poids et mesure, si bien que le calcul peut suivre et déterminer la marche des cieux, prévoir l'apparition de la planète la plus lointaine, annoncer le retour de la comète qui semble agiter soudain sa crinière de feu. On comprend que, devant cette régularité majestueuse du monde sidéral, le vieil Orient ait éprouvé un sentiment de vénération et qu'il ait pris ces étoiles pour un chœur sublime glorifiant l'être mystérieux et puissant dont la pensée maîtresse brillait dans l'immensité azurée. Cette géométrie vivante, ces mathématiques de l'empyrée parurent divines à Pythagore. Le nombre, qui nous semble aride et abstrait, fut pour lui le symbole le plus auguste, parce qu'il

---

(1) Quatrefages, *De l'Espèce humaine*, p. 9.

y vit éclater la pensée ordonnatrice de l'univers. Aussi le mouvement des sphères lui apportait-il l'écho d'une symphonie céleste, d'un hymne triomphal à la gloire de la sagesse souveraine qui a fondu la diversité des choses et des éléments multiples dans un accord immense que rien ne peut troubler.

Nous avons reconnu que la même harmonie se retrouve dans l'atome comme dans l'astre ; ses molécules se groupent, obéissant à des lois aussi certaines, aussi invariables que celles qui tracent aux planètes leurs orbites. Il n'y a pas une parcelle de matière colossale ou imperceptible qui s'y dérobe (1). On peut, comme Pascal, se sentir accablé devant l'immensité des espaces sans bornes comme devant cet autre infini qui est dans un ciron ; mais la pensée se relève en reconnaissant en bas comme en haut la loi, c'est-à-dire l'ordre, l'harmonie, l'esprit qui maîtrise la matière, cet esprit dont une seule étincelle permet à l'homme de se sentir plus grand que l'univers matériel.

« Toutes les lois de l'univers physique, dit M. Flint, sont des relations mathématiques, des lois numériques. Il s'ensuit que les choses ont été pesées, mesurées. Or, l'intelligence seule peut peser, mesurer, nombrer. Elle seule est capable de discerner les lois mathématiques qui règlent les choses, sinon il se trouverait que la matière, qui est incapable de les découvrir quand elles existent, pourrait les créer toute seule. » Les lois générales de la nature nous introduisent sur le théâtre d'un vaste dessein. »

Nous verrons plus tard ce que valent les objections à cette première conclusion, qui s'impose à nous par la simple constatation de l'universalité des lois ordonnatrices du monde sidéral et des phénomènes physico-chimiques (2).

---

(1) Flint, *Théisme*, p. 132.
(2) On peut voir, par le savant livre de M. Würtz sur la théorie atomique (Paris, Germer-Baillière, 1880), à quel point les parties ultimes de la matière sont dominées dans toutes leurs combinaisons par des lois invariables. — La théorie ou l'hypothèse des atomes chimiques, dont Dalton a

§ 2. — LA PUISSANCE FORMATRICE DANS LES DIVERS RÈGNES

DE LA NATURE.

Ce n'est pas seulement une pensée, un esprit qui se manifestent à nous dans la régularité et l'universalité de ces lois; c'est encore un pouvoir. Il s'agit d'expliquer la mise en branle, si l'on peut ainsi parler, de ce grand développement de l'univers sorti de la nébuleuse ou plutôt de la nébulosité

été l'inventeur et que M. Würtz a développée et confirmée par des travaux vastes et concluants, nous représente les corps composés comme formés par des groupements d'atomes en nombre déterminé et possédant des poids relatifs différents, mais fixes pour chacun d'eux (p. 21). Les poids atomiques établis par Dalton étaient de vrais nombres proportionnels; ils représentaient les proportions suivant lesquelles les corps se combinent et qui sont exprimées par les rapports pondéraux de leurs dernières particules. Nous obtenons ainsi une véritable notation atomique. L'atomicité se distingue de l'affinité en ce qu'elle est la capacité de saturation des atomes, se révélant ainsi comme une propriété inhérente à leur nature, tandis que l'affinité est la force de combinaison, l'énergie chimique déterminant l'intensité et le sens des réactions chimiques. On lira avec un grand intérêt les conséquences que tire M. Würtz de la théorie des atomes sur la nature même de la matière. « Les atomes, dit-il, ne sont point des points matériels; ils ont une étendue sensible et sans doute une forme déterminée; ils diffèrent par leurs poids relatifs et par les mouvements dont ils sont animés. Ils sont indestructibles, indivisibles par les forces physiques et chimiques auxquelles ils servent en quelque sorte de points d'application. Les différences de la matière résultent de différences primordiales, éternelles dans l'essence même de ces atomes et dans les qualités qui en sont la manifestation. Les atomes s'attirent les uns les autres, et cette attraction atomique est l'affinité. C'est sans doute une forme de l'attraction universelle, mais elle en diffère par la raison que, si elle obéit à l'influence de la masse, elle dépend aussi de la qualité des atomes. L'affinité est élective, elle engendre des agrégations d'atomes, des molécules, des combinaisons chimiques. Dans celles-ci, les atomes ne sont plus libres de leurs mouvements; ils les exécutent d'une façon coordonnée en quelque sorte, et constituent un système où tout est assujetti, et où ils sont assujettis. » (P. 224.) D'après M. Würtz, se référant aux expériences de Helmholz, les propriétés fonda-

primitive. Il est impossible de remonter plus haut pour obtenir une explication de l'origine du monde, ou du moins du mouvement des choses qui a abouti à notre système planétaire. Reste à savoir comment ce mouvement a commencé; comment la nébuleuse a subi sa première condensation et a inauguré la série de mouvements que nous avons indiqués. De ce que la loi du mouvement est conforme aux théories de Képler et de Newton, il ne s'ensuit pas qu'il se produise spontanément. La nébuleuse primitive se présente à nous à l'état gazeux et uniforme. Elle ne peut recevoir aucune impulsion du dehors, car il n'y a pour elle ni dehors ni dedans. La fluidité remplit l'espace infini. La loi de gravitation n'a aucune possibilité de fonctionner, alors que la matière diffuse est répartie dans l'espace avec une égalité parfaite. Les associations chimiques sont irréalisables; car le gaz est, dans la nébuleuse, à l'état extrême de dissociation. Il ne faut pas parler d'un abaissement de température, car nous demanderions alors par où s'évaporerait la chaleur. L'explication naturaliste ne peut aller plus loin; elle a atteint son point extrême avec la nébuleuse. Pour que le *processus* de l'univers commence, il faut une force qui vienne de plus haut que lui, qui, en tout cas, soit en dehors de lui. Nous voilà ramenés au premier moteur d'Aristote (1).

mentales de la matière tourbillonnante auraient été déterminées. Un fluide remplit tout l'espace, et ce que nous nommons matière, ce sont les portions de ce fluide qui sont animées de mouvements tourbillonnants; ce sont des légions innombrables de très petites fractions ou portions, mais chacune de ces portions est parfaitement limitée, distincte de la masse entière et distincte de toutes les autres, non par sa substance propre, mais par sa masse et ses modes de mouvement, qualités qu'elle conservera éternellement. Ces portions là sont les atomes. Dans ce milieu qui les renferme tous, aucun d'eux ne peut changer ou disparaître, aucun d'eux ne peut naître spontanément. Partout les atomes de la même espèce sont constitués de la même façon et sont doués des mêmes propriétés (p. 228).

(1) On lira avec un grand intérêt, sur cette question de l'origine des choses, les deux opuscules si remarquables de M. Hirn de Colmar: *la Vie*

Nous nous sommes tenus jusqu'ici dans le domaine de l'existence purement mécanique. Il ne suffit pas de considérer notre planète dans sa condition astronomique ; il faut encore saisir sous ses divers aspects la vie riche et complexe qui s'y développe et en tirer les conclusions qui en ressortiront logiquement pour son origine.

Nous passerons rapidement sur le règne minéral parce qu'il est soumis aux mêmes lois que le règne sidéral. Là aussi nous trouvons la régularité, la fixité, la loi. Les atomes qui, en se combinant d'une certaine façon, produisent le cristal avec ses formes déterminées, invariables, ne sont pas mus par un hasard capricieux ; ils reproduisent une sorte de dessin, ils sont jetés dans un moule idéal. Nous retrouvons dans leur combinaison la géométrie vivante que nous avons vue à l'œuvre dans le système planétaire. Donc l'intelligence, qui n'est pas dans la matière et qui ne peut être identifiée à un mouvement, a présidé elle aussi aux combinaisons de ce

future et la Science moderne — Réfutations scientifiques du matérialisme. Partant d'une analyse du phénomène de l'attraction, le savant auteur établit qu'il ne peut s'expliquer par le simple mouvement des molécules de matière interposées entre les deux corps qui s'attirent et qu'il faut à tout prix admettre une force invisible qui ne se résout pas en atomes. En ce qui concerne l'origine des choses, M. Hirn, s'appuyant sur le principe que rien ne se perd dans notre univers qui est comme un vase fermé où toute force subsiste intégrale au travers de ses variations, en conclut que notre monde, ou système du monde, ne saurait revenir à la nébuleuse primitive, sous peine d'une déperdition de force inadmissible et que, par conséquent, il faut que cette nébuleuse ou cet état de la matière dispersée et confuse ait eu un commencement ; car, s'il avait été précédé d'évolutions semblables à celles qui ont produit notre monde, il y aurait eu déperdition des forces mises en jeu pour une telle évolution. Donc la nébuleuse elle-même remonte à un acte créateur qui l'a produite avec les principes de son développement futur enfermés en elle à l'état virtuel. « Les substances à l'aide desquelles se sont organisés les mondes ont été créées par un être tout-puissant, antérieur à tout ce qui existe (p. 24). » Pour l'être existant par sa seule force propre, le temps ne peut être, comme il est pour nous, une durée ; il n'est qu'un mode. Nous ne savons pourquoi l'auteur a compliqué sa discussion d'un hors-d'œuvre sur le miracle qui nous transporte sur un tout autre terrain.

10

monde inférieur. Le cristal n'est pas plus le produit du hasard aveugle que l'univers. C'est un *cosmos* à sa manière.

Si le monde inorganique manifeste déjà un plan, il n'est pas sa propre fin; il est en relation avec un monde supérieur auquel il fournit comme une base d'existence et pour lequel il élabore les matériaux de cette existence : c'est le monde organique, lequel est lui-même dans la dépendance d'une sphère qui le dépasse tout en s'appuyant sur lui, je veux dire le monde de l'esprit, de la pensée, le monde intellectuel et moral. Nous déterminerons plus tard les caractères spécifiques de ces mondes superposés, à la fois distincts et liés les uns aux autres. Ce que nous voulons uniquement établir pour l'instant, c'est leur liaison étroite, c'est leur relation. Tout d'abord, il est incontestable que ces trois mondes ou ces trois sphères de l'être sur notre planète ne peuvent se confondre. Les corps bruts ne sauraient être assimilés aux êtres organisés. Placés dans des conditions favorables, les corps bruts durent indéfiniment sans rien emprunter, sans rien abandonner au monde ambiant; les êtres organisés, dans quelque condition qu'on les place, ne durent que pendant un laps de temps déterminé, et, pendant cette existence, ils éprouvent à chaque instant des pertes de substance qu'ils réparent par des matériaux pris en dehors. Comme l'a fort bien dit M. Naudin, un cristal est assez semblable à une de ces piles régulières de boulets que l'on voit dans tous les arsenaux. Il ne s'accroît que par l'extérieur, comme la pile grandit quand l'artilleur ajoute une nouvelle couche de boulets. C'est exactement le contraire dans l'être organisé (1). » Au-dessus du monde organique est la haute sphère de la pensée et de la volonté. Cette distinction des trois mondes n'empêche pas leur corrélation. Le monde organique ne peut se passer du monde inorganique. « Les êtres vivants sont pesants et relèvent à ce titre de la gravitation; ils sont le siège de phénomènes physico-

---

(1) Quatrefages, *l'Espèce humaine*, p. 2.

chimiques nombreux, variés, indispensables à leur existence. La vie n'est pas en antagonisme avec les forces brutes ; elle domine et règle leur action par ses lois (1). » Dans le monde organique, nous distinguons le monde végétal et le monde animal ; il est certain que le premier est nécessaire au second pour ses principales fonctions. Enfin, ce n'est pas aujourd'hui que l'on contestera que la pensée ne peut se passer du cerveau, c'est-à-dire de l'organisme qui lui fournit un instrument délicat. Il résulte de cette considération générale des modes et des degrés de l'existence sur notre planète que les inférieurs servent aux supérieurs, que chacun d'eux est un but pour celui qui le précède et un moyen pour celui qui le suit ; qu'il y a, par conséquent, un dessein général dans la disposition du monde, un engrenage de tous les êtres qui les pousse et les dirige à une fin commune.

Cette finalité qui éclate dans l'ensemble se manifeste dans le détail avec une évidence à laquelle on ne se dérobe qu'en rompant avec toutes les analogies, avec celles même qui s'imposent le plus fortement et le plus immédiatement à l'esprit. Nous savons très bien que, quand nous avons rassemblé des matériaux divers, de la pierre, du fer, du ciment pour bâtir une maison, nous avons poursuivi un but, et que ce but, cette fin existant à l'état d'idée dans notre pensée a été la cause déterminante de notre œuvre, la vraie cause finale, le seul motif qui explique ce rassemblement et l'agencement de ces matériaux qui n'étaient point destinés naturellement à se réunir et à se combiner. Toute détermination du présent pour l'avenir a ce caractère de finalité, de dessein. On comprend très bien qu'il n'y ait pas de but, de fin dans la production d'un phénomène qui résulte des simples causes antécédentes. La production de l'orage par le dégagement de l'électricité s'explique tout simplement par l'état antérieur de l'atmosphère. Il n'en est pas de même lorsque des phénomènes d'ordre différent

---

(1) *L'Espèce humaine*, p. 8.

sont combinés en vue de produire un effet futur qu'ils n'eussent jamais réalisé par eux-mêmes et à eux seuls, pas plus que le fer, la pierre et le ciment n'eussent abouti à la construction d'une maison, s'ils n'avaient été mis en œuvre d'une certaine façon en vue de l'édifice à construire. La matière est tout au présent : elle n'a rien à faire avec une vue d'avenir, avec ce qui n'est pas encore, ce qui est à l'état de plan idéal, c'est-à-dire le contraire de ce qu'elle est. Dès qu'apparaît le plan, le dessein, la vue d'avenir, nous sommes en dehors du mécanisme, nous entrons dans la finalité (1). Cette vue d'avenir, ce plan qui combine des phénomènes divergents pour un résultat futur à obtenir et dont la réalisation est poursuivie par des moyens appropriés, nous le retrouvons certainement dans la nature. « Quand une combinaison de phénomènes, dit M. Janet, pour être comprise n'a besoin que d'être rapportée à ses conditions antécédentes, il n'y a rien là autre chose que le rapport de la cause à l'effet ; mais quand la combinaison, pour devenir intelligible, doit se rapporter non seulement à ses causes antécédentes, mais à ses effets futurs, le simple rapport de cause à effet ne suffit plus, il transforme en rapport de moyen au but le rapport de la cause à l'effet (2). » Nous nous contenterons de quelques exemples concluants. Je les emprunte à l'être organisé où, comme le dit Kant, tout est réciproquement but et moyen. Il constitue, comme l'a très bien dit Cuvier au sujet de sa fameuse loi de corrélation organique, un ensemble, un système clos dont les parties se correspondent mutuellement et concourent à une même action définitive par une réaction réciproque. C'est bien là ce que Claude Bernard appelle l'idée directrice de l'être vivant qui, seule, explique sa formation et sa constitution d'après un plan déterminé où tous les éléments se disposent hiérarchiquement et se combinent en vue de la réalisation du type préconçu.

---

(1) Voir, pour les développements de la finalité, le beau livre de M. Janet sur *les Causes finales*, si complet, si lumineux, si concluant, p. 42.
(2) *Causes finales*, p. 42.

« Ce qui caractérise la machine vivante, dit le grand physiologiste, ce n'est pas la nature de ses propriétés physicochimiques, si compliquées qu'elles soient, mais bien la création de cette machine qui se développe sous nos yeux, dans des conditions qui lui sont propres et d'après une idée définie qui exprime la nature de l'être vivant et l'essence même de la vie. Ce qui est essentiellement du domaine de la vie, et ce qui n'appartient ni à la physique ni à la chimie, ni à rien d'autre, c'est l'idée directrice de cette évolution vitale. Dans tout germe vivant, il y a une idée créatrice qui se développe et se manifeste par l'organisation. Pendant toute sa durée, l'être vivant reste sous l'influence de cette même force vitale créatrice. Ici comme partout, tout dérive de l'idée qu'elle seule crée et dirige (1) ».

Cette finalité, qui est la raison et la condition d'existence de l'être vivant, apparaît dans sa génération comme dans son développement et sa constitution définitive. Rien ne révèle avec plus de clarté cette combinaison de phénomènes disposés en vue d'un effet futur qui est la meilleure preuve de la finalité que la différence des sexes. Cette différence ne peut absolument pas s'expliquer par une nécessité d'organisation pour le mâle ou la femelle considérés isolément. Elle n'a de sens qu'en vue de l'acte futur qui doit les réunir pour un instant rapide, et pourvoir à la conservation de l'espèce ; or, ce rapprochement n'est possible entre l'un et l'autre que s'il y a une conformité parfaite de forme et de structure, une adaptation préalable. La constitution physique soit du mâle, soit de la femelle, dans ce qu'elle a de spécial, n'importe en rien à leur état présent. Leur adaptation organique est préparée en vue de l'avenir. C'est donc la perspective de cet avenir qui y a présidé ; le but, la fin, le dessein sont ici évidents. La même conclusion s'impose à nous, si nous considérons le dévelop-

---

(1) Claude Bernard, *Introduction à l'étude de la médecine expérimentale*, p. 163.

pement de la vie embryonnaire; les appareils des sens qui ne doivent fonctionner que plus tard sont déjà préparés dans le sein de la mère, et appropriés d'avance au milieu pour lequel ils doivent servir. La même prévision se retrouve dans le phénomène de la lactation chez les mammifères. La femelle, avant d'être mère, possède les organes les mieux faits pour faciliter l'allaitement, de telle sorte que le lait pourra monter dans les mamelles au moment voulu. L'appareil nutritif existait avant la naissance des jeunes et était disposé de façon à ne fonctionner qu'après leur naissance, et à répondre à leur instinct, lequel trouve dans leur propre organisation le moyen de se satisfaire immédiatement. Nous ne pouvons que renvoyer aux livres spéciaux, pour l'admirable conformation des organes des divers sens, en vue des services qui leur seront demandés. Parler de hasard, de coïncidences heureuses multiples, est un non-sens, quand il s'agit de l'œil, disposé comme l'appareil optique le plus parfait, le plus délicat, subissant les modifications que commande la diversité des milieux, sans qu'il soit possible de les attribuer à leur influence. C'est ainsi que l'appareil optique est isolateur par ses facettes et ses cônes, pour les insectes et les crustacés, grâce à un ensemble d'accords et de convenances qui ne peuvent résulter de la rencontre fortuite de milliers de causes aveugles. Il devient convergent chez les animaux supérieurs, dont les yeux à lentilles sont absolument semblables à l'appareil artificiel appelé chambre noire. Nous retrouvons la même adaptation dans les autres organes des sens, avec les mêmes modifications en vue de la différence des milieux. L'appareil de l'ouïe se modifie selon que les animaux sont appelés à vivre soit à l'air libre, soit au fond de l'eau. Jamais les deux systèmes ne sont intervertis et ne se rencontrent au hasard, soit dans l'air, soit dans l'eau. Une cause toute physique et mécanique ne rend pas compte d'une appropriation si parfaite de la structure de l'oreille à ses divers usages. On sait comment l'appareil respiratoire se transforme, suivant que l'animal est appelé à séjourner dans l'eau ou à vivre à l'air libre. Voilà pourquoi nous avons, pour les uns, l'appareil des branchies, et pour les autres l'appareil respiratoire pulmonaire. En ce qui concerne la structure du cœur, si admirablement appropriée à sa grande fonction, si merveilleusement agencée, comment admettre raisonnablement, sans dessein préconçu, un mécanisme à la fois si compliqué et si simple, simple par le principe, compliqué par le nombre des pièces qui sont en jeu? Et il faudrait supposer qu'une cause physique, agissant d'après des lois données, a rencontré, sans l'avoir cherché, le système le plus propre de tous à permettre la circulation du sang, tandis que d'autres causes, également aveugles, déterminaient la production du sang, et le faisaient couler, en vertu d'autres lois, dans des canaux si bien disposés (1). L'admirable harmonie de tout ce système, et la corrélation des parties, achèvent cette démonstration irréfragable de la finalité pour les organes.

Nous pourrions tirer les mêmes conclusions de cette industrie spontanée qui s'appelle l'instinct; mais nous réservons tout ce qui s'y rapporte pour les parties de ce livre où nous aborderons la question anthropologique et où nous aurons à établir la distinction entre l'instinct et l'intelligence.

En résumé, l'être vivant nous apparaît comme une vivante finalité réalisant l'idée directrice; sa cause est dans sa fin, car tout en lui y tend et est disposé en vue de sa réalisation. Il s'ensuit que sa raison d'être est dans son idée directrice. Elle le précède, puisqu'elle le prépare et l'approprie à cette fin. C'est dire qu'il existait en virtualité, en puissance, avant d'exister en réalité, de même que l'édifice construit par l'architecte a commencé par exister dans son plan, en vertu duquel il a fait rassembler les matériaux de provenances diverses

___
(1) Janet, *Causes finales*, p. 74.

et les a contraints à se combiner d'une certaine façon et à revêtir une certaine forme qu'ils n'eussent jamais trouvée abandonnés à eux-mêmes et dans leur isolement. Ce qui est vrai de la maison est vrai de chaque être organisé, qui est une construction sur un plan, d'après une idée directrice. Cela est vrai du chêne, qui a existé en puissance virtuellement dans le gland. Cela est vrai de l'animal, qui a existé virtuellement et en puissance dans la cellule d'où il est sorti. Cela est vrai de cet immense édifice du monde, et c'est pour cela qu'il s'appelle un *cosmos*, un tout harmonique combinant, conformément à un dessein d'ensemble, des myriades d'éléments divers et de substances. Partout la virtualité a précédé la réalité et l'a déterminée ; seule elle l'explique. Il s'ensuit que le principe, la raison d'être de cette réalité échappe aux prises de la sensation, qui ne peut saisir que l'actuel sans jamais atteindre le possible. « Il y a, dit M. Charles Secrétan, dans la nature et dans la vie des choses réelles et qu'on ne voit pas. Mieux encore, ces réalités invisibles sont les plus essentielles de toutes. On ne voit pas le but qu'un homme se propose dans sa conduite et, cependant, toute sa conduite est déterminée par un but. On ne voit pas l'homme dans l'enfant ni l'arbre dans la semence; mais on les discerne, on les connaît et, sans cette divination, on ne saurait rien, ni de la semence ni de l'enfant. Les notions d'idées, de but, de puissance n'ont aucun objet qui tombe sous les sens et, cependant, elles sont absolument indispensables pour nous démêler dans le chaos de nos sensations et pour constituer une expérience. Il n'en est pas autrement de l'idée de cause qui gouverne tout (1). »

Aristote a marqué cette belle théorie de l'être en puissance du sceau de son génie, et il en a tiré, avec une logique rigoureuse, la conséquence qui s'impose à la raison, à savoir que cette idée directrice et formatrice du vivant, cette virtualité

---

(1) Charles Secrétau, *Discours laïques*, p. 37-38.

qui se développe dans ses organes, implique l'esprit, la pensée qui l'a conçue et préparée; car cette pensée ne pouvant être elle-même une simple virtualité, une simple possibilité, — ce qui ne ferait que reculer la difficulté, — est un acte éternel. « Tout phénomène qui se produit, dit-il dans sa *Métaphysique*, tend et se dirige vers un principe et une fin. Le principe, c'est le pourquoi de la chose, et la production n'a lieu qu'en vue de la fin poursuivie. Or, cette fin, c'est l'acte (la réalisation du possible), et la puissance (ou la virtualité) n'est compréhensible qu'en vue de l'acte. Si toujours c'est de l'être en puissance que vient l'être en acte (en d'autres termes, si toujours le dessein, le plan d'un être précède sa réalisation), ce n'est que grâce à l'influence préalable d'un être qui soit lui-même également en acte, d'un être qui n'est pas un simple possible, qui subsiste par lui-même et éternellement. Si rien n'est éternel, il ne se peut davantage que rien se produise ou devienne; car il faut, de toute nécessité, que ce qui devient et se produit soit quelque chose, que ce dont il devient existe aussi, et que le dernier de tous ces termes ne soit plus produit, puisqu'il doit y avoir un arrêt et que ce qui devient ne peut pas venir de ce qui n'est pas. Les choses éternelles ne peuvent pas être en puissance (à l'état de simple virtualité), puisque ce sont là les principes premiers, et que, si ces principes n'existaient pas, rien ne pourrait exister sans eux (1). »

Nous sommes ainsi reportés à un premier principe, toujours en acte, toujours actuel et vivant, duquel procèdent ces virtualités ou ces germes des êtres particuliers. Ce passage de la virtualité à l'acte est la loi de tous les êtres particuliers, qui ne font ainsi que réaliser la fin en vue de laquelle ils existent. Cette fin est tout à la fois leur cause formelle et finale, celle qui les forme et les achève. Cette fin

---

(1) Aristote, *Métaphysique*, liv. IV, ch. VIII; § II, trad. de M. Barthélemy Saint-Hilaire.

était contenue dans la pensée initiale d'où tout émane ; mais cette pensée elle-même n'a pas été soumise à cette loi qui fait passer l'être particulier de la virtualité à l'acte, sinon tout commencerait par la virtualité et y aboutirait ; il n'y aurait aucune base, aucun principe éternel pour l'être ; l'existence universelle en resterait à une simple possibilité qui ne trouverait pas en elle la force, le moyen d'arriver à l'être, ni dans le tout ni dans ses parties. C'est ce qui faisait dire à Aristote que les germes nous reportent à un être supérieur déjà achevé. Le primitif n'est pas le germe : c'est l'être complet qui le produit. L'embryon qui contient l'homme entier en puissance, à l'état virtuel, suppose l'homme adulte complet qui le produit ; mais cet homme lui-même n'est qu'une cause secondaire : il faut en revenir à la cause première, parfaite, éternelle qui, dans chaque germe, dans chaque virtualité, a déposé sa propre pensée et la force vitale capable de le développer selon son plan. Pour concevoir et réaliser ce plan, il était nécessaire que cette cause première fût vivante, actuelle. Nous trouvons un dessein, une pensée en préparation dans chaque être. Pour que ce dessein fût conçu et réalisé, il a fallu une pensée achevée, complète, vivante ; il a fallu Dieu. C'est là toute la théorie d'Aristote. Elle n'a pas vieilli d'un jour depuis tant de siècles.

Aristote faisait de son Dieu une intelligence pure, se contemplant elle-même, et mouvant le monde par l'attraction de son excellence. Cet idéalisme sublime par tant de côtés, qui remplit tout le douzième livre de la *Métaphysique*, avait pour contre-partie l'éternité de la matière ; il ne saurait épuiser pour nous la notion de la cause première dont la sagesse éclate dans les marques de dessein partout reconnaissables dans les êtres particuliers et dans l'harmonie d'un monde où tout se résout en finalité. Cette cause première n'est pas seulement intelligente, elle est puissante ; elle n'a pas uniquement conçu son plan, elle l'a réalisé, et son intervention créatrice est aussi évidente pour nous que sa sagesse. En effet, ces divers degrés de l'existence que nous reconnaissons dans le monde ne sont pas seulement distincts tout en étant concordants ; ils sont encore infranchissables. Jamais on n'a vu la vie surgir du règne minéral ; jamais les combinaisons des forces chimiques et physiques n'ont rien produit de pareil. D'habiles chimistes ont pu élaborer certaines substances qui entrent dans la composition de la vie ; mais sa composition même, ce qui lui donne son caractère propre, n'a jamais été produit par leurs cornues. Elle n'est pas davantage sortie de l'immense alambic de la nature. La science est plus éloignée qu'elle ne l'a jamais été de confirmer l'hypothèse des générations spontanées, quand bien même cette hypothèse est réclamée comme une nécessité par toute l'école transformiste. On n'a pu triompher des expériences concluantes de M. Pasteur, qui a partout trouvé un germe, même dans les cas qui semblaient les plus favorables aux croyants et aux confesseurs de la génération spontanée. Écoutons, sur ce point, des témoignages qui ne peuvent être sujets à caution. « La génération, dit M. Claude Bernard, qui préside à la création organique des êtres vivants a été regardée, à juste titre, comme la fonction la plus mystérieuse de la physiologie. On a observé de tout temps qu'il y avait une filiation entre les êtres vivants et que, pour le plus grand nombre, ils procédaient visiblement de pareils. Cependant, il était des cas où cette filiation n'était pas apparente, et, alors, on a admis des générations spontanées, c'est-à-dire sans parents. Cette question très ancienne a été reprise ces derniers temps et soumise à de nouvelles études. En France, les générations spontanées ont été repoussées par différents savants, mais surtout par M. Pasteur. Elles ont été, au contraire, admises par divers naturalistes et, particulièrement, par M. Pouchet, qui a soutenu, à leur sujet, l'hypothèse de l'ovulation spontanée. M. Pouchet a voulu établir qu'il n'y a pas génération spontanée de l'être adulte, mais génération de son œuf ou de son germe. Cette vue me paraît tout à fait inadmissible, même comme hypothèse. Je considère, en effet, que l'œuf représente une sorte de formule organique qui résume les conditions évolutives d'un être déterminé par cela même qu'il en procède. L'œuf n'est œuf que parce qu'il possède une virtualité qui lui a été donnée par une ou plusieurs évolutions antérieures dont il garde, en quelque sorte, le souvenir. C'est cette direction originelle, qui n'est qu'un atavisme plus ou moins prononcé, que je regarde comme ne pouvant jamais se manifester spontanément et d'emblée. Il faut nécessairement une influence héréditaire. Je ne concevrais pas qu'une cellule formée spontanément et sans parents pût avoir une évolution, puisqu'elle n'aurait pas eu un état antérieur. Quoi qu'il en soit de l'hypothèse, les expériences sur lesquelles étaient fondées les preuves des générations spontanées étaient, pour la plupart, fautives. M. Pasteur a eu le mérite d'éclairer le problème des générations spontanées en réduisant les expériences à leur juste valeur, et en introduisant dans ce sujet une précision plus grande. Il a fait voir que l'air était le véhicule d'une foule de germes d'êtres vivants (1). »

Si l'apparition de la vie est un fait absolument nouveau, irréductible, qu'aucun antécédent naturel n'explique, l'apparition de la conscience, de la pensée, de la vie morale dont nous réservons l'étude approfondie à une autre portion de ce livre, n'est pas moins inexplicable et implique une intervention nouvelle de la causalité suprême. Il résulte donc pour nous, de cette considération rapide du monde qui est sous nos yeux, que tout y implique une causalité à la fois intelligente et puissante.

En résumé, s'il est vrai, comme l'a dit Bossuet, « que tout ce qui montre de l'ordre, des proportions bien prises et des moyens propres à faire de certains effets, montre aussi une fin expresse, par conséquent, un dessein formé, une intelli-

---

(1) *Rapport de M. Claude Bernard à l'Académie de médecine.*

gence réglée et un art parfait (1), » l'univers fait éclater cette intelligence réglée et cet art parfait, aussi bien dans les espaces immenses que dans la moindre molécule ; car, dans l'infiniment petit comme dans l'infiniment grand, dans la planète comme dans l'atome, tout obéit aux mêmes lois mathématiques, physiques ou chimiques ; le calcul, c'est-à-dire le contraire du hasard, les domine et règle leur mouvement et leurs affinités. Quand apparaît l'organisme vivant, il nous révèle un art plus parfait, merveilleusement habile à combiner les phénomènes les plus divergents, en vue de l'effet prévu. Ce plan, ce dessein qui ressortent de l'examen d'une cellule ou du moindre corps organisé, se manifestent avec autant de grandeur que de sûreté, dans les concordances finales de toutes les parties de ce vaste ensemble que nous appelons le monde, ce qui veut dire l'ordre réalisé. Cette harmonie ne satisfait pas seulement notre raison, elle nous remplit d'une admiration qui est une de nos joies les meilleures, parce qu'elle est désintéressée. La beauté se manifeste à nous comme une finalité plus haute ; elle naît pour nous d'une correspondance mystérieuse entre ce type idéal du beau que nous portons en nous et le spectacle des choses où nous retrouvons réalisées nos idées d'harmonie ou de grandeur, de grâce ou de majesté. Il y a ici plus que le simple groupement des atomes ; la forme qui les a disposés esthétiquement n'est pas un simple mouvement : c'est une pensée. L'impression de la beauté que produit sur nous ce monde si divers, si riche en contrastes, implique autant d'art que la symphonie d'un Beethowen ramenant l'incohérence des sons à un accord magistral, sur lequel plane une pensée sublime, un sentiment puissant. Aussi, quand le chantre inspiré de l'antique Israël s'écrie que les cieux racontent la gloire du Dieu fort, ou quand le grand apôtre Paul nous fait voir comme à l'œil, dans le monde visible, les perfections de son Dieu, nous leur donnons raison.

---

(1) Bossuet, *De la connaissance de Dieu et de soi-même*, liv. Ier.

Nous trouvons dans leur langage enthousiaste l'expression lyrique du principe fondamental de l'entendement, de ce principe de causalité qui ne permet pas d'admettre que le plus sorte du moins, qui demande une proportion exacte entre les effets et les causes. Pour qu'ils aient tort, il faut que la raison elle-même ait tort.

Nous ne saurions mieux conclure ces considérations qu'en citant les belles paroles par lesquelles Aristote termine son énumération des philosophes anciens : « Après tous ces philosophes et tous ces principes, dit-il, qui étaient impuissants à expliquer la production et la nature des choses, les sages ont été contraints, par la vérité elle-même, à chercher le principe qui était la conséquence véritable de celui qu'ils admettaient ; car, ce qui fait que certaines choses sont bonnes et belles et que d'autres le deviennent, ne peut être vraisemblablement la terre ni aucun élément de cet ordre qui en soit la cause. D'ailleurs, il n'est pas non plus vraisemblable que ces philosophes aient conçu une si grossière idée. En effet, il serait par trop déraisonnable de s'en remettre, pour une chose aussi importante que celle-là, à l'action d'une cause fortuite et à l'action du hasard. Aussi, quand un homme, Anaxagore, vint proclamer que c'est une intelligence qui, dans la nature aussi bien que dans les êtres animés, est la cause de l'ordre et de la régularité qui éclatent partout dans le monde, ce personnage fit l'effet d'avoir seul la raison et d'être, en quelque sorte, à jeun après l'ivresse extraordinaire de ses devanciers. Ce sont les philosophes, partisans de ce système, qui ont en même temps établi que la cause qui fait que tout est bien dans ce monde est aussi la cause d'où part le mouvement et anime tout ce qui existe. (1) »

(1) Aristote, *Métaphysique*, I, III.

CHAPITRE II

LES OBJECTIONS ANCIENNES.

Nous nous sommes contentés jusqu'ici, en partant du principe de causalité, de formuler, sur l'origine des choses, le résultat que nous imposaient le spectacle et l'histoire du monde, et ce résultat a été pour nous le théisme. Nous savons combien il est aujourd'hui attaqué, battu en brèche, au nom de la science contemporaine ; on le met constamment en opposition avec ses solutions les plus incontestables. Il est bien évident que, s'il leur était vraiment opposé, il y faudrait renoncer, car toute explication qui se brise contre des faits prouvés est par là même fausse.

Il nous reste à établir que cette contradiction entre le théisme et la science n'existe pas, à la condition que la science ne sorte pas de son domaine et de sa compétence et se contente d'affirmer ce qu'elle est parvenue à démontrer expérimentalement. Nous éliminerons donc de notre discussion tout ce qui n'est que théorie hypothétique.

I. L'ATOMISME.

La forme la plus simple et en réalité la plus répandue du matérialisme, c'est encore l'atomisme de Démocrite et d'Épicure. Il fait l'unique objet du livre de Büchner, intitulé : *Force et matière* (1), et il s'étale largement dans la philosophie de M. Lefèvre. On peut voir, par l'admirable exposition que Lange a faite du système de Démocrite (2), à quel point le philosophe d'Abdère est le véritable initiateur du matérialiste sous sa forme la plus populaire. Tout est ramené aux atomes et au vide ; ils se combinent à l'infini, conformément aux propriétés qui leur sont inhérentes et que Büchner appelle des forces. Ces combinaisons, gouvernées par les lois mécaniques et physico-chimiques, produisent toute la variété des mondes et des êtres, sans qu'il y ait place pour une pensée directrice révélant un dessein et poursuivant une finalité quelconque. De ce qu'il y a des lois, on conclut qu'il n'y a pas de législateur, et que tout en revient à la force qui est inhérente à la matière. L'harmonie des choses en résulte naturellement et nécessairement, sans aucune intervention, par le simple jeu des atomes se mouvant conformément à leurs propriétés.

Nous ferons à cette théorie une première objection. Quelle est l'origine de cette notion de l'harmonie des choses que l'on admet au moins comme leur résultat ? Elle vient de ce groupement particulier d'atomes qui dans le cerveau produit l'esprit humain. Ici, il n'y a plus seulement le tourbillon des molécules obéissant à ses lois internes ; il y a la conception de ces lois, la reconnaissance de l'ordre dans l'univers. Voilà un phénomène entièrement nouveau, sans aucune analogie avec ce qui précède. Dans ce cas, les atomes ne se contentent pas de se mouvoir conformément à leurs propriétés ; grâce à une combinaison nouvelle, ils ont conscience de leur mouvement et des lois qui le règlent. Le seul fait de tenter une explication du monde, fût-elle absolument matérialiste, fait franchir à l'être qui l'essaye les limites de cet atomisme

---

(1) Büchner, *Force et matière*; traduction française, chez Reinwald, 5ᵉ édition, 1876.
(2) Lange, *Histoire du matérialisme*.

qu'il proclamait absolu et universel. Démocrite suffit à réfuter Démocrite par cela seul qu'il explique le monde ; l'atomisme perçu, expliqué n'est plus l'atomisme.

Il y a plus : parler d'harmonie, d'ordre, c'est appliquer à la matière une idée que ne fournit pas la sensation, car c'est reconnaître une concordance entre des faits différents qui se sont succédé. La sensation a perçu ces faits l'un après l'autre, il faut la dépasser pour les relier les uns aux autres, et pour concevoir le tout dont les sens n'ont jamais atteint que les parties. Cette catégorie de l'ordre nécessaire appartient à la raison. Enfin, on a beau nier la finalité dans la production et la disposition des choses qui composent l'univers, on est bien obligé de la reconnaître en fait, quitte à s'en débarrasser par des explications ingénieuses, dans l'animal qui n'obéit pas à un simple ressort mécanique, et surtout dans l'homme qui approprie toujours les moyens à la fin qu'il poursuit. C'est dans sa propre expérience qu'il a pris cette notion du but, de la finalité, et quand il l'attribue à la cause première qu'il voit à l'œuvre dans l'univers, c'est par l'analogie la plus naturelle et la plus raisonnable (1).

Si, maintenant, nous en revenons à la notion de la loi elle-même, de cette loi physique qui serait inhérente aux atomes, nous reconnaîtrons qu'il est pour le moins étrange d'y voir un argument contre une cause première intelligente. M. Büchner confond tout à fait l'idée de force et l'idée de loi. La matière, d'après lui, est inséparable de la force, ce qui revient à dire qu'elle s'est donné à elle-même le mouvement sans premier moteur. Cette proposition ne nous paraît rien moins qu'évidente par les raisons déjà données ; nous avons vu qu'il est impossible de s'expliquer comment le mouvement aurait pu se produire dans la nébuleuse primitive qui, par sa condition même, n'offrait aucune prise à la gravitation. Cette force première manquant, toutes les autres manquent en même

---

(1) Janet, *Causes finales*, ch. v.

temps. Admettons, par impossible, que la force soit inhérente à la matière, à l'atome, de quel droit, en fait-on d'emblée une force réglée ou se réglant elle-même? De quel droit y infuse-t-on, en quelque sorte, la loi, avec sa régularité et sa simplicité? Chaque atome doit enfermer en lui toute cette merveilleuse législation mécanique et physico-chimique qui gouverne le monde matériel; l'idée de matière n'implique rien de semblable, elle est ou inerte ou dispersée. Tout, dans les lois qui la régissent, porte l'empreinte de l'intelligence, ne fût-ce que leur simplicité admirable, qui est elle-même une loi, la loi de parcimonie, d'après laquelle la nature se contente du strict nécessaire pour produire ses effets. Il ne faut pas, d'ailleurs, nous contenter d'abstraction; une loi naturelle n'est pas une entité mystérieuse, espèce de divinité anonyme. La loi n'est en soi que la formule des conditions d'existence que nous constatons expérimentalement dans les choses. Pour que ces conditions existent et durent, il faut supposer une action préalable qui les a déterminées, de manière qu'elles se maintiennent. Où a-t-on vu que l'atome pût non seulement se déterminer lui-même, mais encore déterminer tous les autres atomes avec lesquels il sera en relation, car, cette détermination des conditions d'existence que nous appelons des lois ne peut jamais être isolée : elle implique la réciprocité et, par conséquent, la combinaison, la prévision, c'est-à-dire l'intelligence. « L'existence d'une loi enchaînant et gouvernant une classe de phénomènes implique une intelligence qui établit la loi. Dès lors, les lois ne sont pas la cause de l'ordre, mais son expression. Elles sont le résultat d'ajustements délicats. Il n'y a de lois chimiques que parce qu'il y a des éléments chimiques doués d'affinités et de forces très diverses qui se balancent et s'harmonisent de manière à produire l'ordre dans le monde. Les lois ne produisent rien par elles-mêmes ; ce sont les agents agissant conformément aux lois qui produisent des effets. S'ils étaient mal équilibrés, ils enfanteraient le désordre. Jamais l'harmonie du monde ne résulterait de la loi de gravitation à elle toute seule (1). »

Nous n'avons pas, en effet, seulement des atomes doués de propriétés par lesquelles ils s'affectent les uns les autres ; nous avons un monde ordonné et hiérarchisé. Les atomes auraient beau agir les uns sur les autres, sous l'empire de la gravitation et des lois physico-chimiques, ils n'arriveraient jamais, livrés à eux-mêmes, à se constituer en un monde harmonique. Cette conclusion s'impose quand on pense à toutes les combinaisons et aux complications qu'implique son existence. La fameuse comparaison de l'*Iliade* résultant du mélange confus des lettres de l'alphabet ne rend pas toute l'absurdité de l'hypothèse d'un univers produit par les rencontres fortuites des atomes ; il y faudrait de bien autres coïncidences. Il ne sert de rien de remonter jusqu'à la nébuleuse. Son processus est inexplicable, si une pensée maîtresse et directrice n'a pas présidé à la formation, à la séparation, puis à la combinaison de ses éléments, à leur équilibre final. Le système solaire ne serait pas sorti de son état primordial, si la nébuleuse n'avait possédé une certaine constitution, si elle n'avait été ni trop fluide ni trop ténue, si tous ses atomes n'avaient été mis en certaines relations vis-à-vis les uns des autres, en un mot si la nébuleuse n'avait été un système déjà ordonné, capable de produire un monde ordonné lui-même (2). « C'est en vertu d'une loi mathématique que le monde subsiste, mais une loi mathématique est absolument indifférente à tel ou tel résultat. Qu'importe à l'attraction universelle que le monde subsiste ou ne subsiste pas ? Or, il se trouve que cette force qui engendre le système solaire a, en elle-même, de quoi le renverser. Il se trouve que des particules de matière, indifférentes en elles-mêmes à former tel ou tel ordre et obéissant à une loi sourde et muette comme elles, ont rencontré un équilibre et un état de stabilité qui

---

(1) Flint, *Théisme*, p. 81..
(2) Flint, *Id.*, p. 186.

semble, suivant Arago, l'effet d'un miracle. Admettre qu'une telle stabilité, un tel ordre est le résultat d'un accident qui, à un moment donné, a fait sortir l'ordre du chaos et a trouvé ce point d'équilibre entre tant de forces diverses et divergentes, ce n'est ni plus ni moins que la doctrine du pur hasard (1). » A ne considérer que les lois du mouvement, il n'y a aucune raison pour que les petits corps (ou corps élémentaires) continuent à se grouper dans le même ordre, plutôt que de former des combinaisons nouvelles et même de n'en plus former aucune.

II. L'ORGANICISME.

Les adversaires des causes finales, après avoir essayé de les écarter du monde inorganique, font la même tentative pour le monde organique auquel ils refusent, du reste, tout caractère spécifique. Ils s'appuient sur la même argumentation. D'après eux, la finalité n'existe pas dans le monde inorganique, parce qu'il est soumis à des lois inflexibles, comme si la loi ne révélait pas une pensée ordonnatrice. De ce que l'être vivant a des propriétés nécessaires à son fonctionnement, ils concluent que tout est expliqué par ces propriétés, qui produisent les organes et leurs fonctions, sans que nous soyons autorisés à remonter plus haut et à chercher un plan, un dessein derrière ce déterminisme de la vie naturelle. Les éléments simples qui composent les êtres vivants possèdent certaines propriétés ou modes d'action déterminés. Ces éléments se dégagent de la cellule avec les propriétés qui leur sont inhérentes par une évolution lente et progressive. Ainsi se forment les organes dont le fonctionnement n'est que la simple manifestation de ces propriétés. Par exemple, le fonc-

(1) Janet, ouvr. cité, p. 238.

tionnement du cœur, qui est un muscle, provient de cette propriété de la contractibilité qui appartient à tous les muscles. La circulation n'a pas d'autre cause que la propriété nutritive et réparatrice que possède le liquide appelé sang. L'œil n'a pas été disposé pour voir, mais il voit parce qu'il s'est trouvé disposé comme il l'est avec les propriétés propres à ses éléments constitutifs.

A cette théorie qu'on appelle *organicisme*, on peut opposer les objections suivantes : 1° Les éléments simples dont se compose l'être organisé sont des cellules. Or, nous avons déjà établi que l'apparition de la cellule, profondément distincte du corps brut, qui ne connaît ni accroissement ni dépérissement, ne saurait s'expliquer par le simple développement de la vie inorganique. C'est en vain qu'on invoquerait les synthèses chimiques qu'un savant illustre a poussées presque aussi loin qu'il est possible (1). Nous reconnaissons que M. Berthelot a créé à volonté, dans son laboratoire, la plupart des principes immédiats que la matière renferme, mais ces principes immédiats sont de purs produits chimiques et ne possèdent aucun des caractères de la vie. Ce sont des produits d'altération, d'oxydation, de décomposition, de restitution à la matière organisée ; ce n'est pas la matière organisée elle-même. Un principe immédiat n'est pas un organe, ni un rudiment d'organe, ni un être, ni un élément de l'être ; il ne possède aucune forme vivante. « Jamais chimiste, dit M. Berthelot, ne prétendra former dans son laboratoire une feuille, un fruit, un muscle et un organe. » L'organicisme ne peut donc dépasser la limite infranchissable de la vie. Cela suffit pour le ruiner en principe ; car, s'il n'explique pas la production de l'être vivant, il n'expliquera pas davantage son organisation.

2° Que les éléments simples de corps organisés aient des propriétés, il n'y a rien là qui exclue une cause intelligente,

---

(1) Berthelot, *la Synthèse chimique*.

pas plus que les propriétés inhérentes aux atomes dans le monde non organisé. Nous ne comprendrons jamais comment la constatation d'une loi dans les choses nous contraindrait à nier une pensée ordonnatrice.

3° Nous nions que ces propriétés, à elles toutes seules, expliquent la disposition des organes. Il est très commode pour les besoins de la cause de ramener le mécanisme admirable du cœur à la simple contractibilité du muscle ; mais on sait très bien qu'il n'y a pas de machine inventée par la science qui soit plus ingénieuse et plus compliquée. « La contractibilité musculaire explique que le cœur se contracte ; mais cette propriété générale, qui est commune à tous les muscles, ne suffit pas à expliquer comment et pourquoi le cœur se contracte d'une manière plutôt que d'une autre, et pourquoi il a pris telle configuration plutôt que telle autre. Le cœur, comme l'a dit Claude Bernard, est essentiellement une machine motrice vivante, une pompe foulante destinée à lancer dans tous les organes un liquide qui les nourrisse. C'est cette complication et cet art dans la configuration de l'organe, que n'expliquent point les modes d'action ou les propriétés des éléments simples, pas plus pour le cœur que pour l'appareil digestif ou pour l'œil. Combiner, c'est prévoir, c'est raisonner, c'est penser (1). »

4° Dans l'être vivant, il n'y a pas seulement à considérer chaque organe pris en lui-même ; cela suffirait déjà pour y reconnaître des combinaisons qui surpassent les machines les plus perfectionnées de l'industrie humaine ; mais ces divers organes se relient les uns aux autres et tendent à une fin commune à laquelle ils se subordonnent comme les parties d'un tout bien lié. Plus nous nous élevons dans l'échelle de la vie, dans l'être vivant, plus la finalité se manifeste, dominant et dirigeant la partie inférieure de l'organisme. « C'est ainsi que, comme le dit M. Chauffard, la finalité générale de l'être,

---

(1) Janet, *De la finalité*, p. 168-169.

celle qui est attachée aux facultés de sensibilité et de mouvement, rejaillit sur la vie végétative, dirige et maintient cette vie dans les voies qui assurent une action finale (1). » Nous demandons si les propriétés des éléments simples de l'être vivant sont capables de produire une telle hiérarchie de fonctions et une telle harmonie ; si, pour qu'elle se manifeste, il ne faut pas l'action, mystérieuse, intérieure, mais réelle, de cette idée directrice qui est au fond le *quid proprium* de la vie et grâce à laquelle nous sommes élevés bien haut au-dessus du pur mécanisme.

5° Il suffit de la vie embryonnaire pour prouver que cette finalité n'est pas le simple résultat, la simple mise en jeu des propriétés de la matière organisée ; car l'idée directrice préside aux transformations du germe fécondé. Au point de départ, tous les germes se ressemblent et, pourtant, chacun d'eux produit un développement différent qui se poursuit avec une régularité parfaite ; ni la physique, ni la chimie n'expliquent ces différences de développement ; elles se rapportent à l'idée directrice qui est au fond du germe et qui n'est pas autre chose que l'être en puissance. « Quand un poulet, dit M. Claude Bernard, se développe dans un œuf, ce n'est point la formation du corps animal en tant que groupement d'éléments chimiques qui caractérise essentiellement la fonction vitale. Ce groupement ne se fait que par suite des lois qui régissent les propriétés physico-chimiques de la matière. Mais ce qui est essentiellement du domaine de la vie et ce qui n'appartient ni à la chimie ni à la physique, c'est l'idée directrice de cette évolution. Dans tout germe vivant, il y a une idée directrice qui se développe et se manifeste par l'organisation. » L'idée spécifique et finale précède et fait l'être vivant. « Si de l'être nous passons à ses diverses fonctions, on peut dire que l'idée fonctionnelle précède l'organe, et que la fonction fait l'organe. Toutes les fonctions qui doivent con-

---

(1) Chauffard, ouvr. cité, p. 236 et suiv.

courir à la vie de l'être sont annoncées et comme exprimées par un premier trait, avant que la fonction réelle soit établie. La circulation future se fait deviner avant tout appareil circulatoire, à l'apparition de quelques globules sanguins ; de même pour le système nerveux dont les rudiments apparaissent épars çà et là. Pourquoi dans la vie fœtale ces poumons, alors que l'être ne peut respirer, ces yeux et ces oreilles, alors qu'il ne peut ni voir ni entendre ? C'est que tout se prépare et s'organise pour ces fonctions qui doivent surgir à un moment donné ; l'idée prédéterminée crée peu à peu l'instrument qui lui permettra de réaliser son œuvre. (1) » Il n'est donc pas possible de prétendre que l'organe fasse par lui-même la fonction, puisque la fonction s'annonce avant que l'organe soit formé.

Nous ne nions certes pas que la fonction, pour entrer en jeu, réclame des conditions extérieures favorables. Si ces conditions sont troublées, défectueuses, la fonction sera elle-même troublée et nous verrons se produire des déviations monstrueuses. Celles-ci ne prouvent rien contre l'idée directrice ; elles montrent seulement qu'elle n'a pu triompher de l'influence des conditions ambiantes ; c'est une grande erreur de s'imaginer que la cause finale est en contradiction avec la cause efficiente et qu'elle triomphe d'autant plus qu'elle n'a pas de moyens ou d'éléments appropriés à sa réalisation. Elle serait alors un constant miracle (2). Rien de plus conforme à l'idée que nous devons nous en faire que l'emploi des moyens les mieux appropriés à la réalisation de la fin. Les propriétés des éléments dont se compose l'organisme sont mises en œuvre par la cause finale ; plus ces éléments se prêtent à ses combinaisons, plus aussi se manifeste l'harmonie préalable des choses. L'architecte ne montre pas seulement son habileté en concevant le plan de la maison,

---

(1) Chauffard, ouvr. cité, p. 327, 328.
(2) Janet, *Des causes finales.*, liv. I, ch. IV.

mais encore en se servant de matériaux appropriés à son dessein. Il nous est impossible de comprendre comment l'existence de ces matériaux appropriés serait contraire à l'idée du plan conçu pour les employer et les combiner. La contradiction est encore plus absurde quand il s'agit du monde, puisque ici l'architecte ne se sert pas seulement de matériaux appropriés, mais qu'il a préparé les matériaux eux-mêmes et les a doués des propriétés nécessaires à faciliter l'exécution de son dessein, sans que, à eux seuls, ils puissent réaliser son plan dans sa richesse et sa complexité, pas plus que les pierres taillées ne se disposent d'elles-mêmes en murailles ou en voûte. Opposer à la finalité, c'est-à-dire à la raison directrice des choses, leur prédisposition à se prêter à ses fins grâce aux lois qui les dirigent et aux propriétés dont les corps sont doués, c'est dire que ce qui est rationnellement disposé est contraire à la raison. La cause finale se sert de la cause efficiente ; elle tourne à son dessein toutes les lois de la nature, toutes les propriétés des êtres. Nous ne comprenons pas comment on lui opposerait ce qui est une preuve éclatante d'intelligence, ce qui du moins est ainsi considéré dans toutes les industries humaines. L'habileté dans le travail humain ne consiste-t-elle pas à faire le meilleur emploi des matériaux et des forces dont il dispose et non pas à s'en passer ? Ces matériaux et ces forces ne produisent aucune œuvre d'art sans l'intelligence qui les emploie et les combine. Cette intelligence elle-même resterait inféconde si elle ne les avait pas à son service. La cause finale et la cause efficiente ne doivent pas se séparer : l'une appelle l'autre ; mais la cause efficiente ne produit l'harmonie, le monde ordonné dans ses parties et dans son tout, que si la cause finale, la cause première, à la fois intelligente et puissante, l'a précédée et dirigée.

CHAPITRE III

LES OBJECTIONS FONDÉES SUR LA PERMANENCE ET LA TRANSFORMATION DE LA FORCE.

Tout progrès de la science, toute théorie nouvelle en physique ou en zoologie, quel que soit son degré actuel de certitude, sont invoqués aujourd'hui contre la finalité. C'est ainsi que l'on tire un grand parti du fait généralement reconnu que la chaleur, la lumière, l'électricité, le magnétisme ne sont que du mouvement transformé. Dans un moteur à vapeur, la chaleur dégagée par le charbon qui brûle se transforme en travail produit par l'arbre de la machine. Si l'on fait tourner une manivelle dans une masse d'eau, l'eau s'échauffe. La lumière et les sons ne sont probablement que des ondulations de l'éther et de l'air. L'électricité et le magnétisme ont la même origine. Nous n'avons, de la sorte, qu'une seule force qui se maintient à dose égale au travers de ses transformations multiples. Telle elle était à l'origine sous sa première forme, telle elle se retrouve après chaque changement nouveau, toujours identique à elle-même, comme l'eau dont la dose ne change pas en subissant tous les phénomènes de la vaporisation. Quand les rayons solaires pompent l'eau des fleuves, que des nuages se forment, que ces nuages se chargent d'électricité, que des éclairs en jaillissent et que la vapeur d'eau retombe en pluie, nous avons une succession de mouvements et nous retrouvons à la fin du phénomène toute la quantité d'eau qui y a figuré au travers des transformations du mouvement initial. Ce que nous appelons force n'est que du mouvement transformé. La chaleur, l'électricité, le magnétisme, ne sont que des modes diversifiés du mouvement. Tout en revient à des mouvements de l'éther; nous les retrouvons jusque dans la cohésion des corps et leur plus ou moins de densité (1).

Il s'ensuivrait que rien ne se perd, que rien ne se crée. Cette proposition est constamment présentée comme un axiome. On en conclut qu'il n'y a pas autre chose dans l'univers que du mouvement transformé obéissant aux lois inflexibles de la mécanique; le monde n'est plus qu'un pur mécanisme, la nécessité seule y règne. Il ne faut donc parler ni de prévision, ni de choix, ni de combinaison, ni d'appropriation à des fins quelconques. Tout est nécessaire et se produit nécessairement dans cet empire de la force qui absorbe tout en elle. Voyons si la finalité peut échapper à cette loi d'airain.

Tout d'abord, nous ne pouvons reconnaître le caractère d'un axiome à la proposition qui est à la base de toute cette argumentation : *Rien ne se crée, rien ne se perd.* Il n'est pas du tout évident que rien ne se crée, qu'aucun élément nouveau de force ou de vie ne puisse être produit. On n'a pas le droit d'invoquer à l'appui de cette thèse l'enchaînement des phénomènes naturels fonctionnant sous nos yeux ; car le fait créateur, s'il a eu lieu, a dû précéder cet enchaînement et il en est par là même indépendant. C'est précisément parce que cet enchaînement ne suffit pas à produire la vie initiale qu'il ne l'explique pas. Pour ne parler que du mouvement, n'avons-nous pas reconnu qu'il a dû être mis en branle une première fois? Nous sommes donc obligés d'admettre au moins un acte qu'il n'a pas produit.

Comment, en outre, écarter toute action créatrice dans la nature s'il est impossible, en se contentant des lois mécaniques ou physico-chimiques, de lui faire franchir par sa simple

---

(1) Voir Saigey, *la Physique moderne : Essai sur l'unité des phénomènes naturels.* (Paris, 1867, p. 13.)

évolution tous les divers degrés de l'existence, si elle n'a jamais tiré un végétal d'un minéral? Avant de formuler en axiome la négation de toute création, il faudrait s'être débarrassé de cette objection si grave. Nous convenons que la seconde partie de l'axiome : *Rien ne se perd*, est moins contestable, bien qu'un philosophe aussi sérieux que M. Renouvier lui refuse les caractères de l'évidence (1). Nous ne pouvons, en définitive, parler que des lois de l'univers que nous connaissons, et il ne nous est pas permis d'étendre les conclusions de la méthode expérimentale au delà du champ de notre expérience. Ne voyons-nous pas d'ailleurs dans notre petite planète des germes de vie qui s'atrophient, des existences arrêtées en leur plein développement? N'y a-t-il pas là une certaine déperdition (2)?

Admettons par concession que rien ne se perd, et que le fait de plus en plus prouvé de la transformation de la force entraîne cette conséquence. En devrons-nous conclure au déterminisme pur, exclusif de toute liberté, de toute finalité? Accorderons-nous aux lois de la nature qui président à cette transformation de la force et qui sont les lois du mouvement ce caractère de fatalité qui écarte tout ce qui ressemble à une causalité intelligente et libre, capable de vouloir un but, une fin et de la réaliser par des moyens appropriés? Une distinction bien simple établie avec une grande vigueur de raisonnement par un jeune philosophe contemporain, M. Boutroux, nous soustrait à cette inflexible nécessité. C'est la distinction déjà faite par Aristote entre la matière et la forme, entre la quantité et la qualité. Ce monde de la force identique, c'est le monde de la matière pure, de la quantité uniforme, sans vie, sans progrès ; c'est la sphère d'une existence si abstraite qu'elle est comme morte. Là, en effet, la force domine sans partage; la quantité sans la qualité qui la

---

(1) *Critique philosophique*, 20 août 1875.
(2) Boutroux, *De la Contingence des lois de la nature*, p. 104.

différencie, qui la détermine, n'est encore que le *substratum* de la vie, ce n'est pas la vie elle-même ; c'est cette matière brute semblable à la pierre que le sculpteur a fait extraire des flancs de la montagne. D'après Aristote, cette matière contient tous les possibles et n'en réalise aucun ; elle demeure je ne sais quelle masse confuse, indistincte. Là, rien ne change, parce que rien ne vit réellement, parce que cette existence sans forme est réduite à l'état de non-être. Dans cette basse région, tout est mécanique, parce que la quantité ressort uniquement du mouvement et ne connaît pas d'autre loi. Tout change, quand apparaît sur cette quantité morte, abstraite, la qualité, — c'est-à-dire la forme qui la différencie, qui l'harmonise, qui la pétrit conformément à un but et à un idéal. Alors nous n'avons plus simplement la pierre uniforme obéissant aux lois de la gravitation ; nous avons la pierre aiguisée, polie, devenant un instrument de travail ou bien s'animant d'une pensée sublime sous le ciseau du sculpteur qui fait sortir de son bloc informe des types tour à tour grandioses et gracieux d'héroïsme ou de beauté. La pierre, quand elle n'était qu'une quantité, ne connaissait d'autre loi que celle du mouvement ; depuis que la forme y est apparue, une force supérieure s'y est révélée, celle de l'intelligence (1).

Qu'on veuille bien remarquer que cette intelligence se montre à nous affranchie de la nécessité. Il n'y a qu'une manière d'exister pour le bloc de marbre ; il ne peut déroger aux lois du mouvement. Il y a pour le sculpteur cent manières de le modifier, car il peut en tirer un bélier ou un lion, un Achille ou une Briséis, un foyer ou un autel. La forme a devant elle tous les possibles, par conséquent la liberté de choix existe pour elle, et, avec la liberté de choix, la liberté de la finalité. Cette pierre informe, c'est la matière, c'est le monde encore à l'état de pure quantité, soumis aux lois inflexibles

---

(1) Boutroux, *De la Contingence des lois de la nature*, ch. 1er.

du mouvement; ces statues innombrables qui en ont fait jaillir des types variés, c'est le monde de la qualité, de la forme, le monde de la vie où rayonnent à la fois l'intelligence et la liberté. Avec la forme se manifeste la causalité pensante et voulante, qui a fait son choix dans la multitude des possibles et qui réalise son plan en se servant des matériaux préexistants. C'est elle qui met son sceau de finalité sur toutes les causes coefficientes qu'elle a seules ramenées à l'unité d'un grand dessein.

Cette liberté du choix sans laquelle il n'y a pas de finalité, nous la retrouvons aussi bien à l'origine des choses que dans leur détermination conformément à des fins préconçues (1). La matière, le monde de la quantité dont nous ne recherchons pas le principe pour le moment, c'est le monde de la vie abstraite qui renferme tous les possibles : c'est la possibilité de l'être plutôt que sa réalité. Rien n'implique nécessairement que cette possibilité devienne une réalité. Ou bien il faut prétendre que la possibilité est déjà la réalité, — ce qui est contradictoire — ou bien, si on les distingue, il faut admettre que le possible ne passe pas tout seul au réel, qu'il peut très bien rester à l'état d'indétermination ; que, par conséquent, il a fallu, en dehors et au-dessus du possible, une volonté qui choisît entre le maintien du possible à l'état de virtualité et son passage à l'existence pleine et complète de la réalité.

Cette réalité de la vie pouvait prendre toutes les qualités, toutes les formes imaginables. Pour lui imprimer celles qu'elle a revêtues, il a encore fallu un choix, un acte libre, une pensée. Chaque progrès dans la vie du monde, chaque développement nouveau implique cette intervention d'un libre choix; car, pour reconnaître à un développement nouveau le caractère de la nécessité, il faudrait qu'il fût absolument contenu dans les antécédents sans y rien ajouter. S'il en était ainsi,

---

(1) Boutroux, *De la Contingence des lois de la nature*, ch. II.

nous n'aurions jamais autre chose que ces antécédents et nous n'obtiendrions pas un développement réel. Il faut, pour qu'il se produise, un élément nouveau et comme cet élément nouveau ne se trouve pas dans l'antécédent immédiat, il procède d'ailleurs, il vient de plus haut. N'étant pas nécessaire, il a été l'objet d'un choix, d'un acte de volonté et de puissance. Il est possible qu'il fût caché et comme enveloppé originairement dans l'être chez lequel il s'est produit à son heure ; mais, du moment qu'il ne peut s'expliquer par les simples antécédents immédiats, il nous reporte à une causalité intelligente et puissante. Peu importe que le germe de la vie supérieure ait été originairement déposé dans l'embryon, ou qu'il lui ait été ajouté plus tard ; il suffit que son éclosion ne puisse s'expliquer par les antécédents immédiats de la vie organique pour que nous nous élevions à une causalité supérieure. « Il est impossible de tirer les formes supérieures des inférieures par voie d'analyse, parce qu'elles contiennent des éléments irréductibles à ceux des éléments inférieurs (1). » Elles n'y trouvent que leur matière, jamais leur forme, et c'est la forme qui façonne la matière. Il n'y a pas seulement continuité dans les êtres ; il y a succession, hiérarchie, subordination des inférieurs aux supérieurs et par conséquent formation des premiers en vue des seconds. Voilà pourquoi la nature organique, sortie des limbes de la quantité pure, échappe aux lois d'un développement fatal. Si les lois qui la gouvernent ont un élément de contingence, elles n'en aboutissent pas moins à la coordination, à l'enchaînement régulier. Une main puissante a forgé librement tous les premiers anneaux des chaînes vivantes qui, en s'entrelaçant, constituent le monde organisé. Pour chaque développement nouveau, pour chaque enrichissement de la forme et de la pensée, il y a eu une manifestation nouvelle de la cause intelligente et libre. Supprimez celle-ci et vous n'avez que le

---

(1) Boutroux, *De la Contingence des lois de la nature*, p. 29, 156.

monde muet et mort de la quantité abstraite; vous avez par là même enfermé et comme pris dans ses glaces ce fleuve si riche, si abondant de la vie dont les rives ont été admirablement dessinées.

La cause intelligente et libre ne se contente pas de se manifester dans la nature vivante, progressive, mais elle sait tourner à ses fins la force aveugle du mécanisme, le mouvement uniforme au travers de ses transformations. Elle s'en sert comme de son instrument, elle le fait travailler de manière à maintenir l'équilibre du *Cosmos*, et, sans jamais violer ses lois, elle l'amène à réaliser ses desseins en les lui faisant exécuter dans les conditions qu'elle choisit. La pierre ne cesse pas d'être soumise aux lois de la gravitation quand elle est lancée en l'air par la main de l'homme, et cependant elle y obéit dans des conditions spéciales qu'elle ne pourrait jamais se donner à elle-même. Nous avons là une faible image des effets non prévus et non nécessaires que la causalité suprême peut produire au moyen même des lois qui semblent le plus soumises à la nécessité physique. Il y a un élément de contingence dans leur emploi.

La finalité n'apparaît pas seulement active dans la pensée maîtresse et directrice des choses, mais encore dans les êtres placés aux degrés supérieurs de l'existence. Plus nous nous élevons dans l'échelle, plus cette finalité se révèle intelligente et libre, plus l'être échappe au mécanisme ou du moins parvient à s'y soustraire, à le dominer et à s'en servir conformément à sa fin. Il suffit d'aborder le domaine de la vie, même dans ses manifestations inférieures, pour voir surgir au-dessus du simple mouvement mécanique qui se transmet en quantités toujours identiques, rendant exactement ce qu'il a reçu, un autre genre de mouvement, le mouvement spontané, qui échappe aux lois mécaniques dans la proportion où il s'élève. Même avant de devenir la volonté libre capable de résister à l'impulsion venue du dehors et montrant par là qu'elle n'en est pas la simple traduction, le simple effet, le mouvement spontané crée sa propre action chez tous les êtres vivants. Cette action a pu être sollicitée par les excitants du dehors, mais elle s'en distingue dans la moindre sensation comme dans le moindre acte de vouloir. « Vivre, dit très bien M. Chauffard, c'est sentir, c'est se nourrir, c'est engendrer, c'est se mouvoir, c'est vouloir. Sans doute la vie use de la matière et du mouvement, mais ce n'est ni la matière ni le mouvement qui la produisent. C'est dans le seul milieu vivant que se créent la sensation et la fonction, et celles-ci demeurent étrangères dans leur essence à tout mouvement transmis du dehors. Tant que le mouvement communiqué demeure mouvement physique, tant qu'à son approche ne surgit pas l'œuvre nouvelle de la sensation, ce mouvement n'appartient pas à la vie. Dès que le mouvement qui atteint la nature organique excite la sensibilité de l'être, alors en vertu de sa spontanéité propre, l'être vivant entre en action : il sent, il conçoit, il se meut, il veut (1). »

C'est ainsi que la spontanéité se distingue du mouvement; la spontanéité, c'est la vie, par conséquent la forme, la pensée, la volonté apparaissant dans la matière. La finalité qui éclate dans l'univers se retrouve dans le moindre des êtres vivants, en attendant qu'elle se couronne de ses plus glorieux attributs, dans l'être moral qui est l'achèvement, le but de notre monde appelé à refléter la causalité souveraine dans sa spontanéité et sa liberté.

Rien ne se perd, dit-on ; c'est possible pour le mouvement ; mais supposez que tout ce qui dépasse le mécanisme, la vie morale et intellectuelle, la riche floraison des pensées, des sentiments, de l'art, de la civilisation que tout cela disparaisse. Direz-vous que rien n'est perdu, et vaudra-t-il la peine de parler de ce qui reste, quand même la force mécanique sera restée la même et continuera ses transformations, le mouve-

---

(1) Chauffard, ouv. cité, p. 225. — Nous réservons à l'anthropologie la question des mouvements réflexes.

ment devenant comme toujours chaleur, lumière, électricité, magnétisme? Quel hideux cimetière qu'un tel monde, et pourtant il demeurera fidèle au fameux axiome. Il suffit de faire cette hypothèse parfaitement rationnelle pour établir que, quand rien ne serait perdu au point de vue du mouvement, tout pourrait l'être au point de vue de la vie, qui n'est pas simplement quantité, mais encore qualité, forme, pensée, finalité.

Nous trouvons une éclatante confirmation de ces résultats dans les leçons de M. Claude Bernard sur *les phénomènes de la vie communs aux animaux et aux végétaux*, publiés après sa mort par M. Paul Bert : « La matière, lisons-nous dans sa seconde leçon, moule du protoplasme, n'a pas de forme. Elle ne donnerait que l'indéterminé absolu. C'est la morphologie (la science de la forme) qui distingue et individualise les êtres. La forme caractérise seule la vie définie. On entrevoit dans la morphologie un plan idéal qui se réalise degré par degré. Le point de départ est identique en apparence ; le terme est indéfiniment diversifié (1). » Nous savons bien que M. Claude Bernard renvoie la finalité à la métaphysique, à la spéculation et qu'il refuse à la science de la nature le droit de se prononcer à ce sujet. Il n'en demeure pas moins que pour lui l'être resterait éternellement à l'état indéterminé sans cette morphologie qui implique une idée directrice et formatrice, c'est-à-dire la finalité ?

---

(1) Claude Bernard, *les Phénomènes de la vie commune aux animaux et aux végétaux*, p. 330.

CHAPITRE IV

LA DOCTRINE DE L'ÉVOLUTION. — LE TRANSFORMISME.

L'effort le plus considérable tenté de nos jours contre l'explication théiste de l'univers, qui y reconnaît des marques de dessein et une finalité intelligente, a été inauguré par le mouvement scientifique auquel Darwin a attaché son nom. Les problèmes soulevés par lui et par ses disciples sont des plus graves et ont déjà suscité une littérature considérable. Incessamment discuté dans les livres et dans les recueils périodiques, le darwinisme est certainement l'un des systèmes les mieux connus aujourd'hui. Il est permis d'être bref à son sujet en renvoyant aux ouvrages spéciaux. Nous ne nous en occuperons que dans la mesure nécessaire pour écarter les objections contre la finalité qu'on prétend fonder sur lui.

Nous devons commencer par faire une distinction qui est, selon nous, de la plus haute importance entre le darwinisme, simple théorie d'histoire naturelle, et le transformisme, explication matérialiste de l'origine des choses. Le premier ne soulève que la question du *comment*, le second aborde celle du *pourquoi*. Le darwinisme, qui ne sort pas des limites de la zoologie, s'occupe uniquement des conditions d'existence des êtres; le transformisme matérialiste tranche la question de cause et d'origine. Le darwinisme explique le développement de l'existence dans l'univers par une évolution soumise à certaines lois ; mais il ne se reconnaît pas le droit d'exclure la finalité, soit du principe des choses, soit de leur marche évolutive. Au contraire, le transformisme matérialiste la nie résolument et prétend expliquer le développement de l'existence par l'évolution et ses lois sans admettre nulle part l'intervention d'une causalité intelligente. Il s'ensuit que le théisme est complètement désintéressé dans la question proprement scientifique, comme il doit l'être du reste ; car, nous l'avons dit bien des fois, tant que la science se contente de constater les faits et de les grouper en en tirant les conséquences que lui imposent ses méthodes, elle est souveraine. Que l'évolution darwiniste soit ou non démontrée, le théisme n'a rien à y perdre ; les conditions d'existence peuvent être déterminées comme on voudra ; la question de cause et d'origine demeure intacte. Aussi le darwinisme a-t-il été accepté par des spiritualistes convaincus, comme le prouve l'ouvrage capital de M. Robert Wallace sur la sélection naturelle. On sait que M. Wallace, qui était arrivé par ses propres recherches à des solutions identiques à celle de Darwin, avant même que celui-ci les eût formulées et exposées systématiquement, n'en a pas moins établi de la manière la plus catégorique que la sélection naturelle implique la finalité pour le moins autant que la théorie des créations successives. C'est ce qui ressortira avec éclat des citations que nous ferons de son livre dans notre appréciation des théories de Darwin (1).

Cette conciliation avec le théisme n'est plus possible pour le transformisme naturaliste, car il prétend trancher à la fois la question des conditions de l'existence universelle et celle de son origine ; il ne saurait coexister avec le déisme, car ils ne peuvent avoir raison tous les deux. Cette distinction indique l'ordre même de notre discussion. Nous établirons d'abord que, bien loin d'être contraire à la finalité, le darwinisme l'implique, sous la réserve qu'il est

---

(1) *La Sélection naturelle, Essais*; par Robert Wallace, traduits par Lucien de Candolle. (Paris, Reinwald, 1862.)

encore loin d'être scientifiquement démontré. En second lieu, nous montrerons que le transformisme matérialiste, qui nie toute causalité intelligente, dépasse absolument les droits de la science, parce que, au lieu de partir de l'observation et de la constatation des faits, il se fonde sur de pures hypothèses. Il bâtit dans les nuages ce lourd édifice d'un monde où l'esprit n'est plus.

I. — LA DOCTRINE DE L'ÉVOLUTION.

Les naturalistes n'avaient pas attendu Darwin pour faire sa part au principe de l'évolution. Si on entend par ce mot la hiérarchie des êtres s'ordonnant par étages, la vie s'enrichissant et se précisant à chaque nouveau degré, l'évolution n'est qu'un autre nom de l'ordre dans l'univers ; elle répond à ce principe tout empreint de finalité que l'inférieur existe en vue du supérieur et qu'il lui sert en quelque sorte de soutien. Ce genre d'évolution n'implique point que les espèces se transforment les unes dans les autres ; elles peuvent se succéder sans s'engendrer ; l'espèce demeure toujours composée de tous les êtres plus ou moins semblables qui remontent à une paire primitive unique par une succession ininterrompue et naturelle des familles (1).

Darwin donne une bien autre portée à l'évolution. Pour lui, elle consiste en ce que les espèces se transforment les unes dans les autres, si bien qu'elles ne constituent pas un degré fixe dans l'échelle de l'existence, mais une simple étape qui peut être franchie sous certaines conditions.

Le naturaliste anglais n'était pas sans précurseur. Lamarck, Gœthe, Geoffroy Saint-Hilaire avaient eu des vues

---

(1) Darwin, *Origine des espèces au moyen de la sélection naturelle*. (Reinwald, 1873.) *La descendance de l'homme et la sélection sexuelle*. (Reinwald, 1877.) Quatrefages, *l'Unité de l'espèce*, p. 26.

semblables, sans parler de Diderot, qui est le véritable initiateur du transformisme philosophique (1). On ne peut toutefois refuser à Darwin l'honneur d'avoir rajeuni et rendue plausible cette hypothèse, grâce à ses observations multiples sur les produits des croisements d'animaux domestiques. Il a obtenu par ce moyen des variations étonnantes. Les mêmes expériences ont été faites sur un certain nombre de plantes. Les premiers résultats étaient dus au choix très minutieux des animaux accouplés, ce qui permet d'accumuler leurs avantages et leurs qualités dans le produit des accouplements. Il y avait là une application de la sélection artificielle, qui a toujours été employée dans les fermes et les jardins par les éleveurs et les horticulteurs. Darwin n'a pas hésité à attribuer à la nature elle-même un genre de sélection tout semblable, capable de produire des combinaisons nouvelles. La sélection naturelle se distingue de l'artificielle en ce qu'elle ne peut choisir en connaissance de cause et par un triage fait à cette fin les mâles et les femelles doués d'avantages particuliers qui, en s'accumulant dans leur postérité, pourraient élever celle-ci à un développement supérieur de la vie. Il faut donc trouver ailleurs que dans le choix de l'homme le principe de cette sélection. Ici entre en ligne une seconde loi dont la détermination a eu quelque chose de vraiment général, la loi de la lutte pour l'existence, ce *malthusisme* inconscient et barbare de la nature, qui amène les êtres à se faire une guerre perpétuelle pour subsister. Dans chaque espèce, les faibles succombent, car toute infériorité est une condamnation à mort; les forts, les mieux doués survivent seuls. En survivant, ils s'accouplent et lèguent leurs avantages à leur descendance. Cette transmission se fait grâce à la troisième loi statuée par le darwinisme, la loi d'hérédité, qui perpétue et fortifie les qualités transmises. Une quatrième loi, celle de la coordination des organes, d'après laquelle chaque modification par-

---

(1) *Etudes de Caro sur le* XVIIIe *siècle. Diderot*, par Ed Scherer.

tielle amène peu à peu une modification dans les autres organes correspondants, permet aux éléments nouveaux et modificateurs qui ont été transmis par la génération et conservés par l'hérédité d'amener ces transformations fixes et harmonisées, sans lesquelles la nature ne produirait que des changements accidentels incapables de former des espèces nouvelles. Enfin une dernière loi, celle de l'adaptation de l'être vivant à son milieu, qui l'amène sous le stimulant du besoin à approprier ses organes à ses nouvelles conditions d'existence, achève d'expliquer l'évolution universelle. Telle est, dans ses grands traits, la théorie darwinienne.

Avant de rechercher si elle suffit vraiment à expliquer toutes les transformations des êtres vivants, ou s'il ne faut pas en restreindre l'application, nous affirmons que, bien loin d'être contraire à la finalité, elle l'implique. Laissons de côté pour le moment la difficulté insurmontable, selon nous, pour le darwinisme comme pour tout autre système naturaliste, d'expliquer la production de la vie et celle de l'intelligence. Tenons-nous à l'évolution des êtres vivants conformément aux lois indiquées. L'idée générale d'évolution, telle que la formule Darwin, n'est pas compréhensible en dehors de la finalité. L'évolution est pour lui inséparable de la notion de progrès ; c'est le progrès qu'elle réalise d'être en être, elle va du moins au plus, elle tend toujours au mieux. Qu'est-ce à dire, sinon qu'elle suit un plan ? car on ne peut savoir ce qui est meilleur, on ne peut distinguer l'inférieur du supérieur quand on a supprimé l'intelligence dans la nature. Otez l'intelligence, et vous n'aurez plus aucun critère pour apprécier la valeur des choses ; elles sont toutes égales, toutes confondues. Si la nature tend au mieux, c'est qu'elle est guidée par l'intelligence.

Maintenant, ce mieux, ce progrès ne peut être produit que par une causalité à la fois intelligente et puissante; le *mieux*, nous l'avons déjà dit bien des fois, n'est le *mieux* que parce qu'il n'est pas identique à ce qui le précède. De deux choses l'une, ou il lui a été ajouté comme un élément nouveau de perfectionnement, ou bien il était dans l'être primitif à l'état de virtualité destiné à se dégager et à se révéler plus tard. Dans les deux cas, il implique une causalité intelligente et puissante qui ne se confond pas avec la simple matière, car celle-ci ne peut pas plus à elle toute seule s'élever au-dessus d'elle-même que se donner le germe de ses développements futurs. La causalité intelligente n'apparaîtrait pas moins admirable pour avoir mis dans la nature un principe de développement renfermant en lui tous les progrès futurs, qu'en intervenant à plusieurs reprises pour enrichir la vie, selon cette belle parole de Leibniz : « Pourquoi serait-il contraire à la raison que le mot *fiat* ayant laissé quelque chose après lui, à savoir la chose elle-même, le mot non moins admirable de bénédiction ait laissé aussi après lui dans les choses une certaine fécondité ou une certaine vertu organisante. » La notion d'évolution est donc en soi inséparable de celle de finalité.

C'est ce qu'établit avec une grande vigueur M. Robert Wallace, dans sa réponse aux considérations par lesquelles le duc d'Argyll, dans son livre sur *la Création par lois*, cherchait à établir que la création, partout où elle nous permet de constater une combinaison ou de reconnaître le caractère du beau, implique l'activité constante du Créateur. « La conception, dit M. Wallace, qui nous montre dans l'univers son propre régulateur, est une conception plus élevée que celle qui y fait intervenir incessamment le Créateur. Le monde est ainsi constitué que l'action des lois générales y produit la plus grande variété possible dans sa configuration et dans ses climats. Des lois aussi générales y font naître les organismes les plus variés, adaptés aux diverses conditions de la terre. Les forces de la nature inorganique se règlent et se contrôlent elles-mêmes. Il en est de même dans le monde organique, où les lois sont plus compliquées et les agencements plus délicats. Prétendra-t-on que, parce que l'harmonie est complète, elle suppose une machine trop compliquée, si compliquée que le Créateur n'aurait pu la construire? La théorie de l'intervention continuelle met des bornes au pouvoir du Créateur. Elle implique qu'il ne pouvait pas agir dans le monde organique par de simples lois, qu'il n'a pas su prévoir les conséquences des lois combinées de la matière et de l'esprit. Ce serait rabaisser le Créateur que lui imputer ce qui ne serait que l'incapacité de notre intelligence (1). »

Il n'est pas une des lois par lesquelles Darwin essaye d'expliquer le mode de l'évolution universelle qui ne suppose la finalité. La sélection naturelle, qui est à la base de tout son système zoologique, ne lui a été fournie que par l'analogie avec la sélection artificielle, faite par l'homme avec toute son intelligence et ne réussissant que grâce à ses calculs prévoyants, à ses choix bien ordonnés. Il y a déjà dans ce fait une forte présomption en faveur d'une intelligence ordonnatrice dans la nature. Réduite au pur mécanisme, elle n'arrivera jamais aux coïncidences nécessaires pour produire par des accouplements heureux des êtres perfectionnés. La concurrence vitale ne peut toute seule amener en nombre illimité ces rencontres merveilleuses entre les mâles et les femelles qui doivent être placés en même temps dans des conditions également favorables pour accumuler leurs avantages dans le rejeton destiné à devenir un nouvel anneau dans la chaîne de l'évolution.

« Le véritable écueil de la théorie de M. Darwin, dit M. Janet, c'est le passage de la sélection artificielle à la sélection naturelle. Dans la sélection artificielle, en effet, l'homme choisit les éléments de ses combinaisons pour atteindre un but désiré; il choisit deux facteurs doués l'un et l'autre du caractère qu'il veut obtenir. S'il y avait quelque différence entre les deux facteurs, le produit serait incertain et nul. Pour que la sélec-

---

(1) Wallace, *Essais*, p. 231, 232.

tion naturelle obtînt les mêmes résultats, il faudrait que le mâle doué de tel caractère s'unît précisément à une femelle semblable à lui. Il faudrait que les produits agissent de même et cela de génération en génération. La première modification étant accidentelle et individuelle à l'origine, elle doit être rare et par conséquent il y a très peu de chance que les deux individus se rencontrent et s'unissent. De telles rencontres doivent se succéder à l'infini pour la multiplication de l'avantage cherché, multiplication qui exige une pensée qui choisit (1). »

La concurrence vitale est tout à fait insuffisante pour créer ces innombrables coïncidences. Il ne suffit pas, en effet, que les plus forts aient triomphé; car la vigueur à elle toute seule n'aurait pas d'autre résultat dans l'acte générateur que de transmettre le type antérieur plus accentué, plus marqué et par conséquent de conserver l'espèce au lieu de la transformer. Il faut, pour qu'il y ait un type nouveau, que ce ne soit pas seulement une supériorité de force qui se rencontre dans le mâle et la femelle auxquels la victoire a appartenu dans la lutte de la vie, mais encore qu'il y ait eu préalablement chez eux une modification dans l'organisme qui se perpétue et s'accentue. Or cette modification a dû se produire en même temps chez l'un et chez l'autre. Comment l'expliquer par le simple jeu des forces mécaniques? Nous sommes donc obligés de recourir à une autre explication pour la modification des organes chez le mâle et la femelle favorisés. M. Darwin a eu recours à ce qu'il appelle la sélection sexuelle, qui procède de l'instinct de la beauté surexcité dans la phase de l'accouplement. Le mâle, pour plaire à la femelle, se met en frais et déploie tous ses avantages; il arrive de la sorte à les accroître et lui permet de les transmettre à sa descendance. Si cette explication était vraie, le mâle devrait toujours avoir le monopole ou du moins le supériorité de la beauté, puisqu'il ne la développe que sous l'empire de l'instinct

1) Janet, *De la finalité*, p. 390.

qui le pousse à capter la femelle. Or il est reconnu que très souvent les avantages esthétiques sont égaux dans les deux sexes. Que faire de la sélection sexuelle chez les poissons pour lesquels la copulation n'existe pas? On peut constater que la beauté n'exerce, la plupart du temps, aucune séduction chez nos animaux domestiques. On n'expliquera d'ailleurs jamais comment le désir de plaire pourrait donner au papillon ses brillantes couleurs.

Dira-t-on que la modification avantageuse de l'animal favorisé est un heureux accident? C'est oublier qu'un accident est le plus souvent passager. La loi de l'influence des milieux est ici sans importance. Si le milieu n'a pas changé, il n'a pu exercer aucune action modificatrice, et, bien loin d'être favorable au développement de la transformation qui se serait produite simultanément par accident chez un mâle et sa femelle, il l'entraverait, car il leur serait beaucoup moins approprié qu'auparavant, et la supériorité acquise aboutirait à une infériorité réelle dans la lutte pour la vie. Si l'on prétend que c'est le changement du milieu qui a effectué la transformation organique, deux alternatives se présentent : cette transformation s'est opérée ou consciemment ou machinalement. Dans le second cas, nous devons admettre avec Lamarck qu'un nouveau mouvement s'est produit dans le fluide de l'animal pour aboutir à une modification organique. D'où vient ce mouvement? Qui est-ce qui lui a donné la direction nécessaire? Pourquoi produit-il l'adaptation de l'organe au nouveau milieu? Le phénomène est incompréhensible sans la finalité. Dira-t-on, en admettant le premier cas — la transformation consciente, — que l'animal, stimulé par le besoin, s'est rendu compte de la modification nécessaire de ses organes et qu'il a fait effort pour mouvoir ses membres dans la direction utile ou nécessaire à son salut, comme par exemple pour voler afin d'échapper à une poursuite? A supposer que la chose fût possible, il en résulterait qu'au moins l'animal a un dessein, un but, et que la finalité se retrouve chez lui sous une forme spontanée.

Ce besoin senti, ce moyen choisi, employé pour y satisfaire, ce n'est pas simple affaire de fluide. Il est d'ailleurs tout à fait chimérique d'attribuer à un simple besoin une action modificatrice des organes ; jamais on n'a rien vu de semblable. L'exercice habituel les fortifie et les assouplit, mais ne les crée pas. « Le saltimbanque, dit excellemment M. Janet, a des muscles plus déliés que les autres hommes. En a-t-il d'autres ? (1) »

Le darwinisme n'a donc pas expliqué la modification des organes. Il ne s'était pas contenté d'admettre telle ou telle modification partielle, mais encore une modification générale, grâce à la loi de la coordination des organes empruntée à Cuvier. Parler de coordination, c'est parler de finalité ; car jamais la pensée directrice de la vie ne pourrait apparaître avec plus d'éclat et de puissance que dans ce raccordement délicat des organes entre eux, surtout s'il résulte de leur constitution intime. La matière n'aurait pu à elle seule les doter de ce qu'on peut appeler une faculté d'harmonisation constante.

Nous ne nions pas que les milieux, d'une manière générale, n'aient une influence très réelle sur le développement des êtres vivants ; mais, pour que ceux-ci s'échelonnassent sur la ligne d'un progrès constant, il a fallu que les milieux fussent disposés à cette fin. Si la terre avait toujours été recouverte par les eaux, le plus haut degré de la vie aurait été atteint par les êtres aquatiques. Ce niveau n'a été dépassé que parce que les conditions des milieux terrestres ont été modifiées, et elles ne pouvaient l'être qu'au point de vue de la finalité. La terre aurait pu être disposée de telle sorte que les organismes inférieurs l'emportassent dans la concurrence vitale. La sélection naturelle n'a pas pu déterminer les conditions de sa propre action. Il a fallu une coordination entre les êtres et leur milieu, qui implique une prévi-

---

(1) Janet, *les Causes finales*, p. 381.

sion, un dessein. Ainsi, la loi des milieux ne se suffit pas plus à elle-même que les autres (1).

Il en est de même de celle de l'hérédité d'après laquelle le semblable doit produire le semblable. La chose ne va pas de soi. Le hasard peut aussi bien produire la dissemblance que la ressemblance. Les animaux, à l'état embryonnaire, commencent par différer du tout au tout de leurs parents. Ils finissent par leur ressembler, mais avec des éléments de différence qui sont pourtant contenus dans certaines limites, pour maintenir l'ordre dans la nature. La génération est un mystère divin ; car rien, dans les causes simplement coefficientes, n'en explique suffisamment les effets, à la fois puissants et limités (2).

C'est encore à l'hérédité que le darwinisme attribue la

---

(1) Flint, *Théisme*, p. 203.
(2) La loi d'hérédité fait l'objet du livre de M. Th. Ribot, intitulé : *l'Hérédité psychologique* (2ᵉ édition. Germer-Baillière, 1882). — L'éminent auteur y résume tous les renseignements de la psychologie expérimentale, qu'elle s'applique soit aux individus, soit aux nations. Le fait de la transmission héréditaire physiologique et psychologique y est mis en pleine lumière, pour les caractères spécifiques généraux qui sont les traits distinctifs de l'espèce prise au sens large, de la race, de la nation, et même de la famille ; il l'élève à la hauteur d'une loi, sous la réserve que l'on n'oublie pas que l'hérédité est double, puisqu'elle implique l'influence de deux conjoints et qu'elle se complique par suite même de la combinaison de leurs qualités respectives qui ne produit pas une simple addition de ces qualités. Laissant de côté pour le moment tout ce qui se rapporte aux conclusions qu'on pourrait tirer de cette loi d'hérédité, qui, d'après l'auteur même, souffre de nombreuses exceptions, surtout dans ses applications aux individus, nous trouvons dans son livre une preuve nouvelle que la loi d'hérédité ne peut, à elle toute seule, fonctionner dans le sens d'une évolution progressive, sans être combinée avec le principe de finalité. En effet, l'hérédité peut tout aussi bien fixer les désavantages que les avantages et devenir une cause active de dégénérescence. Il faut donc que son fonctionnement se produise dans des circonstances favorables de milieu. « La fatalité aveugle de ses lois régularise aussi bien la décadence que le progrès. » Donc si, d'une manière générale, la vie universelle se développe dans le sens du progrès, l'hérédité n'est pas abandonnée à la fatalité aveugle de ses lois. Il y a un pouvoir régulateur, ordonnateur, qui les domine et les fait concourir au progrès. Nous voilà en pleine finalité.

conservation et l'éducation des instincts nouveaux ; le développement des organes n'aurait aucune importance, à lui tout seul, pour réaliser les progrès zoologiques, car ce sont les instincts qui révèlent à l'animal le *modus vivendi* vraiment conforme à sa condition, après qu'il a accompli une nouvelle évolution. Mais on est en droit de demander ce que peut être un instinct vraiment nouveau, l'instinct n'étant autre chose qu'une série d'actes donnés. S'il est accidentel, il n'est pas durable, il n'est pas un instinct véritable ; car, au sens propre du mot, l'instinct doit fonctionner machinalement par la force de l'habitude, ou bien par la prédisposition naturelle. Qu'est-ce qu'une habitude qui n'a pas de passé et ne se relie pas aux actes antérieurs ? Il y a d'ailleurs des instincts qui, bien loin d'être dus à l'hérédité, la rendent seule possible, et ne se rattachent à aucune expérience. L'instinct a dû être parfait dès l'origine, sinon l'animal n'eût pas pu subsister. Donc il implique une causalité supérieure à son expérience et à lui-même (1).

Nous devons reconnaître, en effet, que tout ce *processus* zoologique, même étendu aux proportions que lui donne Darwin, aboutit, dans l'état actuel des choses, à une hiérarchie parfaitement délimitée dont les degrés sont nettement séparés et ne se confondent pas. On a beau nier la fixité de l'espèce au début, elle existe sous nos yeux. Le fleuve de la génération roule ses flots entre des rives bien déterminées qu'il ne submerge pas. Rien de plus méthodiquement ordonné et hiérarchisé que la vie sur notre planète. On est en droit de demander, en se plaçant au point de vue du darwinisme, comment il explique ce point d'arrêt évident des transformations universelles. Ces transformations tendaient donc à un but, à la réalisation de desseins déterminés dont les espèces actuelles déroulent le plan dans leur enchaînement. On a beau dire que l'espèce est capable de se transformer, nous ne la voyons plus se transformer plus sous nos yeux ; elle a revêtu

---

(1) Janet, *Les causes finales*, liv. Ier, ch. ix.

un caractère de fixité qui est un point d'arrêt, de repos, un terme atteint, un but réalisé. C'est ce qu'a reconnu un naturaliste éminent, M. Naudin, dans la modification qu'il a fait subir à la théorie de l'évolution. D'après lui, l'évolution a pour but de produire des espèces définitives ; celles-ci n'ont pas été fixées du premier coup ; il y a eu une période où les êtres vivants avaient une plasticité beaucoup plus souple qu'aujourd'hui ; les espèces ont pu alors se modifier, non pas par l'effet de ces causes multiples énumérées par Darwin, agissant peu à peu et lentement, mais par suite de crises violentes et rapides qui ont donné essor aux flots de la vie accumulés pendant les phases de repos ; car il y a, d'après M. Naudin, un mouvement rythmé dans toute force qui amène la détente après la contraction.

C'est ainsi que se seraient formées définitivement nos espèces actuelles, qui ne sont point destinées à disparaître. « Quand la nature, dit M. Naudin, a voulu former des races pour les approprier à ses besoins, et avec un nombre relativement petit de types primordiaux, elle a fait naître successivement, à des époques diverses, toutes les espèces végétales et animales qui peuplent le globe (1). »

Cette conception de l'évolution, bien loin de supprimer la finalité, la suppose. « Quand les espèces varient, dit encore M. Naudin, elles le font en vertu d'une propriété intrinsèque qui n'est qu'un reste de la plasticité primordiale. Cette plasticité n'est, sous une autre forme, que le principe de finalité, puissance mystérieuse — fatalité pour les uns, volonté providentielle pour les autres — dont l'action incessante sur les êtres vivants détermine, à toutes les époques de l'existence du monde, la valeur et la durée de chacun d'eux, en raison de sa destinée dans l'ordre de choses dont il fait partie. C'est cette puissance qui harmonise chaque membre à l'ensemble, en l'appropriant à la fonction qu'il doit remplir dans l'orga-

---

(1) *Revue scientifique*, mars 1876.

nisme général, fonction qui est pour lui sa raison d'être (1). »

M. Gaudry confirme les vues de M. Naudin sur ce point, dans son savant livre sur l'évolution d'après la paléontologie : « La découverte des vestiges enfouis dans l'écorce terrestre, dit-il, nous apprend qu'une constante harmonie a présidé aux transformations du monde organique (2). »

La doctrine de l'évolution ainsi comprise nous paraît tout à fait acceptable. C'est à la science à la confirmer. On est en droit de dire qu'elle est encore bien loin d'avoir mis à l'abri du doute le darwinisme, du moins sous sa forme la plus absolue, qui a pour principe fondamental la variabilité constante des espèces, sous des influences purement extérieures. Résumons les principales objections qui lui sont faites au point de vue scientifique.

1° La notion d'espèce a toujours été flottante chez Darwin. Il la change arbitrairement et en fait souvent le synonyme de race. Il traite l'espèce, selon ses propres expressions, comme une combinaison artificielle nécessaire pour la commodité du langage. Si l'on tient à la définition classique, si l'on voit dans l'espèce l'ensemble des individus plus ou moins semblables entre eux qui peuvent être considérés comme descendus d'une paire primitive par une succession ininterrompue de familles, sa variabilité se heurtera à des objections de fait très fortes.

2° L'expérience actuelle n'est pas favorable au darwinisme; car nous n'assistons, sur aucun point du globe, à la transformation des espèces. La concurrence vitale laisse parfaitement subsister toutes les espèces, les vaincus aussi bien que les vainqueurs. « L'examen le plus scrupuleux, dit M. Blanchard, dans son *Étude sur l'origine des êtres*, nous fait reconnaître une étonnante ressemblance entre les individus disséminés sur de vastes espaces; nous constatons chez eux des

---

(1) *Revue horticole* 1851, p. 101.
(2) Gaudry, *Enchaînement du monde animal dans les temps géologiques*, p. 28.

variations dans la taille, dans les couleurs, dans l'aspect, mais sans qu'aucun caractère important soit affecté; partout le type spécifique demeure, la domesticité ne produit que des altérations superficielles. En outre, dans les combats pour la vie, les hasards servent autant les faibles que les forts, la ruse supplée à la vigueur, et la faculté procréatrice est dans un rapport merveilleux avec les chances de destruction (1). »

3° Si haut que nous remontions par la paléontologie, nous retrouvons la distinction des espèces dans le monde végétal et dans le monde animal. On a bien pu retrouver des espèces intermédiaires qui donnent plus de continuité à la chaîne des êtres, mais on n'a pu fournir les preuves évidentes d'une transformation de ces espèces les unes dans les autres. M. Albert Gaudry conclut par ces paroles significatives son livre si intéressant sur les enchaînements du monde animal, dans les temps géologiques : « Avons-nous plus que des liens de parenté, connaissons-nous la paternité et pouvons-nous déclarer que telle espèce est l'ancêtre directe de telle autre? Dans la plupart des cas, nous n'en sommes pas là. En réunissant les matériaux de cet ouvrage, je suis très convaincu des innombrables lacunes que nous rencontrons lorsque nous cherchons à établir d'une manière rigoureuse la filiation des êtres animés (2). »

En ce qui concerne notre âge géologique, il nous fournit nos classifications actuelles dès ses périodes les plus reculées. « Les animaux, les plantes, les graines enfouis dans les hypogées d'Égypte sont encore les animaux et les plantes qui vivent aujourd'hui sur les bords du Nil (3). »

4° L'adaptation constante au milieu, d'après M. Blanchard, est démentie par ce fait que les êtres jouissant d'avantages propres à les garantir contre les périls qui les entourent

---

(1) Blanchard, *Origine des êtres* (*Revue des Deux-Mondes*), octobre 1874.
(2) Gaudry, ouvrage cité, préface.
(3) *Id.*

ne les perdent à aucun degré, là où ces périls ont cessé, tandis que l'on voit périr des espèces transportées dans un milieu défavorable, où elles ne parviennent pas à s'acclimater.

Constatons encore que les milieux n'ont pas une action modificatrice aussi puissante que celle qu'on leur attribue. « Les corps organisés, dit M. Gaudry, sont supérieurs aux corps inorganiques, et il n'est pas naturel de supposer que ceux-ci ont réglé la destinée des premiers. La preuve que les phénomènes physiques ne sont pas la cause principale des changements du monde organique, c'est que, de nos jours, plusieurs des contrées chaudes doivent être restées dans un état physique semblable à celui de la fin des temps miocènes et pourtant toutes les espèces qu'on y trouve offrent des différences (1).

5° D'après M. Blanchard, la loi de sélection sexuelle est constamment démentie par les unions fréquentes entre les individus privilégiés et des sujets fort déshérités.

6° La sélection artificielle ne produit aucun type nouveau durable. Dès que son action cesse, il y a retour au type primitif, non seulement pour le règne animal, mais encore pour le règne végétal, qui passe pour moins rebelle aux modifications profondes. M. Faivre a montré que malgré les changements produits par la sélection artificielle, l'espèce véritable subsiste et qu'elle renaît d'elle-même des types modifiés, lorsque les circonstances ou la sélection artificielle de l'homme n'exercent plus leur action modificatrice (2).

7° L'objection la plus forte contre la transformation des espèces est la stérilité presque constante des hybrides, qui n'ont jamais réussi à se reproduire naturellement, sans croisements artificiels. Nous renvoyons, sur ce point capital,

---

(1) Gaudry, ouvrage cité, p. 13.
(2) Faivre, *Considération sur la variabilité de l'espèce et sur ses limites*. (Lyon, 1863.)

à la démonstration fournie par MM. Blanchard et de Quatrefages. « Un doute ne subsiste pour la science, dit M. Blanchard, que pour la descendance de quelques espèces extrêmement voisines. Dans les circonstances où prédomine l'un des éléments de la production, l'autre s'efface. Ainsi se révèle le caractère indépendant des types spécifiques et l'impossibilité de constituer une nouvelle forme indépendante (1). »

Cette stérilité des hybrides est élevée, par MM. Blanchard et de Quatrefages, à la hauteur d'une loi fondamentale de la nature, qui seule maintient l'ordre et la fixité nécessaire dans le domaine de la vie; car, sans cette loi, nous n'aurions plus qu'un tourbillon de formes incohérentes et changeantes (2).

L'espèce ainsi comprise est l'une des marques de dessein les plus frappantes dans la nature. Rien n'y révèle mieux un plan profondément conçu, strictement exécuté. Laissons parler sur ce sujet un des plus grands naturalistes contemporains, l'illustre Agassiz : « A mes yeux, dit-il, rien ne démontre plus directement et plus absolument l'action d'un esprit réfléchi que toutes ces catégories sur lesquelles les espèces, les genres, les familles, les ordres, les classes, les embranchements sont fondés dans la nature; rien n'indique plus évidemment une considération délibérée du sujet que la manifestation réelle et matérielle de toutes ces choses par une succession d'individus dont la vie est limitée, dans le temps, à une durée relativement très courte. La grande merveille de toutes ces relations consiste dans le caractère fugitif de toutes les parties de cette harmonie compliquée. Tandis que l'espèce persiste pendant de longues périodes, les individus qui la représentent changent constamment et meurent

---

(1) M. Broca, dans ses *Mémoires anthropologiques* (Paris, Reinwald, 1877, p. 243), soutient la thèse contraire ; mais les faits qu'il examine ne sont pas assez nombreux pour être décisifs.

(2) Voir Quatrefages, *Unité de l'espèce*, et les articles déjà cités de M. Blanchard dans la *Revue des Deux-Mondes*.

l'un après l'autre dans une rapide succession. Rien dans le règne inorganique n'est de nature à nous impressionner autant que l'unité de plan qui apparaît dans la structure des types les plus différents. D'un pôle à l'autre, sous tous les méridiens, les mammifères, les oiseaux, les reptiles, les poissons révèlent un seul et même plan de structure. Ce plan dénote des conceptions abstraites de l'ordre le plus élevé ; il dépasse de bien loin les plus vastes généralisations de l'esprit humain, et il a fallu les recherches les plus laborieuses pour que l'homme parvînt seulement à s'en faire une idée. D'autres plans non moins merveilleux se découvrent dans les articulés, les mollusques, les rayonnés et les divers types des plantes. Et cependant ce rapport logique, cette admirable harmonie, cette infinie variété dans l'unité, voilà ce qu'on nous représente comme le résultat des forces auxquelles n'appartient ni la moindre parcelle d'intelligence, ni la faculté de penser, ni le pouvoir de combiner, ni la notion de temps et d'espace. Si quelque chose peut, dans la nature, placer l'homme au-dessus des autres êtres, c'est précisément le fait qu'il possède ces nobles attributs. Sans ces dons, portés à un haut point d'excellence et de perfection, aucun des traits généraux de parenté qui unissent les grands types du règne animal et du règne végétal ne pourrait être ni perçu ni compris. Comment donc ces rapports auraient-ils pu être imaginés, si ce n'est à l'aide de facultés analogues? Si toutes ces relations dépassent la portée de la puissance intellectuelle de l'homme, si l'homme lui-même n'est qu'une partie, un fragment du système total, comment ce système aurait-il été appelé à l'être, s'il n'y a pas une intelligence suprême, auteur de toutes choses (1)? »

En résumé, le darwinisme n'est rien moins que prouvé comme explication du développement des êtres ; la transfor-

---

(1) Citation d'un discours d'Agassiz, *Revue des cours scientifiques*, 2 mai 1868.

mation des espèces se heurte à des objections de fait encore très fortes. Sans nous prononcer sur ce grand litige, nous maintenons que, si le darwinisme en triomphait, il ne supprimerait en rien la finalité, pourvu qu'il se contentât de ses conclusions scientifiques, sans faire incursion dans le domaine métaphysique et qu'il ne confondît pas la question du *comment* avec celle du *pourquoi*. Nous avons établi qu'il n'est pas une des lois auxquelles il soumet le développement des êtres qui s'explique par le simple jeu des forces mécaniques et qu'elles ne peuvent fonctionner sans l'intervention d'une causalité intelligente. Si nous inclinons à penser que l'influence de ces lois a été exagérée par le darwinisme, en ce sens qu'elles ne suffisent pas à expliquer le développement complet de l'existence sur notre globe à ses divers degrés, elles n'en ont pas moins une action réelle sur les modifications auxquelles n'échappe aucun être vivant. Darwin a rendu un grand service à la science, en faisant mieux connaître leur action. Oui, il est vrai qu'il y a une concurrence vitale, une lutte pour la vie, qui l'empêche de foisonner sans mesure dans ses manifestations les plus misérables. Il est vrai que l'hérédité, l'influence du milieu, le stimulant du besoin, l'exercice des organes, que toutes ces causes ont une action modificatrice sur les êtres vivants ; mais leur effet le plus certain est de les amener à réaliser plus complètement leur type, l'idée directrice qui est leur raison d'être. Ces causes, même dans leur action limitée, supposent et appellent la finalité, ou pour mieux dire l'intelligence suprême qui les rend seules efficaces et qui, en les coordonnant, arrive à produire ce monde bien réglé et hiérarchisé où tout manifeste la loi, l'intelligence, la volonté, Dieu enfin.

II. — LE TRANSFORMISME MONISTE.

Nous abordons la seconde forme de la théorie évolutionniste, celle qui s'appelle elle-même *le monisme*, pour bien marquer qu'elle n'admet qu'un seul principe à l'existence universelle et à tous ses développements. Ce principe est pour elle la force, et par là elle se rend incompatible avec le théisme. Le transformisme le plus décidé pourrait, même en écartant toute intervention créatrice dans le développement successif des êtres, échapper au matérialisme, s'il admettait que la vie et l'esprit étaient primitivement contenus à l'état virtuel dans le premier principe de l'évolution ; car nous serions ainsi reportés à une cause intelligente et puissante, qui seule aurait pu produire ces germes ou ces puissances distinctes de la force. La preuve scientifique resterait à faire ; mais la finalité serait sauve et l'idée de Dieu intacte. Le monisme auquel nous nous attaquons est proprement le transformisme matérialiste.

Il faut reconnaître qu'il a rallié quelques-uns des plus vigoureux esprits de notre temps. Nous ne nous occuperons que des deux principaux, Herbert Spencer et Hœckel. Herbert Spencer, l'auteur du livre des *Premiers principes*, a tenté le plus puissant effort à nous connu pour construire le monde en se passant complètement de l'esprit, et en se contentant du simple jeu des forces mécaniques. Il n'a pas seulement essayé une de ces constructions hardies qui ne portent que sur les bases spéculatives et restent à l'état abstrait ; il a encore appliqué à toutes les sphères de l'existence son explication première avec une richesse inouïe de détails précis ; il a cherché à y faire rentrer tous les êtres vivants, l'homme, la société, la morale, la religion. Le système se déroule avec une ampleur sans pareille et une clarté magistrale ; il a très certainement enrichi la science d'aperçus féconds, sans parvenir néanmoins, selon nous, à expliquer le point de départ et la progression harmonique de l'évolution des choses.

Le principe premier du système d'Herbert Spencer est la grande loi mécanique de la permanence de la force au travers de ses transformations ; il l'élève vraiment à l'état d'axiome, car, selon ses propres expressions, la preuve ne l'atteint pas. La matière est identique à la force, l'existence universelle s'explique par les lois du mouvement transformé (1). L'évolution est le développement de l'univers conformément à ces lois. La première de ces lois est que chaque chose se meut dans la ligne de la moindre résistance ; toute résistance étant un obstacle au mouvement, celui-ci se continue identique à lui-même tant qu'il ne rencontre pas d'obstacle ; il s'affaiblit ou se perd dans la mesure exacte où il doit lutter contre des résistances. La seconde loi du mouvement vérifiée par l'expérience universelle qui nous montre partout la réaction suivant l'action est la loi du rythme ou de l'alternance. Elle se déduit également de la permanence de la force. Ne pouvant pas se perdre, celle-ci doit, après avoir paru s'absorber dans les corps, s'en dégager et reparaître sous la forme de détente ; c'est ainsi que l'action amène la réaction. Le rythme est la propriété nécessaire de tout mouvement. Le rythme s'impose invariablement depuis le mouvement giratoire lent des étoiles doubles jusqu'aux oscillations d'une rapidité inconcevable des molécules, depuis les changements que présente la terre, tels que le retour des époques glaciaires et l'alternance des périodes de soulèvement et d'affaissement jusqu'aux vents et aux marées. Le rythme ne se montre pas avec une évidence moindre dans les fonctions des organismes vivants, depuis les pulsations du cœur jusqu'au paroxysme des passions.

Cette loi du rythme implique non seulement la réaction après l'action, mais encore la dissolution après l'évolution.

---

(1) Sur les lois du mouvement, voir le livre d'Herbert Spencer sur les *Premiers principes*, p. 291 et suiv. (Paris, Germer-Baillière, 1871.)

Toute évolution consiste en ce qu'une portion de la matière diffuse soit concentrée ou intégrée et par là même qu'une portion de mouvement soit dissipée. Si le mouvement avait toujours conservé la même action sur les molécules, celles-ci seraient restées à l'état de dispersion; pour qu'elles en soient sorties, il faut qu'elles aient été en partie immobilisées, c'est-à-dire qu'une portion du mouvement se soit dissipée. Grâce à l'évolution, un agrégat s'est formé et il ne s'est formé que parce que la matière qui le compose a passé d'un état plus diffus à un état plus concentré, en un mot qu'elle s'est contractée, immobilisée, ce qui implique une perte de mouvement : « L'évolution est, en définitive, un changement partant d'une forme moins cohérente pour aller à une forme plus cohérente par suite de la dissipation du mouvement et de l'intégration ou concentration de la matière. C'est la marche universelle que suivent les existences sensibles individuellement et dans leur ensemble pendant la période ascendante de leur histoire. Tels sont les caractères des premiers changements que l'univers a dû traverser comme aussi des derniers que nous pouvons constater dans la société et les produits de la vie sociale depuis la formation des planètes et des satellites qui s'est produite pendant la concentration de la nébuleuse jusqu'à celle des organes distincts qui marche avec la croissance de l'organisme entier et l'apparition de centres industriels spéciaux. » Dans toutes ces intégrations et concentrations d'agrégats, il y a perte de mouvement, sinon il n'y aurait pas concentration. Mais nous ne devons pas oublier que cette perte n'est qu'apparente, car ce mouvement perdu doit reparaître transformé. Il s'ensuit que l'agrégat formé grâce à cette déperdition apparente de force n'échappera pas à l'action du mouvement modifié; repassant de l'état concentré à l'état diffus, il se dissoudra. Les plus grands agrégats comme les plus petits sont soumis à cette loi. Aussi la conclusion de l'évolution cosmique est-elle la dissolution universelle, au nom même de la grande loi du rythme qui découle de celle de la permanence de la force. Nous savons bien que cette dissolution sera suivie d'évolutions nouvelles ; il n'en demeure pas moins que notre monde à nous, avec tout ce qu'il renferme, doit se perdre dans la matière sidérale et qu'il tend à l'anéantissement de son organisation actuelle. « Ce sont les forces universellement coexistantes d'attraction et de répulsion qui impriment un rythme à la totalité de ces changements, c'est-à-dire produisent tantôt une période durant laquelle les forces attractives prédominent et causent une attraction universelle, tantôt une autre période durant laquelle les forces répulsives prédominent et causent une diffusion universelle, des ères alternantes d'évolution et de dissolution (1). »

Herbert Spencer, malgré cette conclusion désespérante de notre évolution cosmique, n'en recherche pas moins à en ramener le développement à des lois moins générales que la simple intégration et concentration de la matière. Il s'agit de savoir comment elle passe de sa diffusion primitive à une intégration dont les progrès se mesurent à l'intensité de la concentration. Pour l'être, progresser, c'est se déterminer, se différencier. Tout commence par l'indétermination complète, la confusion, l'*homogène* absolu. Comment de cet homogène arrivons-nous, par les simples lois du mouvement en partant du principe de la permanence de la force, à l'existence multiple, définie ? Ici, il faut distinguer entre le monde inorganique et le monde organique ; ils sont bien soumis aux mêmes lois, mais, pour le second, elles s'enrichissent et se complètent. Herbert Spencer statue deux grandes lois pour expliquer le passage de l'homogène, ou de l'un, au multiple. La première de ces lois est l'instabilité de l'homogène. Les différentes parties d'un agrégat homogène sont exposées à des forces différentes, soit par l'espèce, soit par l'intensité, et par suite sont modifiées différemment. De ce qu'il y a un côté interne et un côté externe, de ce que ces côtés ne sont pas également près

---

(1) Herbert Spencer, ouv. cité, p. 347.

des sources d'action voisines, il résulte qu'ils reçoivent des influences inégales par la qualité et la quantité ; il résulte aussi que des changements différents doivent se produire dans les parties qui sont influencées diversement. C'est ainsi que la diversité et la multiplicité naissent de la confusion primitive.

La seconde loi concerne non plus simplement l'action des forces sur l'homogène, mais l'action de l'homogène sur les forces. Les forces qui tombent sur un agrégat uniforme se désagrègent nécessairement ; elles se dispersent. Si elles tombent sur un agrégat composé de parties dissemblables, elles subissent de ces parties une dispersion aussi bien que des différenciations qualificatives. Ainsi se produisent des forces secondaires qui subiront à leur tour des différenciations qui s'accroîtront dans la proportion des différenciations déjà produites. Cette loi s'appelle la loi de multiplication des effets. « Une force unique se divise par son conflit avec la matière en forces qui divergent grandement. » L'exemple le plus simple fera comprendre cette loi. Prenons une chandelle allumée. Nous trouvons d'abord un changement chimique consécutif à un changement de température. L'opération de combinaison une fois mise en mouvement par la chaleur venue du dehors, il se fait une production continuelle d'acide carbonique, d'eau, etc., c'est-à-dire un résultat plus compliqué que sa cause, la chaleur. Mais à côté de cette combinaison, il y a un dégagement de chaleur, une production de lumière, une colonne de gaz chaud se dégage et s'élève, des courants s'établissent dans l'air ambiant. Chacun des changements opérés en engendre de nouveaux dont nous n'indiquons que quelques-uns. La chaleur dégagée par la combustion d'une chandelle en fond le suif et dilate tout ce qu'elle échauffe. La lumière, en tombant sur diverses substances, provoque de leur part des réactions qui la modifient elle-même et de là naissent des couleurs (1).

(1) Ouv. cité, p. 463.

Voilà donc l'hétérogène sorti de l'homogène ; mais cet hétérogène est encore indéfini, confus. Comment arriver à l'être défini, caractérisé? C'est ici qu'intervient la troisième loi, celle de la ségrégation qui de l'homogène indistinct tire les parties semblables et les groupe comme le vent accumule en un même tas les feuilles mortes d'un arbre en les séparant des feuilles vertes. Dans le minerai soumis à l'action du feu, le fer tombe au fond et se sépare des parties inutiles. L'affinité chimique agit diversement sur les éléments d'un corps donné et nous permet d'enlever tel ou tel élément en laissant tel autre. Ainsi s'opère le triage de la nature.

Ces trois lois nous expliquent les variétés des races et des espèces, car elles nous rendent compte du principe de différenciation dans la nature, qui est le principe même du progrès. Le monde organique est soumis comme l'inorganique à ces lois ; seulement elles se modifient pour se prêter à ses conditions d'existence ou plutôt pour les constituer. La loi de ségrégation devient la loi de la sélection naturelle telle que l'a formulée Darwin. C'est elle qui différencie les règnes, les classes et les espèces, en assurant la prépondérance des êtres les plus aptes. La sélection naturelle est la ségrégation des êtres vivants opérée par eux-mêmes, grâce à la concurrence vitale. Deux autres lois expliquent leur conservation et leur progrès : 1° la loi de coordination ou d'intégration, qui établit l'harmonie entre les éléments différenciés dont se compose l'être vivant et en fait un tout bien lié; 2° la loi d'adaptation au milieu sans laquelle la loi de filiation naturelle ne pourrait produire aucune modification durable. Par le fonctionnement de ces lois, l'être vivant arrive à l'équilibre mouvant qui n'est pas l'équilibre mort et pétrifié du monde inorganique. Cet équilibre est double, car l'être organisé doit être mis en équilibre avec lui-même d'abord et ensuite avec le milieu ambiant. Le premier équilibre est réalisé par la loi de coordination et le second par celle d'adaptation au milieu. Mais, direct ou indirect, l'équilibre n'est point le terme du mouvement, puisque la loi du rythme qui veut que la dissolulution suive l'évolution condamne tous les êtres vivants avec le monde où ils passent à se dissoudre pour faire place à un nouveau *processus* qui, lui aussi, tournera sur lui-même et s'abîmera dans le tourbillon final.

M. Herbert Spencer, en retraçant le fonctionnement des deux lois de coordination et d'adaptation, profite largement des théories darwiniennes qu'il a soin de rattacher au principe premier par lequel il prétend tout expliquer. L'hérédité joue un rôle considérable dans son système; elle transmet les progrès réalisés par la concurrence vitale, elle modifie l'organisme physique aussi bien que les instincts (1).

Pour donner plus de clarté à cette exposition qui devient si vivante chez M. Herbert Spencer, prenons une des espèces animales qui sont sous nos yeux. Nous laissons à l'anthropologie tout ce qui se rattache à l'homme lui-même : suivons rapidement l'évolution qui de l'homogène primitif nous amène au mammifère, ce chef-d'œuvre de l'organisation animale. Comme tous les autres êtres, il a fait partie de l'homogène primitif où tout était confusion, parce que la concentration n'était nulle part et que le mouvement agitant les molécules comme un vent violent les rendait incapables de se rejoindre sous son souffle impétueux. Une fois l'hétérogène sorti de l'homogène conformément aux lois indiquées, il s'est formé des amas, des groupements de matière qui se sont concentrés et coordonnés ; ils sont soumis à des forces qui se brisent et se réfractent en venant toucher les parties diverses de ce tout encore informe et elles en tirent des diversités nouvelles qui vont en s'accroissant. La loi de ségrégation groupe les éléments semblables. Le premier être vivant apparaît encore à l'état indistinct et confus, comme cela se voit chez les zoophytes qui sont tout en bas de l'échelle animale. La différenciation va se poursuivre sous

---

(1) Toute cette exposition est le résumé du livre des *Premiers principes*.

l'action de la ségrégation qui devient la loi de concurrence vitale. Les êtres vivants les plus aptes l'emportent sur les autres; leur supériorité se transmet par la génération. Chaque degré nouveau de l'échelle est conquis de haute lutte toujours par les plus aptes. La loi d'adaptation empêche les avantages acquis de bouleverser l'économie animale, la coordination s'opérant sans cesse entre les organes. Les changements de milieu agissent à leur tour dans le sens de la différenciation, c'est-à-dire du progrès ; la loi d'adaptation ou d'ajustement les empêche d'exercer une action destructive. Nous arrivons ainsi à nos mammifères actuels ; la vie de société, chez eux, est à l'état d'ébauche, elle progressera sous l'action de la loi de spécification qui implique la division du travail aussi bien entre les parties d'un même organisme qu'entre les membres d'une même société animale ou humaine. Le dernier progrès de l'évolution est encore loin de nous ; dès qu'il sera atteint, l'ère de la dissolution commencera; elle ramènera les choses à la confusion primitive et livrera au mouvement sans frein toute cette riche variété de la vie qui n'est qu'un brillant éphémère dans le recommencement et le dépérissement éternel des êtres.

Tel est ce système si profondément conçu dont l'unité maîtresse ne doit pas nous dérober l'insuffisance flagrante. Nous relèverons une première inconséquence sur laquelle nous n'avons pas à insister parce que nous l'avons déjà signalée en traitant du problème de la connaissance. L'axiome de la permanence de la force, qui déjà en tant qu'axiome échappait à la preuve, est un hors-d'œuvre dans une philosophie excluant tout *à priori*. Et cependant il devient, grâce aux ingénieuses déductions d'Herbert Spencer, la clef universelle, l'explication complète de l'origine et du développement des choses.. Nous demandons encore une fois comment on peut faire une place quelconque à ce grand inconnaissable qu'admet Herbert Spencer, à cet X final qui est le vrai nom de l'absolu. Comme tout se trouve expliqué par ce mécanisme, ce serait une dérision de parler encore de l'inconnaissable et de l'absolu, et cependant, d'après notre philosophe, nous ne pouvons penser au relatif sans poser, par là même, la notion d'absolu.

Passons. Il est une autre objection dont M. Herbert Spencer ne peut se tirer. Jamais il ne nous rendra compte du premier passage de l'homogène à l'hétérogène. Au point de départ de l'évolution l'homogène existe seul ; il n'a ni dedans, ni dehors, ni parties différenciées, sinon il ne serait pas l'homogène primitif ; il faudrait remonter plus haut et la difficulté ne serait que reculée. Il s'ensuit que tout ce qu'on nous dit, soit de l'affectation différente des parties du tout par la force qui s'y heurte, soit de la réaction de diverses parties sur cette force pour réaliser la loi de l'accroissement des effets, est un non-sens, tant qu'il s'agit de la période de confusion universelle où il n'y a ni parties ni tout, mais seulement l'homogène pur. Comment établir une distinction entre cette masse confuse et les forces qui la travaillent ? M. Herbert Spencer ne saurait donner une explication plausible du commencement de l'évolution (1).

Si nous en venons au principe même de l'universelle évolution qui serait purement et simplement la transformation de la force, conformément aux lois de la mécanique, nous objecterons à M. Herbert Spencer que l'être tel qu'il nous le présente pour le réduire au pur mécanisme, ne répond pas à la richesse, à la variété de la vie, et que réduit à cet état d'abstraction et de généralité, il se confond avec le non-être. L'auteur des *Premiers principes* s'en tient évidemment à la catégorie de la *quantité* sans faire une place à la *qualité*, à cette cause formelle ou formatrice d'Aristote qui seule diversifie, spécialise, réalise l'être. La mécanique qui suffit à *la quantité* ne donne aucune raison suffisante de la *qualité*, sans laquelle il n'y a pas d'élément de différenciation entre les êtres et par conséquent pas d'évolution. Nous ne pouvons que

---

(1) Janet, *Les causes finales*, Appendice, p. 70.

renvoyer aux développements déjà présentés sur le sujet. Quoi qu'il en soit, il est une chose que M. Herbert Spencer ne peut expliquer, c'est le passage du monde inorganique au monde organique, c'est la production de la vie d'abord, et ensuite celle de la pensée et de la conscience où il ne veut voir que des transformations du mouvement.

Il se heurte, comme tous les évolutionnistes, à ce dilemme que nous ne nous lasserons pas de leur opposer. Ou l'enrichissement de l'être, quand il franchit un nouveau degré, lui vient d'une causalité supérieure à lui, ou bien cet enrichissement était en lui à l'état virtuel, *en puissance*, et alors nous trouvons en lui autre chose que de la force transformée ; nous devons admettre un principe supérieur qui se développe dans des conditions favorables sans que celles-ci aient été capables de le produire, car il ne peut se résoudre dans ces conditions comme un tout dans ses parties ; il est plus et autre chose.

Si nous considérons maintenant les lois qui règlent le développement de l'être vivant, sans revenir aux objections déjà opposées au darwinisme, aucune d'elles ne s'explique sans finalité. La sélection naturelle, dites-vous, doit faire le triage dans le monde organique en donnant la victoire aux plus aptes, mais alors ce n'est pas cette sélection qui les produit, puisqu'elle implique que ces plus aptes existent. D'où viennent ces êtres privilégiés sans lesquels l'évolution ne pourra commencer ? Ils ne doivent pas leur aptitude à cette sélection naturelle qui en a besoin pour fonctionner. Leur supériorité a dû être constitutionnelle. Quant à la loi de coordination, elle ne peut être ramenée à la loi de ségrégation ; celle-ci ne groupe que les semblables, tandis que la coordination organique fait concourir à la production d'un même organe et d'une même fonction des éléments dissemblables. « Le problème à résoudre, dit excellemment M. Janet, est d'expliquer la formation d'une unité dans une multitude de parties divergentes comme dans le phénomène de la vision. L'œil est l'unité d'une multitude de parties composantes très distinctes. Il y a ici autre chose que la simple mécanique ; il y a la coordination intelligente en vue d'une fin (1). »

L'accommodation au milieu ne va pas davantage de soi. Un changement de milieu ne produit pas du coup un changement d'organes. Nous avons déjà établi que si le milieu seul change, l'animal qui n'a pas été modifié en même temps est placé là même dans des conditions d'infériorité. « Il faut que l'harmonie entre lui et le milieu soit préparée, comme cela a lieu pour les vivipares. Leur embryon commence par se nourrir au moyen d'une communication immédiate avec la mère, mais la communication cessant à un moment donné la séparation s'opère entre les deux êtres. Pour que le nouveau-né puisse vivre, il faut que déjà à l'état embryonnaire il ait été modifié de manière à pouvoir se nourrir du lait maternel. Il mourrait s'il n'avait été doué d'avance d'un organe préhensif. Il est évident qu'ici la modification de l'organisme a précédé le changement de milieu et ne peut s'expliquer que par une prévision, une finalité. Ainsi, ni dans son premier terme, ni dans ses développements l'évolution ne se suffit à elle-même. La mécanique ne fait comprendre, ni la première impulsion du mouvement, ni la production, ni la coordination de la vie (2). »

La force transformée ne rend pas compte non plus de ces transformations sans analogies avec les variations du mouvement qui s'appellent la vie et la pensée. Aussi comprend-on très bien que, malgré son ordonnance admirable, le système de M. Herbert Spencer aboutisse à se détruire lui-même ; car, le dernier mot de l'évolution d'après lui est le retour à la dispersion primitive. L'évolution qui n'est que du mouvement transformé n'a d'autre terme que la dissolution ; la mécanique

(1) Janet, *Les Causes finales*, Appendice, p. 76.
(2) Janet, *Id.*, p. 308.

qui échappe aux idées de fin et de but, ne connaît que les répulsions après les attractions, la réaction après l'action. Le monde étant sans but n'a d'autre destinée que d'être détruit. On se demande alors pourquoi, en attendant ce dénouement fatal, le monde s'est si bien ordonné, ajusté et hiérarchisé ? M. Herbert Spencer a eu beau faire, il a rencontré la finalité sur son chemin, il n'a pu la supprimer; mais, comme il n'en voulait pas au commencement des choses, il ne lui était plus permis de l'admettre à leur terme. Voilà ce qu'il en coûte de débuter par un si violent parti pris. L'évolution n'est admissible que s'il y a création, car c'est à cette condition seulement qu'elle a un but et qu'elle ne s'effondre pas dans le néant de l'universelle dissolution. La création n'implique point une suite de coups de théâtre et de révolutions ; l'être qu'elle appelle à l'existence a en lui des virtualités qui se développeront sous l'action des causes efficientes, sans exclusion du reste des interventions possibles de la cause intelligente. Cet être en puissance est capable d'un développement gradué et rationnel qui a pour fin non le néant, mais l'enrichissement de la vie. Encore une fois il ne peut y avoir dans le terme que ce qu'il y a au commencement et comme l'évolution si riche de la vie ne peut commencer par une pure possibilité, l'être en puissance nous reporte à l'être éternellement actuel d'Aristote, à Dieu même.

Il semble que parfois le grand penseur anglais donne raison au spiritualisme sur ce point. Ne dit-il pas quelque part « qu'on sentira toujours le besoin de donner une forme à l'affirmation d'un Être suprême qui fait la base de notre intelligence? » La conclusion du livre des *Premiers principes* présente au moins comme une hypothèse permise la finalité consciente, bien qu'elle se dérobe sous le voile impénétrable des causes efficientes et purement mécaniques. « La seule manière, dit M. Herbert Spencer, de concevoir un but, c'est de nous le représenter comme un effet prédéterminé ; mais comment un effet peut-il être prédéterminé, si ce n'est en tant qu'il est dessiné à l'avance et préreprésenté dans la cause efficiente destinée à le produire? Et cette préreprésentation peut-elle être pour nous autre chose que l'idée de l'effet? Et enfin que peut être une idée, si ce n'est un acte intellectuel présent à un esprit dans une conscience? » Nous ne dirions pas autrement. Pourquoi faut-il que tout l'effort de l'illustre écrivain, dans ses livres subséquents, tende à réduire à néant cette haute intuition, et à écarter avec l'idée de Dieu la seule explication suffisante des fins qui sont dans la nature?

HŒCKEL.

Nous ne nous arrêterons pas longtemps aux théories d'Hœckel; comme il s'est surtout placé sur le terrain proprement scientifique, il faudrait, pour l'y suivre avec utilité, engager une discussion très spéciale qui réclame des compétences particulières. Au point de vue philosophique, Hœckel ne discute pas, il pontifie. Il parle comme un hiérophante. Darwin est son Dieu, et il se donne comme son prophète ou du moins son apôtre, prononçant l'excommunication majeure contre quiconque ne jure pas *in verba magistri*. La valeur des peuples comme des individus, d'après lui, a pour mesure l'énergie de leur adhésion au transformisme. Hœckel lui a donné un nouveau nom ; il l'appelle le *monisme*, pour établir d'emblée qu'il n'admet qu'un seul principe des choses, le principe matérialiste ou mécanique. On ne peut lui contester un vaste savoir et une clarté d'exposition des plus remarquables. On jugera de la hardiesse de ses affirmations par le passage suivant : « Partout nous sommes en mesure de substituer aux causes conscientes, aux causes finales, des causes inconscientes et fatales. Quand ce serait là l'unique résultat des récents progrès de la doctrine évolutive, tout homme doué de quelque portée intellectuelle y verrait sans doute un énorme pas en avant dans le champ des connaissances. Il est impossible, en effet, que ce mouvement n'entraîne pas le triomphe de la conception unitaire ou *moniste* dans la philosophie tout entière (1). »

L'étendard de la croisade est largement déployé au vent; mais, comme dans la plupart des croisades, le confesseur apporte à sa cause plus de foi et d'enthousiasme que de vigoureuse démonstration. Ce n'est pas certes la science qui lui manque; il énumère une multitude de faits bien observés, bien classés et clairement exposés, mais il sait parfaitement échapper à la rigueur scientifique, et souvent sur les points les plus importants il se contente d'une hypothèse; il l'intercale dans son enchaînement comme si elle était prouvée et en tire des déductions avec autant d'assurance que s'il partait d'un fait bien établi et démontré. Il accepte naturellement sans les vérifier à nouveau tous les résultats du darwinisme sur la sélection naturelle, l'hérédité, la loi d'adaptation. Il n'y a pas lieu pour nous de renouveler sur ce sujet une polémique qui, ne rencontrant aucun argument nouveau, ne ferait que se répéter. Convenons néanmoins que Hœckel a développé avec une rare vigueur et une grande richesse d'information l'une des preuves qui nous semblent les plus fortes en faveur de l'évolution, sans qu'elle permette à aucun degré d'en conclure la théorie *moniste* ou mécanique de l'univers : nous voulons parler de celle qui est empruntée à l'embryologie. D'après Hœckel, l'embryon parcourrait tous les degrés de l'évolution générale des êtres. « L'évolution embryologique, dit-il, déroule à nos yeux une série ininterrompue de types animaux divers et extrêmement différents par la

---

(1) Hœckel, *Anthropogénie* ou *Histoire de l'Évolution humaine*, traduit de l'allemand par le docteur Charles Letourneau (Reinwald, 1877, p. 9).

forme et la structure (1). » — « L'homme et les vertébrés supérieurs reproduisent dans les premières phases de leur développement des états qui durent toute la vie chez les poissons d'un ordre inférieur ; ils passent ensuite à des formes qui appartiennent aux amphibies ; plus tard seulement apparaissent les signes des mammifères et l'on retrouve encore ici une succession de degrés qui correspondent aux caractères des différentes espèces ou familles ; c'est le même ordre dans lequel l'histoire paléontologique de la terre nous montre la succession des différentes forces animales (2). » Nous ne contestons pas la portée de cet argument en faveur de l'évolution, mais il ne suffirait pas pourtant pour trancher la question de la transformation des espèces au sens de Darwin ; il apporte plutôt une confirmation à l'évolutionisme de Naudin qui admet, comme nous l'avons vu, une période de plasticité variable dans des limites restreintes. En tout cas, de ce que le plan qui a ordonné hiérarchiquement les êtres en les coordonnant les uns aux autres apparaîtrait dans l'embryon comme dans un vivant résumé avec une évidence toute particulière, on ne pourrait conclure à l'absence de dessein ; ce développement gradué implique un principe, un germe, une virtualité qui l'enferme tout entier, et nous voilà ramenés à l'être en puissance qu'aucun mécanisme n'a jamais expliqué. Ajoutons que la vie embryonnaire ne nous fournit aucun renseignement sur l'apparition de la vie supérieure, de la vie de l'esprit, pas même de la sensation et qu'aucun pont n'est jeté sur l'infranchissable abîme entre le physique et le moral.

Hœckel ne se trouble pas pour si peu ; il n'a pas même essayé de montrer comment s'opère ce passage ; il n'a abordé aucun des problèmes de la psychologie, qui en réalité n'existe pas pour lui. Il se contente de dresser l'arbre généalogique

---

(1) *Anthropogénie*, p. 9.
(2) Dumont, *Hœckel et la théorie de l'évolution en Allemagne*. (Paris Germer-Baillière, 1873.)

des êtres en partant de la première cellule vivante, de cette *monère* découverte par lui, simple protoplasme enfoncé au fond des mers, duquel va sortir la vie universelle par le procédé le moins compliqué, car il consiste d'abord en un simple dédoublement. Ce dédoublement se continue par un sectionnement qui amène le groupement des cellules. Celles-ci forment une sorte de république où les parties s'entendent pour former un tout bien ordonné, un organisme véritable. Tout cela paraît au fougueux naturaliste plus clair que le jour. Cette république d'éléments aveugles qui s'entendent pour produire la plus admirable harmonie ne soulève pas une difficulté à ses yeux, comme si l'entente et la combinaison étaient compatibles avec l'absence totale d'intelligence ou du moins d'idée directrice. On n'a jamais vu une société d'hommes bien organisée avant que l'intelligence y ait atteint un certain degré de culture. Les cellules primitives plus heureuses, quoique moins favorisées, puisqu'elles n'ont pas une lueur de pensée, réalisent du premier coup un organisme parfait qui n'a plus qu'à se développer pour nous donner la vie supérieure. On se demande aussi quelle puissance a mis en branle l'évolution à ses premiers débuts, et ce qui a poussé la cellule à se dédoubler, à se fractionner, à se segmenter, à s'organiser. Aucune des lois subséquentes de l'évolution, ni la concurrence vitale, ni l'adaptation, ne trouvent leur application dans cette cellule unique, informe. Et pourtant tout part de là. Si l'on dit qu'elle se dédouble parce qu'elle s'est accrue par l'alimentation, tout alors en revient à un simple accroissement de matière, et on ne comprend pas pourquoi ce qui a suffi au point de départ a été insuffisant dans le cours du développement ultérieur. D'ailleurs, l'augmentation de matière n'implique nullement le dédoublement et encore moins la segmentation ordonnée, le groupement. Si nous considérons le développement lui-même, l'échelle de l'évolution telle qu'elle est dressée devant nous par Hœckel, nous devons reconnaître que de son aveu même il y manque plus d'un degré. En particulier, il reconnaît que l'ancêtre immédiat de l'homme n'a pas été retrouvé. Il affirme qu'on le retrouvera, mais ce n'est qu'une supposition. La chaîne n'en est pas moins brisée dans un de ses anneaux essentiels.

Ce qui est encore plus grave, c'est que cette chaîne commence dans le vide, car Hœckel est obligé de se contenter d'une hypothèse entièrement gratuite sur l'origine de la vie. La génération spontanée est un mystère qui se passe au fond de l'Océan, grâce à des combinaisons chimiques inconnues. Cela revient à réclamer de nous un acte de foi implicite. Qu'on en juge par les paroles mêmes de l'auteur de l'*Anthropogénie :* « Le stade *unicellulaire* par lequel chaque homme commence sa vie individuelle nous autorise à dire que les plus antiques ancêtres de l'humanité et du règne animal ont été de simples cellules. Sans doute, on ne manquera pas de nous demander d'où sont provenues ces cellules au début du monde organique. Comme tous les organismes unicellulaires, les *amibes* n'ont pu descendre que d'organismes rudimentaires comme les *monères*. Ces *monères* sont les plus simples organismes imaginables. En effet, leur corps n'a pas de forme déterminée et n'est qu'une particule de protoplasme, un glomérule de cette substance albuminoïde vivante, déjà douée de toutes les fonctions essentielles de la vie et qui est la base naturelle de tout ce qui vit. Nous voici donc parvenus au problème de l'origine des *monères*. C'est là une question primordiale, celle de l'origine de la vie, de la génération spontanée. Dans les limites où je la circonscris, la génération spontanée est une hypothèse nécessaire sans laquelle on ne saurait concevoir le début de la vie sur la terre ; elle se ramène alors à savoir comment les *monères* se sont formées aux dépens des composés carbonés inorganiques. Comment les corps vivants sont-ils apparus tout d'abord sur notre planète, jusqu'alors purement minérale? Ils ont dû se former chimiquement aux dépens des composés inorganiques; ainsi a dû apparaître cette substance complexe, contenant à la fois de l'azote et du carbone, que nous avons appelée protoplasme ; elle se trouve au fond de la mer, à d'énormes profondeurs. Nous appelons monères chacune de ses particules amorphes et vivantes. Les monères primitives sont nées par générations spontanées dans la mer, comme les cristaux salins naissent dans les eaux mères. C'est là une hypothèse exigée par le besoin de causalité inhérent à la raison humaine. En effet, toute l'histoire inorganique de la terre est régie par des lois mécaniques, et il en est de même pour toute l'histoire organique. La doctrine de la génération spontanée ne se peut réfuter expérimentalement. En effet, chaque expérience négative démontre seulement que, dans les conditions de l'expérience, toujours fort artificielles, nul organisme ne peut provenir des substances inorganiques. Mais il est aussi fort difficile de prouver la génération spontanée par des expériences. Pour quiconque n'admet point avec nous la génération spontanée des monères à l'origine de la vie, il n'y a plus d'autre alternative que le miracle (1). »

Nous en sommes donc réduits à un postulat motivé par une répugnance ! Nous ne pourrions trouver d'argument plus décisif contre un système qui n'a d'autre ressource qu'une affirmation gratuite, mais voulue au nom d'idées préconçues. La science rigoureuse, ennemie des partis pris, s'est prononcée contre ces méthodes d'argumentation si commodes avec une juste sévérité par l'organe d'un de ses représentants les plus éminents et les plus libres d'esprit, que personne n'accusera de préjugés favorables au spiritualisme chrétien. Voici ce que M. Virchow opposait dans le Congrès des savants allemands, tenu à Munich en 1876, à la demande faite par M. Hœckel d'introduire le transformisme dans l'enseignement primaire : « Avec le darwinisme, la théorie de la génération spontanée est revenue sur l'eau ; je ne puis nier qu'il n'y ait quelque chose de séduisant à couronner ainsi la théorie de la descendance. Il

---

(1) Hœckel, *Anthropogénie*, p. 321-323.

y a quelque chose de satisfaisant à pouvoir admettre que le groupe d'atomes Carbone et Cie se soit, à un moment donné, séparé du charbon ordinaire, et, dans certaines circonstances, ait donné naissance à la première plasticule, et qu'il le fasse même encore aujourd'hui. On ne connaît, il est vrai, pas un seul fait positif qui établisse qu'une génération spontanée ait jamais eu lieu, qu'une masse inorganique, même de la société Carbone et Cie, se soit jamais transformée en masse organique. Nonobstant, j'avoue que si l'on se propose de s'imaginer comment le premier être organique a pu prendre naissance, il n'y a pas d'autre moyen que de revenir à la génération spontanée, sauf de recourir à la création. *Tertium non datur.* Mais la génération spontanée n'est pas démontrée, et nous avons le temps d'attendre cette démonstration. On se souvient de quelle façon regrettable ont échoué toutes les tentatives pour lui trouver une place en ce qui concerne les formes les plus élémentaires du passage du règne inorganique au règne organique. Jamais M. Hœckel ne nous expliquera comment, du sein de ce monde inorganique, où rien ne change, la vie peut apparaître. Le temps, les siècles innombrables ne modifient pas les lois mécaniques. Que si l'on a recours aux périodes d'incandescence de la planète, on peut répondre que la chaleur immodérée est bien plus destructive que productive de la vie (1). » Reconnaissons avec Virchow qu'il n'y a de semblable à la vie que la vie elle-même, que la nature est double et que, quoique formée par des atomes de même espèce, la matière organique offre une série continue de phénomènes différents par leur caractère même du monde inorganique.

Hœckel n'a pas rendu le transformisme matérialiste plus plausible en le proclamant à son de trompe. Lui aussi s'est heurté aux infranchissables barrières de la vie et de l'esprit, et, s'il les a tournées avec une prestesse sans pareille, il n'a pas supprimé l'obstacle. Il se dresse de toute sa hauteur pour

---

(1) *Revue scientifique,* 8 décembre 1877.

la science sérieuse, qui ne se contente pas d'un acte de foi rappelant à s'y méprendre la plus aveugle dévotion (1).

(1) La question de l'origine des êtres a été poussée plus loin par M. Perrier dans son savant livre sur les colonies animales (*Les colonies animales et la formation des organismes*, par Edmond Perrier, professeur au Muséum d'histoire naturelle. Paris, Masson, 1881). Il fait remarquer avec raison que les êtres minuscules que le transformisme prétend rapporter à la génération spontanée nous présentent la vie déjà à un état d'élaboration. Pour la saisir dans sa première manifestation, il faut remonter plus haut, jusqu'au protoplasme qui en est la base physique. Or, d'après lui, il est tout à fait impossible de faire sortir ce protoplasme du monde inorganique. « C'est en vain, dit-il, qu'on cherche à rattacher le protoplasme à l'une des catégories dans lesquelles la physique répartit les corps ; ce n'est ni un solide ni un liquide. » Le protoplasme rappelle les albuminoïdes, sa composition chimique moyenne est formée de carbone, d'hydrogène, d'azote, d'oxygène associés à une petite quantité de soufre et d'autres matières minérales. On n'a pu le reproduire pas plus que l'albuminoïde dont il diffère du reste du tout au tout. Non seulement le protoplasme diffère de tous les composés chimiques, par des changements de composition ininterrompus, mais encore par le fait qu'aucun des atomes des matières qui se trouvent en lui au moment où on peut le saisir, l'analyser — atomes qui constituent l'essence même du composé chimique — n'est destiné à y demeurer. Le composé chimique est caractérisé par des substances, le protoplasme par des mouvements. La vie s'ajoute et se superpose à l'affinité et aux agents physiques, pour produire à côté des phénomènes physico-chimiques les phénomènes qui lui sont propres et qui sont essentiellement des phénomènes de mouvement. Vainement on prétendrait comme Hœckel que l'histoire de la vie n'est qu'un chapitre particulier de l'histoire du carbone. Eût-on rassemblé et combiné toutes les substances chimiques que l'on croit entrer dans un protoplasme donné de manière à former un produit chimiquement identique, encore faudrait-il imprimer aux molécules de ces composés ces mouvements compliqués qui caractérisent la vie et qui aboutissent à l'assimilation et à une désassimilation constante que la chimie ne connaît pas (*Colonies animales*, p. 34-39). M. Perrier ne se contente pas de cette première différence entre les protoplasmes et le composé chimique, il établit avec une grande netteté les caractères qui n'appartiennent qu'aux seconds : « La nutrition, dit-il, distingue la substance vivante de la minérale. Le cristal ne fait qu'attirer à lui des molécules possédant sa propre composition chimique, le protoplasme englobe des substances de composition variable, les décompose, s'assimile certaines de leurs parties, en rejette d'autres. Le protoplasme est en proie à un mouvement intérieur qui ne s'arrête pas. » M. Perrier admet comme Claude Bernard une idée directrice qui imprime des formes diverses aux produits du protoplasme : « Il possède, en outre, dit-il, des facultés évolutives des

III. — LA THÉORIE DE L'IMMANENCE. — HEGEL.

Après l'école qui nie la finalité vient celle qui l'admet, mais la mutile en lui enlevant la conscience : — l'école de la finalité inconsciente, et par conséquent impersonnelle. D'après cette école, la nature n'est pas expliquée par le mécanisme ; elle obéit à une finalité qui la dispose en vue de fins spéciales et générales ; mais cette finalité ne nous ramène point à une cause intelligente et puissante qui aurait conçu le plan si merveilleusement réalisé sous nos yeux ; ce plan se réalise de lui-même en vertu d'une finalité interne immanente. Ici l'école se partage en deux grands embranchements dont l'un tend à l'optimisme et le second au pessimisme. La métaphysique hégélienne appartient à la première tendance. Pour elle la finalité immanente aboutit à un glorieux résultat.

---

formes diverses. Il y a donc en lui des ressorts cachés ; ni les atomes ni leurs combinaisons ne sont capables d'évolution. (*Colonies animales*, p. 40, 41). » Enfin, tandis que le cristal peut s'accroître indéfiniment, le protoplasme n'existe qu'à l'état d'individu ayant une taille limitée. Les protoplasmes se reproduisent en se fractionnant ; ils constituent donc une classe de substances tout à fait à part. Le cadavre nous fournit une dernière preuve de la distinction essentielle entre l'inorganique et le vivant, car il possède tous les éléments chimiques de composition qui sont dans le vivant et pourtant il ne possède pas la vie. M. Perrier cherche bien à nous donner une explication de l'origine de la vie qui la ferait jaillir des tourbillons de ce mystérieux élément qui s'appelle l'éther, dernier terme de l'être identifié au mouvement, mais il déclare lui-même qu'il n'y a là qu'une hypothèse, et il n'en conclut pas moins à une cause première intelligente. « Le physicien, dans son laboratoire, dit-il, ne peut concevoir la divinité que comme présidant de toute éternité à l'existence de la matière et du mouvement dont elle est la cause première et au fonctionnement de lois immuables qui régissent l'enchaînement des phénomènes. » Nous avons déjà reconnu que l'éminent naturaliste, par sa théorie de ressorts cachés dans les protoplasmes, admet la finalité.

Son dernier terme est l'Esprit absolu ; c'est à lui qu'elle tendait, ce sont ses pensées logiquement enchaînées qu'elle déroulait dans l'infinie succession des choses, qu'elle extériorisait en quelque sorte dans la nature et ramenait à une vie idéale et consciente dans l'esprit humain, le lumineux miroir où il se contemple, après s'être dispersé. Dieu devient, Dieu se fait, se conquiert, se ressaisit, se révèle à lui-même progressivement de degré en degré jusqu'à ce qu'il se manifeste comme l'Esprit au dernier échelon de ce développement immense et incessant qui recommence toujours. Bien loin que ce soit lui qui ait conçu à l'origine des choses le plan de l'univers avec son admirable coordination, tout part de l'être élémentaire, tellement dépouillé et abstrait qu'il s'appelle le *non-être*. La finalité qui préside au développement universel, et qui est si complètement soumise aux lois de la logique qu'elle peut se déduire de la raison comme une suite de théorèmes étroitement enchaînés, est immanente aux choses ; elle ne se reconnaît, elle ne prend conscience d'elle-même qu'au dernier terme, au sommet de ce développement, dans l'Esprit qui se dégage de l'extériorisation subie par lui dans la nature. Celle-ci est sa pensée réalisée, mais sans conscience, sans volonté ; car l'immanence ainsi comprise, excluant toute transcendance, ne place pas le monde vis-à-vis de Dieu dans la relation de l'effet à la cause, mais fait de Dieu l'effet du monde, la résultante de tout le processus antérieur. Le monde a obéi à une impulsion aveugle et pourtant raisonnable, puisqu'elle faisait tout concourir à une fin suprême. Après avoir joué un très grand rôle dans l'histoire de la pensée contemporaine au début du siècle, l'hégélianisme est aujourd'hui totalement dépassé. Bien que, à notre sens, par la hardiesse de sa construction métaphysique, il soit infiniment supérieur au grossier matérialisme du jour, il pèse actuellement si peu sur l'opinion qu'il n'y a pas lieu de diriger contre lui une polémique prolongée. La seule de ses conceptions qui soulève une discussion utile, parce qu'elle a été reprise par des écoles très actuelles et très vivantes, c'est celle de la finalité immanente dans la nature opposée à la finalité transcendante. Les choses iraient toutes seules à leur fin sans qu'il y ait eu au-dessus d'elles et avant elles une cause intelligente pour prévoir, pour combiner, pour ajuster les moyens aux fins. Remarquons d'abord qu'il faut bien se garder d'établir une opposition absolue entre la finalité transcendante et la finalité immanente. Il n'est point nécessaire que la cause intelligente et puissante qui a conçu et organisé le monde agisse toujours sur elle du dehors par une suite d'interventions miraculeuses. Elle a pu parfaitement l'organiser, de telle sorte qu'il puisse se développer conformément à ses desseins, grâce aux lois qu'elle lui a données, à la force intrinsèque qu'elle a déposée en lui. Le monde peut être très bien une horloge qui fonctionne sans être remontée incessamment ; il a pu être doué de ressorts capables de se mouvoir indéfiniment et constitué du premier coup avec une telle perfection qu'il n'y ait pas lieu désormais à des interventions nouvelles, à moins que quelque trouble ne survienne. Nous sommes donc tout disposés à admettre ce genre de finalité immanente, mais ce qu'il s'agirait de démontrer, c'est qu'une telle finalité a pu se réaliser spontanément ; c'est que cette coordination admirable des moyens et des fins a pu se réaliser par je ne sais quel instinct aveugle incapable de rien prévoir, alors que la coordination des forces différentes vers un but futur implique absolument la prévision, c'est-à-dire le contraire d'un instinct aveugle. Que l'horloge marche toute seule aujourd'hui, cela ne prouve qu'une chose, c'est la perfection de l'acte primordial qui l'a ainsi disposée, c'est le savoir de l'ouvrier et la délicatesse de sa main. Plus vous prouvez l'immanence, plus vous rendez la transcendance nécessaire, indispensable au début, car la finalité dans le monde n'est possible que grâce à une pensée intelligente qui ne saurait être enfouie et sommeillante dans la dispersion des choses.

Le plan de l'édifice ne s'est pas fait tout seul à mesure qu'il s'élevait si harmonieusement équilibré. Cela est surtout vrai quand il s'agit de ces machines vivantes qui s'appellent des organismes et de cet engrenage immense de toutes ces machines pour constituer le monde, le tout organisé. En résumé le monde, d'après Hegel, déroule une conception immense et grandiose, où tout est rationnellement lié, et pourtant, à s'en tenir à son système, cette conception n'a été conçue par personne, car elle ne précède pas les choses, mais elle en résulte. Cela est tout à fait inexplicable. Si la causalité intelligente et puissante n'a pas créé et ordonné le monde, celui-ci a donc commencé par une pure virtualité, enfermant tous les possibles. On ne saurait concevoir, d'une part, comment cette virtualité a passé à l'acte, et ensuite d'où est venu le choix rationnel entre les possibles. Dès que la finalité est admise à un degré quelconque, elle implique une prédétermination, une prédisposition qui n'est pas autre chose que l'idée de l'effet à produire. « Que peut être une idée si ce n'est un acte intellectuel, présent à un esprit dans une conscience (1)? »

IV. — SCHOPENHAUER ET HARTMANN. — MM. RENAN ET JULES SOURY.

Nous avons vu l'immanence, telle que l'a formulée Hegel, aboutir à l'optimisme, puisque, grâce à la logique interne qui conduit le monde, tout est bien, le mal lui-même jouant son rôle dans cette dialectique qui fait consister le progrès à chaque nouveau degré de l'être dans la conciliation de deux termes contraires.

Nous retrouvons bien l'immanence chez Schopenhauer et

---

(1) Janet, *les Causes finales*, liv. II, ch. II, § 2. Voir une très concluante réfutation du panthéisme hégélien dans la *Religion naturelle* de M. Jules Simon.

Hartmann et avec elle la finalité; chez eux, elle s'appelle *l'Inconscient*, mais elle aboutit au résultat contraire, car son dernier mot est le pessimisme (1). Cette école est aujourd'hui très en vogue; ses fantaisies lugubres sont reprises avec prédilection par ces virtuoses de la pensée qui, cherchant avant tout le succès, brodent à l'infini le thème en faveur comme un air à la mode. C'est le chant désespéré qui paraît actuellement sinon le plus beau, au moins le plus piquant, et on nous le sert à satiété. Hartmann lui-même, malgré son savoir étendu et ses qualités de métaphysicien, a souvent relevé son thème tragique par des paradoxes tellement étranges qu'ils sont pour l'esprit ce que sont pour le corps les contorsions d'un clown (2). On ne peut cependant lui refuser, pas plus qu'à son maître, d'avoir représenté une des grandes tendances humaines, celle qui conclut du spectacle des choses que le mal l'emporte sur le bien et oppose ainsi à la finalité consciente une objection très grave que la frivolité seule peut méconnaître. Le pessimisme a inspiré des religions et des civilisations qui ont soumis à leur influence pendant des siècles des centaines de millions d'hommes. Il est le vrai fond du panthéisme asiatique dont le bouddhisme n'a fait que dégager la pensée. D'après ces conceptions déjà très raffinées au sein de ces races subtiles, la vie individuelle est en elle-même une malédiction; car elle est en dehors de l'être véritable, qui est l'Infini. Il n'y a qu'un moment heureux pour l'être périssable, c'est celui qui met fin à son existence propre et le plonge dans l'abîme obscur de l'être absolu. Notre bouddhisme occidental a creusé plus profondément le malheur de l'existence; il la considère comme maudite, parce qu'elle en revient toujours à la volonté. Or il est de l'essence de la volonté de vouloir plus qu'elle ne peut obtenir, et par con-

---

(1) Ribot, *Philosophie de Schopenhauer*. (Germer-Baillière).
(2) Hartmann, *Philosophie de l'Inconscient*, 2 vol., traduit par Nolles. (Germer-Baillière).

séquent de poursuivre un but qui se dérobe à elle et de se consumer dans un désir impuissant. Schopenhauer ne voit dans le vouloir qu'effort et souffrance. La représentation ou l'idée n'est pour lui qu'un fait secondaire. Tout, dans le monde matériel comme dans le monde spirituel, se résout en volonté ; c'est-à-dire en douleur. Sous sa dernière forme, le pessimisme a subi une élaboration bien plus complète. Nous allons résumer, d'après le fameux livre de Hartmann, cette philosophie de l'Inconscient, qui a été le grand succès philosophique de ces dernières années. Encore ici nous nous en tiendrons aux lignes principales.

Hartmann se donne comme un partisan convaincu de la finalité. Personne n'a plus combattu l'explication purement mécanique de l'univers. Le moindre mouvement musculaire suppose, à côté de l'acte purement nerveux, une idée motrice, une représentation du point musculaire à mouvoir. La nature a une vertu médicatrice et réparatrice qui ne peut se rapporter à de simples mouvements. L'évolution n'est pas uniquement le développement d'une force identique ; chaque progrès dans la nature est l'épanouissement d'un germe nouveau qui avait été déposé et caché dans les antécédents (1). Le progrès n'est donc pas dû uniquement à des circonstances extérieures, comme la concurrence vitale ou le changement des milieux. Ces circonstances jouent bien leur rôle dans le développement de l'être, mais elles ne le font que grâce à ce germe nouveau qui leur vient d'une puissance supérieure, dépassant leur particularité. Cette puissance, ordonnatrice des choses qui les combine, les enchaîne et les dispose hiérarchiquement, n'est pas une causalité supra-naturelle, un être intelligent et libre, elle n'est rien d'autre que l'*Inconscient* ou le grand Tout. Hartmann a parfaitement résumé la donnée fondamentale de son système par ces mots : « Réunir tous les phénomènes de la pensée qui trahissent des idées incon-

---

(1) *Philosophie de l'Inconscient*, vol. II, p. 308.

scientes et des volontés inconscientes ; à l'aide de cet ensemble de faits démontrer l'existence du principe commun qui les explique tous, tel est l'objet des deux premières parties du livre (1). »

Cette démonstration a pour but de montrer que l'Inconscient n'est pas autre chose que l'*Un Tout* dans lequel l'univers entier est contenu. La preuve résulte du rapprochement de deux séries de faits ; la première série est empruntée à la nature et à l'animalité, c'est-à-dire à la sphère de la vie dans laquelle la conscience est absente ou incomplète. L'auteur accumule les preuves de fait pour établir que ce monde obscur s'ordonne lui-même avec une admirable sagesse qui ne peut être que la manifestation de l'Inconscient. Tout y est à la fois intelligent et instinctif. Donc l'intelligence peut exister sans conscience. La seconde série de faits est empruntée au monde humain, où l'on a toujours prétendu que l'intelligence régnait en souveraine. Il se trouve, au contraire, que ses manifestations les plus hautes sont bien plutôt spontanées et instinctives que raisonnées ; d'où il suit qu'elles appartiennent à l'Inconscient. Donc c'est l'Inconscient bien plutôt que la pensée consciente qui gouverne le monde. Nous ne suivrons pas M. Hartmann dans les développements de cette argumentation ingénieuse. On pressent tout ce qu'il peut produire de faits intéressants, curieux, pour montrer la finalité à l'œuvre dans l'organisme des êtres vivants, dans leur croissance, dans leur formation, dans leur fonctionnement, et pour faire ressortir la sûreté sans pareille de cet instinct des animaux qui les rend capables de trouver leur subsistance, d'assurer le sort de leur progéniture, même quand ils ne doivent pas la connaître, de construire leur habitation et de se conformer à la grande loi de la division du travail. L'auteur n'a nulle peine à prouver que l'instinct se comporte avec une habileté spontanée qui l'emporte en sûreté, en fertilité de combinaisons, sur l'industrie la plus savam-

---

(2) *Philosophie de l'Inconscient*, vol. I, p. 6.

ment organisée. Dans la seconde partie de son argumentation, il met en pleine lumière, avec non moins d'art, le rôle de la spontanéité dans l'activité de l'homme. Nous retrouvons d'abord dans ce monde supérieur l'instinct tel qu'il nous est apparu au sein de l'animalité. N'est-ce pas lui qui joue encore un rôle prédominant dans les entraînements de l'amour, dans cette électricité soudaine qui crée le rapprochement entre deux individualités? La vie morale s'alimente dans un arrière-fond mystérieux, obscur, d'où jaillit tout ce qui est grand et puissant. La volonté se décide dans les moments graves avec une rapidité foudroyante. Le caractère, qui constitue le moi véritable, est comme la source souterraine de notre activité ; or ce n'est pas notre raison qui l'a formé. L'influence de l'éducation et de l'instruction est nulle comparée à cette force cachée, souveraine, inexplicable. Quand l'homme s'élève au-dessus de lui-même dans le généreux entraînement de l'héroïsme, ou quand il atteint le sommet du génie, c'est qu'il ne s'appartient plus ; le calcul est absent de tout ce qui est grand, c'est là que triomphe la spontanéité. Plus l'inspiration est puissante, plus elle nous met hors de nous ; c'est un entraînement sublime, c'est un ravissement de l'esprit à lui-même, à ses conceptions raisonnées. Ce que la pensée possède de meilleur a été trouvé et non cherché ; elle le doit à l'intuition, c'est-à-dire à la spontanéité. Enfin le mysticisme, qui est le fond de cette manifestation universelle de l'âme humaine qui s'appelle la *religion*, est-il autre chose que l'inconscience même, la perte du moi conscient dans l'abîme du divin? Dans l'histoire de l'humanité, l'Inconscient se révèle d'abord par cette merveilleuse invention du langage qui ne serait jamais sorti d'une lente élaboration, et puis dans ces grands mouvements des foules qui, soudain, renouvellent le monde ; dans ce génie collectif qui ouvre les nouvelles périodes grâce à des explosions qu'on ne peut ni prévoir ni calculer.

L'immoralité de l'histoire, qui permet à l'injustice de triompher avec éclat et aux meilleurs parmi les hommes de tomber fauchés tour à tour par une faux mystérieuse sur le sol arrosé de leur sueur et de leurs larmes, sans qu'aucune pitié secourable leur tende la main, est une preuve écrasante que la puissance souveraine n'appartient pas à un Être sage, juste, qui soit capable d'aimer, de secourir, de gouverner le monde conformément à ce qui nous semble le bien, mais à une puissance irresponsable, sans entrailles, sans bonté, indifférente comme la nature devant nos maux, enfin au grand Tout inconscient ! Il n'est ni bon, ni mauvais, ni juste, ni injuste, car il échappe à toutes les catégories de la vie consciente. Il a la sûreté de l'instinct, de l'intuition, Qu'est-il en définitive ? Il est à la fois l'idée et le vouloir ; l'idée inconsciente, le vouloir inconscient. L'idée cache en elle à l'état virtuel, la totalité des êtres possibles. Le vouloir tend à les réaliser et il le fait aveuglément, sans conscience, avec une sorte de furie productrice. Pour employer l'image de Hartmann, l'idée est l'élément féminin, le vouloir lui fait violence pour en tirer l'existence réelle. Il y a déjà dans cette production première des êtres un principe de souffrance, car jamais le vouloir n'épuise toute la virtualité de l'idée ; le possible dépasse toujours le réel. De là un sentiment sourd de vide dans un monde toujours incomplet et travaillé d'un désir inassouvi. Mais l'idée et le vouloir ne ressentent cette douleur qu'à un très faible degré ; c'est un malaise plutôt qu'une souffrance, parce que la conscience n'est pas encore née. La théorie de la conscience est la partie la plus obscure du système de Hartmann ; il n'est pas possible de l'amener à une pleine clarté. Voici ce qui s'en dégage pour nous. La matière a été produite par l'Inconscient, elle se réduit à un atomisme presque idéal, à un composé de forces soumises aux lois de l'attraction. Ces atomes en se groupant forment des organismes divers ; le plus parfait est le cerveau, qui est la condition nécessaire de la pensée définie. Du moment où l'idée inconsciente le rencontre, elle s'y trouve localisée et limitée ; c'est un obstacle à son indétermination, elle se heurte à quelque chose que l'Inconscient n'a pas voulu et qui est pour lui une barrière. La voilà repliée sur elle-même, la réflexion naît et, avec la réflexion, la conscience qui distingue entre le moi et le non-moi représenté par l'organisme matériel. « Tout à coup, au sein de cette paix que goûte l'Inconscient avec lui-même, surgit la matière organisée, dont l'action provoque la réaction de la sensibilité et lui impose une idée qui semble tomber du ciel, car il ne sent en lui-même aucune volonté de la produire. Pour la première fois, l'objet de son intuition lui vient du dehors. La grande révolution est commencée; le premier pas est fait vers l'affranchissement du monde. L'idée est émancipée de la volonté, elle pourra s'opposer à elle à l'avenir. L'étonnement de la volonté devant cette révolte, la sensation que produit l'apparition de l'idée au sein de l'inconscient, voilà ce qu'est la conscience (1). » Dès que la conscience a fait son apparition, la douleur du monde, qui était obscure, devient poignante. La tragédie commence, mais en même temps le moyen de salut est trouvé. On peut dire de cette formation de la conscience par le cerveau : *Felix culpa*, car cette souffrance du monde cessera à force d'être intolérable. Le moi conscient s'est fractionné dans une multitude d'individus qui ne sont que la coordination des atomes ou des forces atomiques groupées dans le temps et dans l'espace. Chaque être particulier, chaque individualité est la résultante de l'action réciproque des vouloirs diversifiés de l'Un Tout. Ils ne sont pas des êtres, mais des actes de l'être (2). L'être conscient et individuel aspire à rejeter cette vie maudite concentrée en lui ; il tendra à reconquérir l'unité sur la multiplicité, afin que, en concentrant de plus en plus la vie consciente, il puisse la détruire d'un coup et avec elle ce monde de désespoir. Hartmann peint en vives couleurs l'universel supplice. Il

---

(1) Hartmann, ouvrage cité, vol. II, p. 41.
(2) Hartmann, ouvrage cité, vol. II, p. 219 et suiv.

montre que la douleur grandit avec le développement de l'existence, que le bonheur ne peut être que négatif, que toute félicité a pour contre-partie un malheur qui ne fait que croître. L'optimisme n'est qu'une ridicule illusion, soit qu'il mette le bonheur dans la vie présente dont le bilan est désastreux, soit qu'il escompte sur l'avenir une lettre de change sans garantie, soit qu'il se réfugie dans la théorie du progrès qui est le plus niais des mensonges (1). Nos sociétés démocratiques passent un niveau brutal sur toutes les distinctions de l'art et de la pensée, le bonheur du grand nombre est l'aplatissement général ; aussi va-t-il à contre-fin des conditions de toute excellence, qui ne peut venir que de la prépondérance d'une élite humaine sur le profane vulgaire. La lumière en s'étendant devient grise et froide. Il faut aspirer au jour où elle éclairera le dernier des hommes sur une terre glacée, où la conscience aura achevé son œuvre, qui est d'amener tous les êtres à la destruction volontaire de la vie (2). Alors l'Inconscient retrouvera sa quiétude imbécile, quitte à laisser échapper de nouveau un monde de douleurs. Heureusement, il ne deviendra jamais conscient, car un Dieu personnel, c'est-à-dire ayant conscience de lui-même, serait fou de douleur et se pendrait, si toutefois il trouvait un point dans le monde où attacher sa corde.

En résumé, au début, dans la période de l'inconscience pure, il n'y avait pas de conflit entre l'idée et le vouloir, et c'est pour cela que rien ne s'opposait à la production du monde. Quand l'idée est devenue consciente, le vouloir s'est éclairé ; il a compris que ses œuvres étaient maudites et il s'est retourné contre elles. Après avoir tout créé, il a cherché à tout détruire. Ce suicide colossal est le résultat de la vie consciente. Voilà pourquoi il faut la bénir, car le bien sort de l'excès du mal, et le bien, c'est l'anéantissement. En atten-

(1) Ouvrage cité, p. 348.
(2) *Id*. II, p. 497.

dant, il est loisible à chacun de chercher son intérêt propre ; il n'y a de rationnel que l'égoïsme ; nous n'avons pas à montrer plus de générosité que l'Inconscient. D'ailleurs, l'égoïsme a seul amené l'individualisme. La morale n'appartient qu'au monde des apparences. Si nous poursuivons le succès, c'est qu'il est notre grand intérêt. La justice, qui n'a aucune base éternelle, puisqu'elle n'est pas dans l'Inconscient, est fâcheuse en tant qu'elle maintient l'équilibre des choses actuelles. L'aumône fait plus de mal que de bien en retardant les destructions nécessaires (1). Tout compte fait, le vouloir de la nature produit plus de peine que de plaisir. Le vouloir qui a produit l'existence du monde l'a condamné à la souffrance. Pour échapper à cette calamité du vouloir, l'idée inconsciente qui n'a pu l'empêcher a recours à la conscience qui doit émanciper l'idée en divisant la volonté par l'individualisme et en l'entraînant dans des directions opposées qui la neutralisent. Par le développement de la conscience, la volonté actuelle doit être réduite au néant.

Les objections se pressent contre ce système ingénieux, brillamment exposé, mais qui, sauf sur un point capital auquel nous reviendrons, paraît plutôt un jeu d'esprit, une gageure prodigieuse, qu'un essai sérieux de métaphysique. Tout d'abord, il est entaché d'une contradiction fondamentale. L'Inconscient est proclamé infaillible ; on nous dit qu'il ne se trompe jamais dans la manière dont il guide instinctivement le monde où il domine seul, et cependant ce monde en soi, avant même la grande folie et le grand tourment de la conscience, est une erreur colossale, une folie ; sa souffrance a beau être obscure, elle est réelle ; elle tient à l'infranchissable distance entre le vouloir et l'idée, le vouloir ne pouvant jamais réaliser tout le possible qui est dans l'idée. Le conflit, pour n'être pas aigu, existe. Donc l'Inconscient est déjà insensé. Alors que signifie l'infaillibilité qu'on lui attribue dans le détail, s'il se trompe

---

(1) Ouv. cité., II, p. 367.

d'une façon aussi grave sur l'ensemble? Qu'est-ce que cet instinct, infaillible quand il s'agit de prévoir la nourriture d'une larve, mais qui n'en a pas moins débuté par une bévue prodigieuse? Comment admettre une finalité bien ordonnée pour les parties du tout alors que le tout est une absurdité? Le système n'est pas moins contradictoire en ce qui concerne la production de la conscience. Tout d'abord comment est-il possible de comprendre que celle-ci surgisse malgré l'Inconscient? N'est-ce pas lui qui a produit l'organisme matériel depuis ses rudiments grossiers jusqu'à cet appareil si délicat, si finement agencé qui s'appelle le cerveau? C'est pourtant le cerveau qui, en refoulant l'instinct, l'élève à la réflexion, à la conscience, c'est-à-dire à une formation que l'Inconscient n'a pas voulue, et qui soulève le premier conflit entre l'idée et le vouloir. Sur quoi se fonde-t-on pour prétendre que l'Inconscient n'a pas voulu cette rencontre entre l'instinct et le cerveau, s'il est vrai qu'il n'a point empêché la formation de ce malencontreux organe? Il a voulu le moyen qui a produit la conscience; n'était-ce pas la vouloir elle-même? Il est impossible de se tirer de cette difficulté. Passons outre, et considérons maintenant le rôle de la conscience. Vous nous dites qu'elle remplit une mission libératrice, parce que, en poussant à l'extrême la souffrance du monde, elle amènera la créature consciente qui concentre cette douleur infinie à chercher à en détruire la cause, à anéantir la vie, l'être. Mais comment oublier que c'est cette prétendue libératrice qui, en réalité, a surexcité la douleur? Avant son apparition, la souffrance était si indistincte qu'elle n'existait pour ainsi dire pas. Une douleur qu'on ne sent pas n'est pas une douleur, et comment l'éprouverait-on sans la conscience? En fait, c'est la conscience qui enfante nos douleurs; c'est elle qui a attaché le vautour dévorant au flanc de Prométhée. Elle ne détruit que ce qu'elle a fait elle-même. Par conséquent, son œuvre de prétendue libération est tout à fait inutile. Nous devrions souhaiter que cette libération nous eût été épargnée, car les tourments qu'elle doit faire cesser ne viennent que d'elle seule. Elle est le bourreau du monde, — un bourreau qui ne le tue pas d'un coup, mais qui prolonge et raffine sa torture pendant la durée de siècles infinis. Il est bien évident que, quand il aura frappé le dernier coup, il n'y aura plus ni pleurs ni cris, parce qu'il n'y aura plus personne pour gémir et pour se lamenter. Mais il eût été plus simple que le bourreau nous eût été épargné. Le bienfait de son dernier coup de hache disparaît devant tous les tourments dont il le fait précéder et dont il est l'auteur.

En résumé, si le monde est une bêtise, l'Inconscient qui l'a produit est stupide. Nous sommes dans l'irrationnel pur; à quoi bon philosopher? Cessons cette comédie, qui n'égaye guère cette lugubre insanité de l'existence.

Que si nous oublions un instant ces côtés étranges du système, si nous revenons aux considérations ingénieuses, souvent frappantes, par lesquelles l'auteur essaye d'établir l'universalité et la supériorité de l'inconscience, en montrant dans le monde animal la sûreté de l'instinct et dans l'humanité le rôle glorieux de la spontanéité qui est purement instinctive d'après lui, nous opposerons à ce que sa thèse a d'absolu les mêmes objections déjà formulées par nous contre le système de l'immanence. Vous nous faites admirer dans la nature des marques de dessein, des combinaisons parfaites en vue d'un but à atteindre, c'est-à-dire d'un événement à venir qui échappe à toutes les prises de la sensation. Cette finalité de la nature implique la prévision et par conséquent l'intelligence qui échappe au flot troublant de la sensation. Vous avez en vous, dans l'esprit conscient, le type parfait de cette pensée qui prévoit, qui combine. Vous-même vous avez reconnu combien son action est supérieure à celle de l'instinct. Elle seule combat les illusions de la passion, triomphe de l'indécision en nous faisant peser nos motifs et approprier les moyens au but. Elle nous enseigne notre véritable intérêt, et c'est à elle que la civilisation doit tous ses progrès. Il semble que nous ayons là une explication suffisante de la finalité;

car, l'ayant trouvée en nous-même, rien ne nous empêche d'admettre qu'elle existe avant nous et au-dessus de nous ; tout nous pousse à cette conclusion, car l'effet ne peut être plus grand que la cause. L'esprit qui est en nous n'a pu être produit que par l'esprit. En admettant que l'esprit non plus limité, faible comme il est en nous, mais absolu et tout-puissant, est le principe des choses, la finalité que nous constatons en elles n'a plus rien d'obscur ; c'est une finalité dérivée, qui vient de l'intelligence souveraine, seule capable de prévoir et de combiner. Préférer lui substituer l'Inconscient, qui ne saurait rien prévoir, rien vouloir en connaissance de cause, c'est recourir au moins pour expliquer le plus, à l'obscur pour expliquer ce qui est lumineux. Devant la moindre œuvre humaine, vous vous écriez : L'esprit a passé par là. Et devant cette vaste organisation du monde, vous niez l'esprit pour lui préférer l'inintelligent et l'inconscient. Nous ne nions pas l'instinct et ses merveilles ; ce que nous nions, c'est qu'il se suffise à lui-même et que la perfection du calcul doive être attribuée à ce qui est incapable de calculer. Reconnaissons aussi que Hartmann a singulièrement étendu le domaine de l'instinct et qu'identifier l'amour et ses extases, le génie et ses miracles, l'héroïsme et ses actes sublimes à l'instinct de l'insecte, c'est oublier que la spontanéité chez l'homme ne se sépare jamais de la conscience, que l'intelligence n'est jamais absente de ses actes, même dans ses entraînements les plus généreux, et que pour être rapide comme l'éclair, la lueur de la pensée consciente, combinée avec l'effort de la volonté, l'élève infiniment au-dessus de l'instinct animal.

Tout ce que nous venons d'opposer à la finalité de l'Inconscient s'applique point par point à l'étrange cosmogonie exposée par M. Renan avec son talent exquis d'écrivain dans ses *Dialogues philosophiques*. Lui aussi admet la finalité, l'exécution d'un plan dans le monde, tout en déclarant que rien n'y révèle l'action d'une autre volonté que celle de l'homme — comme si cette finalité, ce plan n'impliquaient pas une cause intelligente qui a su prévoir et combiner, comme si l'existence seule de cette personnalité pensante et voulante qui s'appelle l'homme ne reportait pas à une cause au moins égale en intelligence et en pouvoir. A en croire M. Renan, la mystérieuse puissance qui est cachée au fond de la nature nous trompe avec une habileté qui l'emporte sur tous les machiavélismes connus dans l'histoire, soit pour nous amener à perpétuer l'espèce dans les décevantes crises de l'amour, soit surtout pour accomplir le bien comme si le bien devait avoir sa sanction, comme si de toutes les choses vaines la plus vaine n'était pas la vertu. Explique qui pourra comment la ruse est compatible avec l'inconscience ! Au reste, dès le premier jour de leur apparition, les *Dialogues philosophiques*, avec leur air dégagé et leurs paradoxes effrénés ont été accusés de remplacer les mystères de la foi chrétienne par des mystères infiniment plus difficiles à pénétrer. Que dire des rêves fantastiques qui terminent ce livre étrange? Que penser de ce grand polypier divin de l'avenir où toutes les consciences se confondront et de ces futurs maîtres du monde, de ces redoutables savants dont le regard sera plus mortel que la foudre et qu'il faudrait se hâter de tuer comme les pires des monstres?

L'*hylozoïsme* que prône M. Jules Soury dans une thèse latine, sous la réserve expresse d'un doute intime, a beau être rattaché par lui à une généalogie grandiose dans laquelle il inscrit bien à tort le grand nom de Leibnitz (1), il n'échappe pas plus que le système de l'Inconscient à la contradiction.

---

(1) La monade n'est point l'atome intelligent et conscient de l'hylozoïsme. Elle est une énergie représentative du monde où la perception est tantôt confuse, et alors elle constitue l'élément corporel, tantôt distincte, et alors elle constitue l'âme ; ce qui suffit à maintenir la distinction entre la matière et l'esprit effacée par l'hylozoïsme. D'ailleurs, l'affirmation de la causalité suprême, si nette chez Leibnitz, écarte toute assimilation entre les deux systèmes.

D'après cette théorie, l'intelligence, la conscience, la mémoire appartiendraient aux parties ultimes de la matière aussi bien que le mouvement. Entre la pierre et l'esprit, il n'y aurait que des différences de degré. Évidemment il y a dans ce bizarre système l'aveu implicite de l'impossibilité de s'en tenir à la finalité inconsciente. M. Soury reconnaît que la finalité ne se conçoit pas sans la conscience, et il met celle-ci dans l'atome. Le mouvement ne serait que le côté extérieur du sentiment et de la conscience. Faut-il que le parti pris d'écarter l'idée divine soit violent pour qu'on préfère mettre l'esprit dans l'atome matériel, plutôt que d'admettre une puissance spirituelle, seule capable de communiquer la vie supérieure à la créature, et de disposer le monde conformément à des lois préordonnées?

M. Renan comme M. Soury conclut à l'universelle vanité, à la duperie de tout ce que nous appelons bien ou vertu, au vide final de l'existence. Si le premier le fait moins expressément que le second, ses réserves n'ont trouvé place que dans la partie de ses dialogues qu'il appelle *les rêves*, où tout est imagination, mais la note finale de l'un et de l'autre, c'est bien la note désespérée; ils concluent au pessimisme avec Hartmann et Schopenhauer.

Ce pessimisme ramène devant nous l'objection la plus forte qu'on puisse faire contre la finalité, à savoir la présence de la douleur, du mal et, par conséquent, du désordre dans le monde. Il y a là, au premier abord, une invincible objection à l'ordonnance de ce monde par une sagesse souveraine. Sans doute cette objection est exagérée au delà de toute mesure par M. Hartmann. Il n'est pas vrai que l'existence ne soit que souffrance; la part de félicité des créatures, même les plus humbles, n'est pas purement négative. Quand l'oiseau, au lever d'une aurore sans nuage, jette à l'air doré les trilles brillants de son chant, il exprime une joie de vivre qui n'est pas une illusion. Cette joie, pour être courte et précaire, n'en est pas moins réelle; elle dilate tout son être, son allégresse ne le trompe pas. Quand le spectacle des beautés de la création ravit le cœur de l'homme d'une admiration qui s'exprime parfois par des hymnes sublimes, quand il frémit d'une émotion profonde devant le ciel étoilé et sa majestueuse immensité, ou bien quand le sentiment du beau l'enivre d'enthousiasme devant un chef-d'œuvre de l'art, quand il connaît les ravissements de l'inspiration et de la création artistiques, son bonheur, pour être passager et probablement mélangé, n'en est pas moins une réalité. L'amour n'est pas la duperie que l'on prétend quand il est autre chose que la surprise des sens, quand il unit deux âmes par les liens d'une vraie sympathie. Il a son charme souverain quand il éclôt dans l'âme comme une fleur baignée de la pure rosée du matin. Dire qu'il s'éteint dans la possession, c'est n'en connaître que la grossière satisfaction. Il possède un élément immortel et le cœur humain lui doit quelques-unes de ses plus nobles joies. Le travail dont les sueurs fécondent les sillons qu'il a ensemencés dans les champs divers de notre activité a ses austères satisfactions. Le bien accompli donne autant de bonheur que la violation de la loi morale amène de justes douleurs. Les victimes volontaires de l'héroïsme ont goûté, dans le moment rapide qui les poussait à la mort, une sorte d'enivrement intérieur que n'eussent pas compensé des années d'un plat bien-être. Nul ne se sacrifie pour sa cause, pour sa patrie, pour son idée, sans trouver dans son immolation même une félicité qu'il ne consentirait pas à échanger contre les prétendues béatitudes de l'égoïsme. Le pessimisme a donc tort quand il enveloppe de son anathème l'existence tout entière ; et cependant il a raison contre l'optimisme superficiel qui nie le désordre, qui ne voit dans le mal que l'ombre au tableau, ou que la conséquence de la limitation de l'être créé. L'optimisme ne fait qu'aigrir et exaspérer la douleur qu'il s'imagine atténuer. Il a supprimé arbitrairement le problème, il ne l'a pas résolu. Oui, nous reconnaissons que le fond de la vie est amèrement triste, que toute joie est fauchée comme l'herbe du pré après les premiers rayons du jour. L'amour est constamment brisé, soit par la mort, soit, ce qui est pire, par la vie, qui est toujours au-dessous de ses aspirations. Il est impossible de se représenter toutes les iniquités qui se commettent dans les heures rapides d'une journée, toutes les infamies que recouvrent les voiles d'une seule nuit. Les plus purs d'entre les hommes ont été les plus maltraités. Les saints et les héros ont été couronnés d'épines, flagellés, injuriés, immolés. Il s'élève de notre terre un gémissement immense, qui exprime des douleurs sans nombre et sans nom. Il s'agit de savoir si de tels faits accusent vraiment la cause première, s'ils sont incompatibles avec la finalité. Évidemment si tout aboutit au pessimisme, s'il est vraiment la note ou l'épitaphe du monde, il en faut conclure ou que ce monde a été formé par un être malfaisant, ou qu'il n'a pas été ordonné du tout et que l'existence universelle n'est que le jeu de la force et du hasard. Si MM. Hartmann et Renan ont raison dans leur affirmation que le bien est une duperie, si la philosophie de l'inconscience est fondée à dire que la distinction du juste et de l'injuste appartient au monde transitoire de l'individualisme où nous n'apparaissons quelques instants que comme un arc-en-ciel qui va disparaître avec les nuées qui ont vu ses sept couleurs se combiner pour une heure, alors je comprends ces fines railleries sur la vertu qui nous abuse, ces jeux de princes auxquels s'amusent les délicats, les exquis qui ont aperçu le grand vide derrière la toile. Les imprudents devraient bien garder leur secret pour eux; ils oublient que si la grossière multitude qui doit être sacrifiée à leur distinction aristocratique avait vent du sort qu'ils lui destinent, elle pourrait bien se refuser à servir de terroir à ces plantes de prix. Si Hartmann a raison en proclamant que la nature est immorale et que son aveugle auteur ne fait aucune différence entre les bonnes et les mauvaises actions, alors M. Renan est fondé à se demander si le libertin n'est pas au fond plus raisonnable que l'austère savant, et à conclure, en définitive, qu'ils sont aussi nécessaires l'un que l'autre à ce bel ensemble des choses si amusant à contempler. Tout change, si Socrate et Kant ont affirmé à bon droit l'impératif catégorique, si la conscience a sa loi, si cette loi a sa sanction. Alors ce qui est derrière la toile peut être à la fois sublime et redoutable : la vie a un sens, un but. Le monde n'est pas le résultat d'une erreur de ce morne Inconscient qu'on nous fait à la fois si sage dans la sphère inférieure de la vie et si stupide dans la sphère supérieure qu'il n'a pas voulue, mais qui le met au supplice en le forçant à penser. C'est le bien absolu, l'amour infini qui gouverne. On s'en aperçoit déjà à ses triomphes sur le mal. Il n'est pas ce Moloch d'airain sans entrailles et sans pitié, dévorateur impassible de la vie, ne montrant une velléité de préférence que quand il s'agit de courber la tête la plus noble, de sacrifier les meilleurs aux pires ; car, s'il est vrai qu'on suit la trace des héros et des grands initiateurs au sang répandu par eux, il n'est pas une goutte de ce sang qui n'ait été féconde. La douleur ne serait incompatible avec la finalité que si elle était stérile. Or, c'est à elle que l'on doit ce qu'il y a de plus sublime dans l'art, de plus large dans le progrès. Que si l'on prétendait enfin que sa seule existence est une accusation sans réplique contre la Providence, nous répondrions qu'il s'agit précisément de savoir d'où elle procède, qui l'a déchaînée, si, au lieu d'être le caprice de la cause première, elle ne serait pas le fait de la créature morale. Tout en revient à nous demander s'il existe une telle créature, s'il y a ici-bas un être libre ayant une loi, un idéal à réaliser et une volonté pour s'y conformer sans contrainte, à ses périls et risques. Une fois la liberté reconnue dans la créature morale, non seulement l'Auteur premier des choses sera justifié dans le fait de la souffrance, mais encore il nous apparaîtra lui-même comme la liberté souveraine, infinie, et il restera à ce monde en travail toutes les ressources du libre amour qui l'a créé et peut le restaurer. Alors le pessimisme aura tort, sans qu'il soit nécessaire de tomber dans des illusions optimistes. C'est à l'anthropologie à nous donner la réponse à ces graves questions (1).

(1) La question du *pessimisme* est traitée d'une manière brillante et ingénieuse dans le livre de M. W. Mallock, *Vivre, la vie en vaut-elle la peine ?* (traduction Salmon, Paris, Firmin-Didot, 1882). L'auteur établit avec finesse et poésie que la notion du bien telle qu'elle est formulée, soit dans le positivisme, soit dans la nouvelle psychologie anglaise (deux tendances qu'il ne distingue pas suffisamment et prend trop en bloc), est aussi incertaine qu'impuissante, dépouillée qu'elle est de l'idée morale et religieuse. Il termine son livre par une apologie du système d'autorité absolue à la façon de l'ultramontanisme qui n'a rien à voir avec sa thèse principale. Voir sur le même sujet l'éloquent article de M. Caro *Sur le prix de la vie humaine* (Revue des Deux-Mondes, 1er août 1882).

LIVRE TROISIÈME

LE PROBLÈME ANTHROPOLOGIQUE

CHAPITRE PREMIER

L'HOMME DANS SA DOUBLE NATURE.

Nous avons jusqu'ici considéré le monde dans son ensemble et, lui appliquant le principe de causalité dont nous avions établi la légitimité, nous y avons reconnu les traces constantes et l'action d'une cause intelligente et libre, à la fois suprême puissance et suprême sagesse, à qui seule on peut attribuer comme son effet ce merveilleux *cosmos*, ce tout organisé dont toutes les parties se répondent, qui à chaque degré nouveau de l'être réalise un plan partiel, un dessein spécial, le supérieur étant toujours la fin de l'inférieur, jusqu'à ce que tous ces desseins de détail viennent se fondre dans l'harmonie universelle. Ce monde que nous connaissons a pour couronnement un être étrange, complexe, le plus débile à ses débuts, le plus grand quand il a atteint son développement, parfois le plus malfaisant, souvent l'image de la bonté, tantôt misérablement avili, tantôt héroïque. Seul il interroge le monde pour en connaître les lois. Il le domine, il l'asservit, il l'achève en quelque mesure, comme il s'achève lui-même, car tandis que les autres êtres ne sortent pas de l'orbite où les enchaînent leurs conditions physiques, lui il élargit cet orbite et s'ouvre la carrière d'un progrès illimité dans le domaine intellectuel comme dans la nature, et quand il a atteint les bornes de ce monde qu'il semble reculer, il ne s'y arrête pas. Cet être, c'est l'homme. Pour connaître son origine, nous allons l'interroger dans sa nature physique, intellectuelle et morale, le considérant tour à tour comme individu et comme être social. C'est à lui que nous appliquerons maintenant le principe de causalité qui nous interdit de faire découler le plus du moins.

Nous avons déjà anticipé sur ce grand sujet en traitant du problème de la connaissance qui nous a mis en présence de l'être intellectuel et moral dans l'homme. Nous ne reviendrons pas sur les développements dans lesquels nous sommes entrés sur cette question préliminaire. Nous prenons actuellement l'homme dans la totalité de sa nature comme objet de notre connaissance. Sans doute, nous ne pourrons faire abstraction de ses facultés connaissantes dont l'usage seul est déjà une preuve de son excellence, mais nous n'avons plus à nous occuper du problème même de la certitude. Ce que nous avons dit abrégera beaucoup ce qui se rapporte aux facultés intellectuelles de l'homme.

§ 1ᵉʳ. — L'HOMME AU POINT DE VUE PHYSIOLOGIQUE.

L'explication mécanique du monde, en s'appliquant à l'homme, soulève des difficultés spéciales qui n'ont pourtant pas arrêté ses partisans. « Le mot des énigmes, dit Hœckel, que nous demandions autrefois à la téléologie seule, nous est facilement fourni aujourd'hui par la théorie de la descendance, et c'est une explication mécanique qui nous est donnée. Les faits les plus mystérieux de l'organisation humaine et animale réputés inexplicables jusqu'alors, se laissent interpréter mécaniquement et rapporter à des causes agissant sans but (1). »

« L'organique procède de l'inorganique, dit à son tour M. Lefèvre, le disciple le plus fervent de Hœckel dans les questions anthropologiques. Le mouvement est l'état général des éléments premiers, le grand facteur des combinaisons moléculaires qui à leur tour le déterminent, le varient à l'infini. A chaque mouvement correspond une forme ou un état, fluidité, cristallisation, cellule, organisme végétal et vivant, sensation, pensée. L'organique ne contient rien de plus que l'inorganique (2). »

Nous allons établir, en opposition à ces assertions *monistes* ou *simplistes*, pour parler le langage de l'école, qu'elles se heurtent aux faits les mieux acquis de l'anthropologie, sans sortir même du domaine physiologique. Toute notre argumentation tirée de la cosmologie générale acquiert une force invincible en face de l'être qui est incontestablement le couronnement du monde.

Tout d'abord, constatons que, s'il le domine de toute la hauteur de la vie intellectuelle et morale, il est, comme tous les êtres vivants, soumis à des lois mécaniques et qu'il a beau leur échapper en tant qu'agent libre et responsable, il ne leur est pas moins subordonné que la pierre ou le cristal. La physiologie contemporaine a établi à quel point la vie à tous ses degrés dépend des lois physico-chimiques, qui sont partout nécessaires à son fonctionnement. Sans les agents qui dépendent de ces lois, sans l'eau, sans la chaleur, sans l'oxygène, ce fonctionnement s'arrête; on le voit s'endormir ou se réveiller dans la mesure exacte où ces conditions physico-chimiques existent elles-mêmes, et cela chez l'homme tout aussi bien que chez l'animal le plus inférieur ou chez le végétal qui rampe à ses pieds. Une substance anesthésique arrête la germination

---

(1) *Anthropogénie, Histoire de l'évolution humaine*, par Ernest Hœckel, traduit par le Dr Charles Letourneau. (Reinwald, 1877, p. 17.)

(2) Lefèvre, *Philosophie*, p. 451-471.

d'une graine comme elle engourdit la sensibilité d'un malade opéré. C'est cette action universelle de ces conditions physico-chimiques sur toute vie qui a amené M. Claude Bernard à statuer ce qu'il appelle le déterminisme physiologique, non moins invariable dans sa sphère que le déterminisme mécanique (1). La gravitation ne détermine pas plus sûrement le mouvement des atomes que les lois physico-chimiques ne déterminent les conditions de la vie physique, ses arrêts comme ses développements, sans que d'ailleurs on soit en droit d'étendre ce déterminisme à l'existence qui n'est plus simplement physique. Le déterminisme, tel que Claude Bernard le définit et l'applique à la physiologie, n'est pas autre chose qu'une affirmation nouvelle de la souveraineté des lois naturelles, c'est-à-dire de cette raison calculatrice et combinatrice qui se manifeste dans l'apparente incohérence et la dispersion de la matière. Plus la loi se montre universelle, dominant chez tous les êtres, depuis les inférieurs jusqu'aux supérieurs, les phénomènes qui sont de son ressort, plus la pensée qui l'a conçue se révèle habile, sage, prévoyante. La matière qui ne saurait comprendre le calcul présidant à ses combinaisons serait non moins incapable de le concevoir.

Faisons un pas de plus. Ces lois mécaniques physico-chimiques qui ont tant d'influence sur le développement de la vie physiologique n'en expliquent pas la production. Cela est vrai pour l'homme comme pour tous les autres êtres vivants ; si bas qu'on place son origine, fût-ce dans le protoplasme le plus infime, il n'a pu résulter d'aucun mouvement mécanique, d'aucune combinaison chimique. Nous l'avons déjà établi d'une manière générale en traitant de l'origine de la vie dans le monde. Dans le livre même où Claude Bernard donne une si grande importance aux conditions physico-chimiques et où il place l'organisme humain

---

(1) *Leçons sur les phénomènes de la vie*, par Claude Bernard. (Paris, Germer-Baillière, 1878. 1re leçon.)

sous leur dépendance aussi bien que les organismes les plus élémentaires, il écarte de la façon la plus péremptoire tout ce qui, de près ou de loin, impliquerait l'éclosion de la vie comme résultat d'une synthèse chimique : « Il n'est pas plus possible au chimiste, dit-il, de fabriquer le ferment le plus simple que de fabriquer l'être vivant tout entier (1). »

Si la vie, même considérée dans le protoplasme informe qui précède la cellule, ne peut se rapporter aux conditions physico-chimiques, l'explication mécanique de Hœckel sur l'origine de l'homme tombe du coup ; le premier des êtres vivants ne saurait faire exception sur ce point. Elle est encore bien plus insoutenable dès qu'il s'agit d'expliquer non seulement la production, mais la formation et la spécialisation de la vie organique. Les conditions physico-chimiques peuvent bien influer sur ses manifestations, mais elles ne sauraient lui donner sa cohésion, son unité. Il y faut une pensée directrice, qui détermine le développement de l'être vivant en harmonisant ses éléments divers en vue de l'ensemble. « La matière vivante indépendante, amorphe ou monomorphe, c'est le protoplasme. En lui résident les propriétés essentielles : l'irritabilité et la faculté de synthèse chimique qui assimile la substance ambiante et crée les produits organiques. Toutefois il n'est pas encore un être vivant ; il lui manque la forme qui caractérise l'être vivant et défini ; il est la matière de l'être vivant idéal, ou l'agent de la vie ; il nous présente la vie à l'état de nudité dans ce qu'elle a d'universel et de persistant à travers ses variétés de formes. La forme qui caractérise l'être n'est pas une conséquence de la nature du protoplasme. C'est dans les organismes complexes, tels que l'homme, que cette action de la forme, obéissant à la pensée directrice, se montre dans toute son énergie. L'organisme complet est un agrégat de cellules dans lequel les conditions de la vie de chaque élément sont respectées, chacun de ces éléments restant

(1) Claude Bernard, ouvrage cité, p. 228.

subordonné à l'ensemble. L'organisme vivant est une association de cellules ou d'éléments plus ou moins modifiés et groupés en tissus, organes, appareils ou système. On dirait un vaste mécanisme résultant de l'assemblage de mécanismes secondaires. C'est la subordination des parties à l'ensemble qui fait de l'être complexe un système lié, un tout, un individu ; par là que s'établit l'unité dans l'être (1). »

Il s'ensuit que, à côté des conditions physico-chimiques déterminées, nous avons dans l'être vivant des conditions organiques ou lois préalables qui lui permettent tour à tour de profiter de ces conditions physico-chimiques d'une façon appropriée à sa nature prédéterminée et de réagir entre elles. Plus l'être vivant s'élève dans l'échelle, plus il est affranchi du milieu extérieur. Tandis que le végétal et certains animaux lui sont tellement subordonnés que leur vie peut être comme suspendue ou devenir latente sous l'effet de circonstances atmosphériques, tandis que chez d'autres plus élevés la vie est oscillante par suite de cette dépendance encore persistante, quoique affaiblie, les êtres les plus perfectionnés réalisent en eux-mêmes les conditions physico-chimiques nécessaires à leur vie. Ils se constituent une sorte de milieu intérieur invariable, qui leur fait une atmosphère propre dans le milieu cosmique toujours changeant. « Les changements perpétuels des milieux cosmiques ne les atteignent pas ; ils ne leur sont pas enchaînés ; ils sont libres, indépendants (2). » La fixité de ce milieu suppose un perfectionnement de l'organisme tel que les variations externes soient à chaque instant compensées et équilibrées. Bien loin que l'animal soit indifférent au monde extérieur, il est, au contraire, dans une étroite et savante relation avec lui, de telle façon que son équilibre résulte d'une continuelle et délicate compensation établie comme par la plus sensible des balances. « Chez l'être vivant

---

(1) *Leçons sur les phénomènes de la vie*, p. 352-358-363.
(2) Claude Bernard, ouvrage cité, p. 111.

de cet ordre, le système nerveux règle l'harmonie entre les conditions nécessaires à sa vie qui ne diffèrent pas des conditions indispensables à toute vie (1). »

Ainsi, non seulement dans l'homme, considéré au simple point de vue physiologique, toutes les parties de l'organisme sont liées entre elles en vue du tout et appliquent la loi de la division du travail comme les ouvriers d'une manufacture ou les diverses classes de citoyens dans une cité, mais encore une admirable correspondance est établie entre cet organisme et les grandes lois physico-chimiques qui règlent la vie cosmique, si bien que, sans s'y soustraire, il s'en affranchit en quelque mesure par le milieu interne. Grâce à de merveilleux artifices de construction, pour employer l'expression de Claude Bernard, l'organisme humain maintient la fixité nécessaire à son indépendance. Le système nerveux forme le rouage de compensation entre les acquits et les pertes (2). Ainsi, pour ne citer qu'un exemple, l'eau étant un élément indispensable à la constitution du milieu où évoluent et fonctionnent les éléments vivants, chez les animaux à vie libre, il doit exister un ensemble de dispositions réglant la perte et les apports de manière à maintenir la quantité d'eau nécessaire. « Les mécanismes qui font varier la quantité d'eau et la rétablissent sont fort nombreux ; ils mettent en mouvement une foule d'appareils de sécrétion, d'exhalation, de circulation. Ces mécanismes sont variés, mais le résultat auquel ils concourent est constant : la présence de l'eau en proportion sensiblement déterminée dans le milieu intérieur, condition de la vie libre (3). »

Nous retrouvons des appareils non moins compliqués, non moins merveilleux, pour ce qu'on peut appeler la fonction de calorification, pour celle qui consiste à régler la quantité

---

(1) Claude Bernard, ouvrage cité, p. 113.
(2) Claude Bernard, ouvrage cité, p. 113.
(3) Claude Bernard, ouvrage cité, p. 115.

d'oxygène nécessaire à la manifestation de la vie et enfin pour constituer par l'alimentation et son élaboration les réserves qui assurent la fixité du milieu intérieur.

Nous voilà bien loin du mécanisme pur, aveugle et sans but ! Peu importe que le savant auteur *des Leçons sur les phénomènes de la vie* renvoie la question de finalité à la métaphysique ; la finalité éclate partout dans ces harmonisations de l'être vivant avec le milieu cosmique où il est placé. Inutile de rappeler que tous ces résultats d'une science absolument impartiale s'appliquent avant tout à l'homme comme à la plus parfaite manifestation de la vie organique.

Nous ne pouvons que renvoyer aux innombrables traités spéciaux qui nous font admirer la merveilleuse adaptation entre ses organes et ses deux grandes fonctions de nutrition et de relation, comme aussi la perfection de ce grand répartiteur de la vie physique qui s'appelle le système nerveux. On ne dira jamais mieux que Bossuet et Fénelon sur cette perfection de l'organisme humain. Les progrès de la physiologie contemporaine ne font que leur donner encore plus raison. « De tous les ouvrages de la nature, dit le premier, celui où le dessein est le plus suivi, c'est sans doute l'homme. Tout est ménagé dans le corps humain avec un artifice merveilleux. La délicatesse des parties, quoiqu'elle aille à une finesse inconcevable, s'accorde avec la force et la solidité. Le jeu des ressorts n'est pas moins aisé que ferme. Ainsi nous pouvons dire avec assurance que, de toutes les proportions qui se trouvent dans les corps, celles du corps organique sont les plus parfaites et les plus palpables. Toutes les parties si bien arrangées et si propres aux usages pour lesquelles elles sont faites, tout cela est d'une économie et s'il, est permis d'user de ce mot, d'une mécanique si admirable qu'on ne le peut voir sans ravissement, ni assez admirer la sagesse qui en a établi les règles. Toutes les machines sont si simples, le jeu en est si aisé, et la structure si délicate, que toute autre machine est grossière en comparaison. Nul ciseau, nul tour, nul pinceau ne peut approcher de la tendresse avec laquelle la nature tourne et arrondit ses objets ! (1) » Nous renvoyons aux pages brillantes où Fénelon, dans son *Traité de l'existence de Dieu*, exalte jusqu'au lyrisme son admiration pour cet organisme du corps humain qu'il appelle le chef-d'œuvre de la nature.

Nous n'y reconnaissons pas seulement la finalité qui établit l'harmonie entre les parties et les subordonne à l'ensemble et qui proportionne si parfaitement les organes aux fonctions, mais encore cette finalité d'un ordre supérieur, qui s'appelle la beauté, à laquelle le mécanisme pur ne peut être qu'absolument indifférent.

Rien de plus parfait que la forme humaine prise dans son type supérieur. La stature se dresse haute et droite, avec cette symétrie sans rigidité qui n'appartient qu'à la vie, avec cette grâce souple qui est le meilleur signe de la force sûre d'elle-même. L'arc de la bouche se courbe mobile et frémissant comme pour lancer le trait de la parole. Les lignes du visage se dessinent avec la proportion la plus harmonieuse. Le front est élevé et s'élargit comme le temple de la pensée : *os sublime dedit*. L'œil bleu comme l'azur qu'il se plaît à contempler, ou bien de cette teinte foncée des lacs des hauts sommets, est le miroir vivant où se reflète la vie intérieure ; l'amour y met sa tendresse, le courroux sa flamme ; parfois il s'allume d'une clarté plus profonde et plus haute venant d'une région mystérieuse qui l'attire invinciblement. Quand le sourire illumine le visage de l'homme, on dirait le lever de l'aube ; il s'ennoblit encore sous la douleur. Il suffit d'un rayon de l'intelligence pour que le sceau d'une incomparable grandeur apparaisse dans cette argile animée, fût-elle même imparfaitement pétrie. La beauté humaine a des manifestations variées. Tantôt c'est l'enfance, cette fleur de l'humanité, avec sa char-

---

(1) Bossuet, *De la connaissance de Dieu et de soi-même*, ch. v.
(2) Fénelon, *De l'existence de Dieu*. Première partie, ch. 1ᵉʳ.

mante indécision de contour, sa pureté, sa fraîcheur; tantôt c'est ce type idéal de la femme telle que la représente Phidias, qui n'a tiré du marbre cette merveille de grâce qu'après l'avoir admirée dans les filles de la Grèce; tantôt enfin c'est la beauté virile, héroïque, portant le diadème de la royauté terrestre sur sa noble tête. Rarement, sans doute, cette beauté parfaite apparaît sans mélange au sein de l'humanité; mais elle n'en est pas moins sa manifestation la plus vraie, parce qu'elle est la réalisation même de son idéal, c'est-à-dire de sa véritable idée. Jamais la mécanique à elle toute seule ne produira cette harmonie délicate dont aucune géométrie n'a déterminé les proportions. Cet art divin manifeste la liberté souveraine qui triomphe de la matière inerte et pesante, asservie aux lois du mécanisme dont on ne saurait jamais tirer la variété et la beauté. La beauté de la forme humaine fait rayonner au travers de sa transparence harmonieuse cette flamme sacrée qui s'appelle l'âme, comme le vase d'albâtre nous laisse apercevoir la brillante lumière qu'il renferme. C'est ainsi qu'il suffit de l'être physique de l'homme pour nous reporter à l'être intellectuel et moral; car la principale beauté chez lui tire sa supériorité de l'expression, laquelle provient de sa vie morale. Otez le regard et le sourire, et il n'y a plus en lui que la simple beauté plastique que nous admirons partout dans la nature. Il est si vrai que dans la beauté humaine le reflet de l'âme est l'essentiel, que la laideur elle-même devient belle quand elle est illuminée par l'éclair du génie. « Quel est ce laid qui devient beau en parlant? » disait-on un jour d'un de nos contemporains les plus éminents. Tout d'ailleurs dans la beauté plastique elle-même, dans la coupe du visage et du front, est approprié à la vie intellectuelle. C'est pour que la tête de l'homme en fût l'organe principal qu'elle a été ainsi modelée.

II. — L'HOMME AU POINT DE VUE INTELLECTUEL ET MORAL.

La vie organique, chez l'homme, se développe de manière à devenir à la fois l'instrument et l'expression de la vie intellectuelle et morale. Celle-ci s'appuie sur l'organisme et ne saurait s'en passer ; mais la vie organique, pour être sa condition nécessaire, n'est ni son principe ni sa fin, pas plus que les conditions physico-chimiques, indispensables à cette vie organique, ne sauraient être prises pour sa cause. Chaque étage nouveau dans cet immense édifice de l'existence universelle est superposé en quelque sorte sur l'étage inférieur, mais avec des matériaux qui sont bien à lui. C'est ce qui doit ressortir, selon nous, de l'étude des faits psychologiques dans leur relation avec les faits physiologiques qui, dans les conditions de la vie présente, est toujours étroite. Le progrès se mesure à la prédominance croissante de l'élément supérieur qui n'est pourtant jamais en l'air, sans point d'appui. L'âme, selon une image bien connue, n'est pas logée dans le corps comme le pilote sur la dunette de son navire ; elle est en relation constante avec lui, tout en le dominant toujours davantage.

Nous aurons à démontrer plus tard que cette relation n'implique point la confusion ; mais il nous faut commencer par décrire la vie psychologique, telle qu'elle se manifeste immédiatement à nous.

Toutes les activités de l'âme reviennent à ces trois grandes facultés : connaître, aimer, vouloir. Chacune a son histoire, son développement ; aucune n'est au début ce qu'elle sera plus tard. L'homme débute par la vie purement instinctive, qui n'a pas clairement conscience d'elle-même. Dans cette phase, l'individualité, le moi, la personne n'existent qu'en germe et ne se dégagent pas de la confusion des impressions. Cette vie instinctive rapproche l'homme de l'animal dans la première période de l'existence, bien qu'on puisse prévoir la différence essentielle qui finira par les séparer. Le nouveau-né est très inférieur à presque tous les petits des animaux, parce qu'il est appelé à posséder plus tard l'intelligence. Pourtant celle-ci de très bonne heure éclaire d'un pâle rayon la vie instinctive. Il y a dans un regard d'enfant bien autre chose que dans l'œil clair et brillant du chevreuil ou du poulain. Quoi qu'il en soit, il est certain que, soit chez l'enfant, soit chez l'animal, la vie instinctive a un caractère propre qui la distingue absolument de la vie simplement organique; sentir, aimer, vouloir, même au degré le plus inférieur, seront toujours autre chose que digérer, respirer, se mouvoir.

La plante vit, elle constitue un organisme complet; mais jamais elle n'a une sensation réelle, un mouvement d'affection, une impulsion de volonté. La mécanique n'explique pas l'organisme, l'organisme n'explique pas l'instinct, pas plus que l'instinct ne nous rend compte de la véritable vie intellectuelle et morale. Dans cette période de sa vie psychique, que Maine de Biran appelait *affective*, l'âme ne se distingue pas nettement de ses propres sensations, le mot n'existe qu'à l'état virtuel. Il est dominé par les sensations, il est affecté, modifié par elles, et il semble qu'il en soit submergé comme le nageur qui ne peut soulever sa tête au-dessus du torrent qui l'entraîne. Il ne connaît pas vraiment, parce qu'il ne se distingue pas nettement de l'objet qui l'affecte.

La connaissance instinctive n'est donc qu'une sensation plus ou moins confuse. La volonté, dans cette période, n'est qu'une impulsion aboutissant à un mouvement aveugle, sous l'influence du sentiment instinctif qui fait chercher le plaisir et fuir la souffrance. Sans doute, pour que la sensation, le sentiment ou le vouloir se produisent, il faut bien qu'un acte concentrateur s'effectue, qui amène la sensation au centre nerveux pour répercuter ensuite le mouvement à l'extrémité des membres correspondants, sans quoi l'être ne sortirait pas de son inertie; sans doute aussi le mouvement concentrateur ne saurait provenir de la simple force mécanique; mais, dans la période où prédomine l'instinct, nous ne trouvons pas encore cette claire distinction entre le sujet et l'objet sans laquelle il n'y a pas de vie consciente, bien que l'instinct serve à la préparer chez l'être où la vie supérieure n'est qu'endormie. Il ne produit pas seulement des mouvements isolés : il les coordonne et les dirige vers un but, vers une fin qui lui échappe.

L'homme n'en reste pas à ce degré inférieur de la vie psychique, bien que l'instinct ne cesse jamais d'avoir sa part dans son existence. Ce qui le met hors de pair et lui fait franchir les degrés supérieurs de l'existence, c'est l'acte de vouloir par lequel il se distingue des choses dès qu'il doit triompher de leur résistance. Le premier obstacle qu'il doit vaincre est dans son propre corps et il lui faut faire un effort pour le plier à sa volonté. Ce qui résiste n'est évidemment pas identique à l'énergie qui lutte contre l'obstacle; la dualité entre le moi et le non-moi se révèle du coup. Le premier acte de vouloir, le plus élémentaire, a éveillé la conscience de la personne humaine distincte des choses. La sensation pure et simple est dépassée, la perception commence; nous sommes sur le seuil de la connaissance qui implique que le sujet s'est distingué de l'objet, et que le moi ne roule plus dans le fleuve de la sensation. Le nageur élève sa tête au-dessus du courant. Nous nous bornons sur ce point à renvoyer aux développements étendus de la première partie de ce livre.

Nous avons montré comment, dès que le moi s'est constitué en face du non-moi par l'effort, il porte ce vouloir, qui lui a fait vaincre la résistance du corps, dans la sphère de la connaissance, comment de l'effort il s'élève à l'attention qui est l'effort intellectuel, de l'attention à la réflexion, comment enfin il saisit toujours mieux son moi dans ces actes répétés de volonté par lesquels il s'affirme.

Non content d'apprendre à connaître le monde du dehors en s'en distinguant, il se replie sur lui-même ; il prend conscience de son énergie propre, il trouve en lui les grandes lois aprioristiques qui constituent l'essence de la raison. Son entendement entre en activité ; il compare, il abstrait, il généralise et il arrive ainsi à saisir l'unité dans la diversité, l'universel dans le multiple. Enfin sous l'impulsion du grand principe de causalité qui est l'axe et le ressort de l'esprit humain, il s'élève à cette cause des causes qui est l'absolu.

N'oublions pas que tout ce magnifique développement de l'intelligence a été mis en branle par l'acte initial de volonté manifesté dans le premier effort qui, au lieu de rester simplement musculaire comme chez l'animal, est devenu intellectuel. Ce n'est pas que l'intelligence elle-même, pas plus que la personnalité humaine, ait été produite par cet acte de volonté. Si elle n'eût pas existé virtuellement avec ses lois, ses principes constitutifs tout prêts à se formuler en axiomes, elle n'eût jamais apparu ; mais pour l'éveiller de son sommeil, pour la faire passer de la puissance à l'acte, il n'en a pas moins fallu cette première manifestation du vouloir qui, en se répétant et en se confirmant, a rendu le sujet conscient et maître de lui-même. C'est de ce choc entre le sujet encore tout enveloppé dans les liens de l'instinct et l'objet résistant qu'a jailli la première étincelle de la grande lumière des esprits ; son premier rayon a révélé la personne humaine à elle-même (1).

S'élever de la passivité à l'activité, c'est la condition essentielle de l'évolution psychologique ; le vouloir est donc bien la faculté centrale, maîtresse du moi, celle qui fait l'homme, en lui permettant de s'approprier les trésors qui étaient enfouis dans son entendement tant qu'il en était à la période inconsciente de l'existence. C'est encore le vouloir qui lui fait

---

(1) Voir Maine de Biran, *Œuvres philosophiques*, édition E. Naville, t. III p. 167. — Janet, *Psychologie*. 1re liv.

écouter, — car il ne suffit pas d'entendre — ce qu'on peut appeler l'*à priori* moral, la révélation de sa conscience, l'immortel impératif catégorique qui doit être la loi, la règle, l'inspiration de sa vie. Nous savons bien que vouloir l'écouter, c'est déjà lui obéir; mais, une fois cette première et sommaire détermination prise par la volonté, tout ce que renferme implicitement l'obligation morale lui est manifesté et, comme l'entendement a trouvé Dieu dans sa profondeur, la conscience le reconnaît encore dès qu'elle a creusé jusqu'à ses racines. Désormais le vouloir a sa norme, la liberté n'est plus une forme vide, elle acquiert toute sa réalité en acceptant la loi divine.

Le troisième domaine de la vie psychologique, ou la vie de sentiment, vient aussi se ranger sous cette loi. La vie affective s'élève également au-dessus de l'instinct et des impulsions aveugles de la passivité. Elle conçoit autre chose que des entraînements ou des répulsions gouvernés tour à tour par le mobile du plaisir ou celui de la souffrance. La vie affective devient cet amour voulu, conscient, sublime affirmation de la liberté et de la personnalité qui ne se possède jamais mieux qu'en se donnant. Là encore la liberté se réalise en acceptant sa loi qui ne cesse pas d'être divine, car Dieu, vérité suprême de la raison, règle sainte de la conscience, est l'objet par excellence de l'amour qui saisit en lui ce qui est digne d'être aimé par-dessus tout. La personne humaine est d'autant mieux affirmée qu'elle est non seulement affranchie de l'instinct mais encore de la barrière étroite d'un personnalisme égoïste. Le moi s'achève et se possède en Dieu tout en se donnant. A tous les degrés de cette évolution, quand elle se poursuit d'une manière normale, la volonté est le grand agent du progrès; grâce à elle, l'homme se fait en partie lui-même. Vouloir pour lui, c'est être au sens vrai du mot, car c'est le seul moyen de se détacher de ce qui n'est pas lui, de ce qui l'asservit, de ce que Platon appelait l'*autre*, de la vie passive enfin qui enveloppe le moi d'une vie inférieure et étrangère à son essence.

Telle nous apparaît l'évolution psychologique du moi humain. Nous avons maintenant à justifier ces assertions en discutant les objections que leur opposent les écoles adverses.

CHAPITRE II

LES RELATIONS DU PHYSIQUE ET DU MORAL.

Le matérialisme, dans tous les temps, a prétendu expliquer la supériorité intellectuelle de l'homme par la supériorité de son organisme. Il cherche à établir une corrélation exacte entre l'une et l'autre. Sa stature droite, la finesse des articulations de sa main lui auraient tout de suite assuré la prééminence dans le règne animal, mais ce qui l'aurait surtout mis hors de pair, c'est l'admirable disposition de son cerveau. S'il pense, c'est grâce à ce merveilleux organe.

Examinons si les faits dûment constatés donnent raison à ces assertions. Ici encore nous devons rappeler la distinction si souvent méconnue entre les conditions d'existence et le principe même de l'existence. Nous reconnaissons de la façon la plus catégorique que la vie psychique, intellectuelle et morale chez l'homme est associée à sa vie physique, que la première ne peut se passer de la seconde, du moins dans les conditions présentes, en un mot qu'il y a réaction de l'une sur l'autre. Seulement il faut se garder, comme on le fait trop souvent, de n'admettre qu'un seul genre de réaction — celle qui par le physique agit sur le moral — en oubliant que le moral agit pour le moins avec autant de puissance sur le physique. Une pensée, un sentiment dont l'origine n'a rien à voir avec un choc du dehors arrêtent ou précipitent le cours du sang, suspendent ou excitent les battements du cœur d'une manière non moins certaine qu'une modification du cerveau ne favorise ou n'arrête le travail intellectuel. C'est se mettre en contradiction avec les faits les plus authentiques que de ne voir que l'influence du physique sur le moral, sans admettre la réciproque. Nous reconnaissons tout ce que le livre de M. Bain sur cet intéressant sujet renferme d'observations justes et fines (1). C'est avec raison et en s'appuyant sur des expérimentations bien faites qu'il montre que la sensation et la pensée sont dominées par certaines lois identiques, qu'il leur faut le stimulant d'un changement pour prendre conscience des choses qui sont de leur compétence, et que l'une et l'autre acquièrent d'autant plus d'intensité qu'elles se meuvent dans une sphère plus étendue permettant les comparaisons multipliées. Seulement Bain ne sait pas s'arrêter à temps dans ces rapprochements entre le physique et le moral ; la volonté n'est pour lui que l'instinct qui nous pousse à chercher le plaisir et à fuir la douleur. Il méconnaît ainsi le caractère propre de cette qualité maîtresse qui élève la vie instinctive à la vie réfléchie et consciente. Son analyse de l'intelligence est tout à fait incomplète ; il en supprime les plus nobles opérations, celles qui vont du particulier au général, à l'universel. La mémoire n'est plus qu'un emmagasinement de vibrations nerveuses. Chaque acquisition intellectuelle se rattacherait à un fil nerveux indépendant. Ici nous n'avons plus l'union de l'esprit et du corps, mais l'absorption du premier dans le second (2). Il est impossible de comprendre comment l'auteur, après de telles conclusions, peut soutenir que l'esprit a pour caractère propre d'être inétendu en opposition à la matière qui est toujours étendue. Cette proposition s'accorde difficilement avec la déclaration suivante : « La substance unique, avec deux ordres de propriétés, l'une physique, l'autre spirituelle, qui constituent une unité à deux

---

(1) Bain, *L'esprit et le corps considérés au point de vue de leurs relations*, traduction française. 1re édition. (Germer-Baillière.)
(2) Bain, ouvrage cité, p. 100.

faces, semble satisfaire en tout les exigences de la question (1). » Parler ainsi, c'est décidément se satisfaire à bon marché ; car, au fond, Bain n'a pas concilié les deux termes du problème, la vie psychique étant totalement sacrifiée à la vie physique. N'a-t-il pas été jusqu'à dire que l'esprit est complètement à la merci du corps (2)? Et pourtant il a le sentiment de l'insuffisance de sa théorie comme le prouve ce passage significatif : « Nous trouvons quelque chose qui dépasse les propriétés ordinaires de la matière dans la possibilité de renfermer dans trois livres d'un tissu graisseux et albumineux composé de fils minces et de petits corpuscules, tous les assemblages compliqués qui constituent nos aptitudes naturelles ou acquises et toutes nos connaissances. Si les pierres contenaient des sermons, nous serions moins étonnés de voir que le cerveau en produise aussi (3). »

I. — LE CERVEAU ET LA PENSÉE.

Les matérialistes purs ne voient aucune difficulté à ce que les pierres contiennent des sermons et à ce que toute la vie intellectuelle soit renfermée dans trois livres d'un tissu graisseux et albumineux. Nous n'avons pour nous en convaincre qu'à renvoyer aux savants livres de MM. Luys, Maudsley et Bastien (4). Résumons rapidement le débat sur

---

(1) Bain, ouvrage cité, p. 43.
(2) Bain, ouvrage cité, p. 202.
(3) Bain, ouvrage cité, p. 93.
(4) Luys, *Le cerveau et ses fonctions*. (Paris, Germer-Baillière, 1871.) — Maudsley, *Physiologie de l'esprit*, traduit par Alexandre Herzen. (Paris, Reinwalld, 1879.) — Bastien, *Le cerveau, organe de la pensée chez l'homme et chez les animaux*, 2 vol. (Germer-Baillière, 1881.) M. Bastien, dans son savant ouvrage, développe les théories psychologiques et physiologiques d'Herbert Spencer, appliquant au cerveau et à la pensée le principe du progrès par la différenciation croissante.

cette grave question des rapports du cerveau et de la pensée.

« Le cerveau, épanouissement de la moelle épinière, appareil de la vie nerveuse centrale, a la forme d'un ovale dont la grosse extrémité regarde en arrière et se partage en deux hémisphères symétriques réunis par le corps calleux; chaque hémisphère se partage en quatre lobes. Sa surface est couverte d'anfractuosités, de plis et de replis auxquels on donne le nom de circonvolutions. L'extrémité de la moelle épinière, ou bulbe rachidien se partage à la base du cerveau en deux segments, les pédoncules cérébraux qui pénètrent chacun dans un hémisphère. Là se trouvent deux renflements très importants, le corps strié et la couche optique. Deux substances différentes se partagent la trame nerveuse : ce sont la substance grise et la substance blanche. La substance grise entoure le canal central de l'axe centro-spinal ; elle constitue la couche corticale du cerveau et du cervelet. Son élément essentiel est la cellule nerveuse. La substance blanche, disposée en forme de lobes et de beaucoup la plus abondante, occupe la périphérie de la moelle. Son élément essentiel est la fibre nerveuse (1). »

Pour M. Luys comme pour M. Maudsley, toute la vie intellectuelle et morale de l'homme s'explique par les opérations physiques du cerveau. Elle procède uniquement des propriétés des éléments nerveux qui lui sont inhérentes, sans qu'aucun agent d'ordre supérieur intervienne à aucun moment. Ces propriétés se réduisent à trois principales : 1° la sensibilité, en vertu de laquelle la cellule centrale entre en conflit avec le milieu ambiant; 2° la phosphorescence organique, qui lui donne la propriété d'emmagasiner en elle-même et de retenir les vibrations sensorielles, comme nous voyons dans le monde inorganique les corps phosphorescents conserver plus ou moins longtemps les traces des vibrations lumineuses qui les

---

(1) J'emprunte cette description du cerveau à l'important article du Dr Surbler, dans le *Correspondant* du 10 avril 1881.

ont ébranlés; 3° l'*automatisme* ou l'aptitude que possède la cellule nerveuse à réagir en présence du milieu ambiant, une fois qu'elle a été impressionnée par lui.

C'est grâce aux combinaisons de ces propriétés et à la totalisation de leurs énergies que le cerveau sent, se souvient et réagit. « La sensibilité est toujours le premier agent moteur, elle devient l'origine de tout mouvement ; après s'être propagée à travers les appareils sensitifs, moteurs de l'écorce, elle se transforme insensiblement comme une force en évolution et finit par se dégager de l'organisme sous la forme d'un acte de motricité (1) ».

On le voit, tout en revient à la sensation, c'est-à-dire à l'action du monde extérieur. « Les divers processus de l'activité du cerveau se résument en un mouvement circulaire d'absorption et de restitution de forces. C'est le monde extérieur avec toutes ses sollicitations, qui entre en nous par la voie des sens sous forme d'incitations sensuelles, et c'est le même monde extérieur qui, modifié, réfracté par son conflit intime avec les tissus vivants qu'il a traversés, sort de l'organisme et se réfléchit au dehors en manifestations variées de motricité volontaire (2). »

Toute spontanéité, toute activité propre, tout vouloir libre se trouvent ainsi écartés, l'acte volontaire n'étant plus que la réaction de la sensibilité. C'est la sensibilité qui, partout présente, partout vibrante, inspire nos paroles, nos écrits, nos actes, suit ses appétitions fatales vers ce qui lui convient et s'éloigne de ce qui lui répugne (3). L'intérêt personnel est le seul moteur de l'activité humaine, l'aimant tout-puissant qui l'attire ; le dévouement n'est que la forme déguisée de l'égoïsme. On conçoit ce que devient la personnalité dans un tel système ; l'unité du moi n'est pas

---

(1) Luys, Préface, VIII, IX.
(2) Luys, p. 258.
(3) Luys, p. 255.

autre chose que l'accord qui s'établit spontanément entre toutes les incitations extérieures quand, après avoir traversé les diverses séries de cellules superposées dans l'écorce corticale, elles arrivent à la circonscription spéciale où elles trouvent une vaste surface de réception. Cette surface, placée dans la région des corps striés et des couches optiques, peut s'appeler le *sensorium commune*. Nos excitations passées et présentes s'unifient dans ce réservoir animé que l'on peut comparer à un piano vivant confondant tous les sons dans un accord final (1).

Maudsley arrive à des conclusions identiques. Pour lui, l'esprit n'est qu'une généralisation, une abstraction métaphysique des phénomènes nerveux et cérébraux. L'activité mentale dépend absolument de la structure et de la nutrition du cerveau. L'histoire de l'intelligence se confond avec celle du système nerveux ; elle est en rapport exact avec les circonvolutions cérébrales. Les différences entre l'homme et l'animal se mesurent exactement au développement de l'organe physique de la pensée. L'unité de la conscience s'explique par l'union des deux hémisphères cérébraux. Le moi n'est pas autre chose que l'unité de l'organisme. Au reste la conscience n'est point le facteur essentiel de l'esprit, elle n'est qu'un attribut secondaire. Les centres nerveux sont le siège à la fois des idées, des émotions et de la volonté, sans qu'il faille chercher une spécialisation bien déterminée des divers modes de l'activité cérébrale dans les couches corticales. L'activité éveillée dans les circonvolutions postérieures se propage aux antérieures où elle subit sa transformation en actes et en paroles (2). Maudsley conclut en se glorifiant d'avoir réussi à faire abstraction de l'expérience interne pour saisir le fait de conscience. M. Bastien, dans le dernier chapitre de son livre *sur le cerveau et l'esprit*, déclare que l'intelligence doit pro-

---

(1) Luys, p. 121.
(2) Maudsley, *Physiologie de l'esprit*, p. 220.

céder de la vie organique ; sinon, il nous faudrait sortir de la simple voie naturelle et admettre un élément surnaturel, c'est-à-dire procédant d'un autre principe que le simple développement naturel, lequel est toujours purement physique et mécanique. Il est vrai que l'auteur reconnaît que la preuve expérimentale de ce *processus* manque encore et qu'il formule sa conclusion comme une espèce de postulat.

On peut imaginer facilement comment sur les pas de ces physiologistes éminents et s'appuyant de leurs vastes travaux sans les contrôler, nos vulgarisateurs intrépides des doctrines matérialistes lancent d'un ton triomphant leurs assertions sur l'identité du cerveau et de la pensée. « L'organisme est l'homme même, disait M. André Lefèvre. L'intelligence est le résultat de phénomènes organiques. La conscience ne commence que dans une protubérance annulaire où s'engagent les faisceaux de la bulbe (1). » — « L'écorce grise, dit M. Letourneau est la partie consciente et pensante ; la pensée n'est qu'une fonction des centres nerveux (2). »

A ces affirmations tranchantes du matérialisme sur l'étroite connexion entre l'esprit et le cerveau, nous opposerons une brève réfutation. Tout d'abord nous contestons les conclusions tirées des expérimentations purement physiologiques, quand bien même elles seraient complétées par les vivisections les plus hardies. « L'expérimentation physiologique, comme le fait très bien remarquer M. l'abbé de Broglie dans son livre sur le *Positivisme,* ne porte jamais que sur l'instrument de l'esprit et sur cet instrument tout seul ; ni l'esprit, quelle que soit l'idée grossière que l'on s'en fasse, ni son activité ne sont jamais perçus par le scalpel : ils ne le sont que par l'observation interne, qui diffère du tout au tout de l'expérimentation externe. Celle-ci d'ailleurs ne s'applique qu'à des cerveaux d'animaux qui ne lui sont livrés que morts et inactifs. Dire

---

(1) Lefèvre, *Philosophie*, p. 313, 320.
(2) Letourneau, *Science et matérialisme*, p. 73.

que le cerveau pense parce qu'on a pu saisir une certaine corrélation entre la pensée et sa condition physique, c'est demander à l'expérience externe ce qu'elle ne saurait donner; car la pensée lui échappe dans sa nature intime et dans son mode (1). » Les phénomènes internes, dans leur nature propre, ne peuvent être ni vus ni touchés, ils échappent au microscope et au scalpel; ils ne peuvent être perçus que par une seule faculté, la conscience.

Que si l'on prétend qu'au moins l'expérience externe est arrivée à localiser les opérations de l'intelligence en montrant la diminution des facultés mentales dans les animaux qui ont subi l'ablation de telle ou telle partie du cerveau, nous répondons d'abord que cette localisation est sérieusement contestée pour les opérations proprement intellectuelles. Elle ne porte avec certitude que sur la sensation et le mouvement. « Le cerveau dans son ensemble, dit le docteur Surbler, dans le savant article où il résume les derniers résultats de la science au sujet des localisations cérébrales, est un organe de mouvement et de sensibilité. L'intelligence, que les anciens physiologistes attribuaient aux couches corticales, n'y a plus sa place; on a reconnu son indépendance relative et sa nature spéciale. » Les physiologistes les plus décidés à faire de la vie intellectuelle une simple opération du cerveau ont reconnu qu'on ne saurait lui assigner des départements bien déterminés. « Il est jusqu'ici complètement impossible, dit M. Luys, d'avoir des données précises sur la constitution réelle et la situation topographique du champ de l'activité intellectuelle proprement dite (2). » — « Telle est l'extrême délicatesse du travail organique, dit Maudsley dans le passage de son livre où il s'explique sur les localisations ou spécialisations cérébrales, que nos moyens actuels d'investigation sont

---

(1) *Le Positivisme*, par M. l'abbé de Broglie. (Librairie générale catholique, 1881. Paris, I, p. 241.)

(2) Luys, p. 181.

absolument impuissants à le dérouler à nos yeux. Les mystères de ces opérations intimes nous sont lettres closes; ils sont comme des nébuleuses que ne peuvent même résoudre nos télescopes (1). » A supposer même qu'une localisation des opérations intellectuelles dans le cerveau fût démontrée — ce qui n'est pas — on en pourrait simplement conclure une plus grande dépendance de la fonction mentale vis-à-vis de son organe; l'assimilation entre la fonction et l'organe ne serait en rien prouvée. Il est certain que le cerveau peut fonctionner avec un seul de ses hémisphères. « Les lésions portant sur un seul des hémisphères cérébraux, dit M. Henri de Varigny, restent le plus souvent latentes. Aucun signe ne vient révéler la perturbation pathologique, et l'on paraît forcé d'admettre dans ce cas la substitution fonctionnelle, c'est-à-dire la possibilité d'un fonctionnement régulier de deux régions sensitives homologues, malgré l'absence de l'un des deux centres cérébraux correspondants (2). » M. de Varigny a beau invoquer l'insuffisance des observations faites jusqu'ici contre cette objection à la localisation des facultés intellectuelles, elle n'en a pas moins une très grande portée. S'appuyant sur les expériences de M. Ferrier, il se montre néanmoins disposé à admettre la localisation des facultés intellectuelles, tout en reconnaissant que la science expérimentale est bien loin d'être arrivée à aucune certitude à cet égard. « De nouveaux faits, dit-il, sont nécessaires. Ceux que nous possédons ne constituent que de fortes présomptions. »

En résumé, nous ne contestons pas les relations du moral et du physique, c'est leur identité qui seule est en question. A moins de soutenir qu'il suffit que deux forces entrent en contact pour qu'elles s'absorbent l'une dans l'autre, le fait incontestable des rapports intimes entre l'intelligence

---

(1) Maudsley, p. 24.
(1) *Revue des Deux-Mondes*, 15 octobre 1880.

et le cerveau ne permet pas de conclure à leur unité.

Le matérialisme s'imagine triompher en appliquant à la pensée le principe de la transformation des forces et en affirmant que de même que les vibrations de l'éther se transforment en lumière, puis en chaleur, elles peuvent aussi se transformer en pensée dans le cerveau. Mais comme M. Janet le fait remarquer avec une haute raison, quand le mouvement se transforme en lumière ou en chaleur, il n'y a aucune transformation réelle, puisqu'il s'agit toujours des vibrations du même éther. La transformation ne commence réellement qu'avec la sensation de la lumière ou de la chaleur, car là il y a un fait tout subjectif qu'il est impossible de réduire au mouvement. Cette induction paraît bien plus impossible, quand il ne s'agit plus seulement de la sensation, mais de la pensée. Appliquer à la production de la pensée la théorie de la transformation des fluides est une échappatoire.

Nous arrivons ainsi à l'objection dirimante, invincible contre l'unification de l'esprit et du cerveau, je veux dire à cette impossibilité radicale où l'on est d'identifier raisonnablement le mouvement et la conscience du mouvement, car toute pensée se traduit en conscience d'un événement soit moral, soit physique. Une vibration moléculaire est une chose, le sentiment de cette vibration en est une autre. M. Luys n'a pas daigné tenter le moindre effort d'argumentation pour établir que la vibration est consciente d'elle-même. Ses descriptions détaillées, souvent brillantes, de l'appareil nerveux dans ses méandres, ses complications et son foyer central, ne prouvent point que cet appareil puisse produire simultanément ces deux choses entièrement différentes : le mouvement et la conscience du mouvement. Il n'y a rien à ajouter sur ce point aux déclarations péremptoires des physiologistes les plus éminents de notre époque. « Nous pouvons réussir, dit Ferrier, à déterminer la nature exacte des changements moléculaires qui se produisent dans la cellule cérébrale lorsqu'une sensation est éprouvée, mais ceci ne nous rapprochera pas d'un pouce de l'explication de la nature fondamentale, de ce qui constitue la sensation (1). » — « On ignore profondément, dit le professeur Potain, de quelle nature est le rapport qui existe entre l'accomplissement des phénomènes intellectuels et le fonctionnement des cellules de la couche corticale (2). » — « Comment un phénomène matériel physique se passant dans les fibres nerveuses ou dans leurs cellules ganglionnaires, dit un autre physiologiste éminent, le professeur Griesinger, peut être devenu une idée, un acte de conscience, c'est ce qui est absolument incompréhensible (3). » Le matérialisme s'est souvent appuyé sur la coïncidence constante qui existe entre l'effort psychique et le travail intérieur du cerveau, produisant une somme correspondante de chaleur. « Quel rapport y a-t-il, se demande M. Gavaret, entre une combustion et une manifestation psychique? Quelle commune mesure trouver entre une quantité de chaleur consumée et une pensée émise ou simplement conçue? Tant que cette commune mesure ne sera pas trouvée, nettement démontrée, nous ne nous sentirons pas autorisés à affirmer que le travail cérébral et la manifestation psychique concomitante diffèrent seulement par la forme, que ces deux efforts sont au fond de même nature, que le premier est la cause suffisante du second (4). » — « Si mon corps, dit très bien M. Charles Dollfus, était la même chose que ce qui perçoit mon corps, comment pourrions-nous le percevoir. Il faudrait dire : Ma tête a mal à la tête (5). »

La notion de l'esprit n'est pas épuisée par le fait de la con-

---

(1) Ferrier, *Fonctions du cerveau*, traduction française, 1878.
(2) *Encyclopédie des sciences médicales. Pathologie du cerveau.* 1re liv., tome XIV.
(3) *Traité des maladies mentales.*
(4) *Les phénomènes physiques de la vie.*
(5) Charles Dollfus, *L'âme dans ses phénomènes de conscience.* (Germer-Baillière, 1878, p. 28.)

science du mouvement ; il a encore conscience de lui-même, il se sent une unité capable de dominer la diversité des phénomènes, une unité persistante. Comment cette conscience d'un moi persistant pourrait-elle résulter d'un organe matériel essentiellement multiple, divisible jusque dans ses parties les plus délicates, les plus fines, les plus déliées ? Comment de cet amas de cellules innombrables dégager l'unité et la simplicité du moi ? Il n'est pas possible d'extraire d'un ensemble divisible une conscience indivisible. Le cerveau, organe de la pensée, ne pense pas plus que l'œil, organe de la vision, ne voit (1).

Il ne sert de rien de parler de ce *sensorium commune* où se constitue mécaniquement l'unité du moi, car ce *sensorium* n'en est pas moins un simple composé de milliers d'atomes ; il ne peut donner que ce qu'il a, c'est-à-dire le contraire de l'unité. Il n'est pas une seule des opérations de l'esprit qui n'implique un pouvoir d'unification. Généraliser, abstraire, comparer, concevoir l'universel, tous ces modes divers de son activité supérieure impliquent qu'il domine le multiple et le divers, c'est-à-dire les conditions inéluctables de la matière et qu'en conséquence il ne saurait être identifié avec aucun organe matériel, fût-il le plus parfait, fût-il le cerveau. Le *sensorium commune* de M. Luys rappelle la fameuse comparaison que fait Diderot dans *le rêve de d'Alembert* entre le réseau nerveux, registre vivant de toutes les sensations, et l'araignée qui, placée au centre de sa toile, sent l'oscillation du moindre fil et, par ses mouvements, se montre instruite de tout ce qui se passe en quelque endroit que ce soit de son domicile. Rien de plus trompeur que cette analogie. En effet, l'araignée est distincte des fils de sa toile, tandis que, comme le fait très bien remarquer M. Caro, le réseau nerveux n'est qu'un composé des molécules qui entrent dans notre substance. « Par quel privilège de position centrale

(1) Dolfus, ouv. cité.

devient-il le registre de nos sensations? Quand de toutes les extrémités du réseau nerveux les impressions sensibles sont accourues au centre commun, isolées, successives, sans mémoire, comment peuvent-elles s'y transformer en une conscience identique, une, continue, et devenir chez l'homme le principe des plus hautes facultés d'abstraction, de raisonnement, d'invention (1)? »

Cette distinction entre l'esprit et le cerveau ne détruit pas le fait de leur corrélation. Celle-ci est évidente, l'esprit ne peut pas plus fonctionner sans le cerveau que le musicien se passer de son instrument. Seulement il ne faut pas exagérer cette corrélation. Elle n'est point absolue et n'est jamais une équation. La phrénologie de Gall, qui établissait une correspondance exacte entre la forme du crâne et les facultés intellectuelles, est depuis longtemps abandonnée. Il est prouvé que la table externe du crâne ne correspond pas à sa table profonde et qu'elle la masque plutôt qu'elle ne la montre. On s'est rejeté sur les pesages et les mesurages du crâne pour lesquels on a multiplié les appareils les plus ingénieux. La capacité crânienne à elle seule ne prouve rien, car, d'après de récents cubages, le Canaque serait sur le même rang que l'Irlandais, et les Anglaises seraient au-dessous des Chinoises et des négresses du Dahomey (2). D'après le cubage de M. Broca, les Esquimaux auraient le même volume crânien que les Parisiens (Parisiens, $1,558^{c.c.}$; Esquimaux, $1,539^{c.c.}$). Le poids du cerveau ne donne pas des résultats plus concluants que la capacité crânienne, même quand on établit le rapport du cerveau à la taille ou au poids de l'animal. Le rapport est chez l'homme de 2 à 47, chez le dauphin de 1 à 66, chez l'éléphant de 1 à 500, chez le ouistiti de 1 à 28 et chez le serin de 1 à 14.

---

(1) Caro, *La fin d'un siècle*, vol. III, p. 230.
(2) Canaques, $1,470^{c.c.}$.
  Irlandais, $1,472^{c.c.}$.
  Négresses de Dahomey, $1,249^{c.c.}$.
  Anglaises, $1,222^{c.c.}$.

Décidément, il n'est pas possible de mettre, pour l'intelligence, le dauphin au-dessus de l'éléphant et le ouistiti ou le serin au-dessus de l'homme. Aussi se contente-t-on de dresser l'échelle du développement mental mesuré au poids du cerveau dans l'espèce elle-même. On cite le poids du cerveau de quelques hommes illustres, qui s'élève au-dessus du poids moyen, qui est de 1,300 grammes. Le cerveau de Dupuytren pesait 1,436 grammes, mais on lui oppose le cerveau d'un inconnu pesant 1,510 grammes. Le cerveau de Cuvier pesait 1,831 grammes, mais on lui oppose un cerveau trouvé pendant la guerre d'Amérique, qui pesait 1,842 grammes. Ce critère est très difficile à apprécier, car il faudrait savoir si les conditions d'âge et de santé étaient les mêmes pour les individus dont on a pesé les cerveaux. Il n'y a rien de décisif dans la comparaison du poids des cerveaux humains appartenant aux différentes races. Il y a telle pesée qui donnerait l'avantage aux nègres. Les négresses, à ce point de vue, l'emporteraient sur les Françaises (1,232 grammes contre 1,210). En vain aurait-on recours aux circonvolutions ; dans le monde animal, les cerveaux lisses se rencontrent chez des animaux très remarquables par leur instinct, tels que l'écureuil, le rat. Le mouton l'emporte sur le chien par le nombre de circonvolutions, et pour les plis et les replis cérébraux la palme appartient à l'âne (1). L'importance donnée par Moleschott au plus ou moins de phosphore dans la composition de la matière cérébrale se heurte à des faits indéniables comme, par exemple, que cette substance abonde dans la cervelle des poissons (2).

Le volume des lobes frontaux ne donne non plus aucun critère décisif ; il y a eu des hommes de haute intelligence, comme Lacépède, dont le front était fuyant. Le docteur Lelut constate que la région frontale est plus développée

---

(1) Voir l'article du *Correspondant*, avril 1881, du docteur Surbler.
(2) Janet, *Le cerveau et la pensée*, p. 58.

chez les imbéciles que chez les hommes d'une intelligence ordinaire. Les aliénistes les plus éminents ne constatent pas de lésions cérébrales dans la folie, sauf le cas où elle a été suivie de troubles nerveux particuliers, tels que la paralysie (1). M. Topinard attribue le développement de l'intelligence à l'accroissement de l'écorce grise en épaisseur et à son amélioration en qualité ; ce critère n'a qu'un inconvénient, c'est qu'il est impraticable, car il n'y a aucun instrument capable d'apprécier l'amélioration de la qualité de l'écorce grise.

Ce qui nous paraît le plus décisif dans cette indépendance relative de l'esprit vis-à-vis du cerveau, c'est la très faible différence qui existe, d'après Broca, entre le cerveau de l'homme et celui des singes anthropoïdes. « Je viens de passer en revue, dit-il dans son discours sur l'ordre des Primates, prononcé à la Société d'anthropologie, tous les caractères anatomiques et morphologiques à l'aide desquels on a cherché à séparer le type du cerveau humain de celui du cerveau des autres Primates. Ces caractères différentiels sont tantôt tout à fait illusoires et tantôt tellement faibles qu'ils ne laissent entre l'homme et les anthropoïdes qu'un intervalle très étroit. Jamais il ne fut plus évident que, au point de vue zoologique, l'homme diffère moins de certains singes que ceux-ci ne diffèrent de certains autres singes (2). » Personne, je pense, ne contestera qu'une incommensurable distance sépare l'homme, au point de vue intellectuel, de ces anthropoïdes si favorisés par le cerveau. Est-il une preuve plus décisive de la disproportion qui existe entre l'organe de l'esprit et l'esprit lui-même ? Le cerveau du singe asservi à ses grossiers instincts, incapable de progrès, menant sa vie toute animale dans les branchages épais où retentit son cri

(1) Janet, *Le cerveau et la pensée*, ch. IV.
(2) Broca, *Mémoires d'anthropologie zoologique et biologique*. (Reinwald, 1879, p. 139.)

inarticulé, est presque identique à celui de l'homme, le roi superbe de la création. Qui oserait dire encore que le progrès de la pensée se mesure au développement de son organe ? Comment ne pas redire ce mot d'un savant illustre cité par M. Broca : « Oui, par sa forme, par sa structure, par l'ensemble de ses dispositions organiques, l'homme est un singe ; mais par son intelligence, par les créations de sa pensée, l'homme est un dieu. » Sans l'élever si haut, reconnaissons que cette pensée ne peut décidément se confondre avec son organe physique, bien qu'elle lui soit liée dans nos conditions actuelles d'existence et qu'elle dépende, pour son fonctionnement normal, de son plus ou moins de santé ou de perfection. Il nous suffit que cette dépendance ne soit que relative pour que la dignité de l'intelligence soit maintenue et qu'elle ne dépende pas dans son essence d'un pur accident matériel, qu'il s'agisse d'une lésion cérébrale ou de ce brisement total de l'organisme physique qui s'appelle la mort (1).

(1) Nous ne saurions trop recommander sur cette question l'excellent ivre de M. Janet, *Le cerveau et la pensée*. (Paris, Germer-Baillière, 1863.) Voir l'article de M. Manouvrier sur le poids de l'encéphale (*Revue scientifique* du 2 juin 1882). L'auteur insiste sur la nécessité, dans les mesurages du cerveau, de tenir compte d'éléments divers, tels que rapports avec la taille, l'état pathologique ; il rappelle que les races inférieures de très haute stature l'emportent pour la capacité crânienne sur les plus civilisées. « L'intelligence, dit-il, n'est pas plus mesurable par le poids relatif que par le poids absolu de l'encéphale. » Il n'en conclut pas moins à une corrélation étroite entre le poids du cerveau et la pensée ; mais cette corrélation ne peut rien avoir d'absolu après les déclarations que nous avons citées.

II. — OBJECTIONS TIRÉES DE LA NOTION DU MOUVEMENT.

Après avoir assimilé la pensée au mouvement cérébral, les matérialistes s'attachent à réduire le mouvement au mécanisme pur, éliminant ainsi tout élément spirituel dans l'homme et transformant la volonté en un simple rouage soumis à des lois fatales. Spiritualité, liberté, rien ne subsiste plus dans l'automate humain que la subordination passive aux lois de la matière. C'est cette notion du mouvement que nous devons analyser maintenant pour voir si elle répond à la réalité. L'objection que nous avons à combattre se présente à nous sous deux formes. Tout d'abord elle se fonde sur les mouvements réflexes, et en second lieu elle invoque, pour l'appliquer à l'homme, la fameuse loi de l'équivalence de la force se maintenant en quantité toujours identique. Considérons l'une et l'autre objection.

Le mouvement réflexe est un mouvement machinal qui se produit sans que nous en ayons conscience sous l'effet d'une excitation extérieure. Un homme qui met la main sur un corps brûlant la retire instinctivement, sans avoir pensé ni voulu ce mouvement de retrait. Dans ce cas, il y a proportion exacte entre l'excitation venue du dehors et le mouvement produit. On peut même enlever le centre nerveux des sensations, décapiter une grenouille ; si l'on soumet ses nerfs à une excitation électrique, on verra se produire des mouvements tout à fait semblables à ceux de la vie complète. On en conclut que le mouvement chez l'être vivant n'est en lui-même pas autre chose que la restitution extérieure du mouvement extérieur primitif. Le système nerveux a reçu des impressions qu'il a restituées sous forme d'excitation; voilà le mouvement réflexe, c'est-à-dire le mouvement essentiel, typique ; car, si diverses et complexes qu'elles soient en apparence, les fonctions du système nerveux se rattachent toujours à cette forme simple et élémentaire qui constitue le mouvement réflexe. La pensée, qui elle aussi est un mouvement, devient, par une activité propre de l'animal, une pure transformation du mouvement actuel de la matière extérieure. Pour le mouvement cérébral comme pour tous les autres, il y a équation parfaite entre le mouvement transmis et le mouvement rendu.

Nous opposerons deux arguments à cette théorie du mouvement (1). C'est sans aucun motif plausible qu'elle ne veut connaître aucune autre sorte de mouvement que le réflexe, et qu'elle cherche sa nature, son idée dans son type inférieur. De quel droit éliminer cette autre forme du mouvement qui nous montre entre l'excitation du dehors et sa restitution le fait d'une sensation consciente, d'une délibération et d'une résolution? La rapidité de ces actes successifs ne les supprime pas; le temps ne fait rien à l'affaire. « Le mouvement délibéré et conscient, dit l'abbé de Broglie, se compose de trois parties:

» 1º Un circuit physiologique qui traverse les organes des sens, remonte le nerf sensitif, arrive au cerveau et produit la sensation;

» 2º Un circuit psychologique qui commence par la sensation, se continue dans la perception et la délibération et se termine par la résolution;

» 3º Un second circuit physiologique qui, en partant du cerveau, parcourt les nerfs moteurs et aboutit au mouvement (2). »

Sur quoi se fonde-t-on pour passer absolument sous silence le circuit psychologique sous prétexte qu'il ne se rencontre pas toujours? L'effort conscient n'est-il pas à lui seul l'attestation de l'intelligence et de la volonté? Il y a donc incontesta-

(1) Voir la très belle réfutation du Dr Chauffard, *La spontanéité vivante et le mouvement* dans son livre intitulé : *La vie, études des problèmes de physiologie générale*.

(2) *Le positivisme.* Tome Ier, p. 254.

blement un autre mode de mouvement que le mouvement réflexe, même quand il y a eu excitation extérieure. La chose est encore bien plus évidente quand l'impulsion n'est pas venue du dehors, mais du dedans. Au-dessus du mouvement mécanique il y a le mouvement spontané, qui devient chez l'homme le mouvement raisonné, délibéré, voulu, dont nous aurons à déterminer le caractère.

Il y a plus, le mouvement réflexe lui-même ne saurait être identifié au mouvement purement mécanique. En effet, celui-ci a pour caractère permanent d'être toujours en rapport exact avec l'excitation, de ne pouvoir rendre ni plus ni moins que ce qu'il a reçu. Dès qu'il y a disproportion entre l'excitation reçue et le mouvement rendu, nous sortons de la mécanique pure. Or, il est certain, pour en revenir à l'exemple constamment invoqué, que la grenouille décapitée ne se comporte pas sous l'action excitante de la même façon que la grenouille vivante. Pincée légèrement dans le premier cas, elle retire la patte ; dans le second, elle saute au loin et fuit l'expérimentateur. Donc il n'y a pas dans les deux expériences la même proportion en fait de mouvement entre ce qui a été reçu et ce qui a été rendu. En outre, constamment un mouvement très faible produit une impression très forte. Le chatouillement le plus délicat produit des secousses convulsives. Une réaction forte, comme le faisait remarquer Gratiolet, peut suivre une réaction faible, et réciproquement. Donc l'arc nerveux n'est pas un simple conducteur. Il faut faire une part à la spontanéité, même dans le mouvement réflexe (1).

Enfin le mouvement réflexe chez le vivant a toujours un but de préservation ; il obéit à l'instinct de conservation. Or, finalité et mécanisme sont deux notions qui s'excluent. Ainsi le mouvement réflexe nous élève au-dessus de la mécanique et nous fait pressentir le mouvement vraiment spontané qui est propre à l'être vivant.

---

(1) Chauffard, livre cité p. 255.

Il est facile d'établir que ce dernier diffère du tout au tout du mouvement purement mécanique. Remarquons d'abord que ce dernier mouvement ne saurait s'interrompre ; l'excitation extérieure une fois produite dans les centres nerveux doit en revenir sans aucun délai, sous forme de mouvement. Or, chez l'être vivant, le mouvement a constamment des temps d'arrêt ; il peut être latent même dans la plante ou dans l'animal d'ordre inférieur chez qui se produit le phénomène bien connu de la reviviscence. Tout le monde sait que tel végétal dont la vitalité a été comme suspendue, tant qu'il est resté renfermé dans quelque réduit ténébreux où ni l'air, ni le soleil, ni l'humidité ne parvenaient, comme les plantes qu'on retrouve près des momies dans les pyramides d'Égypte, renaît à la vie dès qu'il retrouve les circonstances atmosphériques nécessaires à sa croissance ; donc, il y a autre chose dans le végétal que du mouvement mécanique. La lente incubation des germes morbides conduit au même résultat ; en outre, le mouvement, chez le vivant et spécialement chez l'homme, est emmagasiné comme à l'état virtuel. Il n'en réalise qu'une certaine somme à des intervalles irréguliers.

Cette virtualité est tout à fait incompatible avec la mécanique pure, d'après laquelle les ébranlements d'atomes se succèdent, se suivent par une succession non interrompue. Il s'ensuit que le mouvement spontané s'accélère, ou se ralentit, ou s'interrompt pour des causes qui échappent aux simples lois mathématiques. C'est que, chez l'homme comme chez tous les êtres vivants, il ne dépend pas seulement de l'excitation extérieure, mais aussi de l'état intérieur du sujet. Ainsi il est reconnu que l'habitude enlève au choc venu du monde extérieur une grande partie de son intensité ; elle émousse la sensibilité et amène des réactions qui ne sont pas en rapport avec l'action du dehors. La fatigue produit le même effet. La distraction amortit souvent les excitations extérieures qui sembleraient devoir élever jusqu'au paroxysme les réactions de la sensation sous forme de mouvement. Il n'y a donc pas correspondance entre le choc reçu et le mouvement rendu ; ce qui suffit pour nous transporter dans une autre sphère que celle de la mécanique.

Plus l'être vivant s'élève dans l'échelle du progrès, plus cette spontanéité du mouvement, d'abord faible et presque imperceptible chez les êtres tout à fait inférieurs, se manifeste avec énergie. Le sujet des excitations extérieures est de moins en moins passif, son activité propre diminue et modifie l'impulsion reçue dans la proportion où il se possède, où il a conscience de lui-même. Quand l'être vivant est comme l'homme une personne morale, il commande à l'impulsion du dehors sans se dérober jamais à son action qui est nécessaire à la sensation pour lui fournir ses matériaux. La volonté, guidée par la conscience morale, arrête l'élan de la passion même au moment où elle est surexcitée par les plus fortes sollicitations des sens.

D'après la théorie mécaniste, la pierre qui nous atteint et nous blesse doit produire en nous une irritation correspondante à la force du coup reçu ; la colère en devrait toujours être la mesure exacte et le choc ressenti par nous devrait être restitué par les actes violents destinés à satisfaire notre irritation. Eh bien, cette théorie est constamment démentie dans les faits. Il suffit que l'esprit de pardon intervienne pour que notre main demeure immobile et qu'il n'y ait, par conséquent, aucune restitution de mouvement. L'énergie morale rompt sans cesse cette proportion entre l'impulsion qui nous vient du dehors et l'action qui devrait en être la réplique ou la restitution. Enfin, combien de mouvements n'ont leur origine que dans le sujet lui-même et ne sauraient être rapportés à aucune impulsion extérieure? Toutes les actions qui sont le résultat de la réflexion sont de ce genre, elles attestent notre indépendance vis-à-vis des lois mécaniques et renversent complètement la théorie qui nous y soumet sans réserve. Encore ici nous retrouvons la distinction entre la quantité et la qualité. La première seule est absolument soumise à la loi mécanique, tandis que la seconde apporte avec elle la possibilité d'échapper à la loi mécanique, tout en la respectant dans sa sphère propre.

Si, sortant de cette généralité nous considérons le fait humain, ces objections prendront une nouvelle force. Nous renvoyons sur ce point à l'admirable article de M. Ernest Naville, inséré dans la *Revue philosophique* de mars 1879, sous ce titre : *La physique et la morale*. L'éminent écrivain établit qu'à supposer que le mouvement reste le même en quantité — ce qui suffit à la loi de l'équivalence de la force — il peut être modifié dans sa direction, soit dans l'espace, soit dans le temps. N'est-il pas certain qu'une locomotive placée sur un chemin de fer horizontal peut prendre une direction ou une autre, la force qui la meut restant la même? Que si l'on dit que c'est encore un mouvement qui modifie la direction du mouvement et que nous n'échappons pas plus aux lois de la mécanique pour sa direction que pour sa quantité, on peut répondre qu'il n'est pas exact que toute force soit un mouvement, que tout mouvement ait pour cause un mouvement antérieur, témoin l'affinité chimique ou l'attraction. La force de résistance qui est dans le corps et qui modifie le mouvement préexistant n'est le principe d'aucune impulsion. Donc le mouvement peut être modifié dans sa direction par une force qui n'est pas mécanique. Quand il s'agit de l'être vivant, la force plastique dont nous avons si souvent parlé après Claude Bernard change constamment la direction des mouvements physiques sans en changer la quantité. Ces forces directrices et non créatrices font des emplois divers de mouvements physiques dont la somme reste la même. Il s'ensuit que la permanence de la force ne s'oppose pas à l'admission de forces plastiques qui, sans être des mouvements, sont des causes de mouvement. Donc, en admettant que tout dans le corps humain soit soumis au déterminisme physiologique, il suffit, pour que la liberté subsiste, qu'il existe des éléments de liberté dans la partie directrice des phénomènes. Peu importe que l'homme ne dispose que de la quantité de force qu'il tire de sa nourriture, de l'air, du soleil ; c'est assez qu'il en dispose librement pour qu'il soit responsable de ses actes. La liberté est possible, dès qu'on admet pour la volonté ce qu'on ne saurait refuser aux germes vivants, ou du moins à leur pouvoir de direction qui ne change pas la somme des mouvements.

On peut appliquer au temps ce que nous venons de dire de l'espace. Ce qui demeure en quantité fixe, ce n'est pas le mouvement actuel, c'est la puissance de produire du mouvement. Je ne crée pas des forces, mais je dispose de celles que je possède, et j'en dispose au moment que je choisis. Il s'ensuit que si la liberté et la responsabilité existent, on ne peut rien conclure contre elles de la loi de permanence de la force.

M. Naville résume cette argumentation par cette formule : « Que reste-t-il à la volonté ? Pour la création de la force, *rien*, pour la direction, *tout*. C'est assez pour le monde moral (1). »

En résumé, pas plus pour la volonté que pour la pensée, nous ne mettons la vie physique en l'air et nous ne la séparons de la vie physiologique et de l'appareil nerveux nécessaire à la production de l'action comme à celle de la pensée. Les lois mécaniques pourront être acceptées comme l'une des conditions de la vie supérieure sans détruire celle-ci,

(1) Un savant philosophe, M. Boussinesq, a cherché à reconquérir la part de la liberté sur la mécanique en utilisant au profit de la première une théorie bien connue des géomètres sous le nom de *Solutions singulières*. « D'après cette théorie, il y aurait, dit M. Boussinesq, des cas d'indétermination mécanique parfaite, c'est-à-dire des cas où un mobile, arrivé à certains points, appelés par l'auteur *points de bifurcation*, pourrait indifféremment prendre deux ou plusieurs directions, tout en satisfaisant dans l'un comme dans l'autre cas, à l'équation. On comprend que, dans cette supposition, une action extra-physique, extra-mécanique peut être l'effet d'un pouvoir directeur... » Rapport de M. Janet sur le mémoire de M. Boussinesq. Voir deux importants articles de M. Renouvier sur ce sujet dans la *Critique philosophique* du 7 juin et du 1er juillet 1882.

pourvu qu'il soit entendu qu'elles n'en sont pas la cause et qu'elles peuvent être modifiées dans leur application. Nous reconnaissons qu'on ne peut ni penser ni agir sans qu'il y ait dans le cerveau un dégagement de calorique ; seulement, la pensée n'est point en relation asbolue avec le travail cérébral, comme si un travail cérébral plus intense manifestait une pensée plus haute. Le cerveau d'un ignorant qui apprend péniblement est tout autant échauffé, plus peut-être que celui d'un Shakspare ou d'un Corneille enfantant un chef-d'œuvre avec la virtuosité sublime du génie. La *Phèdre* de Pradon n'a pas été conçue dans d'autres conditions physiologiques que celle de Racine. La quantité de mouvement dépensée par le scélérat qui a commis un crime a été la même que celle qui a été mise en œuvre par le héros qui a sauvé son pays. Ce n'est qu'en maintenant la différence entre la quantité et la qualité que nous empêchons le monde moral de tourner dans un orbite toujours invariable, sinon il n'y aurait aucun moyen de distinguer entre le génie et la sottise, entre le crime et la vertu; pour mieux dire, il n'y aurait pas de monde moral, pas d'humanité au sens vrai du mot.

De l'étude que nous avons faite de l'homme au point de vue physiologique et au point de vue psychologique, nous pouvons tirer deux conclusions. La première, c'est que l'esprit et le corps dans nos conditions actuelles d'existence sont étroitement associés ; qu'ils réagissent l'un sur l'autre, que ni l'intelligence ne fonctionne sans l'intermédiaire de l'appareil des sens, qui lui transmet les matériaux de la connaissance élaborés selon ses lois propres, ni la volonté ne peut se mouvoir sans un agent physique d'exécution.

La seconde conclusion, c'est que l'esprit ne se résout pas dans le corps, que la pensée ne saurait se confondre avec le cerveau et la volonté avec le mouvement mécanique. Ne faisant pas un traité de psychologie, nous n'avons pas à rechercher le mode d'union du corps et de l'esprit; la distinction nous suffit. Grâce à cette distinction, nous sortons de cette passivité absolue à laquelle le matérialisme sous toutes ses formes prétend nous réduire. Le moi n'est plus la résultante des sensations; il se constitue par un acte libre qui lui fait saisir les grandes formes de la connaissance existant préalablement à l'état virtuel dans la raison et la conscience. La conscience comme la raison a son caractère primordial, ses premiers principes qui ne lui viennent pas du dehors. L'obligation morale est le fond de la première, le principe de causalité celui de la seconde. La liberté n'a pas à se démontrer; elle est la substance même de l'être moral. Nous aurons à la définir, à la défendre contre les objections de diverses sortes qui sont dirigées contre elle par l'école qui, après avoir voulu la psychologie sans l'âme, veut fonder la morale sans la conscience et sans la responsabilité. Au point où nous sommes parvenus, nous avons dégagé la liberté de l'engrenage du mouvement mécanique où on voulait la prendre et la broyer en prétendant l'expliquer. Cette distinction entre le corps et l'esprit nous autorise déjà à admettre la possibilité de la permanence de la vie supérieure. Une fois que le corps n'est pas le principe de l'esprit, qu'il n'est que la condition actuelle de son activité, il est permis de penser avec Stuart Mill que les conditions actuelles peuvent être transformées et même disparaître sans envelopper dans leur destruction ce qui ne leur doit pas son origine. Si la vie physique n'est pas la cause de la vie psychique, la première peut s'interrompre, cesser, sans que l'âme elle-même soit enveloppée dans la même ruine. Son principe d'être est plus grand que ses conditions actuelles d'existence; il leur survit et rien n'empêche qu'il la fasse vivre elle-même dans des conditions nouvelles. L'âme n'est pas, pour employer une des plus belles images de Platon, une simple harmonie résultant de l'ensemble des facultés physiques; il n'en est pas d'elle comme de la musique qui s'évanouit dès que les cordes de la lyre sont brisées. C'est le corps qui est la lyre; l'âme est le musicien qui la touche et qui, si elle vient à lui manquer, pourra bien trouver un autre instrument; car elle est essentiellement intelligence, activité, c'est-à-dire une activité dominant la passivité. C'est à la morale à nous donner plus tard les raisons décisives pour la permanence de la personne humaine au delà de cette vie et à établir à cet égard la différence entre l'homme et l'animal (1).

Nous ne pouvons mieux clore cette discussion sur la distinction entre l'esprit et le mouvement mécanique, qui ne porte pas seulement sur l'anthropologie, mais encore sur la conception du monde en général, qu'en résumant l'admirable discours prononcé par M. Dubois-Raymond à l'Académie des sciences de Berlin (2). Ce discours est tout entier dirigé contre l'infatuation de l'évolutionisme allemand, qui prétend avoir élevé son *monisme* à la hauteur d'une conception évidente. Dubois-Raymond, pas plus dans ce discours que dans ses œuvres antérieures, ne se rattache à une école spiritualiste ou religieuse. Il se contente de protester au nom de la science qui nous interdit de formuler les hypothèses en axiomes. Il oppose des faits irréfragables aux affirmations apostoliques de Hœckel, qui n'hésite pas à traiter de capucin quiconque

---

(1) On voit à quel point nous repoussons les bases anthropologiques du livre publié par M. Edouard White sur *l'immortalité conditionnelle* (traduit par M. Charles Byse. Fischbacher, 1881). Nous ne discutons pas ici la conclusion finale du livre sur l'immortalité conditionnelle. Ce que nous repoussons énergiquement, ce sont les étranges concessions faites aux théories matérialistes dans la conception des rapports de l'âme et du corps, en particulier en ce qui concerne la dépendance absolue de l'esprit vis-à-vis du cerveau (p. 9). Sur ce point, M. White n'hésite pas à accepter les théories de Hœckel. Il est vrai qu'il se borne à les reproduire sans apporter à leur appui la moindre preuve nouvelle. Ces concessions au matérialisme en anthropologie sont entièrement gratuites et uniquement faites pour appuyer sa thèse favorite. Nous sommes loin d'accuser l'auteur de conclure par là même au matérialisme; mais alors pourquoi le prendre sous son patronage dans ses prémisses?

(2) *Deutsche Rundschau*, septembre 1881.

élève un doute sur l'explication mécanique du monde. « Capucin vous-même, » lui dirait volontiers Dubois-Raymond. Il y a, d'après lui, sept choses qui sont tout à fait réfractaires à cette explication :

1° La notion de matière et de force, qui n'est pas épuisée par la théorie du mouvement physique.

2° L'origine du mouvement. Dire que la matière se meut, c'est ne rien dire. Il s'agirait de montrer d'où vient la première impulsion.

3° L'origine de la vie.

4° Ce que Dubois-Raymond appelle la finalité apparente dans la nature. Jamais la théorie de l'évolution n'en a rendu un compte satisfaisant.

5° La sensation, que le simple mouvement des molécules ne suffit pas à produire.

6° La pensée, encore plus irréductible au simple mouvement mécanique, du moins dans l'état de nos connaissances actuelles.

7° Le problème de la liberté sur lequel M. Dubois-Raymond ne se prononce pas, non sans remarquer que la théorie mécanique simplifie singulièrement sa tâche en éliminant tous les faits psychologiques qui lui sont contraires.

M. Dubois-Raymond ridiculise la prétention de Hœckel d'attribuer la conscience et l'intelligence aux atomes. Si les atomes sentent, à quoi bon les organes des sens? Comment dégager l'unité de sensation d'atomes multiples? Hœckel oublie de déterminer en quoi consiste la conscience avant de l'attribuer aux parties ultimes de la matière. Il confond toujours le fait avec la conscience du fait. En matérialisant toutes les manifestations de la vie psychique, il identifie la force d'attraction avec l'amour, et la force de répulsion avec la haine. C'est bien au sens réel que, dans son système, la foi transporterait les montagnes. La foi aveugle, hasardée, qui affirme ce qu'elle n'a pas expérimenté, c'est bien là ce que Dubois-Raymond reproche au représentant le plus éminent du *momisme*. Quant à lui, il se contente de conclure par ce mot : *Ignoremus*. Il en a pourtant assez dit pour que nous n'en restions pas à cette abstention totale. Le principe de causalité, qui est le ressort vital de notre raison, nous contraint de dépasser ces trop prudentes conclusions. S'il est établi que le mécanisme pur n'explique ni la matière, ni l'origine du mouvement, ni le monde, ni l'homme, c'est donc qu'il nous faut statuer un principe d'un ordre supérieur. L'esprit seul a pu produire l'esprit. Après avoir imprimé ses marques de dessin dans un monde inférieur, il se révèle tout entier dans l'être privilégié, qui est lui-même la fin, le but de la création ; nous voulons dire l'homme.

CHAPITRE III

L'HOMME ET L'ANIMAL.

I. — POSITION DE LA QUESTION.

Huxley, dans son livre sur *la Place de l'homme dans la nature*, s'exprime en ces termes sur la place qui nous revient dans l'ensemble des êtres : « Supposons un homme transporté dans un baril de rhum dans la planète solaire et comparé aux autres animaux mammifères et singes ; il serait à coup sûr assimilé à ces derniers (1). » La chose est possible ; mais, pour établir une assimilation complète, même au point de vue purement physique, il faudrait que les naturalistes du soleil en fussent encore à la période des examens superficiels. Ils auraient commis la plus lourde méprise en prenant cet homme en bocal pour l'homme véritable ; car ils n'auraient sous les yeux que son enveloppe corporelle, à moins, pourtant, qu'ils n'allassent aussi rapidement en affaires, que M. Charles Vogt dans ses *Leçons sur l'homme*, et qu'ils ne donnassent leur adhésion à la déclaration suivante du célèbre naturaliste : « Les caractères anatomiques dans la comparaison pèsent avant tous les autres. Quant aux accessoires, soit philosophiques, soit religieux dont quelques naturalistes ont cherché à décorer leur fragile édifice, nous ne pouvons que çà et là leur accorder, en passant, quelques regards. Il nous est passablement indif-

---

(1) Huxley, *La place de l'homme dans la nature*. (Paris, Germer-Baillière, 1868.)

fèrent que Schopenhauer fasse reposer la distinction entre l'homme et le singe dans la volonté ou que M. Bischoff la fasse reposer sur la conscience de soi-même (1). »

On comprend que M. Vogt, après avoir traité de détail insignifiant toute la vie supérieure de l'homme, en vienne à conclure qu'il y a moins de différence entre un nègre et un orang-outang qu'entre un Allemand et un nègre. Sans doute, le Français, l'Italien et l'Anglais ménagent la transition et fournissent ce fameux chaînon intermédiaire qui, par malheur, manque tout à fait entre l'anthropoïde et l'homme. M. Lefèvre use de la même désinvolture d'affirmation dans sa *Philosophie* et nous apprend, à son tour, que, de fait, entre le gorille et les plus infimes représentants de l'humanité, le Boschiman ou l'Australien, la nature a mis moins de distance qu'entre les anthropoïdes et les singes inférieurs. « A une époque indéterminée, dit-il, est né à son heure et à sa place dans la série des êtres un mammifère bipède et bimane, comme les autres simiens, velu, grimpeur aux jambes sèches, aux griffes agiles, qui d'une branche arrachée, d'un caillou ramassé a frappé sa proie. Il apportait, dans la lutte pour la vie, un organisme plus équilibré, des appétits plus réglés, un cerveau moins obtus. Instruit par la nécessité, il apprit à chercher des refuges, à se créer des gîtes ; à des forces supérieures, il opposa l'adresse et le nombre. La sélection fit le reste (2). » Nous n'avons là qu'un résumé rapide et vif des théories développées dans les deux livres capitaux de Darwin sur l'*Origine des espèces et la descendance de l'homme* (3), et dans le grand ouvrage de Hœckel sur l'anthropogénie (4). Dar-

---

(1) *Leçons sur l'homme, sa place dans la création et dans l'histoire de la terre*, par Carl Vogt, traduction Moulinié. 2º édit. (Reinwald, 1870).

(2) A. Lefèvre, *Philosophie*, p. 496-497.

(3) *Origine des espèces au moyen de la sélection naturelle*, traduit par J. Moulinié. (Paris, Reinwald, 1873.) — *La descendance de l'homme et la sélection sexuelle* par Darwin, traduit par Moulinié. 2 vol. (Reinwald, 1874.)

(4) Hœckel, *Anthropogénie ou histoire de l'évolution humaine*, traduit par le Dr Letourneau. (Paris. Reinwald, 1875.)

win cherche à appliquer à l'homme sa théorie de l'évolution, avec ses grandes lois de la sélection naturelle et sexuelle, de la lutte pour la vie, de l'hérédité fixe, enfin de l'appropriation au milieu et de la coordination des organes modifiés. Dans son livre sur la *Descendance de l'homme*, il s'efforce d'abaisser la barrière entre l'animalité et l'humanité et de faire sortir, par une gradation insensible, toutes nos facultés supérieures des instincts animaux, le sens moral étant confondu avec l'instinct de sociabilité, et le sentiment religieux avec la simple terreur produite par une force inconnue. Hœckel ne se donne pas tant de peine pour identifier l'homme à l'animal ; il ne se livre à aucune analyse psychologique. Il lui suffit de constater que le système nerveux central est l'organe de la vie psychique, pour établir ou plutôt pour affirmer que tout ne revient chez l'homme, comme chez les autres animaux, à une simple évolution physiologique. « L'âme humaine, dit-il, s'est développée avec le tube médullaire dont elle est la fonction, et de même qu'aujourd'hui encore le cerveau et la moelle épinière de chaque homme dérivent du tube médullaire simple, ainsi, l'esprit humain, l'activité psychique du genre humain tout entier s'est développée peu à peu, graduellement, à partir de l'un des vertébrés inférieurs. L'embryon humain parcourt de nouveau les diverses phases de ce long développement (1). » Rappelons enfin, comme résumant avec autant de clarté que d'éclat toute l'argumentation dirigée contre le caractère spécifique de l'humanité, le discours prononcé par M. Broca sur l'intelligence des animaux et le règne humain lors de la discussion élevée sur ce sujet dans la Société d'anthropologie (2). M. Topinard, dans son *Manuel d'anthropologie*, a fourni après coup le dossier de cette brillante plaidoirie que l'on est en droit de trouver bien sommaire quand on considère la gravité des conclusions (3).

(1) Hœckel, *Anthropogénie*. 26ᵉ leçon.
(2) *Mémoires d'anthropologie zoologique*, par Paul Broca. (Reinwald, 1870.)
(3) Topinard, *Anthropologie*. (Paris, Reinwald, 1879.) Voir aussi Letour-

On le voit, la question psychologique se confond pour l'humanité avec la question d'origine. Si vraiment il n'y a aucune différence spécifique entre l'esprit humain et ce qu'on appelle l'intelligence des animaux, la théorie de l'évolution *moniste* est justifiée pour la plus hardie de ses applications. Il n'y a eu que des transitions plus ou moins marquées entre les premières apparitions de la la vie psychique et son épanouissement le plus radieux. Si, au contraire, l'esprit humain a bien un caractère qui n'appartient qu'à lui, il y a eu autre chose dans l'homme qu'un simple développement de l'animal. Quand même il serait établi — ce qui n'est pas — que, pour la vie physiologique, il y a eu des plus basses espèces jusqu'aux espèces supérieures, telles que les anthropoïdes, une évolution continue conformément aux lois de la sélection naturelle, de l'hérédité et de l'adaptation aux milieux, l'esprit humain n'en serait pas moins une apparition vraiment nouvelle. Le principe de causalité empêcherait de le rapporter aux simples antécédents physiologiques, tant l'effet dépasserait la cause, et il faudrait reconnaître qu'il vient de plus haut et révèle une causalité supérieure. Prouvez tant que vous voudrez que le corps de l'homme est identique au corps d'un singe, prouvez même que, physiologiquement, il en est sorti — preuve qui n'est point encore fournie — qu'importe, si, comme on l'a dit éloquemment, son âme est d'un dieu! L'homme vrai, non pas celui du baril de rhum dont on a éliminé, à l'exemple de Vogt, la vie supérieure comme une bagatelle sans importance, l'homme dans la totalité de son être, considéré dans ce qui est son caractère propre, n'est pas simplement le dernier chaînon de l'animalité. Cet embryon qui, nous dit-on, a parcouru dans le sein de sa mère tous les échelons de la vie physique antérieure, avait en lui, à l'état virtuel, un élément d'ordre supérieur qui

---

neau, *Sociologie*. (Reinwald, 1880.) — La thèse opposée qui mettait à part l'ordre humain, a été constamment soutenue par Buffon et de nos jours par Flourens et Blainville. M. Henri Hollard lui a consacré un livre très remarquable qui n'a pas vieilli (*l'Homme et les races humaines*).

suffit pour briser la chaîne et pour poser en lui un principe nouveau dans la série des êtres. Nous sommes d'autant plus en droit d'affirmer dans ce sens l'ordre humain que l'anthropoïde dont l'homme a dû provenir directement n'a point été retrouvé. Hœckel a bien affirmé qu'on le retrouverait bientôt ; sa parole d'honneur ne peut passer pour une preuve.

En résumé, la question d'origine se confond avec la question psychologique, et c'est cette dernière que nous devons chercher à résoudre par l'étude impartiale des faits. Y a-t-il, oui ou non, une différence esentielle entre l'animal et l'homme au point de vue psychologique ? En quoi consiste cette différence ? Voilà ce que nous devons rechercher.

Avant d'entrer dans le fond de cette discussion, remarquons que la doctrine de l'évolution sous sa première forme n'est point forcée logiquement de conclure à effacer toute distinction essentielle entre l'homme et l'animal. « L'homme, dit Wallace, le précurseur de Darwin, par la seule faculté de se vêtir et de se faire des armes et des outils, a enlevé à la nature la puissance de modifier lentement, mais d'une manière durable, sa forme et sa structure pour les mettre en harmonie avec les changements de milieu, puissance qu'elle exerce sur les autres animaux. Un être prit naissance, chez lequel cette force subtile que nous appelons l'intelligence acquit une importance supérieure à celle de l'élément purement corporel. C'est elle qui donna à son corps nu un vêtement et se servit d'armes contre les fauves. Il dirigea la nature à ses fins. Dès le jour où la première peau de bête lui servit de manteau, où la première lance grossière fut employée à la chasse, où le premier feu servit à cuire sa nourriture, où le premier grain fût semé, une grande révolution s'accomplit dans la nature, révolution sans analogie jusque-là dans l'histoire du monde ; car il avait paru un être qui n'était plus nécessairement sujet aux variations de l'univers, un être en un certain point supérieur à la nature, puisqu'il savait guider et régler son action et se tenir en harmonie avec elle, non par les changements de son corps, mais par les progrès de son esprit. L'homme est un être à part. Non seulement il a échappé à la sélection naturelle, mais encore il peut dérober à la nature une portion de cette puissance qu'elle exerçait universellement avant qu'il fût au monde. Le progrès pour l'homme n'étant pas dû à la survivance des plus aptes, je suis forcé de conclure qu'il est dû à la force progressive inhérente à nos glorieuses facultés qui nous élèvent si fort au-dessus des autres animaux et nous fournissent la preuve de l'existence d'êtres supérieurs à nous (1). »

M. de Quatrefages réduit la différence spécifique entre l'homme et l'animal à la possession par le premier des notions morales et religieuses, qui impliquent la croyance en une vie future; il ne voit que des différences de degré entre l'humanité et l'animalité en ce qui concerne les facultés intellectuelles (2). M. Milne-Edwards, dans ses *Leçons de physiologie et d'anatomie comparée de l'homme et des animaux* — admirable répertoire zoologique où nous puiserons largement — ne se contente pas d'effacer toute distinction essentielle entre l'intelligence de l'animal et celle de l'homme ; il reconnaît au premier une sorte de sens moral (3).

Tout en donnant pleinement raison à M. de Quatrefages en tant qu'il repousse cette dernière analogie, nous ne pouvons nous contenter de la part qu'il fait à l'homme. Certes, nous ne diminuons pas l'importance du sentiment moral et religieux et nous sommes prêts à reconnaître qu'il creuse un abîme entre le plus intelligent des anthropoïdes et l'homme ; mais nous sommes convaincu que, à s'en tenir à la vie purement intellectuelle, l'esprit humain possède un caractère propre. Il

---

(1) Wallace, *Essais*, p. 331-347.
(2) De Quatrefages, *L'espèce humaine*. (Germer-Baillière, 1879, p. 16).
(3) Milne-Edwards, *Leçons sur la physiologie et l'anatomie comparée de l'homme et des animaux*. (Paris, Masson, édition 1880, vol. XIII, et XIV, leçon XV).

nous suffirait, pour en être persuadé, de nous en tenir aux assertions de M. de Quatrefages. Dire que l'homme seul s'élève aux notions morales et religieuses, c'est reconnaître implicitement que son intelligence s'élève à l'universel, à l'infini, à l'absolu. Or, c'est là un acte intellectuel auquel l'animal ne s'élève jamais.

Sortons des généralités et établissons une comparaison entre l'homme et l'animal. Considérons d'abord l'animal en lui-même. Le phénomène de la vie telle qu'elle nous apparaît en lui, même au plus bas degré de l'échelle zoologique, est absolument réfractaire à l'hypothèse du transformisme matérialiste ou *moniste*. Sans rentrer dans la discussion générale, nous résumerons rapidement les conclusions sur ce point du savant ouvrage de M. Milne-Edwards ; elles ont d'autant plus de prix à nos yeux que l'éminent naturaliste se tient davantage éloigné de toute préoccupation philosophique et qu'il n'a d'autre dessein que de nous donner le résultat de ses vastes travaux zoologiques. « Dans l'état actuel de notre globe, dit-il, la matière pondérable qui est apte à former le corps d'un être vivant ne devient jamais vivante quand elle est seule, et l'on ne connaît aucun agent chimique ou physique qui puisse y développer la vie ; aucun exemple de ce qu'on appelle génération spontanée n'a été constaté. Cette matière organisable ou même organisée ne devient vivante que par l'influence directe ou indirecte du corps vivant qui en est le générateur. Pour constituer un être vivant, il faut donc quelque chose de plus que la matière tangible dont le corps de cet être est formé, et cette chose, quelle qu'en soit la nature, est transmissible. C'est un principe d'activité, une force (1). » Admettant que l'être vivant est composé d'une multiplicité de parcelles vivantes, d'*organites*, et forme une sorte de société coopérative, l'auteur reconnaît une puissance directrice pour organiser ces parcelles, les constituer en un tout harmonique et produire la diversité des êtres animés dont les types nettement ac-

(1) Milne-Edwards, ouvrage cité. vol. XIV, p. 259-260.

cusés n'auraient pu se former tout seuls par de simples agrégats chimiques. C'est cette même puissance organisatrice qui maintient le type animal au travers de la mobilité constante de la matière. Il n'y a de stable que la forme ou l'idée, pour parler la langue d'Aristote ; donc cette idée ne résulte pas de simples forces mécaniques mises en jeu. Elle les a précédées, comme le plan d'une œuvre a précédé cette œuvre. « Au début de leur existence, des animaux qui, en se développant, deviendront très différents entre eux, ne présentent souvent, quant à la matière pondérable qui constitue leur corps, aucune différence appréciable. Les particularités qui se manifestent successivement dans leur constitution et dans leurs propriétés ne peuvent être attribuées ni à des matières diverses qui viendraient s'ajouter à leur substance primordiale, ni à des différences dans les conditions sous lesquelles une évolution s'accomplit. Dès l'origine, chaque être a en lui une force organisatrice qui détermine approximativement le mode d'emploi de la matière qu'il assimile. Il en résulte, conclut l'auteur, que si j'étais obligé d'opter en faveur de l'une des deux hypothèses sur lesquelles les philosophes spiritualistes et les philosophes matérialistes discutent depuis l'antiquité, je me rangerais du côté des premiers (1). »

En ce qui concerne non plus l'origine, mais le développement même de la vie, M. Milne-Edwards déclare insuffisante l'hypothèse transformiste. Fort disposé à admettre que la notion de l'espèce a été trop rétrécie, qu'une certaine élasticité peut être admise, surtout dans la période des premières élaborations zoologiques, il n'en déclare pas moins que rien dans les faits constatés ne justifie l'idée d'une transformation des types zoologiques sous des influences extérieures. « Dans le règne animal, dit-il, les produits génériques fournis par un même individu, ou par des individus similaires, ne sont jamais complètement semblables les uns aux autres, ni sem-

---

(1) Milne-Edwards, ouvrage cité, vol. XIV, p. 276.

blables en tout à leurs parents, l'identité dans les divers termes d'une lignée n'est donc jamais absolue, mais l'observation journalière nous apprend que, dans la majorité des cas, les différences sont faibles ; et, lorsqu'elles sont considérables, nous voyons qu'elles sont incompatibles avec le développement complet de l'organisme, ou tout au moins qu'elles entraînent à leur suite la stérilité ; enfin les déviations du type nouveau comparé au type préexistant n'ont jamais pour effet la réalisation d'un type semblable à ceux qui sont offerts par des animaux issus d'une souche différente. Néanmoins, les particularités qui existent chez les propagateurs tendent à se perpétuer chez les descendants, et de la sorte les caractères primordiaux de la lignée sont susceptibles de subir certains changements (1). » Le savant zoologiste admet, on le voit, une certaine variabilité dans les produits de la génération ; mais, dès qu'elle devient une anomalie comme dans les monstres sous l'action de circonstances spéciales, exceptionnelles, elle aboutit à un développement incomplet ou à la stérilité. « La variabilité portant sur des caractères d'ordre secondaire trouve une explication très rationnelle par les lois d'hérédité, de sélection naturelle et d'adaptation au milieu ; mais rien dans la science ne nous autorise à croire que, sans l'intervention de causes modificatrices inconnues, des changements de cet ordre aient pu aller bien loin et faire que jadis, plus qu'aujourd'hui, un animal soit né d'une plante, un insecte d'un zoophyte, un mammifère d'un poisson, un chien d'une sarigue, ou un homme d'un singe (2). »

Nous voici ramenés aux relations entre l'humanité et l'animalité. Laissant désormais le côté physiologique auquel nous n'avons plus à revenir après la confirmation donnée à nos propres conclusions par l'un des zoologistes les plus compétents, nous nous attacherons au côté psychique ou psychologique.

(1) Milne-Edwards, ouvrage cité, tome XIV, p. 316.
(2) *Id.*, p. 328.

Il faut au sujet des animaux se garder d'exagérer dans aucun sens, éviter aussi bien de trop les ravaler que de les surfaire. Nous serions tentés d'appliquer aujourd'hui à l'animal le mot de Pascal sur l'homme : « Si on t'abaisse, je te relève. Si on te relève, je t'abaisse. » Les partisans du transformisme absolu, qui veulent rapprocher le plus possible l'homme de l'animal ont la tendance de tout rabaisser chez le premier et de tout relever chez le second. Ils font vraiment le roman des animaux comme Rousseau, au dernier siècle, faisait celui des sauvages. A lire certains d'entre eux, on dirait volontiers qu'il faut être bête pour avoir de l'esprit. D'une autre part, les spiritualistes de parti pris tombent dans l'excès contraire. Efforçons-nous de nous maintenir dans la juste appréciation de la réalité telle qu'elle ressort d'une observation impartiale.

II. — L'INSTINCT ET L'INTELLIGENCE.

Il est un premier point sur lequel le transformisme matérialiste échoue complètement dans ses explications : c'est l'instinct chez l'animal. Nous rechercherons plus tard ce que nous en devons penser et s'il suffit à lui tout seul, sans l'intelligence, à nous faire comprendre la vie animale. Pour le moment, nous n'avons à considérer que l'explication qu'en donne l'école naturaliste. A l'en croire, tout dans l'animal comme chez l'homme doit venir du dehors, car tout se réduit à la sensation. L'instinct ne saurait être désormais que la résultante des expériences transmises et accrues d'une génération à l'autre par l'hérédité. Au point de départ, il n'existe à aucun degré, même en germe ou en puissance, chez l'animal. C'est une leçon lentement apprise, la grande leçon de choses de la nature extérieure. Nous demandons ce que l'on fait alors de ces cas nombreux en zoologie où l'instinct ne peut décidément se rattacher à aucune expérience d'un genre quelconque? C'est bien le cas du *nécrophore*, qui, bien qu'il meure en donnant le jour à sa larve, prépare à cette larve, qu'il ne verra jamais, une nourriture animale à lui inconnue, son alimentation provenant uniquement, à l'âge adulte, du suc des plantes. Qui lui a appris à amener à grand peine le cadavre d'une taupe dans le trou où il dépose sa larve pour que celle-ci trouve un aliment approprié? Sur quelle expérience peut s'appuyer cet insecte pour opérer des actes si compliqués, où éclate une prévision si merveilleuse? Il ne connaîtra jamais sa progéniture ; l'aliment qui est approprié à celle-ci lui est également inconnu. Il obéit donc à une impulsion innée dont il n'a pas conscience. Le *xylocope* violacé ou *perce-bois* nous fournit un exemple analogue. Cette espèce d'abeille solitaire, au moment de pondre, attaque une planche quelconque et y pratique, avec ses mandibules, de longues galeries terminées en cul-de-sac dont l'extrémité inférieure n'est séparée de la surface externe du bois que par une couche mince de tissu ligneux. Le *xylocope*, qui ne pond qu'une fois et meurt tôt après, ne travaille ainsi que pour préparer à sa progéniture un gîte convenable. Il ne prend pas moins soin de son alimentation ; car il tapisse la galerie qu'il a creusée du pollen des fleurs qu'il a amassé et roulé en boulettes ; avec la sciure du bois qu'il a creusé, le *xylocope* fabrique une sorte de loge pour l'œuf qu'il pondra. Cette opération se répète trois fois, puis il meurt. Quand la larve, sortie de l'œuf, est arrivée au point nécessaire de développement, elle perce la paroi de sa loge, sans s'attaquer à la toiture trop compacte et gagne l'air libre. Jamais l'insecte qui opère ainsi méthodiquement sa libération n'a vu à l'œuvre un de ses devanciers. Il n'a rien appris, et pourtant il sait tout ce qu'il lui est nécessaire de savoir (1). Des faits pareils empruntés aux instincts des insectes pourraient être cités en

---

(1) Milne-Edwards, vol. XIII, p. 467.

grand nombre. Les *odynères*, appartenant à la classe des hyménoptères, préparent pour leurs larves une nourriture plus substantielle. Ils placent dans l'intérieur de leur nid, à côté de leur œuf, dont une larve va sortir, un certain nombre d'insectes vivants, mais frappés de paralysie de façon à être pour celle-ci une proie facile et susceptible d'être conservée fraîche pour le moment opportum. Cette paralysie, dans laquelle est plongée cette proie, est due à une gouttelette de venin inoculée dans le thorax par l'aiguillon de la pondeuse. A moins d'admettre chez l'*odynère* des connaissances scientifiques très développées sur l'effet des poisons, il faut reconnaître dans cette opération un instinct inné auquel l'expérience n'a rien pu apprendre (1). On peut tirer la même conclusion de l'instinct qui pousse les abeilles, quand leur reine est morte, à s'en procurer une autre en soumettant une larve d'ouvrière à un genre d'alimentation capable de développer sa fécondité et de la transformer en reine. Aucune tradition, aucune expérience acquise, aucun raisonnement ne peut leur apprendre ce qu'elles ont à faire pour remédier au mal qu'elles conjurent de cette façon. Qu'on veuille bien nous dire par quelle expérience la larve du *silaris*, qui ne trouve les conditions favorables à son développement que dans l'intérieur du nid souterrain construit par l'*andrienne*, espèce d'abeille solitaire, a appris à s'accrocher aux poils dont est garni le corps de cet hyménoptère et à se faire ainsi transporter dans le berceau que lui-même a préparé pour sa progéniture? La larve du *silaris* se glisse sous l'œuf déposé par l'*andrienne;* elle en entoure la coque avec ses mandibules et y trouve sa pâture; puis elle change de peau, et se sert de sa dépouille comme d'un bateau pour se maintenir à flot sur le miel sous-jacent qui la nourrit dans cette seconde phase de son existence. Enfin elle s'y métamorphose en nymphe, puis en insecte ailé. Elle s'accouple dans l'air, pond ses œufs et

---

(1) Milne-Edwards, ouvrage cité, vol. XIII, p. 492.

meurt. Ses larves se comportent exactement comme elle, sans avoir rien appris (1).

Ces faits dûment constatés entre mille autres établissent, croyons-nous, que l'hypothèse des expériences accumulées pour expliquer l'origine de l'instinct n'est pas soutenable, et qu'il a quelque chose en lui de primordial, d'inné. On ne saurait davantage y voir la manifestation de l'intelligence proprement dite, opérant par comparaison, raisonnement, combinaison, car elle ne joue pas ainsi à coup sûr ; elle hésite, elle tâtonne, elle modifie son action. Cette différence entre l'instinct et l'intelligence ne s'applique pas seulement à ces cas si curieux où la complication des combinaisons égale la profondeur de l'ignorance chez l'insecte. D'une manière générale, l'instinct chez les animaux sait sans avoir appris; la ruche, la fourmilière ont été construites avec la même perfection dès le premier jour ; le nid de l'oiseau a révélé autant d'art il y a dix mille ans qu'aujourd'hui.

Si nous nous en tenions à l'instinct sous sa forme primitive, il suffirait à lui seul pour marquer une ligne de démarcation absolue entre l'homme et l'animal ; au premier seul appartiendrait l'intelligence proprement dite, qui a conscience d'elle-même, qui apprend, qui progresse, tandis que le second ne s'élèverait jamais au-dessus de cette intelligence sourde, inconsciente, qui ne lui appartient pas, puisqu'un autre a pensé pour lui. On a dit non sans vérité que Dieu était l'intelligence de l'animal. Nous pourrions en rester à cette formule admirable : « L'instinct ne sait pas qu'il sait, l'intelligence sait qu'elle ignore. »

Nous devons cependant reconnaître que la question n'est pas aussi simple. En effet, on ne saurait nier, d'une part, que l'instinct peut acquérir un certain déveveloppement et, d'une autre part, qu'il ne paraît pas suffire dans les cas où l'animal ne se contente pas de pourvoir au

---

(1) Milne-Edwards, *Id.*, p. 476.

développement normal de son existence, mais répare un désordre, conjure un péril. Il semble alors que l'intelligence entre vraiment en jeu. On se demande si la différence essentielle entre l'homme et l'animal subsiste encore?

On ne saurait contester un certain progrès chez l'animal qui lui permet de profiter des expériences acquises et de modifier sur quelques points les procédés que l'instinct lui a suggérés pour pourvoir à sa subsistance. Nous ne nions pas que, renfermées dans d'étroites limites, les explications darwinistes n'aient une part de vérité, que la lutte pour la vie n'ait eu quelque influence sur le développement de l'animal et que l'hérédité n'ait fixé les progrès réalisés. Éliminons de ces progrès les avantages acquis que l'on peut remarquer chez les animaux domestiques et qui sont souvent fort remarquables, car nous sommes ici en présence d'une culture artificielle développée par une intelligence d'un ordre supérieur. L'homme en est l'agent principal, les procédés d'éducation qu'il emploie révèlent sa propre pensée et non celle de l'animal; d'ailleurs, les moyens d'éducation dont il se sert sont très grossiers et font surtout appel aux appétits animaux. La science des chiens savants doit être attribuée à des causes d'ordre tout à fait inférieur; le chien a l'air de calculer, mais ne calcule pas réellement : il obéit à des signes presque imperceptibles qui empruntent toute leur efficacité aux sensations qui y ont été rattachées avec une habileté souvent merveilleuse, mais dont tout l'honneur revient à l'éducation humaine. Nous attachons une bien plus grande importance aux faits si curieux qui montrent l'abeille ou la fourmi, non seulement construisant leur ruche ou leur fourmilière de la façon la plus habile, mais encore la réparant, quand elle est détruite et pourvoyant aux inconvénients reconnus. On a vu des abeilles rétrécir l'orifice de leur ruche en été pour se prémunir contre l'invasion d'insectes parasites et l'élargir en hiver, lorsque ce danger n'était plus à craindre. L'exemple des castors transportés en Europe, qui ont modifié leur manière de construire, parce que les conditions de leur existence étaient changées n'est pas moins remarquable. Bâtir des huttes à ciel ouvert est sans péril dans les grands déserts américains ; il n'en est plus de même dans un pays peuplé comme la France. Ne fallait-il pas ajouter une certaine intelligence à l'instinct pour que les castors égarés le long du Rhône aient construit et comme caché leur abri dans les digues du fleuve?

Les dernières observations faites sur les fourmis par M. Forel et sir John Lubbock, comme celles sur les abeilles par Hubert de Genève, démontrent que l'animal est capable de modifier ses procédés, en tout cas d'organiser sa petite industrie de la manière la mieux appropriée à ses fins. L'élève du puceron par les fourmis pour en tirer une sorte de lait, la division du travail réalisée, par ces laborieux insectes, la répartition des tâches utiles à la communauté, l'existence de cette armée d'amazones batailleuses toujours prête à la défendre ou à l'étendre par la conquête, tous ces faits mieux observés que jamais révèlent une vie mentale dont nous aurons à déterminer le vrai caractère. Les mammifères supérieurs nous en offrent des traits non moins remarquables : les ruses du renard et du loup pour atteindre leur proie ou pour échapper eux-mêmes aux poursuites, la perspicacité de l'éléphant, excitent légitimement l'admiration. Si de la vie mentale nous passons à la vie affective, il est certain que les animaux ont des sympathies comme des antipathies et qu'ils ont des affections réelles. Nous concluons de toutes ces observations qui ne peuvent être contestées que l'hypothèse cartésienne d'un pur machinisme animal, incapable de connaissance comme d'affection, est tout aussi inadmissible que l'explication du transformisme matérialiste, qui ne veut voir dans l'animal comme dans l'homme que le mouvement des atomes.

Cependant la ligne de démarcation entre l'animalité et l'humanité n'en demeure pas moins infranchissable. Ce qui la creuse le plus profondément, c'est la prédominance décidée de l'instinct chez le premier et de la vie consciente, réfléchie et voulue chez le second. Nous n'avons pas à revenir sur les larges développements dans lesquels nous sommes déjà entrés sur la vie mentale et morale de l'humanité quand nous avons traité le problème de la connaissance ou caractérisé notre vie psychique. Nous avons établi et cherché à prouver qu'il y a chez l'homme une énergie latente qui, en se heurtant aux choses extérieures dont il subit le premier choc dans son propre corps, s'affirme par l'effort. Elle s'excite et se développe par la résistance qu'elle rencontre ; elle fait acte de vouloir pour en triompher. Le moi se reconnaît lui-même et se distingue de l'objet dès la première manifestation de ses volontés. La personne commence à se dégager de ce qui n'est pas elle, grâce à cette forme supérieure de l'effort qui s'appelle l'attention et concentre la pensée sur les choses pour les connaître. L'effort, l'attention à son second degré, s'applique au moi et se transforme en réflexion. En apprenant à se connaître lui-même, le moi saisit à la fois sa raison et sa conscience, qui l'une et l'autre l'élèvent du particulier au général, aux grandes lois qui sont inscrites au fond de son être. Dans la raison il saisit cet *à priori* de la pensée dont le contenu se formule dans les catégories, dans ces grands axiomes qui, aboutissant au principe de causalité, impliquent la causalité suprême. Désormais, la sensation fournit les matériaux de la science qui tend au général, à l'universel, au divin ; dans la conscience morale, le moi découvre une législation plus haute, celle de l'obligation morale. Il se sent à la fois libre et obligé ; mais, en définitive, c'est la liberté, c'est la volonté qui a été l'agent principal de cette évolution psychologique dont les stimulants viennent du dehors, mais dont les conditions essentielles sont inhérentes à l'esprit humain. Grâce à ce processus qui ne fait que produire sa vraie nature d'abord sommeillante et engourdie dans la vie instinctive, il dépasse celle-ci, il la domine, il se dégage du courant toujours mobile des sensations, il se sent une personne morale distincte de ces flots troublants qui passent et s'écoulent incessamment ; sa mémoire l'affranchit du passé, sa prévision s'élance vers l'avenir. Il ne lui suffit plus de se nourrir, d'échapper au froid, au péril du moment, de procréer une progéniture à laquelle il n'est attaché que momentanément. Ayant conscience des privilèges acquis, il en tire profit, il les accroît, la carrière du progrès lui est ouverte, et rien ne montre mieux à quel point il a dépassé la simple vie instinctive qui n'a que la mémoire d'hier et que la prévision de demain, car celle-ci est tout ensemble surmontée et dirigée par la sensation. C'est cette barrière que ne franchit jamais l'animal, quoi qu'on en dise.

Sur ce point capital de la différence entre l'homme et l'animal, Maine de Biran n'a pas été dépassé. Il a établi avec une force de démonstration singulière que jamais le premier n'arrive à l'effort voulu qui, provoqué par la résistance, donne au moi le sentiment de sa réalité, de sa liberté, de son indépendance et qui, en s'élevant à une sphère supérieure, devient attention, puis enfin réflexion, de telle sorte que le moi soit l'objet de sa propre contemplation et se reconnaisse durable dans la succession et la fuite des sensations ; ce qui est pour lui la condition même du progrès. L'animal peut bien avoir une certaine intelligence, une certaine vie de sentiment, mais jamais il n'atteint la personnalité ni la liberté. S'il s'élève parfois quelque peu au-dessus de l'instinct, jamais il ne se sent un être libre, durable, progressif, réellement distinct des choses. A bien plus forte raison ignore-t-il toujours l'entendement et ses lois, la conscience et ses obligations, la liberté et ses nobles périls. Maine de Biran résume en ces termes ses vues profondes sur les relations entre l'homme et l'animal : « Nous trouvons dans notre nature mixte divers faits étrangers à la volonté. Il nous arrive d'être éveillés en sursaut par des mouvements brusques et violents, provoqués par l'image de dangers imminents. A l'instant du réveil, le moi, rentrant en possession de son domaine, saisit et prend sur le fait, pour ainsi dire, les produits d'une force qui n'est pas la sienne, quoiqu'elle l'imite ou en contrefasse les actes et il part de là pour les arrêter, les suspendre, les continuer par une action alors seulement volontaire. Cette sorte de contraste et de passage de la spontanéité à la volonté nous fait distinguer ce qui appartient à l'animal, à l'automatisme organisé, et ce qui est de l'homme (1). »

Chez l'animal, les facultés sensitives et organiques externes et internes s'exercent constamment comme dans un homme en état de rêve et de somnambulisme. Et c'est là la différence essentielle qui suffit pour montrer la supériorité de la nature humaine sur l'animalité pure, à part tout développement dans la vie de l'esprit. « Ne pouvons-nous pas concevoir, dit Buffon, ce que c'est que cette conscience d'existence dans les animaux, en faisant réflexion sur l'état où nous nous trouvons, lorsque nous sommes fortement occupés d'un objet et violemment agités par une passion qui ne nous permet de faire aucune réflexion sur nous-mêmes ? On exprime l'idée de cet état en disant qu'on est hors de soi quand on est occupé par des sensations actuelles. Cet état est l'état habituel des animaux (2). »

Ces conclusions seront confirmées si nous nous rendons un compte exact de la nature de l'instinct, en profitant de l'analyse si fine et si précise qu'en a faite M. Joly dans son livre sur l'homme et l'animal (3). L'instinct est ce qui pousse l'animal à faire tout ce qui est nécessaire pour qu'il vive ; son organisme, dans chaque race ou espèce, est constitué de telle sorte qu'il a des besoins spéciaux appelant des satisfactions appropriées. Il cherche naturellement à éviter ce qui les contrarie et à se procurer ce qui les facilite.

(1) *Œuvres inédites de Maine de Biran*, par Ernest Naville. (Tome III, page 471.)
(2) Buffon, Œuvres. (Tome IV, p. 303.)
(3) Joly, *L'homme et l'animal*. (Paris, Hachette, 1877. Deuxième partie.)

Ainsi se forment et se développent chez lui des désirs qui deviennent par leur continuité des tendances produisant des mouvements combinés en vue de satisfaire ses besoins. La sensation est un perpétuel excitant du désir et par là même du mouvement qui tend à le réaliser. L'imagination qui la perpétue avive et prolonge d'abord le désir, puis le mouvement qui lui correspond; l'habitude, sans rien changer à la nature, imprime à ces mouvements une certaine modalité. Telle est la genèse de l'instinct. Quant aux procédés qu'emploie l'animal pour satisfaire ses besoins, nous avons vu qu'il ne les a pas appris, mais qu'ils lui sont innés, tout en dépendant absolument de l'organisme. Ils varient avec celui-ci d'une espèce à l'autre et diffèrent du tout au tout suivant la prépondérance de tel ou tel de ces sens. L'odorat, par exemple, joue un rôle prépondérant dans le développement de l'instinct des animaux. Ceux qui en sont destitués, comme la baleine ou le chameau, sont d'une stupidité rare ; ceux qui en sont pourvus manifestent, au contraire, une grande finesse de perception et sont aussi habiles à la chasse qu'à la fuite devant le danger. « Chaque animal trouve dans son organisation tout un ensemble de besoins précis, puis d'armes et d'outils appropriés, d'où résulte un ensemble de sentiments, d'images et de mouvements spontanés qui, s'associant, se rappelant les uns les autres, le conduisent sûrement à ses fins. Ses besoins périodiquement renaissants le forcent à employer des moyens d'action particuliers et à se laisser guider par ses sensations spéciales(1). » L'organisation d'un animal décide très évidemment de la nature de son alimentation, de son régime, par conséquent du choix des lieux où il sera obligé de vivre, tantôt près d'un cours d'eau, tantôt sur les marais, ou au bord de la mer, ou dans les arbres. Si la fauvette évite les hauteurs et se construit son nid dans des buissons bas, c'est qu'elle vole mal ; nichant plusieurs fois dans l'année, elle le fabrique léger

---

(1) Joly, ouvr. cité. p. 146.

avec des herbes sèches. L'hirondelle, au contraire, ayant le vol haut et prolongé, niche très haut et elle maçonne fortement son nid, grâce à la salive abondante que son bec secrète. Chaque espèce d'oiseau, d'après M. Wallace, emploie les matériaux qui sont le plus à sa portée et choisit les situations les plus conformes à ses habitudes. La délicatesse et la perfection du nid seront toujours proportionnées à la grandeur de l'oiseau, à sa conformation, à ses habitudes. La force, la rapidité du vol dont dépend la distance jusqu'à laquelle l'oiseau ira chercher ses matériaux, la faculté de se tenir immobile en l'air, qui peut déterminer la place où le nid sera construit, la force et la puissance préhensive de la patte, la longueur, la finesse du bec, la mobilité du cou, la sécrétion salivaire, ce sont là autant de particularités qui sont après tout le résultat de l'organisme et déterminent le plus souvent la nature et le choix des matériaux aussi bien que leur combinaison, la forme et la position de l'édifice. Les mêmes observations peuvent être faites pour ces merveilles architecturales que nous admirons dans les fourmilières et dans les ruches. Dans tous ces travaux souvent si parfaits nous ne trouvons aucune trace d'intelligence pleinement consciente; leur perfection immédiate écarte l'hypothèse d'une virtuosité développée, d'un art appris. En résumé, l'animal agit sous l'impulsion fatale de l'organisme, sous l'influence de ses besoins qui sont éveillés par la sensation, avivés par l'imagination toute sensitive qu'il possède. Il est enfin guidé dans son mode d'opération, qui n'est que la modalité de ses mouvements combinés, par cette espèce de divination sourde que nous appelons l'instinct toujours harmonique à son organisme. Si l'instinct est relativement infaillible dès le début, il a pourtant une certaine capacité de se modifier si l'organisme ou le milieu ont eux-mêmes subi quelque changement. La sensation de la peine et du plaisir est toujours le grand moteur du mouvement chez l'animal, mais il peut être différemment affecté par un changement de milieu ou bien par suite de telle ou

telle circonstance accidentelle. Par exemple, quand la toile de
l'araignée a été déchirée, les mêmes impulsions qui l'ont
poussée à la fabriquer l'incitent à l'ourdir à nouveau. C'est
par des mobiles identiques que l'abeille et la fourmi arrivent à
réparer les dégâts faits à leur habitation. Nous ne nions pas
que, dans ces actions réparatrices, l'intelligence ne soit plus
mêlée à l'instinct que lorsqu'il se manifeste pour la première
fois, mais c'est encore une intelligence tout instinctive gou-
vernée par le besoin et ne sortant pas de l'orbite qui lui a été
assignée par l'organisme, influencée qu'elle est par les conditions nouvelles de son milieu. Construire la ruche était aussi
difficile que la réparer. Ne remarque-t-on pas dans la nature
une force modératrice et réparatrice constamment en activité?
La plante ne détourne-t-elle pas ses racines des pierres qu'elle
rencontre sous terre? « Quand l'animal, dit M. Joly, se heurte à
un obstacle qui entrave la satisfaction de ses besoins, ceux-ci
sont surexcités, une énergie extraordinaire est développée en
lui, toutes ses facultés naturelles en sont comme aiguisées,
l'instinct fournit tout ce qu'il peut donner. Tous les phénomènes secondaires ou consécutifs de l'instinct, n'accusent un
changement, une dégradation, un progrès, qu'autant qu'il y a
changement, dégradation ou progrès dans l'une des causes
d'impulsion auxquelles obéit sans les connaître la sensibilité
de l'animal. Ces petites accommodations aux circonstances et
ces légères variations individuelles dans la vie de l'animal
peuvent augmenter en nombre, mais elles ne changent point
de qualité, elles se rapportent toujours aux mêmes préoccupations, la faim, l'amour, la fuite du danger; elles ne font
que répéter les mêmes mouvements, ceux que demande et
impose la nature particulière des organes; elles sont guidées
par les mêmes informations, par ces impressions des sens
qui elles-mêmes demeurent toujours spéciales. Ce qui les augmente et les varie, c'est une sorte de mémoire et d'imagination
où l'on ne peut voir que le renouvellement des sensations primitives. Les travaux ou les occupations dans lesquels l'ani-

mal déploie cette apparente variété d'imagination ou d'invention subsistent toujours aussi parfaits, aussi uniformes, aussi nécessaires (1). » L'animal est tellement dépendant de son organisme, qu'il ne devra qu'à son corps ses instruments de travail et qu'il n'essayera dans aucune circonstance de se faire un outil, même pour imiter l'homme, parce que, pour fabriquer un outil, il faudrait sortir de l'orbite de ses besoins et de ses impulsions natives et, se fondant sur l'expérience du passé, croire à la permanence des lois ou des forces de la nature destinées à produire les mêmes effets dans des circonstances analogues et pour des fins semblables. Il y a plus : l'animal n'imitera pas même l'animal pour tout acte dépassant son propre instinct ; le chien de chasse ne poursuit que le gibier auquel on l'a habitué, et se montre stupide sur une autre piste. D'après les observations de Pierre Hubert, les fourmis guerrières séparées des fourmis auxiliaires meurent de faim plutôt que de remplir l'office des fourmis travailleuses et de se creuser les loges nécessaires à leur conservation. L'animal en captivité se livre aux mêmes opérations que dans la vie sauvage, quand même elles lui sont devenues inutiles. Il est si vrai que l'intelligence de l'animal est complètement dominée par la sensation que, comme le remarque Buffon, la perte d'un sens la modifie ou parfois la supprime, tandis que l'homme devenu aveugle ou sourd demeurera égal à lui-même. Il faut aussi distinguer entre le véritable développement intellectuel et la simple imitation, qui va chez l'anthropoïde jusqu'à simuler la pensée. « Les singes, dit Buffon, sont tout au plus des gens de talent que nous prenons pour des gens d'esprit ; quoi qu'ils aient fait pour nous imiter, ils n'en sont pas moins de la nature des bêtes. »

Il ressort de toutes ces constatations sur la vie animale qu'il n'est pas exact de soutenir, comme MM. de Quatrefages et Milne-Edwards, qu'elle ne présente, au point de vue de l'in-

---

(1) Joly, ouvr. cité. p. 178-179.

telligence, aucune différence essentielle avec l'humanité, mais seulement un degré de développement moindre. L'animal, dit-on à l'appui de cette thèse, comprend et se souvient; il juge, il raisonne, il délibère, il prévoit; en un mot, il pense. Qu'importe! s'il pense sans le savoir? Il aurait ainsi l'intelligence moins ce qui, pour nous, est le caractère essentiel de l'intelligence, une intelligence non intelligente, une réflexion non réfléchie, une liberté soumise à la nécessité. Voilà bien la différence fondamentale entre l'homme et l'animal. L'intelligence de celui-ci, comme l'a très bien dit M. Ravaisson, est comme fascinée par son objet et aliénée d'elle-même. La preuve de cette fascination, c'est qu'aucune de ces opérations intellectuelles dont M. Milne-Edwards rehausse la valeur chez l'animal ne parvient à se dégager de la sensation, à la dominer pour distinguer le sujet de l'objet, pour conclure du particulier au général et statuer une loi. L'attention, chez lui, ne devient jamais réflexion, car la violence de la sensation réussit seule à rendre l'animal attentif; il ne se fixe pas, il est fixé sur tel ou tel objet par une sensation prédominante. Il ne possède que ce genre de mémoire qui est une reproduction des sensations par les images et jamais la mémoire créatrice qui combine librement ces images. Ses souvenirs sont proportionnés à l'effet produit par les choses sur ses sens, à la vivacité de l'impression, et celle-ci est toujours en rapport avec la prédominance d'un sens particulier, comme de l'odorat chez le chien ou de la vue chez l'oiseau. L'association des idées n'est qu'un groupement des sensations liées entre elles sans aucune réaction du dedans. M. Milne-Edwards a beaucoup insisté sur la faculté de discernement qui fait que l'animal, même d'un ordre tout à fait inférieur, ne se confond pas avec les choses qui l'entourent; mais il n'y a là qu'une sensation sourde, qui n'a aucune analogie avec la distinction tranchée entre le moi et le non-moi. Lui attribuer le principe essentiel de l'entendement, à savoir le principe de causalité, parce qu'il a la vague intuition que son action produira dans certaines conditions un résultat spécial, c'est méconnaître le caractère général de ce principe; jamais l'animal ne dépasse la succession particulière, immédiate de deux faits. Saisir le lien de deux sensations n'est pas statuer une cause, ce n'est pas davantage raisonner. L'animal subit tout et ne se rend compte de rien. Parler de sa moralité, parce qu'on agit sur lui au moyen des coups ou des récompenses, c'est abuser des termes. Nous reconnaissons que tout commence chez lui, mais rien ne s'achève, précisément parce qu'il n'a pas cette faculté maîtresse du vouloir libre, qui dépasse les limites de l'instinct et constitue la personnalité. L'instinct sexuel est à la racine de toutes ses affentions et il ne s'élève pas plus à la vie morale dans cette sphère que dans celle de la connaissance.

Décidément cette vie morale est bien l'apanage exclusif de l'homme, et elle est à la fois son honneur et son péril, car précisément parce qu'il n'est pas conduit par l'infaillible instinct, qu'il n'est pas simplement un être de nature, qu'il doit poser et développer librement sa personnalité dans le domaine de la vie intellectuelle et de la vie affective, qu'il doit enfin s'achever lui-même sans que sa destinée se déroule fatalement sous l'empire des nécessités physiques, il peut manquer à cette destinée. Il déchoit misérablement quand il n'accomplit pas sa loi. Il n'en demeure pas moins que, par le fait qu'il secoue seul la vie purement instinctive et domine le cours tumultueux des fugitives sensations, seul aussi, il arrive à connaître au lieu de simplement percevoir; seul il exprime ce qu'il connaît par des signes qui ne sont pas de simples manifestations de la sensation; seul il parle; seul de l'attrait sexuel il fait l'amour, comprend et pratique le dévouement; seul, au-dessus de la peine et du plaisir il entrevoit l'obligation morale, sa loi et sa sanction, et se sent soumis à l'épreuve de la liberté; seul, enfin, d'un rassemblement d'individus rattachés les uns aux autres par le plus puissant des instincts, il tire la société morale, la famille, la cité, l'humanité. Précisément parce qu'il domine la sensation de toute la hauteur de sa pensée réfléchie, il conserve les acquisitions du passé comme un trésor qu'il accroît sans cesse, et il prend un élan vers l'avenir, selon cette loi du progrès que la vie purement instinctive rend impossible. Aussi peut-on dire avec Edgar Quinet qu'entre l'humanité et l'animalité il y a toute l'épaisseur de l'histoire. Il y a plus encore : il possède ce je ne sais quoi qui n'est pas du monde et qui pourtant est au fond de son être, qui le tourmente d'un désir inassouvi, d'une aspiration que rien n'arrête et qui n'est pas autre chose que cet élément religieux dont l'importance est si décisive que d'éminents naturalistes n'ont pas hésité à en faire son seul trait distinctif. Nous allons reprendre l'une après l'autre ces diverses manifestations de la personne humaine constituée par la volonté libre. Origine du langage, sociabilité sous ses diverses formes, origine de la morale et de la religion, tels sont les divers sujets qui doivent maintenant nous occuper, car ils ont soulevé de nos jours d'ardentes polémiques (1).

(1) Büchner a résumé dans son récent ouvrage (*la Vie psychique des bêtes*, traduit par M. le Dr Letourneau ; Paris, Reinwald, 1882,) tout ce que les expériences des Hubert, des Forel et des Lubbock ont accumulé de renseignements sur le développement mental des bêtes. L'auteur cherche à les rapprocher le plus possible de l'homme. En effet, ce serait bien au-dessus de lui qu'il faudrait les placer, car nul génie artistique n'égale celui des abeilles, des fourmis et des termites, s'il faut attribuer au développement de leur intelligence et non à l'instinct les merveilles de construction qui nous sont rapportées. Il faut faire une grande part dans ces merveilles à l'imagination de l'auteur, d'autant plus que plusieurs des faits qu'il cite n'ont pour garant qu'un témoignage unique, comme par exemple la vie agricole avec semaille et moissons des termites dans l'Amérique du Sud; souvent aussi nous n'y pouvons voir que des interprétations arbitraires. Transformer en un service d'inhumation le soin des abeilles de débarrasser la ruche des cadavres encombrants (p. 360), ou bien attribuer au regard d'une abeille un sentiment de justice révoltée (p. 234), c'est se livrer à des hypothèses bien gratuites. Si nous nous en tenons aux faits constatés, nous reconnaîtrons partout dans le livre de M. Büchner la confirmation de notre thèse de la prédominance absolue de la sensation. Donnez du miel à ces fourmis si civilisées et elles laissent tout, leurs larves comme leur travail (p. 178). Cette admirable institution de l'esclavage dans

la fourmilière a pour première cause l'impossibilité où est l'amazone de se nourrir elle-même; il y a là une nécessité physique (p. 179). Ces vaillantes guerrières tuent leurs larves et se tuent entre elles plutôt que de ne pas satisfaire leur sauvage instinct (p. 203). Au contraire, les termites, non guerrières par nature, ne combattront jamais, quelque grand que soit le péril (p. 281). Büchner reconnaît que ces artistes incomparables n'ont d'autre outil que leur tête, qui est assez solide pour leur servir de marteau (p. 282). Les différences d'organisme se marquent dans la distribution des rôles de reine, d'ouvriers ou de soldats (p. 289), et cette différence s'accuse dans l'œuf même. Il suffit de varier l'alimentation pour produire des variétés fonctionnelles chez les abeilles (p. 393). En ce qui concerne la vie d'affection, elle n'est pas moins subordonnée à la sensation; quand la reine ne sert plus à rien, et qu'elle a achevé sa mission maternelle, elle est impitoyablement mise à mort (p. 300); il en est de même des mâles après l'accouplement dans les airs (p. 305). Les alvéoles royales ne sont soignées que pendant la période des essaims, après quoi elles sont détruites. Si la reine perd ses antennes, elle perd la conscience de sa tâche maternelle (p. 376). On voit que, d'après le témoignage même de Büchner, la vie animale se montre à nous comme entièrement subordonnée à la sensation.

CHAPITRE IV

LE LANGAGE, SON ORIGINE, SON ROLE DANS LA CONNAISSANCE.

Exprimer ses sensations par des actes physiques, gestes ou cris, est une propriété appartenant à l'animal comme à l'homme. Il est incontestable que le premier se fait comprendre de ses congénères comme des autres êtres animés avec lesquels il entre en rapport (1). L'aboiement du chien, le hennissement du cheval, surtout le chant de l'oiseau, parcourent une gamme de sons qui correspondent à des sensations particulières et à des sentiments tout à fait instinctifs, tels que la joie ou la douleur, ou même à une certaine affection. Les insectes ont leurs procédés à eux de communication ; c'est en se touchant de leurs antennes qu'ils se donnent les informations nécessaires. Néanmoins, de l'aveu même de nos adversaires, ce genre de langage ne s'élève jamais jusqu'à la parole. L'homme n'est homme que parce qu'il parle. La parole, comme l'a si bien dit Max Müller, est le Rubicon que ne franchit jamais l'animal, parce qu'elle révèle une opération directe de la raison ; elle est la raison exprimée, de même que la raison est la parole interne. Le mot *Logos* réunit les deux acceptions. Analysons ce grand fait essentiellement humain pour en comprendre la portée.

L'homme, comme tous les êtres animés, communique ses

---

(1) Milne-Edwards, *Leçons de physiologie et d'anatomie comparée* (t. XIV, 36ᵉ leçon).

sensations ou ses sentiments par des signes, c'est-à-dire par des actes corporels qui révèlent les phénomènes qui se passent au dedans de lui. Nous devons faire entre ces signes, quelle que soit leur forme, la distinction capitale que nous avons établie entre ce qui est du domaine de l'instinct et ce qui est réfléchi, voulu, ou, pour employer une expression plus précise, conscient. Les manifestations corporelles qui traduisent la vie du dedans s'adressent tantôt à la vue, tantôt à l'ouïe. Les secondes sont infiniment supérieures aux premières, parce qu'elles disposent d'une bien plus grande variété de signes. Néanmoins, cette supériorité de mode n'acquiert quelque importance que si la vie instinctive est dépassée. Il suffit que les signes parlant à la vue soient voulus et conscients pour qu'ils appartiennent à l'humanité seule et soient déjà un langage en rapport avec la raison. Les signes de cet ordre sont ou des jeux de physionomie ou des gestes. La supériorité de l'homme éclate déjà d'une manière tour à tour puissante ou charmante quand sa figure est illuminée par la pensée ou par l'affection; la vie intérieure éclate parfois sur son front comme dans un rapide éclair ; la splendeur du génie y met comme une auréole, et son regard s'allume au feu de ses enthousiasmes. Il y a des moments où la forme corporelle devient si transparente que l'esprit la transfigure. Deux signes sont particulièrement humains : l'homme seul rit et pleure, parce que, pour pleurer et rire, il faut dépasser la sensation simple ; pour rire, il faut sentir le contraste entre ce qui est et ce qui devrait être ou bien avoir plus ou moins clairement la conscience d'un certain désaccord avec sa propre destinée. Le sourire n'a jamais erré sur les lèvres du plus intelligent des anthropoïdes. Il apporte avec lui comme un premier rayon d'une vie plus haute jusque chez l'enfant ; mais il n'a toute sa finesse et sa douceur que quand la personne morale s'est pleinement dégagée.

Nous trouvons déjà dans les simples jeux de la physionomie un langage qui tend à devenir vraiment humain, c'est-à-dire intelligent, voulu, conscient. Ainsi en est-il du geste ; souvent il achève et supplée la parole ; chez le grand orateur, il peut manifester la plus haute éloquence après que sa parole a mis les esprits en branle. Les gestes, grâce aux conventions qui étendent leur signification, revêtent tous les caractères du langage articulé, sans l'égaler jamais et réussissent à transmettre la pensée ou le sentiment. Chez les sourds-muets ils remplissent tout à fait l'office de la parole.

Nous reconnaissons néanmoins que ce n'est que quand le langage s'adresse à l'ouïe qu'il acquiert toute sa souplesse, toute sa virtuosité et qu'il s'accommode parfaitement aux grandes opérations de l'entendement. Le son est frère de l'âme, selon l'heureuse expression de M. Victor Egger ; il semble participer à son existence immatérielle. Toutefois, ici encore, nous devons distinguer entre sa période instinctive et celle où, grâce à la réflexion, il est marqué du sceau de la personnalité humaine. Le langage n'est d'abord qu'un cri provoqué par la sensation ; ce cri se module plus ou moins et varie ses inflexions dans la mesure exacte où celui qui le pousse devient intelligent ; mais, chez l'animal, il n'exprime jamais que des sensations ; il les exprime plus ou moins bien, mais il ne les traduit jamais en pensées. Chez l'homme, au contraire, le cri lui-même peut révéler sa vie supérieure, comme dans l'interjection, qui, à certains moments, exprime notre plus vive admiration devant le sublime. Néanmoins, le plus souvent le cri, même chez l'homme, ne fait qu'exprimer le sentiment à l'état instinctif, quand celui-ci est encore tout nature en quelque sorte. La vie réfléchie ne trouve un organe digne d'elle que dans ce merveilleux langage articulé, qui, par une combinaison d'organes très divers, arrive à traduire toutes les pensées et tous les sentiments avec une flexibilité et une variété nuancée que n'atteint pas le plus parfait clavier. « Quand la voix, dit M. Janet, a été produite par l'air expiré qui a fait entrer en vibration les cordes vocales dans le larynx, les sons émis par elle se modifient au passage par le pharynx..

Les cavités nasales en constituent la partie immobile ; la langue, les lèvres, le voile du palais, la partie mobile. Tandis que les premiers ne servent que d'appareil de résonance et de renforcement, les seconds, par leurs variations, produisent les divers modes d'articulation (1). »

Le langage articulé réalise une coordination puissante qui d'éléments divers et de phénomènes successifs tire un résultat harmonique. La volonté y joue un rôle prédominant, car elle seule est capable de la produire. « Ce qu'il y a d'admirable dans la voix articulée, c'est que bien que très riche en modifications, elle se ramène à un petit nombre de sons élémentaires qui sont les voyelles et les consonnes (2). » Le langage articulé ne se limite pas, comme le cri, à la sensation, à l'émotion, ou bien à cet état d'esprit où nous sommes en quelque sorte jetés hors de nous par quelque surexcitation intense. C'est la pensée qu'il exprime dans toute sa richesse. Il représente d'abord les choses telles que l'esprit les voit, soit celles du dehors, soit celles du dedans, puis il met en lumière leurs relations, l'action qu'elles exercent les unes sur les autres, les modifications qu'elles subissent dans leurs rapports variés.

Considérons de plus près le développement de ce merveilleux instrument.

Le langage commence par désigner les objets, par les nommer. Or, comment parvient-on à nommer un objet? Évidemment c'est par cet acte essentiel de la raison qui s'appelle l'abstraction. Vous ne nommerez jamais un objet qu'en renonçant à le représenter dans sa totalité, dans sa complexité confuse ; il y faut saisir un trait dominant, caractéristique, isoler ce trait pour le désigner, et par conséquent éliminer ce qui le complique ou le surcharge. Par exemple, comment arriver à nommer, à désigner un cheval? Si vous voulez rendre tout

---

(1) Janet, *Psychologie*, chap. x.
(2) *Id.*

ce que la vue peut discerner, la couleur, le poil, la dimension, le port, la voix, vous n'y parviendrez jamais, et cela d'autant moins que plusieurs de ces attributs lui sont communs avec une multitude d'autres êtres. Il faut à tout prix saisir dans cette multiplicité quelque chose de dominant, de caractéristique, l'isoler, faire abstraction du reste et le fixer par une appellation. C'est ce qui a eu lieu. Le cheval, c'est, dans la langue primitive des Aryas, *celui qui court*. Voilà une première abstraction ; il en a fallu une seconde pour réunir tous les individus chevaux dans une même classe. Ici l'abstraction a été accompagnée de généralisation, autre opération qui n'appartient qu'à la raison ; on n'est donc arrivé au substantif *cheval* que par ces deux actes caractéristiques de l'entendement. C'est par des procédés identiques que tous les substantifs ont été formés. Voilà pourquoi les racines des mots dans toutes les langues sont toujours des mots abstraits. Chaque racine exprime une idée générale. « Nous commençons réellement, dit Max Muller dans ses *Leçons sur le langage*, par connaître les idées générales, et c'est par elles que nous connaissons et que nous nommons ensuite les objets individuels auxquels il est possible d'attacher une idée générale. Ce n'est que par une troisième opération de notre esprit que ces objets individuels, après avoir été ainsi connus et nommés, viennent à leur tour représenter des classes entières et que leurs noms propres se changent en noms appellatifs (1). » Nommer c'est classer, c'est-à-dire ranger des faits individuels sous des faits généraux. « L'homme, dit encore Max Muller dans ses *Nouvelles leçons sur le langage*, n'a pu nommer un arbre, un animal, une rivière ou tout autre objet qu'après y avoir découvert préalablement quelque qualité générale qui le frappe comme étant son trait caractéristique. Le plus souvent il se contentait de ce qui frappait le plus for-

---

(1) *La science du langage*, cours professé à l'institution royale de la Grande-Bretagne, par Max Muller, traduit de l'anglais par Georges Perrot. (3⁰ édit. Paris, Durand, 1869.)

tement son imagination. Pour nommer le cheval *celui qui court*, il fallait que l'homme sût d'une manière générale ce que c'était que courir, comme aussi pour nommer l'oiseau *celui qui vole* il devait avoir préalablement la notion de l'acte de voler. Si le langage procède ainsi de l'abstraction et de la généralisation, on comprend qu'il soit désigné par ce mot de λέγειν, qui signifie choisir, recueillir ; car pour former la racine qui nomme la chose, il faut un choix préalable éliminant tous les caractères secondaires par un acte voulu, conscient au fond, quoique souvent d'une conscience sourde et latente (1). » Rien ne montre mieux à quel point l'entendement est présent dans l'opération élémentaire de la parole et ne justifie davantage cette admirable synonymie établie par la plus philosophique des langues entre la parole et la raison dans ce mot de λόγος, qui s'applique à l'une et à l'autre. Le développement du langage dans la phrase et dans la proposition n'est que le développement de la raison, car seule elle peut rattacher l'attribut au sujet par ses procédés ordinaires d'abstraction et de généralisation, et par le verbe remettre en jeu le principe de causalité qui est la loi de toute action. Il n'y a pas une seule proposition qui n'implique un jugement, et les jugements en s'enchaînant déroulent la logique naturelle de l'esprit humain. Donc la raison est l'âme même du langage. Y a-t-il rien de semblable dans le cri ou dans le signe instinctif de l'animal, rien qui suppose l'abstraction, la généralisation ? Il ne fait qu'exprimer sa sensation ou bien cet ensemble de sensations susceptible d'un certain développement qui se résument dans ses besoins. Il ne va jamais plus loin. L'homme, au contraire, dépasse immédiatement la sensation, le besoin ; il sort de lui-même, il nomme l'objet de sa perception, il le caractérise, il le connaît et le fait connaître. Nous saisissons ainsi un second caractère de la parole (2). Le langage inférieur de l'animal est

---

(1) Max Muller, *Nouvelles leçons sur le langage*. Leçon 7e.
(2) Joly, *L'homme et l'animal*. (Hachette, 1875, p. 195 et suivantes.)

purement subjectif, sensationnel, si on peut ainsi dire ; il a atteint son but quand il a exprimé ce que ressent l'animal, il ne va jamais plus loin. Quand les insectes se concertent et s'entendent par des signes, c'est toujours pour obtenir ce que leur commande l'instinct ou pour conjurer un péril. L'homme, au contraire, même sous l'étreinte de sa sensation s'attache à l'objet qui l'a provoquée, le nomme et par là de la simple impression reçue par ses sens s'élève à la connaissance. Parler, c'est connaître. Bientôt il ne se contente plus de désigner l'objet de sa connaissance parce qu'il le redoute ou qu'il le désire ; il obéit à une impulsion plus noble, il veut le connaître pour lui-même, poussé par un besoin supérieur qui est né et qui s'est développé avec son intelligence.

La parole devient ainsi l'instrument principal du savoir ; elle le rend possible grâce à ces facultés d'abstraction, de généralisation et de raisonnement où se retrouve la logique naturelle de l'esprit humain. En outre, la parole conserve les trésors acquis et permet de les transmettre ; car, comme elle s'élève de suite au-dessus de la sensation pure pour en tirer la connaissance de l'objet, elle lui survit. L'animal répète les mêmes signes, mais chaque signe est aussi fugitif qu'il a été instantané. Les signes se renouvellent, mais la trace ne s'en conserve pas ; jamais on ne les voit s'ordonner, se classer et composer un résidu permanent où l'expérience raisonnée du temps écoulé se dépose et s'enrichit tous les jours, fixant les progrès obtenus et préparant les progrès futurs, reliant enfin l'avenir au passé.

La parole comme instrument de connaissance rend à l'homme un double service. Tout d'abord, elle permet à l'esprit de prendre pleine conscience de lui-même, en donnant une formule précise à ses concepts. « La raison, a très bien dit M. Victor Egger, est une parole intérieure comme le langage humain est la raison extériorisée. Oui, l'esprit se parle à lui-même, il formule ses idées, ses sentiments et en les formulant il s'en rend compte ; la vie réfléchie de l'esprit est fortifiée d'abord par l'effort nécessaire à la parole intérieure, et ensuite par l'expression qu'il donne à ses concepts en les tirant du vague. On dirait la nébuleuse intellectuelle se formant en un noyau solide. En second lieu, la parole extérieure produit au dehors ces idées, ces concepts ainsi arrivés à maturité, elle les transmet, elle les jette dans cette circulation vivante et fécondante des pensées humaines, et, en définitive, elle réagit sur la parole intérieure en la rendant plus précise et plus riche. La parole intérieure se distingue de l'extérieure comme un état faible se distingue d'un état fort. Elle est un précieux instrument de l'intelligence, en lui permettant de parcourir plus rapidement la masse toujours croissante des images dont se compose sa richesse. Une fois créée, une fois mise en train à titre d'écho de la sensation sonore, elle semble oublier ses origines. On la dirait vivante par elle-même, elle n'est pas assujettie à puiser éternellement l'existence dans le sein maternel de la sensation; on la dirait douée comme un animal adulte d'une vitalité qui lui est propre. Elle rompt sans violence avec ses origines naturelles. Elle s'est tournée vers les régions supérieures de l'être; elle existe désormais par la seule pensée. La pensée s'appuie sur elle et, s'associant à sa vie, en fait presque une chose vivante, une souple armure qui se plie à tous ses mouvements, et, les revêtant de son éclat, les dessine avec netteté sur le champ de la conscience (1). » Intérieure ou extérieure, jamais la parole n'est identique à l'intelligence, comme si la pensée se résolvait tout entière dans le mot, car le mot pourrait disparaître, la pensée, tout en étant gênée, subsisterait encore, comme le prouve notre état mental quand nous cherchons l'expression qui nous manque pour une pensée dont nous avons l'intuition ou bien quand nous méditons le choix que nous ferons entre plusieurs synonymes. « Une

---

(1) *La Parole intérieure, Essai de psychologie descriptive*, par V. Egger, p. 204-215. (Paris, 1882, Germer-Baillère.)

intelligence subitement privée de la parole intérieure ne serait pas pour cela réduite à l'impuissance, mais seulement gênée comme un homme subitement privé de la vue ou un aveugle de son bâton. Le langage intérieur est en général un écho affaibli de la parole sonore ou du son. Chez le sourd-muet, elle devient une image tactile intérieure, correspondant au langage mimique qui lui est propre. Rien ne prouve mieux l'indépendance de l'esprit vis-à-vis de son instrument. » Le langage de l'homme, comme l'établit parfaitement M. Victor Egger, est essentiellement la création de son esprit qui, par sa faculté de généralisation, dégage de plus en plus le mot de sa valeur d'onomatopée, seul moyen de ne pas s'attacher à un seul de ses attributs et de le rappeler dans sa totalité par un signe conventionnel. Il y a donc là une opération positive de l'intelligence. Celle-ci ne doit pas devenir oisive après ce premier acte, car il est de la nature du signe représentatif de perdre de plus en plus sa signification et par conséquent de s'annuler par suite de ce que M. Egger appelle l'habitude négative ou machinale, s'il n'est pas en quelque sorte ravivé par l'habitude active qui n'est autre chose que l'attention. « L'habitude positive vivifiée par l'attention est l'habitude parfaite ; par elle et par elle seule, l'âme corrige sa loi fondamentale, qui est la dispersion dans le temps en introduisant dans son devenir des éléments de permanence, d'unité relative, d'harmonie. Et la parole intérieure semble représenter en nous la perfection de l'habitude positive. L'attention est, en dernière analyse, le principe qui, transformant l'habitude négative en habitude positive, maintient la parole intérieure à l'état de perpétuelle et consciente activité. En tant qu'habitude positive, elle est une œuvre de l'âme et en tant qu'habitude générale elle est un instrument de l'activité psychique (1). »

(1) V. Egger, ouvrage cité, p. 205-207.

Nous ne pouvons que renvoyer pour le développement de ces pensées au livre de M. Victor Egger, si remarquable par la finesse et la richesse des observations psychologiques dont aucun résumé ne peut suppléer le détail.

Ainsi, soit qu'il donne à la raison pleine conscience d'elle-même, soit qu'il la manifeste en s'articulant, le langage humain se distingue profondément du langage animal, du simple signe corporel.

Nous ne prétendons pas pour cela qu'il n'y ait aucune relation entre les deux langages. Pour la parole, manifestation de son être, comme pour son être tout entier, l'homme débute par l'instinct; seulement il y a en lui à l'état virtuel quelque chose de plus, un élément de vie supérieure qui ne se développera pas de l'instinct tout seul par une simple évolution, mais qui, venant de plus haut, doit finir par le pénétrer. Oui, l'homme débute par le cri, par le signe corporel, mais il n'en reste pas là, et la parole raisonnée n'est pas un simple perfectionnement du cri que lui arrachaient ses premières douleurs. Le cri, l'interjection, pas plus que le geste, ne contiennent le principe de l'abstraction, de la généralisation, de la dialectique inhérente à la vraie parole humaine. « La trame du langage, dit très bien Max Muller, s'élève sur les ruines des interjections. Sans les admirables ressources que nous offre le langage, les hommes n'auraient jamais eu que des interjections pour exprimer de vive voix leurs sensations et leurs sentiments. Le hennissement du cheval, le beuglement de la vache, l'aboiement du chien, le miaulement du chat, les gémissements, les cris de douleur ou de terreur et tous les mouvements convulsifs des muscles accompagnés de bruit, méritent presque au même titre que les interjections d'être appelés des parties du discours. Les interjections volontaires ne sont employées que quand l'impétuosité et la véhémence de quelque affection ou de quelque passion fait revenir tout à coup l'homme à son état naturel et lui fait oublier pour un moment l'usage de la parole, ou bien encore quand, pour une cause ou pour une autre, l'homme n'a pas le temps de se servir du langage. »

Le transformisme naturaliste a essayé de faire sortir la parole du signe ou du cri par voie d'évolution. Il a eu recours à deux explications, l'une empruntée à la physiologie pure, l'autre à l'expérience animale combinée avec la sélection sexuelle et la loi d'hérédité.

L'explication physiologique formulée par M. Broca avec sa précision ordinaire s'appuie sur la localisation de la faculté du langage qui a été constatée sur un point spécial de l'hémisphère gauche du cerveau ; la plus légère lésion qui s'y produit amène l'aphasie à des degrés divers (1). Donc cette faculté tiendrait à un développement cérébral. Elle serait apparue chez l'anthropoïde supérieur dès que le cerveau aurait subi une modification suffisante. On peut objecter à cette théorie que la localisation de la faculté de la parole n'est pas si évidente qu'on veut bien le dire, puisqu'on doit reconnaître que, à défaut de l'hémisphère gauche, l'hémisphère droit peut fonctionner d'une manière suffisante ; d'où il résulte que la fonction du langage est dans une certaine indépendance vis-à-vis de l'organe. Cette indépendance relative peut très bien être admise sans que l'on conteste, pas plus pour cette opération particulière de l'esprit que pour toute la vie mentale de l'homme, que dans nos conditions actuelles d'existence la fonction est plus ou moins solidaire de l'organe. En tout cas l'explication physiologique ne rendra jamais compte de l'élément rationnel du langage humain. Jamais une certaine disposition des lobes cérébraux ne nous fera comprendre la faculté d'abstraire, de généraliser et ne comblera, comme nous l'avons dit tant de fois, l'infranchissable abîme entre le mouvement et la conscience du mouvement.

---

(1) *Bulletin de la société anatomique*, passim, 1861-1863. — *Bulletin de la société d'anthropologie de Paris*, 1861, 1863, 1865, 1866. — Hovelacque, *Linguistique*. (Reinwald, 1867, p. 28.) — Lefebvre, *Philosophie*, p. 531.

L'explication tentée par Darwin sur l'origine du langage peut ne pas se concilier avec celle de M. Broca, car les faits très simples sur lesquels il fonde sa théorie seraient incapables de produire aucune transformation dans l'appareil cérébral. D'après lui, pour expliquer la parole, il faut que l'on arrive à un signe qui ne soit pas immédiatement lié à la sensation présente, mais qui soit employé conventionnellement ; la gamme du langage serait sans cela trop pauvre et disposerait de trop peu de notes. Il prétend trouver ce passage du signe purement sensationnel au signe de convention dans le souvenir que l'animal aurait gardé de certains mouvements complexes qui lui ont été utiles pour se procurer telle ou telle sensation et qu'il reproduit par la force de l'habitude, même quand cette sensation n'est plus directement stimulée. Ainsi les jeunes chats se rappellent la jouissance éprouvée en pressant le sein de leur mère, et ils sont amenés par ce souvenir à presser de la même manière une étoffe moelleuse. Cette habitude transmise par l'hérédité produit des mouvements réflexes, et ceux-ci à leur tour produisent des signes variés de plus en plus indépendants de la sensation présente. Nous ne pouvons comprendre en quoi ces signes contribueront à former quelque chose qui ressemble à la parole. Ils n'ont de sens qu'aussi longtemps qu'ils expriment une sensation, comme le prouve l'exemple des jeunes chats qui pressent un tissu moelleux. Cette habitude de presser des substances molles sera toujours en rapport avec une sensation, ou bien elle sera un pur mouvement machinal, sans signification aucune. Darwin, pour expliquer l'enrichissement des signes, s'en réfère à ce qu'il appelle la loi des contraires qui fait que tout naturellement l'animal qui a exprimé d'une certaine façon un sentiment comme la colère donne une expression directement inverse au sentiment opposé. Nous lui demandons pourquoi le simple instinct ne suffit pas dans un cas comme dans l'autre. Il tire encore parti de cette action directe du système nerveux qui fait que le visage est contracté par la douleur et épanoui dans la joie (1). L'animal est ainsi conduit à exprimer en toute circonstance de la même façon des sentiments de peine et de plaisir, mais comme il suffit du simple jeu des nerfs pour produire ce résultat, nous n'atteignons pas le vrai signe conventionnel. Invoquant enfin la sélection sexuelle, Darwin attribue une grande influence sur les progrès du langage à l'expérience faite par le mâle de l'utilité de varier et de moduler son chant pour attirer la femelle. Il prétend que le chant de l'orang-outang en pareille occurrence peut nous donner une idée des brillantes variations du langage humain (2). Pourquoi l'orang-outang mériterait-il davantage cet honneur que le merle ou le rossignol dont les roulades n'ont jamais paru approcher de la parole qui nomme et caractérise les choses? Il suffit de se rappeler ce qu'elle implique de développement rationnel, et à quel point elle met en jeu l'entendement pour écarter toutes ces explications absolument insuffisantes.

Nous admettons sans difficulté que, de même que la sensation fournit les matériaux de l'élaboration intellectuelle, de même l'expression spontanée de la sensation ou le cri est, sans en être la cause, le point de départ de la parole. Ici comme en tout, c'est la cause formelle et finale qui est la vraie cause, combinant et disposant les éléments matériels en vue de la fin qui pour la parole est d'exprimer la raison. Les cris, les signes corporels doivent être élevés du pur état de nature ou d'instinct à la vie de la pensée, à la vie réfléchie, par l'effet d'un principe interne et supérieur. Alors seulement nous avons le langage humain, la vraie parole. « Tant que l'homme, dit Maine de Biran, est à l'état instinctif, toutes ses impressions sont confuses; le moi ne s'étant pas distingué lui-même des choses, ne distingue rien dans les choses, n'isole

---

(1) Darwin, *L'expression des émotions chez l'homme et chez les animaux*, traduit par Samuel Pozzy et Benoît. (Reinwald.)

(2) Darwin, *La descendance de l'homme et la sélection sexuelle*. (Paris, Reinwald, 1875.)

rien et par conséquent ne peut rien distinguer spécialement, ce qui est la condition essentielle du langage. Il faut donc qu'il commence par se poser, en se distinguant des choses par l'effort voulu, et puis qu'il applique ce principe de distinction réalisé pour la totalité de son être à ses diverses perceptions. Dans chacune il distingue le sujet de l'attribut, il peut affirmer l'existence distincte du premier et peut employer le verbe *être*, dire du sujet qu'il est et dire aussi par l'attribut comment il est, c'est-à-dire de quelle manière il a été affecté. Le sujet est la cause, la force motrice; l'attribut est l'effet produit. Donc, dans toute proposition, il y a comme un renouvellement du fait libre initial qui a constitué le moi. Voilà pourquoi le langage au sens complet est propre à l'humanité seule, parce que seule elle est capable de l'effort voulu (1). » Maine de Biran reconnaît que l'homme ne débute pas par ce langage réfléchi, qui est l'affirmation voulue de son moi. Il faut un acte de volonté pour faire du son un signe. « Il arrive un moment où, l'existence de l'enfant cessant d'être purement sensitive, celle de la personne humaine va commencer (2). » C'est alors que commence la parole qui n'exprime pas seulement des besoins, mais encore des idées.

Il ne s'ensuit pas que le langage soit inventé à nouveau par chaque homme. Les signes dont il se sert s'enrichissent constamment de génération en génération et sont transmis par l'hérédité. L'enfant apprend à parler de ses parents qui lui communiquent tous les procédés plus ou moins perfectionnés par leurs devanciers. Mais la rapidité avec laquelle il se les approprie prouve qu'il possède non seulement un organe approprié, mais la faculté intellectuelle du langage.

Si nous cherchons à remonter à son origine nous ne pouvons pas plus l'attribuer à une révélation directe, comme le prétendait Bonald, qu'à un contrat selon l'idée de Rousseau.

---

(1) Maine de Biran, *OEuvres posthumes*, vol. III, p. 161.
(2) Maine de Biran, ouvrage cité, vol. III, p. 141.

Si le langage était une communication directe de la divinité, forme et fond, idée et parole, l'homme serait un être entièrement passif, l'argile du potier pétrie par la toute-puissance divine ; il ne serait pas vraiment un être libre. Il naîtrait tout achevé. Dieu l'a créé, apte au langage avec la faculté de le produire, par le fait seul qu'il est doué de raison et de liberté.

Quant à la théorie du contrat, elle ne soutient pas l'examen ; car, pour établir la convention du langage, il faudrait déjà parler, aucune opération subséquente n'égalant en difficulté celle de déterminer les procédés de la parole et de rattacher tel sens à tel son. Comment ce lien a-t-il été établi, c'est ce que nous ne saurons jamais. — L'homme, aux temps primitifs, a-t-il possédé une perception plus vive des harmonies entre la nature et son esprit ? « C'est le mystère des origines, dit Max Muller. Il y avait là une sorte d'instinct mental. Nous ne pouvons dire qu'une chose, c'est que l'homme possédait la faculté de donner une expression articulée aux conceptions de sa raison. Un certain nombre d'impressions extérieures ont produit une expression vocale correspondante, un cri, une interjection, puis une expression générale s'est dégagée de ces expressions multiples, qui a produit la racine, signe représentatif de la notion générale, et tout s'est fait conformément à la raison qui préside à la combinaison des impressions extérieures, pour former des perceptions, et à la combinaison des perceptions, pour former des notions générales. La formation graduelle des racines qui résultent de la fusion d'un certain nombre de cris naturels ou d'imitations des bruits de la nature s'opère également sous le contrôle de la raison. Il y a eu là comme une sorte de sélection rationnelle (1). » Nous sommes ainsi amenés à faire une part assez large à l'onomatopée dans la formation du langage, sous la réserve que jamais l'esprit humain ne s'en est tenu

---

(1) Max Muller, *Premières leçons sur l'origine du langage.* 2º. leçon, page 15.

là ; qu'il l'a tout de suite pénétrée d'un sens rationnel et que, promptement, il en est arrivé à la racine, vraie clef du langage, puisque ce qui le caractérise principalement, c'est l'abstraction et la généralisation. Il n'en demeure pas moins que la parole est toujours restée en corrélation étroite avec la nature par la sensation qui en émane directement. C'est là qu'est son réservoir ; aussi toutes les idées ont-elles une enveloppe plus ou moins matérielle, même les plus hautes, les plus spirituelles. Le langage humain est un tissu de métaphores qui perdent peu à peu leur vivacité ; c'est un herbier où les plantes sont fanées, mais l'homme ne pense qu'en images et son esprit même est exprimé par une métaphore, puisqu'il l'appelle un souffle (1). De même que l'âme ne se sépare pas de l'enveloppe corporelle qu'elle pénètre et ennoblit, de même l'idée s'enferme dans l'image, mais elle s'en dégage toujours plus pure, comme la lumière du flambeau qui la porte.

Il est de l'essence du langage d'être progressif. Nous lui voyons franchir trois degrés dans son évolution au sein de l'humanité. Nous avons d'abord les langues *monosyllabiques*, c'est-à-dire celles où les mots sont de simples racines sans indication de *personne* et de *genre*, comme le chinois ; puis nous avons la période d'*agglutination* dans laquelle deux racines s'agglutinent pour former un mot, la première conservant son indépendance et la seconde se réduisant à une simple désinence ; enfin nous atteignons le degré supérieur avec les langues à flexions où les racines se fondent et se modifient réciproquement. Dès ce moment l'instrument du langage est parfait, il a toute sa souplesse, il se prête à tout exprimer. Quand l'écriture vient s'y joindre pour le fixer et pour lui donner une circulation indéfinie, les conditions essentielles du progrès sont réalisées ; nous n'avons plus simple-

---

(1) Penser vient de *pensare*, peser. — Tribulation vient de *tribulare*, herse. — Le mot d'*être* vient d'*as* ou *souffle vital*. — Mourir vient de *mar*, broyer.

ment une évolution qui se répète dans un cercle restreint, nous avons l'histoire, le mouvement incessant de l'esprit humain s'avançant d'étape en étape. L'écriture comme la parole procède d'une faculté innée chez l'homme de reproduire par le dessin ce qu'il voit. Il n'y arrive que par une application nouvelle de l'abstraction, car jamais il ne peut reproduire l'objet tout entier. L'écriture commence par être essentiellement un dessin, puis elle aboutit aux signes conventionnels qui se rapportent aux sons plûtôt qu'aux objets eux-mêmes. Après sa phase idiographique, elle devient phonétique et revêt tour à tour la forme syllabique et alphabétique. Parvenue à ce point, elle est capable de fixer la parole humaine dans toute sa complexité et sa richesse (1). Quelque admirables et éclatants que soient ces progrès, ils ne sont que le développement d'une faculté primordiale à laquelle nulle évolution n'aurait pu amener l'humanité. Cela est déjà vrai du langage dans ses manifestations les plus basses, les plus inférieures, au fond des déserts africains ou dans quelque île de l'Australie. « Toutes les analyses et les procédés du monde, dirons-nous avec Max Muller, ne tireront pas des mots significatifs du chant des oiseaux et des cris des animaux (2). » — « Je l'avoue, s'écriait Sydney Smith dans une boutade pleine d'un grand sens, je me sens si parfaitement assuré de la supériorité de l'homme sur le reste de la création, j'ai un mépris si marqué pour l'intelligence de tous les babouins que j'ai jamais rencontrés, je suis si convaincu que le singe bleu sans queue ne sera jamais mon rival en poésie, en peinture, en musique, que je ne vois pas pourquoi je ne rendrais pas justice aux quelques parcelles d'âme et aux lambeaux d'intelligence que les bêtes peuvent avoir. »

Nous ne saurions mieux conclure ce chapitre que par ces mots de Humboldt : « L'homme n'est homme que parce qu'il

---

(1) Voir l'article de M. Philippe Berger sur l'écriture dans l'*Encyclopédie des sciences religieuses* de M. Lichtenberger.
(2) *Nouvelles leçons sur le langage*, p. 422.

parle ; mais, pour trouver la parole, il fallait qu'il fût déjà homme (1). » En d'autres termes, pour trouver l'expression et l'instrument par excellence de la raison, il fallait être doué de raison, affranchi de la vie simplement instinctive ; il fallait être un moi, une personne.

(1) « Der Mensch ist nur Mensch durch die Sprache ; um aber die Sprache zu finden, muss er schon Mensch sein. » W. Humboldt, *Samtliche Werke*, vol. III, page 281.

CHAPITRE V

LA SOCIÉTÉ HUMAINE ET LES SOCIÉTÉS ANIMALES (1).

L'homme, d'après Aristote, est essentiellement un être social. Ce caractère lui est commun avec l'animal. On en a naturellement conclu à une nouvelle identification entre eux. C'est bien à tort selon nous. Ici encore la vie supérieure s'appuie sur une vie inférieure instinctive, mais en s'élevant à une hauteur morale qu'une simple évolution naturelle ne saurait jamais atteindre, car la sociabilité humaine ne peut pas plus se réduire aux éléments préexistants de la sociabilité animale que la raison et la conscience ne procèdent du simple perfectionnement des sens. Nous ne contestons pas le lien qui rattache la sociologie à la biologie, pourvu qu'on ne les confonde pas, comme tend à le faire toute l'école naturaliste depuis Auguste Comte jusqu'à Herbert Spencer.

---

(1) Voir l'introduction sur l'*Histoire de la sociologie en général*, dans le livre de M. Espinas sur les *Sociétés animales* (2ᵉ édit., 1878, Germer-Baillière). — Auguste Comte, *Système de politique positive*. (Paris, 1851.) — Herbert Spencer, *Introduction à la science sociale*. (Paris, Germer-Baillière, 1874.) — Du même, *Principes de sociologie*, 2 vol. — *La science sociale contemporaine*, par Albert Fouillée. (Paris, Hachette, 1881.) — Darwin, *De l'origine des espèces*, traduction Moulinié, 1873. — Du même, *La descendance de l'homme et la sélection sexuelle*, 1872. — Introduction de Buckle à l'*Histoire de la civilisation en Angleterre*. (Paris, 1881. Marpon et Flammarion.) — Bagehot, *Lois scientifiques du développement des nations*. (Perrier, Paris, 1874. Germer-Baillière.) — Edmond Perrier, *Les colonies animales et la formation des organismes*. (Paris, Masson, 1881.)

I. — CARACTÈRE SPÉCIFIQUE DE LA SOCIÉTÉ HUMAINE.
LE CONTRAT.

Plaçons-nous d'abord devant le fait à expliquer, devant la société humaine telle qu'elle se présente à nous, en la prenant dans son plein développement, conformément à ce grand principe d'Aristote que la vraie nature d'un être se révèle dans son achèvement. Or, d'après lui, la fin de l'homme est une fin sociale, et la société humaine n'est achevée que le jour où elle se fonde sur la communion des idées du bien et du mal, du juste et de l'injuste, le jour enfin où elle devient un organisme moral (1). Sans doute Aristote ne place pas cette société en l'air, comme une pure création de la raison; il montre, avec son génie habituel d'observation pénétrante et profonde, comment elle subit l'influence de notre organisme, du milieu géographique ou historique, comment ses éléments n'ont rien d'arbitraire, mais se produisent dans une proportion si exacte que l'élimination ou la diminution de l'un d'eux suffit pour changer tout l'équilibre social (2). Le gouvernement de la cité n'est pas autre chose que l'expression extérieure de l'organisme social, le lien de subordination de ses parties diverses (3). Mais si grande que soit la part à faire aux conditions organiques de la société humaine, elle se distinguera toujours de toute autre et en particulier de la société animale, en ce qu'elle possède seule l'idée du juste (4).

Cette caractéristique de la société humaine reste absolument vraie après tant de siècles. Dès qu'une agrégation d'hommes

---

(1) Aristote, *Politique*, I, liv. Ier, 10.
(2) Id., *Éthique*, I, 5.
(3) Id., *Politique*, liv. III, 6.
(4) Id., *Histoire des animaux*, I, 10.

est sortie de la barbarie, ses relations se règlent de plus en plus conformément à un principe de justice. Ses premières manifestations ont beau être grossières, incomplètes, le principe du droit est déjà à l'œuvre pour régler les rapports des hommes entre eux, qu'il s'agisse de leurs actes ou de l'échange de leurs biens. Nous convenons que la sphère où le droit s'applique peut être plus ou moins restreinte, parce que la notion même de l'humanité n'a pas dès le début toute son ampleur. L'homme, en tant qu'homme, n'est respecté que bien plus tard. C'est une élite dont la supériorité s'est affirmée par la force, par la conquête, par l'âge, qui seule a des droits, mais ces droits n'en sont pas moins réciproques. Nul des membres de la cité, sauf par exception le chef dans lequel elle se personnifie, n'a la possibilité de tout faire ou de tout prendre. Il ne suffit pas d'être le plus fort pour violenter et piller à son aise les copartageants de la vie sociale. Sans doute il y a de fréquentes exceptions à la règle, mais la règle subsiste néanmoins. Ces usurpations provoquent bientôt les châtiments du pouvoir central, quel qu'il soit, car sa fonction essentielle est de mettre un frein à la force désordonnée. La justice sociale consiste à reconnaître à chacun ce qui lui est dû et à le lui conserver. C'est sur l'étendue de cette protection qu'ont porté ses variations ; tantôt elle a méconnu des droits sacrés en eux-mêmes, comme la liberté de conscience, l'État antique n'admettant aucune divergence religieuse ; tantôt elle a laissé sans défense toute une portion de la population, méconnaissant les droits du vaincu, du faible, du pauvre, de l'esclave, et aussi ceux de la femme et de l'enfant ; mais ces restrictions déplorables ne l'annulent jamais complètement. Le progrès de la société consiste à les abolir l'une après l'autre, à reconnaître non seulement le droit du patricien, du citoyen, du chef de famille, mais encore le droit de l'homme en tant qu'homme, et à lui donner pour sanction non plus un pouvoir despotique ou aristocratique, mais la souveraineté de la nation se limitant elle-même et mettant le gouvernement au service de la justice sous le contrôle de la liberté.

Peu nous importe que l'on nous oppose tous les démentis donnés par l'histoire à cette grande idée de la société humaine, ou que l'on nous objecte son apparition tardive ; il nous suffit du principe d'Aristote que l'on doit juger d'un être par son achèvement pour conclure sans hésitation que la société telle qu'elle nous apparaît aujourd'hui sous sa meilleure forme, telle qu'elle a été façonnée sous la double influence de la réforme du XVIe siècle et de la Révolution française, est bien la vraie société humaine répondant à sa destination, à son idéal. Cette idée ou cet idéal a joué, dans ses périodes préliminaires et confuses, le rôle de l'idée directrice admise par nos plus éminents physiologues, comme le ferment caché qui tire de la vie embryonnaire et de ses éléments en apparence incohérents l'organisme auquel elle doit aboutir.

Nous nous trouvons entièrement d'accord dans cette caractéristique de la société humaine avec un éminent philosophe qu'on n'accusera certes pas de parti pris spiritualiste. M. Fouillée, dans son livre sur *la Science sociale contemporaine*, reconnaît après Aristote « que, pour comprendre les choses et les êtres dans le monde social comme dans le monde physique, nous devons tâcher de les saisir dans leur essence même et dans leur fin, c'est-à-dire dans leur perfection naturelle et dans leur achèvement, et que c'est là qu'est le véritable état de nature dont se préoccupèrent Rousseau et le XVIIIe siècle (1). » Cet achèvement de la société humaine lui paraît comme à nous l'établissement de la justice par la liberté. Ainsi se réalise le vrai contrat social qu'il ne faut point confondre avec l'utopie connue sous ce nom. Il n'a aucune analogie avec cette espèce de convention arbitraire conclue un beau jour par des sauvages sous l'ombre épaisse de la forêt vierge, sans qu'on nous dise comment ils ont été soudain

---

(1) Fouillée, *la Science sociale contemporaine*, p. 76.

illuminés et comment, après s'être disputé leurs glands, ils ont fait sortir de cette délibération improvisée le pacte de justice et de liberté qui aurait dû être appliqué depuis longtemps pour qu'ils fussent en état de le conclure. C'est là l'illusion et l'erreur de Rousseau. Ce qu'il y a de profondément vrai dans sa conception, c'est que la société n'est réellement fondée, qu'elle n'est vraiment humaine qu'en s'élevant de la sociabilité toute naturelle et tout instinctive au consentement mutuel, par l'effet duquel chacun de ses membres est un être libre qui doit faire acte de liberté. Grâce au concours de toutes ces libertés consentantes, la société, de simple fait de nature, devient un fait moral, humain. Laissons de côté toutes les erreurs que le grand tribun du xviii° siècle a mêlées à sa conception première et dont la plus grave est d'avoir fait sortir la tyrannie des libertés individuelles en ne permettant à celles-ci de s'unir que pour constituer un pouvoir central absolu et pour se fondre si bien dans la souveraineté collective qu'elles y disparaissent. Cette erreur n'empêche pas qu'il n'ait eu raison de faire reposer la société humaine sur le consentement de ses membres. Rousseau se trompe quand il prétend que c'est ce consentement qui la crée de toutes pièces comme si elle n'existait pas auparavant. Sur ce point, l'école du droit historique a cent fois raison. Non, la société existe originairement à l'état de nature, mais le fait naturel doit devenir un fait moral, et pour cela il faut le libre vouloir de l'homme mis au service de cette notion du juste et du droit qui existe en lui à l'état virtuel et qui fait partie de sa nature supérieure. C'est sa nature morale qui, en se développant ou plutôt en se manifestant par des actes à la fois libres et conscients, élève la société de fait et de nécessité à la hauteur d'une société voulue. Aussi peut-on dire dans ce sens que le contrat social est doublement naturel, sans faire aucune part aux illusions de Rousseau. Reconnaître de plus en plus le droit humain, l'accepter par un acte de volonté en votant la loi qui le consacre et en désignant par l'élection le pouvoir qui l'applique et le sauvegarde, voilà la véritable évolution de la société qui, de l'existence purement instinctive par laquelle elle débute, comme toute l'existence de l'homme, l'élève à la vie libre, morale et réfléchie. « L'État idéal, dit encore M. Fouillée, a pour matériaux et instruments les forces naturelles ; mais le plan et l'idée directrice, c'est-à-dire le contrat universel, doivent être dans toutes les pensées (1). Ce qui constitue une société vraiment humaine entre les hommes, c'est l'acte de volonté par lequel ils formulent et acceptent présentement leur situation réciproque et leur passé en se traçant une commune règle pour l'avenir (2). Dans la science sociale, tout se ramène à un rapport essentiel entre les éléments mêmes de la société, c'est-à-dire entre les personnes ; ce rapport primitif, cette combinaison première dont tout le reste doit être la transformation, c'est le contrat qui maintient l'égalité des libertés dans leur association mutuelle. La liberté est le but suprême à atteindre (3). Dans la société humaine, les hommes arrivent à connaître et à vouloir le tout qu'ils doivent former, l'État où tous doivent vivre. La société humaine est un organisme qui se réalise en se concevant et en se voulant lui-même, une société d'intelligence, une solidarité comprise et voulue, un organisme résultant du choix et non plus de la nécessité (4). »

Ce même caractère moral et conscient se retrouve dans les diverses sphères sociales depuis la famille jusqu'à la grande solidarité humaine, en passant par les états particuliers. Ainsi se trouve nettement marquée l'infranchissable distance entre l'homme, comme être social, et l'animal (5). Chez le dernier, la sympathie est tout instinctive ; dans l'humanité les volontés devenues intelligentes se connaissent mutuellement

---

(1) Fouillée, ouvr. cité, p. 17.
(2) Id., p. 21.
(3) Id., p. 72-73.
(4) Id., p. 91.
(5) Id., p. 251.

et s'unissent par un lien supérieur, par le consentement ou le contrat. « La société humaine est un organisme volontaire (1). »

Tel est le fait social dans son épanouissement ou son achèvement, c'est-à-dire dans la pleine réalisation de son idée constitutive au sein de notre race, et cela de l'aveu d'un philosophe qui finit par tout ramener aux simples lois mécaniques. M. Fouillée ne connaît en définitive qu'une seule et même évolution, depuis l'agrégation des molécules formant le minéral, jusqu'à l'association humaine fondée sur le consentement et le contrat. S'il admet l'idée de la liberté, c'est à la condition de lui enlever toute réalité, car il conclut au déterminisme absolu pour les raisons ordinaires que nous discuterons plus tard quand nous traiterons de l'origine de la morale. D'après lui, l'idée de la liberté est une de ces forces-idées qui deviennent des causes d'activité et produisent à l'état d'illusion les mêmes effets que si elles étaient vraies. L'idéal est un ferment dans la réalité, bien qu'il ne corresponde qu'à une chimère; voilà pourquoi l'idée de liberté à elle toute seule, quoique absolument contraire à la réalité des choses, suffit pour modeler la société humaine et pour y introduire le consentement, le contrat.

Les contradictions abondent dans cette conception hybride. Tout d'abord, nous objecterons à M. Fouillée que ce prétendu consentement est un leurre, une fiction, sinon la liberté serait une réalité et il y aurait dès lors une brèche à sa muraille chinoise, à son déterminisme absolu. Si le contrat est une fiction, l'idée de liberté n'a aucune efficacité. Il s'ensuit que ses *forces-idées* sont de pures abstractions, car des idées qui ne produisent aucun effet réel sont sans forces réelles. En outre, comment admettre que ces *forces-idées* amènent un progrès social quelconque, puisque, pour l'opérer, il faut qu'on y croie et qu'elles ne seront efficaces que dans

---

(1) Fouillée, p. 111.

la mesure où l'on y croira? Or le progrès social, ayant pour effet naturel de répandre la vraie notion des choses, ne manquera pas de dissiper l'illusion contenue dans l'idée de liberté. Il amènera les esprits éclairés à n'y voir toujours davantage qu'une illusion ; elle sera donc réduite de plus en plus à l'impuissance. Il se trouvera que ce qui, d'après M. Fouillée, doit produire le progrès social sera frappé de mort et de stérilité par ce progrès lui-même. Il serait curieux de savoir de quelle façon il sortira de ce cercle vicieux. Cette *force-idée*, d'où vient-elle? De quelle vapeur s'est formée cette lueur étrange qui est à la fois un feu follet et un guide sûr pour l'humanité? Comment celle-ci l'a-t-elle connue? Comment est-elle arrivée à avoir conscience d'elle-même, à penser, à vouloir, à concevoir la justice? M. Fouillée nous renvoie aux applications mécaniques de l'évolutionisme matérialiste, la conscience n'étant que l'envers du mouvement, son côté interne. Comme elle ne s'en distingue pas réellement, elle existe à l'état sourd dans les forces cosmiques, quitte à s'en dégager peu à peu. Nous ne recommencerons pas ici la polémique que nous avons dirigée contre ces explications mécaniques qui effacent arbitrairement la différence entre des phénomènes aussi dissemblables que le mouvement et la conscience du mouvement. Remarquons seulement que M. Fouillée s'est rendu la tâche particulièrement difficile en mettant en lumière, comme il l'a fait avec autant de sincérité que d'élévation, les caractères spécifiques de la société humaine où il reconnaît l'apparition de la finalité, bien plus de la finalité consciente, de la notion de but, de la pensée réfléchie, de la volonté qui s'affirme, du consentement enfin. Il nous est impossible d'imaginer comment il fait sortir soudain cette finalité, cette conscience, ce vouloir de la nébuleuse primitive qui ne les contient pas même virtuellement, et comment ce qu'il appelle une sympathie toute mécanique chez l'animal devient chez l'homme un concours de volontés intelligentes, conscientes, se connaissant mutuellement et s'unissant par un lien supérieur. Ou il ne fallait pas autant accorder à la société humaine, ou il fallait ne pas se contenter de cette biologie toute mécanique que du reste l'éminent écrivain se contente d'affirmer sans la démontrer.

II. — RÉFUTATION DE LA SOCIOLOGIE DU POSITIVISME ET DE LA NOUVELLE PSYCHOLOGIE ALLEMANDE ET ANGLAISE.

(AUGUSTE COMTE, LITTRÉ, BUCKLE, BAGEHOT, JÆGER, HERBERT SPENCER)

Cette inconséquence qui nous a frappé dans l'un des derniers et des plus brillants essais de sociologie contemporaine, nous la retrouvons à l'origine même du grand mouvement intellectuel d'où procèdent toutes les tentatives d'enlever à la société humaine son caractère moral. C'est Auguste Comte qui le premier a cherché dans sa vaste synthèse de philosophie positive à rattacher la sociologie par un lien étroit aux sciences de la matière. La sociologie était pour lui le couronnement de l'édifice, mais en étant à tel point appuyée sur ses étages inférieurs qu'elle faisait corps avec eux. Aussi l'appelait-il la *physique sociale*. « La fondation de la physique sociale, disait-il dans son *Cours de philosophie positive*, complète enfin le système des sciences naturelles; il devient possible et même nécessaire de résumer les diverses connaissances acquises, parvenues à un état fixe et homogène, pour les coordonner en les présentant comme autant de branches d'un tronc unique (1). » Auguste Comte accordait bien à la physique sociale un champ d'observation à elle, mais elle n'en était pas moins entièrement dominée par les sciences mécaniques ou physiologiques. Il a cherché le premier dans la zoologie l'ébauche des lois qui gouvernent les faits sociaux, et

---

(1) Auguste Comte, *Cours de philosophie positive*, t. Ier, p. 23.

on ne peut lui refuser de l'avoir fait avec une rare sagacité. Littré, demeuré plus fidèle que son maître à ce point de vue physiologique, le résumait en ces termes suffisamment clairs : « Il est à peine besoin d'indiquer le rapport de subordination dans lequel la biologie est à l'égard de la sociologie. L'étude de l'homme en société a pour fondement nécessaire l'étude de l'homme en tant qu'individu; elle requiert ainsi pour donner de la consistance à ses théories la connaissance des conditions générales sous lesquelles la vie se manifeste (1). » Littré va jusqu'à subordonner entièrement la sociologie à la biologie; la première est mise par lui dans l'absolue dépendance de la seconde, bien qu'elle la complète en montrant sa fin dernière. La physique sociale est une résultante de la physique générale. Le progrès, dans l'histoire de l'humanité, consiste à se rapprocher de cette conception positive des choses, à franchir sur ce point, comme sur tous les autres, l'état théologique et métaphysique de l'esprit humain pour aboutir à la période purement scientifique ou positive.

Il n'était pas possible de formuler plus nettement l'explication mécanique du fait social, et cependant c'est le chef et le fondateur même de l'école qui a le premier déserté le drapeau. Nous avons vu, dans notre discussion générale des principes du positivisme, Auguste Comte, parvenu à la dernière évolution de sa pensée, subordonner l'inférieur au supérieur dans l'explication des choses, donnant ainsi une adhésion implicite au principe de finalité; il faisait en outre une très large part aux intuitions du cœur par son culte de l'humanité. Cet athée n'est plus qu'un idolâtre. Sa première sociologie est complètement bouleversée par ce changement de front. Il n'est plus possible de parler d'une simple constatation de faits positifs, une fois qu'il est reconnu que le sentiment peut devancer la science et construire une synthèse qui ne résulte pas uniquement de la réalité patiemment ob-

---

(1) Littré, *Fragments de philosophie positive*, p. 16.

servée. On ne saurait réduire la sociologie à une simple physique sociale, s'il est admis que la vie affective doit être l'inspiration dominante de la reconstitution de la société, sans parler de l'adoration de ce grand Être qui, comprenant tous les hommes présents et passés, échappe entièrement aux prises de l'observation positive (1). L'amour universel devient la clef de voûte de la science sociale. Désormais le mécanisme pur est éliminé. « S'il est vrai, comme le fait remarquer M. Espinas, que les plus hautes propriétés vitales, la pensée et l'amour, ont pour condition les propriétés les plus basses, on n'en peut pas moins affirmer que l'esprit est d'une nature hétérogène à ses instruments et dépasse les conditions du sein desquelles il surgit ; l'âme par rapport à ses organes corporels n'est donc plus une simple résultante, mais bien plutôt un but, une raison d'être, la seule suffisante (2). » Une théorie semblable interdit absolument de confondre la société humaine avec la société animale; la première a sa fin en elle-même et elle a beau avoir été ébauchée et préparée par la seconde, elle a son caractère propre.

Nous pourrions nous contenter de renvoyer à Auguste Comte les positivistes anglais qui se sont le plus directement rattachés à son école. Nul n'a représenté sa première conception avec plus de vigueur et de savoir que M. Buckle, dans l'introduction de son *Histoire de la civilisation d'Angleterre*(3). Lui aussi, au début de son livre, ne semble vouloir admettre que la physique sociale. Partant des résultats bien connus de la statistique qui concluent à une certaine fixité dans la criminalité, il formule dès le début le déterminisme le plus absolu, sans faire l'honneur au système contraire de la moindre discussion de principes. Pour lui, la loi dominante dans le déve-

---

(1) Voir le *Discours sur l'ensemble du positivisme.* Première partie.
(2) Espinas, *Société animale*, Introduction historique, p. 111.
(3) Voir l'introduction dans le 1er vol.

loppement des sociétés humaines est leur dépendance complète vis-à-vis de la nature ; tout en revient pour elles au plus ou moins d'abondance ou de facilité de l'alimentation, qui elle-même est en raison directe de la fertilité du sol et de certaines conditions climatériques. Là où elle coûte peu de travail, la main-d'œuvre est à bas prix, et la distance entre les salariés et les possesseurs de la terre est d'autant plus grande. De là le développement des sociétés aristocratiques et despotiques en Asie comme dans l'ancienne Afrique centrale, tandis qu'en Europe l'égalité des conditions se proportionne au taux des salaires qui s'élèvent en raison de la valeur du travail sur un sol moins abondant. « Une enquête, dit l'auteur, sur la distribution de la richesse (laquelle provient du taux des salaires) est en réalité une enquête sur la distribution de la puissance et jettera par conséquent une grande lumière sur l'origine de ces inégalités sociales et politiques dont la formation et les résistances forment une partie considérable de l'histoire de toute contrée civilisée (1). Toutes choses restant égales, la nourriture d'un peuple détermine l'accroissement dans sa population, et cet accroissement détermine le taux du salaire. Quand le salaire est invariablement bas, la distribution de la richesse étant très inégale, la distribution du pouvoir politique et de l'influence sociale sera également très inégale. Ainsi se manifeste le rapport intime entre le monde moral et le monde physique (2). » Sans discuter une théorie si exclusive, qui méconnaît entièrement les grands facteurs moraux sous l'influence desquels un peuple dans une contrée demeurée identique par son sol et son climat, modifie profondément sa constitution sociale d'une époque à l'autre, il en ressort évidemment que pour Buckle la sociologie ne se dégage jamais de la vie matérielle. Tout en revient, pour l'homme comme pour l'animal, à une question de pâturage.

---

(1) Buckle, *Histoire de la civilisation anglaise*, t. Ier, p. 61.
(2) Buckle, *Introduction*, p. 82.

Pourtant l'auteur, dans la seconde partie de son introduction, semble s'élever au-dessus de ce matérialisme étroit, en admettant une seconde loi de développement pour les sociétés humaines, je veux dire l'action de l'esprit sur la nature. Quand on y regarde de près, la contradiction n'est qu'apparente; car, pour M. Buckle, l'esprit ne se soustrait au pouvoir de la nature que quand celle-ci cesse d'être opulente ou formidable, comme dans les violents climats de l'Orient ou des tropiques. Partout où elle prodigue ses prestiges ou ses épouvantes, l'esprit succombe ; il n'échappe à l'ivresse sensuelle que pour tomber dans la superstition, mère de la religion, la religion n'étant que l'écho dans son âme des terreurs provoquées par les convulsions de la nature. Pour qu'il la domine, il faut qu'elle ait tempéré la manifestation de sa force comme en Europe. Il dépend toujours d'elle, en définitive, comme l'esclave dont la chaîne peut s'allonger sans se briser. N'oublions pas, en outre, que Buckle réduit la puissance civilisatrice de l'esprit humain au simple développement scientifique et qu'il refuse toute action éducative à la morale et à la religion. Et pourtant l'histoire nous montre toujours la société humaine s'organisant conformément à ses croyances morales et religieuses comme autour de son axe. L'auteur place le grand moteur social dans l'intelligence, qu'il sépare complètement de la volonté ; elle est désormais tout à fait passive comme chez l'animal, car la pensée sans la volonté n'est plus la pensée réfléchie, et tant qu'on en reste à ce point la vraie ligne de démarcation entre l'humanité et l'animalité n'est pas tracée. Reconnaissons pourtant que Buckle, qui ne se pique point de systématiser, nous fait un tableau du développement scientifique de l'esprit humain qui est inexplicable sans le développement de sa spontanéité. La soif de la connaissance telle qu'il la dépeint et l'activité concentrée que l'esprit déploie pour la satisfaire impliquent l'énergie du vouloir à son plus haut degré. Il serait facile, sans sortir du terrain limité où l'auteur enferme le progrès social, d'y reconquérir cette intervention des facultés morales sans lesquelles l'esprit reste inerte, écrasé par les choses au lieu de s'en distinguer, de les dominer, — ce qui est l'unique moyen pour lui — de s'élever à la science. Il suffit de ce que Buckle nous concède pour que la société humaine conserve un caractère qui lui appartienne en propre. Pour que l'intelligence atteigne le développement qu'il lui accorde, il faut qu'elle échappe à la vie simplement naturelle et qu'elle aborde une région plus haute où l'animal ne parvient jamais.

Le positivisme n'a pas réussi, en s'en tenant à ses premières données, à identifier la sociologie à la physique sociale ; aussi le problème a-t-il été repris par cette grande école de l'évolution vis-à-vis de laquelle il a toujours fait ses réserves, parce qu'elle l'eût forcé à dépasser ses prémisses et à aborder ces questions d'origine auxquelles il se dérobait systématiquement. Ne citons que pour mémoire le livre ingénieux de Bagehot *Sur les lois scientifiques du développement des nations* (1). L'auteur donne la première place au principe d'hérédité qui fixe, en les accroissant, tous les avantages obtenus dans la lutte pour l'existence. La victoire appartient au groupe social qui, sous telle ou telle influence générale ou individuelle, a su plus tôt que ses voisins se discipliner et s'unifier sous une domination énergique. C'est à ce prix qu'il a acquis à la fois une véritable supériorité militaire et des éléments d'organisation propres à la manifestation de son vrai génie. Après avoir constitué de la sorte son type national, il s'est rendu capable de traverser les bienfaisantes étapes de la liberté politique. L'Anglais est en droit de se dire, en lisant le livre de Bagehot : *De te fabula narratur*.

C'est encore à Herbert Spencer que nous devons demander la formule la plus hardie de l'évolution dans son application à la sociologie. Nous aurons à rechercher si elle est assez vaste pour embrasser tous les faits sociaux, tels que nous les

---

(1) Paris, Germer-Baillière, 1873.

avons constatés et caractérisés. Le livre savant et ingénieux de M. Espinas *sur les sociétés animales*, quoique appartenant à la même école, nous fournira plus d'un élément de réfutation, grâce à l'abondance des renseignements prodigués par l'auteur avec la plus parfaite loyauté, et non sans des réserves importantes dont nous ferons notre profit légitime.

La sociologie, dans la vaste synthèse philosophique de M. Herbert Spencer, est une application particulière de son principe fondamental de la permanence de la force à travers toutes ses transformations, qui nous la font toujours retrouver identique à elle-même, obéissant aux mêmes lois d'évolution. La société, comme toute chose dans l'univers, sort de l'homogène primitif suivant la loi déjà expliquée par nous, qui pousse l'homogène vers l'hétérogène, et qui ensuite amène le multiple, l'indéfini au défini, le progrès des êtres se mesurant à la précision croissante de leurs déterminations. Ces déterminations, de plus en plus accentuées, ne se distinguent pas seulement les unes des autres, elles s'accordent encore entre elles, et de leur concours résulte un tout. Chaque être particulier est le résultat de ce travail de spécialisation et d'unification. Ce même travail unit les diverses individualités les unes aux autres ; ainsi se forment les sociétés, qui se composent elles-mêmes d'associations préexistantes ; car tout être est une société, à commencer par le cristal. Du bas en haut de l'échelle, c'est toujours la même loi mécanique qui fonctionne. La société humaine est soumise comme toutes les autres au grand rythme du mouvement, c'est-à-dire qu'après la période d'évolution viendra celle de désagrégation et de dissolution. Il ne faut donc pas parler de progrès ; car la fin des choses est, non pas l'anéantissement, puisque la force est permanente, mais la désagrégation. Cette vue finale ôte beaucoup d'intérêt à l'histoire des développements sociologiques, puisqu'ils ne peuvent empêcher le terme fatal.

Sans revenir à la réfutation, que nous avons présentée antérieurement, du principe général de cet évolutionisme désespérant, nous nous bornons à rappeler une fois de plus qu'il n'explique aucun des progrès réels de l'être ; qu'il ne rend point compte de son élévation de la pure existence mécanique à la vie proprement dite, qui n'est point un simple composé chimique, et qu'il ne jette aucune lumière sur le passage de la vie inconsciente à la vie consciente, surtout à la vie réfléchie, caractérisée par la spontanéité et la liberté. Nous insisterons davantage sur l'identification établie par l'auteur des *Principes de sociologie* entre la vie sociale et la vie simplement organique. Pour M. Herbert Spencer, l'expression « corps politique » n'est point une métaphore ; c'est bien une réalité. Il ne se passe rien de plus, rien d'essentiellement différent, dans la société humaine, que dans un corps bien constitué. Tout d'abord, dans les deux cas, l'organisme est arrivé à son plein développement par la différenciation toujours plus grande des parties qui le composent ; celles-ci finissent par se coordonner et par concourir à la même activité, grâce à une division croissante du travail commun et à une communication toujours plus facile entre elles. La société humaine, comme la société animale, progresse dans la mesure où elle se fractionne en éléments plus distincts accomplissant chacun leur tâche, se mettant d'accord pour l'œuvre commune et communiquant toujours plus facilement entre eux. Les mêmes organes qui permettent à la vie physique de fonctionner sont en jeu dans la vie sociale. Les organes qui sont destinés dans le corps à assurer la nutrition, la circulation et la vie de relation, sont l'estomac, le cœur, les vaisseaux sanguins, le cerveau auquel aboutit l'appareil nerveux. Nous les retrouvons modifiés, mais très reconnaissables dans le corps social. Quand l'organisme social parvient à une structure élevée, il se développe en lui une organisation commerciale étendue et compliquée pour distribuer les marchandises ; elle envoie ses courants à travers tout le pays, par des canaux qui vont aboutir à la boutique du détaillant. Elle met sous sa main le nécessaire et le superflu, tandis que lui-même travaille à produire sa part de richesse (1). Le centre de direction qui facilite et proportionne l'action combinée des diverses parties et leur permet de l'adapter aux diverses circonstances constitue la vie organique du corps politique. Le gouvernement est un véritable cerveau auquel aboutissent tous les centres locaux destinés à communiquer les informations et les impulsions; c'est lui qui est chargé de faire coïncider toutes les sortes d'activités des différentes parties (2). La société possède donc en réalité un système nerveux complet. C'est à l'industrie qu'est confié le soin d'élaborer sa matière nutritive. Ainsi l'accord est absolu entre la physiologie et la sociologie; pour la seconde comme pour la première, la condition du progrès est due à la loi de sélection, au combat pour la vie dont les implacables conditions ne changent pas en passant d'une sphère à l'autre; car M. Herbert Spencer, conséquent jusqu'au bout avec les principes de son système, blâme l'inutile philanthropie qui exagère la protection des êtres faibles et ignorants, et par là court le risque d'entraver la sélection naturelle.

On sait tout ce que l'auteur des *Principes de sociologie* a accumulé de savoir étendu, d'observations fines et sagaces dans ses livres sur la constitution de la société (3). En représentant authentique de sa race, il conclut à la plus grande autonomie des individus; il pense que le meilleur moyen de réaliser le principe si fécond de la division du travail est de réduire le plus possible la part d'action du pouvoir central. Herbert Spencer se trouve sur ce point en désaccord tranché avec un autre écrivain de la même école qui, en bon Prussien impérialiste, met sa science au service de la politique de son

---

(1) *Introduction à la science sociale*, p. 358.
(2) *Id.*, p. 359.
(3) Herbert Spencer, *Id.* Voir aussi l'ouvrage de Schaeffle : *Bau und Leben des socialen Körpers*. (Tubingen, 1876.) L'auteur pousse aussi loin que possible l'analogie entre le corps social et l'organisme. C'est ainsi qu'il nous montre la richesse comme la substance intercellulaire sociale.

grand chancelier. On ne saurait reprocher à M. Jæger de n'avoir pas le courage de son opinion; car il fait de la sociologie un simple chapitre de son *Manuel de zoologie*. Pour lui, il n'existe que deux grands types de société, le type décentralisateur et le type centralisateur. « Au plus bas degré, dit-il, sont placés les États d'agrégation formés par le concours en un même lieu d'individus qui n'ont point de rapport de parenté. Cette sorte d'États ne se rencontre que parmi les hommes. Telles sont l'Amérique et la Suisse. Au-dessus sont les États de génération, ainsi nommés parce qu'ils se forment à la suite de l'accroissement numérique de la famille par la reproduction. Tels sont les États des fourmis et des abeilles et, chez les hommes, les États nationaux formés d'hommes de même race, comme en Allemagne (1). » Ce dernier genre d'États est la perfection; car seul il consacre le principe de subordination en établissant la hiérarchie naturelle. Les États formés sur la base de la liberté individuelle sont destinés à périr, témoin la République française.

On le voit, toute la sociologie physiologique repose sur l'identification entre l'organisme social humain et l'organisme corporel. C'est bien le cas de répéter l'adage : « Comparaison n'est pas raison. » Sans doute, il y a certaines conditions générales qui se retrouvent dans tous les organismes; ils sont tous soumis aux lois de la croissance, de la spécialisation, du concours des parties pour constituer la vie du tout; mais, de ce qu'une société humaine comme un organisme corporel doit croître, spécialiser ses fonctions, mettre en relation ses organes, établir entre eux un concours réel, il ne s'ensuit nullement qu'elle se comporte de la même façon que l'organisation physique. Si elle est autre chose qu'un simple corps, un simple agrégat de cellules, si elle révèle des qualités nouvelles,

---

(1) Fouillée (ouvrage cité p. 181) donne un large extrait du livre de M. Jæger. Voir les appendices au livre sur les *Sociétés animales* de M. Espinas, p. 538 et suivantes.

telles que la vie réfléchie, la conscience, la spontanéité, cette différence fondamentale se retrouvera dans le jeu et le fonctionnement des organes. Elle s'accroîtra, elle spécialisera ses fonctions et les mettra d'accord en vue du tout, comme tous les organismes, mais en introduisant dans ces opérations ce qui la caractérise elle-même, je veux dire la réflexion, la conscience de ses actes, la liberté. Dire qu'elle fait du commerce comme elle digère et qu'elle se gouverne par un simple fonctionnement nerveux, c'est non seulement effacer la distinction entre la vie supérieure et la vie inférieure, c'est encore faire violence à notre expérience de tous les jours ; car on aura beau dire, digérer, se mouvoir automatiquement, est autre chose que faire de l'industrie, du commerce et du gouvernement. Une association humaine ne modifie-t-elle pas incessamment ses procédés, parce qu'elle en a conscience et qu'elle en demeure maîtresse? C'est ce qui la distinguera toujours d'un simple organisme, sans parler des grands principes moraux qui sont à sa base. Je sais bien que l'école évolutionniste s'en tire en confondant absolument dans l'individu humain la vie physique et la vie psychique, en se refusant à distinguer entre le mouvement des particules cérébrales et la conscience de ce mouvement. Tant qu'elle part de cette assimilation, il ne lui coûte rien de prolonger la même confusion pour les faits sociaux ; mais les conséquences valent ce que valent les prémisses.

Ces dernières remarques s'appliquent en partie aux sociétés animales, qui ne sauraient être ramenées aux lois du monde inorganique; quand bien même, nous les maintenons à une infranchissable distance de la société humaine. Sommes-nous fondés à établir une aussi grande différence entre les deux sociétés? C'est le point qui nous reste à traiter en discutant les vues de MM. Espinas et Perrier.

III. — LES COLONIES ET LES SOCIÉTÉS ANIMALES.
MM. PERRIER ET ESPINAS

Bien que MM. Perrier et Espinas s'accordent sur l'idée générale du fait social et que, pour eux, la société commence dès qu'il y a agrégation de cellules — tout être vivant étant une vraie colonie, selon le mot de M. Milne-Edwards, ou une société coopérative, pour employer l'image de Hœckel, — ils tirent de ce principe des conséquences assez différentes. Pour M. Perrier, tout animal est un être collectif, conformément à cette loi qui veut que la substance vivante ne puisse exister qu'à l'état de masses de faible grandeur, distinctes les unes des autres, et constituant autant d'individus (1). Ces masses grandissent en s'incorporant des substances diverses, tant qu'elles demeurent au-dessous d'un certain volume limité; arrivées à ce volume, elles se divisent en deux ou plusieurs parties égales qui constituent de nouveaux individus semblables entre eux et semblables à leur parent commun. Ces deux actes représentent sous la forme la plus simple la nutrition et la reproduction (2). Il résulte de cette loi que les animaux et les végétaux ne peuvent être constitués que grâce à une accumulation de ces petites masses élémentaires. Ce sont de vraies sociétés composées d'individus innombrables. Elles forment des organismes, car l'organisation procède de leur réunion. Les diversités de ces organismes tiennent d'abord à l'influence même de la vie sociale qui modifie les associés les uns par les autres, puis à l'application des deux grandes lois de l'hérédité et de l'appropriation au milieu. M. Perrier suit au travers de toute l'échelle

---

(1) Perrier, *Colonies animales*, p. 60.
(2) *Id.*, p. 61.

zoologique le développement de ces associations vivantes, qui se compliquent de plus en plus, à partir du moment où la colonie d'associés n'est plus liée au sol, comme le polype, et a passé de la forme rayonnée à la forme verticale. C'est ainsi qu'il explique la variété et les progrès de la substance vivante et qu'il nous fait parcourir tous les degrés de l'évolution depuis la colonie de simple juxtaposition jusqu'à l'association unifiée des animaux supérieurs. Son système se distingue du *monisme* transformiste sur deux points capitaux. D'abord, il admet la pluralité des protoplasmes d'où partent, d'après lui, des développements parallèles. En second lieu, l'organe ou l'appareil de la vie organique est, à ses yeux, autre chose qu'un simple développement de la substance vivante. Il reconnaît dans le protoplasme des ressorts cachés qui rappellent les idées directrices de Claude Bernard ; ils sont nécessaires à la constitution et à la diversification des organismes spéciaux. Les associations vivantes, tant qu'elles restent à la forme primitive de colonie animale, c'est-à-dire à la simple juxtaposition, arrivent à une certaine unité ou analogie de conscience, la même sensation se propageant d'un associé à l'autre sous l'action d'une même incitation dans un milieu identique. Il n'en est pas de même de ces colonies vraiment unifiées qui sont au sommet de l'échelle zoologique ; l'auteur n'admet pas que la conscience du moi soit la simple résultante des consciences des membres de la colonie ; car les segments dont se compose l'appareil physiologique ne peuvent donner que ce qu'ils renferment, c'est-à-dire la diversité. L'unité du moi tient donc à une autre cause. Le moi est un individu psychologique « L'auteur, dit M. Espinas dans son article sur les études sociologiques en France (1), où il marque hautement sa dissidence avec M. Perrier — quand il se trouve en face de l'individualité humaine, du moi psychologique, s'arrête et se reprend. Si, en effet, il admettait que

---

(1) *Revue philosophique.* Juin 1882.

l'individu psychique n'est que l'écho du consensus organique et que celui-ci est le résultat d'une évolution conduite par le consensus universel, il donnerait implicitement les mains à toutes les conséquences qu'on a tirées du déterminisme évolutionniste dans l'ordre psychologique, moral, religieux. Il devrait reconnaître que la conscience est chose relative et que, de même que ces divers centres de conscience ne forment qu'une seule conscience, quand les divers organes se fondent en un même organisme et que l'individualité psychique se transporte des parties au tout, de même, quand divers individus humains s'associent et s'organisent, les consciences partielles se fusionnent en une conscience totale et n'en font plus qu'une seule. Que deviendrait alors le caractère absolu, transcendant de la personne humaine? En effet, M. Perrier ne consent pas à sacrifier ce caractère et, pour lui, la vie psychique ne saurait procéder d'un fait simplement physiologique. S'il admet une certaine correspondance entre le développement des colonies animales et celui des sociétés humaines, s'il reconnaît que la spécialisation et la division du travail et l'accroissement de la solidarité sont pour les unes et les autres les conditions du progrès, il ne va pas jusqu'à les assimiler. Il suffit, en effet, qu'il ait vu dans l'unité du moi un fait purement psychologique pour qu'il ne puisse adhérer à cette conscience collective de l'humanité dans laquelle nous verrons M. Espinas dissoudre cette unité. » M. Perrier conclut son beau livre par une attestation formelle de la possibilité de l'immortalité pour l'homme. Il a beau invoquer à son appui ses théories sur l'éther infini, comme il les traite lui-même d'hypothèse, nous ne nous n'y arrêtons pas. Nous en tenons à la distinction fondamentale qu'il a établie entre la société humaine et les colonies animales.

Nous avons déjà dit que le grand point de divergence entre M. Espinas et M. Perrier est que le premier admet des consciences réellement collectives, aussi bien dans les organismes rudimentaires que dans les sociétés humaines. Si on lui objecte que la société n'existe que par l'association de consciences distinctes, il répond que, dans chaque cellule, est cachée une conscience sourde et que toutes ces consciences trouvent leur unité dans le cerveau ou dans l'organe unificateur qui le remplace chez les êtres inférieurs (1). Chaque individualité organique comprend donc une pluralité de sous-individualités, puisqu'il n'y a pas d'organisme qui ne soit une colonie de cellules, et que celles-ci constituent de véritables individus. Si la diversité individuelle est en bas, là où n'apparaît que l'unité confuse, l'unité de conscience se retrouve en haut dans ces grandes associations qui s'appellent des nations et qui ne sont pas autre chose que de vastes individualités collectives. Il s'ensuit que si la société existe dans l'être informe qui nous semble un simple individu, l'individualité se retrouve dans ce qui paraît une association multiple (2).

Nous ne pouvons pas plus admettre la seconde hypothèse que la première. Élever l'agrégation des cellules au rang d'une société véritable est un abus de langage ; car vous avez beau retrouver un élément de sensibilité dans l'anneau du ver coupé en morceaux ou dans la patte de l'animal greffée sur son congénère, vous n'en pouvez faire une conscience distincte ; l'individu est un agrégat de cellules et non pas une association d'individualités, car l'individualité ne commence qu'avec la conscience de la vie totale de ces cellules rassemblées. Que telle d'entre elles, séparée du tout, conserve une certaine sensibilité, par conséquent une certaine conscience, cela ne prouve rien contre notre définition ; car elle est devenue un tout depuis sa séparation. Encore une fois, l'individualité n'existe que quand il y a chez un être la conscience de sa vie totale, et il n'y a société

---

(1) Espinas, *Des sociétés animales*, p. 214-224.
(2) « La conscience sociale est une conscience individuelle. » *Les sociétés animales*, p. 546.

que quand il y a association d'individus. Donc un organisme a beau être composé de cellules vivantes, il n'est pas pour celà une société. Pour qu'il y ait société, il faut plusieurs organismes distincts ayant chacun une conscience unifiée, quelque vague qu'elle puisse être. D'un autre côté nous ne saurions admettre qu'une société d'individualités constituées puisse n'avoir qu'une seule conscience, comme si elle était un organisme particulier. Le moi n'est conscient qu'en se distinguant du non-moi, c'est-à-dire de tout ce qui lui est étranger. Il ne le peut que grâce à sa faculté d'unification servie par un appareil nerveux qui soit bien a lui (1). Prétendre que la distance entre les cellules nerveuses, même quand elles sont placées dans des organismes différents, ne rompt pas plus l'unité de conscience que la séparation des cellules dans un même tissu nerveux, c'est oublier que pour un organisme unique, la répercussion de toutes ses sensations et de tous ses sentiments aboutit au même point central. Un moi collectif est un non-sens. « Des sujets divers, comme le fait remarquer avec raison M. Fouillée, peuvent percevoir un même objet, être émus de la même façon, s'accorder dans une même volonté, mais sans cesser d'être des sujets distincts, séparés. La solidarité familiale, nationale, humaine, peut aller très loin et constituer une véritable unité, mais sans détruire les individualités, ce qui arriverait si elles se confondaient dans une même conscience (2). » Cette unification de consciences distinctes est surtout inadmissible au point de vue moral ; car il n'y a plus de responsabilité réelle, si la conscience générale absorbe la conscience individuelle. Remarquons, en effet, qu'il n'est possible d'admettre la conscience collective que si elle absorbe réellement les consciences individuelles. Si elle ne les absorbe pas, il n'y a plus identité entre la société et un organisme

---

(1) Fouillée, *La science sociale*, p. 227.
(2) *Id.*

particulier; comme les consciences individuelles subsistent à part de la conscience générale, on ne peut plus parler que de solidarité. Nous verrons qu'il est possible de faire à ce grand fait humain la part la plus large sans détruire la distinction permanente des individualités.

En résumé, la société, pour nous, ne commence qu'avec l'association des individualités distinctes, et, si elle tend à les unir toujours plus étroitement par les liens de la solidarité et du concours, elle ne doit jamais les absorber dans une seule conscience, sous peine de perdre son caractère propre. Dans le système de M. Espinas, la société commence et finit trop tôt, car elle commence avant d'exister dans l'isolement d'un organisme réduit à lui seul, et elle cesse d'être au moment même où elle va se constituer par le concours de ses membres, car ceux-ci, perdant leur individualité, ne sont plus des êtres distincts et par conséquent associables. Nous n'en reconnaissons pas moins que le progrès social se mesure à l'accroissement de l'unité véritable qui, sans être une absorption, réalise toujours plus harmoniquement le concours de toutes les parties du tout. Cette unité s'élève dans la proportion où elle devient morale, consciente, voulue, ce qui ne s'effectue que dans la société humaine de l'aveu même de M. Espinas. Cela nous suffit pour maintenir entre cette société et les sociétés animales l'infranchissable distance que nous avons statuée.

La manière même dont l'auteur nous décrit l'évolution des sociétés animales achève de démontrer que si leur cercle de progrès est plus étendu que ne l'avait cru l'ancien cartésianisme, il n'atteint pourtant pas la sphère de la vie pleinement morale et consciente, parce que, dans cette sphère, comme dans toutes les autres, l'animal est toujours dominé par la sensation. « Cette limite, dit M. Espinas, qui sépare l'action spontanée non réfléchie de l'action en quelque sorte méthodique et régie par des principes abstraits, cette limite que l'humanité a franchie une fois, aucun animal ne la dépasse et ne la dépassera jamais (1). » L'auteur des *Sociétés animales* nous décrit avec soin leur évolution depuis la simple société de nutrition jusqu'à celle qui constitue une sorte de peuplade ; mais il est le premier à reconnaître que cette évolution ne constitue pas un progrès véritable. « Elle ne mérite pas ce nom dans le sens où ce mot a été appliqué à l'humanité ; elle est partielle; elle est confinée non seulement aux limites de l'espèce, mais aux limites de la variété et même de la race. L'accumulation des effets de l'intelligence ressemble dans la classe des oiseaux à l'accumulation de la pluie dans des flaques fermées et indépendantes ; l'eau remplit inégalement chacune d'elles suivant l'étendue de la dépression dont elle est le centre, mais elle ne forme pas un courant unique capable d'un accroissement indéfini (2). » L'auteur semble oublier parfois que c'est à la lumière de ces principes qu'il nous faut comparer l'évolution des sociétés humaines à celle des sociétés animales ; car, s'il y a entre les unes et les autres des analogies évidentes, il ne faut jamais oublier la différence fondamentale qui se retrouve à chaque degré de l'échelle du développement social et qui donne une signification tout à fait spéciale à des faits qui semblent pareils. Toujours chez l'animal la sensation domine, tandis que la réflexion et le vouloir jouent le rôle décisif dans l'humanité. Gardons-nous néanmoins d'oublier que la sensation, à elle toute seule, suffit pour élever l'animal au-dessus des agrégats simplement chimiques ; que la sensation aboutit à la représentation mentale de l'objet, et que cette représentation, développée comme elle l'est chez les animaux supérieurs, crée un lien durable, sans qu'ils en aient pleinement conscience et sans qu'ils s'élèvent à cette relation pensée et voulue qui est l'essence même de la société humaine.

Parcourons, à la suite de M. Espinas, ces divers degrés d'é-

---

(1) *Sociétés animales*, p. 552.
(2) *Id.*, p. 437.

volution dans les sociétés animales; nous les verrons se reproduire dans la société humaine mais pour y subir une transformation profonde dans le sens indiqué. M. Espinas reconnaît trois genres de sociétés animales : ce sont les sociétés de nutrition, de reproduction et de relation. Chaque ordre supérieur reproduit les inférieurs. Il est bien évident que les sociétés de reproduction sont aussi des sociétés de nutrition et que la vie de relation suppose l'alimentation et la génération. Ce n'est qu'au plus bas degré de l'échelle de l'animalité qu'on trouve un seul élément d'association, comme chez les infusoires et les zoophytes; encore doit-on reconnaître que dès ses premiers développements l'association alimentaire aboutit à une sorte d'essai d'union génératrice. Au reste la reproduction est en rapport étroit avec la nutrition, puisqu'elle consiste essentiellement à répandre au dehors et à communiquer la substance cellulaire accumulée par l'alimentation. Elle ne prend sa véritable importance comme élément d'association que lorsque la distinction des sexes a commencé, qu'elle a franchi les échelons inférieurs de la *sissiparité* ou du bourgeonnement et que les organismes divers qui composent la société domestique, après s'être séparés matériellement, se rattachent les uns aux autres par des liens affectifs où l'on aperçoit des rudiments d'idées et de sentiments réciproques. L'instinct sexuel joue un rôle prédominant dans la formation des sociétés animales. Il est d'autant plus puissant qu'il est plus concentré, moins mêlé d'éléments d'idéalité. Il brûle le sang de l'animal comme un feu inextinguible; il dirige vers un seul acte toutes ses énergies, provoquant tour à tour des luttes formidables pour se disputer la proie du désir ou bien un développement extraordinaire de la vie physique. C'est ce développement qui produit le chant merveilleux de l'oiseau et qui amène l'animal à déployer les avantages qu'il a acquis antérieurement (1).

(1) *Sociétés animales*, p. 232-233.

Quant à nous, nous voyons dans cette manifestation de la beauté animale l'effet d'une surexcitation des sens bien plutôt qu'une manifestation proprement esthétique, car le beau ici ne répond à aucune notion générale, il n'est que l'effervescence de la sensualité, il est tout objectif, tout extérieur ; né du désir qui est l'effet de cette surexcition toute physique, il fait appel au désir et manque absolument du caractère désintéressé sans lequel il n'y a pas de sentiments esthétiques, comme nous l'établirons plus tard (1). L'odorat joue un rôle encore plus puissant, pour préparer l'union des sexes chez les animaux, que tous les enchantements de l'ouïe et les ravissements de la vue. Chez certains animaux supérieurs la sensualité se mêle d'une certaine tendresse toujours passagère. La monogamie ne tient pas à un progrès réel dans les affections, mais simplement aux conditions d'existence des animaux qui la pratiquent. C'est ainsi que les grands oiseaux rapaces et les grands carnassiers, ayant besoin de posséder sans rivaux d'immenses domaines de chasse, sont amenés à vivre par couples isolés. La société animale formée sous l'influence de la reproduction atteint parfois une rare perfection, comme le prouvent les fourmilières et les ruches ; cette perfection qui est due principalement à l'instinct, infaillible dès le premier jour, se développe encore par la surexcitation des sensations qui se produisent à certains moments, comme par exemple lorsque les sentinelles d'une ruche en s'agitant d'une façon extraordinaire propagent de proche en proche leur agitation (2). L'amour maternel avec ses prodiges de dévouement procède également d'un instinct admirable combiné avec certaines sensations, comme celles qui amènent l'oiseau à couver ses œufs. En effet une certaine fièvre se développe chez la couveuse, surtout dans les vaisseaux sanguins placés sous le

---

(1) Voir le bel article de M. Ch. Lévêque sur la sélection sexuelle. *Revue des Deux-Mondes*, 1ᵉʳ septembre 1873.

(2) *Sociétés animales*, p. 403.

ventre; de là le besoin de se tenir en repos et de chercher du rafraîchissement au contact des œufs (1). Un mouvement organique initial est le plus souvent la cause déterminante du processus mental destiné à le servir. L'espèce de développement psychologique qui est incontestable au sein de la société animale est toujours subordonné à la physiologie. Il est certain que la différence entre le soin que le poisson prend de sa progéniture et la sollicitude presque tendre de l'oiseau pour la sienne tient essentiellement à la différence entre le nombre des œufs produits. La ponte de l'oiseau n'est-elle pas toujours limitée, tandis que celle du poisson se multiplie sans mesure? La même loi trouve son application au degré plus élevé des sociétés animales, quand a commencé la vie de relation et que nous avons comme une ébauche de la tribu. L'amour prolongé de certains mâles pour leur progéniture confère aux liens de la famille une durée relative pour l'élevage des jeunes. La physiologie explique ce progrès. Il faut une certaine modération naturelle dans la passion sexuelle, et une facilité plus grande à l'assouvir promptement pour que le mâle soit retenu près de la femelle, car il est prouvé que dans d'autres conditions physiques ils sont volages et polygames. L'amour du père et de la mère pour les jeunes dans les sociétés animales n'a qu'une saison dont le commencement comme la fin est marqué par leur état physique. Ce que la vie de relation a de plus élevé est l'association d'animaux congénères formant une sorte de peuplade. La sympathie qui les unit tient en grande partie, d'après M. Espinas, au plaisir qu'ils éprouvent à se retrouver dans leurs pareils — ce qui est pour eux le genre de représentation le plus facile et par conséquent le plus agréable — mais pour que cette association soit possible il faut des animaux herbivores qui trouvent facilement leur subsistance (2). Aristote avait déjà

---

(1) *Sociétés animales*, p. 418.
(2) *Sociétés animales*, p. 576.

remarqué que toutes les bêtes de proie étaient solitaires. Ici encore la condition physiologique domine l'état psychique. Bon nombre de ces peuplades n'existent qu'en dehors du temps de la reproduction. Il suffit que l'instinct sexuel se réveille pour qu'elles soient rompues (1). Aussi a-t-on remarqué que le développement de la peuplade est en proportion inverse avec celui de la famille; l'instinct familial est isolant chez les animaux. Le fait social le plus étonnant dans l'animalité, c'est l'existence, surtout chez les mammifères, de chefs reconnus qui sont en général de vieux mâles, les plus forts et les plus expérimentés. Leur supériorité ne dure qu'autant que leur vigueur; il leur a suffi de vaincre dans les luttes provoquées par l'instinct sexuel pour conquérir une autorité reconnue. Le désir des mâles de garder les femelles sous leur domination est l'origine de cette espèce de royauté, dont les sujets tirent profit, car ils lui doivent protection et sûreté. Il n'y a d'ailleurs aucun concert entre les chefs des troupeaux de chevaux errants dans les solitudes de l'Amérique du sud, rien qui ressemble au contrat sur lequel repose la société humaine, parce que seule elle s'élève à la liberté et à la réflexion, c'est-à-dire à la vie consciente.

Nous allons voir reparaître dans ce haut domaine de l'humanité chacun des éléments de la société animale, mais transformés, pénétrés d'un sens nouveau, à condition toutefois que l'homme suive sa vraie destination, car étant libre il peut s'en détourner. Il est capable de s'abaisser comme de s'élever; il lui est loisible de retourner à l'animalité pure, de se placer sous la loi des instincts, de subordonner la noble vie de relation aux appétits de la nutrition ou de la reproduction et même de fausser ceux-ci. Même alors il n'est pas semblable à l'animal; il devient pire parce qu'il lui est supérieur par l'intelligence et qu'il trouve moyen de prolonger outre mesure ses satisfactions sensuelles, de les raffiner et de les dénaturer. Son péril est

---

(1) *Sociétés animales*, p. 482.

précisément de se précipiter volontairement dans les dernières fanges des instincts déchaînés et pervertis. Son honneur est, pouvant déchoir, de résister aux entraînements d'en bas et de réaliser la vraie société humaine, conforme à sa véritable idée ; alors il transfigure, en les marquant de l'empreinte de sa raison et de sa conscience, les principes inférieurs d'association tels que la nutrition et la reproduction, mais il faut pour cela qu'il ait fait dominer en lui le principe supérieur de la sociabilité, cette grande notion de la société non plus simplement instinctive, mais contractuelle, fondée sur l'assentiment de ses membres pour protéger leurs libertés, société qui repose sur le droit et se donne pour fin la solidarité ou la fraternité humaine et qui est notre fin morale par excellence dans le domaine social. C'est ainsi qu'au lieu de la peuplade nous avons la nation organisée, l'Etat défenseur du droit, contre toutes les violences individuelles grande institution de justice et de liberté, favorisant le développement de chacun, tirant sa force du consentement des citoyens, créant une véritable unité nationale qui ne ressemble en rien à la conscience collective substituée à la conscience personnelle, car c'est à l'individu moral qu'incombe la tâche de pratiquer jusqu'au bout la loi du bien.

Parcourons rapidement la phase de cette évolution morale que nous venons de caractériser à grands traits.

Une fois que l'inférieur est subordonné au supérieur, voyez à quel point cet inférieur se relève et comme il peut se plier aux fins les plus augustes de la vie intellectuelle et morale de l'humanité. S'il est un principe social qui semble destiné à ne jamais dépasser le domaine de la vie matérielle, c'est bien la nutrition — et cependant la société humaine, toutes les fois qu'elle répond à sa destination lui communique quelque chose de sa vie supérieure. Sans doute l'alimentation joue un rôle considérable dans l'humanité ; c'est pour elle la question d'être ou de ne pas être ; il faut qu'elle soit tranchée sous peine de mort. Quand elle l'est d'une manière insuffisante ou fausse, les résultats de l'erreur sont tragiques. Sous le stimulant de ce besoin universel et irrésistible, l'intelligence humaine est entrée en activité. Elle ne s'est pas contentée de chercher le territoire de chasse ou la forêt avec ses glands. Elle a observé, expérimenté et, avec cette capacité de se souvenir et de prévoir qui la caractérise, elle s'est donné des engins pour transformer et féconder la terre. Le premier outil façonné par l'homme a dénoté sa royauté sur la nature, car ce n'est pas d'elle qu'il le tenait ; elle ne pouvait lui fournir que la matière informe. Pour façonner celle-ci, pour l'approprier à son usage permanent il fallait dominer la sensation fugitive, travailler en vue de l'avenir ; il fallait en un mot faire acte de raison. Aussi l'outil est-il le vrai sceptre de l'homme ; peu importe qu'il soit taillé dans le silex, ou dans le bois de l'arbre, il est le produit de la pensée. Voilà pourquoi l'animal, guidé par l'instinct, peut opérer des merveilles de construction en se servant de ses membres, mais il ne façonne jamais l'outil. Les faits isolés qu'on invoque n'ont aucune importance ; un singe a pu s'appuyer un jour par hasard sur un bâton, il n'a pas modelé ce bâton, il ne l'a pas légué à sa descendance pour le perfectionner. L'homme, au contraire, en taillant l'outil le plus grossier a montré son aptitude à façonner la matière pour la dominer. Cette aptitude ne fera que se développer dans les générations successives qui sauront profiter des progrès antérieurement accomplis. L'industrie est née le jour où la première flèche et le premier marteau furent tirés de la pierre du chemin. Bientôt aux armes de chasse succéda le soc déchirant le sol et préparant le développement agricole, puis vint la domestication des animaux capables de contribuer à la nourriture de l'homme ; enfin son génie a créé ces admirable instruments du travail qui semblent transformer la planète en la fécondant. Que de merveilles n'a-t-il pas produites pour se vêtir et se loger ? Le commerce établissant les communications et les échanges entre toutes les portions du globe est un produit non moins merveilleux de l'intelligence appliquée à la nutrition. Avec ses grandes facultés de généralisation, l'esprit humain a dégagé les lois des faits économiques et agricoles ; l'économie politique est la science par excellence de l'alimentation, et on sait avec quel art elle en a constaté les conditions et assuré les progrès. Toutes les importantes questions qui se rattachent à la propriété, considérée comme la garantie de la liberté individuelle, appartiennent au même ordre ; leur solution a mis en œuvre les principes les plus élevés du droit. Enfin, ce n'est pas seulement la liberté et la justice qui se sont déployées dans cette sphère qui semblait tout d'abord limitée à des intérêts si inférieurs ; la fraternité humaine y a produit ses plus efficaces manifestations pour secourir les vaincus de ce rude combat du pain, ou pour le faciliter à ceux qui s'y engagent désormais. Quelques chimères qu'ait produites le mouvement socialiste contemporain, il n'en est pas moins la preuve de cette haute sociabilité humaine que, par une étrange inconséquence, le matérialisme trop fréquent de ses adhérents tend à méconnaître. La charité chrétienne qui va de lieu en lieu secourir les effroyables souffrances que cause la lutte pour la vie et très particulièrement pour la vie matérielle, répand sur cette région, qui semblait si basse, de la société de nutrition, les vivifiantes clartés de la plus sainte des puissances morales, celle de l'amour à la fois juste et compatissant. Enfin l'humble et sublime demande du pain quotidien par la place d'honneur qu'elle occupe dans la plus belle oraison de l'humanité, rattache au ciel, comme par un anneau d'or, cette société d'alimentation qui semblait clouée au sol.

Nous avons vu quel rôle considérable joue l'instinct de la reproduction dans le développement des sociétés animales ; sans jamais les affranchir des sensations troublantes qu'il éveille, il en tire parfois quelque chose comme la tendresse et le dévouement, mais jamais à lui seul il ne parvient à produire une affection qui survive à la sensation et qui soit capable de la dominer et de l'épurer. Ce n'est que chez l'homme que cette épuration se produit et que le sentiment, mêlé d'abord à l'instinct dans ses premières manifestations, s'en dégage de plus en plus et revêt un caractère de noblesse, de sympathie qui donne la première place à l'union des âmes sans supprimer l'attraction de la beauté et son charme souverain. La pudeur, totalement étrangère à l'animal, introduit l'élément moral dans les rapports entre les sexes en nous faisant rougir de l'abandon simplement physique. L'amour humain commence par l'enchantement des yeux, mais il n'est vraiment digne de lui-même que lorsque, sous une forme charmante autant que fragile, il a rejoint l'âme et a goûté le ravissement du plein accord moral. Lui aussi est œuvre de liberté. Voilà pourquoi il peut se renier et se traîner dans cette région des basses voluptés où il s'identifie à l'instinct animal, mais quand il remplit sa mission, qu'il se manifeste comme la pleine efflorescence d'un être où la partie morale est faite pour dominer, il tend à fondre non pas simplement deux organismes, mais deux personnalités qui savent unir le respect à la tendresse. Son ivresse est chaste tout en laissant déborder cette poésie qui est comme le trop plein du cœur humain. Ainsi compris il s'élève bien haut au-dessus de la passion qui n'est qu'abandon et passivité au travers de tous ses enivrements ; il ne se livre pas comme elle, il se donne librement et pour toujours, non seulement pour partager la joie mais encore la souffrance ; aussi n'est-il pas dévoré par sa propre flamme. N'étant point né de la sensation, il dure quand elle a passé, et longtemps après que s'est effacé le sourire de la beauté dont il a savouré le charme aux jours de la jeunesse, il subsiste intact, plus grand, plus profond ; c'est qu'il y a de l'éternité en lui, et il n'est vrai qu'à ce titre. Cet idéal de l'amour souvent réalisé répond seul à sa destination. C'est lui qui éveille les harmonies les plus ravissantes de la lyre intérieure ; il agite profondément le cœur, et sous tous les cieux fait palpiter l'âme humaine d'une émotion puissante que jamais l'être inférieur n'a ni connue ni rendue. Le chant de l'alouette au lever de l'aurore égalera-t-il jamais en beauté l'adieu de Roméo à Juliette? N'y a-t-il pas dans cette expression naïve et franche des jeunes tendresses quelque chose d'unique, d'incommunicable? Que dire de cet autre amour où le dévouement le plus pur survit aux enchantements de l'admiration pour la beauté et qui s'attache avant tout à la noblesse morale, cet amour plus fort que la mort et aussi que la vie, qui forme entre deux êtres immortels une chaîne de diamants dont les anneaux se resserrent au feu de la douleur et se retrouveront plus solides et plus brillants par delà la tombe! La poésie depuis qu'elle existe n'a cessé de chanter ou de peindre l'amour vraiment humain sous toutes ses formes et à tous ses degrés, faisant toujours, en définitive, resplendir son haut idéal. Que nous sommes donc loin de la société de reproduction et comme il est vrai que la vie instinctive en s'humanisant franchit un abîme sur lequel nul évolutionnisme n'est parvenu à jeter un pont?

La société humaine n'abandonne pas à lui-même cet amour capable de prendre un si haut essor; elle en fait un engagement sacré devant la loi. Grâce au contrat, au consentement libre, l'union sexuelle devient le mariage; la famille est fondée avec ses garanties, ses devoirs et ses droits. Nous n'avons plus une union fortuite plus ou moins prolongée, fondée uniquement sur la relation sexuelle, nous avons une institution établie par la loi, qui de l'état de nature nous transporte dans la sphère de la liberté, de la vie consciente et voulue. Il ne suffit plus à l'homme de protéger quelques jours une progéniture encore faible, quitte à l'abandonner quand l'instinct ne parlera plus. Il s'agit de développer non seulement un corps mais un être moral, de lui transmettre autrement que par le sang de ses veines l'hérédité des avantages acquis, de façonner un esprit, de l'élever en l'enveloppant de tendresse, de lumière, en le formant à la lutte de la vie, en combattant avec lui ses premiers combats. De là tout ce qu'éveille dans le cœur de respect et d'amour ces seuls noms de mère et de père. L'instinct a été transfiguré, illuminé par la vie consciente, par l'amour éclairé, voulu. Il n'y a pas de type égal à celui de la vraie mère — et ce mot dit tout — si ce n'est celui du vrai père, du père qui chérit, qui soutient et qui sait aussi pardonner! Quelle distance entre le mâle qui nourrit quelques jours sa débile progéniture et le père de l'enfant prodigue, cette image vivante de la justice et de la miséricorde couvrant de la majesté la plus auguste la pitié la plus tendre?

Les familles constituent les nations et se placent sous l'égide de l'Etat, qui est la forme supérieure de la société humaine organisée. Nous n'avons pas à revenir sur son caractère essentiel qui est de remplacer la simple agglomération naturelle par le contrat librement consenti sur les bases de la justice. La nation n'est point le dernier mot de la société humaine; elle fait partie d'un tout plus vaste, d'une communauté plus large qui est l'humanité elle-même.

Quand bien même l'individu conserve pour nous une valeur absolue et ne saurait être jamais considéré comme une forme changeante d'une substance unique, comme une simple vague soulevée un instant sur l'océan humain, l'humanité n'est point à notre sens une simple abstraction; elle est une réalité incontestable. L'individu humain est uni aux autres individus de son espèce par le fond même de son être; ils sont bien ses semblables. Ils le sont physiologiquement et moralement. Voilà pourquoi il y a de lui à eux transmission possible de la vie physique et de la vie psychique. Il n'est pas une des races humaines qui ne puisse se croiser avec une autre et rendre ce croisement fécond; il n'est pas une intelligence, un cœur d'homme qui ne puisse se communiquer à un autre cœur d'homme. L'impénétrabilité morale n'existe pas plus d'homme à homme que l'impénétrabilité physique. Ce qu'est la génération pour la vie simplement organique, le langage l'est pour la vie supérieure. Il est l'organe de transmission pour la pensée et le sentiment. Or il ne peut transmettre que ce qui est transmissible, communiquer que ce qui est communicable. Il suppose une harmonie préalable entre les deux termes du rapport établi par lui entre celui qui parle et celui qui écoute. Donc leur constitution intellectuelle et morale est identique au fond, car le langage ne serait qu'un son s'il ne communiquait des idées et des sentiments compréhensibles, c'est à dire préexistants au moins en germe. Les âmes humaines sont faites pour vibrer à l'unisson. Rien ne démontre mieux leur indestructible parenté. La puissance de la sympathie, ses entraînements souvent irrésistibles nous conduisent à la même conclusion. Comment expliquer cet ascendant des hommes les uns sur les autres, ce courant qui s'établit entre eux et semble les mélanger, cette impulsion irrésistible d'une même pensée, d'un même sentiment qui enlève une grande assemblée et qui se retrouve dans l'intimité des relations privées? L'amour, qui attire les uns vers les autres les êtres humains, révèle avec plus de force encore leur affinité. La haine qui n'en est que la contre partie ne détruit pas cette affinité; au contraire, on l'éprouve d'autant plus vive que son objet nous est plus prochain et le conflit avec lui plus direct. Qui oserait nier d'ailleurs qu'elle ne soit un désordre, une aberration? C'est précisément cette parenté indestructible entre tous les fils de l'humanité qui explique ce grand et puissant engrenage moral de la solidarité humaine dans lequel nous sommes tous engagés et qui nous soumet aux influences les plus variées dans la sphère de la famille, de la nation ou de la race, si bien que nous avons souvent peine à discerner ce qui est à nous en nous-même de ce que nous devons à l'hérédité, au milieu, à l'histoire. Il est vrai que cette solidarité est réciproque, nous ne sommes pas seulement passifs, mais encore actifs, que nous apportons notre part d'influence dans le fond commun, mais à elle seule elle suffit à établir l'unité morale et intellectuelle de l'humanité. « Chaque société humaine, dit M. Marion, bien qu'elle soit composée d'individus dont chacun est une personne et a sa destinée à part, forme comme un tout vivant dont les parties composantes sont solidaires entre elles dans un même temps, solidaires dans le cours de l'histoire. Et de même l'humanité entière toute composée qu'elle est de groupes distincts, ayant leur vie propre est à son tour une vivante unité (1). »

Cette unité ressort également de nos premières obligations morales qui impliquent deux choses : tout d'abord, selon le principe formulé par Kant, le respect absolu de la personne humaine chez tous nos semblables, et ensuite le devoir de la fraternité qui donne comme terme et comme fin à la vie individuelle la subordination au bien général. L'amour ne démontre pas moins l'unité humaine comme devoir que comme sentiment.

C'est qu'en définitive l'individu ne se conçoit pas sans l'espèce ; il lui doit son être, car la génération est essentiellement une fonction de l'espèce qui se perpétue par ce moyen. Il lui doit son développement physique, car elle ne lui transmet pas seulement son organisme, mais encore elle lui ménage dans les soins du père et de la mère tous les moyens de conserver la vacillante étincelle de l'existence et de la préserver de tout ce qui la menace alors qu'il est sans défense. Il lui doit son développement actuel, car c'est l'espèce qui lui transmet le langage qui n'est pas seulement un moyen de communication intellectuelle, mais encore le grand instrument de précision, car la pensée ne se possède qu'en s'exprimant. C'est l'espèce qui, dès le premier jour, lui transmet le trésor accumulé des progrès déjà accomplis, en sorte qu'il n'ait pas à recommencer l'histoire. C'est elle enfin qui lui donne le principal objet de son activité morale pour le déploiement de ses facultés et l'accomplissement de ses plus hautes obligations (2). « Si l'homme isolé, dit excellemment M. Charles Secre-

---

(1) Voir Marion, *De la solidarité morale, Essai de psychologie appliquée*. Germer-Baillière, 1880, Introduction, p. 4.

(2) Marion, ouvrage cité. *Id.*

tan, dans sa *Philosophie de la liberté,* ne peut ni se perpétuer, ni subsister même un moment ; c'est que l'homme n'est pas l'homme complet, et si dans l'individu quelque chose répond toujours à ses semblables, s'il jouit de leurs joies, s'il souffre de leurs douleurs, s'il pense leurs pensées, c'est qu'il est tout autre chose qu'un tout à part, une monade séparée. L'individu est toujours plus et moins qu'il ne semble. A la fois tout et partie, il n'arrive à la conscience de sa plénitude qu'en accomplissant sa fonction particulière dans l'ensemble. La société est pour lui comme il est pour elle. Sans doute s'il n'était pas un être complet doué d'intelligence et de liberté il ne pourrait recevoir ce que lui communique l'espèce, car pour l'acquérir il faut avoir une réceptivité correspondante (1). »

Nous devons ajouter que l'espèce ne serait rien sans l'individu, car elle ne peut réaliser ses fins les plus élevées que par l'individu. Ni la conscience, ni la volonté libre ne se conçoivent en dehors de l'individualité. Le moi n'existe que dans la personne morale et celle-ci ne saurait se fondre dans une conscience collective, indéterminée, non unifiée comme nous l'avons déjà établi. Ce qu'on appelle conscience d'un peuple, conscience de l'humanité, est une résultante très réelle à ce titre, mais qui se dégage des consciences individuelles. Pour que l'humanité dise : *nous,* il faut que chacun de ses fils ait dit : *moi.* Un *nous* qui ne se résoudrait pas en des individualités distinctes ou, constituant chacun un vrai *moi,* serait une vaine abstraction. Cela est surtout vrai quand il s'agit d'une unité morale ; elle est d'autant plus forte qu'elle repose davantage sur la liberté. Tout ce qui est enlevé aux unités particulières est enlevé au total. D'ailleurs ôtez l'individualité, réduisez-la à n'être qu'une apparence et vous avez détruit du coup la morale. Donc l'individualité a une valeur absolue, elle n'est pas faite pour se perdre dans l'espèce, mais en s'affirmant et en

---

(1) Charles Secrétan, *Philosophie de la liberté,* 2ᵉ édit. Lausanne, vol. II, p. 204.

s'enrichissant, elle enrichit l'espèce elle-même, car dans ce domaine de la vie supérieure, le progrès se mesure à la précision croissante de la vie individuelle, et cela toujours dans l'intérêt de l'ensemble. Il s'ensuit qu'il n'y a aucune antinomie entre l'idée d'espèce et celle d'individualité.

Pour nous en tenir aux faits que la science de la nature peut contrôler, nous sommes fort inclinés à admettre l'unité physiologique de l'espèce humaine, après avoir constaté son unité intellectuelle et morale. La part de vérité que nous avons reconnue dans le darwinisme milite en faveur de cette opinion défendue avec une grande vigueur de discussion par des savants aussi éminents que M. de Quatrefages. La variabilité résultant de la sélection naturelle, de l'influence des milieux et des effets de l'hérédité, explique parfaitement la diversité de nos races, sans qu'il soit nécessaire de recourir à une pluralité d'espèces contre laquelle s'élève la fécondité reconnue de tous les croisements humains. Nous ne pouvons que renvoyer à la lumineuse démonstration de M. de Quatrefages qui n'explique pas seulement de la manière la plus satisfaisante les diversités des races provenant d'une souche commune sous l'influence combinée des migrations et des croisements, mais encore nous montre les mêmes causes produisant aujourd'hui les mêmes effets sur une échelle réduite (1).

En tout cas, l'unité morale de l'humanité demeure hors de contestation. Nous ne prétendons pas qu'elle ait senti, reconnu cette unité de tout temps. Elle a dû en acquérir une conscience de plus en plus claire, et la transporter elle aussi de la sphère purement naturelle dans la haute sphère de la vie morale pour finir par la vouloir. La plus haute forme de la société humaine devait recevoir ce sceau de la vie libre et consciente qui la sépare des sociétés animales. Voilà pourquoi il a fallu de longs siècles pour que l'idée d'hu-

---

(1) Voir son livre déjà cité : *De l'espèce humaine.*

manité triomphât du particularisme de la tribu, de la peuplade et de la nation. Le monde antique était tout entier constitué sur l'idée contraire, chaque peuple jetait aux autres peuples le nom insultant de barbare. L'étranger comme le vaincu était mis hors la loi; le droit humain n'existait pas. Sans doute la pensée philosophique devançait les institutions. Cicéron en vrai prophète de l'idéal parlait de la république du genre humain, mais il fallait que le Fils de l'homme apparut au milieu de l'histoire pour que fut prononcée cette grande parole : *Devant le Christ il n'y a plus ni Grec, ni Scythe, ni esclave, ni libre.* Ce jour là c'était bien la grande société humaine qui se dégageait des limitations de classe et de peuple. Il fallut encore bien des siècles et bien des luttes pour que l'idée d'humanité fut conçue dans sa grandeur et passât dans les institutions. Ses triomphes définitifs seront dus à la double influence de la Réforme et de la Révolution française. Elle aura toujours contre elle les égoïsmes individuels et nationaux, les hommes et les peuples de proie selon un mot admirable du Père Gratry. Il n'en est pas moins vrai que tout progrès dans l'histoire est lié à son triomphe, c'est-à-dire à sa libre acceptation et à sa libre réalisation aboutissant au plus généreux des concours.

C'est à cette hauteur qu'apparaît avec le plus de clarté la distinction entre la société humaine et la société animale, car il est impossible à la simple vie instinctive de nous y léever. C'est par là aussi que les deux sociétés diffèrent davantage au point de vue de leur fin, car tandis que la lutte pour la vie fait une nécessité aux diverses sociétés animales de se distinguer et de s'isoler le plus possible, les sociétés humaines trouvent au contraire les meilleures conditions du progrès dans une solidarité croissante établissant le libre concours des intelligences et des affections. « Plus les hommes des différentes parties du globe, dit M. Carrau, atténuent les diversités qui les séparent et développent les facultés par lesquelles ils se ressemblent, plus ils augmentent leurs forces productives. Par l'isolement ils s'appauvrissent; ils s'enrichissent par la fréquence des rapprochements et la multiplicité des échanges. On en comprend la raison : ces rapprochements et ces échanges ne stimulent pas seulement l'énergie individuelle, ils activent prodigieusement le développement de la science dont la puissance est en quelque sorte infinie. » (1) Chez les animaux la concurrence vitale est d'autant mieux supportée qu'ils ont des besoins et des goûts plus distincts. Les seules espèces qui vivent en société, sont celles qui sont sûres de trouver toujours une nourriture abondante et facile à recueillir. Les sociétés humaines au contraire, mesurent leurs progrès à la réalisation du libre échange, entendu au sens le plus large, est encore plus nécesssaire dans l'ordre moral que dans la sphère économique. Reconstruire toujours davantage l'unité morale de l'espèce par un libre et universel consentement, c'est à la fois le plus haut idéal social et le plus grand intérêt de l'humanité (2).

(1) Carrau, *L'homme et l'animal*. p. 113-114.
(2) Les idées de M. Espinas sur la conscience collective de l'humanité ont été développées avant lui dans un livre étrange qui n'a pas seulement des partisans, mais encore des croyants. Il est intitulé : L'*Univers visible et invisible*, par Henri de May (2ᵉ édit., Sandoz, Neuchatel 1881). C'est plutôt un essai de théosophie qu'un système de philosophie. L'auteur voit dans l'univers visible la révélation de l'univers invisible. Il fait de l'analogie entre le premier et le second une loi absolue, universelle, la seule qu'il admette, car il refuse toute valeur à l'observation interne. La psychologie pour lui, procède de l'étude de la nature. De ce que le fractionnement y est la condition universelle d'existence, il conclut à la pluralité des âmes dans ce que nous appelons le *moi* et va même jusqu'à transporter ce fractionnement de l'être en *Dieu* lui-même, car pour M. de May l'inférieur est toujours le type et la révélation du supérieur. La collectivité d'âmes qui constitue le moi psychique doit se dissoudre ; le *divin* se surajoute du dehors à ce moi transitoire. De là un dualisme absolu dans l'être humain. Ce bizarre système où l'auteur voit la vraie pensée du christianisme, a beau être traversé de brillants éclairs et animé d'une inspiration très haute il n'en rejoint pas moins ces gnoses fantastiques de la primitive Église qui échappent à la discussion par leur caractère tout imaginatif. Constamment il fait sortir le *plus* du *moins*.

LIVRE QUATRIÈME

L'ORIGINE
DE LA MORALE ET DE LA RELIGION

CHAPITRE PREMIER

LE PRINCIPE ET L'ORIGINE DE LA MORALE

L'anthropologie a constamment posé devant nous le problème de la liberté ; c'est la liberté qui nous a paru constituer dans tous les domaines le véritable caractère humain et marque la limite entre la vie instinctive, animale, et la vie consciente, aussi bien au point de vue intellectuel qu'au point de vue moral. Il est temps de l'aborder en face, car nulle question n'est plus débattue aujourd'hui. Il s'agit de savoir qui a raison du déterminisme ou de la doctrine de la liberté, et s'il y a oui ou non une morale, car si le déterminisme est bien fondé dans ses conclusions, le falloir se substitue au devoir, la nécessité remplace partout l'obligation. On ne peut donc traiter le problème de la liberté sans traiter celui de la morale elle-même, de son principe, de ses origines. Nous nous efforcerons sur ce point capital comme sur les autres de mettre dans notre polémique le plus de précision possible, en nous plaçant en face des formes actuelles du déterminisme ; elles ne font d'ailleurs que ramener devant nous les objections du passé, mais avec un appareil scientifique infiniment plus riche et une subtilité d'argumentation plus déliée.

Nous ne débattrons pas longtemps ce grand procès, parce

que nous sommes convaincu qu'il est perdu auprès de tous ceux qui ont besoin qu'on le plaide et qui font passer au creuset de l'analyse les faits vraiment primordiaux de la conscience. Après ce que nous avons dit de la vraie méthode expérimentale qui doit diversifier ses applications selon que ses objets diffèrent eux-mêmes, nous avons le droit d'être sobres dans notre argumentation. Ce que nous avons à faire, c'est uniquement de mettre en pleine lumière le fait de conscience et d'empêcher qu'il ne soit dénaturé ou dissous sous prétexte d'explication.

I. — LA MORALE DU PLAISIR ET LA MORALE DE L'INTÉRÊT.

L'école sensationiste qui se retrouve avec ses modifications diverses dans tous les systèmes opposés à la finalité soit pour l'homme, soit pour le monde, ne saurait accepter, sans se démentir, l'idée ou le fait de l'obligation morale, car celle-ci implique un élément *a priori* qui renverse tout son échaffaudage. La notion du devoir est en contradiction flagrante avec toute doctrine qui n'admet que les faits contingents et perçus par les sens. Une fois que la raison et la conscience ne sont que le produit des sensations combinées, on ne peut parler d'une loi antécédente qui commande à l'homme et le traite comme ayant un moi libre et responsable. Le principe de son activité ne pouvant être pris au dedans de lui doit venir du dehors, par conséquent de la sensation. Pour celle-ci il n'y a pas d'autre catégorie que le plaisir et la peine ; le bien et le mal s'évanouissent dans la sensation agréable ou désagréable. La morale du plaisir est dans cette donnée forcément substituée à celle du devoir. Elle peut se compliquer, s'affiner, du simple plaisir sensuel s'élever au plaisir choisi, raffiné ; chercher à concilier le plaisir individuel avec le plaisir du prochain, remplacer le plaisir par l'utile qui n'est que le côté sérieux du plaisir, poursuivre l'utilité générale, l'intérêt du grand nombre; au travers de ces transformations nous retrouvons toujours le même principe : la recherche de la satisfaction personnelle, l'intérêt opposé au devoir, à l'obligation. Tous les efforts tentés pour confondre ces deux principes ont échoué. — Parcourons rapidement les degrés de cette échelle dont le dernier échelon est posé dans la basse région des instincts, sans que le plus élevé atteigne une sphère vraiment supérieure.

Le grand maître de la morale du plaisir reste Épicure. Personne ne l'a exposée avec plus de logique et plus d'art qu'il ne l'a fait dans cette admirable langue philosophique de la Grèce, le plus bel instrument de l'entendement (1). Pour lui, la raison est la voix de la nature en nous et procède de la sensation. « L'intelligence est toute corporelle, dit-il, et le bien, c'est le plaisir. » Le plaisir est le principe et la fin de la vie humaine (2). Nous n'avons à tenir compte d'aucun autre mobile. La philosophie n'a d'autre but que de nous faire trouver des moyens de plaisir ; elle est l'artiste de la volupté pour la rendre exquise (3). Épicure admet un certain choix dans les plaisirs, quand bien même il reconnaît sans hésiter que la racine de tout bien est la satisfaction du ventre (4). Ce choix ne tient à aucune supériorité intrinsèque de tel ou tel plaisir, ce qui supposerait un critère moral étranger à la sensation ; il s'agit uniquement d'éviter le plus possible la souffrance ; le meilleur moyen pour cela est de fuir les excès, de faire une part aux satisfactions de l'intelligence et surtout de se retirer de la vie publique, et de pratiquer le moins

---

(1) Voir sur Épicure : Ritter, *Histoire de la philosophie antique*, t. III, traduct. Tissot ; Ritter et Preller, *Historia philosophiæ e fontibus hausta* ; *La morale d'Épicure et ses rapports avec les doctrines contemporaines*, par M. Guyau. Paris, Germer-Baillière, 1878.

(2) Ἀρχὴ καὶ τέλος. Diogène Laerte, t. X, 128.

(3) *Artifex conquirendæ et componendæ voluptatis.* Cicéron, *De fin.*, l. Iᵉʳ, ch. 23.

(4) Ἀρχὴ καὶ ῥίζα παντὸς ἀγαθοῦ ἡ τῆς γαστρὸς ἡδονή.

possible le devoir social. A ce prix on arrivera à l'ataraxie, à cette espèce de tranquillité d'âme qui équivaut à l'insensibilité. (1) Pour la rendre plus complète Epicure s'efforce de chasser de l'esprit humain l'importun fantôme de la vie à venir et du jugement divin. Il écarte les dieux avant tout comme des trouble-fêtes, sans pourtant constester absolument leur existence. Pour rendre possible le choix entre les plaisirs, Epicure a reconnu à l'homme une certaine liberté et pour lui donner une base, il l'a attribuée aux atomes dont les combinaisons ont formé le monde. Il admettait qu'ils n'avaient pas toujours été soumis dans leurs mouvements à des lois inflexibles et qu'ils avaient subi quelques déclinaisons dues au hazard; ce qui donnait un certain jeu à la liberté dans leurs composés humains. C'est ce qu'on entendait dans son école par le *clinamen* (2). Il faut avouer qu'ils furent rares parmi les épicuriens ceux qui profitèrent de cette liberté de choix pour préférer la tempérance et les jouissances de l'esprit; la plupart cherchèrent leur satisfaction dans le déchaînement de la sensualité. Après tout ils savaient bien que la morale du plaisir est une affaire de préférence et qu'on ne dispute pas des goûts, aussi ont-ils suivi les leurs sans scrupule et méprisé pour la plupart les fruits exquis que le maître espérait cultiver sur l'arbre de la volupté. Ils s'en sont tenus à ces appétits grossiers qu'il n'avait point interdits. C'était le premier mot du système et on peut dire d'eux sans leur faire tort que

« Ce qu'ils savaient le mieux, c'était leur commencement. »

Ils ont fini par former ce fameux troupeau qu'Horace n'eut pas flétri d'un mot si dur s'il lui eut vraiment appartenu.

En réalité cette doctrine du plaisir ne donnait pas ce qu'elle promettait; chez le maître elle aboutissait à une sorte de pessimisme, car l'ataraxie qu'il recommandait et qui n'était

---

(1) Lucrèce, *De naturà rerum*, liv. II, v. 171.
(2) Cicéron, *De fin.*, liv. 1er, ch. 15.

complète que dans le célibat, était une condamnation de la vie dans son déploiement naturel, surtout au sein de ces sociétés antiques où la vie publique était tout. Epicure reconnaissait qu'une existence largement humaine était nécessairement malheureuse. Se retirer du monde, quand on ne croit qu'au plaisir, c'est avouer qu'on ne l'y trouve pas. Cette existence diminuée, éteinte, réduite, sans couleur, qui a pour devise : « Abstiens-toi », est un commencement de suicide. Aussi n'est-il pas étonnant qu'Epicure ait conseillé la mort volontaire pour le cas où la vie deviendrait intolérable. Il avait cru consoler l'homme en étouffant en lui le désir de l'immortalité et voici que son plus illustre disciple, Lucrèce, se dit dévoré et comme béant, pour employer son expression, d'une soif inextinguible (1). Ce poète du plaisir pousse un des cris les plus désespérés que le monde ait entendus ; il déclare que la vie humaine n'est qu'une mort et que le vautour de Prométhée dévore son cœur (2). Il fallait donc que la morale du plaisir se modifiât et s'élargît de manière à procurer le contentement sans lequel elle n'est qu'une dérision. Il fallait aussi qu'elle se montrât capable d'aboutir à des applications sociales et de rendre la vie commune possible et supportable.

Les épicuriens du xviiie siècle essayèrent de mettre d'accord leur doctrine avec les aspirations de leur temps. Repoussant le système de tyrannie absolue que Hobbes en avait tiré avec une logique irréprochable, ils essayèrent avec Helvétius d'attribuer à l'État un rôle de moralisation. La législation était destinée à remplacer la loi intérieure qui n'existe pas, et devait apprendre aux hommes à concilier leur intérêt particulier avec l'intérêt général. Semblable à un sculpteur qui d'un tronc d'arbre peut faire un Dieu la loi forme à son gré des gens vertueux. Helvétius oublie de nous dire où son

---

(1) *Et sitis tenet semper hiantes. De naturâ rerum*, lib. III.
(2) *Mens sibi conscia Prometheus Mors vita est. Id.*

législateur prendra l'idée même de la vertu, de quelle façon il réalisera le bien tout le premier et l'inculquera à des êtres qui n'ont aucune prédisposition à l'accepter. Après avoir répété le mot bien connu de Lamétrie : « Les sens sont mes maîtres et ma philosophie, » il ne pouvait aboutir qu'à la recherche brutale de la jouissance; car il n'a pas plus de principe moral à donner à la société qu'à l'individu. Le panthéisme de Spinoza qui faisait disparaître toute distinction entre le sujet et l'objet ne pouvait pas davantage s'élever à une idée quelconque de la loi morale ou sociale.

Bentham fit un effort sérieux pour tirer de la philosophie d'Épicure auquel il resta invariablement fidèle un principe social qui, en élargissant la sphère de l'individu, donnât une satisfaction à son besoin d'activité, ne fût-ce que pour échapper au tourment de l'oisiveté (1). Il essaya de réagir contre les deux grandes imperfections de l'épicurisme, qui sont d'une part l'esprit d'isolement, mortel au corps social, et de l'autre l'incurable souffrance de l'inactivité pour un être destiné à l'action. Pour l'homme, ne pas agir, c'est tourner dans le vide cette roue d'Ixion, dont parle Lucrèce, Bentham cherche à justifier et à agrandir la morale du plaisir en en faisant la morale de l'utile et en lui donnant pour fin l'intérêt du plus grand nombre (2). Il n'est pas moins opposé qu'Épicure à la morale intuitive; il repousse avec dédain ce qu'il appelle l'*Ipsodixisme* écartant par ce nom bizarre tout ce qui supposerait que Dieu nous a parlé lui-même au fond de notre conscience (*Ipse dixit*) (3) : « J'ai accepté pour

---

(1) Les principaux ouvrages de Bentham sont : *Déontologie*. — *Introduction aux principes de morale et de législation*.

(2) Voir le livre de Guyau : *La morale anglaise contemporaine, morale de l'utilité et de l'évolution*. Germer-Baillière, 1879. — Voir aussi : *Réfutation de la morale utilitaire, exposition et critique des systèmes qui fondent la morale sur l'idée du bonheur*, par Ludovic Carrau. Paris, Didot, 1880.

(3) *Déontolog.*, t. Ier, p. 293.

guide, dit Bentham, le principe de l'intérêt, je le suivrai partout où il me conduira ». La vertu doit être écartée en tant que rattachée à la chimère du sens moral. « Quand le moraliste parle du devoir, chacun pense à son intérêt ! (1) » La conscience n'est que l'opinion favorable qu'un homme conçoit de sa condition et elle n'a de valeur qu'en tant qu'elle est conforme au principe de l'utilité. Une action n'est bonne que dans la proportion où elle est utile. « La vertu est un économe habile qui rentre dans ses intérêts. » Elle n'est qu'un sacrifice provisoire tendant au maximum du plaisir, une avance de capital qui doit s'augmenter par le revenu compensateur (2). L'ivrogne a raison en tant qu'il cherche la jouissance dans l'excès de la boisson ; son erreur est de ne se procurer qu'une moindre jouissance que l'homme tempérant, mêlée d'ailleurs d'intolérables souffrances. Le sacrifice est en soi une folie ; c'est le péché essentiel aux yeux de l'utilitarisme. Dès que le plaisir n'est pas compensé ou surpassé par la peine il est légitime. La morale utilitaire n'est, de son propre aveu, qu'une régularisation de l'égoïsme ; seulement l'intérêt bien entendu fait rentrer dans l'égoïsme les jouissances que nous procurent la sympathie et la bienveillance sans compter la réciprocité que nous valent ces beaux sentiments. La solidarité, dès qu'elle est acceptée, est une source de jouissances et de profits qui tendent sans cesse à s'augmenter. C'est ainsi que Bentham identifie toujours davantage l'intérêt privé et l'intérêt public. « La vertu sociale est le sacrifice qu'un homme fait de son plaisir pour obtenir en servant l'intérêt d'autrui la plus grande somme de plaisir pour lui-même. » Il n'y a pas de plus sûr moyen d'arriver au maximum de bonheur. Désormais nos actes n'étant plus jugés que par leurs résultats, en dehors de toute considération de mobile, la morale

(1) Ouvr. cité t. Ier, p. 35.
(2) *Id.*, t. Ier, p. 174.

peut se plier aux lois de l'arithmétique. Le mal étant la dépense et le bien la recette, nous pouvons estimer et presque chiffrer nos plaisirs en tenant compte des caractères suivants : 1° l'intensité ; 2° la durée ; 3° la certitude ; 4° la proximité ; 5° la fécondité ; 6° la pureté, qui est tout simplement l'absence de tout mélange de peine ; 7° l'étendue (1). Le maximum de plaisir est réalisé par la conciliation de nos intérêts avec ceux d'autrui, l'égalité doit pour le moins s'établir en définitive, entre le plaisir sacrifié et le plaisir obtenu. Le droit naturel est supprimé en même temps que le devoir. La société n'est plus qu'une garantie d'intérêts. Le délit est ce qui compromet l'intérêt général. La pénalité n'a rien à voir avec une culpabilité qui n'existe pas ; elle est uniquement destinée à sauvegarder l'intérêt du plus grand nombre et elle doit être proportionnée au degré de sensibilité des délinquants. De là les études pathologiques de Bentham. La loi étant toujours une diminution de notre jouissance individuelle, il faut, contrairement aux théories absolutistes de Hobbes, la restreindre le plus possible. La morale se résume désormais dans cette formule : *Cherche ton bonheur dans celui d'autrui*, la politique dans celle-ci : *Cherche le bonheur de tous dans celui de chacun*. La sympathie et l'égoïsme sont une seule et même chose. Adam Smith en mettant l'accent sur la sympathie avec une chaleur d'âme qui l'honore n'a pas modifié le fond du système.

Sans entrer en aucune façon pour le moment dans la discussion du principe de la morale utilitaire sous la forme que lui a donnée Bentham, nous constatons qu'elle ne répond pas à sa destination, car elle ne fournit pas le moyen de faire prédominer l'intérêt général, ce qui est la condition indispensable de la vie sociale. Le progrès sur Epicure n'est donc qu'apparent et l'utilitarisme doit chercher une autre sanction. En effet,

---

(1) Bentham, ouvr. cité, t. 1er, p. 96.

rien n'est plus arbitraire que le calcul d'intérêt sur lequel repose le système de Bentham, puisque suivant notre disposition du moment nous sommes différemment affectés par les impressions du dehors, nos sensations suivant les variétés de notre tempérament et les caprices de notre santé. Au point de vue de Bentham nous n'avons d'autre motif d'agir que de chercher le maximum de notre plaisir. Pour admettre que ce maximum ne saurait être atteint qu'en subordonnant notre intérêt actuel, immédiat, à l'intérêt général, qui nous dédommagera plus tard, il faut tout un raisonnement. Rien ne nous contraint de le mener jusqu'au bout et de conclure dans le sens de l'intérêt général. La passion est là qui nous sollicite et qui nous brûle de sa flamme ; elle l'emportera à coup sûr sur cette froide argumentation qui n'a rien à lui opposer de vraiment supérieur à elle. *Un tiens*, vaut mieux pour elle que cent, que mille : *Tu l'auras*, ou : *Nous l'aurons*. Cette balance où il s'agit de peser nos profits et nos pertes pour nous décider à renoncer au plaisir du jour, fléchira bientôt du côté de la satisfaction immédiate. Il faudrait pour qu'il en fut autrement qu'on put opposer sentiment à sentiment, sans recourir à des prévisions toujours fort chanceuses ou à une arithmétique nécessairement vouée à l'impuissance. La conscience morale y réussit avec ses intuitions spontanées, mais on n'en veut pas. Il faut pourtant obtenir quelque chose d'équivalent, quelque chose qui sans être une intuition la simule, la remplace, et réagisse puissamment, sur nous, à l'heure même où nous devons nous décider, contre l'attrait du plaisir prochain.

C'est bien ce qu'avait tenté l'école associationiste dans sa première phase, avec Mackintosh et James Mill. A Stuart Mill était réservé l'honneur de pousser l'essai jusqu'au bout (1). Pas plus que Bentham il ne veut d'une intuition de la conscience, d'un *a priori* moral. Au fond malgré l'élévation de son grand esprit, il s'en tient au sensualisme d'Epicure ; lui

---

(1) Stuart Mill, *Utilitarisme et théorie du bonheur.*

aussi n'admet que le plaisir, que l'utile comme critère moral. Cœur généreux, plein du plus sincère amour pour l'humanité, il est plus préoccupé que Bentham de faire accorder l'intérêt particulier avec l'intérêt général, sans se dissimuler que le premier l'emportera toujours sur le second, si la bienveillance, la sympathie, la persuasion intime de l'accord entre les deux intérêts n'a pas pénétré notre âme, ou ce que nous appelons de ce nom. Comme il n'est pas possible d'après lui de rattacher ces sentiments à des dispositions préexistantes, innées, il a recours à son grand procédé de l'association des idées, lesquelles, à force de se succéder, s'enchaînent spontanément et se ramènent les unes les autres sans qu'il soit nécessaire d'y réfléchir (1). De même que l'avare après avoir longtemps expérimenté les biens que procure l'or, n'a plus besoin d'y penser, mais associe presque spontanément et involontairement l'idée de ces biens au métal qui est l'objet de son culte, si bien que ce métal à lui tout seul lui représente tout ce qu'il pourrait acquérir par son moyen, de même l'homme, pour avoir expérimenté souvent que son bien particulier coïncidait avec le bien général, ne les sépare plus, et il n'est plus nécessaire qu'il raisonne ou calcule pour se décider en faveur du bien général, il reste incliné par une sorte d'instinct qui n'est que le produit d'une association d'idées fortifiée par l'habitude. La sanction de la morale n'a pas d'autre origine. La fréquence des conséquences fâcheuses de nos actes purement égoïstes finit par rattacher l'idée de peine à la recherche exclusive de notre intérêt. Le remords est le résultat de cette association de sentiments, sans cesser jamais d'avoir un caractère purement passif. Le châtiment est une simple mesure défensive de la communauté contre tout ce qui lèse ses intérêts, et c'est à ce titre seul que nous le redoutons. Ainsi se forme en nous l'idée instinctive de la justice et du droit. Le sentiment de notre responsabilité est né de la

---

(1) Stuart Mill, ouvrage cité, chap. III.

crainte d'attirer sur nous le fâcheux effet de ces mesures défensives. A titre de préservation sociale, le châtiment est parfaitement légitime, sans qu'il soit nécessaire de faire aucune part à la responsabilité des coupables. Stuart Mill s'imagine échapper par ces subtilités aux lents calculs que réclamait l'utilitarisme de Bentham et obtenir de l'individu cette décision rapide qui l'amènera dans chaque cas particulier à subordonner son intérêt à celui de tous. Le problème n'est point résolu, car il suffit que l'individu se rende compte du lien tout artificiel qui unit l'idée de son intérêt particulier à celle de l'intérêt général pour qu'une association aussi extérieure perde toute influence sur son esprit. Le système moral de Stuart Mill a contre lui de s'être produit à la lumière, car plus il le formule habilement, plus aussi il évente ce secret qu'il faudrait cacher, plus il nous apprend à ne voir qu'une fiction dans ce sentiment d'obligation résultant d'une simple association d'idées. Il n'est pas possible à l'utilitarisme raffiné de l'éminent penseur d'échapper à cette conséquence, son principe s'effondre en se formulant. C'est assez qu'il soit connu pour ne plus rendre les services qu'on en attendait. Il suffit donc de considérer l'utilitarisme en lui-même, sans nous élever plus haut, pour qu'il se réduise à l'absurde et se perde dans une contradiction invincible. Nous savons bien que Stuart Mill s'est défendu contre tout retour à l'égoïsme pur qui répugnait à son noble cœur. Il a essayé d'établir une hiérarchie des plaisirs, et de les distinguer par leur qualité. Les plaisirs inférieurs doivent d'après lui se subordonner aux plaisirs délicats de l'esprit, au nom même de la dignité de l'homme qu'il ne craignait pas d'invoquer. « Il vaut mieux, disait-il, être un homme mécontent qu'un porc satisfait. » (1) Ces sentiments ui font honneur, mais il ne les devait pas à son principe utilitaire. Pour établir des degrés entre les plaisirs, il faut un autre critère que l'agréable ou l'utile, lequel ne nous fournit

---

(1) Ouvrage cité, chap. II.

aucune échelle de perfection. La dignité de l'homme ne se conçoit que si son moi est autre chose qu'un paquet de sensations bien liées entre elles. L'homme satisfait de quelque façon que ce soit, vaut mieux que l'homme mécontent ou attristé, lors même que sa tristesse serait sublime, car l'utilitarisme n'a aucun droit à établir une différence spécifique entre lui et l'animal, fut-ce le plus vil. Stuart Mill sent si bien qu'il n'a pas de critère moral pour établir une différence entre les plaisirs, qu'il incline son libre esprit devant l'opinion et s'en remet au jugement des hommes pour graduer les intérêts (1). Bain, son disciple et son émule, n'a pas craint d'attribuer à une sorte d'initiative de l'autorité civile le semblant d'obligation morale qu'il cherche à maintenir parce qu'il ne peut en contester l'utilité. Le gouvernement intérieur se réduit pour lui à une simple copie du gouvernement dans l'Etat.

On le voit, l'associationisme anglais n'a pu conduire l'utilitarisme au point où il assurerait la paix générale en subordonnant l'intérêt particulier à l'intérêt du plus grand nombre. Il fallait quelque chose de moins incertain qu'un calcul, de moins artificiel qu'une liaison d'idées. La grande école de l'évolutionisme a cru résoudre la question en rattachant l'utilitarisme social à un développement à la fois mental et physiologique qui doit en faire une inéluctable nécessité. Elle avait été devancée dans cette voie par le positivisme français, non moins ennemi de tout ce qui ressemble à l'*a priori*, à l'intuition morale. D'après Auguste Comte et Littré les deux grandes fonctions de notre organisme, la nutrition et la reproduction, produisent deux ordres de sentiments. Les facultés de nutrition donnent naissance aux instincts égoïstes, celles de reproduction aux instincts qui nous portent en dehors de nous-mêmes, à la bienveillance, à la sympathie, à ce que l'école appelle l'*altruisme*. Littré joignait à ces deux ordres de sentiments l'idée toute

---

(1) Ouvrage cité, chap. III.

abstraite de l'égalité entre les hommes fondée sur une espèce d'équation mathématique sans aucune portée morale ; il attribuait en définitive au fonctionnement du cerveau. Nous n'insisterons pas sur la théorie spéciale du positivisme parce qu'elle a été singulièrement élargie et complétée par l'évolutionisme. Celui-ci ne se contente pas de juxtaposer les deux ordres d'instincts procédant de la nutrition et de la reproduction ; il fait procéder les seconds des premiers par voie d'évolution. Darwin cherche à établir que l'instinct social se développe chez les animaux sous l'influence de la recherche du plaisir. C'est la mémoire et la réflexion qui l'élèvent chez l'homme à la sociabilité. Herbert Spencer, a donné à la doctrine morale de l'évolution les développements les plus larges dans son livre sur les bases de l'éthique (1). On y admire sa puissance ordinaire d'argumentation et son incomparable richesse d'informations positives. L'éthique est rattachée par lui aux principes généraux de son système qui pivote tout entier, comme on le sait, autour de l'axiome de la permanence et de la transformation de la force ; dans la sphère morale nous retrouvons cette même force mécanique développée dans le temps et dans l'espace conformément aux lois de l'existence universelle qui veulent que partout l'homogène tend à l'hétérogène et l'hétérogène au défini, à l'individualisation. Chaque degré d'évolution est toujours le résultat d'une nouvelle lutte pour la vie qui n'a laissé subsister que les éléments faits pour l'emporter en leur permettant de s'adapter à leur milieu et de transmettre par l'hérédité tous les avantages acquis. Le développement se poursuit ainsi dans une même ligne ascendante à la fois psychique et physiologique. A la période d'intégration et de progrès succèdera la période de désagrégation selon le rythme éternel du mouvement.

Considérons de quelle façon ces lois de l'être ou du mouve-

---

(1) *Les bases de la morale évolutioniste*, par Herbert Spencer. Paris, Germer-Baillière, 1880.

ment sont appliquées à la morale par Herbert Spencer. Partant du principe d'un pur mécanisme, il écarte d'emblée tout ce qui ferait une part à l'intuition, à un principe inné ; comme elle procède de la sensation, elle ne vise qu'au plaisir, à l'utile. Seulement selon la loi qui pousse l'hétérogène à se diversifier, elle ne reste pas à l'état de sensation confuse, elle se complique en progressant, elle se précise, s'organise et s'approprie toujours plus harmoniquement à des milieux toujours plus complexes jusqu'à ce que dans la société humaine elle arrive à cet ensemble de relations multiples qui, en se coordonnant de mieux en mieux, font sortir l'intérêt général des intérêts particuliers, comme leur résultante ; il s'ensuit que l'*altruisme* procède tout naturellement de l'égoïsme. Grâce aux transmissions héréditaires il devient une sorte d'instinct nécessaire qui correspond au développement physiologique de l'espèce, sans qu'on puisse jamais méconnaître, au travers des transformations successives dues à l'évolution, la racine primordiale de cette morale qui est toujours la recherche du plaisir, c'est-à-dire l'égoïsme.

Précisant davantage sa notion de la morale dans son livre sur les bases de l'éthique, Herbert Spencer la définit *la science de la conduite*. La conduite n'est pas autre chose que l'appropriation de l'être à son milieu en se conformant à la loi qui le fait passer de l'homogène à l'hétérogène et multiplie à la fois les complications et les coordinations. Dans cette large acception il y a une conduite de la nature physique, puisqu'elle ne subsiste et ne se développe que grâce à cette adaptation. Des chaussures bien ajustées à nos pieds, des bottes bien faites, voilà le type même de la morale d'après une image chère à Herbert Spencer. Morale et conduite, c'est tout un. Il y a une conduite de l'animalité, et même une conduite de l'organisme. Les organes comme les fonctions ont leur morale qui consiste à atteindre leur équilibre. Sous l'influence du sentiment du plaisir et de la peine, les facultés humaines tendent à leur tour à s'approprier toujours mieux à un milieu à la fois plus vaste et plus compliqué. A chaque phase de l'évolution correspond une morale, c'est-à-dire une conduite particulière qui consiste précisément dans l'appropriation au milieu donné. Dans la phase de la vie sauvage la morale de l'homme est de la même nature que celle du loup ravisseur, car la violence est seule en rapport avec ses conditions d'existence. A un degré supérieur la morale ou la règle de conduite change avec le milieu ; l'entrelacement inextricable des intérêts dans une société civilisée fait surgir le sentiment de la solidarité, l'altruisme est seul approprié à ce milieu perfectionné. La notion du bien et du mal se transforme d'époque en époque, puisqu'elle doit suivre toutes les fluctuations de l'évolution. C'est ainsi que sous l'influence d'expériences accumulées, portant toujours sur ce qui peut procurer le plus de plaisir et d'utilité à chaque phase et dans chaque nouveau milieu de l'histoire humaine, s'est formée de transmission héréditaire en transmission héréditaire la conscience actuelle de la race qui du moins dans ses représentants supérieurs nous pousse à pratiquer l'*altruisme*, c'est-à-dire à solidariser notre intérêt avec celui des autres hommes. Il s'ensuit que c'est par la voie de l'égoïsme et de l'utilitarisme que nous arrivons aux résultats cherchés dans la voie contraire par la morale intuitive. Nous en venons, sans recourir à l'obligation, à nous sentir, à nous croire du moins, obligés à l'*altruisme*, grâce à cet instinct que nous devons à l'hérédité et qui est le résultat de siècles d'expérience. L'école de l'évolution espère résoudre de cette façon les difficultés de pratique demeurées insurmontables pour Bentham et même pour Stuart Mill, et nous fournir l'équivalent de cette intuition morale qui avait l'avantage de nous donner un mobile immédiat pour remplir le devoir social, sans nous forcer de recourir soit à un froid calcul incapable de résister à la passion, soit à une association d'idées dont le lien frêle et artificiel ne tient pas devant la réflexion.

II. — RÉFUTATION DE LA MORALE DE L'INTÉRÊT.

Nous avons obtenu une première réfutation de la morale de l'intérêt en retraçant la succession des systèmes qui l'ont tour à tour formulée. L'utilitarisme de Bentham a remplacé l'eudémonisme d'Épicure qui, se limitant à l'individu, ne faisait rien pour la société et par là même ne contentait même pas l'individu lequel est un être social et ne peut dans l'isolement se donner toutes les satisfactions désirables. Bentham à son tour a échoué dans sa tentative de rattacher les intérêts particuliers à l'intérêt général, parce qu'il n'a pas trouvé le moyen d'obtenir le sacrifice immédiat des premiers aux seconds, le calcul à long terme ne pouvant l'emporter sur les impulsions. L'associationisme de Stuart Mill a essayé de créer dans l'individu une sorte de spontanéité dérivée, une conscience de seconde main qui devrait exercer la même action que l'obligation morale, mais il a échoué, lui aussi, pour avoir dit trop haut son secret; et pourtant il fallait bien qu'il le dît, sans quoi son système n'existerait pas, car il est tout entier dans ce sous-entendu dont la connaissance suffit pour détruire cette spontanéité dérivée; une spontanéité qui se sait dérivée n'a plus rien de spontané et ne peut plus rendre de services. Herbert Spencer par son évolutionisme physiologique met en lumière l'impuissance de ses devanciers, mais il ne nous laisse pas moins en présence du même principe moral, celui du plaisir et de l'intérêt opposé à l'obligation intuitive. En le réfutant, nous réfuterons tous ceux qui l'ont précédé dans la même voie et qui restent d'accord avec lui sur le fond des choses.

Notre objection fondamentale est que l'explication du fait moral donnée par l'utilitarisme sous toutes ses formes n'est pas une explication. Expliquer, c'est rendre compte de la réalité et non la détruire ou la transformer. Une explication qui commence par la dénaturer est fausse par là même; elle n'est pas conforme aux vraies méthodes scientifiques qui reposent sur l'expérimentation et n'ont pas le droit d'y déroger. Le fait est souverain, quand il s'agit de la science; le changer sous prétexte de l'expliquer c'est substituer son idée propre à la nature, c'est remplacer par le parti pris l'examen impartial, c'est tomber dans le travers si amèrement reproché à toutes les doctrines autoritaires, c'est modeler les choses d'après un type préconçu. Or, nous affirmons que c'est ce que fait l'utilitarisme en face de la conscience, je veux dire du sentiment moral intime; en réalité il s'efforce de le dissoudre dans son creuset. Quand nous disons sentiment, sens moral, nous n'entendons point réduire l'obligation à une manifestation de la sensibilité qui est aussi mobile que la sensation. L'obligation procède de la raison elle-même, c'est son application à la volonté (1). Voilà pourquoi elle s'appelle aussi raison pratique, mais elle n'existe pas à l'état d'idée; elle prend vie par le sentiment. Il est donc entendu que par sens moral nous voulons dire la raison pratique vivifiée par le sentiment.

Il n'est pas vrai que le sentiment moral ainsi compris puisse être confondu avec la recherche du plaisir ou de l'utile. Il s'en distingue absolument. Se sentir obligé vis-à-vis d'une loi que nous appelons le bien et qui nous commande sans nous contraindre, voilà le sentiment moral. Nous sentons immédiatement deux choses, c'est que nous devons et que nous pouvons accomplir cette loi, que nous sommes à la fois liés vis-à-vis d'elle et capables de l'enfreindre, ce qui constitue notre responsabilité. Que ce soit bien là un sentiment humain, c'est ce que nous dédaignons de démontrer. Il n'y a pas de fait plus positif et plus facilement vérifiable. Le remords et l'indignation en sont des manifestations spontanées, univer-

---

(1) Voir sur ce point les chapitres xiv et xv du livre de M. Francisque Bouillier sur *la Vraie conscience*.

selles qui suffisent pour les distinguer de l'utilitarisme le plus
raffiné. Il est impossible de confondre l'affreuse souffrance
que nous fait éprouver l'infraction à la loi morale avec le
regret ou la tristesse qui résultent d'un malheur ou d'un
échec. Cela est si vrai qu'en plein succès, le remords enfonce
dans l'âme sa dent vengeresse plus profondément qu'à l'heure
de la déroute et du désastre. C'est le ver caché dans la
fleur épanouie de la prospérité la plus brillante. Une psychologie grossière peut seule identifier la peine encourue par une
perte d'argent ou par une déception d'amour-propre avec la
honte qui accable l'homme après un acte de lâcheté. L'infamie se sent autrement que la maladie. Ne voit-on pas un
sublime sourire éclairer le visage du juste persécuté? C'est
avec raison que Tertullien a dit en parlant des tortures des
supplices supportés pour une juste cause : *Est illecebra in
illis*, il y a un charme en eux. L'utilitariste le plus décidé
sait bien que nous avons raison et, dans le secret de son cœur,
quand il échappe pour une heure à l'esprit de système, il
connaît ces souffrances ou ces joies intimes qui attestent
notre responsabilité. L'indignation, qui est en quelque sorte
le remords que nous éprouvons pour autrui l'atteste peut-être
avec plus d'éclat. Pourquoi cet insulteur importun qui trouble
tous les triomphes de la force heureuse et criminelle? D'où
vient que les moralistes du plaisir ne les acclament pas,
même quand le crime commis a paru, pour quelques jours,
assurer la prospérité matérielle d'un pays, comme cela s'est
vu au lendemain des dictatures provoquées par l'anarchie?
Pourquoi cette protestation enflammée, souvent payée de
l'exil et de la prison? Il y a donc autre chose que le succès,
même éclatant, même utile. Il ne faut pas dire que cette
protestation est inspirée par la prévision des fâcheuses conséquences de l'injustice. Cela n'est pas, car lorsque le grand
criminel vient à succomber, l'indignation diminue et se mêle
de pitié. Elle atteint son paroxysme précisément quand il est
au sommet de sa fortune. La contre-partie de l'indignation

est cette admiration spontanée qu'excite la vertu, surtout quand elle est poussée jusqu'au sacrifice, jusqu'à la complète immolation. D'où viennent ces pleurs généreux qui mouillent nos yeux quand nous voyons un homme risquer sa vie pour en sauver un autre? S'il y perd la sienne notre admiration ne connaît plus de bornes. Ceux-là même qui ne croient pas qu'il y ait pour lui une autre existence, après qu'il a disparu sous les flots, ne résistent pas à cet entraînement. L'héroïsme excite partout et toujours l'enthousiasme. On dirait la fête de la conscience humaine, et pourtant, au point de vue utilitaire, il n'est qu'une absurdité, une sublime sottise, car l'*altruisme* peut bien expliquer la subordination de notre intérêt à celui du grand nombre, mais il n'a pas d'excuses pour la folie de l'immolation volontaire, puisque le sensualisme dont il procède n'admet aucune survivance de l'âme.

Ce sentiment de l'obligation a trouvé son expression la plus sincère dans la poésie que je ne considère pour le moment que comme le témoignage spontané de l'âme humaine. Toutes les fois qu'elle a évoqué l'idéal devant nous, elle nous l'a présenté sous la forme de l'héroïsme. Celui-ci s'est d'abord confondu avec la vaillance qui, pour vaincre, brave tous les dangers, puis, de plus en plus épuré, il s'élève jusqu'au dévouement, au sacrifice. Ce qui est noble dans toutes les littératures est toujours désintéressé. Le drame repose sur l'idée de la responsabilité morale; il n'est pathétique que dans la mesure où il nous peint la lutte entre la passion et le devoir. Otez cette lutte, il n'est plus qu'une fatigante mélopée ou une série d'aventures sans lien. Quand il vient à nous représenter la défaite morale, ce n'est pas comme un simple malheur, c'est comme une infraction à la loi du bien. La grande poésie a exprimé le sentiment de la culpabilité avec une énergie sans égale, depuis le vieil Eschyle disant que le sang versé par le meurtre gèle à terre et que toutes les eaux de l'océan ne laveraient pas la main souillée, jusqu'à Shakspeare mettant dans la bouche de son Richard II, alors que sa couronne n'a pas encore chancelé sur sa tête, cette imprécation vengeresse de tous ses crimes, ce cri d'un remords terrible que jamais n'a poussé lion ou tigre repu de la chair d'innocentes victimes : « O lâche conscience, comme tu me tourmentes ! De froides gouttes de sueur arrachées par l'effroi perlent sur ma chair tremblante ! Est-ce que j'ai peur de moi ? Il n'y a personne ici que moi. Richard aime Richard. Fuyons ! — Fuir de moi-même, et pour quelle grande raison ? Quoi ! me venger de moi-même, mais je m'aime moi-même. — Oh non ! je me hais plutôt pour les actions odieuses que j'ai commises. Je suis un scélérat. Ma conscience parle mille langues différentes et chacun de ses récits me condamne. Le parjure, le meurtre, tous les crimes différents s'entassent devant le tribunal, criant tous : *Coupable ! Coupable !* »

Aujourd'hui, en plein XIXe siècle, tandis que l'utilitarisme évolutionniste réduit la morale au plaisir, à l'utile toujours reconnaissable jusque dans l'*altruisme* qui doit concilier l'intérêt individuel avec celui de la société, la grande poésie couvre ses élucubrations et ses subtilités des foudres vengeresses du Sinaï intérieur. Elle fait gronder le tonnerre sacré de la conscience humaine maudissant et châtiant les violations de la loi morale. Qu'on relise dans les *Misérables* les pages immortelles où notre plus illustre poète contemporain peint avec le pinceau de Shakspeare la lutte dont l'âme de son héros est le théâtre, alors qu'il s'agit pour lui, en se dénonçant en lieu et place de l'obscur vagabond qu'on accuse de son propre vol commis il y a de longues années, de compromettre non seulement sa situation, mais le bien-être, disons plus, la moralité de toute une ville dont il est le bienfaiteur. Certes jamais l'intérêt du grand nombre ne fut davantage en jeu. La lutte est terrible dans ce cœur vaillant ; au point de vue de l'utilité sociale, rien ne justifie son sacrifice, et pourtant son front est mouillé de la sueur des grandes agonies morales. C'est que, retiré dans sa chambre, barricadé contre les influences qu'il redoute, il y a enfermé avec lui un hôte importun dont la voix est plus forte que tous les sophismes et tous les calculs d'intérêt particulier ou général. Cet hôte importun, c'est le devoir, c'est l'obligation morale, c'est Dieu. Jean Valjean n'y résiste pas, il accomplit son immolation, et quand, après avoir fait l'aveu qui l'envoie au bagne et qui ruine l'industrie dont vivaient des centaines de malheureux, il lit la stupéfaction sur les traits des assistants, il se redresse et s'écrie : « Vous me trouvez digne de pitié et moi je vous dis que je suis digne d'envie! » Pour cette page seule nous bénirions à jamais notre grand poète. Nous la prenons comme un document humain de premier ordre, comme l'une de ces empreintes brûlantes qui reproduisent la réalité morale trait pour trait. Ici c'est la conscience humaine qui nous apparaît telle qu'elle sent et vibre toutes les fois que son témoignage n'est pas faussé par la dialectique.

La vie sociale enfin repose tout entière sur l'idée d'obligation. Il ne s'élève pas un tribunal pour juger un accusé que la question de responsabilité morale ne soit incessamment soulevée. La peine s'augmente dans la mesure même où le coupable a été capable de discernement et de volonté. Voilà pourquoi on plaide si souvent la folie pour sauver un accusé. Il est donc impossible de faire du châtiment, comme le voudrait l'utilitarisme, une simple préservation sociale. L'institution du jury n'a pas d'autre but que de faire la part toujours plus grande à la responsabilité dans la culpabilité en mettant au-dessus des jugements dictés par la loi écrite les appréciations immédiates du sens moral.

Il résulte de ces développements, que nous avons restreints autant que possible, que le sentiment de l'obligation, qui a pour corollaire celui de la responsabilité, constitue le fait moral tel qu'il se dégage de l'âme humaine et des faits sociaux les plus caractéristiques. Il s'ensuit que les théories utilitaires, qui sont toutes d'accord pour le nier, sont en contradiction avec la réalité. Supprimer n'est pas expliquer.

Ce résultat nous apparaîtra plus évident, si, sortant de la généralité, nous examinons l'un après l'autre les divers éléments dont se compose le sentiment de l'obligation et qui sont les conditions mêmes de toute morale digne de ce nom et sérieusement efficace. Pour qu'il y ait obligation et par conséquent morale, il faut : 1° une loi, un idéal, une notion du bien — sinon l'obligation n'obligerait à rien de déterminé ; 2° une loi qui ne porte pas seulement sur les résultats de nos actes, mais sur nos actes eux-mêmes et leurs mobiles — sinon l'obligation ne porterait pas sur le moi véritable et serait fictive ; 3° une loi qui sous peine d'être impuissante place la première des sanctions, la sanction morale, dans l'intimité du moi ; 4° une loi qui soit réellement intuitive, antérieure à l'expérience. L'empirisme qui fait résulter le bien des résultats constatés de nos actes, détruit par là même le caractère de l'impératif catégorique ou de l'obligation immédiate dans le cœur humain. Nous allons établir que l'utilitarisme qui a supprimé l'obligation d'une manière générale sans l'expliquer, la détruit dans chacun de ses éléments et que par conséquent, elle ne réalise aucune des conditions d'une vraie morale (1).

Nous avons dit d'abord que l'obligation impliquait l'idée d'une loi, d'une règle fixe servant de critère moral et fondant cette distinction du bien et du mal qui se retrouve sous toutes les divergences que l'on peut signaler dans la manière de concevoir ses applications. Ni le plaisir, ni l'utilité, ni l'intérêt bien entendu, ni l'accord de l'intérêt particulier avec l'intérêt général ne nous fournissent l'idée de loi. Pour le plaisir, cela va de soi, rien n'est plus fugitif, plus mobile, puisqu'il dépend de la sensation et qu'il participe à sa mobilité. Dès qu'on veut établir une hiérarchie entre les plaisirs et parler de plaisirs supérieurs, on s'élève à une région plus haute où l'on n'a pas le droit de pénétrer. Pour dire que tel

---

(1) Voir sur ces divers points la belle discussion de M. Guyau, dans le livre déjà cité, sur la morale anglaise contemporaine.

plaisir est plus désirable qu'un autre, il faut un critère supérieur au plaisir lui-même. La qualité dans le plaisir en revient toujours à la quantité, car il n'y a aucun motif à y chercher autre chose que la plus grande somme de satisfaction. L'utile, on le sait, ne diffère pas essentiellement du plaisir. « En tout cas, dirons-nous avec M. Renouvier, entre l'utile et l'utile il y a toujours un conflit possible, encore que dans un même sujet; le critère des jugements d'utilité n'est pas donné dans l'idée de l'utile (1). » N'y aura-t-il pas incessamment conflit entre l'utilité immédiate et l'utilité à longue échéance? Comment, à ce point de vue restreint, établir qu'il est plus utile de sacrifier sa satisfaction d'aujourd'hui à une satisfaction lointaine? L'avenir n'est-il pas incertain? Le conflit ne s'élèvera pas moins grave entre l'intérêt personnel et l'intérêt d'autrui, car enfin le second n'est pas tellement évident et certain qu'il coupe court à toute indécision. L'utile ne donnant que l'utile ne fournit aucun moyen de se commander à soi-même un choix. Il ne contient donc pas sa propre règle, son propre critère ; rien n'est plus opposé à la notion de loi ; aussi l'utilitarisme nous conduit-il à une casuistique des plus dangereuses qui autorise constamment l'exception même vis-à-vis de cette règle morale si boiteuse, si imparfaite qu'on a essayé de se fabriquer sans sortir de cette basse région. Aussi voyons-nous M. Stuart Mill, le plus généreux des utilitaires, finir par se rabattre sur l'opinion courante. Il n'est pas possible de mieux avouer qu'avec l'utilitarisme tout ce qui ressemble à l'idée d'obligation, de loi et même de règle, a fait naufrage.

Nous avons dit en second lieu que l'obligation morale, telle qu'elle se révèle spontanément à nous, porte sur nos actes eux-mêmes, et non pas sur leurs résultats. Sa devise se formule ainsi : *Fais ce que dois, advienne que pourra.* Nous ne nous reprochons jamais un malheur quand il ne vient pas

---

(1) *Science de la morale*, par Charles Renouvier, 1, t. Ier, 177.

d'une faute. La souffrance en soi ne nous inspire aucun remords, par la raison bien simple que, constamment dans nos conditions actuelles d'existence, la félicité extérieure ne coïncide pas avec le bien, le juste. On peut même dire que la plus grande souffrance peut donner lieu à la plus haute vertu. Voilà ce que la conscience humaine a toujours reconnu; elle sait fort bien qu'elle n'est obligée qu'à ce qu'elle peut faire. Or, elle peut faire le bien, mais non pas transformer le monde de façon à n'y pas rencontrer la douleur. Nous disposons de nous-mêmes et non des choses, nous pouvons accomplir notre devoir, mais non pas diriger les événements. Il en résulte que nos actions sont bonnes en elles-mêmes et non pas d'après leurs résultats heureux ou malheureux. Or, c'est ce que l'utilitarisme ne peut pas concéder. Peu lui importe ce que je fais; il s'agit uniquement de voir ce qui m'en revient, si je trouve mon intérêt et, par concession, si j'assure celui d'autrui. Le jugement moral est ainsi porté du dedans au dehors contrairement au sens intime.

La conscience morale ne se borne pas à juger nos actions sans tenir compte de leurs résultats. De l'action, elle remonte au mobile, à l'inspiration, et c'est par là qu'elle juge, blâme ou approuve (1). Nous savons très bien qu'un acte peut être bon en apparence et mauvais au fond, que nous pouvons simuler la bonté, la générosité et obéir à un motif égoïste et bas, en ne cherchant que notre intérêt personnel. Supposons un homme politique qui vise à assurer sa position et qui répand des bienfaits sur toute une contrée. Au fond il ne se soucie point des malheurs qu'il soulage, du progrès qu'il facilite; il ne pense qu'à lui seul, il n'a d'autre visée que d'obtenir du crédit pour l'exploiter ensuite au profit de sa fortune et de sa gloire. Au point de vue de l'obligation

---

(1) Voir sur ce point l'excellent article de M. Beausire sur *la Morale évolutioniste*. *Revue des Deux-Mondes* du 15 décembre 1880. Voir aussi le mémoire de M. Franck, sur le même sujet, lu à l'Académie des *Sciences morales*.

morale il n'a point accompli une seule bonne action ; avec toute sa munificence, il n'a cherché que son égoïste satisfaction. La morale utilitaire ne peut que l'approuver ; elle n'a rien à voir avec ses mobiles, ils sont pour elle comme s'ils n'existaient pas. Il a concilié son intérêt avec l'intérêt du grand nombre, cela suffit. Il est bien inutile de multiplier les exemples ; nous ne savons pas au nom de quoi l'utilitarisme blâmerait l'hypocrisie qui, tant qu'elle n'est pas découverte, produit le même effet que la vertu. Le tout est de s'y bien prendre. C'est ainsi que tout le domaine intérieur de la morale, qui est le seul où elle reçoive une application sincère, lui échappe. Il ne fait que nettoyer le dehors de la coupe et du plat comme ces pharisiens du temps du Christ qui étaient les mercenaires de la morale, c'est-à-dire les utilitaires du temps.

Une fois que le mobile n'est plus pris en considération dans l'acte, et que l'acte lui-même ne vaut que par son résultat, la morale n'a plus de sanction intérieure, ce qui est sa troisième condition d'existence. Il n'y a plus lieu, en effet, de s'applaudir et de se repentir de son œuvre ; elle n'est par elle-même ni bonne, ni mauvaise. L'échafaud fait la honte et non pas le crime. Le châtiment qui n'est pas un châtiment, mais le résultat d'une maladresse, est seul à redouter. Or la peine a le pas lent, comme dit le poète ; souvent elle est si tardive que la mort la devance, et comme au delà il n'y a rien, il n'y a plus de place pour aucune sanction. Au point de vue de l'obligation, la peine extérieure a beau être lente, elle est suppléée, dès que l'injustice a été commise, par la souffrance intérieure, le sentiment de la dégradation. Stuart Mill ne parviendra jamais à assimiler ce sentiment à la conviction, devenue d'après lui peu à peu intuitive ou instinctive, que la société est fondée à défendre ses intérêts lésés et à empêcher le renouvellement des actes qui la compromettent en les châtiant. Nous ne sortons pas, dans cette donnée, de la sphère tout extérieure des résultats qui laisse en dehors d'elle les actes eux-mêmes et leurs mobiles. Le remords que nous avons déjà invoqué comme une première preuve du fait de l'obligation et que nous envisageons maintenant dans son action pénale, est le plus grand vengeur de la loi violée. La Némésis intérieure est à l'œuvre longtemps avant les pénalités du dehors, directes ou indirectes. « Le plus grand châtiment du péché, dit Sénèque, écho fidèle de la conscience, est d'avoir péché. Reconnaissons que les mauvaises actions sont fustigées par la conscience. Rien n'égale les tourments qu'elle nous cause, car ils la travaillent et la flagellent sans trêve (1). « C'est une peine plus cruelle que celles de l'enfer, dit Juvénal, que d'avoir dans sa poitrine le témoin qui, jour et nuit dépose contre nous (2). » C'est ce témoin que l'utilitarisme tend à faire taire. Grâce à Dieu, il n'y réussit jamais tout à fait, mais on ne peut nier que plus il le suborne et le remplace par un sophiste qui nous disculpe, plus il énerve la morale et la rend impuissante.

Nous avons reconnu en quatrième lieu que l'obligation, précisément parce qu'elle est l'obligation, se manifeste à nous dans le sentiment intime comme précédant et dominant l'expérience. Elle perdrait son caractère de loi si elle était considérée comme le résultat de l'empirisme. Si elle n'est que le total d'une longue addition d'expériences faites sur l'utilité des choses par rapport à nous, elle n'a pas le droit de nous commander — car aucune de ces expériences n'a la valeur d'une loi et le total ne saurait différer des unités ; de l'accumulation d'utilités constatées on ne tire que l'utilité et jamais le devoir. Il est incontestable que le devoir se pré-

---

(1) *Prima et maxima peccantium pœna est peccasse. Fatendum est mala facinora conscientiâ flagellari et plurimun illic tormentorum esse eo quod perpetua illam sollicitudo urget et verberat.* Sén., Ép., p. 99.

(2)   *Pœna autem multo sævior illis*
  Quas invenit Rhadamantus,
  Nocte edieque suum gestare in pectore testem.
          Juvén., sat. XIII.

sente à nous avec un caractère tout différent. Nous sommes parfaitement en mesure de distinguer entre lui et l'utile, car, dans notre condition actuelle, des questions d'utilité et des questions de devoir se posent constamment devant nous et nous les tranchons d'une façon toute différente. Nous les confondons si peu qu'il y a fréquemment conflit entre le devoir et l'utile et qu'il s'agit pour nous de savoir chaque fois lequel l'emportera. Donc il n'est pas exact de prétendre que le devoir soit une transformation de l'utile puisqu'ils coexistent et peuvent se heurter. Le devoir est quelque chose d'autre, de différent, et nous disons nettement de supérieur. Or, comme nous l'avons déjà plus d'une fois répété, il n'est pas donné à l'évolution de produire du nouveau ; elle manifeste ce qui préexistait, elle ne l'enrichit pas à elle toute seule. Ou bien l'élément nouveau a été ajouté, ou bien il existait à l'état virtuel, et ce n'est pas à l'évolution que nous pouvons le rapporter. Cela est vrai du devoir comme de l'apparition de la vie ou de la production de l'esprit dans la chaîne de l'existence. Or le moi humain a conscience de ces deux choses distinctes, l'utile et le devoir et pour les confondre il faut faire violence à la réalité. Nous devons d'ailleurs reconnaître que l'expérience actuelle est bien loin de nous montrer dans les faits l'obligation et l'utilité constamment d'accord. A ne juger les choses que par ce qui se passe sous nos yeux, elles nous font assister à une longue bataille entre les intérêts immédiats et l'obligation morale, bataille qui semble fréquemment douteuse, et où les défaites sont fréquentes. Je sais bien que si l'observation prend du champ en quelque sorte et embrasse de vastes périodes historiques, elle nous montre la justice et le bien l'emportant en définitive, mais ce n'est pourtant que partiellement et au prix de sacrifices douloureux et innombrables qui n'ont pas trouvé leur compensation sur cette terre. Et puis ne savons-nous pas que la bataille recommencera le lendemain avec ses péripéties ? Le présent qui nous fournit les expériences les plus immédiates, celles qui agissent le plus sur notre sens intime, n'a jamais concilié parfaitement l'utilité et la justice ; souvent même devant l'insolence de tant de triomphes et de succès immérités, nous éprouvons des perplexités qui ont arraché presque des blasphèmes au juste frémissant, sans parler de cette résignation misérable qui est de mode aujourd'hui à ce qu'on appelle l'ironie des choses et la duperie de l'existence. La morale du devoir n'est donc pas le résultat de l'expérience ; si elle nétait pas intuitive, elle ne serait pas. Les sens ne donnent que leur philosophie propre — je veux dire le matérialisme pur et sa morale utilitaire.

Stuart Mill et Herbert Spencer, pour suppléer à l'impératif catégorique, invoquent l'influence du milieu social qui établit l'harmonie entre notre intérêt particulier et l'intérêt général, mais ce milieu social est lui-même un résultat de cette harmonie ; il n'a pu se former qu'après que celle-ci s'est manifestée et coordonnée. Nous sommes en plein cercle vicieux.

Si nous interrogeons notre sens intime sur le caractère de l'obligation, nous reconnaîtrons que celle-ci est bien vraiment un commandement, un impératif, qu'elle emporte la conviction absolue qu'il y a quelque chose comme le mal et quelque chose comme le bien. Sans doute, l'ignorance et l'erreur influent sur nos jugements moraux pour les fausser dans l'application, mais ce qui subsiste, c'est le principe de distinction entre les actions bonnes et les actions mauvaises, la pleine persuasion que ce principe de distinction ne tient pas aux variabilités des milieux et des temps ou des circonstances. Or, rien n'est plus opposé que cette notion de l'impératif résultant du simple mot de devoir à l'idée évolutioniste de la conduite, laquelle ne serait qu'un rapport établi entre l'être et son milieu, une simple adaptation. L'idée d'adaptation ne saurait se confondre avec celle d'obligation. La première nous donne une sorte d'échelle mobile, la seconde une règle, une loi. Pour Herbert Spencer on peut parler de la conduite de nos organes et de nos fonctions, de la conduite d'un astre, de celle d'un végétal ou d'un animal, parce que, à tous les degrés de l'existence, il y a adaptation entre l'être et son milieu. La conduite de l'homme est soumise aux mêmes conditions. Si la morale d'aujourd'hui consiste à entrer dans cette admirable coordination des intérêts particuliers d'une société aussi compliquée que l'est la civilisation moderne, nous ne pouvons oublier que celle d'hier autorisait la violence et la ruse; demain la ligne de conduite toujours flexible pourra changer. Il y a, dans cette notion de la morale, une confusion complète entre les variabilités de l'application du principe moral qui dépendent des fluctuations de l'intelligence et ce principe pris en lui-même. On a pu en déduire des conséquences fausses, mais il n'y a pas eu une époque où il ne se soit présenté comme une obligation qui commandait ce qu'on prenait pour le bien, et interdisait ce qu'on regardait comme le mal. Si l'on allait au fond des choses, on verrait que, même aux époques les plus barbares, le devoir se distinguait de l'égoïsme pur et qu'il impliquait une certaine manière d'être juste et de se dévouer.

Quoi qu'il en soit, il n'en demeure pas moins que la morale de l'adaptation ou de la simple conduite heurte le sens intime de la manière la plus choquante. Cela est si vrai que constamment le devoir nous commande de rompre avec notre milieu social, de le dépasser, de le contredire. Les plus grandes choses ont été de sublimes anticipations et voilà pourquoi les initiateurs sont le plus souvent des victimes. Ni Socrate, ni le Christ ne s'adaptaient à leur milieu social en ouvrant la vie du progrès moral. Aussi le premier a-t-il bu la ciguë et le second a-t-il été crucifié.

Ce qui renverse, selon nous, toute la théorie d'Herbert Spencer sur la conduite, adaptation constante des êtres à leur milieu, en tant qu'il l'applique à l'humanité, c'est que celle-ci ne se tient jamais d'une manière fixe au point de l'évolution correspondant à son développement intellectuel. Si l'évolutionisme avait raison, si l'homme se développait dans son état moral et physique conformément au principe de la permanence et de la transformation de la force, chaque degré d'évolution serait atteint pour toujours; il n'y aurait pas de recul possible, car le progrès s'étant produit fatalement sous l'action des lois qui règlent la mécanique universelle et grâce auxquelles son cerveau, s'est aussi bien modifié que son esprit — l'esprit n'étant après tout que le fonctionnement de l'organe cérébral — on ne conçoit pas pourquoi la génération ou le peuple qui dans sa généralité a gravi un échelon de l'évolution, n'y demeurerait pas invariablement jusqu'au jour où il lui faudrait en franchir un second. L'adaptation s'est faite toute seule, les agents humains n'ont été que ses instruments passifs. Comment se fait-il alors qu'ils reviennent sans cesse en arrière, que leur conduite soit constamment en contradiction avec leur milieu social? Aujourd'hui, ce milieu social, conformément à la loi qui pousse l'homogène à l'hétérogène et l'hétérogène au défini avec ses complications, s'élève infiniment au-dessus de l'individualisme insolent ; on nous assure que nous sommes arrivés à la période de l'*altruisme* qui subordonne l'intérêt de chacun à l'intérêt de tous — et cependant nous voyons tous les jours l'intérêt individuel se redresser, s'insurger, mettre en péril la communauté sociale! D'où viennent ces chutes et ces reculs? Comment s'expliquer ce mot noblement douloureux si souvent vérifié par notre expérience : *Video meliora et pejora sequor?* Remarquons que ces chutes ne sont pas seulement le fait de quelques individus, qu'il y a des générations et des peuples qui retombent sous l'empire de l'esprit d'âpre égoïsme et de violence. Comment ne pas se rappeler ce mot plaisant, appliqué au dernier siècle à l'erreur collective d'un grand corps de l'Etat : « Qu'un cheval bronche, passe encore, mais toute une écurie! » Les alternatives de progrès et de recul si fréquentes dans l'histoire morale de l'humanité ne prouvent-elles pas avec évidence que, chez l'homme, la conduite n'est pas comme pour le minéral, le végétal ou l'animal, une simple adaptation nécessaire, fatale, mais que la liberté est en jeu chez lui ? Le déterminisme rend ces fluctuations tout à fait incompréhensibles.

Il s'oppose également à cette éducation de la conduite qu'admettent les psychologues anglais. A les croire, il serait possible d'influer sur la destinée d'un homme et d'un peuple, en fortifiant l'action de certains mobiles par l'organisation intelligente du milieu social. Nous avouons que nous ne comprenons pas en quoi l'intelligence humaine peut agir sur cet immense mécanisme dont elle est un simple rouage. Elle peut s'assouplir par le frottement à la manière des autres rouages, mais elle ne saurait rien changer à un monde soumis tout entier aux inflexibles lois du mouvement.

§ 3. — LE DÉTERMINISME ET LA LIBERTÉ (1).

Nous voilà ramenés au principe essentiel de la morale utilitaire qui est le déterminisme. S'il faut lui donner raison, la

(1) Voir à part les ouvrages déjà cités : *Le devoir*, par Jules Simon ; *La science et la conscience*, par Vacherot. Germer-Baillière, 1870. Et dans le sens contraire : *La physiologie des passions*, par Letourneau. Reinwald, 1875. Les objections du matérialisme le plus extrême contre le libre arbitre y sont résumées. Le spirituel opuscule de M. Georges Renard : *L'homme est-il libre?* (Paris, Germer-Baillière, 1881), met une pointe acérée aux mêmes objections. *La physiologie de la volonté*, par A. Herzen, traduit de l'italien par Letourneau (Germer-Baillière, 1874), s'attache à donner au déterminisme une base physiologique conformément au monisme le plus absolu, celui qui fait sortir sans sourciller la vie et l'esprit du monde organique et n'admet que le mouvement réflexe. La science et le talent de l'auteur ne rendent pas cette évolution plus compréhensible que dans les théories déjà réfutées du transformisme mécaniste.

morale de l'obligation succombe, il n'en faut plus parler. Il est temps de considérer en face cette négation de la liberté dans laquelle on veut voir le plus incontestable résultat de la science. Nous commencerons par déclarer sans détour que, s'il était vrai que la science conclut au déterminisme, il n'en demeurerait pas moins que la conscience loyalement consultée suppose et implique la liberté. Otez la liberté, il n'y a plus de devoir, plus de responsabilité, plus de jugement à porter sur nous-mêmes, plus de remords, plus rien. Or ces grandes choses sont des réalités, des faits. De quel droit les annuler et affirmer que l'autorité de l'expérience doit être acceptée dans l'ordre physique et niée dans l'ordre moral? Pour notre part notre choix est fait et avec Kant nous réduirions plutôt au phénoménisme pur tout ce qui n'est pas la conscience que de renoncer à celle-ci. Nous ne sommes pas obligés de croire à l'existence du monde tel que nous le représente la science : nous sommes au contraire placés sous la domination de la vérité morale, sous la royauté de l'impératif catégorique; il n'y en a pas de plus légitime (1). Par bonheur nous ne sommes pas réduits à cette extrémité. Tout d'abord le déterminisme ne peut être le résultat d'une induction suffisante, car nous ne connaissons pas l'universalité des choses; notre observation ne porte que sur un coin de l'univers. En outre, comme nous l'avons déjà fait remarquer, on peut admettre le principe de la permanence de la force et par la distinction de la qualité et de la quantité faire une part à une activité capable d'imprimer telle ou telle qualification à cet être abstrait qui attend sa forme pour vivre réellement, car jusque là il est à l'état de virtualité et renferme tous les possibles. Les muscles d'un meurtrier dépensent la même quantité de mouvement et de calorique que ceux d'un héros, et cependant leurs actes

---

(1) Voir Secrétan, *Le principe de la morale*. *Revue philosophique*, janvier 1882.

différent du tout au tout. S'il est vrai, comme l'a dit Aristote, que la cause formelle et finale qui élève l'être du possible au réel, en le façonnant, en lui imprimant la forme qui le caractérise, est éternellement actuelle et vivante, sous peine que tout en reste à la virtualité — car celle-ci, à elle toute seule, sans un premier moteur, ne passera jamais à la pleine réalité — le premier moteur ne saurait être identifié à la force pure, à la quantité pure; il est l'esprit, il est la pensée, il est surtout la volonté, par conséquent la liberté suprême. C'est à cette liberté essentielle et primordiale que nous reporte notre propre liberté, car l'effet ne saurait être plus grand que la cause. Sa cause lui est à la fois antérieure et supérieure et possède en plénitude ce qu'elle lui a communiqué partiellement.

Il s'ensuit que l'ordre moral statué par la conscience peut l'être aussi par la science quand elle ne s'en tient pas à l'être abstrait, informe, qui est un non-être et qui n'a pu recevoir une existence véritable et définie que de la causalité souveraine, cette énergie éternelle sans laquelle rien ne commencerait.

Ce monde une fois formé, nous dit-on, il faut qu'il soit soumis à un déterminisme absolu, car c'est la première condition de la science qui ne peut faire d'induction sérieuse, digne de confiance, qu'à ce prix. En effet si la chaîne serrée des causes et des effets pouvait se rompre sur un point, il n'y aurait plus moyen de rien inférer, puisqu'on ne peut jamais voir se dérouler d'avance tous ses anneaux. Sans insister une fois de plus sur la certitude morale imposée par l'impératif catégorique comme notre premier devoir, nous répondrons que la science doit être assez large pour admettre des sphères différentes d'observation. Elle n'a pas le droit de s'enfermer dans la sphère des faits sensibles et mécaniques laquelle, selon nous, ne se suffit pas à elle seule, puisque ni la vie ni la sensation ne s'expliquent par la mécanique pure. Sur quoi se fonderait-elle pour nier la sphère des faits moraux où se meut la liberté? Reconnaissons en outre que rien n'est moins scientifique que de repousser l'intuition comme procédé de connaissance, car pour aborder l'étude scientifique du monde il faut partir des principes premiers qui constituent la raison sous peine de ne pouvoir jamais faire une déduction et statuer une loi. Vouloir s'en tenir à l'empirisme, c'est rendre l'expérience impossible, du moins celle qui groupe les phénomènes multiples sous des lois. L'empirisme lui-même débute par des intuitions ; le fameux principe de la permanence de la force est un axiome ; il est moins certain que les autres, et c'est par cela seulement qu'il en diffère. De quel droit alors nous interdire en morale l'intuition qui dans l'obligation et la liberté nous fait saisir le premier principe, l'axiome central, grâce auquel la connaissance est possible dans ce domaine? Nous nions donc absolument qu'il y ait un conflit nécessaire entre la science et la conscience.

Nous ne nous arrêterons pas longtemps aux objections de fait qu'on a coutume d'opposer à la liberté, parce que selon nous aucune d'elles ne détruit le fait élémentaire de conscience et ne peut faire qu'il n'existe pas. Le sentiment de l'obligation demeure une certitude immédiate et l'homme et la société agissent en conséquence. Le monde humain s'arrêterait si ce sentiment disparaissait un jour, une heure. Les tentatives pour le décomposer et le réduire à la nécessité échouent sans exception, puisque la résultante de toutes ces parcelles d'éléments fatalistes qu'on veut retrouver en lui est précisément l'intuition du devoir, la certitude de la responsabilité. Il faut donc que l'analyse ait été mal faite et qu'on ait mis dans les parties du tout ce qui n'y était pas, puisque le tout en serait la contradiction. Et c'est bien ce qu'on a fait en réalité. Qu'on en juge! Le déterminisme invoque contre la liberté l'influence des désirs et l'action des mobiles sur nos déterminations. Parlons d'abord du désir ; celui-ci prend naissance dans la région mobile et passive de la sensibilité où se produisent les réactions du monde extérieur sur notre âme.

Le désir le plus intense, nous dit-on, est aussi le plus déterminant. Selon que le vent du désir souffle à l'est ou à l'ouest, au nord ou au sud, il fait mouvoir la girouette humaine dans la direction où il la pousse. Peu importe qu'elle s'imagine s'être dirigée elle-même... elle n'agit pas, elle est régie. Cette psychologie est fausse et superficielle. Pour ne voir dans la direction de l'activité humaine que l'influence du désir, il faut mutiler notre âme ; le désir a sans doute une action très réelle comme impulsion, mais il faut autre chose pour agir, il faut un effort, un déploiement de vouloir. Cet effort peut être dans le sens du désir, mais il peut aussi lui être contraire. Constamment il y a conflit entre la volonté et le désir ; jamais la première ne se montre plus énergique que lorsqu'elle le domine ou lui résiste. Il ne faut pas dire que dans ce cas le conflit n'est qu'entre deux désirs, et que le plus fort l'emporte, car pour justifier la thèse déterministe, le désir doit venir toujours du monde extérieur et faire appel à nos sens ou à notre sensibilité. Lui résister au nom du devoir et de l'idéal moral, c'est échapper à cette sphère inférieure de la passivité. Suivre ses désirs c'est vivre de la vie animale. Choisir entre eux, les dominer, déployer par l'effort la réalité du vouloir, c'est agir en homme (1). Il s'ensuit qu'il est faux que la liberté se résolve en désirs. Nous dirons la même chose des motifs ou des mobiles de notre activité. De ce que notre décision est éclairée, de ce qu'elle se rend compte des motifs ou des mobiles qui l'inclinent d'un certain côté, il ne s'ensuit pas du tout qu'elle soit déterminée fatalement par ces motifs et ces mobiles. La preuve en est que constamment les mêmes mobiles, dans des cas identiques, ont une action différente sur notre détermination. Un jour leur excellence nous a persuadé d'accomplir un acte raisonnable, de préférer un intérêt supérieur à une satisfaction vulgaire; un autre jour dans des circonstances parfaitement semblables,

---

(1) Voir sur ce point l'excellente discussion de M. Janet, *Psychologie*, chap. III.

ils n'ont pas eu gain de cause et nous avons penché du côté de notre nature inférieure. Il s'ensuit qu'ils ne suffisent pas à eux seuls pour déterminer notre action et que c'est la volonté qui a fait leur efficacité un jour et la leur a enlevée le lendemain (1). Il y a plus, pour bien apprécier les motifs de nos actes, il faut une détermination de la volonté, il faut qu'elle veuille sincèrement trouver le bon motif, qu'elle le cherche et, pour cela, qu'elle impose silence à la passion mauvaise qui obscurcit jusqu'à l'évidence morale. Et moi aussi je suis un sophiste, dit l'esprit du mal, le plus grand, le premier de tous. L'égoïsme est l'inventeur de la mauvaise casuistique qui est de toutes les écoles religieuses ou laïques et qui se montre si effrayamment habile à dénaturer la loi morale, à en fausser les applications. Parfois aussi, laissant tous les ménagements, il parle la langue brutale des appétits et redit la formule de tous les épicuréismes : *Mangeons et buvons, car demain nous mourrons*. On ne voit la pure lumière morale que quand on le veut bien et quiconque se plaît au mal s'enveloppe de ténèbres volontaires. Une fois la part légitime faite à la liberté, les mobiles, bien loin de lui être contraires, lui sont favorables, car plus une décision est éclairée et intelligente, plus elle échappe à la force aveugle.

N'oublions pas, d'ailleurs, que la liberté parfaitement expliquée, n'est plus la liberté; elle a son mystère, qui est au fond du moi, et c'est pour cela qu'elle est la liberté. On peut dire des motifs ce que Leibniz disait des astres : *Inclinant et non déterminant*. Nous sommes donc en droit de conclure avec Aristote : « L'homme n'est-il pas le père de ses

---

(1) MM. Renard et Herzen assimilent constamment l'acte accompli sous l'incitation des mobiles à un acte purement nécessaire, comme si la liberté devait être aveugle, comme si le mobile qui l'éclaire ne lui devait pas plus qu'il ne lui donne, c'est-à-dire la valeur déterminante, puisqu'un même mobile peut avoir des effets différents dans des circonstances identiques par suite de nos déterminations. Ils n'admettent d'autre liberté que l'action consciente, mais la conscience que j'ai de mon acte ne le rend pas libre, puisque je puis avoir conscience d'une contrainte.

actions comme il l'est de ses enfants ? C'est ce qui est confirmé par la conduite de tous les hommes et par le témoignage des législateurs. Ils punissent et châtient ceux qui commettent des actions coupables toutes les fois que ces actions ne sont pas le résultat d'une contrainte ou d'une ignorance dont l'agent n'était pas cause. Il n'est pas moins déraisonnable de prétendre que celui qui fait le mal n'a pas la volonté de devenir méchant. On ne reproche à personne une difformité naturelle, mais on blâme ceux qui ont cette difformité par un défaut d'exercice et de soin. Qui ferait des reproches à un aveugle de naissance ? Mais tout le monde adresse un juste reproche à celui qui le devient par l'habitude de l'ivresse ou de tout autre vice (1). »

Que si l'on oppose à la liberté le vaste réseau de solidarité qui nous enveloppe incontestablement, nous répondrons que nous n'avons jamais prétendu que la liberté dans l'individu fut absolue et qu'elle ne trouvât pas des limitations, soit dans son organisme, soit dans cet organisme plus vaste qui s'appelle la société. La question est de savoir si ces limitations aboutissent à la suppression de la liberté, si elles ne lui laissent pas une action suffisante pour que le principe moral soit sauvegardé et le sentiment de l'obligation maintenu. Nous reconnaissons que nous naissons avec un certain tempérament physique, certaines prédispositions intellectuelles et morales qui sont les premiers linéaments de notre caractère, que le milieu social où nous nous développons nous apporte un contingent tout formé d'idées et aussi d'influences nationales, familiales, religieuses. Ce qu'il faudrait établir, c'est que ces diverses influences qui s'exercent sur nous suffisent pour déterminer fatalement notre moi, notre vie morale. Voilà ce qu'on ne peut prouver. Tout d'abord, à moins de nier la solidarité humaine, c'est-à-dire l'humanité, nous devons reconnaître que rien n'est plus compréhensible que l'in-

(1) Aristote, *Ethique*, liv. III, 8.

fluence d'une liberté sur une autre. Or ce milieu social où nous naissons, avec ses caractères particuliers de développement religieux et intellectuel, a été formé dans le passé par de puissantes individualités qui ne l'ont modifié qu'en s'élevant au-dessus de leur propre temps. La grande différence qui existe entre les nations où s'est produite une révolution politique et religieuse féconde et celles qui sont restées embourbées dans l'ornière des traditions surannées, tient à l'apparition d'énergiques initiateurs, lesquels n'ont frayé la voie du progrès qu'en faisant un acte souverain de liberté. Nous pouvons donc dire que la fatalité d'aujourd'hui, dans la mesure où elle existe, est la liberté d'hier. Ainsi en est-il de notre tempérament moral ; celui que nous avons reçu est le produit d'une certaine direction de vie chez nos devanciers. Notre héritage en bien et en mal remonte à des actes libres. Ainsi en est-il encore de notre tempérament physique dont les éléments ont été en grande partie constitués par la manière dont nos ancêtres ont vécu, et aussi par la plus ou moins grande habileté du travail accompli par les générations antérieures pour modifier la parcelle de la planète qu'elles occupent. Quant aux influences exercées sur nous par nos compagnons d'existence, elles ne sont que des manifestations de leur vie morale. Enfin, si nos actes particuliers sont en rapport avec ces tendances générales de notre individualité que nous appelons notre caractère, reconnaissons que nous l'avons en grande partie formé peu à peu par la direction que nous avons imprimée à notre vie. Nos actes d'aujourd'hui peuvent nous sembler déterminés plus ou moins, mais le principe de détermination, c'est nous qui l'avons voulu, fortifié. Ce qui semble purement nature en nous fut autrefois liberté. Toutes ces solidarités n'arrivent pas à contraindre la volonté ; elles ne la broient pas fatalement dans leur engrenage. D'un côté le sens intime nous impute directement le mal commis par nous et fait la part de notre responsabilité ; jamais les circonstances atténuantes n'empêchent le verdict de la conscience. D'un autre côté la régénération morale, l'amendement, est un fait d'expérience, et il n'est possible que si le caractère, le tempérament et le milieu ne constituent pas une fatalité inéluctable. Il reste acquis, en outre, que les grandes initiatives morales triomphent des influences antécédentes et brisent leur cercle de fer. Nous ne nions pas après cela que la solidarité n'entraîne un partage des responsabilités qui ne les fait pas peser exclusivement sur chaque individu. Nous ne sommes pas seulement les pères de nos propres actions, mais encore de celles de nos semblables et cela dans une proportion que nous ne pouvons mesurer, car notre influence nous survit. Pensée redoutable et salutaire qui, bien loin d'affaiblir l'obligation morale, lui donne une étendue sans limites, car ce qui semble nous décharger en accusant nos devanciers nous accuse dans la mesure où nous avons fortifié le mauvais courant et répandu dans l'atmosphère ambiante des influences fâcheuses. En tout cas, aucune de ces objections n'a pu prévaloir contre la grande intuition morale, contre cet impératif catégorique qui n'entre dans aucune de nos défaites et de nos apologies intéressées (1). « Le lien qui rattache le présent au passé, dit M. Marion, dans son livre *sur la solidarité*, restreint à coup sûr la liberté individuelle, de manière à lui laisser peu de champ; mais il n'importe : pourvu qu'il ne l'étouffe pas et qu'elle subsiste, elle peut s'affranchir progressivement du détermi-

---

(1) MM. Renard et Herzen manquent gravement à la logique de leur système quand ils prétendent que nous pouvons améliorer notre conduite en améliorant les conditions générales de l'existence, ou bien en reconnaissant les lois véritables de notre organisation (Renard, p. 150. Herzen, p. 149). Jamais ils n'expliqueront comment je puis changer quelque chose à quoi que ce soit, et surtout comment, dans certains cas, je puis avoir le sentiment que je manque à ma destinée — ce que l'un et l'autre admettent. Dans le système déterministe j'accomplis ma destinée en y manquant, car ce manquement y rentre. Comment M. Herzen peut-il dire que celui-là est immoral qui agit contrairement à sa vérité particulière?

nisme une fois connu, et le subordonner tout entier et le faire servir au progrès moral (1). »

Les objections faites au nom de la statistique qui nous donne annuellement le même nombre de crimes classés de la même manière, n'ont pas la rigueur absolue d'une loi fatale. Plus la statistique opère sur des quantités considérables, plus la liberté particulière demeure possible. Nous admettons qu'étant donnée la situation morale d'une génération sur la formation de laquelle les générations antécédentes ont exercé leur part d'influence, cette situation, au nom même du principe de solidarité, produira tant qu'elle n'est pas modifiée, des effets similaires et calculables. En outre, l'abandon au mal a pour conséquence de diminuer et parfois de détruire la liberté. C'est à la liberté mauvaise qu'il faut attribuer la part de fatalisme qui est dans le monde et que révèle la statistique. « Quand on nous dit, lisons-nous dans le livre de M. Victor Egger sur la *Parole intérieure*, que la méthode statistique nous permet de prédire le nombre des assassinats, des vols, des suicides, des mariages, on veut dire simplement qu'elle les prévoit en gros et par à peu près, mais dans la vraie connaissance qualitative, rien ne se détermine en gros ou par à peu près. C'est donc une illusion de croire que, parce qu'on emploie des procédés mathématiques, on arrive à une certitude mathématique. Le chiffre est un instrument à la fois trop grossier et trop fragile pour pénétrer bien avant dans la nature si compliquée et si multiple de ces phénomènes biologiques, moraux, sociologiques. Avec sa précision apparente, il s'en tient à la surface ; car il ne peut nous donner que la quantité, et ici elle est bien peu au prix de la qualité. »

Les objections contre la liberté, fondées sur l'hérédité ont été récemment présentées avec une rare vigueur dans le livre

---

(1) Marion, *De la solidarité morale*. (Germer-Baillière, 1880, p. 295.) Ce livre mérite d'être pris en sérieuse considération.

que M. Ribot a consacré à ce sujet. Sans se prononcer explicitement sur la possibilité d'accorder l'hérédité avec la liberté, M. Ribot nous fait à chaque page pressentir sa conclusion qui tend à faire de la première « un de ces nombreux liens inflexibles par lesquels la toute puissante nature nous emprisonne dans la nécessité (1). » Il ne pouvait conclure autrement en partant du monisme transformiste tel que l'a formulé Herbert Spencer. Néanmoins l'exposé si riche, si lumineux et si loyalement impartial des faits psychologiques et physiologiques qu'il a recueillis est très loin de nous contraindre à une pareille conclusion. D'abord M. Ribot reconnaît que la loi d'hérédité n'échappe pas à de nombreuses exceptions ; elles ont beau d'après lui confirmer la règle, elles n'en empêchent pas moins celle-ci d'avoir un caractère absolu. Il admet sans hésiter qu'elle fléchit constamment dans ses applications particulières. Après avoir statué que l'hérédité est bien une loi quand il s'agit du caractère de l'espèce et de la race, il ne lui donne plus qu'une valeur relative dans son application aux caractères purement individuels (2). Il s'ensuit que, plus nous nous rapprochons de la personne morale, moins la loi d'hérédité a de fixité, ce qui revient à dire que la part de la liberté s'accroît dans la mesure où l'individualité s'accentue. Il nous suffit que l'hérédité ne soit pas une explication suffisante de la formation définitive de l'individualité pour que la liberté reste possible. Nous savons pour quels motifs cette possibilité est pour nous une réalité. Enfin, M. Ribot reconnait que la facilité de la transmission héréditaire des facultés intellectuelles est en raison inverse de leur hauteur ou de leur distinction. Quant à la part de déterminisme qui résulte de l'hérédité et qui fait que le milieu naturel, historique, national, familial agit puissamment sur notre tempérament, sur nos prédispositions, sur notre vie dans

---

(1) Ribot, *De l'Hérédité*, 2me édition. Germer-Baillière, 1882.
(2) Ouvrage cité, p. 167.

tous les sens, on a vu dans quelle large mesure nous l'acceptions. Nous ne pensons pas plus que M. Ribot que l'homme vient au monde comme une statue vierge d'impressions et qu'il a été créé tout d'une pièce ; nous admettons qu'un long passé a contribué à former chaque individu. C'est la loi même de la solidarité ; seulement nous ne devons pas oublier deux choses : d'abord, que ce passé est lui-même en grande partie le résultat de la liberté qui a créé pour une bonne part notre milieu historique ; ensuite que cette solidarité n'empêche point le jeu de la liberté individuelle sans laquelle l'histoire ne serait qu'une déduction monotone et n'aurait pas ces séries de recommencements qui hâtent le progrès. Le livre de M. Marion sur la solidarité est le complément nécessaire de celui de M. Ribot (1).

Aucune des objections que nous venons d'examiner n'est parvenue à détruire le fait de conscience. Un philosophe français éminent de la nouvelle génération qui a rompu avec les traditions de l'éclectisme, M. Alfred Fouillée, admet l'intuition morale mais simplement à l'état d'idée ou d'idéal. A ce titre elle influe d'après lui sur notre conduite, sans qu'elle possède néanmoins aucune réalité objective. Le déterminisme est le dernier mot des choses pour les raisons bien connues que M. Fouillée accepte sans les rajeunir et les étayer d'arguments nouveaux ; toutefois l'idée de liberté n'en existe pas moins et il suffit qu'elle soit en nous pour agir comme un ferment sur notre être moral. Nous avons ainsi une morale de persuasion à la place d'une morale d'obligation (2). Comment l'auteur ne voit-il pas que cette morale de persuasion ne persuadera personne du moment où il sera entendu que l'idée de liberté est une illusion et que le déterminisme seul est vrai à son point

---

(1) Ribot, p. 272.
(2) Voir *La liberté et le déterminisme*. *Revue des Deux-Mondes*, 15 mai 1881.

de vue. Quiconque évente ce secret fatal devrait être considéré comme un malfaiteur public. La conscience n'a pas désormais d'adversaire plus mortel que la science et la société humaine doit périr de cette contradiction inévitable. Que M. Fouillée veuille bien nous dire d'où vient dans notre esprit cette idée de liberté qui ne correspond à rien ? Elle apparaît tout à coup dans l'enchaînement inflexible du déterminisme, sans être appelée par ses antécédents qui lui sont tous contraires. Aussi inexplicable que la liberté elle-même, rompant tout autant la chaine des causes et des effets, elle a en outre l'inconvénient de s'appuyer sur un pur néant. C'est une ombre qui n'est projetée par aucun corps. Quant à nous, il nous paraît raisonnable, au nom du principe de causalité, de rapporter l'idée de la liberté, idée vivante, efficace, d'après M. Fouillée lui-même, à une cause qui y corresponde et qui, ne pouvant être cherchée dans le déterminisme purement naturel, doit être placée plus haut. L'éminent écrivain nous objecte qu'il est impossible de conclure la liberté de notre sens intime, d'abord parce que nous ne pouvons être instruits par lui que de ce qui se passe en nous et qu'il nous faudrait posséder la connaissance universelle pour être assurés que nous ne faisons pas partie d'un tout soumis aux lois inflexibles du déterminisme, et ensuite parce que notre volonté se montre à nous limitée, entravée, et que cette limitation lui enlève toute réalité. Cette double objection n'a rien de décisif. Peu importe que je n'aie pas la conscience de l'univers, il me suffit d'avoir l'intuition de mon être intérieur, pour savoir qu'en ce qui me concerne je suis doué de volonté, de liberté. Je ne suis qu'un roseau pensant et voulant en face de l'univers immense, mais son immensité ne m'empêche ni de penser ni de vouloir et par conséquent j'en sais assez par moi-même pour être convaincu que, au moins dans une sphère de l'univers, la liberté existe. Si ma conscience m'affirme son existence pour que je remplisse ma loi, cela suffit pour que je m'en tienne à cette certitude. Quant à la prétention d'identifier la liberté à la toute-puissance, elle n'est pas moins inacceptable. Je suis libre dans la mesure où je puis réaliser ma volonté, mais cela n'implique point que je puisse tout faire et tout vouloir. Ma conscience me révèle que je puis entrer en relation avec l'absolu mais que je ne suis pas l'absolu lui-même, que par conséquent mon pouvoir n'est pas plus illimité que moi-même. Je me sens, comme le dit admirablement M. Secretan, à la fois libre et dépendant et c'est pourquoi le sentiment de l'obligation ne se termine pas à moi, mais me reporte à un plus grand que moi, à une volonté souveraine sans laquelle il se perdrait dans l'abstraction. Je suis ainsi conduit à rattacher la morale à la métaphysique et à la religion et à établir que rien n'est plus vain que de prétendre la constituer dans une indépendance qui ne serait que l'impuissance et la chimère.

IV. — LA MORALE INDÉPENDANTE.

La morale indépendante qui, il y a quelques années, a provoqué des discussions animées, a un côté de vérité que nous acceptons. Nous reconnaissons que la certitude morale est bien mieux fondée que la certitude métaphysique et que la conscience affirme encore quand la science doute, à la condition toutefois que la raison n'ait pas sapé son propre fondement en rejetant ces premiers principes au delà desquels on ne remonte pas, car il y a un acte de foi, un acte intuitif à la base même de la raison. Le scepticisme une fois introduit dans ce domaine passe immédiatement dans le domaine moral. Nous reconnaissons néanmoins que, lors même que le principe de l'obligation a été théoriquement détruit et confondu avec la recherche du plaisir et de l'utile, il peut encore agir sur la vie par sa vertu propre ; constamment la nature humaine est sauvée par l'inconséquence. Néanmoins cette contradiction entre la théorie et la pratique n'est pas sans péril et quand elle se produit, non plus chez les hommes d'élite à l'âme élevée et pure, mais dans le troupeau servile des imitateurs, elle finit certainement par avoir des effets funestes pour la vie sociale ou individuelle. Il n'y a pas deux manières d'être honnête homme, mais il y a diverses manières de comprendre et de définir l'idée de l'honnêteté. Il en est qui, en la dénaturant théoriquement, finissent par lui nuire pratiquement, à moins qu'on n'ose affirmer qu'Epicure a été un maître aussi efficace que Platon pour apprendre à bien vivre et à bien mourir. Quoi qu'il en soit, il n'est pas raisonnablement admissible que, pour construire la théorie de la morale, les fondations importent peu. On peut sans doute pousser jusqu'à l'absurde la connexité de la morale et de la métaphysique et soutenir que la première ne peut se passer d'un dogmatisme complet et détaillé, en oubliant que c'est précisément quand il s'agit d'un tel dogmatisme religieux et métaphysique que les ombres les plus épaisses s'étendent sur l'esprit humain. En face de tels problèmes, il ne lui est donné de voir « que comme au travers d'un miroir », selon l'expression du plus dogmaticien des apôtres du christianisme primitif. A prendre les choses sans étroitesse et sans minutie, il n'est pas douteux que nos conceptions générales qui sont toujours mêlées de métaphysique influent directement sur notre conception de la morale, sur l'étendue et la nature de nos obligations. N'est-il pas évident, par exemple, que l'évolututionisme qui n'admet que le principe de la permanence de la force aboutira à une notion morale entièrement différente du spiritualisme ? La morale de l'utile est liée à la philosophie de la sensation comme un fruit à l'arbre qui le porte. La morale du devoir procède de la croyance au monde de l'esprit et du divin comme une conséquence de son principe, lors même que cette conséquence échapperait à tel ou tel penseur. Il n'est pas possible de restreindre cette dépendance de la morale vis-à-vis de la conception générale des choses à la simple métaphysique, et de refuser toute influence à la pensée religieuse. C'est pourtant ce que tente M. Fouillée au moment même où par une discussion lumineuse il établit que, par le fait seul que la morale qui s'occupe de la fin de l'homme, de sa capacité de la réaliser et de la nature même des biens qu'il doit poursuivre, en subordonnant toujours l'inférieur au supérieur, est amenée par ces questions mêmes sur le terrain de la métaphysique (1). Après avoir reconnu qu'elle ne saurait être indépendante de la solution donnée par la philosophie à ces immenses problèmes, il la sépare entièrement de la religion qui n'est pour lui que l'illusion pure, la projection en dehors de nous des idées fondamentales de notre conscience. L'éminent écrivain ne niera pas en tout cas que la négation de la religion n'ait en morale une conséquence immédiate, qui est de supprimer tout un ordre de devoirs, ceux envers ce Dieu qui n'existe plus, comme aussi de transformer l'idée de la sanction des lois morales. Donc, acceptée ou repoussée, la religion ne saurait être indifférente à la conception morale. L'histoire nous montre à quel point l'idée religieuse a agi sur le développement de la vie de l'humanité, si bien que l'on peut dire : Tel Dieu, telle société, telle morale.

Pour saisir le lien indissoluble qui rattache la morale à la conception générale du monde, il suffit de creuser la notion même de l'obligation où nous avons vu le fait élémentaire de conscience. Cette obligation, cette loi prise en soi ne peut être considérée comme extérieure à nous, imposée par une autorité du dehors. Pour qu'elle soit fondée sur la nature des choses et revète un caractère absolu, indépendant des circonstances, il faut qu'elle soit la loi même de notre être. Aussi peut-on parfaitement la résumer dans la maxime stoïcienne : *Agis conformément à ta nature*. En d'autres termes : Sois ce que tu es, ce que tu dois être. Pour l'homme, réaliser son idée ou sa vraie nature, c'est réaliser son idéal. Or

---

(1) *Revue des Deux-Mondes*, 1ᵉʳ sept. 1881.

l'homme n'est pas un être isolé, il dépend d'un tout, et, dans ce tout, de la grande famille qui s'appelle l'humanité. « Nous formulons, dit très bien M. Charles Secrétan, la donnée expérimentale de la morale en disant : Je me reconnais comme élément libre d'un tout ; donc je dois me conduire comme élément libre d'un tout, ou autrement, je dois chercher la réalisation complète, la vérité, le bien du tout. Je dois chercher ma réalisation, ma vérité, mon bien propre, dans la réalisation, dans la vérité du tout » (1). C'est ainsi que *l'altruisme* est contenu dans l'impératif catégorique, au lieu de nous arriver par la voie sinueuse des expériences utilitaires toujours contestables.

L'*altruisme* dont nous parlons actuellement n'a aucune analogie avec celui du transformisme qui est en rapport direct avec ses principes généraux. Il n'est pas vrai qu'il se confonde par les résultats pratiques avec le principe de justice et d'amour qui fait l'honneur de la morale de l'obligation. Il ne peut après tout se séparer de la grande loi de sélection qui attribue le progrès à la survivance des plus forts dans la lutte pour l'existence. Cette dure conséquence a été tirée de cette loi par M. Herbert Spencer qui n'hésite pas à blâmer une charité trop active pour les non-valeurs sociales, du moins quand elle prend une forme collective; il va même jusqu'à marquer une certaine antipathie pour une diffusion trop générale de l'instruction. « Ceux, dit-il, qui entreprennent de protéger les incapables pris en masse, font un mal incontestable ; ils arrêtent ce travail d'élimination naturelle par lequel la société s'épure constamment elle-même (2). Hœckel, avec sa franchise ordinaire, soutient la même thèse. « La théorie de la descendance, dit-il, établit que, dans les sociétés humaines comme dans les sociétés

---

(1) *Revue philosophique*, janvier 1832.
(2) Herbert Spencer, *Introduction à la science sociale*, p. 378 et suiv. Paris, Germer-Baillière, 1874.

animales, ni les droits, ni les devoirs, ni les biens, ni les jouissances de tous les membres associés ne seront et ne peuvent jamais être égaux (1). » Voilà ce qu'il y a au fond de l'*altruisme* transformiste. La morale y est absolument dépendante des principes philosophiques de l'école.

Considérons maintenant le véritable *altruisme*. Comme nous l'avons dit, il y a dans ce *Tout* dont nous faisons partie une portion qui nous touche de près, qui est la chair de notre chair, les os de nos os, c'est l'humanité. Nous constatons dans chacun de ses fils le même fait de conscience qui est en nous. Ils sont tenus aux mêmes obligations, aux mêmes devoirs. De là la grandeur de la personne humaine en elle-même, le respect que nous lui devons, l'obligation sacrée de tout faire pour qu'elle puisse accomplir sa loi sans contrainte et par conséquent la protection scrupuleuse de sa liberté. Nous accomplissons ainsi le devoir de justice qui revêtant un caractère positif, s'élève au-dessus d'une notion purement négative comme celle d'une simple réparation des torts. Il n'y a pas seulement juxtaposition des personnes humaines, il y a entre elles solidarité étroite ; elles ne peuvent se passer les unes des autres, elles doivent s'aider, se secourir. Agir comme faisant partie du tout humain, c'est accomplir le devoir de fraternité et de charité et non seulement de justice. Enfin l'homme au fond du moi a découvert un plus grand que le moi ; il l'a aussi pressenti au travers de ce monde si harmoniquement organisé où les perfections divines se voient comme à l'œil. Partie du Tout, il dépend lui aussi du principe même du Tout, de la cause intelligente et libre qui est le Bien absolu et qui ne saurait avoir un autre caractère, une fois le fait de conscience élémentaire accepté, car si l'homme a la notion du bien, celui dont il émane ne peut être que le bien dans sa plénitude, ou il faut renoncer à l'axiome de causa-

---

(1) Hæckel, *Les preuves du transformisme,* réponse à Virchow. Traduct. Jules Soury, chap. VI, p. 110 et suiv.

lité. Chercher la réalisation complète, la vérité, le bien du Tout, c'est donc rattacher le Tout à son principe, s'y rattacher soi-même, en se regardant comme son agent libre appelé à travailler au bien universel, en commençant par la sphère d'action la plus rapprochée, je veux dire l'humanité (1).

Il serait facile, je crois, d'établir que cette analyse de l'obligation morale répond à ses manifestations les plus diverses même quand elles sont enveloppées de superstitions grossières. On le voit, nous dépassons le postulat moral du kantisme soit sous sa forme primitive, soit dans l'école criticiste française. On a reproché à celle-ci, non sans raison, d'être trop formelle, de manquer de contenu. Il ne pouvait en être autrement une fois que le monde de la réalité immédiate était réduit au phénoménisme pur. On sait jusqu'où est allée dans cette voie l'école de M. Renouvier, puisqu'elle n'admet pas même comme Kant l'existence de l'être en soi, du *noumène*, au-delà des apparences que nous ne dépassons pas. Désormais la morale n'est pas seulement le sublime parti pris de la raison pratique, et comme son coup d'état elle ne saurait franchir les limites de la conscience sans inconséquence ; dès lors le devoir reste nécessairement abstrait, il ne dépasse pas le seul phénomène dont nous soyons certains, c'est-à-dire notre propre personne que nous retrouvons chez les autres hommes. Nous comprenons très bien comment le phénoménisme de M. Renouvier l'empêche de faire rentrer dans l'obligation morale une autre notion que celle de justice, car avec la justice telle qu'il la comprend nous ne sortons pas du phénomène humain, puisque c'est nous-même que nous faisons respecter par autrui en respectant notre prochain. Il y a réciprocité et non fraternité. La pensée de l'éminent philosophe ressort clairement de ces mots : « C'est en généralisant la personne de l'agent que nous arrivons à la règle générale et universelle du juste. Nous commençons par cher-

(1) Charles Secrétan, *Revue philosophique*, janvier 1882.

cher pour nous même la règle de nos actes et puis nous généralisons la personne de l'agent (1). » C'est en cela que consiste la justice — justice après tout négative, car dès qu'elle dépasse le froid respect du droit d'autrui, qu'elle comprend ce qu'implique la loi de solidarité entre les membres de l'humanité appelés à concourir à leur plein développement réciproque, elle devient de l'amour. La justice se consomme dans la charité ; tant qu'elle reste en dessous, elle n'est pas tout à fait la justice (2).

Le phénoménisme qui n'admet pas la réalité de l'objet en dehors du sujet ne peut sortir de sa monade subjective, du moins métaphysiquement. Il se corrige lui-même par ses généreux postulats, mais au point de vue strict de son principe philosophique il ne peut sortir du moi et sa morale se réduit à la généralisation de la personne. Pour faire rentrer la fraternité dans l'obligation, il faut admettre la réalité du Tout dont on fait partie et dont on doit poursuivre le bien. Pour que la charité ait un fondement solide, il faut que j'admette la réalité objective de ce qui n'est pas moi, la réalité du Tout impliquant celle de l'humanité ; alors la morale cesse d'être formelle, elle est positive comme le monde, réelle comme Dieu.

Nous avons essayé, dans une autre partie de ce livre, d'établir comment on peut concevoir l'objectivité du monde sans renier la généreuse réaction du criticisme contre le fatalisme métaphysique, en faisant de la liberté l'axe et comme le principe de l'univers. Nous savons bien que le criticisme multiplie les postulats qui ne sont au fond que des actes de volonté pour ne pas laisser la morale en l'air. Par ces postulats qui vont jusqu'à statuer Dieu et l'immortalité, le criticisme nous conduit, comme le dit M. Fouillée, jusque sur le seuil du

---

(1) Renouvier, *Science de la morale,* vol. Ier, p. 139.
(2) Fouillée, *Article sur le néo-criticisme et la morale de Kant. Revue philosophique,* 1881. Voir surtout les articles déjà cités de M. Charles Secrétan dans le même recueil.

sanctuaire. Nous pensons, quant à nous, qu'on peut non seulement en approcher mais y entrer en demeurant fidèles au principe de la certitude. Cette cause agissante et libre que le plus simple exercice de notre vouloir nous a montrée à l'œuvre non seulement en nous mais en dehors de nous, nous l'avons reportée dans l'absolu par un anthropomorphisme qui n'est que la conséquence naturelle du principe de causalité, lequel ne permet pas que l'homme soit plus grand que son auteur. Il ne peut non plus être meilleur; aussi sa notion du bien telle qu'elle résulte de l'obligation morale, l'idée du bien librement voulu qui se réalise par la justice et la bonté, ne peut venir que de l'absolu où elle trouve son type suprême. Cet absolu d'ailleurs est le principe même et la source incessante de vie pour ce *Tout* dont nous faisons partie et très particulièrement pour l'humanité dont nous sommes membres. Voilà pourquoi nos devoirs envers lui ne font qu'un avec nos devoirs envers l'humanité. Il a fait lui-même un seul et même commandement de l'amour que nous lui devons et de l'amour pour nos frères. Nous l'aimons en les aimant. C'est le principe fondamental de toute religion qui n'est pas une dévotion mercenaire. Ainsi s'unissent étroitement dans la conscience l'idée morale et l'idée religieuse. Cette union va ressortir non moins évidente de la notion de la sanction.

V. — DE LA SANCTION.

Le sens moral, par où nous entendons toujours l'intuition fondamentale de la conscience, ne nous fait pas seulement entendre l'impératif catégorique, il ne nous inflige pas seulement l'intolérable souffrance du remords, après le mal commis, il nous fait pressentir le châtiment. Nous ne croyons pas seulement à la loi morale mais à sa sanction; s'il y a un sentiment universel, c'est celui d'une justice rétributive qui attache la peine à la faute et le bonheur au bien. C'est ici que nous attendent les utilitaires pour prétendre que toute notre morale de l'obligation finit par se confondre avec leurs théories et que le devoir aboutit à l'utile. Nous avons trouvé une meilleure banque dont les échéances, pour être plus lointaines, nous paraissent plus sûres et où nous pouvons placer à plus gros intérêt, puisque nous devons recueillir une félicité éternelle en échange de privations aussi courtes que la vie. C'est bien l'objection dernière que l'utilitarisme nous oppose.

Nous lui ferons remarquer d'abord qu'il n'est pas fondé à prétendre que parce que le monde est organisé de façon à ne pas donner raison au mal, le devoir et l'intérêt soient une seule et même chose. Les motifs de nos actions n'en diffèrent pas moins du tout au tout selon que nous agissons par devoir ou par intérêt. Dans le premier cas nous obéissons à une loi, nous nous sentons obligés. Dans le second cas nous calculons. Dans le premier le principe est l'essentiel, dans le second nous ne regardons qu'aux conséquences. Cela est si vrai que dès que le point de vue du résultat immédiat l'emporte en nous, nous mettons de côté l'obligation sans hésitation, sans remords, du moins sans que nos remords aient la moindre raison d'être. Ainsi il existe une différence essentielle dans les mobiles. En second lieu la sanction de la loi morale n'est pas le plaisir, la plus grande somme de plaisir, mais le bonheur. Or le bonheur dans sa haute acception, c'est le plein accomplissement de notre destinée, c'est donc la réalisation de notre idéal, c'est la perfection, la sainteté pour tout dire, car toute joie où l'égoïsme domine est flétrie ; le ver rongeur est dans le fruit. Il n'y a vraiment bonheur que quand le moi est sorti de lui-même et s'est élevé au désintéressement. Cela est vrai de toutes les jouissances, de l'art, de la science, des affections elles-mêmes qui sont précaires et troublées tant qu'elles n'ont pas dépassé la sphère orageuse de la passion, toujours égoïste au fond. « Vivre pour l'humanité qui vit de Dieu, dit M. Charles Secrétan, vivre de Dieu soi-même et vivre en Dieu, réaliser par sa pensée et son activité, par la prière, la communication entre le monde et Dieu, voilà le bonheur (1). » La meilleure récompense du devoir accompli, c'est son accomplissement absolu, devenu une seconde nature pour nous ; le salaire de l'amour c'est d'aimer parfaitement. C'est ainsi que la liberté trouve sa consommation, car si elle doit débuter par la période du libre arbitre, elle n'est pas destinée à demeurer dans une perpétuelle indécision. A son degré supérieur où elle s'achève, elle devient l'acceptation de la vraie loi de notre être qui est le bien conforme à l'idéal divin.

Le bien ne s'arrête jamais à l'individu, il ne s'accomplit tout à fait que dans sa réalisation sociale et largement humaine. Il n'y a pas de bonheur dans l'isolement égoïste, car rien n'est plus contraire à la loi de notre nature, en tant que nous sommes les fils de l'humanité. La vraie félicité est dans la communauté du bien et sa première condition est le dévouement actif qui travaille à la réaliser. Si on fait le bien autrement, on ne le fait pas vraiment, on n'est qu'un mercenaire. Le mahométan qui rêve de houris et de festins éternels dans la vie future n'est qu'un grossier utilitaire ; le prétendu chrétien qui n'a d'autre motif pour éviter le mal que le feu de l'enfer ne vaut pas mieux. La peur de la peine n'est que la contre-partie de la recherche du plaisir. L'épicuréisme se retrouve sous la robe du pharisien, comme sous le cilice du fakir, au fond de toutes les dévotions intéressées qui veulent acheter le ciel et dans le ciel une félicité distincte de la sainteté. Après cela nous reconnaissons que, à moins de nier toute finalité morale dans le monde, nous devons admettre qu'il a été organisé de telle sorte qu'il ne donne pas définitivement raison au mal qui viole la première, la plus haute de ses lois. Le bien doit aboutir au bonheur com-

---

(1) Charles Secrétan, *Discours laïques*, p. 269. Paris, Fischbacher, 1877

plet, non seulement par la satisfaction du cœur, mais aussi par le rétablissement de l'harmonie entre les conditions intérieures et les conditions extérieures de l'existence. Il faut dire avec Proudhon que Dieu c'est le mal, si le mal a le dernier mot. Il n'aurait le dernier mot que s'il avait le premier. Mais dire que Dieu c'est le mal, c'est dire qu'il n'existe pas, qu'il n'y a pas de cause intelligente et libre à la vie universelle, et que celle-ci n'est qu'un chaos, où l'ordre s'est fait par hasard. Nous avons dit suffisamment pourquoi nous repoussons cette solution. Si Dieu existe, s'il a poursuivi un dessein dans l'organisation du monde, si les forces morales sont les fins par excellence, le bien doit aboutir, je ne dis pas au plaisir, mais au bonheur, lequel du reste est inséparable de l'accomplissement parfait de la loi ; l'obligation morale se retrouve donc à la fin comme au commencement du développement de la vie supérieure. Seulement la distance peut être longue entre le point de départ et le point d'arrivée. Constamment, dans les conditions actuelles d'existence, le conflit éclate entre le devoir et l'intérêt ; le chemin du premier est un chemin de larmes, de sang, de déceptions, de défaite, d'immolation. Le mal célèbre incessamment d'infâmes triomphes et, selon le mot de l'Écriture, il arrive souvent que le juste meure par l'effet même de sa justice et que personne n'y fasse attention. La gloire va fréquemment du côté des félicités coupables. Il ne peut en être autrement dans un monde où le mal abonde. Sans doute quand la pensée domine les siècles, elle reconnaît que, même de ce côté de la tombe, les grandes déviations morales finissent par le châtiment, au moins pour les sociétés humaines. Pourtant la rétribution n'est jamais complète. Aussi Kant a-t-il été l'interprète de la conscience quand il a statué la vie future comme un postulat sans lequel la loi morale n'aurait pas de sanction suffisante. « Il serait insensé, dit M. Janet, que l'homme fût obligé par la loi morale à la justice et qu'il n'y eût point de justice par rapport à lui. »

Le bonheur, dans le sens élevé où nous l'avons pris est le

rétablissement de l'ordre moral; le châtiment le rétablit à sa façon, d'autant plus qu'il n'est jamais une simple pénalité, mais qu'il tend toujours à l'amendement du coupable, car du jour où il perdrait ce caractère il ne serait plus moral. Supposer qu'il y ait une phase dans la vie à venir où il ne soit plus qu'une peine, fût-ce pour le plus pervers des êtres, c'est faire injure à Dieu. Ainsi le châtiment lui-même poursuit une fin morale et le véritable rétablissement de l'ordre qui est le triomphe du bien.

Cette morale est ancienne, nous en convenons. Aussi inspire-t-elle un grand dédain au pessimisme, quoiqu'il ne soit guère plus jeune, puisqu'il n'a fait que renouveler l'antique bouddhisme. A l'en croire lui seul écarterait l'utilitarisme, et fonderait vraiment la morale du désintéressement. Il nous faut encore, avant de conclure, examiner cette prétention. Pour la métaphysique du pessimisme nous nous en référons à l'exposition que nous avons faite. On sait que pour Schopenhauer poussant à outrance le criticisme de Kant, le principe des choses ne peut être atteint par l'intelligence qui est enfermée dans les liens d'une irrémédiable subjectivité mais seulement par la conscience (1). Celle-ci n'y voit qu'une volonté impersonnelle, sans aucun contact avec l'intelligence. On se demande ce que cette volonté transcendante peut bien vouloir puisqu'elle ne peut faire aucun choix entre des possibles qu'elle ne connaît pas, et qu'elle se borne à vouloir vivre. Ce vouloir obscur et sourd est la source cachée de toutes nos douleurs. Il n'y a pas eu d'autre acte de liberté que cet acte intemporel. En ce qui nous concerne nous en procédons mais sans le renouveler à aucun degré, car notre caractère est absolument déterminé. Il nous domine et nous contraint à tous nos actes. *Velle non discitur.* On n'apprend jamais à vouloir, puisque la volonté

---

(1) Schopenhauer, *Le fondement de la morale*, traduit de l'allemand par M. Bourdeau. Germer-Baillière, 1879. Voir la belle discussion de M. Fouillée sur *la Morale de Schopenhauer et de Hartmann. Revue des Deux-Mondes*, 15 mars 1881.

se distingue toujours de l'intelligence et lui est antérieure. Nous en savons assez pour conclure que la prétendue base métaphysique donnée par Schopenhauer à la morale ne peut la soutenir et que les principes premiers de son système la rendent impossible. M. de Hartmann ne lui donnne pas un fondement plus solide. Pour lui le monde est un pur acte de démence de l'Inconscient, la volonté ayant fait le monde à l'insu de la raison inconsciente et ayant inauguré ainsi le supplice de ce Dieu stupide pour lequel l'existence est une douleur. Ainsi le vouloir essentiel, le vouloir intemporel est aveugle, sans une lueur de raison, même inconsciente. Ce n'est que dans les conditions actuelles de l'existence qu'il s'unit à la conscience, laquelle est née tout à fait accidentellement à la suite du développement physiologique du cerveau. Ce vouloir devenu conscient doit reconnaître le malheur incurable, la folie de l'existence et tendre à la supprimer. C'est en cela que consiste l'obligation morale. Mais n'oublions pas que toute cette sphère de la vie consciente appartient à un monde transitoire et purement phénoménal qui n'est qu'un fugitif éclair dans une nuit éternelle, l'apparition d'une vague éphémère sur l'océan du grand *Tout* inconscient. En définitive le devoir doit amener un état de choses où tout devoir aura disparu.

Si nous considérons maintenant en quoi consiste ce devoir si mal fondé par Schopenhauer et Hartmann, nous reconnaîtrons que le caractère de désintéressement qu'ils lui attribuent est une pure apparence. Schopenhauer réduit toute la morale à la pitié, puisque la vie en soi est un malheur. Mais cette pitié n'est qu'un leurre, car effaçant entièrement toute distinction entre les êtres, il n'y a plus de dualité réelle dans le monde. « Avoir pitié de mon frère, dit-il, c'est avoir pitié de moi, car lui c'est moi absolument, et lui et moi nous pouvons nous dire, selon le vieux proverbe indien, devant chaque objet perçu par moi : « *Tu es cela!* » Donc la morale se termine en définitive à moi-même et je ne vois pas pourquoi la pitié bien ordonnée ne commencerait pas et ne finirait pas par ma personne. Il en résulte que cette morale de désintéressement n'est plus qu'un colossal égoïsme. Hartmann y met moins de façon. L'existence étant le mal par excellence, nous devons viser à l'anéantir. « L'homme, dit Hartmann, doit devenir le grand prêtre, le grand sacrificateur du pessimisme. L'existence réelle est tout ensemble l'incarnation et la passion de la divinité du Dieu fait chair et en même temps la voie qui mène à la libération du crucifié. La moralité consiste à travailler à l'abréviation du supplice ; l'idéal à poursuivre en revient à ce que l'homme concentre en lui la somme d'énergie nécessaire au grand suicide. »

Au point de vue de ce pessimisme absolu, la pitié recommandée par Schopenhauer est une inconséquence, surtout si elle devient secourable, car en rendant la vie supportable, en améliorant les conditions économiques, elle diminue la somme des malheurs sentis et retarde la grande et universelle délivrance. Aussi rien n'est-il plus dur et plus implacable que la morale sociale de Hartmann ; il n'admet qu'un progrès, celui qui facilite l'unification de l'humanité pour arriver plus vite au suicide final. Il n'en reste pas moins des privilégiés. Leur demande-t-on de s'immoler pour délivrer l'humanité ? Non, ils n'ont qu'à travailler à l'unification de la race, car le suicide ne doit pas s'éparpiller. Aussi les voit-on se marier, jouer à la bourse, faire la meilleure figure possible dans ce monde, en attendant que la comédie finisse et que la nuit de l'Inconscient enveloppe de ses voiles tout ce qui a vécu et l'endorme dans l'éternel silence. Rien ne garantit toutefois que l'*Un Tout* ne soit pris d'un nouvel accès de démence et ne commette une de ces sottises qui s'appellent un monde. Il n'en demeure pas moins que l'Inconscient dont nous sommes les marionnettes remplit toute la scène de l'histoire. Il ne poursuit en nous qu'une fin toute égoïste puisque son bonheur est de ne plus être, et ce désintéressement absolu n'est que l'infini de l'égoisme. M. Fouillée l'a très bien dit, le pessimisme n'est pas autre chose que l'épicuréisme retourné et encore finit-il par montrer le bon endroit, c'est-à-dire la recherche du plaisir. En attendant l'anéantissement final, on peut semer de quelques fleurs ce sombre chemin qui va s'effondrer si tôt dans l'abîme. Le pessimisme s'en va donc rejoindre l'utilitarisme. D'un autre côté l'utilitarisme rejoint à son tour le pessimisme dans le néant où l'âme doit disparaître. Nous avons vu en effet Herbert Spencer soumettre la vie sociale et humaine à ce grand rythme du mouvement qui veut qu'à la période d'intégration succède celle de dissociation. Notre univers doit finir dans une destruction universelle d'où sortiront de nouvelles combinaisons de la force. Ainsi la morale de l'utilité aboutit, elle aussi, à l'anéantissement, révélant par là l'insoluble contradiction qui est en elle. L'utilitarisme qui supprime la loi morale ne reconnaît nulle part la causalité intelligente et libre. Tout part du chaos et y retourne ; pour n'avoir voulu et cherché que l'utile il le perd et ainsi se trouve justifié le mot de l'Évangile : *Celui qui cherche sa vie la perd ; celui qui la perd la retrouve.* Au contraire, la morale de l'obligation nous reporte au principe même de l'obligation qui est le bien absolu. Le bien absolu est aussi la souveraine sagesse et la souveraine puissance. Il sait ordonner les choses en vue du progrès et non du néant. Voilà pourquoi le devoir n'est pas vain ; il est accompagné de pouvoir, il s'associe à la puissance infinie et il apporte chaque jour une pierre destinée à ne pas périr à un édifice indestructible qui va s'agrandissant et s'améliorant. A cette condition seulement la morale cesse d'être une duperie ou un jeu puéril. On conçoit que l'on sacrifie l'intérêt particulier à l'intérêt général, s'il y a vraiment un intérêt général, un intérêt humain, mais si humanité, société, vie morale, vie physique — tout est destiné à s'évanouir comme une ombre qui a ridé à peine la morne immensité, alors à quoi bon cette subordination? l'*altruisme* n'a plus de sens. Au reste il n'aurait pas davantage de portée morale, même sans l'issue fatale qui nous est prédite, une fois que nous en sommes réduits au déterminisme pur.

Concluons en disant qu'en dehors de la morale de l'obligation, il n'y a plus de morale, il n'y a plus de loi pour nous commander, plus de règle du bien, plus de critère, car le plaisir n'est appréciable que par sa quantité — la qualité relevant de plus haut — il n'y a plus de juge intérieur qui apprécie l'action en elle-même et pas seulement dans ses résultats.. La responsabilité se voit enveloppée dans le même naufrage que la liberté. Toute sanction a disparu dans ce monde et dans l'autre. L'existence est une tragi-comédie ou pour mieux dire une comédie-tragédie, car elle va de l'agréable et de l'utile à l'effondrement universel, perspective qui n'a rien de moralisant et qui pourrait induire le vulgaire à faire de la comédie un carnaval. La morale utilitaire en soi est l'immoralité même ; il ne se peut pas qu'elle ne la déchaîne dans la société, une fois qu'elle aura suffisamment saturé l'air ambiant. Nous ne pouvons dire autrement. A tous ces sophismes nous ne cesserons d'opposer l'intuition morale, le fait de conscience primitif, la foi au devoir qui est le premier devoir, et nous le ferons au nom d'un acte de volonté formel. Nous le déclarons sans détour, nous nous refusons le droit de discuter l'obligation, nous voulons nous y soumettre. Nous confessons ce parti pris qui est la démarche la plus importante de la vie intellectuelle et morale. « Il n'y a pas d'hypothèse, dit M. Vacherot, si ingénieuse qu'elle soit, qui ne tombe devant un fait de conscience tel que le sentiment de notre causalité libre (1). » Cette obligation, nous ne la séparons pas de son principe ; elle n'est pas simplement la voix de notre être intérieur, un instinct supérieur, car elle nous ordonne sans cesse ce que nous ne voudrions pas et elle le fait avec une autorité qui nous domine tout entier en nous révélant un idéal que nous ne réalisons pas. Elle vient donc de plus haut ; elle vient de

---

(1) Vacherot, *La science et la conscience*, p. 40.

Dieu même. Nous ne séparons pas le sentiment du devoir de celui du divin. Nous sommes ainsi amenés à considérer de plus près la relation entre la morale et la religion, en nous demandant si l'une et l'autre n'auraient pas la même origine.

CHAPITRE II

LE SENTIMENT DE L'IDÉAL — L'ART.

Penser, vouloir, sentir, c'est tout l'homme au point de vue psychologique. Le sentiment n'est pas autre chose que cette attraction qui nous pousse à chercher le bien quel qu'il soit qui répond à notre nature. La pensée le contemple sous forme de vérité, la volonté accomplit l'effort nécessaire pour l'atteindre, le sentiment nous excite à le poursuivre, allume le désir et transforme le motif en mobile. Sans doute l'élément principal dans le sentiment est toujours l'affection; car nous aimons ce que nous désirons. La répulsion qui est la contre-partie de l'amour n'est qu'une affection à rebours, mais appartient au même ordre psychologique. Le sentiment se mêle à toute notre vie supérieure; grâce à lui nous ne nous contentons pas de constater les phénomènes à mesure qu'ils se présentent à nous, mais nous cherchons encore à les connaître, et nous éprouvons une véritable soif de savoir. C'est lui qui, sans l'écraser, stimule le vouloir; il en reçoit du reste plus encore qu'il ne lui donne, car c'est la volonté qui relève le sentiment, l'ennoblit, le soustrait à la passion et lui confère un caractère moral. A ce prix seulement nos affections s'élèvent jusqu'à l'amour vrai qui se possède en se donnant et se distingue profondément de l'instinct sexuel qu'il domine et épure sans le supprimer.

Le sentiment est, dans un sens, inférieur à la raison et à la volonté, puisque, à lui seul, il est confus, indistinct, et plus rapproché de la vie instinctive, mais dans un autre sens il les dépasse. Il renferme comme enveloppées les intuitions les plus profondes de notre être, ses aspirations les plus sublimes. C'est à la raison à les dégager, à la volonté à les réaliser progressivement, mais c'est le sentiment qui les porte en lui aussi puissantes que mystérieuses.

I. — LE SENTIMENT DE L'IDÉAL.

La plus noble de ces aspirations est celle qui tend à l'idéal, à ce qui est au delà de la réalité, au delà des satisfactions présentes, de toutes celles que la terre nous donne, et aussi de celles qu'elle peut donner. Ce dernier trait achève de marquer la ligne infranchissable entre l'homme et l'animal. Cette aspiration à l'idéal ne doit pas se confondre avec cette intuition de l'infini à laquelle la raison s'élève ni avec cette notion de la perfection qui est au fond de l'obligation morale. Elle leur est sans doute étroitement associée, mais elle s'en distingue. On pourrait en effet admettre que l'homme se contentât de ces hautes idées d'infini et de perfection telles qu'il les possède sans chercher à sortir de sa condition actuelle. Il pourrait les contempler comme deux splendides étoiles lui envoyant du fond des cieux leurs pures clartés, tandis que lui-même suivrait sa route dans ce monde, sans éprouver ce poignant tourment de l'idéal, sans rechercher partout l'au delà. Cela ne veut pas dire qu'il serait satisfait de sa destinée ; il lui en coûterait de ne pas tout savoir et il connaîtrait l'angoisse du remords après la faute accomplie, mais il se consolerait par la foi au progrès graduel dans la science et dans la pratique du bien et il n'éprouverait pas cet étrange mal du pays qui ne cesse de le consumer ici bas. L'aspiration à l'idéal n'est pas simplement le désir d'accroître la somme du savoir et du bien, c'est le sentiment profond et amer que nous n'étancherons jamais sur la terre notre soif de bonheur, de vérité, de pureté. Il n'y a pas de sentiment plus universel, plus indestructible et plus humain.

Il se manifeste dans tous les domaines de notre existence, même dans le plus inférieur, dans celui de la simple jouissance. Quand l'animal est rassasié, que tous ses sens sont repus, il éprouve une satisfaction sans mélange jusqu'à ce que l'aiguillon du besoin excite de nouveau son organisme. L'homme au contraire ne cesse jamais de s'agiter et de demander plus, même sans sortir de cette basse sphère du plaisir. Nous n'entendons point par là simplement parler de ces révoltes du cœur qui lui font maudire la débauche, à l'exemple de ce grand poète qui l'assimilait au supplice du condamné antique enfermé dans les flancs brûlants d'un taureau d'airain (1). Non, à la manière même dont l'homme tourmente la jouissance sensuelle, si on peut ainsi dire, à la manière dont il la dénature, l'exagère, quand il s'y livre tout entier, on reconnaît qu'il lui a demandé plus qu'elle ne saurait lui donner. Il aboutit promptement soit à l'orgie qui, poussée à outrance, est une forme de suicide, soit au monstrueux ; il viole la nature pour lui faire dépasser ses bornes. Le monstrueux est comme un faux infini cherché dans le domaine où tout se limite et s'épuise promptement. La fièvre de dissipation qui jette tant de vies dans le tourbillon du plaisir n'a pas d'autres causes. On veut oublier à tout prix le fond de la vie, parce qu'on le sent triste et insuffisant.

Ce même inassouvissement se retrouve dans la sphère plus élevée du sentiment, quand il ne rampe plus dans la fange de la sensualité déchaînée. La passion pousse ses idolâtries jusqu'à la démence ; elle a quelque chose d'effréné qui montre qu'elle n'est jamais satisfaite ; puis soudain elle est prise d'une insurmontable lassitude. Le cœur est promptement atteint d'un incurable ennui. Ce n'est pas la satiété qui l'accable ;

---

(1) *Biographie d'Alfred de Musset* par son frère.

c'est le contraire. La réalité est misérablement au-dessous de son rêve, aussi éprouve-t-il un vide étrange au pied de la créature adorée. Il lui faudrait plus et mieux. Sans doute, l'amour, même simplement humain, ne meurt pas de cette inévitable déception, mais c'est à la condition d'avoir en lui quelque chose de divin, d'immortel, qui ne soit pas seulement la satisfaction d'un besoin égoïste. Pour que le bonheur qu'il donne puisse durer, même en étant partagé, il faut qu'il soit pénétré de dévouement, car le dévouement abaisse la barrière de l'égoïsme, et, par conséquent, du fini. L'amour terrestre est encore trop mêlé d'éléments inférieurs pour n'être pas infiniment au-dessous de l'aspiration du cœur humain qui, au travers de toutes ses affections, pressent, désire, appelle un amour plus grand, seul assez vaste pour le remplir, car rien ne montre mieux sa grandeur que la profondeur de l'abîme creusé en lui par ces aspirations. *Cor humanum inquietum est, donec requiescat in Deo*, a dit un homme qui avait connu tous les enchantements de la passion avant de posséder le seul amour digne de notre âme.

Cette aspiration infinie est l'aiguillon incessant de la pensée; elle l'empêche de jamais s'arrêter dans aucun système, dans aucune conception philosophique. Il lui semble parfois qu'elle a atteint la hauteur lumineuse et elle s'écrie : Dressons notre tente, il fait bon ici. — Mais soudain d'autres cimes plus hautes apparaissent dans le lointain et elle entend cette voix mystérieuse qui lui dit : Marche, marche — et elle marche. Parfois elle s'arrête lasse et brisée. Elle se dit : « Je ne marcherai plus, je ne chercherai plus, je me ferai du doute un oreiller commode et j'y chercherai l'apaisement. » Mais c'est en vain; le doute, s'il est, comme l'a dit un généreux penseur, Verny, l'amusement des esprits frivoles, est l'inconsolable douleur des âmes profondes. L'humanité, plutôt que de s'y endormir, se précipite dans les affirmations ou les négations les plus tranchantes, elle essaye de tuer la pensée elle-même, de lui démontrer qu'elle n'est pas, ou, ce qui revient au même, qu'elle n'est pas autre chose qu'une vapeur d'un cerveau échauffé comme la brume que le soleil fait monter des plaines humides, mais, à l'énergie même de son effort pour se détruire et pour se nier, on la sent vivante et frémissante. Le pèlerin reprend sa course haletante ; ni le narcotique versé dans le cristal ciselé du doute poétique ni les basses satisfactions et les honteuses consolations de la Circé moderne, de cette magicienne sophistique dont tout l'effort tend à confondre l'humanité avec l'animalité, rien ne réussit à guérir la blessure. L'esprit humain souffre et gémit ; il cherche, le crépuscule ne lui suffit pas, il lui faut le plein jour, la grande lumière, la vérité complète, et, tant qu'il ne la possède pas, il se montre inquiet. Sans doute, cette inquiétude, cette agitation de l'esprit nuit à la recherche de la vérité partielle que nous pourrions atteindre, car elle trouble et précipite notre étude par suite de l'impatience qui nous dévore. « Notre volonté, dit admirablement Mallebranche dans sa *Recherche de la vérité*, toujours altérée d'une soif ardente, toujours agitée de désirs, d'empressements et d'inquiétudes pour le bien qu'elle ne possède pas, ne peut souffrir, sans beaucoup de peine, que l'esprit s'arrête pour quelque temps à des vérités abstraites qui ne le touchent point et qu'elle juge incapables de la rendre heureuse. Ainsi elle le pousse sans cesse à chercher d'autres objets, et lorsque, dans cette agitation que la volonté lui communique, il rencontre quelque objet qui porte la marque du bien — je veux dire, qui fait sentir à l'âme par ses approches quelque douceur, et quelque satisfaction intérieure — alors cette soif du cœur s'excite de nouveau ; ces désirs, ces empressements, ces ardeurs se rallument et l'esprit, obligé de leur obéir, s'attache uniquement à l'objet qui les cause ou qui semble les causer, pour l'approcher ainsi de l'âme qui le goûte, et s'en repaît pour quelque temps. Mais le vide des créatures ne peut remplir la capacité infinie du cœur de l'homme. Ces petits plaisirs, au lieu d'éteindre sa soif, ne font que l'irriter et donner à l'âme une sotte et vaine espérance de se satisfaire dans la multiplicité des plaisirs de la terre, ce qui produit encore une inconstance et une légèreté inconcevables dans l'esprit. Il est vrai que lorsque l'esprit rencontre, par hasard, quelque chose qui tient de l'infini, ou qui renferme en soi quelque chose de grand, son inconstance et son agitation cessent pour quelque temps. Car, reconnaissant que cet objet porte le caractère de celui que l'âme désire, il s'y arrête et s'y attache, ou plutôt cette opiniâtreté de l'esprit à examiner des sujets infinis ou trop vastes, lui est aussi inutile que cette légèreté avec laquelle il considère ceux qui sont proportionnés à sa capacité. Il est trop faible pour venir à bout d'une entreprise aussi difficile, et c'est en vain qu'il s'efforce d'y réussir. Ce qui doit rendre une âme heureuse ce n'est pas, pour ainsi dire, la compréhension d'un objet infini — elle n'en est pas capable — mais l'amour et la jouissance du bien infini (1). »

On le voit, Mallebranche ne sépare pas l'amour de la vérité de la recherche de la perfection morale. Il a raison, car la vérité sans la possession du bien n'est plus la vérité. Aussi la même aspiration poignante et douloureuse que nous avons reconnue dans la sphère des affections et dans celle de la pensée se retrouve-t-elle plus intense encore dans le domaine moral proprement dit. C'est là surtout que l'idéal semble désespérant ; la grandeur morale se mesure à l'étendue de ce désespoir. Les âmes mesquines et vulgaires sont les âmes satisfaites qui se contentent de peu. Partout où bat un cœur noble, c'est un cœur meurtri, brisé, aspirant au mieux, maudissant sa faiblesse, élançant un brûlant soupir ou un gémissement sublime vers la perfection qui le fuit toujours. C'est que cette perfection morale, comme le bonheur, comme l'amour, comme la vérité, doit atteindre l'infini — l'infini, c'est-à-dire Dieu. C'est lui qu'appellent toutes

---

(1) Mallebranche, *De la recherche de la vérité.* 1re partie, chap. IV. Édition F. Bouillet.

les aspirations de l'être humain, c'est donc son nom qu'elles murmurent, montrant ainsi que l'humanité ne peut s'achever qu'en Dieu et que quelque chose de lui est au fond d'elle-même.

II. — LE SENTIMENT DU BEAU. — L'ART. — SA TRIPLE DESTINATION.

Il est une sphère où le sentiment de l'idéal trouve son expression la plus complète : c'est l'art. Il ne s'agit pas pour nous de faire ici un traité abrégé d'esthétique, ce qui demanderait les analyses les plus délicates et les développements les plus étendus. Nous ne touchons à l'art et au sentiment du beau que dans la mesure où cela est nécessaire à notre caractéristique de l'homme pris dans l'ensemble et la variété de sa vie psychique.

L'art est l'activité par laquelle nous cherchons à réaliser le beau dans une forme appropriée ou, pour mieux dire, à nous en donner une image, une représentation, la plus adéquate possible. Il faut donc tout d'abord déterminer la notion du beau, détermination toujours insuffisante parce que le beau, dans son essence, se sent plus qu'il ne se définit, et qu'on n'a jamais enfermé dans une formule cette impression unique qui nous pénètre devant lui, nous ravit, nous émeut et nous donne la plus exquise des jouissances.

Le beau en réalité ne se sépare ni du bien ni du vrai, car jamais en fait l'unité psychologique de l'être humain ne se fractionne ; la vie est toujours une synthèse spontanée, une unification. Le bien est beau ; le vrai est beau ; et la beauté, en dehors du bien et du vrai, ne possède que ses qualités inférieures. Le beau, par le fait qu'il est senti, goûté, se mêle inévitablement au sentiment, mais il ne doit pas être identifié avec lui. Pour nous en rendre compte, nous devons l'isoler par une abstraction qui est une nécessité de la pensée, tout en reconnaissant que cette abstraction reste toujours une fiction dans notre vie psychique qui, elle, n'abstrait ni n'isole, mais fond dans l'unité ce que la raison seule distingue.

Prenons le beau dans sa manifestation la plus simple, la plus immédiate. Nous éprouvons le sentiment de la beauté, quand la force qui est au fond de toute existence se manifeste dans un jet libre et aisé en quelque sorte, et avec le caractère de l'unité, de la coordination, de l'ordre, de l'harmonie (1). L'expansion de l'énergie vitale et sa coordination harmonique, voilà la beauté. Cette coordination harmonique en est si bien le caractère le plus important qu'elle suffit pour produire l'impression esthétique même dans le monde inorganique. Ainsi compris, le beau est sans doute rattaché par un lien étroit à la finalité qui a produit l'ordre dans le *cosmos* ; seulement il ne se confond pas avec elle, car il ne suffit pas qu'il y ait appropriation entre les organes et leur fonction pour que le beau nous apparaisse ; il n'existerait pas sans cette appropriation, mais il faut quelque chose de plus; il faut d'abord ce jet libre, facile de la vie qui ne se trouve pas dans tous les êtres même les mieux organisés, et ensuite l'élément d'harmonie devenu apparent, saisissable à la vue sans qu'il soit nécessaire de raisonner. Le beau n'est pas simplement affaire de sentiment ; il n'est pas purement subjectif ; ses éléments sont dans les choses. Qu'est-ce, en effet, que cette harmonie, cette coordination sinon l'idée directrice, organisatrice à sa plus haute expression, la forme enfin selon la grande doctrine d'Aristote, la forme qui limite, assouplit, détermine la matière, l'harmonise, la marque du sceau d'une pensée ordonnatrice ? Là, où cette pensée ordonnatrice se marque avec

---

(1) Voir la belle analyse de M. Charles Lévêque : *La science du beau, dans son principe et ses applications et son histoire.* 1re édit. Pierre Durand, 1862.

éclat, nous avons le beau — le beau dans la chose, le beau objectif pour ainsi parler. Ajoutons qu'il n'est pas seulement dans telle ou telle forme, mais dans l'ensemble des formes ; celles-ci ne se contentent pas de constituer des séries, des harmonies particulières, mais encore elles se groupent, s'ordonnent et aboutissent à une vaste harmonie. Nous sommes ainsi reportés à l'Idée mère de toutes les idées particulières, qui de la matière inerte où sommeillaient tous les possibles, toutes les virtualités, a tiré les êtres réels, déterminés, formés. Cette Idée mère ne peut être elle-même un simple possible, car du possible le réel ne sortirait jamais. Elle est la plus haute des réalités, la pensée de la pensée, la pensée éternellement vivante, actuelle, Dieu enfin. C'est ainsi que la notion du beau rattachée à la notion de la forme nous reporte à l'absolu comme la raison, comme la conscience. C'est à cette hauteur que le vrai, le beau et le bien se rejoignent comme les pentes d'une montagne aboutissent au sommet.

Le beau est donc dans les choses, mais pour l'y découvrir, il faut en avoir le sens, l'intelligence, car pour saisir la grandeur et l'harmonie, il faut en avoir l'idée. Cette grandeur et cette harmonie ne sont pas perçues par la simple sensation ; celle-ci ne saisit que des phénomènes. L'animal jouit ou souffre de ces phénomènes, mais il ne les admire pas ; l'harmonie qui les coordonne lui échappe. Voilà pourquoi il faut, pour saisir le beau, posséder la notion, l'intuition de l'harmonie, de l'idée directrice, organisatrice qui se manifeste dans la forme et dans le groupement et la coordination des formes. L'homme en est seul capable parce qu'il se connaît lui-même, et qu'étant le résumé et le couronnement de la nature, le vrai microcosme, il saisit en lui l'idée directrice qui préside à la disposition du monde, le principe de toute forme. Chez lui, cette idée est d'abord à l'état pur, si l'on peut ainsi dire dans sa raison, dans sa conscience, puis elle s'exprime dans son organisme qu'elle a façonné par la forme physique qui le traduit. Le beau lui apparaît donc avant tout en lui-même dans ses conditions les plus parfaites. Après l'avoir ainsi saisi dans son essence et dans sa première manifestation, il le cherche et le retrouve dans les choses. Voilà pourquoi il a toujours la tendance de rapprocher la nature de lui, de se retrouver en elle et de la rapporter à lui. L'anthropomorphisme, qui joue un rôle si prépondérant dans l'art, est donc fondé sur la vérité des choses, car l'homme est la forme la plus haute, l'idée finale, si l'on peut ainsi dire, de la nature ; aussi a-t-il raison de rapporter à cette forme dernière les formes antécédentes qui la préparent et qui y tendent ; c'est là le sens profond de ce mot de Saint-Paul, que toutes les créatures soupirent après la délivrance des fils de Dieu. Le fils de Dieu sur la terre, c'est l'homme. La création aboutit à lui et n'arrive qu'en lui à sa véritable et définitive idée, qui est sa cause à la fois formelle et finale. De là ce soupir mystérieux des choses de là, leur délivrance quand l'homme, affranchi de la simple vie instinctive, se reconnaît lui-même, et trouve en lui le mot de l'univers. C'est après avoir ainsi dégagé de sa vie psychique cette idée formatrice du monde qu'il la discerne clairement dans la nature et se montre capable de l'en faire saillir en quelque sorte. Cet anthropomorphisme qui est comme l'affranchissement de la nature où le dégagement de l'idée qu'elle porte en elle obscure et confuse, se retrouve dans le langage humain qui est une perpétuelle métaphore rattachant toujours les faits psychiques aux faits naturels et faisant de la nature le miroir de l'âme humaine, si bien que toute pensée, tout sentiment prennent vie dans un symbole naturel. La nature ainsi interprétée par l'homme, c'est la lampe d'albâtre au travers de laquelle on voit briller la pure lumière de l'intelligence.

L'art, avons-nous dit, cherche à réaliser le sentiment du beau. Il a besoin d'un effort, parce qu'il ne suffit pas que le beau soit dans les choses, il faut commencer par l'en dégager. Il n'y est pas d'une manière apparente pour la simple sensation, et ensuite il n'y est pas partout également. Reproduire la nature par un simple procédé d'imitation, c'est ne parler qu'à la sensation ; c'est étouffer l'idée, la forme, sous le phénomème brut. Si encore l'imitation pouvait être complète, on verrait se dégager de l'œuvre artistique l'effet que la nature finit par produire sur l'esprit, mais cette imitation complète est impossible. Nulle musique ne rend la grandeur de l'Océan, nul paysage ne dresse une vraie montagne devant nos yeux, nulle poésie ne rend un orage ou une matinée de mai. Donc, l'imitation est incomplète, et si elle ne cherche que l'effet naturel, elle le donne mutilé, à la fois grossier et diminué. L'art n'est donc pas un copiste. Tout d'abord, il s'attache à mettre en lumière la coordination, l'harmonie qui est dans la nature et qui ne s'y discerne pas simplement à l'œil nu ; aussi l'interprète-t-il selon le type qui est en lui et il y met sa pensée, son sentiment. Un paysage de Ruysdaël ou de Claude Lorrain porte le sceau de leur personnalité ; c'est une page de leur vie intime. En second lieu, l'art fait son choix dans la nature, car à côté de l'élément d'ordre, de beauté, d'harmonie, il y a en elle l'élément de désaccord, de confusion, de laideur enfin. On peut croire, qu'en définitive cet élément se fond dans l'harmonie universelle et qu'il la sert à sa manière ; il n'en demeure pas moins que, comme l'art ne saurait rendre la réalité totale, il est obligé de choisir, sous peine de nous laisser définitivement sous la simple impression de la laideur. Voilà pourquoi il est obligé de négliger une partie de la réalité pour mieux en dégager le principe interne de la beauté, l'idée mère de la forme. Il s'efforce toujours d'en ramener les rayons épars à un foyer central pour mieux faire ressortir le beau. De là aussi cette forme conventionnelle du rythme qui n'existe nulle part dans la réalité et par laquelle l'art soumet à une coordination redoublée, pour ainsi dire, l'élément de détermination qui fait sortir la matière de son état de désordre et d'incohérence. Il n'y a point là une simple recherche de la difficulté vaincue, mais comme une accentuation de la forme déterminante, coordonnante, sans laquelle la beauté n'existe pas.

Cette part de l'abstraction et du choix dans l'art ne doit jamais être étendue au point de le réduire à une pure abstraction ; résidant dans la forme qui fait saillir l'harmonie des choses, il ne peut être un simple concept, une idée pure. Il a son point d'appui nécessaire dans le monde de la sensation, il doit donc partir de la réalité. Il n'y a pas d'art sans ce réalisme fondamental de même qu'il n'y en a plus quand la nature est simplement reproduite. Les créations purement fantastiques de l'imagination échappent à son domaine ; les chimères, les colosses bouddhiques n'y figurent qu'à l'état d'exception comme les monstres dans le *cosmos*. Cette nécessité pour l'art de prendre la vraie nature pour point de départ explique le rôle prépondérant qu'il fait jouer à l'imagination. Il ne s'agit pas de cette imagination simplement reproductive qui se contente de perpétuer et de renouveler nos sensations, mais de cette imagination créatrice qui nous permet de les combiner et de les agencer. L'artiste ne peut se passer de cette virtuosité. D'une part, son imagination est ébranlée fortement par la nature, de l'autre, il possède la capacité de combiner ses éléments pour en tirer un monde de beauté que la réalité seule ne fournit pas.

Nous sommes ainsi amenés à la seconde opération caractéristique de l'art qui ne consiste pas seulement à dégager le beau de la nature mais encore à en enrichir le type en créant un monde idéal. Celui-ci ne se perd jamais dans le vide de l'abstraction, ses éléments sont empruntés au réel, mais l'art les combine de telle façon qu'il se montre en ceci vraiment créateur. Sa création n'est pas *ex nihilo ;* mais elle ressemble à celle du Verbe de Platon qui met le sceau de ses idées sur la nature. Deux choses préexistent pour l'art : d'une part le type du beau qui est dans la raison et de l'autre la nature avec les fragments du beau qui s'y trouvent mêlés à l'état confus. Par cette activité créatrice, l'art fait acte de liberté et en appelle au sentiment de la liberté dans l'homme. Le beau, dans la mesure où il est, une création, est un affranchissement de la nature. Extraire l'idéal de celle-ci, puis organiser un monde de beauté supérieur à tout ce que perçoivent nos sens, c'est dominer la nature, c'est briser ses lois fatales.

Gardons-nous néanmoins de confondre cette affirmation de la liberté par l'art avec le triomphe moral obtenu par l'accomplissement du devoir. De même que l'art se distingue par sa plasticité de la recherche du vrai confiée à l'intelligence, en ce qu'il ne cherche jamais l'idée en elle-même, séparée de son enveloppe visible, de même, il se distingue de l'accomplissement du devoir en ce qu'il n'a pas de caractère obligatoire. Le devoir nous contraint; nous devons le faire coûte que coûte; le bien s'impose. L'art, au contraire, est essentiellement désintéressé. Il en résulte qu'il ne se confond ni avec l'utile ni avec l'agréable. « La contemplation, dit très bien M. Renouvier, y joue le rôle principal. La fonction intellectuelle dans le sentiment du beau par les idées d'ordre, d'arrangement, de perfection, réduit la notion de finalité à l'état désintéressé. Il est clair que ce n'est jamais la chose même qui nous touche dans le beau, mais l'image, la représentation. Le beau est toujours un spectacle, son but est la représentation pour la représentation même. En résumé, ni l'agréable, ni l'utile, ni le vrai, ni le bien, ne constituent le beau, mais tous ces phénomènes y entrent comme éléments en diverses mesures, à la condition de se subordonner à la représentation prise en soi et pour sa propre fin. » (1)

Si l'art perd ce caractère de désintéressement, s'il veut être autre chose qu'un spectacle, s'il veut enseigner, prêcher, il sort de sa compétence; il n'est plus l'art, il est la philosophie ou la morale, et dès lors tout est confondu. Nous ne voulons pas dire qu'il échappe à la direction de la volonté. Étant une manifestation de la liberté, il peut en mésuser, mentir à sa

---

(1) Renouvier, *Principes de morale*, t. Ier, p. 252-253.

mission, déserter l'idéal et surexciter la sensualité en donnant un coloris plus vif au côté inférieur de la nature. L'art a sa morale à lui qui découle de sa destination propre. Appelé non pas à chercher le vrai ou à réaliser le bien, mais à représenter le beau, qui est la splendeur à la fois du vrai et du bien, il peut dans la nature immense où il doit faire son choix, préférer ce qui flatte les sens à ce qui élève l'esprit. Évidemment cette déviation de l'artiste aura une cause morale, car encore une fois l'homme est un et ne se mutile pas. Quand l'inspiration de l'artiste est noble et pure, c'est que le niveau moral est chez lui élevé et épuré, ou du moins qu'il appartient à un milieu social où dominent de bienfaisantes influences, car nul plus que lui n'en subit l'action grâce à son extrême sensibilité, qui est l'une des conditions du tempérament artistique. Le désintéressement de l'art n'en constitue pas l'irresponsabilité; ce qui n'empêche pas que sans ce désintéressement l'art n'existe plus. La théorie de l'art pour l'art est vraie ainsi comprise et limitée.

On voit dans quelle mesure nous admettons la fameuse théorie de Kant hardiment commentée par Schiller, que l'art est un jeu. Il ne l'est certes pas de la manière dont l'entendent Herbert-Spencer et toute l'école transformiste, qui y voit une simple décharge de l'activité surabondante grâce à laquelle se développent toutes les facultés de l'être vivant dans le sens qui lui est le plus utile pour la lutte pour la vie (1). Il n'est pas possible de tirer de cette définition la vraie notion du beau inséparable d'un élément d'idéal, pas plus que de la fameuse sélection sexuelle de Darwin qui enlève tout désintéressement à l'art puisqu'il le met au service du plus violent des appétits animaux (2). Ce que nous retenons de l'esthétique de Kant, c'est uniquement ce caractère désintéressé qui appartient à l'art en tant qu'il est voué avant tout

---

(1) Herbert-Spencer, *Essai de morale et d'esthétique*, Germer-Baillière.
(2) Darwin, *La descendance de l'homme et la sélection sexuelle*.

non à la recherche du vrai ou à la recherche du bien, mais à la représentation du beau, sans qu'il soit autorisé pour cela à le chercher en dehors du vrai et du bien.

L'idée de jeu est loin d'ailleurs, même ainsi comprise, d'épuiser sa notion. Nous lui avons jusqu'ici reconnu deux missions principales qui sont de dégager le beau des choses, et de créer ensuite des types nouveaux de beauté, un monde idéal supérieur à la réalité tout en s'y appuyant. Il a encore une troisième mission, c'est, par le fait seul de la comparaison entre le monde réel et le monde idéal — non seulement celui qu'il crée et qui est toujours imparfait, mais encore celui qu'il entrevoit — de sentir et de rendre ce contraste avec une puissance extraordinaire. N'oublions pas que toutes les facultés sont en exercice dans l'activité artistique à la condition de se subordonner à sa destination particulière. La raison, la volonté, y ont incontestablement leur part ; le sentiment y participe plus directement encore par l'intuition rapide, instantanée, qui s'appelle l'inspiration et par l'ébranlement que le beau produit sur lui. Jamais cet ébranlement n'est plus puissant que quand l'art ne se contente pas de nous faire admirer le beau entrevu dans les choses ou par delà les choses, mais quand il fait saillir avec sa magie d'expression le contraste poignant entre la réalité et l'éternelle beauté dont nous avons le type au dedans de nous. C'est sur ce point essentiel que se révèle l'insuffisance de l'esthétique de Hegel, si riche d'ailleurs en aperçus féconds et vrais. L'idéaliste panthéiste n'admet pas d'idéal en dehors de la nature; tout y est, ou plutôt tout y devient parfait dans l'évolution de l'idée divine. La beauté est la réconciliation dans la nature de l'esprit et de la matière. Il n'y a pas à demander mieux. (1) Le sublime

---

(1) *Esthétique* de Hegel, traduction Vera. M. Adolphe Pictet, dans son livre sur *Le beau dans la nature l'art et la poésie Étude esthétique*, Paris, 1856, se rapproche beaucoup du point de vue de Hegel, car pour lui l'art se borne à dégager l'idée divine qui ressort de la forme. « Le beau, dit-il, est dans la nature la manifestation immédiate et libre de l'idée divine se révé-

n'est plus alors que l'exaltation de la beauté naturelle, l'idée brisant sa première forme pour en préparer une nouvelle plus adéquate. Personne n'a rendu plus merveilleusement que Gœthe cette conception panthéisthe de la nature : « La nature, dit-il, est l'artiste unique ; chacune de ses œuvres a son type à elle et toutes rentrent dans l'unité. Tous les hommes sont en elle et elle est dans tous les hommes. La vie est un éternel devenir ; même ce qui semble contre nature est encore nature. Son drame est toujours nouveau, parce qu'il a toujours de nouveaux spectateurs. La vie est sa plus belle découverte et la mort est pour elle le moyen de multiplier la vie. Elle n'a point de langue ni de parole, mais elle crée les langues et les cœurs en qui elle parle. Sa couronne est l'amour. Elle se récompense et se châtie elle-même. Elle est sauvage et douce, aimable et effrayante, impuissante et souveraine. Tout est toujours en elle. Elle ne connaît ni passé ni avenir, le présent est son éternité. Elle est la beauté. Je la glorifie pour toutes ses œuvres. Je me confie en elle, je ne dis rien d'elle, non, car elle a prononcé ce qui est faux aussi bien que ce qui est vrai. Tout est sa faute, tout est son mérite. (1) »

Cette théorie ne répond pas à la vérité des faits. Il y a tout un côté de l'art qui ne saurait rentrer dans ce naturalisme, si poétique qu'il soit. Nous retrouvons, dans ce domaine comme dans les autres l'aspiration du cœur humain qui n'est jamais assouvi, ce sentiment poignant de ce que le monde naturel a d'incomplet et de contradictoire. Il suffit du comique, qui joue un si grand rôle dans l'art pour que ce sen-

lant par des formes sensibles » p. 82. M. Taine, dans son livre sur l'*Idéal dans l'art* (Germer-Baillière, 1877), où son talent se montre si brillant et si fort, est encore bien plus réaliste, car l'art, d'après lui, ne fait que souligner la nature en mettant en pleine lumière par des combinaisons appropriées, ses caractères notables qui sont à la fois *importants* et *bienfaisants*.

(1) Gœthe, *Œuvres complètes*, vol. 40, p. 387-388.

timent de la contradiction ne puisse se confondre avec une simple aspiration au développement de la beauté naturelle, car le comique, dès qu'il est profond, est mortellement triste, ce qui ne l'empêche pas de se jouer à la surface de l'esprit avec la plus brillante gaieté et de produire des œuvres étincelantes qui mettent le rire aux lèvres. Il ne puise son inspiration première que dans le contraste reconnu entre ce qui est et ce qui devrait être. Il n'est après tout que la contre-partie de l'inspiration tragique et pathétique qui a fait vibrer si puissamment et parfois jusqu'à la briser, la corde d'airain de cette harpe vivante attachée à nos cœurs, selon le mot du poète. Personne n'a mieux que Platon rendu ce côté de l'art, dans cette page immortelle de son *Phèdre* qui ne sera jamais surpassée. « L'homme, dit-il, encore plein des saints mystères parce qu'il les a longtemps contemplés, lorsqu'il voit une figure qui retrace la beauté divine, frémit au-dedans de lui. Quand les âmes aperçoivent quelque image des essences, elles sont ravies et transportées hors d'elles-mêmes. La justice, la sagesse et tout ce qui est précieux aux âmes ne brillent point dans leurs images que nous voyons ici-bas, et c'est à peine si quelques mortels, percevant leurs copies au travers de leurs organes grossiers peuvent se représenter leurs divins modèles (1). »

Ce souvenir ou ce pressentiment du monde idéal pour lequel nous sommes faits n'est jamais plus fortement ravivé que par cette manifestation toute exceptionnelle du beau que nous appelons le *sublime*. Le sublime n'est pas simplement le beau à sa suprême puissance ; sinon il ne serait que la plus parfaite des harmonies. Or, il a pour caractère propre de rompre par un éclat soudain l'harmonie des choses, telle qu'elle nous apparaît. Gardons-nous d'y voir le désordre, l'incohérent, le monstrueux ; il est l'extraordinaire et par là il nous parle d'une beauté plus haute que celle de notre

---

(1) *Dialogues de Platon*, traduct. Schwalb. Tome II, p. 271.

monde, rayonnement d'une sphère supérieure. Dans la nature le sublime au repos, c'est la grandeur, l'immensité qui évoque en nous une vision de l'infini et semble abaisser la barrière où se heurte notre aspiration. De là l'émotion qui nous saisit devant l'étendue des cieux ou les hauts pics neigeux. Le grondement des flots soulevés ou les roulements de la tempête produisent en nous une impression identique parce qu'ils nous font entrevoir une puissance sans bornes. Devant ces divers aspects du sublime dans la nature, nous nous sentons tout ensemble accablés et relevés; nous ne sommes accablés que pour nous redresser dans le sentiment de notre liberté. Dans l'ordre humain le sublime, c'est l'inspiration souveraine; d'un seul coup d'aile il porte le poète à une hauteur qu'aucun effort n'atteindrait. Il lui révèle une liberté supérieure à tout ce qu'il connaît et le transporte dans un monde où tombent toutes les entraves. Au point de vue moral, le sublime, c'est l'héroïsme, inspirateur de la conscience qui elle aussi, est portée pour une heure, à la hauteur de son idéal de dévouement. Le sublime est comme le surnaturel du beau, c'est l'éclair rapide qui traverse notre nuit et, déchirant la nue, nous fait entrevoir l'éternel idéal dans sa réalisation parfaite. Voilà pourquoi il ne nous éclaire pas sans nous consumer et sans allumer plus brûlante la soif de l'au delà qui nous dévore.

L'art ainsi compris peut faire sa place au laid, pourvu qu'il ne le reproduise jamais pour lui-même, mais uniquement dans le dessein de faire ressortir le beau par le contraste, ou avec l'intention de mieux mettre en lumière l'imperfection de notre condition actuelle. L'art vraiment humain ne saurait être un superbe olympien qui ne sait que sourire. Après nous avoir fait admirer la beauté dans sa sérénité, sous le ciseau d'un Phidias, il sait mettre un abîme de tristesse dans un regard. La grande poésie tragique et lyrique nous représente au vif le drame de nos crimes et de nos angoisses, de nos repentirs, de nos aspirations brûlantes et trompées; Eschyle ou Shakspeare nous font entendre les grands cris de désespoir de l'âme captive et frémissante. Beethoven les jette au ciel, comme la plainte immense d'un océan de douleurs. Il n'est pas de grand artiste qui, à une heure d'inspiration suprême, n'ait senti le charbon du feu consumant s'approcher de ses lèvres frémissantes. Gœthe lui-même, le grand païen, le grand adorateur d'Isis, n'a-t-il pas abordé, avec son héros de prédilection, le sommet dévasté où l'éternel Prométhée gémit sous la morsure de son vautour et appelle le Dieu de l'avenir? « L'humanité, a dit éloquemment Ozanam, ne s'est pas donné d'autre spectacle que celui de ses propres douleurs ; je ne m'étonne plus qu'elle ne s'en soit jamais lassée. Elle aime à voir, à toucher ses blessures, dût-elle les raviver, et voilà comment il se fait que nous ne sommes pas contents si nous ne trouvons pas nos larmes dans la poésie. » (1). On le voit, si l'art est un jeu dans un sens, ce n'est pas un badinage. Il justifie ce mot profond de Pline l'ancien sur l'homme, dont nous étendons quelque peu la signification première : *Flens animal imperaturum*. Oui, l'homme a beau être destiné à régner, il pleure et rien ne prouve mieux que s'il est la fin, le but, le terme du monde, le monde n'est pas sa fin, à lui, puisqu'il peut à la fois le dominer et gémir. Etrange animal, en effet ! C'est qu'il est plus et mieux, et qu'il n'y a pas d'explication matérialiste qui mette dans la cage du naturalisme « cet aigle blessé tournant ses yeux vers la lumière. »

(1) Ozanam, *Les Germains*, t. Ier, p. 221.

CHAPITRE III

LA RELIGION — SA NATURE — SON ORIGINE.

I. — LA NATURE DE LA RELIGION.

Nous avons vu toutes les facultés de l'homme aboutir à Dieu. Sa raison spéculative qui le pousse à chercher la cause première des choses au nom du principe de causalité et qui possède l'intuition de l'universel, de l'infini, serait vouée à un progrès sans terme et par conséquent sans réalité, si elle n'atteignait cette cause première, universelle, cet infini vivant auquel le spectacle et l'étude du *cosmos* le reporte par une irrésistible dialectique. Sa raison pratique, qui repose sur le principe de l'obligation le contraint de s'élever de la loi inscrite dans la conscience au législateur lui-même, au bien éternel, absolu. Son cœur le demande, par sa soif infinie d'aimer. Il cherche en tout l'idéal, l'harmonie des choses pleinement réalisée. L'art humain, après nous avoir entr'ouvert, sous l'éclair du sublime, la haute sphère de la beauté suprême la proclame divine par l'impossibilité où il est de la réaliser dans aucune de ses œuvres. Dieu est comme le terme de toutes les avenues de notre âme : métaphysique, morale, vie des affections, tout ce qui est lumineux aboutit au divin. C'est dire qu'il n'est pas une de nos facultés qui ne soit religieuse par son côté supérieur. Et cependant la religion dans son essence ne s'identifie avec aucune d'elles et ne se contente pas non plus d'être simplement leur plus haute généralisation. Non, la religion n'est en soi ni une métaphysique, ni une morale, ni une esthétique, ni même un sentiment. Le métaphysicien le plus habile à établir et développer l'idée de Dieu, peut n'être pas religieux ; le théologien élaborant la plus admirable théodicée peut être un profane. Un moraliste austère, même pratiquant, peut, avec toute sa vertu, mettre Dieu au second rang dans sa vie et chercher, à la façon des stoïciens, l'orgueilleuse satisfaction de ses mérites. Personne ne niera que l'artiste a pu faire palpiter sur sa toile quelque chose de l'idéal divin et, comme Raphaël, déposer son pinceau au pied d'une idole toute humaine dont il subit la fascination troublante. Le cœur peut avoir ses extases mystiques sans accomplir la loi de pureté, de sainteté. Entre la sentimentalité et la charité, la distance est souvent très grande. La dévotion n'est point la religion. Celle-ci est quelque chose de spécial, d'unique ; elle est, comme son nom l'indique, le lien qui rattache l'homme à Dieu, son union effective avec le principe de son être, l'effort, la tendance à se rapprocher de lui. Pour tout dire, la religion, c'est la vie pour Dieu, avec Dieu, en Dieu. Nous disons la vie, parce que ce mot comprend la totalité de l'être humain, et non pas une sphère particulière de l'existence. Isoler, mettre à part la religion, sous prétexte de l'élever, la faire consister en certains actes, certains sentiments et abandonner le reste à notre libre disposition, c'est ce que font tous les pharisaïsmes, toutes les dévotions mondaines. Vouloir faire sa part à Dieu, c'est lui refuser ce qui lui revient, je veux dire l'homme lui-même, l'homme tout entier, qui sans mutiler son existence, sans éteindre ou rapetisser une seule de ses facultés, doit vivre en lui, de lui, pour lui, et n'est religieux qu'à ce titre. La religion est donc une tendance générale, dominante de notre âme qui, s'emparant des éléments divins que renferment la raison spéculative, la raison pratique, le sentiment, ne les laisse pas dans l'isolement, les réunit, les fond dans une même synthèse, dans un même effort dont le résultat est précisément la vie en Dieu. Voilà pour le côté subjectif de la religion, mais elle n'est pas simplement une tendance vers Dieu, un effort de l'atteindre, car pour avoir quelque réalité elle doit obtenir ce qu'elle recherche. La religion n'existe que si la relation entre l'âme et Dieu a été vraiment formée, s'il n'y a pas eu seulement aspiration vers Dieu, mais possession de Dieu. L'homme tendant à Dieu, Dieu se donnant à l'homme, voilà la religion ; à d'autres conditions elle n'est qu'un leurre. Ainsi comprise, sa réalisation la plus vraie, la plus haute est la prière, cette prière qui unit mystérieusement mais réellement l'âme à son auteur et qui lui fait boire à longs traits la vie supérieure à sa propre source. La prière n'est pas simplement un sentiment exalté, une parole sacrée ; elle est avant tout un effort, un acte, une offrande, une consécration de l'être à Dieu ; aussi, si elle se concentre dans l'oraison, elle ne s'y épuise pas — *tacens loquitur*. — Quand la bouche ne prononce plus les mots sacrés, la vie elle-même prie, et c'est ce qui arrive toutes les fois qu'une inspiration d'adoration et d'obéissance la soulève de terre. L'homme, qui est le couronnement de toute la création terrestre et qui la résume, la consacre dans sa propre personne à l'auteur de toutes choses. Il est le grand prêtre de ce monde qu'il représente devant Dieu, qu'il prosterne à ses pieds, toutes les fois que lui-même s'agenouille, réunissant, fondant dans son cœur toutes ses aspirations confuses pour en faire un pur encens, un hymne, une prière semblable à celle des anges qui recueillent nos larmes dans leur coupe d'or, selon une poétique image de l'Ecriture. C'est ainsi que par lui le monde inférieur est rattaché au monde supérieur, au principe des choses et qu'il y revient après en être sorti, non pas pour s'absorber dans le morne infini du panthéisme, mais pour réaliser l'union la plus haute entre le créé et l'incréé. La religion nous apparaît ainsi comme la finalité par excellence, car il n'y a pas de fin supérieure à ce libre retour du créé à l'incréé, au divin.

Que telle soit bien l'idée vraie, l'idéal de la religion, c'est ce qui ressort de toutes ses manifestations supérieures dans l'histoire de l'humanité comme de toutes ses aspirations même confuses et mélangées. Qu'on prenne tous les grands héros religieux, et l'on reconnaîtra que ce qui a fait leur supériorité, c'est précisément l'unité de leur vie religieuse, l'effort constant de vivre en Dieu et pour Dieu, de lui consacrer toutes leurs facultés, tous leurs labeurs. La part de la prière a été considérable dans leur existence sans qu'elle ait rien retranché à l'activité souvent dévorante déployée par eux pour faire pénétrer dans toutes les sphères cette vie divine qui débordait de leur cœur. L'apostolat nous présente toujours cette unité féconde de la vie tour à tour concentrée dans la prière et répandue au dehors par l'action. Jésus-Christ, que nous envisageons uniquement pour le moment comme le plus haut idéal de vie religieuse, est le type parfait de la vie consacrée sans réserve à Dieu. En lui, la religion se confond avec l'existence même. Toutes ses facultés comme tous ses actes sont ramenés à un constant effort d'être tout à Dieu et de tout faire pour lui (1). Cette conception de la religion écarte toutes les notions exclusives par lesquelles on l'a diminuée, restreinte, à une seule de nos facultés, la rattachant tantôt à la raison métaphysique, tantôt à la raison pratique, tantôt au sentiment. Le supranaturalisme orthodoxe a toujours fait consister la religion dans la communication surnaturelle d'une sorte de philosophie divine comblant les lacunes de notre raison. A l'extrême opposé, l'idéalisme hegelien a défini la religion « le savoir que l'esprit fini possède de son essence comme esprit absolu, » quand il a atteint ce moment du devenir éternel et incessant où l'Idée dispersée et fractionnée dans les choses commence à se ressaisir dans l'homme avant d'arriver à son plein affranchissement dans la philosophie. L'hegelianisme n'a pu, en partant de données

---

(1) Voir le riche développement de ces idées dans le magistral article de M. Charles Secrétan, sur *Le positivisme*, *Revue philosophique*, mars 1881.

semblables, tracer aucune ligne de démarcation suffisante entre la religion et la métaphysique. Pour Kant, la première se réduit au moralisme pur. Dieu n'y apparaît que comme son soutien ou son postulat; l'obligation morale tire tout d'elle-même, la loi du devoir ne sort pas de l'abstraction et ne parvient pas à rattacher notre vie à Dieu qui n'est plus que le gardien, le surveillant du devoir. Son rôle se borne à en récompenser l'accomplissement et à en châtier la violation. Il ne nous accorde pas plus de secours que nous ne lui en demandons (1) C'est à Schleiermacher qu'il appartient d'avoir fait consister la religion avant tout dans le sentiment. On ne peut nier que, à l'époque où parurent ses *Discours sur la religion*, il n'ait provoqué une réaction salutaire contre le rationalisme-supranaturaliste qui se contentait d'arides formules. Il ne faut pas non plus oublier que Schleiermacher, dans sa dogmatique, a élargi son premier point de vue en rattachant le christianisme à la personne du Christ, et en faisant, par conséquent, la part du fait, de l'histoire. Il n'en demeure pas moins que sa notion fondamentale de la religion est exclusive, parce qu'il n'y a pas fait entrer suffisamment l'élément moral. Réduite au sentiment de la dépendance absolue, la religion incline vers le spinosisme; elle court le risque de n'être plus que l'absorption du fini dans l'infini impersonnel, et d'aboutir à produire une métaphysique panthéiste; elle ne donne ni un principe, ni une force d'action. Il est donc nécessaire d'en élargir la conception pour lui faire embrasser toutes nos facultés en leur donnant Dieu, non-seulement pour objet, mais encore pour but et pour fin, ce qui implique une tendance active, un effort, une relation positive avec lui.

Il n'y a aucune contradiction à faire dans la religion la part de toutes nos facultés, et à donner en même temps la pré-

---

(1) Voir *La Philosophie de la religion de Kant*, par Philippe Bridel, Lausanne.

dominance à cette intuition du divin sans laquelle nous ne le rejoindrions jamais. En effet, la nature même de son vivant objet exige que nos facultés intuitives et morales occupent la première place. L'intuition n'est pas seulement propre au sentiment; nous l'avons reconnue à la base de la raison spéculative comme de la raison pratique. Qu'est-elle après tout, sinon cet acte primordial de foi qui nous fait saisir en tout les premiers principes auxquels se suspend la chaîne des causes et des effets secondaires déroulés par la dialectique? Par cette intuition la raison spéculative atteint la cause des causes, la causalité universelle, infinie; la raison pratique s'élève au bien absolu et le cœur à la personnalité, également absolue, qui est l'objet de son aspiration avant de satisfaire son besoin infini d'aimer. Ce qu'on appelle le sentiment du divin n'appartient donc pas uniquement à la sensibilité mais, en réalité, implique cette triple intuition qui s'unifie dans l'esprit, car encore une fois nous n'introduisons la division qu'après coup par cette nécessité de l'abstraction sans laquelle toute analyse psychologique serait impossible. C'est à cette intuition primordiale qui est comme le tronc primitif d'où se détachent comme des rameaux la raison spéculative, la raison pratique et le sentiment, que nous devons le sens du divin, de l'absolu ou de l'infini. L'unité de l'être humain se retrouve dans cette triple intuition du divin, puisque le Dieu qu'elle nous révèle immédiatement est tout ensemble la raison absolue, le bien absolu, l'amour parfait. Il s'ensuit que, pour nous unir à lui, nous devons le connaître, lui obéir et l'aimer.

Nous pouvons maintenant comprendre à quel point il est impossible de séparer la religion de la morale, tout en maintenant leur distinction. Il en est d'ailleurs de la haute sphère de la vie religieuse comme de toute la vie psychique de l'homme. C'est la volonté qui joue toujours le rôle principal pour nous élever à la plénitude de la vie consciente. Ces intuitions primordiales qui constituent le sens du divin sont d'abord à l'état instinctif, passif, plus ou moins impersonnel. C'est le vouloir qui les élève à la vie consciente. La relation de l'homme avec Dieu devient ainsi un rapport libre, voulu, qui le fait passer de l'enfance naïve à la majorité morale. Encore, ici il est de la nature de l'homme de s'achever lui-même. Religieux par instinct, il doit le devenir par un libre choix, et ce libre choix est l'acte par excellence de sa vie morale. De là vient le sentiment de sa responsabilité envers Dieu, inséparable de celui de l'obligation. La loi morale se confond pour lui avec la loi même de son être qui est de s'unir à Dieu, de lui obéir, de l'aimer. C'est vis-à-vis de lui qu'il se sent engagé ; il sent que Dieu est le grand offensé dans toutes ses déviations morales.

On a objecté à cette union étroite entre la morale et la religion, qui est pourtant un fait incontestable, qu'elle conférait à la loi de l'obligation un caractère extérieur qui la rendait arbitraire, l'autorité morale ne procédant plus du dedans mais paraissant venir du dehors. L'objection tombe dès que l'on admet que l'homme est dans une relation originelle, primordiale avec Dieu, qu'il plonge en lui par toutes ses racines, que le fond de son être lui appartient si complètement que ce qu'il y a de plus humain en lui c'est ce qu'il a de divin. On ne peut plus alors assimiler la loi divine à une loi extérieure ; elle se présente à nous comme la loi la plus fondamentale de l'être humain. La religion lui est tellement naturelle qu'elle est sa nature. Que parle-t-on de distinguer entre la religion naturelle et la religion révélée? La première révélation, c'est l'âme humaine telle qu'elle a été constituée dans sa parenté avec Dieu. S'il en surgit une seconde, elle ne sera possible que grâce à la première qu'elle ne fera que vivifier. La religion n'est pas surajoutée à l'homme par une grâce spéciale; l'homme n'est l'homme qu'en tant qu'il est religieux. Donc, l'identification de la morale et de la religion n'enlève point à la première ce caractère foncier, primordial, qui la dégage de tout arbitraire.

Cette parenté essentielle de l'homme avec Dieu qui doit devenir une relation libre et voulue implique, non seulement la notion de l'infini mais encore celle de la vie future, elle y est implicitement contenue, bien qu'elle puisse y rester parfois comme enfermée ou s'en dégager très imparfaitement, comme dans le judaïsme. Croire à l'absolu, se sentir appelé à s'unir à lui par le cœur et par le sentiment, et cela dans des conditions d'existence qui nous condamnent à l'humiliation et à l'imperfection, c'est placer au delà de cette existence imparfaite l'achèvement de sa destinée, c'est y tendre de toutes ses aspirations. D'ailleurs la loi morale resterait sans sanction suffisante, s'il n'y avait pas une autre vie que celle où l'injustice triomphe si souvent.

De cette analyse de la religion nous dégageons les éléments essentiels suivants :

1° L'intuition de l'infini par toutes nos facultés, par la raison spéculative, par la raison pratique et le sentiment;

2° L'union indissoluble du sentiment moral et du sentiment religieux ;

3° La foi dans la vie future et l'attente de la rétribution.

Ce n'est pas tout encore. Cette analyse suffirait s'il s'agissait de la religion en soi, réalisée conformément à sa loi, mais ce n'est pas ainsi qu'elle se présente à nous dans son développement humain. Je n'aborde ni de près ni de loin le problème de l'origine du mal au point de vue doctrinal; je me place simplement en face des manifestations du sentiment religieux, telles qu'elles se sont universellement produites sur notre terre. Or, une chose est certaine et s'impose à nous, c'est que ce sentiment n'exprime pas seulement la tendance à former, à entretenir une intime relation avec Dieu, mais encore l'effort ardent, douloureux, qui tend à la rétablir. Un immense besoin d'apaiser la divinité travaille l'humanité; qu'elle se trompe ou non, elle sent qu'il lui faut se réconcilier avec cette mystérieuse puissance. C'est ce que proclament, sous tous les cieux, ces milliers d'autels fumant souvent du sang le plus précieux, ce que redisent, sans se lasser, tant de rites parfois abominables, mais qui expriment ce besoin d'apaisement, de réconciliation, d'expiation, avec une énergie et une sorte de désespoir exalté qui s'exaspère souvent jusqu'à la démence. Comment nous expliquer cet élément tragique de la religion qui n'est pas un fait accidentel, transitoire, intermittent, mais un fait humain?

C'est sur ce point que la théorie de l'évolution, appliquée à la religion, se montre incapable de donner une raison suffisante d'un fait indéniable. Nous n'entendons point parler, pour le moment, de l'évolution transformiste qui veut faire sortir la religion, comme la morale, comme l'esprit, comme la vie, des transformations de la force. Nous examinerons plus tard son explication des origines du sentiment religieux. Nous n'avons maintenant en vue que ces généreux penseurs, aussi spiritualistes que nous, qui n'admettent dans l'histoire de la religion, au sein de l'humanité, qu'un simple développement normal, la succession de ses âges divers, qui de l'enfance l'élève à la maturité. A ce point de vue cette note tragique qui s'élève de tous les temples parce qu'elle monte des profondeurs du cœur humain, est sans explication. C'est bien ce qui ressort de deux importants ouvrages récemment publiés sur ce sujet, et qui exposent la théorie du simple développement. Le premier est le livre si remarquable de Pflenderer (1) et le second les *Prolégomènes* de l'histoire des religions par M. Réville (2).

Pour M. Pflenderer comme pour Hegel, dont il se sépare d'ailleurs sur plus d'un point important, la religion dégage la véritable idée du monde qui est la conciliation du fini avec l'infini. Elle suit chez l'homme un développement lentement progressif. Comme tout ce qui vit, il a une tendance fondamentale

---

(1) *Die Religion. Ihr Wesen und ihr Geschichte von Otto Pflenderer.* 2e Auflag. Leipzig, 1878.

(2) A. Réville, *Prolégomènes de l'histoire de la religion.* Paris, Fischbacher, 1881.

à *être* pleinement. Chez l'animal cette tendance s'exprime dans la sensation. Chez l'homme elle se confond avec l'effort accompli en vue de constituer sa personnalité et elle est immédiatement accompagnée du sentiment de son imperfection ou plutôt de sa limitation; aussi est-il poussé incessamment à chercher une satisfaction suffisante, une satisfaction infinie dans un objet qui lui corresponde et qui ne peut être que Dieu. La religion consiste dans la conciliation de cette double tendance implicitement renfermée dans la tendance primitive à être. La personnalité ne s'affirme que pour tendre à sortir de sa limite et s'unir à l'infini. Ainsi se concilient la liberté et le sentiment de la dépendance. La religion a son siège dans ce sentiment profond qui s'appelle le *Gemüth*, mais elle doit se développer dans les diverses sphères de la vie psychique, qui comprennent aussi la pensée et la volonté. Ce développement est progressif; il parcourt des phases successives qui sont aussi nécessaires que les âges de la vie. Dans le domaine intellectuel, la religion débute par le mythe, puis elle s'élève à l'idée, au dogme, et se fait scolastique ou dogmatique. Reconnaissant ensuite qu'il faut faire la part de l'intuition, elle finit par une large synthèse scientifique où tous les éléments de notre être trouvent leur place. Dans la sphère de l'héthique, après une première phase où la morale et la religion sont encore séparées comme dans le stoïcisme, nous finissons aussi par arriver à une synthèse féconde. Le culte manifeste le caractère social et collectif de l'humanité et donne pleine satisfaction au sentiment religieux par des symboles toujours plus épurés L'idée du *cosmos*, qui trouve sa plus haute expression dans l'homme, s'y réalise de la manière la plus puissante par l'offrande et la prière. Le culte, arrivé à son plus haut degré de spiritualité, unit vraiment l'esprit fini à l'esprit infini et apaise, sans l'assoupir, notre tendance fondamentale à l'être véritable.

Partant de ces principes, Pflenderer trace un large tableau du développement religieux de l'humanité par un classement très ingénieux des grandes religions qui s'échelonnent sur la ligne d'un progrès continu. Ainsi comprise, la religion n'est que la réalisation de notre destinée supérieure, car le sentiment du mal se confond avec celui de la limitation et rentre dans la donnée primitive essentielle de notre être. Les théories de M. Réville, développées avec une clarté si magistrale et une si noble élévation, aboutissent au même résultat parce qu'elles partent du même principe. « La religion, dit-il, est la détermination de la vie humaine par le sentiment du lien unissant l'esprit humain à l'esprit mystérieux dont il reconnaît la domination sur le monde et sur lui-même, et auquel il arrive à se sentir uni (1) ». L'histoire d'une religion n'est pas autre chose que le développement progressif, sous des formes variées, de ce sentiment élémentaire, depuis l'ébauche grossière jusqu'à l'épanouissement final. « Ce principe du développement, dit l'auteur, n'est au fond que l'application à l'histoire humaine du principe de continuité qui se dégage toujours plus victorieusement de toutes les conquêtes opérées par la science moderne dans toutes ses directions. Il est de plus en plus évident que tout tient à tout, qu'il n'y a qu'une connexion logique, interne, des réalités, au premier abord les plus disparates. Tout développement suppose un germe primitif qui se déploie, grandit, cherche à rattacher l'homme à l'esprit éternel ; toute la religion et ses diverses manifestions, depuis les plus grossières jusqu'aux plus élevées, ne sont que l'évolution nécessaire de cet instinct primordial (2) ».

Sans contester la part de vérité contenue dans cette conception de la religion, laquelle est bien essentiellement et primitivement une tentative d'union entre l'esprit fini et l'esprit infini, nous ne pouvons l'accepter comme une explication suffisante du fait religieux considéré dans ses condi-

---

(1) *Prolégomènes*, p. 34.
(2) *Prolégomènes*, p. 33.

tions actuelles. Encore une fois, il ne s'agit nullement pour nous de ce qu'enseigne telle ou telle église, mais simplement de la constatation du fait. Or, nous avons reconnu que toutes les religions expriment non seulement le sentiment de la limitation, mais encore celui d'un grand désordre à réparer, d'une réconciliation à opérer, d'un relèvement à obtenir. Nous ne pouvons pour le moment, ni de près ni de loin, ébaucher l'histoire de leur développement. Nous nous attachons aux manifestations évidentes, universelles, du sentiment religieux, telles que le sacrifice et le sacerdoce. M. Réville réduit le sacrifice sous sa première forme à une simple offrande destinée à bien disposer la divinité en faveur du sacrifiant (1). C'est dans cette intention que celui-ci offre des aliments. Pourtant l'auteur lui-même reconnaît que l'homme y cherche bientôt le moyen de rétablir l'union entre lui et la divinité, et qu'il finit par lui donner une valeur expiatrice. « Quand on se représente la divinité, dit-il, non plus seulement comme distributrice des biens et des maux physiques, mais aussi comme la gardienne, la vengeresse de la loi divine, reflet du remords qui ronge la conscience, elle ne peut être apaisée que par un sacrifice spécial, le sacrifice dit expiatoire, dont l'idée devait survivre à la disparition de tous les autres et léguer un dogme à la chrétienté (2) ». Je sais bien que pour M. Réville cette manière de concevoir le sacrifice n'est qu'une phase transitoire de l'évolution morale qui ne répond pas à la réalité, sinon il verrait autre chose qu'un simple développement normal dans notre histoire religieuse. Si le besoin d'expiation se fonde sur une réalité, il n'y a pas eu seulement évolution, il y a eu violation de la loi des choses, il y a eu désordre — rupture du lien normal entre l'homme et Dieu. Quoi qu'il en soit, c'est bien là ce que reconnaît la conscience même au travers des rites les plus barbares. Je n'en veux

---

(1) *Prolégomènes*, p. 179.
(2) *Prolégomènes*, p. 179.

d'autre preuve que l'hymne le plus sublime des Vedas, cité par Max Müller, comme le psaume de pénitence des Aryas; il nous apporte l'écho de la plus antique religion, arrivée à la conscience d'elle-même parmi nos ancêtres, et il a vraiment exprimé le sentiment humain universel, car une plainte identique roule en longs échos sous la voûte de tous les temples et monte au ciel avec le sang de toutes les victimes. C'est le *Kyrie eleison* non seulement du vieil Orient, mais encore de notre terre souillée et gémissante. « Fais, dit le vieux chantre inconnu à son Dieu, fais que je n'entre pas encore dans la maison d'argile; aie pitié de moi, ô Tout-Puissant, aie pitié de moi. Si je marche tremblant comme un nuage chassé par le vent, aie pitié de moi, Dieu tout puissant, aie pitié de moi. Comment pourrai-je arriver à Varouna? Voudra-t-il accepter mon offrande sans déplaisir? Je m'adresse à toi, ô Varouna, désirant connaître mon péché; absous-moi des péchés de nos pères et de ceux que nous avons pu commettre dans notre propre corps. Que purifié de tout péché, je donne satisfaction au Dieu vivant. »

Il n'est pas nécessaire de remonter aux annales d'un si lointain passé pour saisir ce caractère pénitent du sentiment religieux; nous le prenons sur le vif dans notre propre cœur. Dans nos conditions actuelles, ce sentiment ne se sépare jamais du sentiment poignant du mal commis, de la coulpe, du besoin de la réconciliation, et pour tout dire, de la rédemption. Le mot de l'énigme religieuse n'est pas simplement *évolution*, mais *rédemption*. L'aspiration à la rédemption se concilie avec l'évolution dans ce sens que, si elle n'en procède pas, elle entre à son tour dans un développement progressif. Il n'en demeure pas moins que la théorie de l'évolution ne rend pas compte de ce sentiment de l'anormal, du désordre, du péché, qui est le fond amer et douloureux de toutes les religions de l'humanité. Nous le reconnaissons hautement avec Hartmann, rien n'est plus contraire à la religion, telle qu'elle se présente en fait dans l'humanité, que l'opti-

misme frivole et superficiel qui n'y voit que le culte de l'idéal.
« La religion, dit-il, naît partout de l'étonnement dont
l'esprit humain est saisi devant le mal et devant le péché,
et du désir qu'il éprouve d'expliquer leur existence et s'il est
possible de la détruire. Celui qui ne se sent atteint d'aucun
mal, chargé d'aucune faute, celui-là ne songera pas à élever
ses pensées au-dessus des intérêts de ce monde. Mais celui
qui se dit : D'où vient que je doive supporter ces maux et
comment arriverai-je à réconcilier avec elle-même ma conscience chargée de péchés? — celui-là est sur le chemin de la
religion. Ce n'est que lorsque le doute douloureux causé par
le mal ou les inquiétudes de la conscience, l'emporte dans
la balance sur les joies de la vie et devient la disposition habituelle de l'âme, c'est-à-dire, lorsqu'elle est arrivée
au point de vue pessimiste, c'est seulement alors que la
religion peut s'établir dans le cœur. Là où n'existe pas la
disposition pessimiste, la religion ne pourrait croître (1) ».

Nous passons sous silence les mordants sarcasmes de Hartmann contre l'optimisme sans profondeur qui transforme le
drame religieux en une fade idylle, parce que ses sarcasmes se
retourneraient aisément contre le pessimisme absolu. Celui-ci,
en effet, en faisant du mal une nécessité inéluctable, émousse
la pointe du remords et aboutit pratiquement à des consolations
de table d'hôte, témoin Schopenhauer. Si la religion était pessimiste à la façon des adorateurs du stupide Inconscient qui nous
a condamnés au mal en nous appelant à l'être par distraction,
elle n'inspirerait ni les tourments de la conscience ni les brûlantes aspirations vers la rédemption. Le pessimisme de la
vraie religion est autrement profond que celui de Hartmann,
parce qu'il part d'une conception optimiste du monde. Le
monde, pour elle, était fait pour le bien et le bonheur ; s'il les
a perdus, c'est par suite d'un désordre ou d'un égarement

---

(1) Hartmann, *la Religion de l'avenir*, traduit de l'allemand. Germer-Baillière, 1876.

aussi effroyable que mystérieux. De là le remords et ses tortures. De là aussi le besoin et la recherche du pardon. Les douleurs qui sont inséparables du sentiment religieux, tant qu'il n'a pas trouvé le grand apaisement, attestent par leur nature, même la foi dans la liberté humaine. Il faut que l'humanité sente obscurément mais réellement que, si le lien entre elle et Dieu a été rompu, c'est par sa faute, sinon elle n'aurait ni le remords ni la soif du pardon. Le plus grave reproche que nous faisons à la théorie de l'évolution appliquée à la religion, c'est qu'elle méconnaît son caractère moral, c'est qu'elle fait abstraction de la liberté sans laquelle la religion ne serait qu'un instinct supérieur. Ainsi que nous l'avons déjà reconnu, pour les autres manifestations de notre vie psychique, la liberté seule a pu la faire passer de la vie instinctive et inconsciente à la vie réfléchie, voulue. La religion vraiment humaine ne répond à notre destination morale que si elle est un libre don de notre être au Dieu qui s'offre lui-même à nous. C'est dire que ce don peut être refusé. Or les souffrances comme les aspirations de l'humanité actuelle montrent qu'elle croit que, dans un passé mystérieux, elle s'est dérobée à Dieu. Nous ne cherchons pas si elle est ou non la proie d'une illusion, si la déchéance peut être établie par une argumentation solide. Nous affirmons seulement que l'humanité y a cru et que les religions qu'elle a tirées de sa conscience ont exprimé sans exception ce sentiment poignant de la déchéance, source de tous ses remords et de toutes ses aspirations. Il faut, ou supprimer la notion du péché qui est à la base de toutes les religions, ou reconnaître que la théorie du simple développement religieux ne répond point aux faits. « La religion n'est rien, a dit avec une haute raison M. Renouvier, si elle n'est la reconnaissance du péché dans le général et le particulier et la rédemption du pécheur (1). »

(1) *Critique philosophique*, avril 1881. Voir dans l'*Encyclopédie* Lichtenberger le bel article de M. Astié sur *la religion*.

Si le sentiment religieux, saisi dans sa profondeur et dans sa généralité, comprend tout ensemble la conviction du péché, c'est-à-dire du désordre, et l'aspiration à la rédemption, il en résulte qu'il implique la notion du surnaturel. En fait elle ne lui a jamais manqué ; il est incontestable qu'il n'existe pas une religion qui n'ait cru à une libre intervention de la divinité pour aider l'humanité à renouer le lien brisé. L'homme ne pouvait pas ne pas y croire ; il y avait là une sorte de logique psychologique. Si le péché, le désordre sont intervenus, la vraie nature n'existe plus et si la nature faussée est seule à l'œuvre, le désordre sera éternel, incurable. A quoi bon tenter de le faire disparaître ou de l'atténuer, si le mal est sans remède ? Dès que l'homme tente une œuvre réparatrice, c'est qu'il espère que la nature faussée ne sera pas laissée à elle-même, qu'elle peut être redressée — et qui donc pourrait la redresser si ce n'est son auteur ? Le surnaturel ne peut être désormais qu'un rétablissement de la vraie nature, restaurant la vraie relation de l'homme avec Dieu. L'antinomie n'existe qu'entre le surnaturel et la nature faussée qu'on peut appeler le *contre-naturel*. L'imagination de l'homme greffe un merveilleux fantastique sur cette espérance de réparation ou de restauration de la vraie nature, mais une telle espérance n'en est pas moins inséparable de toute religion positive qui repose sur l'espoir ou la tentative de la grande réconciliation. La foi au surnaturel, considérée dans son principe, n'est point cette conception tout intellectuelle d'une révélation supranaturelle, multipliant les prodiges pour forcer l'esprit humain à accepter une doctrine qui le surpasse et ne saurait le vaincre qu'en l'écrasant. Non, ce que l'homme demande, c'est plus qu'une idée sur Dieu, — c'est Dieu lui-même, un Dieu apaisé, répondant à toutes les aspirations de son être. La révélation se confond pour lui avec la manifestation effective de Dieu. Si celle du dedans ne lui suffit plus, c'est par suite de sa séparation volontaire d'avec son principe, mais toutes les manifestations extérieures, historiques de la divinité n'auront de prix et de signification que si elles correspondent au sens du divin qui est en lui, en le ravivant(1). Révélation, rédemption, c'est tout un. Si la première a été distinguée de la seconde et réduite à d'inintelligibles oracles, c'est affaire de scribe et de rabbin, mais la grande aspiration humaine a monté bien plus haut. Ce qu'elle a réclamé, c'est un Dieu pardonnant, relevant l'homme, se donnant à lui et faisant triompher son libre amour sur le principe du mal et de la mort qui fausse la nature. Sous sa forme la plus haute et la plus pure, dans le christianisme, la religion se présente bien à nous avec ce caractère qui la distingue profondément d'une simple croyance fondée sur des oracles merveilleux. C'est dans cette forme supérieure qu'après avoir été mêlé auparavant de tant d'éléments qui le souillaient ou le diminuaient, le sentiment religieux s'épanouit comme le bouton de fleur qui a rompu son enveloppe ou l'insecte ailé qui a achevé de rejeter sa chrysalide. La religion est donc l'expression la plus haute et la plus sainte de cette aspiration à l'idéal, qui nous a paru l'un des traits les plus caractéristiques de l'humanité. Elle devient l'aspiration non seulement à l'idéal d'une façon générale, mais encore à la restauration de la véritable idée de l'humanité par la rédemption. Que l'œuvre surnaturelle impliquée par une telle notion de la religion ait été réalisée, c'est ce que nous n'avons pas à rechercher pour le moment. Nous savons seulement que les lois naturelles étant contingentes, elle reste possible pour toute science qui ne se résout pas en mécanique pure et qui admet à côté de la force, ce qui qualifie et modifie la force, c'est-à-dire la liberté. Le problème du surnaturel est immense et ne se tranche ni par l'affirmation, ni par la négation sommaires. L'opposition entre le naturel et le surnaturel n'est point absolue; car nous ne connaissons qu'une infime fraction de la totalité des lois et des forces qui constituent le vaste

---

(1) Voir Rothe, *Zur Offenbarung*.

ensemble de l'ordre naturel, tel que le connaît et le dirige son auteur. Ne peut-on pas dire avec saint Augustin que ce qui est borné, ce n'est pas la nature, mais notre connaissance? Gardons-nous d'oublier que la dépendance de la nature vis-à-vis de son auteur est la première des lois naturelles.

Si nous résumons les divers caractères de la religion, nous y reconnaîtrons avant tout l'effort de l'être humain pour rejoindre Dieu par toutes ses facultés. Après nous avoir donné l'intuition de l'être infini qui est aussi le bien absolu et l'amour parfait, elle unit étroitement le sentiment religieux, le sentiment moral et l'immense besoin d'aimer qui est dans l'âme. Elle est toute pénétrée de la croyance dans nos destinées futures, car sans la persistance de notre existence au delà de la mort, nos plus hautes aspirations seraient trompées et la loi morale n'aurait pas de sanction. La religion enfin exprime par des rites et des symboles le sentiment profond du péché qui a rompu la relation normale avec Dieu et tout ensemble cette aspiration à la rédemption qui n'est pas moins universelle. Voilà ce qui ressort de la constatation du fait religieux tel qu'il se dégage pour nous de l'histoire. Nous devons maintenant en rapprocher l'explication qu'en donne le matérialisme contemporain.

II. — DES DIVERSES EXPLICATIONS DE L'ORIGINE DE LA RELIGION.

Établissons d'abord d'une manière générale que la religion, ramenée à ses éléments essentiels et universels, ne peut pas procéder du monde extérieur, comme le prétendent toutes les écoles naturalistes. Pour plusieurs de ces éléments, la preuve est déjà faite; c'est ainsi que, pour tout ce qui touche au côté moral de la religion, nous n'avons qu'à renvoyer à notre discussion sur l'origine de la morale. Nous avons établi que la loi de la conscience est fondée sur une intuition immédiate et qu'elle fait appel à un acte de volonté pour être acceptée et mise au-dessus de la passion et de ses entraînements. Max Muller, dans sa récente préoccupation de chercher une base physique à la métaphysique religieuse, prétend, dans ses dernières conférences sur la religion, que la loi morale a été déduite de la loi naturelle qui fait marcher le monde avec inflexibilité dans les voies de la rectitude (1). De là ce mot de droiture appliqué à l'une et à l'autre. Nous ne nions pas que, pour cette grande idée comme pour toutes les autres, le langage humain n'ait emprunté son symbole à la nature; mais il y a mis ce que la nature ne renferme évidemment pas, à savoir le sentiment de responsabilité et de liberté qui n'a jamais été attribué à la course régulière du soleil. N'oublions pas que l'homme n'éprouve pas seulement le sentiment de la liberté, de la responsabilité, mais encore qu'il se reproche d'avoir manqué à sa loi. De là le contraste douloureux qu'il constate entre la réalité qu'il a sous les yeux et son idéal. Or ce contraste ne peut être senti par lui que s'il a conscience d'une réalité plus haute que celle qu'il a sous les yeux. Sa plainte profonde, ses aspirations douloureuses suffisent pour prouver qu'il n'a pas puisé son sentiment moral à une source purement naturelle. Ce n'est pas ce qui se voit qui le ferait tendre au bien absolu qui ne se voit pas, s'il n'en avait eu une sorte de vision intérieure et le sublime pressentiment.

Si, de l'élément moral dans la religion, nous passons à la notion de l'infini qui en est l'essence, nous reconnaîtrons que les grands spectacles de la nature ne peuvent suffire à la faire naître en nous. Ils éblouissent, ils enivrent, ils écrasent tant qu'ils ne s'adressent qu'aux sens; ils ne leur communiquent qu'une impression voluptueuse ou terrible; mais ils ne leur

---

(1) *Conférences sur l'origine et le développement de la religion.* (Germer Baillière, 1875.)

donnent point la vue de l'infini. Pour l'y trouver, il faut l'y mettre et la tirer de soi-même. Max Muller a bien prétendu, dans ses dernières conférences de Westminster, que nos sens, à eux seuls, nous conduisent à l'idée de l'infini, et nous ouvrent en quelque sorte les portes de l'invisible, leurs plus hautes perceptions se rapportant à des objets non tangibles, tels que le ciel profond dont les lointains se prolongent. Mais jamais on n'identifiera à l'invisible ce qui est perçu par les sens : le lointain vague et nuageux peut donner la notion de l'*indéfini*, mais l'infini est tout autre chose. L'indéfini, c'est le fini prolongé ; l'infini, c'est l'abolition même du fini. Sur ce point, nous donnons entièrement raison à la théorie développée par M. Herbert Spencer dans son livre des *Premiers principes*, où il soutient que l'idée de l'infini et celle du fini sont corrélatives et que, pour l'esprit humain, le fini n'existe que parce qu'il croit à l'infini (1). Il faut que cette grande notion soit inhérente à la raison pour qu'elle la tire du fini, fût-ce même de l'immensité du ciel étoilé.

Certes, nous comprenons que le fils de l'Orient ait transporté au ciel éclatant la notion du divin qui était en lui. Il est facile de se représenter l'impression que devait produire sur lui l'étincelante aurore dissipant la nuit, éveillant la fête universelle, empourprant les plaines immenses. On comprend de même que le divin se soit rattaché pour lui aux flots bienfaisants du fleuve, à l'eau rafraîchissante qui féconde un sol desséché, et, plus tard, au feu du foyer, au centre joyeux de toute la vie patriarcale. Mais, encore une fois, il n'eût

---

(1) « L'existence positive de l'absolu est une donnée nécessaire de la conscience (*Premiers principes*, p. 104). Nous sommes forcés de regarder tous les phénomènes comme la manifestation de ce pouvoir qui agit sur nous. La conception du pouvoir incompréhensible, que nous appelons omniprésent, parce que nous sommes incapables d'en fixer les limites, est ce qui sert de base à la religion (p. 108). » Nous avons déjà fait remarquer à quel point cette théorie s'accorde peu avec un système qui ne laisse place à aucun mystère.

rien divinisé dans la nature si le divin n'eût jailli des profondeurs de son être. En ce qui concerne la croyance dans la vie future inséparable de l'idée d'infini, nous ne pouvons admettre à aucun degré qu'elle soit purement et simplement née du respect des ancêtres. M. Fustel de Coulanges, dans son beau livre *sur la Cité antique*(1), a eu raison de rattacher le sentiment religieux primitif pour une large part à la vénération pour les ancêtres qui veillent du séjour des ombres sur leur descendance. La patrie est le sol sacré où sont ensevelis les pères, les *patres*. Nous reconnaissons avec lui que la paternité a été le plus beau symbole de la divinité, mais elle n'eût pas été divinisée si le sentiment du divin n'eût préexisté dans l'homme, sinon il n'eût jamais vu que son semblable dans le chef près duquel il avait combattu et qui était tombé à ses côtés sous une flèche ennemie. N'oublions pas que le respect pour l'ancêtre décédé ne saurait à lui seul donner la notion de l'immortalité ; car, ce père chéri, respecté, on a commencé par le voir mourir. Le spectacle de la mort n'est-il pas demeuré, même après dix-huit siècles de christianisme, une redoutable épreuve pour la foi dans la vie future? Qui donc n'a été traversé par un doute affreux devant les sinistres apparences de la mort, devant cet œil éteint, cette bouche muette, ce front glacé, cette main immobile qui ne répond plus à l'étreinte? Pour croire à la vie dans la mort, il ne suffit ni d'un rêve ni d'une ombre. C'est une chose inouïe que l'homme sauvage ait triomphé de cette accablante réalité et que, en face de la destruction de l'enveloppe corporelle, il ait cru à la permanence de l'âme. La raison n'a jamais remporté un plus magnifique triomphe sur la perception sensible. Là où la sensation dit : *Mort et destruction*, l'âme a dit : *Vie et résurrection*. N'ayons garde d'oublier néanmoins que la mort a sa majesté ; si elle ne révèle pas la vie, elle marque d'un sceau de grandeur le front qu'elle a pâli.

---

(1) Fustel de Coulanges, *La cité antique*. (Paris, Hachette.)

Cette idéalisation qu'elle confère à l'homme qu'on a aimé et vénéré a dû saisir vivement les fils encore rudes et barbares du chef de la peuplade, après que celui-ci avait rendu son dernier souffle, et, grâce au souvenir mêlé de tendresse qu'il laissait après lui, elle a été se développant. Ainsi s'explique sa divinisation.

Le culte des ancêtres ne fut qu'un degré bientôt franchi par le sentiment religieux. Cette humanisation du divin fut appliquée à la nature. L'homme a la tendance de se retrouver en elle ; il lui attribue et y retrouve jusqu'à ses propres facultés et la distinction des sexes. L'anthropomorphisme qui, avant de briller de son plus radieux éclat dans l'humanisme grec, s'est manifesté dans toutes les religions de la nature, n'est pas né de simples légendes sans portée morale ; il n'a pas fait du soleil le roi du ciel, par la simple raison que le chef de telle tribu serait venu d'une contrée orientale. Non, il a pour point de départ une notion vraie et profonde, c'est que l'être infini, absolu, doit posséder la vie sous sa forme la plus haute, sous la forme de la vie libre, de la vie morale et non sous celle de la vie pesante de la matière ou de la simple animalité. L'anthropomorphisme est une preuve nouvelle et décisive que la religion n'est pas l'empreinte de l'homme sur la matière, mais, au contraire, la victorieuse réaction de l'âme sur les choses, qu'elle fait partie de son essence, et qu'il est en définitive un être essentiellement religieux. Ainsi, ni le fond moral de la religion, ni la notion de l'infini et de l'immortalité ne sauraient procéder du dehors, et venir de la nature. Ce n'est pas celle-ci qui pousse l'homme à cet effort de tout son être pour s'unir à Dieu qui, comme nous l'avons vu, est le caractère par excellence de la religion. La nature, sans doute, reflète les perfections de Dieu et reporte à lui comme à la seule causalité qui soit en rapport avec la grandeur et l'harmonie de l'œuvre immense qui est sous nos yeux, mais elle parle une langue confuse qui demande la raison et la conscience pour l'interpréter, sous peine de retenir l'homme dans la région des sensations et des simples émotions. Il en résulte qu'elle ne fournit pas à elle toute seule la possibilité de ce grand dialogue entre l'être borné et l'être infini qui constitue la religion. La nature ne lui renvoie que l'écho de sa propre voix. Or, il a besoin qu'un plus grand que lui parle à son cœur. Il ne s'agit pas ici simplement d'une grandeur de proportion ou de dimension, mais d'une grandeur d'un ordre supérieur à la nature. Toute relation implique deux termes ; la nature n'en fournit qu'un seul. Nous savons bien que trop souvent l'homme semble s'arrêter à elle et l'adore dans telle ou telle de ses manifestations, mais ce n'est qu'en apparence. Le seul fait qu'il adore révèle en lui le sentiment d'un être plus grand que tout ce qui lui est semblable. Il le pressent au travers de la nature et, tout en paraissant s'arrêter à elle, il la dépasse ; car la notion même d'adoration implique que l'objet du culte soit plus grand que le monde créé. Qu'on veuille bien remarquer que, quand l'homme adore la nature, il la transfigure, il lui prête un pouvoir extraordinaire et la faculté de s'élever au-dessus de ses propres lois. Donc il la dépasse, tout en l'adorant. L'adoration mêlée au naturalisme en est la négation implicite.

Après cette réfutation toute générale de l'explication naturaliste de la religion, passons aux théories particulières inspirées par le même principe. Il en est qui méritent à peine l'examen. L'évhémérisme, qui n'y voit qu'une tradition historique déformée, l'apothéose par l'enthousiasme et l'imagination des grands héros guerriers et civilisateurs de l'histoire primitive, est tellement en contradiction avec le sentiment religieux le plus élémentaire qu'il suffit de le citer pour mémoire. La théorie épicurienne, qui est encore représentée parmi nous, réduit la religion à l'effroi de l'inconnu ; mais, comme l'a très bien fait remarquer M. Réville, la terreur n'épuise point la notion de la religion, puisque l'homme, une fois rassuré, continue à se montrer religieux ; bien plus, il trouve une vraie satisfaction dans le sentiment tragique des choses et se plaît à le développer par des rites appropriés, au lieu de s'efforcer d'y échapper. Or, il est certain que, si l'effroi religieux ressemblait à nos peurs vulgaires, nous chercherions à le dissiper et non à l'entretenir (1). Darwin n'a fait, en réalité, que reprendre l'idée épicurienne. N'allait-il pas jusqu'à retrouver l'élément religieux primitif chez son chien, quand celui-ci poussait des cris d'effroi devant un rideau agité par le vent, dans le vague pressentiment d'une force inconnue et redoutable (2). Nous attendrons, pour discuter cette théorie, que cet animal mystique ait fondé une religion pour les chiens, ses frères.

L'école positiviste n'a vu dans la religion que cet état enfantin de l'esprit humain qui lui fait adorer les fétiches, identifier le surnaturel avec le naturel, et incorporer dans ses grossières idoles cette idée confuse d'un pouvoir extraordinaire dont la pensée l'accable (3). Nous laissons de côté le point historique de cette théorie, auquel nous reviendrons quand nous traiterons du sentiment religieux chez l'homme primitif. Pour l'instant, il nous suffit d'opposer à l'explication positiviste une seule considération psychologique. Dire que le fétichisme est l'origine de la religion, c'est ne rien dire du tout, car il s'agit de savoir sous quelle impulsion l'homme en est arrivé à faire un fétiche, c'est-à-dire à diviniser un morceau de bois ou un animal. Ni ce morceau de bois ni cet animal n'avaient rien de divin dans leur apparence ; pour ajouter l'adjectif divin à un substantif qui le comporte si peu, il a fallu que l'homme en eût l'idée antécédente, et qu'il la projetât en dehors de lui. Plus l'objet de son culte est grossier, plus il lui était impossible d'en tirer la notion du divin. Il fallait qu'il la possédât en lui-même, dans son esprit, dans son sentiment. La difficulté

(1) Réville, *Prolégomènes*, p. 102.
(2) Darwin, *La descendance de l'homme*, t. Ier, p. 70.
(3) Girard de Rialhe a repris et développé cette idée dans son histoire des *Mythologies comparées*.

n'est que reculée; car il faut maintenant savoir comment elle y a pénétré.

Cette nécessité logique ne pouvait échapper à l'éminent esprit d'Herbert Spencer. Aussi s'est-il efforcé d'expliquer l'origine du sentiment religieux sans sortir du domaine de la sensation; car toute idée, tout sentiment, d'après la logique de son système, doit venir du dehors et jamais du dedans, puisqu'il n'admet aucun *à priori*, rien qui ressemble à l'âme ou à la conscience (1). Il fait sortir la religion d'une sorte de spiritisme. Voici, en résumé, son explication. A l'en croire, le sauvage est en tout point semblable à l'enfant; il ne fait pas plus que lui de distinction entre le naturel et le surnaturel; dans son naïf étonnement devant la nature, tout est à la fois merveilleux et naturel. L'impossible n'existe pas pour lui. Aussi est-il disposé à prendre pour réel tout ce qui aura frappé son imagination. Il rêve; par exemple, qu'il a chassé pendant son sommeil; à son réveil, il croit qu'il a réellement chassé; les compagnons auxquels il raconte son rêve le croient bien davantage, par suite de l'imperfection de son langage. Ce chasseur qui est sorti de son corps et a couru la forêt n'était pas le même qui était couché sur la terre où il a dormi, c'était l'*autre soi*. Il croit donc à une sorte de dédoublement de son être. Quand il marche au soleil, son corps projette une ombre, cette ombre ne serait-elle pas encore cet *autre soi*? Ne serait-ce pas cette ombre qui s'envolerait du corps de son père, quand il est glacé et immobilisé par la mort? Il a été d'ailleurs témoin de métamorphoses nombreuses dans la nature et dans le monde animal. De là l'idée de transformations semblables pour lui-même comme pour ceux qu'il a aimés. La syncope et la catalepsie fortifient cette croyance dans la réapparition de la vie après la mort. C'est ainsi que le sauvage en vient à croire à une région où les ombres sont transportées après cette vie, surtout si le cadavre a reçu les soins convenables. Cette

---

(1) Herbert Spencer, *Principes de sociologie*. (Germer Baillière.)

région est d'abord semblable, en tout point, à la patrie terrestre ; voilà pourquoi il faut déposer près du mort tous ses ustensiles de chasse et de pêche. Plus tard le sauvage place plus loin le séjour des morts et l'idéalise. Les esprits reviennent incessamment pour tourmenter ou protéger leurs descendants. Le culte des ancêtres est né de cette superstition. Les ombres des morts se glissent aussi dans les animaux et dans les plantes. Le fétichisme procède de ce spiritisme primitif. Le culte des astres, dans le soleil, n'a pas d'autre origine. On finit par y loger l'esprit de l'ancêtre, soit qu'il tînt du soleil son surnom, soit qu'il fût venu d'un pays d'Orient. La prêtrise est une simple sorcellerie et se rattache également au culte des esprits.

C'est de cette façon que s'expliquerait la plus grande puissance morale qui soit apparue dans l'histoire. Un rêve pris au sérieux, un conte de revenant, une lâche terreur, c'est tout ! Dévouements sublimes, martyrs allant au cirque ou au bûcher le sourire sur les lèvres, trésors de charité répandus aux pieds de l'humanité souffrante, tourment sacré de l'infini, pensées profondes des Augustin et des Pascal, saintes et brûlantes extases de l'âme déployant son aile au-dessus de tout ce qui passe, aspiration vers l'idéal, douleur poignante du mal commis, pleurs qui ne pouvez tarir, soif du pardon et de la justice, il a suffi, pour vous produire, du rêve insensé d'un sauvage, alourdi par un festin de chasse, et ce que l'histoire humaine a de plus émouvant, de plus grandiose est sorti de cette vapeur épaisse montant d'un cerveau malade ! La disproportion entre le fait à expliquer et l'explication saute aux yeux. Mais ce jugement sommaire ne nous suffit pas ; il nous faut descendre sur le terrain de notre adversaire.

Toute la théorie d'Herbert Spencer repose sur l'identification du sauvage avec l'homme primitif. Mais lui-même reconnaît explicitement que la distance entre l'un et l'autre peut être grande. « Il y a des raisons de penser, dit-il, que les hommes des types inférieurs existant aujourd'hui ne sont pas des spécimens de l'homme tel qu'il fut dans son principe (1). » En outre, comme le fait remarquer Max Muller, rien n'est plus difficile que d'arriver à constater les croyances religieuses des sauvages. Ils n'ont pas de traditions fixées, de symbole constitué; souvent ils répugnent à faire connaître leurs croyances. Quant à l'analogie établie entre le sauvage et l'enfant, elle est erronée à bien des égards. Le sauvage qui doit suffire à sa vie et à sa défense possède des qualités de raisonnement et de prévoyance qui manquent à l'enfant. Il a aussi des éléments beaucoup plus nombreux d'observation, qui l'empêchent de tomber dans la fantasmagorie insensée qu'on lui attribue. Nous concédons que, par la naïveté et la spontanéité des impressions, il ressemble à l'enfant, mais c'est une opinion de célibataire que de contester à celui-ci les traits distinctifs de la raison humaine. Pour dire « qu'il ne montre ni surprise, ni curiosité rationnelle, » il faut n'avoir vu que des enfants de *Keepsake*, n'avoir jamais vécu avec un de ces intrépides questionneurs qui représentent avec une ardeur insatiable le principe de causalité; il faut n'avoir jamais recueilli sur une bouche rose cet infatigable *Pourquoi*, qui ne s'arrête devant aucune barrière, devant aucune convention et qui nous offre la raison humaine dans sa fleur et comme dans sa virginité.

Ce besoin de s'expliquer les choses, d'abstraire, d'universaliser, de statuer des lois là où la perception sensible ne nous donne que des faits, se retrouve chez le sauvage, tel que nous le dépeint l'auteur, sans qu'il soit nécessaire de nous reporter aux documents qui nous le font connaître sur les divers points du globe et auxquels nous reviendrons plus tard. Contentons-nous d'opposer Herbert Spencer à lui-même. Que nous dit-il, en effet? D'après lui, ce sauvage qui n'a pu arriver à une croyance ou à une notion quelconque que par de simples perceptions sensibles, s'associant et se groupant entre elles, ne

(1) H. Spencer, *Principes de sociologie*, page 139.

s'est pas contenté de contempler le soleil qui se couche pour renaître, il en a conclu à une loi de métamorphose pour la vie universelle et il s'en est fait l'application. Il a tiré une conclusion identique de la transformation du batracien et de la chenille, ou du grain de blé qui devient épi. De ces transformations particulières, il a conclu à une transformation générale ; il s'est dit : « Moi aussi, je serai comme la chrysalide. Je serai enfermé dans le sépulcre, ainsi que dans une étroite et obscure enveloppe, mais j'en sortirai comme le papillon, qui vole dans la plaine. » Il y a là bien autre chose que la simple inférence, qui va pas à pas et en rampant, du particulier au particulier. D'un bond, l'esprit est allé au général, à l'universel, à la loi. Jamais la succession des sensations ne donnera une notion pareille. Je retrouve la même puissance d'universaliser, de généraliser, et de raisonner en enchaînant les effets aux causes, dans la conclusion qu'Herbert Spencer fait tirer au sauvage de son rêve de chasse. Ce n'est pas une chose si simple qu'il veut bien le dire que d'en dégager la notion de *l'autre soi* et d'échafauder sur cette base fragile l'idée d'une autre existence, indépendante de l'enveloppe matérielle. Le chien rêve aussi qu'il chasse et il se borne à aboyer contre sa proie imaginaire. Conclure de son rêve à l'indépendance d'une partie de son propre être vis-à-vis du corps resté étendu sous le poids du sommeil, arriver à admettre, non seulement pour soi, mais pour tous ses semblables, la possibilité d'une autre existence que l'ordinaire et partir de là pour conclure à une vie future, quelle qu'elle soit, c'est faire un emploi très compliqué de la raison ; c'est porter dans l'explication de la mort une grande hardiesse de pensée. Il ne faut pas dire que le fait d'avoir vu son ombre projetée a suffi, par une simple impression visuelle, à communiquer au sauvage la notion de *l'autre soi* ou de la vie d'au delà. La sensation visuelle montre l'ombre inséparable du corps. Pour l'en séparer et en faire un être à part, il faut dépasser la perception sensible ; il faut raisonner. En généralisant les faits particuliers pour en tirer l'idée d'une existence postérieure à la mort, on s'élève du particulier, que la sensation ne dépasse pas, à l'universel, que la raison seule perçoit. Ainsi, le sauvage d'Herbert Spencer ne répond pas à sa théorie, sa pensée n'a pas reçu toutes ses idées du dehors; il a mis du sien, et beaucoup, dans les notions qu'on lui attribue et qui dépassent de si loin la réalité.

Ces notions, en effet, même en nous en tenant aux constatations très insuffisantes, selon nous, de M. Herbert Spencer, débordent de toutes parts son système. Pour enlever à la religion tout caractère spécifique qui la distingue des notions acquises par la perception sensible, il nous la présente comme une erreur des sens. Le sauvage croit que son *autre soi* a chassé pendant son sommeil, que son ombre est identique à cet autre soi, et enfin que la mort se borne à l'engourdir à la façon de la syncope et de la catalepsie. Comme rien ne l'étonne, comme l'impossible n'existe pas pour lui, il ne fait aucune distinction entre le naturel et le surnaturel. Il n'est pas plus religieux en croyant à des esprits continuant à exister après la mort dans une autre région et agissant sur ce monde-ci en bien ou en mal, qu'il ne le serait en admettant l'existence de tel animal gigantesque comme l'hippopotame ou le rhinocéros, quand il les verrait pour la première fois. De cette façon, l'élément distinctif, spécifique de la religion disparaît totalement. Mais pour avoir raison, M. Herbert Spencer est tenu de démontrer que, en effet, pour le sauvage, il n'y a eu aucune distinction entre le naturel et le surnaturel et qu'il met sur la même ligne tous les phénomènes qui l'étonnent. Or, cela n'est pas, et lui-même nous en fournit la preuve. « Le sauvage, dit-il, dans le résumé qu'il fait de son livre, croit que tout ce qui dépasse l'ordinaire est surnaturel ou divin, l'homme remarquable comme le reste. » Qu'est-ce à dire, sinon qu'il distingue entre l'ordre naturel ordinaire et un ordre supérieur qui l'étonne et le dépasse? De là vient qu'il adore ce qui lui paraît appartenir à cet ordre. Adorer, c'est faire la plus grande distinction imaginable entre l'ordinaire et l'extraordinaire, c'est constituer un ordre de transcendance. Le sauvage ne divinise pas toutes les plantes, tous les animaux ; il en choisit quelques-uns, qui souvent ne sont pas plus étranges que les autres, mais il y incorpore ce sentiment de la transcendance, du surnaturel, du divin qu'il n'en a pas tiré, car il est en lui. Nous ne nions pas que les manifestations des forces de la nature ne contribuent à l'éveiller ; mais l'homme ne les diviniserait pas, s'il ne possédait en lui-même l'intuition du divin.

Serrons de plus près cette prétendue origine de l'*autre soi* aboutissant à la divinisation des ombres et de tout ce qu'elles pénètrent, depuis les corps célestes jusqu'aux animaux, aux plantes et aux pierres. Pour que le rêve de chasse eût l'importance qu'on lui attribue, il faudrait que le sauvage confondît vraiment son rêve avec la réalité. Or, c'est ce qu'on n'a jamais démontré. Que le rêve ait eu parfois le caractère d'une vision qui faisait réapparaître les êtres aimés perdus, cela n'est pas contestable ; nous ne voyons aucune difficulté à attribuer à de telles visions une influence sur la croyance à l'immortalité, mais on n'en tire pas la notion de l'*autre soi*. Le sauvage sait très bien ce que c'est que rêver « J'ai rêvé de mon frère, » dit en propres termes un Zoulou, cité par M. Herbert Spencer. Il avait donc conscience que l'état de songe diffère de l'état de veille. Dès lors, il ne pouvait identifier les actes accomplis par lui pendant le jour à ceux qu'il s'est représentés dans son sommeil, sinon il n'eût pas dit qu'il avait rêvé.

Il y a plus : pour que le rêve donnât vraiment l'idée de l'*autre soi* et fût la cause unique de la croyance à la vie future, il faudrait que l'on pût prouver la réalité de cette notion du dédoublement de l'être humain. Or, dès que la croyance à l'immortalité apparaît, elle est accompagnée du sentiment profond de l'identité du vivant et du mort. Tous les rites funèbres la supposent, puisqu'ils consistent à entourer le mort de tout ce qu'il a aimé, préféré pendant la vie terrestre, afin qu'il puisse la continuer. Le respect du cadavre, qui pendant longtemps a rattaché l'immortalité à la dépouille mortelle, ne se concilie pas avec la théorie de l'*autre soi*. Plus M. Herbert Spencer s'attache à faire ressortir la solidarité entre la vie future et la vie terrestre pour le sauvage, plus il prouve que celui-ci a conscience de l'identité de la personne au travers de la mort ; plus il ôte d'importance à son hypothèse de l'*autre soi*, laquelle cependant est le point de départ de toute son explication de la religion rattachée au rêve.

Nous arrivons plus sûrement encore à la même conclusion, si nous allons au fond de cette idée de l'autre vie, de la vie d'au delà, même en nous tenant à la forme grossière sous laquelle M. Herbert Spencer nous la présente. Chez le plus rude sauvage, elle est traversée d'un pâle rayon de l'idée morale. A ses yeux, toujours d'après l'auteur, la résurrection dépend de sa conduite dans la vie (1). La seconde vie, pour certains peuples, apparaît comme le prix de la bravoure (2). Etait-il possible de marquer d'une manière plus positive qu'il n'y a qu'un seul et même moi dans les deux vies, puisque ce sont nos mérites ou nos démérites dans celle-ci qui déterminent notre état dans l'autre ? Il y a ici plus que la preuve de l'identité persistante de la personne humaine ; nous obtenons une vue nouvelle et profonde sur l'essence même de la religion. Nous saisissons le lien étroit qui unit l'idée morale et l'idée religieuse, dès que la notion du divin se manifeste.

Il nous semble que, après cette discussion, nous pouvons conclure que c'est bien de son propre fond et non du monde extérieur que l'homme a tiré l'idée et le sentiment du divin et que ce n'est qu'après l'avoir saisi en lui-même qu'il a pu le reconnaître dans la nature. S'il ne l'avait pas trouvé au fond de lui-même, il ne le trouverait nulle part. Nulle révélation

---

(1) Herbert Spencer, *Principes de sociologie*, page 256.
(2) *Id.*, page 71.

extérieure ne le lui donnerait, car il serait incapable de le comprendre ; la voix même de Dieu ne serait pour lui qu'une cymbale retentissante, sans ce Verbe intérieur, qui est comme l'unisson sublime de ses plus hautes facultés spéculatives et morales murmurant le nom ineffable.

Cette révélation intérieure, qui résulte de la constitution intime de l'être humain, n'exclut en rien la révélation historique ; bien au contraire, elle seule la rend possible, à la condition que celle-ci ne soit jamais une autorité tout extérieure, sans correspondance avec notre être intellectuel et moral, car alors elle ne serait qu'une autre espèce de transformisme tirant notre vie supérieure du dehors. Rien ne s'oppose à ce que l'humanité égarée reçoive des lumières nouvelles, ou plutôt que, séparée de Dieu, elle le retrouve par les communications vivantes de son amour. Seulement, pour recevoir la lumière, il faut l'œil approprié qui est précisément cette intuition du divin qui vient du dedans et non du dehors, et que nous aimons à reconnaître jusque dans les derniers abaissements de l'humanité déchue et flétrie. Elle a été souvent plus abaissée encore que son plus auguste représentant dans son anéantissement volontaire, car le divin enfant de Bethléem n'a connu que le dénuement et jamais la souillure. Au contraire, l'âme humaine a été plus d'une fois emmaillotée de hideux haillons dans des antres pires que les plus pauvres étables. C'est jusque-là qu'il nous faut maintenant descendre pour savoir ce qu'a été en fait cet homme prétendu primitif où l'on prétend trouver une preuve irréfragable de la bestialité primitive d'où nous serions sortis. Nous ne nous contenterons plus de ce type abstrait du sauvage que nous opposait le chef de l'école transformiste anglaise ; nous interrogerons la riche documentation que les voyageurs et les missionnaires nous fournissent sur l'état réel des peuples non encore civilisés.

CHAPITRE IV

LE SAUVAGE — L'HOMME PRIMITIF.

Le magnifique développement de la culture humaine est universellement reconnu. Ce que l'on conteste, c'est qu'il soit autre chose que le perfectionnement de notre organisme physique. « Grattez le sauvage, nous dit-on en modifiant quelque peu un mot impertinent sur un grand peuple européen, et vous trouverez le singe. » Le matérialisme prétend qu'au début, l'homme n'est qu'un simple animal. Ces assertions sont appuyées sur deux arguments de fait qu'on croit invincibles. Le premier est emprunté à l'existence des peuples non civilisés, que l'on identifie à l'humanité primitive par la bestialité qu'on leur attribue. Le second est tiré des merveilleuses découvertes que l'on a faites depuis quelques années sur l'homme des cavernes qui vivait longtemps avant l'histoire documentée. Nous devons en conséquence considérer tour à tour le sauvage et le Troglodyte et demander aux faits impartialement constatés de nous renseigner sur l'humanité primitive, pour savoir si notre civilisation, avec tout ce qu'elle comporte de développement intellectuel, artistique, moral et religieux, n'est qu'un brillant manteau sous lequel il serait facile de retrouver l'anthropoïde à peine dégrossi des premiers jours.

C'est des peuples sauvages que nous nous occuperons tout d'abord, nous bornant, comme pour tous les autres sujets abordés dans ce livre, à poser nettement le problème et à résumer le débat.

I. — LES PEUPLES SAUVAGES.

Exposons tout d'abord la thèse fondamentale de l'école transformiste ou simplement matérialiste sur les peuples sauvages. Elle a été soutenue par M. Tylor et sir John Lubbock, dans des livres considérables, où l'on retrouve à chaque page l'application des théories d'Herbert Spencer sur l'origine de la religion (1). La même tendance a été représentée en France par le docteur Letourneau et MM. Hovelacque et Girard de Rialhe, comme aussi par de nombreuses publications de la société d'anthropologie, dans lesquelles nous retrouvons sans cesse l'influence de M. Broca (2).

Les solutions de l'école matérialiste ont été sérieusement contestées par M. de Quatrefages (3) avec sa grande compétence scientifique et la haute impartialité qui lui est habituelle. Le grand livre de M. Waitz sur l'anthropologie a beau être dépassé pour l'exposition des faits, ses prolégomènes n'ont pas vieilli; complétés par les récits des missionnaires de toute communion, ils nous fournissent de solides bases de discussion (4).

L'école naturaliste est d'accord dans toutes ses ramifications pour rapporter le développement de l'humanité aux

---

(1) *La civilisation primitive*, par M. Edwards Tylor, 2 vol., traduit de l'anglais par M. Edouard Barbier. Reinwald, 1876. — *Les origines de la civilisation. État primitif de l'homme et mœurs des sauvages modernes*, par sir John Lubbock, traduct. Ed. Barbier. (Paris, 1. vol. Germer Baillière, 1873.)

(2) *La sociologie d'après l'ethnographie*, par M. Charles Letourneau. (Paris, Reinwald, 1880.) — *La Mythologie comparée*, par Girard de Rialhe. Tome Ier (Paris, Reinwald, 1878). — Voir aussi Schultze: *Der Fetichismus*. (Leipzig, 1871.)

(3) Quatrefages, *l'Espèce humaine*. (Paris, 1877.)

(4) *Anthropologie der Natur-Vælker*, von Theod. Waitz, 2e édit., 1877. (Leipzig.)

influences du monde extérieur, en faisant totalement abstraction de l'intuition intellectuelle et morale. Elle commence par établir que la vie sauvage, assimilée de tout point par elle à la bestialité, n'est à aucun degré une dégénérescence, mais qu'elle nous présente réellement l'état primitif de notre race. On dirait une sorte de bloc erratique venu jusqu'à nous du temps des origines. Nous établirons plus tard que, même réduite à ses éléments incontestables, la vie sauvage est déjà humaine et contient en germe les plus hauts développements futurs. Pour le moment, nous devons considérer s'il est vrai qu'elle ne présente aucun signe de dégénérescence. M. Tylor, pour établir sa thèse, s'appuie principalement sur ce fait, que l'on n'a jamais vu la civilisation retourner à la barbarie. Cette assertion est beaucoup trop générale. Lui-même reconnaît la possibilité de dégradations partielles pour telle ou telle tribu (1). Il est loin d'avoir prouvé que les traces de civilisation que l'on trouve, soit dans les territoires de chasse des sauvages de l'Amérique du Sud, soit dans les Indes, soient dues à l'intervention d'une race supérieure, comme c'est le cas, par exemple, des baptistères du pays des Esquimaux qui sont évidemment d'origine chrétienne. Des faits nombreux établissent la possibilité d'une déchéance sociale au sein d'une race déjà civilisée, non seulement pour des individus, mais encore pour des groupes entiers, sous l'influence d'un milieu transformé. C'est ainsi que les Bassoutos, peuplade du sud de l'Afrique, étaient en 1832 momentanément devenus cannibales à la suite de guerres terribles qui les avaient fait descendre au dernier degré de la barbarie, bien au-dessous de leur niveau antérieur (2). Les exemples nombreux cités par Waitz ne laissent aucun doute sur cette possibilité de dégéné-

---

(1) Tylor, *Civilisation primitive*, vol. 1er, ch. II.
(2) Casalis, *les Bassoutos. Vingt-trois années au sud de l'Afrique*, p. 18-19. (Paris, 1840.)

rescence. Il suffit, d'après lui, de l'isolement soudain de sociétés petites ou grandes, de l'interruption de tout rapport de commerce avec la mère-patrie et de l'influence d'un milieu sauvage pour opérer des transformations profondes chez les descendants immédiats d'une nation très avancée par sa culture (1). On a vu une colonie espagnole dans les plaines de Cordova, sur les confins de la république Argentine, devenir en tout point semblable aux Indiens. La même remarque s'applique aux nombreuses colonies de créoles dans les parages voisins, comme aux paysans brésiliens vivant sur les frontières. Les descendants des Portugais établis à Sertajo et à Goyaz sont tombés aussi bas que les pires sauvages (2). Que si l'on prétend que cette dégénérescence tient au mélange du sang, nous nous contenterons de rappeler les traces de superstition et de barbarie que Tylor énumère si complaisamment au sein de nos nations civilisées ; alors même qu'elles n'ont jamais eu de contact avec d'autres races (3).

Il est certain que le développement d'un peuple, d'une race ou d'une tribu, dépend de conditions nombreuses et variées qui expliquent parfaitement soit ses progrès, soit son état stationnaire, soit ses reculs. Ces conditions ont été ramenées par Waitz aux quatre suivantes : 1° le climat ; 2° la nourriture et le genre de vie ; 3° le plus ou moins de culture intellectuelle ; 4° la production spontanée et la transmission par héritage de nouvelles prédispositions physiques ou intellectuelles, qui sont dues pour une grande part aux influences individuelles (4). Ces conditions n'agissent pas isolément ; elles sont d'autant plus actives que la culture intellectuelle a atteint un degré plus élevé. Il s'ensuit que le

---

(1) Waitz, ouv. cité, vol. Ier, p. 368-370.
(2) Waitz, *Anthropologie*, vol. Ier, p. 370.
(3) Tylor, vol. Ier, ch. III.
(4) Waitz, t. Ier, p. 38 à 98.

développement moral et social d'une nation résulte de son histoire. Il dépend du milieu qu'elle s'est choisi et aussi des aptitudes qu'elle a manifestées et exercées, enfin des individualités qui s'y sont produites. Rien n'empêche qu'une migration nouvelle, amenée par telle ou telle circonstance, ne le modifie profondément à une époque donnée, soit pour l'élever, soit pour l'abaisser. On n'est donc point fondé à conclure avec certitude, comme le fait M. Hovelacque, de l'abaissement des races sauvages actuelles à leur état originaire. Des différences notables ont pu se produire dès le début de leur histoire, surtout si l'on reconnaît l'unité de la race humaine. Nous admettons sans doute une période de rude enfance pour l'humanité; mais rien ne prouve que cette rude enfance doive être assimilée à cette ignoble barbarie des habitants de la Terre-de-Feu à laquelle on voudrait ramener l'homme primitif; il peut très bien y avoir là un fait de dégradation. Nous verrons plus tard à quel point le Troglodyte était supérieur au Mélanésien ou au Papou. Si nous l'établissons, nous aurons enlevé à Tylor une de ses preuves préférées pour écarter l'idée d'une dégénérescence.

La psychologie expérimentale, à elle seule, en démontre la possibilité; il n'est pas un homme qui ne sache qu'il peut déchoir et retourner en arrière au point de vue moral, et pas un historien qui ne doive admettre qu'en pleine société civilisée on voit des peuples et des générations se précipiter dans d'irrémédiables décadences. L'histoire est toute jonchée de ruines. Le progrès ne s'arrête pas longtemps pour la race prise dans son ensemble; mais, en suivant sa marche, il laisse en route, non-seulement des individus réfractaires, mais encore des peuples entiers. Ce n'est pas sur ces retardataires qu'il faut régler l'horloge de l'humanité, et ce n'est pas chez eux, en tout cas, qu'il faut chercher à aucune époque ses traits caractéristiques (1).

(1) Voir, Duc d'Argyll, *Primitival man*. (London, 1864.)

La prétendue évolution de la vie sauvage, telle que la décrit l'école naturaliste en la considérant comme le premier degré du développement de l'humanité, a deux grands défauts : elle part de trop bas, et elle s'élève trop haut ; car il lui est impossible d'expliquer les progrès qu'elle constate dans l'humanité, une fois qu'elle la fait débuter par la bestialité complète. A quoi, en effet, revient primitivement toute cette évolution qui aboutit à notre civilisation actuelle ? D'après M. Letourneau, elle n'est pas autre chose que le développement progressif, sous des stimulants divers, de la simple vie sensitive, qui se résume, au début, par le besoin de se nourrir et de se reproduire. « Dans l'existence de l'homme inférieur, dit-il, nous avons vu les appétits nutritifs dominer, noyer, étouffer tous les autres. Dans toutes les races, l'homme primitif est une sorte de bête fauve, pour qui la préoccupation maîtresse est d'assouvir sa faim, de capturer et de dévorer sa proie (1). » M. Letourneau cherche, dans son savant livre sur la sociologie, à nous montrer comment ce fauve invente l'industrie et l'art, fonde la famille en s'élevant au-dessus de la furie sexuelle, et enfin organise l'État. « Le groupe ethnique va grandissant toujours, jusqu'à ce que le gouvernement des sociétés humaines devienne une science, avec ses procédés spéciaux et son but, qui est l'amélioration de l'espèce au triple point de vue physique, moral et intellectuel (2). » On voit combien est grand l'écart entre le début et le terme de cette évolution, et combien il est impossible d'expliquer de quelle façon une si splendide floraison se dégage d'un germe si pauvre. C'est que le germe est volontairement appauvri par l'école naturaliste, contrairement aux faits les plus patents que M. Letourneau lui-même ne peut totalement méconnaître. Il est vrai qu'il considère l'élément religieux qui se retrouve pourtant, d'après lui, jusque dans

---

(1) Letourneau, *Sociologie*, p. 563.
(2) *Id.*, p. 566.

le plus obscur lointain de notre passé, comme une imperfection radicale dont le progrès doit nous débarrasser (1). M. Tylor est moins absolu sur ce point ; car il fait rentrer la religion dans l'évolution normale de l'humanité. L'homme primitif ou le sauvage n'en est pas moins, pour lui, assimilé à l'animal. Son industrie élémentaire serait tout entière empruntée à la nature, celle-ci lui livrant parfois des silex déjà plus ou moins transformés par accident et qui peuvent servir de couteaux ou de flèches. Être entièrement sensitif, incapable de distinguer entre le sujet et l'objet, il extravase en quelque sorte sa propre vie sur la nature ; il croit que celle-ci est animée comme lui de ce souffle vital qu'il a appris à distinguer de son corps, soit en regardant son ombre s'étendre à ses pieds, soit en se sentant dégagé pour un moment de sa vie physique dans les illusions du rêve. Cette première et naïve manifestation du sentiment religieux reçoit de Tylor l'appellation d'animisme (2). Confondant sans cesse et partout le naturel et le surnaturel, le sauvage reconnaît ce souffle vital, cet esprit universel dans tous les phénomènes de la nature, dont l'action est tour à tour bienfaisante ou malfaisante, dans les animaux comme dans les végétaux et, plus tard, dans les astres. Il le voit concentré dans son fétiche ; aussi l'adore-t-il tout en le redoutant, et il cherche à l'apaiser par des offrandes. Le soleil, la lune et les étoiles deviennent pour lui les plus grands des fétiches. Disposé à modeler les choses et les êtres sur lui-même, il se crée des dieux mâles et des dieux femelles. C'est ainsi que, de l'animisme, il s'est élevé au fétichisme, puis à l'anthropomorphisme qui ouvre une carrière indéfinie à la production des mythes. La mythologie n'est qu'une répétition agrandie de l'histoire humaine (3). L'imagination travaille incessamment sur ce thème ; il suffit d'une métaphore pour enfanter un mythe

---

(1) Letourneau, *Sociologie*, p. 301.
(2) Tylor. vol. II, ch. VIII.
(3) Tylor, vol. II, ch. XIV et XV.

nouveau. Les grands dieux planétaires n'empêchent pas le foisonnement des dieux inférieurs qui peuplent l'air, la terre et les eaux, et qui se sont peu à peu dégagés de l'objet matériel ou du fétiche. Le fétichisme aboutit à une sorte de spiritisme qui se développe concurremment avec l'adoration des grands dieux planétaires et personnifie les forces de la nature sous leur aspect tour à tour bienfaisant et malfaisant. De là le dualisme polythéiste qui, presque partout, a amené l'esprit humain à la notion d'un Dieu suprême pour dominer cette multitude de déités de toute sorte, mais sans qu'il dépasse jamais le cercle de la nature. La pensée, en s'élevant au monothéisme, se contente de suivre cette méthode de simplification et d'unification qui est la loi de son évolution (1). L'animisme n'a pas seulement produit les dieux; il a encore développé l'idée d'une vie future qui se présente, tantôt sous la forme de la métempsycose, tantôt sous celle d'une existence d'outre-tombe à l'état vaporeux de fantôme (2). Ainsi s'est établi le culte des ancêtres; parfois leur esprit a été comme infusé par la mythologie dans les plus grands des dieux planétaires. Ajoutons que Tylor fait complètement abstraction du sentiment moral dans cette longue élaboration de la religion des peuples sauvages (3).

On voit à quel point les explications de Tylor se rapprochent de celles d'Herbert Spencer. La réfutation que nous avons tentée du système du chef de l'école transformiste anglaise abrégera beaucoup notre tâche actuelle, sans cependant la rendre inutile; car, d'une part, Tylor a complété sur plus d'un point Herbert Spencer, et, de l'autre, il s'appuie sur une documentation bien plus riche, empruntée aux récits des voyageurs contemporains.

Sans insister de nouveau sur l'impossibilité de tirer d'une

---

(1) Tylor, vol. II, ch. xvii.
(2) *Id.*, vol. II, ch. xiii.
(3) *Id.*, vol. Ier, p. 121 et suivantes.

simple illusion un développement aussi riche que celui qu'atteint la religion dans la conception monothéiste, et de le rattacher à un simple phénomène de sensation, tel que le dédoublement du *moi* dans le rêve, nous nous efforcerons d'établir que le sauvage, au point de vue intellectuel, social et religieux, est infiniment supérieur à la description que Tylor en a faite. C'est à son livre que nous demanderons nos principales preuves. Nous acceptons, en grande partie, les faits qu'il a si habilement groupés ; seulement nous pensons qu'ils réclament une autre interprétation.

Tout d'abord, constatons un résultat considérable, selon nous, de la grande enquête de M. Tylor : c'est que la religion est un fait universel, reconnaissable, chez les derniers sauvages. Ses déclarations, à cet égard, ne laissent aucun doute. « Autant que j'en peux juger, dit-il, par la masse énorme des témoignages recueillis, nous devons admettre que la croyance à des êtres spirituels existe chez toutes les races inférieures avec lesquelles nous avons pu nouer des relations suffisamment intimes (1). » Ainsi tombe l'assertion de nos matérialistes français « que la notion religieuse est entièrement absente au plus bas degré de la sauvagerie (2). » Il s'agit seulement de s'entendre. Si, comme le fait remarquer Waitz, on entend par religion une croyance plus ou moins raisonnée dans la divinité, il sera facile d'établir qu'elle ne se trouve pas chez les Australiens ni chez les habitants de la Terre-de-Feu. Mais, si la religion est reconnaissable dès qu'il y a une intuition vague d'une puissance mystérieuse dont l'homme dépend, et qui se manifeste dans la nature ou par la nature, il n'y a pas un lieu du monde où elle n'ait exercé son action (3). Il ne sert de rien de prétendre, avec Tylor, que ce sentiment du divin se confond avec

---

(1) Tylor, t. Ier, p. 492.
(2) Hovelacque, *Débuts de l'humanité*, p. 81. L'auteur se contredit dans le même chapitre, car il y parle d'hommes regardés comme divins par les derniers des sauvages et il décrit leurs rites funèbres.
(3) Waitz, *Anthropologie*, vol. Ier, p. 322.

l'animisme universel, et que, par le fait qu'il efface toute distinction entre le naturel et le surnaturel, il se réduit à une certaine manière de concevoir les choses en général (1). Il suffit que l'on retrouve chez le dernier des sauvages la tendance à adorer une puissance invisible dans des manifestations spéciales, pour admettre qu'il y voit autre chose que le simple fonctionnement des forces ordinaires de la nature. Le fait seul d'adorer, comme nous l'avons déjà fait remarquer, implique la foi au surnaturel, à l'extraordinaire; car le sauvage n'adore pas tout être, il n'adore pas toujours. Il sent donc qu'il y a quelque chose qui le dépasse, qui est au-dessus de lui, au-dessus de sa simple vie physique, quelque chose qui le domine et peut influer sur lui en bien et en mal.

Sans doute, ce quelque chose de supérieur, de transcendant, il le trouve déjà en lui-même, dans cet esprit de vie qui l'anime et qui se distingue de son corps, puisqu'il le quitte à l'occasion, comme dans le rêve, et qu'il reparaît après sa mort. Cette distinction, qui est à la base de l'animisme, repose sur une intuition sublime, quelque étrange que soit sa forme légendaire; bien loin de se réduire à un vulgaire spiritisme, elle porte en elle un pressentiment du spiritualisme. Nous trouvons admirable l'instinct intellectuel qui fait croire au sauvage que le monde extérieur est doublé d'un monde tout spirituel qui le supporte et le pénètre, que chaque être a son esprit, c'est-à-dire son côté idéal, invisible. Ce platonisme élémentaire ne peut provenir que d'un être au fond doué de raison, capable de s'élever au général, à l'universel. D'ailleurs, il ne s'en tient pas à cette première intuition de la force invisible, de l'esprit universel. L'anthropomorphisme, qui est également au fond de tous les mythes élaborés par les peuplades sauvages, nous révèle une autre intuition, non moins profonde que nous avons indiquée

---

(1) Tylor, vol. Ier, ch. XI. Girard de Rialhe, *Mythologie comparée*, page 2.

antérieurement : c'est que l'esprit de vie, sous la forme supérieure, est une personnalité voulante et agissante. Sans doute, cette vie personnelle n'est pas, pour le sauvage, affranchie de la vie naturelle; elle se confond à ce point avec elle que les astres deviennent des dieux véritables et que le soleil et la lune sont adorés par lui, dès qu'il est parvenu à ce second degré de l'évolution religieuse que Tylor appelle l'anthropomorphisme polythéiste, auquel tout peuple s'élève nécessairement quand son développement n'est point arrêté ou contrarié. Mais le sauvage n'en reste point là ; partout où nous le prenons en voie de développement, en Asie, au fond des déserts de l'Afrique ou dans l'Amérique méridionale, nous constatons qu'il a entrevu le monothéisme ; qu'il a admis l'existence d'un Dieu supérieur, qui est au-dessus des dieux inférieurs. Ce Dieu supérieur peut se présenter encore à lui sous la forme d'un dieu solaire ; là est l'erreur et la persistance de l'élément naturaliste. Le dualisme qui opposait les dieux mauvais aux dieux bons, et qui était une limitation de l'idée de la divinité, est ici décidément dépassé. Il suffit de croire à un Dieu souverain, supérieur à tous les autres, pour acquérir la notion de l'absolu, de l'infini, au moins sous le rapport de la puissance. Il ne faut pas donner trop d'importance au fait que ce Dieu souverain est encore un Dieu planétaire, identifié au vaste ciel, puisqu'il est de l'essence de l'animisme d'admettre que, sous l'existence matérielle, apparente, limitée, il y a une vie de l'esprit qui est invisible.

Il s'ensuit que l'évolution de l'idée religieuse du sauvage telle que nous la déroule Tylor suffit pour prouver qu'elle contient implicitement les éléments constitutifs de la religion au sens le plus élevé, bien qu'ils s'y présentent trop souvent sous la forme de mythes absurdes. Le monothéisme peut même être accompagné de fétichisme, comme chez les Africains de la côte Nord ; car nous avons constaté que le sauvage ne divinise pas réellement la pièce de bois ou l'animal qui figure dans son culte. Il croit qu'un esprit y est enfermé, et cet esprit est une manifestation partielle de la divinité supérieure. Jamais il ne s'imagine que le fétiche est le réceptacle de la divinité tout entière ; au contraire, il n'est pour lui qu'une manifestation partielle de cette divinité ; aussi multiplie-t-il ses fétiches.

L'évolution de l'idée religieuse, telle que nous l'a décrite Tylor, n'est possible, en définitive, que si, dès le début, elle contient en germe la notion monothéiste, à laquelle elle aboutit. Nous croyons fermement que le monothéisme est, en réalité, la croyance primitive de l'humanité. Au fond, le sentiment du divin implique dans son essence le monothéisme ; car il n'est rien, s'il n'est pas le sentiment de l'infini, de l'absolu. Il fallait que l'homme l'eût possédé originairement pour le chercher encore dans les choses après être tombé sous l'empire de la nature et avoir mis sur l'œil intérieur l'épais bandeau d'un sensualisme effréné. Pour que, dans sa dégradation extrême, au dernier degré de la vie sauvage, il s'efforce encore de retrouver l'idée divine et s'y attache, alors qu'elle ne lui apparaît plus que mutilée et matérialisée, il est nécessaire qu'il l'ait possédée primitivement dans sa grandeur. La preuve décisive qu'elle était virtuellement en lui sous tous ses enveloppements naturalistes, c'est qu'elle ne manque pas de s'en dégager et de reparaître spontanément dans cette foi monothéiste qui est, de l'aveu de Tylor lui-même, la conclusion universelle de l'évolution religieuse. Dans cette sphère, pas plus que dans aucune autre, le plus ne saurait sortir du moins, ni le parfait de l'imparfait. Nous sommes donc en droit d'affirmer que le monothéisme n'est le point d'arrivée de l'évolution mythologique que parce qu'il en a été le point de départ. En conséquence, la religion du sauvage n'est pas ce hideux naturalisme qu'on nous présentait. Elle n'est point l'hallucination d'un être purement sensitif ; elle enferme, sous des formes souvent grossières et sous des mythes incohérents, ce fond riche et sublime de croyances qui s'épanouit dans les grandes religions de l'humanité civilisée. La civilisation n'est pas une alchimie qui change les cailloux en or ; elle se borne à dégager l'or des cailloux ; mais, si le métal précieux n'existait pas, elle ne nous donnerait que les pierres du chemin.

L'existence d'un monothéisme primitif qui ne serait le couronnement de l'évolution mythologique que parce qu'il en serait le fond caché et primordial est de plus en plus démontrée. Il est certain que le soleil ou le ciel ont été le plus souvent identifiés à ce Dieu suprême, mais non pas sans avoir été élevés au-dessus de leurs limites naturelles, agrandis, spiritualisés en même temps qu'humanisés, car on leur attribue toujours la personnalité. Chez les *Khonds* il y a une véritable hiérarchie de dieux ; nous avons d'abord la multitude des dieux locaux, puis les dieux protecteurs des tribus ; au-dessus six grands dieux (de la pluie, de la chasse, etc.), enfin au sommet le dieu du soleil *Boora-Pennu*, créateur des choses. Ce dieu créateur se retrouve chez les Mexicains, les Taïtiens, les Australiens, les Dayaks de Bornéo (1). Un grand nombre de peuples sauvages distinguent du soleil leur Dieu suprême. Les Peaux-Rouges disent que leur grand Esprit est plus grand que le ciel et les étoiles et qu'il habite le ciel (2). Les Zoulous adorent le Maître de tout. La même distinction se retrouve chez les Samoyèdes, chez les Incas. *Uracocha* était invoqué comme celui qui, après avoir donné la vie au soleil, lui ordonne de briller, et même le protège (3). *Taaora* est le Dieu suprême des insulaires du Pacifique. Il était avant le ciel, la terre et l'homme. Il a créé le monde et les divinités inférieures (4).

Cette idée du Dieu souverain est le fond de la religion des

---

(1) Tylor II, p. 324-325.
(2) *Id.*, II, p. 441.
(3) *Id.*, II, p. 437.
(4) *Id.*, II, p. 445. Voir tout ce chapitre XVII du 2ᵉ volume du livre de Tylor.

nègres de la côte d'Or, d'après le témoignage de nombreux missionnaires qui ont très nettement déterminé le vrai caractère du culte des fétiches (1). Le nègre considère le monde matériel comme animé tout entier par un esprit aux manifestations multiples, qui veille sur lui comme par des yeux innombrables et l'enveloppe de sa protection dès son berceau. Cet esprit pénètre son fétiche, sans jamais s'y enfermer tout entier et se confondre absolument avec lui. Le Dieu suprême du nègre de la côte d'Or s'appelle *Njougmo*. Bien qu'il soit souvent identifié au ciel dans la langue courante, il s'en distingue du tout au tout; car, d'une part, il est considéré comme un être personnel, et, de l'autre, il est en quelque sorte l'âme de ces régions célestes, d'où viennent la chaleur qui vivifie et la pluie fécondante. « On voit, disait un nègre au missionnaire, comment, par la pluie et la chaleur, l'herbe, le blé, l'arbre sont produits. Comment *Njougmo* ne serait-il pas le créateur? » Le Dieu suprême réside dans un calme auguste, entouré de ses serviteurs. Il a enfanté les esprits de l'air, ou *Wongs*, qui le servent dans les cieux et sur la terre; ils sont chargés de protéger et de punir les hommes qui leur prodiguent en retour leurs dons et leurs hommages. « Écoutez, disent les prêtres, ce que Njougmo vous fait dire par mon fétiche. » Le nègre s'écrie en recevant quelque remède indiqué par son fétiche: « O Père Njougmo, rends ce remède salutaire. » C'est au Dieu suprême que, dès le matin, on demande l'aliment quotidien : « Fais, Père Njougmo, dit le pauvre sauvage, que j'aie quelque chose à manger. » Il inaugure la journée en lui exprimant sa gratitude; il lui demande la paix, comme étant le Dieu le plus ancien et le plus élevé: « Je suis dans la main de Njougmo, chante le nègre. Qui peut lui échapper? C'est lui qui, le matin, ouvre la grande porte du soleil. » Un proverbe, qui

---

(1) *Magazin für die neuste Geschichte der Evangelisch. Mission der Basel Gesellschaft*, 1856, 2º. (*Die Relig. des Negers von missionar Steinhausen.*

a cours dans cette contrée, porte que Njougmo a créé le monde et qu'il en est fatigué, sans doute pour représenter l'immensité de son labeur. S'il ne veut pas de présents de l'homme c'est que les *Wongs* qui les reçoivent à sa place sont ses fils. Ils sont innombrables et peuplent la terre, l'eau et l'air. On les distingue en bons et mauvais. Ils ont femmes et enfants, sont soumis à la mort, mais passent ensuite à l'état d'ombres. Ils sont hiérarchisés. Le principal d'entre eux réside dans la plaine Sakuma ; mais on les retrouve partout dans la nature et aussi dans les idoles. Dans cette croyance au Dieu suprême, l'anthropomorphisme se mêle constamment au naturalisme. Chez les Zoulous, le premier homme, qui s'appelait *Unkulunkulu*, est devenu le maître du tonnerre et le Dieu du ciel (1).

Waitz, résumant tout ce qu'on peut savoir de la religion des nègres, déclare que, du nord au sud de l'Afrique, ils adorent un Dieu suprême à côté de leurs innombrables fétiches. Sa présence se révèle principalement à eux dans l'éclair et le tonnerre comme dans les rayons du soleil. Tshuku, le dieu des Ibos, a tout créé, les blancs comme les noirs. Il ne dort jamais, il est invisible, bien qu'il réside dans une île (2). D'après Waitz, des indices certains nous font supposer que la religion actuelle des nègres a subi de graves altérations, et nous sommes ainsi reportés à un type antérieur plus pur. Les Ashantis adorent aujourd'hui un dieu solaire, mais il y a trace chez eux d'une notion bien plus élevée ; car ils ont souvenir d'un Dieu personnel, qui a tout créé, qui est auteur de tous les biens et connaît toutes choses, même les plus secrètes pensées des hommes. Il a pitié de leur misère, bien que le gouvernement du monde soit abandonné à des divinités inférieures, le plus souvent malfaisantes (3).

« Chez beaucoup d'autres peuplades, dit Waitz, on recon-

---

(1) Tylor, II, p. 449.
(2) Waitz, *Anthropologie*, II, p. 168 et suivantes.
(3) *Id.* II, p. 171.

naît que, dans les temps anciens, la croyance religieuse était bien plus pure. D'après les légendes recueillies chez les nègres, le ciel était plus près de l'homme et le Dieu suprême se faisait connaître à eux, tandis qu'actuellement il se tait (1). » Ce Dieu suprême est appelé par le nègre : *Celui qui m'a fait*. D'après les missionnaires, le nègre de l'Afrique occidentale revient par moment à ce Dieu suprême : « C'est lui, dit-il, qui est l'ancien, le Très-Haut. Je suis dans sa main (2). » Les Bassoutos avaient aussi conservé quelques débris d'une religion supérieure au grossier fétichisme dont ils se contentaient à l'arrivée des missionnaires français au milieu d'eux. Ils avaient totalement perdu l'idée d'un Dieu suprême, et pourtant il était question du *Seigneur* dans leurs légendes. Ils appelaient *Molimo* tout être à qui ils rendaient un culte. Or, Molimo signifie *celui qui est au ciel*. Il y avait donc contradiction patente entre la langue et les idées reçues (3).

Il résulte de tous ces renseignements que la foi primitive du monde sauvage est bien le monothéisme, et que le fétichisme, au lieu d'être le premier degré de l'évolution religieuse, est au contraire sa première dégradation. En outre, cette dégradation n'est jamais si absolue qu'on veut bien le dire dans les écoles naturalistes, les fétiches n'étant que des manifestations partielles de la divinité. Il s'ensuit que l'esprit humain, même en pleine sauvagerie, a la notion du divin profondément imprimée en lui. Ainsi se trouvent justifiées les théories de Max Muller sur le monothéisme primitif, qui sont d'ailleurs confirmées par ce que l'on connaît des premiers développements des grandes religions des races civilisées, en Égypte, dans l'Inde ou en Europe. Nous sommes en droit de conclure avec lui que les sauvages les plus disgraciés possèdent la notion de l'infini, c'est-à-dire

---

(1) Waitz II, p. 171.

(2) *Id*. II, p. 172. Comp. Hartmann. *Les peuples d'Afrique*, p. 138. Chez les Ashantis on a le vague pressentiment d'un Dieu suprême et créateur.

(3) Casalis, *les Bassoutos*, p. 202.

d'une force distincte des forces physiques agissant en bien ou en mal (1).

La notion de la vie future est inséparable de l'idée de Dieu dans le Credo du sauvage. Quelque travestissement qu'elle ait subie, cette croyance palpite dans la poitrine du dernier des Boshimans et le soulève de terre. « Si l'on considère, dit Tylor, l'ensemble des idées religieuses des races inférieures, nous croyons que la doctrine de l'existence future de l'âme constitue un de leurs éléments principaux et des plus généraux (2). » M. Girard de Rialhe confirme en ces termes cette constatation de Tylor : « La croyance à quelque chose d'inhérent à notre personnalité, qui survit à notre existence ou qui la continue dans un autre monde, paraît être universellement répandue dans l'humanité et avoir pris naissance avec elle (3). » Le fait est si patent qu'il est inutile d'en multiplier les exemples. C'est des monuments mêmes destinés à rappeler la mort que s'élève avec le plus de puissance, chez les peuples sauvages, l'attestation d'une vie impérissable. La tombe a beau renfermer la dépouille mortelle de l'homme, elle est un glorieux témoignage de sa foi à l'immortalité. Les formes de cette croyance ont varié. Parfois elle s'est réduite à l'idée de la transmigration, comme chez les *Yorubas*, qui s'écriaient à la naissance d'un enfant après avoir perdu leur premier-né : *Enfin, le voilà revenu!* ou comme chez ces Algonquins, qui enterrent leurs enfants au bord des chemins, dans l'espoir qu'ils revivront dans la première femme qui passera (4). Le plus souvent, le sauvage voit dans la vie d'au delà la prolongation de l'existence terrestre, dans des conditions analogues à ce qu'elle a été ici-bas, quoique avec une moindre intensité. De là le soin de placer près du cadavre du défunt ses ustensiles et ses armes, et aussi l'usage barbare d'immoler ses

---

(1) Max Muller, *Lectures on the origin of Religion*. Leçon 1re.
(2) Tylor, vol. II, p. 28.
(3) Girard de Rialhe, *Mythologie comparée*, p. 104.
(4) Tylor, t. II, ch. XII.

femmes et ses serviteurs pour qu'ils lui fassent cortège. Rien ne montre mieux que de telles coutumes, très souvent abominables en elles-mêmes, que c'est bien à l'immortalité individuelle que croit le sauvage et non à une absorption de l'âme dans le sein de la nature (1). La manière même dont est pratiquée l'inhumation révèle, par des symboles à la fois poétiques et profonds, l'espoir de la palingénésie humaine. Le mort est placé constamment sur la route parcourue par le soleil, dans la direction de l'est à l'ouest, vers cette région où le soleil ne se couche que pour renaître plus brillant. L'âme, dans le séjour mystérieux où elle se rend après la vie terrestre, parcourra la même carrière ; semblable à l'astre divin, elle va du soir à l'aurore (2). Ailleurs, le cadavre est replié comme l'enfant dans le sein maternel, car lui aussi ne descend dans le sein de la grande mère que pour en ressortir. Ce rite se retrouve dans les contrées les plus différentes (3).

C'est à l'occasion de la vie future que l'idée de la rétribution s'affirme avec le plus de puissance et que se resserre le lien que l'on a contesté à tort entre l'idée morale et l'idée religieuse. La première, comme la seconde, a subi des éclipses qui n'ont jamais été totales. La conscience morale n'a jamais cessé de donner des signes irrécusables de sa vitalité au travers de tous les travestissements. Le sentiment de l'obligation a pu, par l'égarement de l'esprit, être faussé misérablement dans ses applications ; mais la notion du devoir, de l'impératif catégorique qui en revient toujours à la distinction du bien et du mal, n'a pas plus disparu chez les peuples sauvages que la croyance proprement religieuse. Les deux notions ont toujours fini par s'associer, spécialement en ce qui concerne la vie future. « La vie posthume, dit avec raison

---

(1) Tylor, II, ch. xii.
(2) *Id.*, II, ch. xviii.
(3) *Id.*, p. 312.

M. Girard de Rialhe, est déterminée suivant l'idée que les diverses sociétés humaines se font du bien et du mal (1). » Si la bravoure est mise au premier rang des vertus, comme chez les Germains et les Pawnies, c'est elle qui ouvre le paradis ; en revanche, les pacifiques peuplades de Guatemala le ferment aux violents. D'après les Karens, les âmes des morts revêtent des aspects différents qui sont en rapport avec leur conduite antérieure. Tantôt ils deviennent des esprits divins, tantôt ils paraissent sous la forme d'animaux monstrueux, s'ils ont été adultères et meurtriers. Les bons vont rejoindre les ancêtres ; les mauvais, au contraire, errent comme des fantômes (2). D'après les Dayaks la fumée du bûcher des hommes bons s'élève au ciel et y transporte leur âme, tandis que la fumée du bûcher d'un méchant descend dans les lieux sombres avec son esprit. Le fleuve noir qui, d'après les Khongs, coule entre la terre et le séjour des ombres est souvent une sorte d'épreuve. L'âme des méchants tombe dans ses flots (3).

Cette idée de la rétribution est étroitement liée à celle de l'immortalité. Aussi, malgré les croyances superstitieuses sur l'existence d'outre-tombe presque toujours solidaire des aventures de la dépouille mortelle, malgré la foi aux revenants et aux apparitions fantastiques, malgré tant de rites étranges destinés à apaiser les mânes, la foi à la destinée immortelle de l'homme n'en demeure pas moins un trait fondamental et caractéristique de la religion des sauvages. Ici encore, ce n'est pas la superstition grossière qui a été le premier occupant de l'âme humaine. La noble croyance à l'immortalité ne serait pas sortie de ces bas-fonds, tandis qu'elle a très bien pu y tomber plus tard et finir par y ramper. L'oiseau au puissant essor, qui croupit

---

(1) *Mythologie comparée*, p. 115.
(2) Voir Tylor, vol. II, ch. XIII.
(3) Tylor, vol. II, ch. XIII.

l'aile brisée dans le marécage venait de plus haut, car jamais il ne serait né de ces fanges.

L'idée morale chez les sauvages ne se manifeste pas seulement dans leurs mythes sur la vie future. Elle se retrouve encore dans leur psychologie tout élémentaire. Pour les nègres de la côte d'Or l'esprit qui anime l'homme s'appelle *Kla* pendant sa vie. Il est mâle ou femelle. S'il est mâle, il conseille le mal; s'il est femelle, il pousse au bien. Au *Kla* du dedans correspond un *Kla* du dehors, qui est comme une sorte de démon familier ou d'ange gardien. Ainsi ces sauvages ont entendu comme nous la voix intérieure qui nous commande le bien. Ils croient qu'après la mort l'esprit de l'homme s'appelle *Sisa*. Ses destinées sont très différentes; il peut rester à l'état de fantôme ou bien se construire une maison dans un séjour mystérieux. On en peut conclure que son sort au delà de la tombe correspond à ce qu'il a été pendant l'existence terrestre (1). Qu'on lise dans le livre de M. Casalis les précieux renseignements qu'il nous donne sur les notions morales des Bassoutos, telles qu'elles se formulaient avant leur contact avec la civilisation chrétienne, on sera frappé de leur élévation à plusieurs égards. L'idée du mal moral s'exprime en Sessouto par celle de laideur, de faute, de dette et aussi d'impuissance. Le vol, l'adultère, le mensonge étaient flétris par eux sans détour. Leurs idées morales s'exprimaient d'une façon originale et vive dans leurs proverbes. En voici quelques échantillons :

« La ruse dévore son maître. — Il y a du sang dans la lie. — Le voleur s'attrape lui-même. — Le bien volé ne peut pas grandir. — Le sang humain est pesant et empêche celui qui le répand de fuir. — Si un homme a été tué secrètement la paille des champs le dira. — Un bon renom fait bien dormir (2). »

---

(1) Steinhausen. Ouvrage cité.
(2) Casalis, ch. xv.

Qui ne reconnaîtrait la plus noble expression de la conscience dans ces paroles adressées aux jeunes Bassoutos lors de la cérémonie de la circoncision : « Amendez-vous ! soyez homme ! craignez le vol ! craignez l'adultère ! Honorez vos père et mère ! Obéissez à vos chefs (1). »

L'école *naturaliste* prétend se rattraper sur le rite pour réduire la religion sauvage à un simple naturalisme. Elle n'est pas plus heureuse dans cette tentative que dans les précédentes. Le rite est tour à tour prière et sacrifice. L'un et l'autre élément participent à la dégénérescence et à la corruption de la vie morale et religieuse chez les peuples sauvages. Et cependant, même dans l'état de dégradation le plus misérable, ils attestent le besoin inextinguible de l'âme humaine de chercher secours auprès du pouvoir mystérieux dont elle se sent dépendante et de s'efforcer de le propitier dans le sentiment douloureux d'avoir mérité son courroux et son châtiment.

Le rite se proportionne exactement à la croyance religieuse. Tel est le Dieu, tel est le culte, dans les deux manifestations principales que nous avons signalées ; mais le rite, comme la croyance elle-même, a son évolution qui ne fait que dégager ses éléments essentiels de ce qui les surcharge et les fausse. La prière, dans l'extrême abaissement de la croyance religieuse, n'est plus qu'une simple demande des biens matériels ; le sacrifice est un essai d'acheter les faveurs du ciel par des présents, ou de conjurer la colère d'une puissance malfaisante. Mais ce degré est bientôt franchi. La prière devient un élan de reconnaissance, une adoration. Le sacrifice n'est plus simplement un cadeau ; il implique privation, souffrance, immolation partielle du sacrifiant. Alors il revêt à ses yeux une valeur expiatoire. La lustration exprime le besoin profond de la purification.

Il est facile de suivre cette progression dans l'évolution de la vie religieuse des peuples sauvages. La prière suivante des

---

(1) Casalis, ouvr. cité, p. 178.

naturels de l'île des Navigateurs nous reporte au plus bas degré de l'oraison : « Voici, disent ces sauvages à leurs dieux, de l'*ava* (breuvage sacré); il est pour vous. Tournez vos regards bienveillants vers cette famille ; accordez-lui d'augmenter et de prospérer ». « Wohkonda, disent les Osages au dieu qu'ils appellent le maître de la vie, donne-moi ce dont j'ai besoin; accorde-moi ton secours pour que je puisse prendre des chevelures, des chevaux. » « O grand Esprit, dit le Delaware, fais que je puisse tuer mon ennemi, et je te rapporterai des offrandes. » Les Zoulous se contentent de cette invocation : « Ancêtre de notre famille, des bestiaux! des enfants! » Un sentiment plus élevé perce dans cette prière des Incas : « O soleil, toi qui règnes sans égal jusqu'aux extrémités de la terre, toi qui donnes la vie et le courage aux hommes, toi qui habites au sommet des cieux, accorde-nous une longue vie et accepte ce sacrifice (1). »

La prière s'élève plus haut dès qu'elle exprime, non plus seulement le besoin d'une faveur, mais la gratitude pour la faveur obtenue. Quand le Yébu s'écrie : « Dieu du ciel, accorde-moi le bonheur et la sagesse, » sa prière prend un caractère moral. Elle respire une confiance touchante sur les lèvres des Khonds dans cette invocation à leurs dieux : « Nous ne savons ce qu'il vaut mieux demander. Vous savez ce qu'il nous convient, donnez-nous-le. » Enfin ne semble-t-il pas que la prière a déployé son aile vers un ciel de pureté et de justice, dans cette oraison des Aztèques pour leur roi : « Qu'il soit, ô Seigneur, votre propre image. Ne lui permettez pas d'être fier et hautain sur votre trône. Ne permettez pas qu'il cause quelque dommage sans raison et sans justice et entache votre trône d'iniquité. » La prière pénitente se retrouve fréquemment dans les *Védas* et dans les premiers documents liturgiques du Pérou ; on en peut conclure qu'elle existait à l'état de germe informe chez les sauvages.

(1) Tylor, vol. II, ch. XVIII.

La notion du sacrifice s'est, elle aussi, peu à peu pénétrée d'un élément moral. Tant que la divinité est conçue d'une manière toute matérielle, le sauvage s'imagine que son offrande est réellement consommée (1). « Mange, ô dieu, s'écrie l'habitant de la Nouvelle-Zélande. » Plus tard, le dieu se repaît de la fumée du sacrifice. Il faut une vapeur à cet être tout éthéré. L'idée d'immolation personnelle et d'expiation finit par prédominer dans le sacrifice qui est dominé par le sentiment de la culpabilité. « Quand un peuple fétichiste, dit M. Girard de Rialhe, a offensé quelque fétiche, il s'empresse de rechercher quelle faute il a commise et de s'enquérir auprès de ses prêtres de la façon de l'expier par des dons et des sacrifices (2). »

Le sacerdoce, dans ces religions inférieures, se confond sans cesse avec la sorcellerie divinatoire ou la magie. Pourtant l'idée profonde de la prêtrise se fait jour, du moment où elle est considérée comme une sorte de médiation entre les profanes et la divinité. « Le vulgaire implore le fétiche et lui offre des sacrifices ; mais qui mieux que celui qui l'approche de plus près pourrait servir d'intermédiaire entre lui et ses adorateurs (3) ? » Ainsi, même dans cette hideuse défiguration de l'idée religieuse primitive, nous retrouvons en germe les pensées et les sentiments qui font l'honneur du monothéisme ; le rite exprime d'une manière grossière le besoin de purification, d'apaisement, de pardon qui est au fond de l'âme humaine.

Ce caractère vraiment humain du sauvage ressort de toutes les autres manifestations de sa vie intellectuelle comme de sa religion. Qu'il soit un être raisonnable, c'est ce que prouve l'usage constant qu'il fait du principe de causalité auquel M. Tylor attribue la plus grande part dans la formation des mythes religieux. L'homme du désert, en les imaginant, s'ef-

---

(1) Tylor, vol. II, ch. VIII.
(2) Girard de Rialhe, *Mythologie comparée*, p. 278.
(3) *Id.*

force de s'expliquer l'enchaînement des choses au sein de sa totale ignorance. Les armes et les outils qu'il se fabrique dénotent la capacité de se souvenir, de prévoir et d'inférer, qui n'appartient à aucun animal. Son goût de la parure est l'indice de la faculté esthétique, et les rudiments de société par lesquels il constitue la famille et la tribu sous l'autorité de ses chefs le montrent capable de s'élever plus tard à cette association réglée par la justice pour la liberté, qui est le terme de l'évolution sociale. L'effroyable promiscuité des peuplades australiennes est une monstruosité, même au sein de la vie sauvage qui peut y retomber par accident, mais pour s'en dégager bientôt. Si vraiment l'humanité primitive avait été réduite à un état d'abjection et d'anarchie absolues, elle n'eût jamais inventé l'idée du droit et les éléments de la civilisation. C'est parce que nous les retrouvons jusque dans la vie sauvage, enveloppés et souvent faussés dans l'application, que le développement social a pu les produire. De ce qu'il s'est poursuivi au sein de l'humanité, on peut conclure qu'il existait en germe dès ses premières phases, quelque fût l'état de barbarie qu'on lui suppose. Il s'ensuit que cette barbarie était moins complète qu'on ne le prétend, sinon elle eût été irrémédiable; car, encore une fois, l'évolution ne fait que porter à maturité les germes préexistants, mais elle ne les crée pas. *Ex nihilo nihil.*

Ce qui achève de démontrer que le sauvage est bien un homme, c'est qu'il est capable de le redevenir tout à fait, c'est qu'il est éducable et qu'il est apte à atteindre rapidement le plus haut degré de développement au point de vue moral et religieux. Je ne dis pas que tout sauvage y arrive après avoir été instruit, pas plus que, dans nos contrées civilisées, tout Européen ne s'y maintient. Il y a partout des natures rebelles qui se dérobent à la lumière. Nous ne nions pas non plus qu'il ne faille un temps plus ou moins long pour élever une tribu absolument sauvage à la civilisation et à une religion spiritualiste. N'oublions pas de quelle façon cette civilisation est souvent représentée, comment elle n'est parfois qu'une barbarie raffinée, qui cherche à exploiter des races incapables de se défendre, qui les corrompt à plaisir et les tue lentement par l'inoculation de ses vices et le débit de ses pires poisons alcooliques, ou qui les extermine avec une froide cruauté. Si la civilisation, au sens le plus élevé, repose sur le respect du droit et l'amour de l'humanité, si la vie de nature est avant tout caractérisée par la violence et le déchaînement des appétits, on est fondé à dire qu'il n'y a pas de pires sauvages que les flibustiers des deux mondes qui achètent des hommes en échange de barils d'eau-de-vie. Le contact d'une race inférieure avec une race supérieure qui ne montre sa supériorité que dans l'art funeste de corrompre, de tuer et d'exploiter, est toujours mortel à la première. Et pourtant, toutes les fois qu'un véritable amour de l'humanité a animé l'Européen dans ses rapports avec les peuplades non civilisées, toutes les fois qu'il leur a porté l'Évangile dans l'esprit de l'Évangile, il s'est trouvé que l'être primitivement le plus inculte, l'antropophage d'hier, a été amené à saisir les plus hautes vérités religieuses et morales. La preuve qu'il les a bien saisies, c'est qu'il ne les répète pas comme une leçon apprise, mais qu'il sait les revêtir des formes habituelles à sa pensée et les rendre dans un langage imagé et pittoresque qui est bien la fleur du désert et non une importation exotique.

L'histoire des missions contemporaines, dont l'expansion a été si magnifique, si rapide depuis le commencement du siècle, fournit des preuves innombrables à l'appui de cette éducabilité du sauvage à tous les points de vue (1). Il faut un parti pris violent et aveugle pour déclarer, comme M. Letourneau, que l'influence des missions chrétiennes sur les races inférieures est le plus souvent nulle ou désastreuse (2). Ce

---

(1) Voir, pour les missions catholiques, les *Annales de la foi*, et, pour les missions protestantes, le *Rapport du Dr Christlieb au congrès de l'alliance évangélique de Bâle en* 1879.

(2) Letourneau, *Science et matérialisme*, p. 392.

parti pris est poussé si loin chez cet implacable sectaire du naturalisme, qu'il n'hésite pas à calomnier les héroïques apôtres de l'Évangile qui, de nos jours, ont si souvent scellé de leur sang leur dévouement à l'humanité païenne. M. Letourneau les accuse tout simplement de mensonge ; il y aurait, d'après lui, entente entre tous les missionnaires pour tromper l'Europe. De pareilles assertions ne se discutent pas. Il suffit de les livrer au verdict de la conscience morale. L'auteur s'attaque avec une sorte d'acharnement à une mission qui nous est particulièrement connue, à celle qui s'est poursuivie auprès de la nation des Bassoutos. A en croire M. Letourneau, tous les prétendus progrès accomplis sur cette portion de la terre africaine ne seraient qu'une fiction. Au mensonge des missionnaires s'ajouterait la jonglerie narquoise des naturels qui les tromperaient sur leur conversion et joueraient une comédie compliquée pour mieux les abuser. L'auteur se fonde sur le témoignage d'un jeune chef nommé Tsekêlo, que nous avons vu comme lui en Europe, et qui nous a tenu un langage tout à fait contraire. Il nous suffit de renvoyer M. Letourneau au livre de M. Casalis, l'un des vaillants pionniers de la mission africaine, livre devenu classique pour l'anthropologie contemporaine (1). On y voit exposés, avec autant de talent que de sincérité, les résultats incontestables d'une mission modeste par ses ressources, mais grande par le dévouement. Elle a porté le développement intellectuel et religieux d'une rude peuplade africaine à ce point qu'on a vu surgir du milieu d'elle des missionnaires qui brûlent de porter la foi chrétienne au centre de l'Afrique jusqu'au Zambèze, sur les pas de l'héroïque Coillard, ce fidèle continuateur de Livingstone. L'un de ces évangélistes indigènes, dont le père avait peut-être été un anthropophage, a succombé aux fatigues et aux périls d'une première exploration, louant le Dieu de l'Évangile de ce que sa tombe serait la pierre d'attente de la mission future.

(1) *Les Bassoutos*, par Casalis.

Ce qui est vrai des Bassoutos l'est également de tout homme sauvage. L'un des orateurs religieux les plus remarquables par la pensée comme par l'éloquence que nous ayons entendus est un nègre dont les parents avaient été arrachés à l'Afrique par la traite (1). Ce qui est encore plus éloquent que sa parole, c'est sa vie de dévouement ; car on l'a vu, dans les affreuses épidémies de notre colonie sénégalienne, exciter l'admiration universelle par son courage à toute épreuve. Combien d'Européens ont reçu de lui avec gratitude les suprêmes consolations ! Nous n'avons là qu'un chapitre, et l'un des moins considérables, de l'histoire des missions à notre époque. Il en ressort avec évidence que le dernier des sauvages peut être amené aux conceptions les plus hautes en morale et en religion, et les communiquer à son tour à ses compatriotes dans sa langue, avec son tour d'esprit. Il en résulte que ce développement supérieur correspond à la vraie nature de l'homme et que cette grande conception monothéiste existait chez lui à l'état virtuel. Il en résulte encore que l'unité morale de l'humanité est bien réelle, puisque le contact des races les plus différentes est fécond au point de vue intellectuel et spirituel comme au point de vue physique.

(1) Il s'agit de M. Taylor, missionnaire au Sénégal.

II. — L'HOMME DES CAVERNES ET CELUI DES HABITATIONS LACUSTRES (1).

La découverte de l'homme des cavernes a fourni à l'école matérialiste un coup de fortune inespéré. Elle l'a produit avec confiance comme une preuve, bien plus décisive que le sauvage, de la bassesse de nos origines. Comment, dit-elle, reconnaître un être doué de raison dans ce Troglodyte qu'il faut aller chercher au fond de sa caverne, vivant au milieu des dépouilles sanglantes de la proie qu'il vient de dévorer, semblable au fauve dans sa tanière et à l'oiseau ravisseur dans son aire où blanchissent des amas d'ossements? Devant cet être grossier, à coup sûr notre ancêtre, il faudra bien abolir toute distance entre l'homme et l'animal. — Nous pensons, au contraire, que jamais la distance ne fut plus mar-

(1) Voir, sur l'homme primitif, *L'homme préhistorique* par sir John Lubbock, traduction Barbier, suivi de la conférence sur les Troglodytes de la Vézère, par M. Broca. (Paris, Germer Baillière, 1876.) — Quatrefages, *l'Espèce humaine*, liv. VI. (Paris, Germer-Baillière, 1877.) — Joly, *L'homme avant les métaux*. (Paris, Germer-Baillière, 1879.) — *Les premiers hommes et les temps préhistoriques*, 2 vol., par le marquis de Nadaillac. (Paris, Masson, 1881.) — *Habitations des temps lacustres et modernes*, par Frédéric Troyon. (Lausanne, Georges Bridel, 1881.) — *La France aux temps préhistoriques*, par M. de Mortillet. (*Bulletin de la société anthropologique*, octobre 1871, p. 271). — Voir encore le livre tout récemment publié de M. de Mortillet, qui est intitulé le *Préhistorique*. Pour l'âge quaternaire il ne fait que confirmer les résultats que nous avons résumés, en retardant un peu trop selon moi les premières manifestations du sentiment religieux. En ce qui concerne l'âge tertiaire, M. de Mortillet admet des traces d'un travail intelligent sur quelques silex. Il les rapporte à ce fameux précurseur de l'homme vainement cherché jusqu'ici, et qu'il appelle *anthropopithique*. Il n'a d'autre preuve à l'appui de cette découverte que l'analogie zoologique. La forme s'étant profondément modifiée d'un âge zoologique à l'autre, et déclare par exception l'homme inadmissible. Le moindre squelette de notre ancêtre ferait bien mieux notre affaire. Le second livre de M. de Mortitlet n'en offre pas moins la plus riche documentation.

quée, parce que jamais l'intelligence humaine ne fut davantage réduite à ses seules ressources pour soutenir un plus rude combat contre les forces de la nature.

On sait par quelles admirables découvertes l'anthropologie contemporaine est arrivée à rejoindre le Troglodyte sans autres documents que quelques cailloux ou quelques débris informes, enfouis pendant des milliers d'années dans des profondeurs souterraines et des grottes ténébreuses, ou bien encore des détritus d'aliments mélangés dans une inextricable confusion. Ce furent les quelques fragments de silex découverts par M. Boucher de Perthes, qui donnèrent le premier éveil à la science préhistorique. Ses interprétations longtemps contestées obtinrent, en définitive, gain de cause. Puis vinrent les innombrables fragments d'outils primitifs, d'armes fabriquées avec la pierre à peine dégrossie dans les grottes de la Vézère, de la Madelaine, de Solutré en France (1). Enfin les *Kjæh-Kenmœddinger* du Danemark, espèces de collines factices produites par les débris de la cuisine de nos plus lointains ancêtres, enrichirent cette documentation, éclairée d'ailleurs d'un jour toujours plus vif. Depuis vingt ans, les découvertes se sont multipliées dans presque tous les pays, au nouveau monde comme dans l'ancien (2). Au Mexique, on a trouvé, dans les alluvions du Rio de Juchipila, des hachettes du type le plus ancien ; près de Guanajuato, une lance de la même époque, et, dans la vallée de Mexico, des grattoirs d'un temps non moins reculé. Des débris de squelette humain y ont été extraits de terrains évidemment quaternaires. Des découvertes analogues ont été faites dans un bois du Honduras et dans le Connecticut. L'Amérique a aussi ses *Kjæk-Kenmœddinger*. Les tertres appelés *Moundbuilders*, qui s'y rencontrent en si grand nombre, semblent avoir une signification

(1) Voir l'histoire détaillée de ces découvertes dans le livre de M. de Nadaillac, vol. 1ᵉʳ, ch. III, V, VI et vol. II, ch. VIII pour les Américains.
(2) Rappelons avec gratitude les savants commentaires de ces découvertes, donnés par M. de Mortillet, devant les vitrines de l'Exposition anthropologique de 1878.

funéraire et religieuse. Ils remontent à l'âge des premiers métaux. Les *Choulpas* du Pérou et de la Bolivie, monuments antérieurs aux Incas, sont des cryptes funéraires qui reposent sur de grosses pierres avec une toiture formée d'énormes dalles (1).

Les riches collections anthropologiques de l'Exposition universelle de Paris en 1878 ont permis de constater que nous sommes en face, non pas de quelques faits exceptionnels isolés, mais qu'il s'agit bien d'une longue période de développement général pour l'humanité.

En même temps que les traces de l'activité de nos lointains ancêtres sortaient du sol bouleversé par tant de révolutions, on retrouvait leurs propres dépouilles. Les découvertes anciennes comme celle du crâne du *Neanderthal*, au nord de l'Allemagne, prirent une signification nouvelle en étant rapprochées des trouvailles qui furent faites plus tard. Les principales, en France, sont, une mâchoire trouvée à Moulin-Quignon par M. Boucher de Perthes, et le squelette presque complet du grand vieillard extrait de la grotte de Croz-Magnon, dans le Périgord. Des découvertes analogues ont été faites dans de nombreuses cavernes, en Angleterre, en Belgique et à Menton (2). Les représentants les plus éminents de la science anthropologique ont reconnu d'un commun accord, après des discussions approfondies, la haute antiquité de ces fragments d'armes, d'outils ou de squelettes humains. Ils ont constaté que l'homme a vécu à l'époque quaternaire, sinon à l'âge tertiaire. Ce dernier point reste en litige, faute de preuves décisives (3). Ce qui est hors de doute, c'est que notre ancêtre a été le contemporain des grandes crises géologiques qui ont marqué l'époque quaternaire. Nous n'entrons pas dans la discussion des tentatives ingénieuses faites pour établir des

---

(1) Nadaillac, vol. II, ch. VIII. Joly, ch. VII.
(2) Quatrefages, *l'Espèce humaine*, ch. XXV. Joly, *l'Homme avant les métaux*, ch. II.
(3) Les ossements striés ou incisés trouvés par M. Desnoyers dans les environs de Chartres comme ceux trouvés dans les terrains tertiaires de l'Italie par M. Capillari, ne suffisent pas à prouver le travail de l'homme ; car

sous-divisions dans la chronologie de cette antiquité reculée, soit qu'on les emprunte à la nature des terrains d'où l'on a extrait les instruments et les ossements de l'homme, soit qu'on les rapporte aux progrès de son travail, dont on a cherché les traces dans les diverses cavernes ouvertes jusqu'ici et qui fournissent trois types caractérisés : 1° le type de la grotte de Saint-Acheul ; 2° celui de la Madelaine ; 3° celui de Solutré.

Ces divisions chronologiques sont quelque peu arbitraires, d'abord parce qu'il n'est jamais sûr que les couches géologiques superposées n'aient pas subi des remaniements, et ensuite parce qu'on retrouve parfois, dans les mêmes grottes, des outils ou des armes qu'on rapportait à des dates différentes (1). Nous nous en tenons aux grandes divisions suivantes, qui ne soulèvent aucune discussion : 1° l'âge de pierre; 2° l'âge de bronze ; 3° l'âge de fer. Il est évident que si les instruments en pierre ont coexisté à une certaine époque avec ceux en bronze et en fer, il y a eu pourtant une longue période où la pierre seule était employée et, dans cette période, une première phase où la pierre n'était pas polie : ce qui nous donne la période *paléolithique* et la période *néolithique*. C'est de cette époque que nous parlerons seulement avec quelque détail ; car le bronze nous conduit sur le seuil des âges historiques, et le fer nous y introduit en plein. Nous laissons de côté toutes les discussions que l'on peut engager sur les races qu'on a prétendu avoir découvertes, dès la période *paléolithique*, en se fondant sur les diversités de conformation du crâne. On trouvera tous les renseignements

---

on a reconnu que ces incisions ont pu être produites par la dent d'animaux aquatiques. Le silex incisé trouvé à Thenay par l'abbé Bourgeois dans une couche zoologique tertiaire n'offre pas plus de certitude pour le travail humain. Le congrès anthropologique de Bruxelles, en 1872, n'en a pas moins laissé la question indécise. Quant aux ossements humains rapportés à la même date, l'incertitude subsiste. (Nadaillac, vol. II, ch. IV ; Joly, ch. VIII.)

(1) Nadaillac, *Les premiers hommes*, vol. Ier, ch. IV. Voir les communications de M. de Mortillet au congrès préhistorique de Bruxelles, 1872, et à l'Association scientifique de Bordeaux, 1872. Voir aussi son Mémoire sur *la France aux temps préhistoriques*.

sur ce point dans le livre de M. de Quatrefages, présentés avec sa clarté et sa précision ordinaires (1). Il distingue trois races primitives dans l'humanité préhistorique en Europe : 1° la race de *Cronstadt*, du nom du village où fut découvert, en 1700, le premier fossile humain. Le crâne trouvé, en 1857, dans le Neanderthal appartient au même type en l'exagérant un peu. Cette race se faisait surtout remarquer par le caractère très surbaissé de la voûte crânienne, le front restant bas et étroit avec accentuation des saillies sourcilières.

2° La deuxième race serait celle de *Croz-Magnon*, au front largement développé, avec une voûte crânienne présentant les plus belles proportions.

3° La troisième serait la race des *Furfooz*, localité belge célèbre par des fouilles nombreuses et heureuses. Cette race a le crâne fuyant et la face large. Les deux premières races sont *dolichocéphales* (au crâne allongé) ; celle de *Furfooz* est *brachycéphale* (au crâne rétréci).

Il n'importe pas à notre dessein de rechercher les différences qui ont pu exister entre ces diverses races. Il est certain qu'elles se sont croisées et mélangées dans la période antéhistorique et que, à tout prendre, l'homme de ces âges reculés, à quelque embranchement ethnographique qu'il appartienne, nous présente un ensemble de traits caractéristiques bien déterminés qui ne varient pas essentiellement de l'une à l'autre. Nous chercherons le type de l'homme des cavernes dans la race de Croz-Magnon, qui est certainement d'une très haute antiquité. Nous nous attacherons à dégager son image vivante et vraie de ces étranges documents si longtemps enfouis sous nos pieds et qui ont suffi pour ressusciter devant nous un passé sans histoire et perdu dans des ténèbres profondes que des milliers de siècles ont peut-être épaissies. Contentons-nous d'affirmer la haute antiquité de l'homme. Déjà, il suffisait de constater la civilisation avancée que les pères de

(1) *L'espèce humaine*, ch. xxv.

la race israélite avaient pu admirer sur la terre des Pharaons, où l'égyptologie retrouve tous les jours de nouvelles dynasties de rois, pour reculer les temps des origines bien au delà de la chronologie attribuée, à tort, à la Bible ; car celle-ci ne prétend pas plus nous donner l'exactitude numérique que l'exactitude scientifique (1). Ce qui est démontré aujourd'hui, c'est que l'homme vivait en Europe en même temps que les derniers animaux antédiluviens, à une époque où le mammouth parcourait le midi de la France, où le renne paissait l'herbe aujourd'hui brûlée par le soleil d'Espagne et qu'il supportait un climat totalement différent de celui qu'a constitué la dernière crise géologique. Ce résultat nous suffit ; car nous n'avons aucun intérêt à mettre la précision dans des calculs dont les bases sont toujours quelque peu incertaines (2). « L'étude du globe, dit M. de Nadaillac, l'étude des diverses faunes qui l'ont peuplé tour à tour font remonter le passé de notre race bien au delà de la tradition historique ; mais la cosmographie ou la zoologie, la géologie ou la paléontologie sont également impuissantes pour résoudre le grand problème de nos origines (3). »

C'est assez pour nous de constater cette haute antiquité, séparée de nous non seulement par une durée immense, mais encore par les révolutions du sol terrestre qui l'ont remanié et bouleversé. C'est pourtant de ce passé fabuleusement lointain que nous viennent des témoignages qui valent mieux que les manuscrits de nos bibliothèques pour nous retracer l'image de l'homme avant l'histoire.

Le premier de ces témoins des vieux âges est un pauvre silex marqué de quelques entailles. Notre XIXe siècle, qui seul

---

(1) Duc d'Argyll, *Primitive man*, ch. IV.
(2) Duc d'Argyll, *Primitive man*, ch. IV.
(3) Nadaillac, ouvrage cité. Tome II, p. 330. Il est très difficile de dresser la chronologie des diverses couches du sol, en calculant le temps nécessaire aux stratifications ou à la transformation des rives des cours d'eau, parce qu'on ne peut jamais savoir si des causes accidentelles n'ont pas remanié la superposition des terrains.

a été apte à interpréter le langage de ces pierres, n'a pas été le premier à les découvrir. Le soc de la charrue en avait fait sortir du sol plus d'un échantillon. La superstition populaire attribuait à la foudre leurs anfractuosités. La réalité était bien plus prodigieuse ; l'éclair dont on cherchait la trace dans leurs fissures avait jailli non des nuées du ciel, mais de l'intelligence de l'homme. C'était sa main, guidée par sa pensée, qui avait taillé et façonné le silex. Chose étrange ! il a suffi de reconnaître sur cette pierre grossière la marque d'un travail conscient pour que l'on se soit dit : C'est l'œuvre de l'esprit ; — et pourtant les mêmes savants qui le reconnaissent dans cet outil informe se refusent à l'acclamer devant ce monde immense marqué tout entier du sceau de la pensée.

On ne saurait trop admirer ce Troglodyte des jours anciens pour l'intelligence et l'énergie qu'il a dû déployer dans la période géologique qu'il a traversée. Tout d'abord, il est certain qu'il a assisté à des crises parfois formidables de l'histoire de la planète ; elles ont pu se reporter sur un plus ou moins grand nombre d'années, avec un caractère plus ou moins foudroyant ; tantôt ralenties, tantôt précipitées, elles n'en ont pas moins produit de véritables cataclysmes. « L'époque quaternaire ou glaciaire, dit M. de Quatrefages, faisait à l'homme de dures conditions de vie. Ce qui existait alors de l'Europe était entouré de tous côtés par la mer et subissait les conséquences d'un climat insulaire, c'est-à-dire très humide et à température assez uniforme, mais refroidi, en grande partie du moins, par les glaces du pôle arrivant jusque dans notre voisinage. Des pluies torrentielles, fréquentes en toute saison, se changeaient en chute de neige sur les hauteurs et entretenaient les vastes glaciers dont on retrouve les traces autour de nos chaînes de montagnes. D'immenses cours d'eau creusaient les vallées sur certains points et étendaient sur d'autres d'épaisses couches d'alluvions. Cette terre noyée et tourmentée nourrissait une faune comprenant, à côté des espèces animales actuelles, des espèces dont une partie a disparu, dont une partie a émigré au loin. C'était d'une part le mammouth, le rhinocéros à narines cloisonnées, le cerf d'Irlande, l'ours des cavernes, l'hyène des cavernes, le tigre des cavernes ; d'autre part, le renne, l'élan, l'auroch, l'hippopotame, le lion (1). »

C'est sur cette terre tourmentée, en face de ces fauves terribles, qu'un être débile a soutenu victorieusement la lutte de l'existence à la fois contre les forces déchaînées de la nature et contre ces colosses qui, pour le broyer, n'avaient qu'à marcher sur lui. Selon le mot de Pascal, il suffit d'une petite vapeur pour le tuer ; c'est assez d'une petite pierre pour briser ce roseau fragile qui est aux prises avec les éléments en furie et avec des monstres possédant les plus terribles armes naturelles. Et voici que ce roseau se redresse et demeure debout alors que le mammouth et avec lui les plus grands des animaux de cette époque disparaissent. Non seulement il triomphe de ceux-ci, mais encore des cataclysmes auxquels ils n'ont pu résister, parce qu'ils étaient incapables de trouver de nouveaux moyens d'appropriation à un milieu transformé. Ainsi se trouvent confirmées les déclarations déjà citées par nous de Robert Wallace sur ce caractère exceptionnel de l'homme, qui fait que, par son intelligence, il domine les lois de la sélection naturelle et se rend de plus en plus indépendant de la fatalité des milieux. Cette survivance de l'homme aux bouleversements de l'âge glaciaire, dans les mêmes contrées où les animaux antédiluviens ont disparu, soit par la mort, soit par l'émigration, est la meilleure preuve que longtemps avant l'histoire il possédait tous les attributs qui constituent sa royauté sur notre monde. Jamais, en effet, la disproportion entre sa faiblesse physique et les obstacles à surmonter ne fut plus saisissante. Sans la force invisible qui est en lui et qui lui permet de s'approprier les forces de la nature, même quand elles semblent liguées contre lui pour l'anéantir, il y a longtemps qu'il eût disparu et n'eût laissé que quelques

---

(1) Quatrefages, *l'Unité de l'espèce humaine*, ch. xxv.

débris de ses ossements faisant pauvre figure à côté des squelettes des géants vaincus par lui.

Qu'on veuille bien remarquer que ce n'est pas une espèce nouvelle qui apparaît à la fin de l'âge quaternaire, au début de notre période géologique actuelle ; l'humanité dont nous procédons est la descendance directe des Troglodytes. Nulle transformation sensible ne s'est opérée en elle. Le vieillard de Croz-Magnon, au point de vue physique, a tous les caractères de nos races les plus nobles. Sa stature est droite, sa main a cet agencement délicat qui en fait l'instrument souple et docile de la volonté. Le crâne est superbe, le front élevé. C'est bien l'homme tel que nous le connaissons quand il n'a pas subi quelque grave dégénérescence accidentelle (1). Il est déjà tout formé intellectuellement et moralement. Il suffit, pour s'en convaincre, des preuves tangibles de son activité, qui le font revivre sous nos yeux ; car ces débris innombrables sortis des cavernes, des tombeaux ou des *Kjæk-kenmæddinger* portent le sceau de sa pensée et comme la signature de son esprit.

Ce qui nous frappe tout d'abord dans ces produits de l'industrie primitive, c'est qu'ils vont se perfectionnant depuis l'époque paléolithique jusqu'aux Palafites des lacs suisses avant l'époque des métaux. Au début, la pierre est simplement éclatée comme dans les haches du type de Saint-Acheul, qui sont en forme d'amande. Nous avons ensuite les racloirs et les lances triangulaires taillées d'un seul côté du type du *Moustier*. Les flèches du type de *Solutré* sont taillées en forme de laurier. A l'époque de la Madelaine, les os des animaux commencent à être travaillés en même temps que la pierre. Enfin, à l'époque de *Rohenhausen* commence la pierre polie (2). La même progression se retrouve pour le vêtement et l'habitation,

---

(1) La capacité crânienne chez le grand vieillard de Croz-Magnon atteint 1,590 centimètres cubes d'après M. Broca. Elle dépasse de 119 centimètres la moyenne obtenue par le même savant sur 125 crânes parisiens du xixe siècle.

(2) Joly, p. 25.

comme le prouvent les constructions sur pilotis des Palafites, qui datent de la fin de l'âge de la pierre. Il s'ensuit que, dès les premiers jours, l'homme s'est avancé dans la voie du progrès. Le mouvement de l'histoire commence avec l'humanité préhistorique. L'évolution est possible dès que l'homme, grâce à son intelligence, fait de ses premières acquisitions le point de départ d'acquisitions nouvelles. Désormais, il n'est plus permis aux flots troublants de la sensation de tout emporter avec eux ; l'homme domine le temps en reliant le passé au futur. Le fait seul qu'il se taille un outil est gros de tout son avenir ; car, pour tailler ce silex qui a heurté son pied sur la route, il a fallu que, sous le stimulant du besoin, il eût une idée de l'utilité qu'il en pouvait retirer en l'appropriant à ses nécessités ; puis que, par une induction que la raison seule rend possible, il ait prévu que, dans des circonstances analogues, ce silex à peine taillé lui rendrait les mêmes services. L'homme préhistorique a pris possession de l'avenir pour lui et pour sa descendance, du jour où il s'est procuré par son travail un outil ou une arme.

Nous renvoyons aux savants ouvrages cités par nous pour la description détaillée de ces premiers instruments de son activité, couteaux, haches et flèches (1). Le grattoir fut un grand gain, car il était destiné à préparer les autres outils et il inaugurait le travail proprement industriel. On a trouvé, à la fin de l'âge paléolithique, de nombreux vestiges de l'existence d'ateliers de fabrication pour les outils et les armes. « Comment expliquer autrement les silex, dont la plupart paraissent n'avoir jamais servi, couvrant encore aujourd'hui des hectares de terrain et gisant à côté des *nuclei* dont ils ont été détachés, comme cela se voit au Grand-Pressigny, en Indre-et-Loire (2) ? » L'aiguille indique un nouveau progrès.

---

(1) Nadaillac, vol. II, ch. II-III. — Joly, *L'homme avant les métaux*. IIe partie.
(2) Nadaillac, vol. II, p. 183.

Elle montre, à elle seule, que le chasseur ne se contente plus de jeter sur ses épaules la peau de la bête qu'il a tuée ; elle sert à confectionner le vêtement, et il y a là un travail modificateur des matériaux fournis directement par la nature, et peut-être un premier indice de la pudeur.

Les cendres trouvées dans les cavernes, les parcelles de charbon découvertes à côté des blocs de granit, de forme circulaire, qui semblent avoir été destinés à faciliter le frottement de deux morceaux de bois, nous révèlent l'usage du feu, ce grand instrument civilisateur (1). Il parut si précieux à l'homme primitif qu'il le divinisa. Schiller appelle poétiquement la flamme dévorante une libre fille de la nature. Tant qu'elle n'est pas autre chose, elle ne peut rendre aucun service réel à l'homme ; elle jaillit avec l'éclair pour consumer sa demeure ou le foudroyer. Aussi rapidement éteinte qu'allumée, elle ne laisse après elle que de la fumée ou des ruines. Il a su s'emparer de cette libre fille de la nature, et lui ravir son secret pour la produire à son gré. Peu importe le procédé employé. Le premier homme qui, en frottant deux bâtons, en fit jaillir l'étincelle, fut le grand initiateur, le Prométhée de ce monde obscur. L'alimentation fut profondément modifiée, améliorée, et la première pierre du foyer fut posée. Grâce au feu, la poterie fut introduite dans la caverne du Troglodyte. Il put ainsi conserver des provisions et dépendre beaucoup moins des hasards journaliers de la chasse. On ne sait à quel moment il apprit à moudre le grain ; mais ce fut longtemps avant la pierre polie (2). Les Palafites sont, en effet, à la fois agriculteurs et pêcheurs. La pêche a apporté un large contingent à l'alimentation de ces temps primitifs. Les débris de poissons maritimes prouvent des explorations d'une singulière hardiesse loin du sol natal, et l'existence d'une espèce de négoce avec les populations riveraines. On est donc en droit de sup-

---

(1) Joly, *L'homme avant les métaux*, IIe partie, ch. II.
(2) Joly, *Id.*, IIe partie, ch. III.

poser des relations étendues entre les peuplades de l'âge paléolithique. Dans les cavernes de Solutré, l'entassement systématique des ossements de chevaux qui avaient contribué à la nourriture de ses habitants a fait supposer que déjà alors une certaine domestication des animaux était pratiquée (1). Quant à l'habitation, elle paraît avoir gardé un caractère primitif jusqu'à l'époque où les Lacustres bâtirent des maisons à pilotis sur les lacs et cours d'eau, pour assurer leur sécurité. Le Troglodyte, comme son nom l'indique, s'est contenté le plus souvent d'approprier à son usage les cavernes qui lui offraient un abri naturel. L'âge préhistorique a certainement connu la navigation : les musées de la Suisse possèdent de nombreux débris de barques employées par les Lacustres. C'est donc à cet homme des anciens jours qu'il faut appliquer les vers d'Horace sur l'héroïsme du premier navigateur. On se demande quelle espèce d'état social pouvait exister à cette époque. Les affections de famille se manifestent alors principalement par les sépultures que nous envisagerons plus tard à un point de vue supérieur. Le soin de la dépouille des morts n'est explicable que si un lien réel a existé entre les vivants. Remarquons à quel point ce lien d'affection se distingue de l'instinct animal qui unit le mâle et la femelle à leurs petits et qui est toujours étroitement rattaché aux relations sexuelles. Ici, tout ce qui a trait à la sensation a pris fin dans la mort, et pourtant l'affection subsiste en s'épurant. Les familles semblent déjà avoir été groupées sous l'autorité d'un chef, comme l'indiquent ces bâtons ornés et sculptés où l'on est toujours plus disposé à reconnaître des bâtons de commandement (2). Il s'ensuit qu'une certaine autorité était reconnue dans la peuplade et que celle-ci avait une vague intuition de la notion de l'État. Il est remarquable que le symbole du comman-

---

(1) Joly, *L'homme avant les métaux*, p. 239.
(2) Voir la belle représentation des bâtons de commandement ornés dans le livre de M. de Nadaillac, vol. Ier, p. 119.

dement ne soit pas une arme, signe de la force, mais un emblème presque religieux. On est en droit de supposer que cette première organisation sociale reposait sur quelques-unes de ces notions de justice sans lesquelles nul lien social n'est possible.

Le Troglodyte, malgré les rudes conditions de sa vie de chasse et de guerre, a connu, lui aussi, le luxe qu'on dit avec raison une chose très nécessaire, parce qu'il donne satisfaction à ces besoins proprement humains qui dépassent les sens. Le luxe, en prenant le mot dans sa signification profonde, est indispensable à l'être doué d'intelligence, d'imagination et de sensibilité, fût-il au plus bas degré de son développement. De là, ces premières manifestations des facultés esthétiques qui trouvent une satisfaction naïve dans la parure et l'ornementation. Les bagues et colliers trouvés dans les cavernes de cette époque sont en nombre considérable. La parure n'est pas seulement l'amusement de la vanité; elle répond encore à cette aspiration très confuse vers le beau, qui pousse l'homme à transformer la réalité. Au reste, le Troglodyte a fait mieux que se parer et ornementer ses outils ou ses bâtons de commandement; il a vraiment inauguré l'art, car on n'en saurait méconnaître le caractère essentiel dans ces dessins gravés ou sculptés sur les os des animaux tués à la chasse. Quand l'homme préhistorique représente, non sans vivacité de trait, soit le renne, soit le mammouth, soit une scène de chasse, il ne poursuit aucune fin utilitaire; cette représentation ne lui donne aucune autre satisfaction que le plaisir idéal de la contemplation; il se plaît à revoir, en dehors des périls et de l'âpreté de la lutte quotidienne, le fauve qu'il a poursuivi, ou bien à faire revivre et à conserver l'impression de grandeur que le mammouth a produite sur lui. Il a fait son choix dans la nature pour représenter ce qui l'a le plus frappé, ce qui a éveillé en lui quelque sentiment d'admiration. Il atteignit un degré supérieur dans cet art tout primitif quand il se sculpta lui-même triomphant de son puissant ennemi, comme dans cette admirable et expressive sculpture sur os, où l'on voit le chasseur lançant au mammouth le trait fatal. Ces sculptures ont une importance considérable encore à un autre point de vue; elles nous montrent l'intelligence humaine ayant pleine conscience d'elle-même, le sujet se distinguant nettement de l'objet, puisque l'homme représente sa propre victoire sur l'animal et sur la nature. Il est donc sorti tout à fait de cet état d'inconscience où le moi roule et coule dans le torrent des sensations. C'est ainsi que nous retrouvons dans ces premières productions artistiques, qui ne sont, après tout, que des formes éclatantes, agrandies, du langage humain, le caractère propre de ce langage. Tandis que celui de l'animal est toujours subjectif et n'exprime que des sensations de plaisir ou de peur, la parole humaine est objective, en ce sens qu'elle considère l'objet en dehors du moi, comme matière à connaissance. Il nous suffit de ces sculptures informes pour savoir que l'homme préhistorique a parlé comme nous parlons, non pas seulement en poussant des cris ou en multipliant les onomatopées, mais en désignant les objets eux-mêmes par un acte véritable de la raison (1). On a cru reconnaître dans les entailles faites à des os de renne les procédés d'une numération primitive se rapportant probablement aux produits de la chasse, et peut-être au partage du butin. Nous saisissons ici sur le fait une opération maîtresse de l'entendement.

L'humanité préhistorique a connu le sentiment religieux. On est d'accord pour donner une valeur d'amulettes à une foule d'objets ornementés qui ne sont d'aucun usage pour la vie commune. Une amulette nous parle sans doute de superstition; mais elle dénote aussi le besoin d'apaiser le pouvoir inconnu, mystérieux, dont l'homme s'est toujours senti dépendant. Les signes de trépanation systématique qu'on a dé-

---

(1) Voir de beaux spécimens de cet art primitif dans Nadaillac, ouvrage cité, t. Ier, ch. XII.

couverts sur une multitude de crânes ayant appartenu à des hommes qui ont évidemment survécu à l'opération, paraissent également avoir eu une valeur religieuse; peut-être cette pratique étrange était-elle en rapport avec la croyance aux esprits malfaisants qu'il fallait chasser à tout prix (1). Après la mort du trépané, on enlevait une rondelle de son crâne que l'on perforait pour y passer un cordon de suspension. Tantôt on la déposait près de lui, tantôt les survivants la portaient comme un charme. Dans le premier cas, comme le remarque très bien M. Broca, on voulait restituer au mort ce qui lui avait été ravi autrefois. Rien ne prouve mieux la ferme croyance dans sa survivance (2).

La manifestation religieuse par excellence est encore la sépulture; car, si elle atteste les affections de la famille, elle raconte aussi ses espérances et sa foi dans une autre vie. La sépulture fut d'abord une caverne où l'on déposa la dépouille mortelle avec les armes favorites du vivant et quelques provisions. Évidemment, ces précautions dénotent la foi invincible dans la permanence de la vie et dans l'identité de la personne humaine. Les sépultures primitives sont très souvent orientées comme celles des sauvages; les cadavres y sont aussi fréquemment repliés sur eux-mêmes, comme l'embryon dans le sein de sa mère (3). A la fin de l'âge de pierre, les cavernes sépulcrales sont remplacées par ces *tumuli* qui forment parfois toute une cité des morts, où chaque tombe est marquée par un monolithe. Plus tard, nous avons les dolmens, qui prennent des proportions toujours plus considérables (4). Mais, petit ou grand, orné ou simple, le tombeau redit toujours à la terre qu'elle n'enferme pas toutes nos des-

---

(1) Nadaillac, ouvrage cité, II, p. 248 et suivantes; Joly, ouvrage cité, page 307.
(2) Nadaillac II, ch. xi. — Conférence de Broca insérée dans le livre de sir John Lubbock.
(3) Nadaillac II, p. 11.
(4) *Id.*

tinées. La sépulture est comme une porte entr'ouverte sur la région de l'invisible et du divin. On dirait une arche surbaissée sous laquelle on ne passe que courbé jusqu'à terre, mais pour revivre ailleurs. « Dans cet être, dit Quinet, en qui je ne savais pas si je devais voir un égal ou un esclave de tous les autres, l'instinct de l'immortalité vient de se révéler au milieu de ses morts. Combien après cette découverte il me paraît différent ! Quel avenir je commence à entrevoir dans cet animal étrange, qui sait à peine se construire une hutte meilleure que celle de l'ours et qui déjà s'enquiert de donner une hospitalité éternelle à ses morts ? Il me semble que je viens de toucher la première pierre sur laquelle repose l'édifice des choses divines et humaines. Après ce commencement, le reste est aisé à conclure (1). »

Nous ne suivrons pas les progrès de l'homme préhistorique dans la période de la pierre polie. On sait que, à une date qu'on ne peut fixer, il apprit l'usage des métaux, en commençant par le bronze. Il paraît certain que les premières étapes de l'évolution avaient été franchies plus rapidement en Asie qu'en Europe ; car tout porte à croire que ce fut d'Orient que vinrent les peuplades qui apprirent à l'Europe l'art de façonner les métaux. L'usage de l'incinération des morts, qui coïncide avec l'introduction du bronze dans nos contrées, était inconnu à l'âge de pierre dans tout l'Occident et nous reporte également à une population orientale. Du jour où l'homme put se servir de métaux, son industrie put accomplir de grands et rapides progrès dont nos musées mettent sous nos yeux les preuves souvent admirables. Ce qui importe le plus dans cette apparition du bronze, c'est le mélange des races qu'elle suppose. Ce fut une grande date dans l'histoire, quand les barrières s'abaissèrent entre les diverses fractions de l'humanité préhistorique et qu'elles concoururent ensemble au développement de l'espèce au travers de conflits et de

(1) Quinet, *La Création*.

chocs redoutables. Ces premières invasions de l'élément oriental précédèrent la grande dispersion des Aryas. L'Orient, d'où venait la peuplade inconnue qui apporta le bronze à l'Europe, avait, lui aussi, traversé la phase paléolithique; mais, sous ce ciel plus clément, le développement fut plus rapide. Des documents certains, empruntés à la linguistique, nous montrent la race indo-européenne atteignant un développement de culture très remarquable à une époque qui n'est pas encore l'histoire, mais qui la précède de bien peu, alors que les ancêtres de cette grande et noble race formaient encore une même agglomération. L'identité foncière des langues que parlent les peuples issus des Aryas primitifs prouve la communauté du tronc d'où sont sortis leurs nombreux embranchements. Tous les mots semblables, au moins par la racine, qui se retrouvent dans ces langues congénères appartiennent évidemment à l'idiome parlé avant la séparation et la dispersion des peuples indo-germaniques. Ces mots expriment des idées ou des coutumes. Nous sommes ainsi reportés par la philologie comparée à l'état social et moral de la race qui est la souche première de nos diverses nationalités européennes.

Nous ne demandons, pour le moment, qu'une chose aux renseignements à la fois étendus et précis que nous fournit la philologie comparée sur cet état moral et social des Aryas: c'est de nous apprendre quelles étaient leurs notions religieuses; car évidemment nous avons le droit d'y voir le premier épanouissement des idées ou des croyances implicitement renfermées dans la conscience de l'humanité primitive. Nous avons déjà fait remarquer que ceux-là mêmes qui insistent le plus sur une révélation extérieure doivent convenir qu'elle n'aurait ni sens ni valeur si elle ne se rattachait à la révélation intérieure, si le cœur humain n'était pas prédisposé à saisir la vérité religieuse. A d'autres conditions, la révélation extérieure ne serait plus qu'une cymbale retentissante, une parole perdue dans le vide. Allez donc parler de Dieu, de l'âme, de l'immortalité au plus intelligent des quadrumanes ! L'âme ne comprend que les vérités qui existent préalablement en elle à l'état virtuel et auxquelles elle aspire (1).

Nous n'insistons pas sur les renseignements fournis sur l'état social déjà très civilisé des Aryas primitifs. La philologie comparée nous montre qu'ils formaient une vraie société hiérarchisée, sous l'autorité de chefs qui étaient déjà presque des rois et avec une constitution de la famille qui faisait concorder les subordinations nécessaires avec les affections naturelles. La vie était surtout agricole ; c'était à l'agriculture qu'étaient principalement empruntées les expressions métaphoriques destinées à désigner les diverses relations de la famille ou de la peuplade (2). L'idée morale ressort sans nuage de ce langage des premiers Aryas ; on peut dire qu'il a été frappé à l'effigie de la conscience. La loi, pour eux, c'est ce qui est établi comme règle invariable, ce qui est impérissable, ce qui est ordonné, ce qui est droit. Toutes ces expressions impliquent l'obligation. Le mal est une transgression de la loi ; c'est aussi une chute. La punition n'est pas seulement l'exécution du châtiment, mais encore la correction avec une idée de purification. Le mal et le péché sont aussi présentés comme une souillure, une flétrissure. L'idée religieuse emprunte toujours ses symboles à la lumière céleste. Son premier symbole comme sa première personnification est le ciel à la fois vaste et radieux (3).

Si l'idée divine fut promptement personnifiée dans le ciel, elle a pourtant précédé cette personnification dans l'esprit des premiers Aryas ; car il y a une différence entre le mot *div*, qui désigne le ciel, et le mot *dew*, qui désigne Dieu ou l'Être céleste. Cette différence porte sur le fond même de la pensée et nous ramène au monothéisme primitif. Remarquons

---

(1) Voir, sur les Aryas primitifs, le savant livre de Pictet : *Les origines indo-européennes*, 3 vol., 2º édit. (Fischbacher, 1873).

(2) Voir les deux premiers volumes de Pictet.

(3) Pictet, ouvrage cité, t. III.

que les objets naturels qui paraissent assimilés aux dieux sont caractérisés dans la langue par quelques-uns de leurs attributs. La terre *qui s'étend*, le ciel *qui brille*, l'aurore *qui flamboie*, le feu *qui s'agite*, voilà autant d'appellations métaphoriques qui ne portent que sur des faits purement naturels avant toute divinisation. Si, dès le principe, les Aryas en avaient fait des objets d'adoration, il en serait resté quelque trace dans les mots qui les représentent à l'esprit, tandis que nous trouvons le plus complet réalisme dans les appellatifs qui les désignent. Il faut donc bien reconnaître qu'il y eut un temps où le polythéisme n'existait pas encore et où cependant la langue était déjà formée (1), — ce qui prouve une fois de plus que l'homme possédait d'une manière confuse l'idée du divin dans sa majesté et son unité avant qu'il l'eût comme incorporée dans ces grandes manifestations de la nature. — Ce monothéisme primordial ressort également des autres noms donnés à la divinité. Des noms, tels que *le maître des créatures, l'ami suprême, l'esprit vivant, le puissant par la volonté et la sagesse, le bienveillant, le créateur,* peuvent être considérés comme autant d'épithètes d'un Dieu unique (2).

Cette notion était tellement inhérente à l'esprit humain qu'elle reparaît dans la période suivante, en plein polythéisme panthéiste, et que, comme l'a remarqué Max Muller, l'idée monothéiste, s'applique à chacun des grands dieux qui sont considérés tour à tour comme des manifestations du Dieu suprême. C'est ce qu'il appelle le *cathénothéisme* (3). Nous trouvons dans les *Védas* un passage significatif qui porte *que les sages donnent plusieurs noms à* L'ÊTRE *qui est* UN *et qu'ils l'appellent tour à tour Indra, Mitra, Varuna, Agni.* Ce fond monothéiste est tellement persistant que, de nos jours, un missionnaire ayant accusé un Pandit de tomber dans le

---

(1) Pictet, t. III, p. 139-141.
(2) Pictet, III, p. 481-487.
(3) Max Muller, *Anc. littérat. sanscrite*, p. 53. — *Essais sur l'histoire des religions.* Paris, 1835 (Berdier).

polythéisme, obtint de lui la réponse suivante : « Ce ne sont là que des manifestations diverses du Dieu unique, comme le soleil se réfléchit dans le lac par une variété d'images (1). » On est en droit de reconnaître, dans les plus beaux hymnes des *Védas*, la survivance de ce monothéisme primitif. Ne se dégage-t-il pas triomphalement de cette prière sublime : « Le grand maître de ce monde voit toute chose comme s'il était tout près. Si un homme reste debout et immobile, s'il marche ou se couche, le roi Varuna le sait bien. Ce que deux personnes se disent tout bas, assises l'une près de l'autre, Varuna le sait, lui, le troisième. Cette terre aussi appartient à Varuna, le roi, et ce vaste ciel aux extrémités si éloignées. Celui qui s'enfuirait bien loin par delà le ciel n'échapperait pas pour cela à Varuna, le roi. Ses émissaires descendraient du ciel vers le monde. De leur mille yeux, ils surveillent cette terre. Le roi Varuna voit tout ceci, ce qui est entre le ciel et la terre et qui se trouve par delà. Il compte les clignotements des yeux humains. Comme le joueur, il jette le dé et décide toute chose (2). »

« C'est après lui, lisons-nous dans un autre hymne védique, que mon cœur soupire, après le Dieu qui voit bien loin. Vers lui se dirigent mes pensées, comme des vaches vers leurs pâturages. O Dieu sage, tu es le maître de tout, du ciel et de la terre : écoute-moi dans les cieux (3). »

Si nous revenons aux Aryas primitifs qui ont vécu longtemps avant les chantres des *Védas*, nous reconnaîtrons que la prière n'est pas simplement pour eux un sortilège ; elle signifie la vénération, l'amour, le service, la louange (4). La foi signifie pureté, respect.

Il nous serait facile d'établir que le même fond monothéiste s'est retrouvé à l'autre bout du monde, chez les anciens Péru-

---

(1) Max Muller, *Essais*. Préface, p. 18.
(2) Max Muller, *Essais*, p. 59-60.
(3) Max Muller, *Essais*, p. 67.
(4) Pictet, III, p. 467-473.

viens et Mexicains, qui, après avoir, eux aussi, traversé l'âge de pierre, ont élaboré une grande religion solaire correspondant parfaitement au développement religieux des Aryas. On y peut voir également le développement spontané de la religion embryonnaire de l'époque paléolithique. « Les Péruviens, dit Prescott, reconnaissaient un Être suprême, créateur de l'univers et ils l'adoraient sous les noms de *Pachochanach*, c'est-à-dire *Celui qui soutient et vivifie le monde* (1). » Cet Être invisible n'avait point de simulacre. Le temple qu'on lui avait élevé près de Lima existait déjà avant la domination des Incas (2). Les Aztèques, ancêtres des Mexicains, croyaient à un Créateur suprême, maître de l'univers. Ils lui adressaient des prières comme au Dieu invisible, incorporel, par lequel nous vivons, qui est présent partout, qui connaît toutes nos pensées et dispense tous les dons sans lesquels l'homme est comme rien. Le souvenir de cet ancien monothéisme s'était conservé plus tard au Mexique, témoin le temple pyramidal élevé par le roi Nizah au Dieu inconnu, cause des causes. Il n'avait aucune représentation plastique et on lui offrait des fleurs et des parfums. « Personne n'a le droit de me commander, disait un roi mexicain. Il doit donc y avoir au-dessus du soleil un Dieu plus grand qui lui commande de suivre sa course sans jamais la changer (3). » L'exhortation suivante d'un roi mexicain à son héritier nous montre à quelle hauteur l'idée morale et l'idée religieuse s'étaient pénétrées dans la conscience de ces anciens habitants de l'Amérique du Sud : « Reçois avec bonté et douceur ceux qui dans l'angoisse s'adressent à toi. Ne dis et ne fais rien dans la passion. Écoute calmement et sans te lasser les plaintes et les prières qui te sont adressées. Ne coupe pas la parole à celui qui te parle ; car tu es l'image de Dieu et tu le représentes. Tu es son ser-

(1) Prescott, *Conquête du Pérou*, t. 1ᵉʳ, p. 101.
(2) *Id.*, p. 37.
(3) Fritz Schultze, *Der Fetichismus*. (Leipzig, 1871.)

viteur, il entend par tes oreilles. Ne châtie personne sans motifs ; car c'est Dieu qui t'a donné ce pouvoir que tu as de punir, afin que tu exerces la justice. Exerce la justice sans te soucier des murmures ; car c'est le commandement de Dieu. Ne te laisse pas aller à dire : Je suis le maître et je ferai ce que je veux. Cela menacerait ton pouvoir, t'ôterait le respect des hommes et perdrait ta majesté. Ta dignité et ta puissance ne sont point des motifs pour t'élever ; elles doivent te rappeler l'humilité d'où tu es sorti. Ne te livre ni à la mollesse ni à la volupté. N'abuse pas de la sueur de tes sujets. N'abuse pas pour des buts indignes de la faveur que Dieu t'a accordée. O Seigneur, notre roi, tu considères les chefs des États et, quand ils prévariquent, tu les confonds ; car tu es Dieu et tu fais tout ce que tu veux. — Il nous tient tous dans sa main et il se rit de nous quand nous chancelons (1). »

Les exhortations suivantes d'un père à son fils n'ont pas moins d'élévation : « Mon fils, tu es arrivé à la lumière comme le poussin hors de l'œuf et, comme lui, tu te prépares à voler par le monde, sans que nous sachions combien de temps le ciel nous conservera le joyau que nous avons en toi. Mais peu importe ! Songe seulement à vivre droitement en demandant sans cesse à Dieu de te protéger. Il t'a créé et il te possède. Il est ton père et t'aime mieux que moi. Fixe tes pensées sur lui, élève vers lui tes soupirs jour et nuit. Vénère ceux qui sont tes aînés. Ne sois pas muet devant le pauvre et le malheureux ; console-les par de douces paroles. Honore tous les hommes, surtout tes parents auxquels tu dois obéissance ; ne sois pas comme ces mauvais fils qui, semblables à l'animal sauvage, n'honorent pas ceux dont ils tiennent la vie et n'écoutent pas leurs conseils ; car celui qui suit ses propres traces aura une fin malheureuse. Ne te moque ni des vieillards ni des infirmes. Ne te moque pas de ceux qui commettent une faute, sois humble et crains de tomber comme eux.

---

(1) Schultze, *Der Fetichismus.*

— Si tu t'enrichis, ne t'élève pas au-dessus des pauvres et des malheureux. Vis du fruit de ton travail, c'est ce qui rend le pain agréable. Ne mens jamais ; mentir est un grand péché. Ne dis jamais du mal de ton prochain. Ne reste pas sur le marché plus qu'il n'est nécessaire. Dompte tes sens, mon fils, car tu es encore jeune, et attends que la vierge que les dieux t'ont destinée ait atteint l'âge voulu. Ne vole jamais, tu ferais le déshonneur des tiens, tandis que tu dois être leur couronne pour les récompenser de leurs soins. Je ne t'en dis pas davantage, mon fils, j'ai rempli mes devoirs de père. Je veux fortifier ton cœur par ces exhortations. Ne les méprise ni ne les oublie ; ta vie et ton bonheur en dépendent (1). »

Nous voilà bien loin, semble-t-il, du Troglodyte. Et pourtant, c'est bien la même humanité qui a grandi moralement, et s'est développée.

Nous nous arrêtons sur le seuil de l'histoire, à l'époque même où l'homme a secoué les langes de sa rude enfance. C'est dans son berceau sauvage qu'il nous fallait le prendre pour répondre à ceux qui le ravalent à la bestialité pure. Nous l'y avons retrouvé avec ses traits distinctifs, doué d'intelligence, de réflexion, capable de modifier son milieu, de vaincre les obstacles et les périls d'une nature tourmentée, de se souvenir, de prévoir, d'inventer les engins de ses luttes et de ses labeurs. Nous l'avons vu se soulever de terre en quelque sorte pour percer le voile des choses visibles et attester sa foi à d'immortelles destinées, aspirant à sa manière à quelque chose de plus grand, de plus beau que la réalité matérielle qui l'étreint de toutes parts, possédant enfin l'instinct ou le tourment du divin.

Sans doute, l'homme préhistorique, doué de cette liberté qui tantôt nous élève au-dessus de nous-même, tantôt, par

(1) Schultze, ouvrage cité.

son mauvais usage, nous ravale au niveau de la brute, s'est souvent comporté comme un fauve terrible. Il a dû, plus d'une fois, se baigner dans le sang de ses semblables, se livrer à toute la furie de ses sens non émoussés et user de son intelligence pour mieux servir des instincts pervers. Il est certain que l'anthropophagie a été usitée à l'âge de pierre, probablement sur la fin de la période paléolithique (1). Il n'en demeure pas moins un homme, un homme véritable, parfois pire que l'animal, mais toujours différent et se montrant fait pour une vie supérieure.

Cette vie supérieure, l'avait-il connue dans un passé qui défie toutes les investigations dans des conditions d'existence qu'il nous est impossible de déterminer? Y a-t-il eu, comme le pensent des philosophes de haut vol, un temps des origines où l'unité humaine avait une réalité qu'elle a perdue depuis, un temps où appelée, comme tout être moral, à traverser une première épreuve de la liberté qui implique la possibilité de la déchéance, l'humanité aurait violé la loi du monde, qui est aussi la loi de son être, en mettant sa volonté au-dessus de la volonté souveraine? — Ce grand problème échappe à nos investigations actuelles. Qu'il nous suffise de dire que, quant à nous, nous ne connaissons pas de solution plus satisfaisante de l'origine du mal ; car nous ne pouvons, sous peine de nier la conscience, le comprendre autrement que comme un désordre. C'est là, selon nous, le sens profond des premiers récits de la Genèse. Le mythe du jardin d'Éden n'est point une fiction ; il nous donne, sous une forme d'enfantine poésie, la première page de l'histoire morale de l'humanité, de cette histoire qui a pour documents non plus simplement quelques silex plus ou moins bien taillés, mais toute cette survivance

---

(1) Le mode de fractionnement de certains crânes fait reconnaître qu'ils ont été brisés intentionnellement. On a découvert un frontal humain qui avait été fendu comme les crânes des ruminants ; il présentait des entailles produites évidemment par un instrument en silex. (Nadaillac, II, p. 208.)

d'une vie divine primitive dans l'âme humaine, manifestée par ses aspirations et ses douleurs, et par cet universel sentiment de la déchéance, qui palpite dans toutes les mythologies et est l'inspiration dominante de toutes les religions.

Si un fragment de crâne, un os desséché, racontent l'organisme physique de l'homme préhistorique, la trace du divin, si sensible dans son âme, suffit pour nous rappeler d'où il vient. Ses origines sont un mystère ; mais ce n'est pas un mystère de honte et de bassesse, c'est un mystère de gloire et de grandeur. Il ne s'est pas trompé, le poète qui a écrit ce vers immortel :

L'homme est un dieu tombé qui se souvient des cieux.

La double étymologie hasardée par Max Muller, répond parfaitement à la réalité de son être. Il est à la fois le penseur et celui qui regarde en haut (ἄν Θρῶπος) (1).

Dieu est le père des êtres, la cause intelligente et libre de ce *Cosmos* où ses perfections se voient comme à l'œil ; — ou, s'il en est autrement, il nous faut nier, avec le principe de causalité, la raison elle-même, et admettre que le plus sort du moins. — Dieu est le bien suprême, la perfection morale dont l'empreinte est gravée dans l'intimité de notre être ; — ou, s'il en est autrement, il faut anéantir l'obligation morale et, avec elle, la conscience, et nous aboutissons à ce paralogisme, que l'effet vaut mieux que sa cause, puisque la notion du bien est en nous et que le bien réel ne serait nulle part. — L'homme est le fils de ce Dieu dont l'image brille dans sa pensée, dans son cœur, dans sa raison ; — ou bien il est la proie de la plus vaine et de la plus cruelle des illusions. Enfin, cette image, il la sent ternie en lui, mais il aspire à retrouver sa vraie nature. L'ardeur même de cette aspiration suffit à justifier son espoir; car l'Être infini serait infiniment pervers s'il allumait cette

---

(1) Max Müller, *Science de la religion.*

soif inextinguible pour la tromper. L'effort douloureux et incessamment renouvelé de l'humanité pour le retrouver doit aboutir, selon ce mot sublime et profond que Pascal prête à Dieu : *Tu ne me chercherais pas si tu ne m'avais trouvé.* Cette noble souffrance, qui consume l'humanité, est le sceau d'une divine promesse dans son cœur. L'histoire n'est pas le jeu cruel d'un Dieu stupide ou pervers ; elle tend au relèvement universel. Voilà ce que la science permet de croire, ce que la conscience commande de croire, ce que le cœur a besoin de croire, et ce qu'il sait, en réalité, par une anticipation sublime, qui est d'autant mieux fondée qu'elle se passe davantage des garanties illusoires de l'autorité extérieure.

FIN.

TABLE ANALYTIQUE

LIVRE PREMIER
LE PROBLÈME DE LA CONNAISSANCE

CHAPITRE PREMIER

LE PROBLÈME DE LA CONNAISSANCE ET LE POSITIVISME.
Page 1.

L'école positiviste interdit la recherche des origines. — Tâche assignée par elle à la science : constater les faits recueillis par l'expérience, les classer dans leur hiérarchie naturelle en écartant la recherche des causes. — L'état positif de l'esprit humain a remplacé les deux états antérieurs qui sont l'état religieux et l'état métaphysique. L'étude du moi étant entièrement subordonnée à celle du monde extérieur, la psychologie s'efface devant la physiologie.

Réfutation, p. 71. — 1° Universalité de la recherche des causes. — C'est un fait humain constant, donc un fait positif ; — 2° coexistence permanente des trois états religieux, métaphysique et positif démontrée par l'histoire ; — 3° ces trois états sont trois aspects des choses également nécessaires pour les embrasser dans leur totalité. — La religion est un effort de de l'âme pour rejoindre Dieu. — La métaphysique se préoccupe avant tout de chercher les causes. — La science de la nature s'attache aux faits positifs. Elle est souveraine dans son domaine. — Le progrès de la vraie science consiste non à supprimer un de ces éléments, mais à les faire concourir au but commun dans la division du travail qui écarte toute confusion fâcheuse ; — 4° la science positive ne peut se passer de l'activité du sujet, car sans la raison elle ne saurait statuer une seule loi et faire la moindre déduction ; la sensation ne donne qu'elle-même et ne sort pas du moment actuel. — Grande part de l'hypothèse dans la science démontrant cette activité de l'esprit ; — 5° le positivisme n'a pu maintenir en fait la rigueur de son principe qui interdit toute explication des choses, aussi bien celle donnée par le matérialisme que la solution spiritualiste. — D'un côté, avec Auguste Comte et Stuart Mill, il s'est élevé au-dessus de lui-même en faisant une part au sentiment humanitaire ou religieux. D'une autre part, avec M. Littré, il a tendu toujours davantage à trancher la question des origines dans le sens matérialiste.

CHAPITRE II

LE PROBLÈME DE LA CONNAISSANCE ET LA NOUVELLE PSYCHOLOGIE EN ANGLETERRE, EN FRANCE ET EN ALLEMAGNE.

Page 30.

Après l'école qui interdit la recherche de la cause vient celle qui cherche à dissoudre le principe de causalité dans les associations ou combinaisons des sensations, parce qu'elle ne reconnaît aucun à priori dans l'esprit humain.

I. La nouvelle psychologie anglaise, p. 30. — Sa contradiction fondamentale. — Après avoir réservé un domaine de l'inconnaissable, elle donne une explication des choses qui ne laisse plus rien à connaître.

A. Stuart-Mill, p. 31. — Il a eu pour précurseur Hume, qui a réduit le principe de causalité à l'expérience de la succession des phénomènes. — Lois de l'associationisme formulées par Stuart-Mill : 1° les idées connexes tendent à revenir par couples ; 2° elles s'enchaînent par un lien d'association naturel. — La succession fréquente de deux sensations nous donne l'idée de causalité, la première nous paraissant produire la seconde. — Les sensations possibles forment pour l'esprit une sorte de réservoir permanent en dehors de nous, qui nous fournit l'idée du monde extérieur et celle de substance. — L'idée du *moi* résulte du contraste de la sensation présente avec l'ensemble possible des sensations que nous imaginons en dehors de nous.

Réfutation : 1° Impossibilité pour la sensation toujours fugitive de statuer des lois et d'élaborer aucune théorie de la connaissance ; — 2° la sensation, à elle toute seule, ne donne jamais le possible, qui échappe à ses prises, car elle ne porte que sur le réel : — 3° le fait de la succession ne donne point la notion de cause, qui en diffère du tout au tout, deux phénomènes pouvant se suivre même invariablement, sans que l'un ait produit l'autre ; 4° l'association des sensations n'aboutit jamais, à elle toute seule, à des idées ordonnées : témoin le rêve et ses incohérences ; — 5° le *moi* ne peut être le simple résultat d'une association ; nécessité d'une activité mentale pour produire une association ; une addition ne s'additionne pas elle-même. — Le fait de conscience est impliqué par la distinction entre le sujet et l'objet. — Stuart-Mill reconnaît lui-même dans le fait de mémoire une permanence du moi qui le distingue des simples sensations.

B. Herbert Spencer, p. 42. — Il complète Stuart-Mill par sa théorie de l'évolution, ou des transformations de la force toujours égale à elle-même et qui va se spécialisant. — La vie intellectuelle, d'abord confondue avec la vie physique, a progressé constamment depuis l'action réflexe jusqu'au raisonnement compliqué. — Les progrès fixés par l'hérédité se sont transmis de génération en génération, modifiant à la fois le cerveau et l'intelligence qui en est inséparable. Ainsi s'est formé expérimentalement ce que nous prenons pour l'*à priori* de la raison humaine.

Réfutation, p. 38 : 1° Impossibilité d'expliquer l'activité mentale par la simple influence extérieure. L'esprit se montre actif dans le pouvoir qu'il a de combiner, d'associer ; — 2° la notion de temps et d'espace ne procède pas de l'expérience de la durée ou de la coexistence des phénomènes, car, pour en dégager ces deux grandes notions, il faut les posséder préalablement ; — 3° l'évolution n'explique aucun progrès, — elle ne fait que dérouler ce qui est contenu dans le phénomène primitif. De deux choses l'une : ou il contenait l'esprit en lui, et alors tout n'est pas force, — ou l'esprit lui a été surajouté, et alors la force n'est pas davantage l'explication universelle.

C. Psychologie de Taine, p. 49. — Même fond philosophique que dans la nouvelle psychologie anglaise. — Genèse de nos idées : — 1° La sensation est leur fond premier ; — 2° l'image est le prolongement de la sensation. Sa valeur est substitutive ; chaque image rappelle le groupe entier auquel elle appartient ; — 3° les noms propres condensent les images. — L'idée ainsi formée de généralisation en généralisation est une pure abstraction, soit qu'il s'agisse de la matière, qui n'est pour nous que la possibilité permanente des sensations nouvelles ou bien du *moi* qui n'est que le dernier terme de l'abstraction, un pur fantôme. — Base physiologique de cet idéalisme, — l'esprit et le corps n'étant que les deux faces, l'envers et l'endroit du même mouvement.

Réfutation, p. 34 : 1° La base physiologique qui doit supporter tout l'édifice de la connaissance n'étant pour M. Taine qu'une chimère, une hallucination, l'influence du physique sur le moral se réduit à néant; — 2° impossibilité de réduire le moi à un pur néant, une fois qu'on lui concède le pouvoir de généraliser, de combiner, d'abstraire ; — 3° la distance infranchissable entre le mouvement et la conscience du mouvement, qui est la pensée, a été reconnue par M. Taine. Donc leur identification est impossible.

D. La nouvelle psychologie allemande, p. 58. — Herbart en est le précurseur. — Son essai de mesurer les représentations comme des forces qui tantôt se balancent, tantôt se surpassent. — Beneke et Lotze reconnaissent l'existence de l'âme, du moi actif, tout en donnant une grande importance aux impressions tactiles et visuelles qui laissent après elles des traces ou des signes locaux. — Corrélation complète établie par Fechener entre les sensations et les excitations. — Incertitude de ses calculs qui n'ont qu'une mesure extérieure et grossière. — La logique mécanique de Wundt. — L'unité de la conscience résulte par lui de l'unification toute machinale des sensations qui finissent par s'unifier sous la forme d'idées. — Arbitraire de sa tentative de mesurer le temps physiologique. — Admission dans la vie mentale par Wundt comme par Fechner, d'un pouvoir mystérieux, vraiment irréductible.

E. La théorie de la connaissance fondée sur le matérialisme brut, p. 62. — La matière n'est jamais rejointe directement, mais seulement par la sensation, c'est-à-dire déjà modifiée et transformée. — Conclusion de l'*Histoire du matérialisme*, de Lange, ainsi formulée: *la matière est l'inconnaissable par excellence.*

Le scepticisme, p. 67. — Il ne peut s'affirmer sans se détruire. — Il rend la science impossible. — Affirmations spiritualistes de Stuart-Mill et de Lange.

CHAPITRE III

LE PROBLÈME DE LA CONNAISSANCE ET L'ÉCOLE CRITIQUE EN ALLEMAGNE ET EN FRANCE. CONCILIATION DU CARTÉSIANISME ET DU KANTISME ÉBAUCHÉE PAR MAINE DE BIRAN.
Page 74.

Après l'école qui interdit la recherche de la cause et celle qui dissout le principe de causalité, vient l'école critique qui sépare la raison du monde phénoménal et n'admet pas qu'elle puisse le rejoindre. — Elle a été une réaction contre les exagérations du cartésianisme. — Possibilité d'une conciliation.

I. Descartes et Kant, p. 77. — Le critère de l'évidence statué par Descartes est correct, car à la base de toute connaissance il y a l'intuition de la chose. — Descartes a donné la vraie formule du principe de causalité, en établissant que *le plus* ne peut sortir *du moins*. — L'idée de la perfection dans notre moi imparfait implique un principe de perfection. — L'erreur de Descartes, accentuée par son école, a été de mettre la perfection avant tout dans l'intelligence comme cela résulte du *cogito, ergo sum*. — Imperfection de la notion intellectualiste de l'absolu ; elle ne lui reconnaît pas le pouvoir de se limiter lui-même et entraîne la négation de la liberté. — Panthéisme de Spinoza.

Réaction. Kant réagit contre cet intellectualisme métaphysique, p. 82. — D'après lui, toutes nos connaissances du monde extérieur sont entachées de subjectivité par le fait que nous ne les voyons qu'au travers des idées de temps et d'espace qui sont essentiellement subjectives. — L'être en soi ou le *noumène* nous échappe toujours par suite de cet élément subjectif mêlé à la connaissance que nous croyons avoir soit de Dieu soit de nous-même. — Caducité de toutes les anciennes preuves de l'existence de Dieu. — La certitude mise dans la raison pratique, dans son *impératif catégorique*. — Il nous fait ressaisir comme un postulat la croyance en Dieu et dans la vie future. — Les inconséquences de Kant. — Il n'est pas toujours resté fidèle à son subjectivisme métaphysique. — Sa théorie du beau implique une finalité réelle dans la nature. — Le mal étant pour lui une prédominance anormale du monde sensible, celui-ci doit avoir quelque réalité. — La loi du devoir réclame un monde réel pour se réaliser, sous peine d'être elle-même chimérique. — La raison pratique nous élève à un Dieu saint. — De là découle sa véracité qui nous sauve de l'illusion universelle.

II. **Maine de Biran**, p. 90. — Il nous fait sortir du subjectivisme de Kant, en montrant que les grandes intuitions de la raison, telles que les notions de substance, de causalité ou de temps, sont confirmées par l'activité du moi qui se sent durable, actif et successif. — Originalité de sa théorie de l'effort, qui amène le moi à se distinguer du non-moi, par la nécessité de triompher de la résistance du corps. — La volonté entre en jeu avec l'effort qui, à un degré supérieur, s'appelle l'attention, puis la réflexion. — Le vouloir devient le moteur principal de la vie intellectuelle comme de la vie morale. — Maine de Biran doit être complété par Kant. — Il a trop donné à l'expérience du moi et pas assez à l'*à priori* de la raison que l'expérience confirme, mais ne crée pas.

III. **Le criticisme français**, p. 94. — Il va plus loin que Kant, en écartant jusqu'au *noumène*. — Légitimité du criticisme français comme réaction de la conscience contre le fatalisme métaphysique. — Possibilité pour nous de nous élever à la liberté comme principe absolu.

CHAPITRE IV

LA VRAIE SOLUTION DU PROBLÈME DE LA CONNAISSANCE.
Page 103.

Résumé des chapitres précédents, p. 104. — Genèse et développement de la connaissance. — La sensation ne fournit des idées qu'en se fixant par la mémoire et grâce aux grandes opérations de l'esprit qui permettent à celui-ci de comparer, d'abstraire et de généraliser. — L'activité de la raison est nécessaire pour statuer des lois et saisir leur enchaînement. — Le monde extérieur n'est donc perçu que par l'entendement. — Il n'est connu par nous que modifié par nos sensations. — Nous n'en obtenons qu'une traduction, mais cette traduction est fidèle. Le *moi*, en prenant conscience de lui-même par l'acte de vouloir sollicité par l'effort qui l'amène à se distinguer du *non-moi*, reconnaît en lui la raison et la conscience avec leurs axiomes. — Le principe de causalité, qui est l'axiome fondamental de la raison, la reporte au-dessus d'elle-même, à la cause parfaite et première dont elle a l'idée en elle-même au sein de son imperfection. « Je suis une chose imparfaite qui a l'idée de la perfection. » — La grande preuve cartésienne de l'existence de Dieu développée par Fénelon, Bossuet et Malebranche, conserve toute sa force une fois que, sous l'influence du criticisme de Kant, elle a été pénétrée de l'idée morale et que le principe premier n'est plus simplement l'absolu illimité, mais l'absolue liberté.

Rôle de la volonté dans la connaissance, p. 114. — 1° L'attention implique un acte de vouloir ; — 2° tout jugement qui applique un attribut à un sujet suppose un choix de l'esprit ; — 3° l'erreur positive a pour cause une négligence, une paresse de l'esprit qui s'arrête trop tôt dans sa recherche ; — 4° la vérité morale est une obligation avant d'être une évidence. L'intuition, qui est le point de départ de la connaissance dans tous les domaines, ne peut être forcée comme si elle était la conséquence d'un syllogisme ; — 5° la vérité religieuse, qui nous donne comme objet premier une personne vivante, réclame l'amour. Le rôle de la volonté et du sentiment pour les vérités de cet ordre repose sur la loi fondamentale de la science expérimentale qui, d'après Claude Bernard, varie et proportionne ses moyens de connaître à la diversité des objets à connaître. — Même loi de certitude formulée par Clément d'Alexandrie en ces termes : *Percevoir le semblable par le semblable ;* — 6° universalité des applications de cette loi.

LIVRE II

LE PROBLÈME COSMOLOGIQUE

CHAPITRE PREMIER

LE PRINCIPE DE CAUSALITÉ DANS LE MONDE.

Page 129.

Le principe de causalité dans le monde, p. 129. — Méconnaissance par le matérialisme contemporain du résultat le plus incontestable de la science indépendante, qui est que la matière est ce qu'il y a de moins directement connu, de moins définissable.

§ I. *La pensée ordonnatrice dans la nature*, p. 134. — L'état actuel de la planète nous reporte à une longue évolution cosmique qui a obéi dans son développement aux lois constatées de la physique et de la chimie, aussi bien dans ses grandes manifestations, comme la condensation de la nébuleuse primitive, que dans les phénomènes les plus minimes. — Tout dans l'univers est réglé par le calcul et lui obéit. Les choses ont été pesées, mesurées. Les lois générales de la nature nous introduisent sur le théâtre d'un vaste dessin. Pour que l'évolution commence, il faut une force qui donne le branle au mouvement. — P. 141. — La même pensée ordonnatrice qui se trouve dans le monde inorganique se manifeste plus clairement encore dans le monde organique. Le premier est disposé en vue du second, et l'un et l'autre en vue d'un règne supérieur où apparaît l'esprit. Cette finalité générale et d'ensemble se retrouve dans les êtres particuliers. La combinaison de phénomènes divergents pour un but ultérieur implique la finalité. — Comment celle-ci apparaît dans la génération et le développement de la vie. — L'organisation de l'être vivant est un chef-d'œuvre compliqué révélant constamment une idée directrice. Identité de l'idée directrice de Claude Bernard avec la cause finale d'Aristote existant dans l'être en formation à l'état de virtualité ou de puissance. — L'être possible ou virtuel reporte à un principe premier qui est éternellement en acte.

§ II. *La puissance formatrice dans les divers règnes de la nature*, p. 166. — Impossibilité de ne voir qu'un simple passage d'un règne à l'autre. L'hypothèse des générations spontanées démontrée fausse par la science. — L'esprit ne sort pas plus de la simple vie physique que celle-ci de l'existence inorganique. — La finalité de la beauté dans la nature.

CHAPITRE II

LES OBJECTIONS ANCIENNES.
Page 159.

I. **L'atomisme. Démocrite renouvelé par Büchner. Réfutation :** — 1° Essayer une explication des choses est pour l'atomisme un paralogisme, toute explication supposant une idée dans les choses ;

— 2° la notion d'ordre, d'harmonie est incompatible avec les atomes tourbillonnants ; — 3° absurdité d'opposer les propriétés inhérentes aux atomes — c'est-à-dire ce qui révèle des lois — à la notion d'une cause intelligente ; — 4° l'atomisme n'a jamais démontré que la force fût inhérente à la matière, ni que la première fût capable de se régler elle-même de manière à produire un *cosmos*.

II. **L'Organicisme**, p. 164. — Il oppose à la finalité dans l'être vivant les propriétés nécessaires à son fonctionnement qui produisent les organes et leur permettent de fonctionner.

Réfutation, p. 165. — 1° Les cellules dont se compose l'être vivant ne sont pas le simple produit de la vie inorganique ; donc l'organe ne s'explique pas par lui-même ; — 2° les propriétés des organes révèlent une pensée ordonnatrice dans leur convenance à leur fin ; — 3° la propriété d'un organe n'explique pas son fonctionnement. La contractibilité du cœur n'en aurait jamais fait l'organe compliqué que nous admirons ; — 4° la coordination des organes entre eux reporte à un pouvoir coordonnateur ; — 5° la vie embryonnaire, qui nous montre au point de départ tous les germes semblables, a besoin d'une idée directrice pour produire les types diversifiés de l'animalité. Conclusion : la cause finale ne se résout pas dans la cause efficiente, mais sait faire servir celle-ci à ses desseins.

CHAPITRE III

LES OBJECTIONS FONDÉES SUR LA PERMANENCE ET LA TRANSFORMATION DE LA FORCE.
Page 170.

L'axiome de la force toujours identique à elle-même dans ses transformations est opposé à la finalité.

Réfutation, p. 171. — 1° La formule : *Rien ne se crée, rien ne se perd* n'est pas un axiome. La première partie est contestable ; la seconde ne peut être prise au sens absolu. On voit des existences s'atrophier ; — 2° distinction déjà faite par Aristote entre la quantité qui peut être toujours égale à elle-même et la qualité qui introduit l'élément de diversification dans l'être abstrait et uniforme, et par conséquent la liberté. La qualité comporte tous les possibles. Donc, liberté de choix entre eux ; donc, un élément de contingence dans les lois de la nature : d'abord pour faire passer le possible à l'actuel, puis pour choisir entre les possibles ; — 3° différence du mouvement mécanique et du mouvement spontané chez l'être vivant. La différence entre la quantité et la qualité s'applique au mouvement de l'être vivant. Diversité des effets produits par la même somme de mouvement.

CHAPITRE IV

LA DOCTRINE DE L'ÉVOLUTION. — LE TRANSFORMISME.
Page 179.

Distinction entre l'évolutionisme tel que l'a conçu Darwin dans ses premiers écrits et le transformisme mécanique d'Herbert Spencer et de Hœckel. L'évolutionisme traite des conditions d'existence, le transformisme tranche la question d'origine dans le sens matérialiste. Nul conflit nécessaire entre le darwinisme et le théisme. Incompatibilité du transformisme matérialiste et du théisme. — Comment le premier dépasse la sphère de la science expérimentale.

I. *La doctrine* de l'évolution, p. 181. — Les cinq lois qui président, d'après Darwin, à la transformation des espèces : 1° la sélection naturelle ; — 2° la lutte pour la vie donnant la prééminence aux plus forts ; — 3° la loi d'hérédité ; — 4° l'appropriation aux milieux ; — 5° la loi de coordination des organes.

La finalité est au fond impliquée par ces lois qui à elles toutes seules ne sauraient fonctionner de manière à produire le progrès zoologique par l'évolution. Déclaration dans ce sens de Robert Wallace, précurseur de Darwin, p. 183.

Objections soulevées par le darwinisme, p. 192 : — 1° Caractère flottant de sa notion de l'espèce ; — 2° son système n'a pas pour lui l'expérience actuelle ; — 3° la paléontologie nous montre partout la distinction des espèces ; — 4° faits contraires à l'universalité de la loi d'adaptation aux milieux et à celle de la sélection sexuelle ; — 5° la sélection artificielle ne produit pas de types nouveaux ; — 6° stérilité ordinaire des hybrides.

Part de vérité du darwinisme pour les variations secondaires. Hypothèse de Naudin sur une période antérieure où la plasticité des êtres était plus grande, p. 197.

II. **Herbert Spencer**, p. 99. — Il ramène toute l'évolution au principe de la permanence de la force au travers de ses transformations. Les grandes lois du mouvement exposées dans le livre des premiers principes : — 1° Chaque chose se meut dans la ligne de la moindre résistance ; — 2° le mouvement a son rythme qui fait suivre la période d'agrégation par celle de désagrégation ; — 3° passage de l'homogène à l'hétérogène ; — 4° loi de séparation, — application de la loi de sélection naturelle aux êtres vivants ; — 5° loi de coordination ; — 6° loi d'adaptation aux milieux.

Réfutation, p. 206. — 1° La permanence de la force présentée comme axiome contredit les données premières du système ; — 2° le passage de l'homogène primitif à l'hétérogène reste inexpliqué ; — 3° la production de la vie et celle de la pensée restent inexplicables ; l'évolution ne peut rien ajouter aux faits antécédents. Elle n'en tire que ce qu'ils renferment : ou l'esprit était déjà dans l'homogène primitif, ou il y a été surajouté plus tard ; — 4° Herbert Spencer ne voit que la quantité et oublie la qualité ; — 5° sa loi de coordination implique la finalité.

Hœckel, p. 210. — Importance donnée à l'embryologie qui, chez l'homme, résume les évolutions antécédentes. On en peut conclure un plan général de la nature. L'*anthropogénie* de Hœckel se termine par un pur postulat. La génération spontanée des *monères* est pour lui une hypothèse nécessaire. Protestation de Virchow contre ce nouvel *à priori*.

III. **La théorie de l'immanence de Hœgel**, p. 218. — La finalité mise dans les choses, — production de l'esprit par le mouvement dialectique du *devenir* éternel. Le *plus* expliqué par le *moins*.

IV. **Schopenhauer et Hartmann**. — MM. Renan et Jules Soury, p. 222.

Schopenhauer et Hartmann, p. 221. — Première forme du pessimisme. Le fond de l'être est une volonté inconsciente n'obtenant jamais tout ce qu'elle veut. La philosophie de l'Inconscient de Hartmann. — **Exposition du système**, p. 223. — L'inconscience constitue l'Un Tout. Infaillibilité de l'instinct chez l'animal. L'homme doit ce qu'il a de meilleur aux impulsions inconscientes. Immoralité de l'histoire qui montre le monde sans gouvernement moral. Tout en revient au grand Inconscient qui est à la fois l'idée et le vouloir. Le vouloir tire aveuglément la totalité des Êtres de l'Idée sans jamais épuiser la virtualité de celle-ci. De là un malaise sourd. Ce malaise devient conscient après la production involontaire de la matière organisée et spécialement du cerveau. Pour la première fois, le malheur du monde est senti dans la conscience. Celle-ci aspire à s'en délivrer en se concentrant dans l'individu humain qui doit finir par le suicide sans aucune garantie que tout ne recommence.

Réfutation, p. 219. — 1° La prétendue infaillibilité de l'Inconscient est fausse, puisqu'il ne sait enfanter que la douleur ; — 2° la production de la conscience ne prépare aucune délivrance, puisque c'est elle qui exalte le sentiment de la douleur ; — 3° expliquer la finalité dans le monde par l'inconscience, quand l'homme connaît par lui-même l'esprit conscient, c'est expliquer le *plus* par le *moins;* — 4° exagération de la thèse pessimiste, qui est aussi le dernier mot des *Dialogues philosophiques* de M. Renan et de l'hylozoïsme de M. Jules Soury, p. 232. Si le pessimisme a raison contre l'optimisme qui nie le mal comme désordre, il a tort dans son principe comme dans sa conclusion, car l'ordre moral n'est pas une illusion.

LIVRE III

LE PROBLÈME ANTHROPOLOGIQUE

CHAPITRE PREMIER

L'HOMME DANS SA DOUBLE NATURE.
Page 238.

L'homme au point de vue physiologique, p. 240. — Sa dépendance pour la partie inférieure de son être des lois chimico-physiques. — Leurs modifications pour les êtres vivants. — Formation d'un milieu intérieur qui les rend de plus en plus indépendants du milieu extérieur. — Belles découvertes de Claude Bernard au profit de l'idée de finalité. — La vie est distincte de toutes les compositions chimiques. — Perfection de l'organisme humain. — Importance de la morphologie. — Finalité de la beauté dans la forme humaine.

II. **L'homme au point de vue intellectuel et moral,** p. 249. —

Penser, sentir, vouloir, c'est tout l'homme. Tout débute chez lui par la vie instinctive. — Il s'élève à la vie consciente par le vouloir. — L'effort sous la forme supérieure de l'attention et de la réflexion lui révèle les lois de la raison et de la conscience, puis son propre principe qui est Dieu.

CHAPITRE II

LES RELATIONS DU PHYSIQUE ET DU MORAL.
Page 254.

Identification du physique et du moral dans les écoles matérialistes. — Il y a corrélation et non identification entre le corps et l'âme.

I. Le cerveau de la pensée, p. 257. — La thèse matérialiste développée dans les livres de MM. Luys, Maudsley, etc.

Réfutation, p. 261. — 1° Nulle expérience possible sur le fonctionnement du cerveau humain ; — 2° la théorie des localisations des facultés intellectuelles n'est point démontrée, et le fût-elle, elle n'impliquerait pas l'identification de la fonction et de l'organe ; — 3° impossibilité de confondre le mouvement cérébral et la conscience du mouvement, de l'aveu des plus savants physiologistes ; — 4° le cerveau, organe essentiellement multiple et divisible, ne peut produire l'unité du moi ; — 5° le mesurage et le pesage des cerveaux humains établit une certaine corrélation entre la fonction et l'organe, mais en maintenant un grand écart entre eux. — Analogie physiologique du cerveau de l'homme et de celui du singe, malgré l'immense supériorité intellectuelle du premier.

Objections tirées de la notion du mouvement, p. 272. — Identification par les écoles matérialistes de tout mouvement avec le mouvement réflexe afin de conclure à la fatalité universelle des lois mécaniques.

Réfutation, p. 273. — 1° Le mouvement n'est pas seulement réflexe, machinal, mais souvent voulu, réfléchi ; — 2° le mouvement réflexe chez l'être vivant n'est pas purement mécanique, il obéit à l'instinct de conservation ; — 3° le mouvement chez l'être vivant reste fréquemment à l'état virtuel. — Donc il ne subit pas la simple impulsion mécanique ; — 4° les forces peuvent rester identiques en quantité sans que leur emploi soit toujours le même ; — 5° rôle incontestable de la volonté et de la pensée pour disposer différemment d'une même somme de force. — La possibilité de la vie future ressort de la différence entre le moral et le physique. Les conditions d'existence de l'être moral peuvent varier sans qu'il périsse. — Les sept énigmes de la nature, d'après Dubois Raymond, p. 278.

CHAPITRE III

L'HOMME ET L'ANIMAL.
Page 282.

Position de la question, p. 282. — Les écoles matérialistes écartent toute différence spécifique entre l'homme et l'animal. — Robert Wallace maintient la distance entre eux, quoique étant lui-même franchement évolutionniste. — Opinion de MM. de Quatrefages et Milne Edwards.

I. **L'instinct et l'intelligence**, p. 292. — Réalité de l'instinct contestée par les écoles matérialistes qui font tout venir de la sensation chez l'être vivant. — Des modifications possibles de l'instinct. Elles s'opèrent toujours chez l'animal, sous l'empire de la sensation ou par suite des modifications soit de l'organisme, soit du milieu. L'homme seul arrive à la vie consciente et voulue, à la raison qui saisit l'universel, à la conscience avec son impératif catégorique. Il s'achève par le vouloir. Preuves de cette distinction entre l'homme et l'animal tirées de l'analyse des instincts animaux.

CHAPITRE IV

LE LANGAGE, SON ORIGINE, SON ROLE DANS LA CONNAISSANCE.
Page 309.

L'animal a son langage pour exprimer ses sensations. Il ne s'élève jamais jusqu'à la parole. Le langage de l'animal est tout instinctif. La parole est un acte voulu de la vie consciente. — Diverses formes de la parole : les jeux de physionomie, le geste, le langage articulé qui est son instrument le plus parfait. Différences essentielles entre la parole de l'homme et le langage de l'animal, p. 312 : — 1° la parole suppose l'abstraction et la généralisation qui sont des opérations de la raison, pour saisir dans chaque chose un trait distinctif qu'il faut isoler. Toutes les racines sont des termes abstraits ; — 2° la parole n'exprime pas seulement la sensation, mais elle désigne l'objet pour le connaître. La parole, instrument de savoir. — La parole intérieure donne à l'esprit conscience de lui-même. — La parole extérieure est le grand lien social et l'instrument principal du progrès humain. La parole s'élève progressivement de l'instinct exprimé par le cri au langage conscient et rationnel. Impossibilité de la rapporter à la sensation pure ou à la sélection sexuelle. — L'homme n'a pas reçu le langage tout formé ; il a été fait capable de parler. La parole repose sur le symbolisme de la nature plus vivement senti au temps des origines. — Trois degrés dans l'évolution du langage (monosyllabisme, agglutination, flexion). Origine de l'écriture.

CHAPITRE V

LA SOCIÉTÉ HUMAINE ET LES SOCIÉTÉS ANIMALES.
Page 326.

1° Caractère spécifique de la société humaine, p. 326. Le contrat. Fin sociale de l'homme d'après Aristote. — La société humaine s'élève de la sociabilité instinctive à la sociabilité voulue qui repose sur le contrat. Le contrat la fait passer de l'état de fait et de nécessité à la hauteur de société voulue reposant sur la justice. — Chimère du contrat social de Rousseau. Le contrat n'est pas né d'une délibération, mais d'une prédisposition essentiellement humaine. — Incompatibilité de la notion de contrat développée par M. Fouillée, avec ses conclusions déterministes qui font de la liberté une simple idée sans réalité.

II. **Réfutation de la sociologie du positivisme et de la nouvelle psychologie allemande et anglaise**, p. 335. — Le positivisme rattache absolument la sociologie à la biologie. — Réfutation d'Auguste Comte par lui-même. Ses dernières conceptions sociologiques dépassent de beaucoup la biologie par leur mysticité humanitaire.

Exclusivisme de **Buckle** et de **Bagehot.** Élimination des éléments supérieurs de la société humaine, p. 337. — Sociologie d'Herbert Spencer, p. 341. — Application pure et simple du principe de la transformation de la force à la société. — Identification absolue du corps politique et du corps humain. — Théories analogues de Schœfle et de Jæger. — Objections : 1° Distance infranchissable entre le physique et le moral ; 2° impossibilité de confondre la vie simplement instinctive et la vie consciente et réfléchie.

III. **Les colonies et les sociétés animales, p. 341. Les colonies animales de M. Perrier**, p. 340. — Base spiritualiste de l'auteur. Chaque être vivant constitue une colonie, une société de cellules. Exception faite en faveur du moi humain qui n'est pas une simple résultante des membres d'une colonie. Cette exception est écartée par M. Espinas, dans son livre *sur les sociétés animales*, p. 348. — D'une part, d'après lui, chaque être vivant constitue une société de cellules ayant chacune leur individualité. De l'autre, la société humaine aboutit à une seule conscience. — Incompatibilité de cette théorie avec la vraie notion soit de la société qui implique l'accord de consciences distinctes, soit de l'individualité qui réclame l'unité réelle de la conscience. Les trois degrés de la vie sociale communs, d'après M. Espinas, à l'animalité et à l'humanité, p. 351. 1° Sociétés de nutrition ; — 2° sociétés de reproduction ; — 3° sociétés de relations. Transformation profonde que subissent ces trois sociétés dans l'humanité, grâce à la vie libre et consciente.

LIVRE IV

L'ORIGINE DE LA MORALE
ET DE LA RELIGION

CHAPITRE PREMIER

OPPOSITION DES DEUX MORALES.
Page 369.

La morale du plaisir et la morale de l'intérêt. — Epicure, philosophe du plaisir, p. 371. — L'utilitarisme de Bentham, p. 372.

—Développements nouveaux de l'utilitarisme par l'associationnisme de Stuart Mill et l'évolutionnisme d'Herbert Spencer, p. 377-384.

II. **Réfutation de la morale de l'intérêt**, p. 385. — 1º Réfutation des théories utilitaires, les unes par les autres, p. 385 ; — 2º l'utilitarisme n'explique pas, mais détruit le fait de l'obligation morale. Réalité de l'obligation prouvée par les sentiments humains universels. (Remords, indignation, admiration de l'héroïsme) ; par les grands faits sociaux, tels que le droit et la justice pénale ; enfin par la grande poésie ; — 3º les divers éléments qui constituent le fait de l'obligation sont inconciliables avec l'utilitarisme. L'obligation implique : 1º une loi, un idéal ; — 2º une loi portant sur le mobile de nos actes ; — 3º une loi revêtue d'une sanction immédiate dans notre sens intime ; — 4º une loi vraiment intuitive, antérieure à l'expérience. Impuissance de l'utilitarisme à satisfaire aucune de ces conditions d'une vraie morale. L'adaptation au milieu, statuée par Herbert Spencer, détruit le principe d'obligation. Celui-ci nous commande sans cesse de briser avec notre milieu.

§ III. **Le déterminisme et la liberté**, p. 394. — Le premier devoir est de croire au devoir ; cette obligation prime tous les conflits de la conscience et de la raison spéculative. — Nulle contradiction essentielle entre l'une et l'autre. — La distinction de la qualité et de la quantité, nous affranchit du fatalisme des lois du mouvement. — Il faut un premier moteur au mouvement qui s'en distingue et le domine. — Le déterminisme de la nature n'est pas le premier commencement des choses pas plus que le déterminisme dialectique de la raison. — Au début de toute science est une intuition qui saisit le premier principe sous peine d'une régression indéfinie. — Cela est surtout vrai de la sphère morale. On objecte à tort l'influence des désirs sur la volonté, car ils ne sont pas absoluments déterminants. — La liberté limitée par la solidarité, mais non anéantie par elle. — La solidarité remonte à des actes de liberté dans le passé. — Arbitraire de la statistique quand il s'agit des cas particuliers. — L'hérédité nous reporte aux actes libres de nos pères et ne produit aucune contrainte absolue. La liberté réduite à l'état de simple idée, par M. Fouillée. — Même à l'état de pure concept, elle ne s'explique pas. L'idée de liberté ne peut procéder du mécanisme universel.

IV. **La morale indépendante.** — Jamais, en fait, la morale ne s'est constituée indépendamment de la conception générale des choses. L'obligation morale nous porte, à elle seule, hors de nous-même ; faisant partie d'un Tout, nous avons des devoirs envers ce Tout et son principe qui est Dieu. Notre morale sera modifiée selon que nous concevrons ce Tout et son auteur. — Différence essentielle entre l'altruisme du transformisme et l'amour dévoué. — Incompatibilité de la loi de sélection naturelle et du principe de charité. Caractère trop formel de la morale de Kant. — L'obligation morale réduite à la justice par le criticisme français. — Comment l'amour doit y rentrer, p. 417. Le devoir envers Dieu se confond avec celui envers les hommes.

V. **La sanction**, p. 419. — La sanction de la loi morale est un postulat de la conscience. La sanction ne nous ramène pas à l'utilitarisme, pour les raisons suivantes : — 1° Différence subsistante des mobiles de l'action; — 2° la sanction n'est pas le plaisir, mais le bonheur, inséparable de l'accomplissement de notre destinée supérieure pour nous et pour l'humanité. La sanction n'est complète que dans la vie future. Le châtiment a toujours un but de correction. Opposition absolue de la morale du pessimisme avec celle de la sanction, p. 427. Incompatibilité de la morale en soi avec le principe d'une volonté inconsciente. — Le pessimisme ne donne que l'illusion du devoir. La pitié, chez Schopenhauer, n'a pas d'objet, la distinction entre le sujet et l'objet ayant disparu (p. 424). Dureté implacable de la morale d'Hartmann (p. 423). L'utilitarisme et le pessimisme finissent par se confondre (p. 424).

CHAPITRE II

LE SENTIMENT DE L'IDÉAL. — L'ART.
Page 429.

I. **Le sentiment de l'idéal, l'art**, p. 429. Le sentiment de l'idéal, p. 429. Puissance du sentiment. Le sentiment de l'idéal profondément et universellement humain. L'aspiration à l'idéal reconnaissable dans tous les domaines de l'existence humaine. Son terme est Dieu, p. 429.

II. **Le sentiment du beau**, p. 435. Le beau, inséparable en lui-même du vrai et du bien, p. 423. Son caractère propre. La beauté est l'expansion de l'énergie vitale, avec coordination harmonique, — ce qui la distingue de la finalité tout en l'y rattachant. — Le beau dans les choses, c'est leur harmonie apparaissant avec éclat. Cette harmonie est la pleine manifestation de la cause formelle qui les a ordonnées et harmonisées dans leur ensemble et qui nous reporte à Dieu, p. 436. Nécessité, pour l'homme, de posséder le sentiment du beau pour le saisir dans les choses. — La cause formelle et finale du monde ayant sa plus haute manifestation en lui, il la reporte de lui aux choses. De là l'anthropomorphisme de l'art, p. 438. Triple mission de l'art, p. 439 : — 1° Dégager le beau de la nature par un libre choix en le rattachant toujours à la forme, p. 441 ; — 2° Création de la beauté d'après l'idéal qui est dans l'homme, p. 441. L'art œuvre de liberté. Il se distingue de la morale en ce qu'il est une représentation et non l'accomplissement d'une obligation. Son désintéressement absolu, qui le distingue de l'utile. Dans ce sens seulement, l'art est un jeu ; — 3° Troisième mission de l'art : exprimer la souffrance de ne pouvoir atteindre l'idéal. Il dépasse la nature et ne se contente pas d'en exprimer la beauté. Insuffisance à cet égard de l'esthétique de Hegel et de Gœthe, p. 444. — Le sublime reporte au-dessus de la simple nature.

CHAPITRE III

LA RELIGION, SA NATURE, SON ORIGINE
Page 449.

I. **La nature de la religion**, p. 443. — La religion ne se confond avec aucune de nos facultés. On peut la définir l'effort accompli par l'être humain tout entier pour s'unir à Dieu. Elle implique une action divine sur l'homme, p. 451. Preuve par l'histoire de cette définition, p. 452. Rôle prédominant de l'intuition dans la religion, p. 453. Union profonde du sentiment religieux et du sentiment moral, p. 445. — *Éléments constitutifs de la religion*, p. 455 : — 1° Intuition de l'infini ; — 2° sentiment de l'obligation ; — 3° croyance dans la vie future ; — 4° sentiment de la culpabilité et besoin d'une réparation impliquant la notion du surnaturel. Insuffisance à cet égard des théories évolutionnistes, même idéalistes, p. 451 (Hégel, — Pflenderer, — M. Réville). Jugement de Hartmann sur la notion exclusivement optimiste de la religion.

II. **Les diverses explications de l'origine de la religion**, p. 463. — Insuffisance de l'explication naturaliste : 1° pour le sentiment moral de la religion, p. 466 ; — 2° pour la notion de l'infini, confondu par Max Muller avec l'indéfini, p. 469 ; — 3° pour la foi dans la vie future. Le naturalisme ne donne que la nature et jamais le divin, p. 470. Insuffisance des dernières explications données telles que la peur de l'inconnu, le fétichisme, p. 471. Impossibilité de reconnaître à celui-ci la priorité, soit historiquement, soit philosophiquement, p. 471. Explications d'Herbert Spencer : Le rêve de chasse du sauvage lui donnant l'idée de l'autre soi, p. 472. Exagération de l'imbécillité du sauvage. Il a conscience de ses rêves. Il ne croit pas réellement à son dédoublement, ce qui serait incompatible avec ses idées sur la vie future, qui est toujours plus ou moins rattachée par lui à sa condition terrestre ou à sa conduite dans cette vie, p. 474.

CHAPITRE IV

LE SAUVAGE. — L'HOMME PRIMITIF.
Page 481.

Objection tirée de la condition du sauvage dont on fait le survivant de la bestialité primitive de l'humanité. — Il est vraiment un homme.

Les peuples sauvages, p. 481. La vie sauvage actuelle est souvent une décadence. Preuves de fait, p. 482. Preuve psychologiques, p. 484. Théorie de Tylor sur le développement de l'élément religieux chez le sauvage (animisme, fétichisme, anthropomorphisme, mythologie, monothéisme. Foi dans la vie future, p. 486.

Réfutation de Tylor par Tylor, p. 488. — Universalité de la religion. Le fait de l'adoration implique la distinction entre la simple nature et le divin. Haute notion spiritualiste enfermée dans l'animisme, p. 489. Prompt développement du monothéisme montrant qu'il est au fond des notions religieuses primitives. — Preuves de fait dans toutes les religions sauvages, p. 490.

Universalité de la notion de la vie future, p. 496. — Développement de l'idée de rétribution et de l'idée morale en général, p. 497. Epuration et moralisation du rite, dans ses deux éléments : prière et sacrifice, p. 507. Preuves par les missions chrétiennes de la virtualité religieuse du sauvage. Il est capable d'être élevé au plus haut degré de développement religieux, p. 503.

II. **L'homme des cavernes et celui des habitations lacustres**, p. 507. — Résumé des découvertes faites sur l'homme préhistorique, p. 508. — Il remonte certainement à l'âge quaternaire, p. 509. Les trois périodes de l'âge préhistorique : 1° âge de la pierre non polie ; 2° âge de la pierre polie ; 3° âge du bronze. L'âge du fer inaugure les temps historiques. — Les trois races de l'âge *paléolithique*, p. 512.

Crise géologique traversée par le troglodyte n'ayant pour arme que le silex taillé p. 511. Progrès constatés dans cette grossière industrie, p. 515. L'usage du feu, p. 517. — L'ensemencement du sol, p. 517. La famille. La religion. L'art primitif. La sépulture, p. 518. Etat social et religieux des premiers Ayras ressortant de la philologie comparée, p. 523. — La religions des anciens Mexicains, p. 562. Conclusion, p. 589.

ERRATA

Page 3, ligne 25, au lieu de : la frappent, *lisez :* le frappent.
— 3, — 30, au lieu de : la première, *lisez :* le premier.
— 7, — 28, au lieu de : Jean-Jacques Ampère, *lisez :* Ampère.
— 26, — 20, au lieu de : fait, *lisez :* vient.
— 37, — 3, au lieu de : de, *lisez :* par.
— 63, — 15, au lieu de : affective, *lisez :* effectives.
— 63, — 20, au lieu de : qui n'existe pas, *lisez :* qui existe.
— 63, — *note* au lieu de : 136, *lisez :* 106.
— 67, — 13, au lieu de : caractère, *lisez :* critère.
— 120, — 17, au lieu de : méthode, *lisez :* médecine.
— 182, — 23, au lieu de : général, *lisez :* génial.
— 250, — 22, au lieu : de mot, *lisez :* moi.
— 264, — 13, au lieu : d'induction, *lisez :* identification.
— 314, — 19, au lieu : de remettre, *lisez :* mettre.
— 320, — 2, au lieu de : peut ne pas, *lisez :* ne peut pas.
— 330, — 5, au lieu de : la biologie est à l'égard de la sociologie, *lisez :* la sociologie est à l'égard de la biologie.
— 357, — 23, au lieu de : la phase, *lisez ;* les phases.
— 361, — 55, au lieu de : chacun, *lisez :* chacune.
— 380, — 12, au lieu de : initiative, *lisez :* imitation.
— 388, — 1, au lieu de : Richard II, *lisez :* Richard III.
— 390, — 20, au lieu de : elle, *lisez :* il.
— 417, — 18, au lieu de : n'est pas seulement, *lisez :* n'étant plus que.
— 433, — 17, au lieu de : Mallebranche, *lisez :* Malebranche.
— 434, — 17, au lieu de : Mallebranche, *lisez :* Malebranche.

TABLE DES MATIÈRES

LIVRE PREMIER
LE PROBLÈME DE LA CONNAISSANCE

CHAPITRE PREMIER

	Pages.
Le problème de la connaissance et le positivisme............	1

CHAPITRE II

Le problème de la connaissance et la nouvelle psychologie en Angleterre, en France et en Allemagne.............	30
I. — *La psychologie anglaise.* — Stuart Mill..................	31
Herbert Spencer..	42
II. — *La théorie de l'intelligence de M. Taine*	49
III. — *La nouvelle psychologie allemande.* — Théories matérialistes et sceptiques de la connaissance........................	58

CHAPITRE III

Le problème de la connaissance et l'école critique en Allemagne et en France. — Conciliation du cartésianisme et du kantisme ébauchée par Maine de Biran...............	75
Descartes et Kant......................................	77
Maine de Biran..	90
Le criticisme français..................................	94

CHAPITRE IV

La vraie solution du problème de la connaissance............	103
Genèse et développement de la connaissance	104
Rôle de la volonté dans la connaissance. — Les conditions de la certitude...	114

LIVRE DEUXIÈME

LE PROBLÈME COSMOLOGIQUE

CHAPITRE PREMIER

	Page
LE PRINCIPE DE CAUSALITÉ DANS LE MONDE	129
§ 1. — La pensée ordonnatrice dans la nature	134
§ 2. — La puissance formatrice dans les divers règnes de la nature	143

CHAPITRE II

LES OBJECTIONS ANCIENNES	159
I. — *L'atomisme*	159
II. — *L'organicisme*	164

CHAPITRE III

LES OBJECTIONS FONDÉES SUR LA PERMANENCE ET LA TRANSFORMATION DE LA FORCE	170

CHAPITRE IV

LA DOCTRINE DE L'ÉVOLUTION. — LE TRANSFORMISME	179
I. — *La doctrine de l'évolution*	184
II. — *Le transformisme moniste*	198
III. — *La théorie de l'immanence. — Hegel*	248
IV. — Le pessimisme. — *Schopenhauer et Hartmann.* — *MM. Renan et Jules Soury*	221

LIVRE TROISIÈME

LE PROBLÈME ANTHROPOLOGIQUE

CHAPITRE PREMIER

L'HOMME DANS SA DOUBLE NATURE	239
I. — *L'homme au point de vue physiologique*	240
II. — *L'homme au point de vue intellectuel et moral*	249

TABLE DES MATIÈRES.

CHAPITRE II

	Pages.
LES RELATIONS DU PHYSIQUE ET DU MORAL.....................	255
I. — *Le cerveau et la pensée*.............................	257
II. — *Objections tirées de la notion du mouvement*..............	271

CHAPITRE III

L'HOMME ET L'ANIMAL....................................	283
I. — *Position de la question*.............................	283
II. — *L'instinct et l'intelligence*..........................	292

CHAPITRE IV

LE LANGAGE, SON ORIGINE, SON ROLE DANS LA CONNAISSANCE.......	309

CHAPITRE V

LA SOCIÉTÉ HUMAINE ET LES SOCIÉTÉS ANIMALES................	327
I. — *Caractère spécifique de la société humaine. — Le contrat.*.	328
II. — *Réfutation de la sociologie du positivisme et de la nouvelle psychologie allemande et anglaise*......................	335
III. — *Les colonies et les sociétés animales. — MM. Perrier et Espinas.*...	346

LIVRE QUATRIÈME

L'ORIGINE DE LA MORALE ET DE LA RELIGION

CHAPITRE PREMIER

LE PRINCIPE ET L'ORIGINE DE LA MORALE......................	369
I. — *La morale du plaisir et la morale de l'intérêt*............	370
II. — *Réfutation de la morale de l'intérêt*....................	384
III. — *Le déterminisme et la liberté*........................	399
IV. — *La morale indépendante*............................	412
V. — *De la sanction*....................................	419

CHAPITRE II

LE SENTIMENT DE L'IDÉAL. — L'ART...........................	429
I. — *Le sentiment de l'idéal*..............................	430
II. — *Le sentiment du beau. — L'art. — Sa triple destination*....	435

CHAPITRE III

	Pages.
LA RELIGION — SA NATURE — SON ORIGINE	448
I. — *La nature de la religion*	448
II. — *Des diverses explications de l'origine de la religion*	465

CHAPITRE IV

LE SAUVAGE. — L'HOMME PRIMITIF	480
I. — *Les peuples sauvages*	481
II. — *L'homme des cavernes et celui des habitations lacustres*	507
TABLE ANALYTIQUE	533
ERRATA	555

FIN DE LA TABLE DES MATIÈRES.

www.ingramcontent.com/pod-product-compliance
Lightning Source LLC
Chambersburg PA
CBHW060749230426
43667CB00010B/1500